舞台上下六十秋

陈永倞冀淑平伉俪话剧人生

上

陈非比　陈小眉　陈冀◎编著

中国戏剧出版社
CHINA THEATRE PRESS

图书在版编目（CIP）数据

舞台上下六十秋 : 陈永倞冀淑平伉俪话剧人生 / 陈非比,
陈小眉, 陈冀编著. -- 北京 : 中国戏剧出版社, 2024.11
ISBN 978-7-104-05243-2

Ⅰ. ①舞… Ⅱ. ①陈… ②陈… ③陈… Ⅲ. ①中国戏
剧－戏剧艺术－文集 Ⅳ. ①J82-53

中国版本图书馆CIP数据核字(2022)第113577号

舞台上下六十秋：陈永倞冀淑平伉俪话剧人生

责任编辑： 黄艳华
责任印制： 冯志强

出版发行： 中国戏剧出版社
出 版 人： 樊国宾
社　　址： 北京市西城区天宁寺前街2号国家音乐产业基地L座
邮　　编： 100055
网　　址： www.theatrebook.cn
电　　话： 010-63385980（总编室） 010-63381560（发行部）
传　　真： 010-63381560

读者服务： 010-63381560
邮购地址： 北京市西城区天宁寺前街2号国家音乐产业基地L座

印　　刷： 北京地大彩印有限公司
开　　本： 787mm×1092mm 1/16
印　　张： 60.25
字　　数： 1200千
版　　次： 2024年11月 北京第1版第1次印刷
书　　号： ISBN 978-7-104-05243-2
定　　价： 598.00元

谨以此书

献给中国话剧诞生一百一十周年

献给中国戏剧家的摇篮——国立戏剧专科学校

献给新中国第一个国家剧院——中国青年艺术剧院

献给我们亲爱的父亲母亲

献给中国话剧事业的前辈和当代艺术家

半世情牵赛神仙　剧艺终生佳话传

摊破浣溪沙

铭志

陈永倞

地北天南不白头，
南腔北调惹人愁。
俯仰乾坤情理在，
岁月流。

老去年华何所惧，
舞台上下六十秋。
赤子有心终未老，
志方酬。

1995年10月

陈永倞（1914—2000）
中国舞台美术学会名誉会长

剧领域继续耕耘；虽然彼此接触不多，但音讯还是常通。他们始终是我尊敬的学长，读了非比主编的这部书中的各篇文章，我对他们二人有了更加深入的了解，也愉快地感受到，这部书可以促进中国话剧两三代人穿越时空的交流，这是中国话剧文献中一朵有香气的绚丽之花。

永倧的终身专业是话剧舞台美术。人们都知道，话剧的四项专业即编剧、导演、表演和舞台美术中，舞美从来都是排在末位。许多观众，愿意为看曹禺写的戏去买票看戏，也会为看焦菊隐导演的戏或赵丹、白杨等演的戏去连夜排队买票，却从没听说有谁（除了少数同行）会为了看谁设计的舞美去抢票看戏。舞美家们也从来没有这种奢望，虽然舞台上哪怕是一片天幕、两把椅子，也是设计者精心思索的艺术创作；他们都清楚这是一项默默无闻的工作。永倧原是一个多才多艺的青年，编过剧，演过戏，做过导演；但他偏偏还是选择了甘做幕后人物的舞美专业，且心无二致，坚持一生。

不过，对“心无二致”要有个解释。对于舞美专业，永倧是“心无二致”，但这并不妨碍他在专业之余，还有一项同样坚持了一生的对中国古典诗词的热爱。他晚年创作诗词千余首，出版了诗集，佳作颇多，从本书中就明显可见。更可贵的是，他对诗词的热爱不仅没有侵占他对舞美的忠诚，二者恰恰是相辅相成，相映成辉，在追求人生和艺术的大美上互为表里。

中国话剧至今 110 年，其中 1935 至 2000 的 65 年中，永倧始终是踏踏实实、一步一个脚印的活跃人物。从做学生、当教师、进剧院、勠力中国舞美事业，辗转南北、继承创新、团结同仁、培导后生，一直到成为我国舞美界公认的领军人物。65 年中，虽然风云变幻，错误的政治运动特别是“文化大革命”浪费了大量时间，但永倧在舞美创作上还是达到了近百部的可贵业绩。永倧在中国话剧史上理应受到后辈学者的崇敬。

淑平做了一辈子话剧演员，同永倧一样，从没有改过行。几乎是从 1938 年在国立剧校学习时起，她就是一个主要演员的苗子，刚毕业不久就主演了《日出》中的陈白露。她青年成名，常演主角，但她从不拒绝饰演配角，她看重的是把每一个角色演好，而不是戏的多少。20 世纪 50 年代中，她在契诃夫的名剧《万尼亚舅舅》中，先被派的是个小角色，是苏联专家发现了她的潜质，选定她改演剧中主角之一叶琳娜，取得了巨大成功。本书收录了她撰写的角色创造笔记或表演心得，其中《万尼亚舅舅》中的叶琳娜、易卜生杰作《娜拉》（原名《玩偶之家》）中的娜拉，是她两个突出的代表作。淑平写出了对剧作和人物的理解以及自己的设想，写得明确、细致而深透，可以看出她对自己表演艺术的认真和用功。

《万尼亚舅舅》和《娜拉》这两个戏是作为纪念世界文化名人的国家任务交由青艺演出的，但淑平从没有因这两个角色的轰动而骄傲自满。她于 1956 年扮演的娜拉在中国百年话剧中多轮演出《玩偶之家》的几个娜拉中，显然是最优秀的。由于这个角色演得成熟又精彩，《娜拉》公演 40 年后，她被易卜生故乡挪威的艺术家正式邀请去访问并参加 '96 易卜生国家戏剧节，受到热烈欢迎。这在中国话剧演员中至今还是首例。她之所以成为一个实实在在的一流演员，依靠的是她的艺术创造力，同时也是她的艺术品德。

了解永倞和淑平的生平业绩还应看到，他们辛劳一生，都主要是在两个单位：一个是国立剧校包括剧专和剧专校友剧团，一个是中国青年艺术剧院（后并入中国国家话剧院）。这一点原本不是什么稀罕之事。永倞和淑平可贵的是，不仅在本职工作中尽心尽力，认真钻研，而且具有高度的团结进取、团体利益高于个人利益的先进精神，永倞曾获得北京市劳动模范称号。他们明白，戏剧艺术是一种集体艺术，特别是集体中的骨干主创人员是重要的稳定力量，这已是中国话剧名家的普遍共识。永倞和淑平在这方面也显示了他们的艺术品德。

我感到有意义的是，由于书中表述的他们二人从艺术到生活的多方面，都处在这两个中国话剧大单位之中，从而可帮助今天的青年读者对这个重要学校和重要剧院的某些历史情况有所感知，并可能引发他们对中国话剧史的更大学习兴趣。

永倞和淑平为中国话剧事业贡献了一生，也为祖国培养了三名各有成就的优秀子女，他们是一个非常温暖、亲爱又努力学习的家。现在编出的这部书，是子女们对老父老母的感恩回馈，同时也为中国话剧大家庭补充了一块空白，提供了不少可以进入话剧史的宝贵资料，我愿表示我诚挚的感谢。

本书出版适值中国话剧运动 110 周年，正是纪念话剧运动极好的读物。我希望今天和以后的青年话剧人能够看到本书，了解中国话剧的艰辛历史，并向二位话剧前辈学习。

刘厚生

2017 年 5 月

序 二

陈永倞、冀淑平两位艺术家，伉俪情深，志同道合，一生致力于中国话剧事业。由他们的子女编著的《舞台上下六十秋——陈永倞冀淑平伉俪话剧人生》，收集整理了两位艺术家生平经历、创作心得、艺术经验、诗词散文等方面的文稿，以及一些专家、友人和子女对他们的评述或回忆文章。透过本书的字里行间，我们仿佛能看到两位艺术家为话剧艺术奉献终生的身影，也能切身感受到他们对舞台艺术的热爱与真诚。

作为中国话剧发展中的重要人物，陈永倞先生、冀淑平女士的艺术思想与创作经验在该书中得到了记录与保存，这对于拓展话剧历史的研究无疑是有价值的文献。

陈永倞先生是我国舞台美术界的前辈。他是南京国立剧专的第一届学子，学习舞台美术兼学导演，毕业后留校从事舞美教学直至解放；新中国成立后还一度在中央戏剧学院兼任舞美教学工作，为我国培养了大批人才。从剧专到青艺，从艺六十余年，他的舞美创作活动从未停息，参与了近百部大小剧目的舞美设计，涉及古今中外的诸多作品，其中不乏《岳飞》《阿Q正传》《雷雨》《万尼亚舅舅》《娜拉》《红色风暴》等优秀剧目。

陈永倞先生曾广泛涉猎话剧艺术编、导、演、设的各个方面，因而有自己独到的设计理念。他强调，舞台美术既不是演剧的附加物，也不是一般美术的展览品，而是从舞台艺术情境的创构出发，充分考虑演员、导演、演出的实际需要，使舞台上的所有成分达成必要的统一与协调，形成完整、和谐、有机的整体面貌。舞台美术所要创造的形象必须是有机地存在着，离开了描写主题、烘托剧情、增强动作和帮助表演的因素，那是绝对不可以的。因此他的舞美设计能够高度契合剧作的思想主题与内涵，与演出整体完美融合。如在金山导演的《红色风暴》的设计中，他运用极其简练的手法呈现出典型场景的变化，凸显了故事的发展和人物性格，很好地体现了导演的创作意图和艺术构想；这是使该剧成为经典的重要因素。

作为前辈，陈永倞先生历来十分重视舞美人才的培养，也十分关心我国舞美界的学术交流与合作。经多年努力，他参与发起创建的中国舞台美术学会，于 20 世纪 80 年代初得以成立，他任首届副会长，主持常务工作；1982 年他参与主持筹备的全国首届舞台美术展览成功举办；1985 年起他退居二线，任中国舞台美术学会名誉会长，直至辞世。可以说，陈永倞先生为中国舞台美术事业作出了重要贡献，作为中国舞台美术界的领军人物之一是当之无愧的。因此，本书能够整理和记录他的艺术档案，是一件十分有意义的事情。

书中还收录了陈永倞先生的诗作、散文，可以看出他在生活里是位多么有诗情、有才华、有趣味的人。诗已经融入了他的生活之中，而且他诗词创作的题材大部分都与话剧艺术有关。本质上来讲，诗与戏剧是内在相通的，二者都是陈永倞艺术生命中极为重要的部分，这也是陈永倞先生诗化人生的体现。

陈永倞先生的妻子冀淑平女士，是我国话剧界的著名演员，她曾塑造了叶琳娜、娜拉、丁牧等一系列经典形象。由她饰演的娜拉得到了挪威国家剧院导演盖达琳夫人的肯定与赞赏；《娜拉》公演 40 年后，挪威国家剧院还邀请 73 岁高龄的冀淑平女士作为特邀嘉宾，远赴挪威参加了 '96 易卜生国家戏剧节；可见她创造的这个角色影响之深远。冀淑平女士的角色创造笔记，为我们的表演理论研究留下了宝贵的财富；本书刊载的表演心得，不仅是其多年从艺经历的记录，也是其丰富而独特的艺术经验的体现与淬炼。

20 世纪中国的话剧发展诞生了不少杰出的表演艺术家，但是对于这些表演艺术家的表演方法以及理论思维，在学术研究方面还存在着明显的不足。从这一点来说，本书对冀淑平表演经验与心得的整理，为话剧研究提供了新的资料，有助于中国话剧表演理论研究的深化。

从话剧史研究的宏观视野来看，本书的价值还在于，通过对陈永倞、冀淑平伉俪六十年话剧生涯的记载，为中国话剧史研究提供了新的视角。他们年轻时就读于国立剧专，是最早的一批在国内戏剧院校接受正规艺术教育的学生，同时也亲身经历了20世纪三四十年代话剧运动的繁荣期，如抗战戏剧、街头演剧、重庆雾季公演等；解放后，他们又在中国青年艺术剧院任职，参与了新中国剧场艺术的建设，目睹了新中国话剧事业的发展，也为此作出了重要的贡献。可以说，陈永倞、冀淑平夫妇是新中国话剧事业发展的亲历者、见证者，也是中国话剧历史的创造者。透过他们的人生经历，我们能够生动、具体地了解在中国话剧史上具有一定里程碑意义的两个重要单位——中国第一个由国家开办的专门培养话剧人才的高等学府南京国立戏剧专科学校，以及新中国第一个国家剧院中国青年艺术剧院——建立、发展的历史脉络和巨大成就，了解我国话剧运动中一些重要人物，如田汉、洪深、余上沅、曹禺、金山、吴雪、孙维世等的重要贡献和历史功绩。研究、继承和发扬他们的优良传统，对于推进我国话剧运动在新时期的繁荣发展，无疑具有非常重要的意义。

对历史的描述从宏大叙事走向日常生活与日常经验，正是20世纪历史学研究发生的大幅度的变化之一。陈、冀二人的话剧经历从某种程度上而言，正是中国话剧历史发展中日常生活的表现，他们对话剧运动的参与、对话剧发展的所见、对话剧问题的思考，构成了一种个体视角下的话剧历史。这与传统话剧史的宏观视角有所区别。从目前出版的话剧史来看，除一些专题性论著而外，大多数论著中与陈永倞先生、冀淑平女士相关的篇幅文字很少。这并不是说他们不重要；恰恰相反，这反映了话剧史书写存在的一些问题，比如对表演和舞台美术研究的忽视，对研究对象选择的局限，以及大历史的叙事对生命个体的忽视等。以此而言，本书详细整理了陈永倞、冀淑平两位艺术家的创作经历与艺术心得，总结了他们宝贵的艺术创作经验，对于丰富和深化中国话剧史的研究，是很有意义的。

本书另一个鲜明的特色是，它不仅收录了两位艺术家跨越半个多世纪的大量相关著述和图片资料，而且还辑有不少他们的子女撰写的文章，这些文章不仅是亲情的坦露，更是对父母话剧人生的解读与思考。他们的小女儿、在中外比较文化和话剧史研究方面卓有成就的美国加州大学教授陈小眉，以“寻根”为主线，从本书《绪篇》的高度，深入解读了两位艺术家成长的背景，展现了他们坎坷的人生经历，以及他们艺术成就的时代价值。与其相呼应，在由他们的长女陈非比编撰的《结语》篇中，则表达了本书编者对“剧专精神”与“青艺品格”的理解，以及剧专与青艺对父母话剧人生的影响。而在《爸爸与诗》一文中，他们的儿子陈冀也对陈永倞先生的“诗化人生”作了深情的解读。这些内容是非常难能可贵的。

书中收录的子女对父母的回忆，还有专家和朋友们对故人的评说、缅怀等，是本书温馨而感人的地方，它让我们看到陈永倞先生与冀淑平女士在生活中真实的另一面，他们在子女眼中的身影，在朋友眼中的模样，生动依然，历历在目。“自信人生二百年，会当水击三千里。”如果仅仅是将两位艺术家的生平经历与创作心得汇集一起，那么这部书或许仅仅是文献性的；但是亲友的回忆、缅怀与解读，为本书增添了生命的温度，让我们得以理解和品味他们的真实人生和艺术品格。

当然，本书最令人动容的还是陈永倞、冀淑平夫妻二人对待艺术的热忱之心。他们是在战火纷飞的年代投身于话剧艺术事业的，并且一生以此为志业，勤勤恳恳、兢兢业业。这六十多年的从艺生涯，充满了曲折和艰辛，也充满了奋斗的坚韧和创造的欢欣。倘若对话剧艺术没有极大的热爱，又如何能将这份事业坚守一生呢？倘若没有这份执着与坚持，又怎能在这片土壤栽培出丰硕的艺术果实呢？因此，我由衷地敬佩这两位话剧前辈，敬佩他们以话剧为志业的人生选择，敬佩他们对待话剧艺术的态度和精神。

当今时代文化多元、信息瞬变、选择多样，一般人恐难以话剧艺术为毕生事业，因为话剧行业相对于其他艺术门类来讲并不显赫。陈永倞、冀淑平两位前辈对话剧事业的执着与真诚，对于当下从事话剧艺术的人们来说无疑具有榜样的作用。我相信，他们的艺术精神与奋斗品格将会激励着每一个热爱戏剧的人；我也相信，这份精神将会永远地传承下去。

愿此书可以为那些扎根于艺术行业的人带来温暖与力量！

2021 年 3 月

心语

致敬我的父母、师长和朋友

2015年岁末，我和弟弟妹妹终于决定启动为父母整理艺术档案的工作，年过古稀的我，决心将此生最后的时光，奉献给我生命中最重要的两个人——我亲爱的爸爸和妈妈，力求把他们话剧人生的足迹尽可能完整地记录下来。作为长女，从江安到北京，从垂髫到白头，我曾伴随父母在他们从艺的征程上一路走来；我，有责任这样做。

然而令我始料不及的是，这项看起来并不浩大的“工程”，竟然逾时五年才初见成效。今天，当我终于捧起这部沉甸甸的两卷本初稿，当我重温为追寻他们的足迹走过的近两千个日夜，我仿佛突然明白，五年来我所做的一切哪里是什么“奉献”？不，这分明是满满的收获啊！时光的磨砺与馈赠使我受益良多。整理爸爸妈妈遗存的种种手迹，挖掘各类史料中的点点信息，徜徉于既熟悉又陌生的中国话剧艺术的长廊，聆听前辈和师长的谆谆教诲，与诸多新老朋友切磋交流，使我受到了太多的启迪，收获了太多的感动，对父母和几代艺术家以及新老朋友们的敬意油然而生，日久弥新！

我的父母，一对话剧老人——父亲陈永倞86岁辞世至今已逾20载，母亲冀淑平也以96岁高龄于2019年春离世。他们一生从艺的匆匆脚步，他们对舞台艺术的不懈追求，曾与华夏大地话剧运动的萌生成长和兴衰起落相依相随。

1907年，以第一部中文创作的大型剧目《黑奴吁天录》成功上演为标志，被命名为“话剧”的新剧形态正式在中国诞生。7年后，1914年，父亲降生在湖南长沙县一个风景秀美的山村。1935年，在中国话剧逐步走向成熟的时期，在田汉、欧阳予倩等话剧前贤精神的感召下，父亲毅然走出大山，走出湘江，东去金陵投奔刚刚创办的全国第一所国立戏剧学校，成为这座“中国戏剧家摇篮”的第一届学子，有幸师从田汉、洪深、余上沅、曹禺等中国话剧运动前辈。从此，在全民抗战的峥嵘岁月里，在“校址五迁”的艰苦年代中，父亲与剧专日夜相守、甘苦与共，幸运地成为一个“十四年与剧专共始终”的艺术家。

在剧专，父亲欣喜地遇到了生命的另一半。1938年，24岁的父亲走上了剧校的讲台，那个来自古都西安的第四届小女生便走进他的心扉；同样，那个刚刚走出剧校研究实验部留校任教的年轻助教，也深深吸引了这位少女的目光。他们一见钟情，心心相印；“举案齐眉调琴瑟”，喜结连理永相许。

1949年以后，正值三十而立之年的爸爸妈妈携手走进了新中国第一个国家剧院——中国青年艺术剧院（1949年4月建院，2001年改建制为中国国家话剧院）。在廖承志、吴雪、金山、孙维世等诸多前辈和艺术家的引领下，他们分别致力于舞台美术和表演两个不同专业，为新中国剧场艺术的建设拓荒、创业。从1950年首演《保尔·柯察金》，到1987年三度公演《抓壮丁》；从世界话剧经典之作《万尼亚舅舅》《娜拉》，到中国原创的优秀剧目《红色风暴》《文成公主》；都留下他们“志同道合艺相通”的鲜明印迹。

父母献身话剧艺术的岁岁年年，永远是他们无法抹去的珍贵记忆。记得在陪伴父亲最后的日子里，我总是听到他在弥留之际喃喃自语：“1938”“1949”……这不正是父亲开始在剧校任教和来到青艺就职的两个年份吗？是的，在60多年的从艺道路上，父亲有多少往事难以忘怀，有多少感慨涌动心头啊！他是多么热切地期盼着，能早日投入《回忆录》的写作，把那些珍贵的记忆长留人间！然而，2000年10月父亲走了；犹如秋风卷走了落叶，他，带着追寻的痴情与梦想，永远离开了这个世界……

自那时起，我就萌生了替父亲完成遗愿的想法，没料到直至15年后才得以起步。

这五年，游弋在父母的过往岁月，使我对他们的从艺经历有了比较全面的了解，对他们的生命价值有了全新的认识。当我翻开那些泛黄的手稿、照片，当我展开20世纪三四十年代民国报刊那斑驳的缩微胶片，当我把那些饱蘸深情的文字一一敲入电脑，我惊异地发现，为父母整理艺术档案的过程竟然是这样享受。那些看起来没有生命的尘封多年的资料，让我的心一次次受到震撼：他们当年求学的艰辛与执着，他们为剧运、剧教和抗战宣传奔走呼号的虔诚与热情，他们走进新中国第一个国家剧院的欢欣与热忱，他们对新中国剧场艺术建设的追求与奉献，他们那艺术光环背后的坚韧、隐忍与磨难……无不清晰地呈现在我的眼前。透过他们的身影——中国话剧百年浩瀚长河中两朵小小的浪花，我看到了无数戏剧文化工作者的无私奉献和默默耕耘；正是这支千万艺术家组成的浩荡大军，用他们艰苦卓绝的奋斗和坚守，铸就了中国话剧运动的百年辉煌。

这五年，我多次走近戏剧界前辈、专家、师长的身旁，在向他们请教和与他们交往的过程中我深切感受到，作为中国戏剧人的杰出代表，他们对本书的鼎力支持无不是源于对中国话剧事业的热爱和关切。正是他们的悉心指导和热诚鼓励，不断为本书的编撰注入新的活力。他们的艺术品质令我尊崇，他们的人格魅力令我感佩。

我难以忘却已经辞世的戏剧理论家、评论家——我的厚生叔叔。他那亲切慈祥的笑脸、深邃期待的目光，他那堆满图书资料的小小居室、他生命最后住进的协和医院病房，还有为他送别时庄严肃穆的灵堂，无不深深铭刻在我的记忆中。2016 年春，我们的初稿刚见雏形，95 岁高龄的厚生叔叔就热情地提出改进的建议，并欣然提笔为本书作序。2017 年 5 月，见到我们的书稿日渐丰满，他十分欣慰，提出可在报刊上予以介绍，他愿意出面推荐。他深情地说："像你妈妈这么大年纪在世的老艺术家已经不多了，应当宣传。"同时，厚生叔叔破天荒地对《序》作了修改——他曾对余林老师说，他作序从不修改，唯独我们这部书……对中国话剧事业的深情关切，与爸爸妈妈师生、同窗的浓浓情谊，溢于言表。

我难以忘却当今舞台美术界的领军人物、享誉海内外的李畅先生——无论他在事业上取得多么显赫的成就，他总是不忘自己的师长，一直尊称爸爸为"陈先生"。我们登门拜访时，他和妻子、同是剧专校友的北京人艺著名演员谢延宁老师热情接待了我们。年过耄耋的李畅叔叔深情地回忆了在剧专受教的往事，慷慨地赠予了相关资料；不久，他就把重新撰写的回忆父亲的文章交到我的手中。以后，他又多次在电话中表达了对这部书翘首以盼的心情……遗憾的是，他于今春不幸离世，没能看到本书的问世。

我难以忘却给予我们热情指导和极大帮助的原青艺著名戏剧评论家余林老师。五年来我曾多次登门求教，他不仅一次次详尽地向我介绍剧院的有关历史，而且多次嘱咐我要正确把握本书的定位和宗旨。谈到爸爸妈妈时他指出，这两位艺术家从不张扬，他们在不断的默默求索中体现了求索的文化自觉；而这正是他们精神感召力量之所在。因此，这部书不应该仅仅是一本普通的纪念册，而应当是子女们用现代人的情感，对父母个人命运进行当代人的解读；通过寻找父母的艺术生存空间，留下对他们艺术人生的文化思考。父母留痕和子女留心，构成文化思绪，应当是本书的重要定位。2017 年"北京酷暑"时节，年过八旬的余林老师欣然挥毫泼墨，为本书撰写了热情洋溢的长篇《跋语》。在后续几年的书稿修改过程中，余林老师也一直在悉心关注我们，曾嘱咐我，一定要用"心语－致敬"作为本书自序的命题。他鼓励我们继续努力，早日铸就一部"文化大美之作"。

我难以忘却的，还有相关院所历届领导和专家的鼎力支持。原青艺院长石维坚先生接受了我们的采访并赠予了相关著作；中国国家话剧院常务副院长王晓鹰先生和现任院长田沁鑫女士十分关心我们的工作，为我们的资料收集提供了一切方便。中国舞台美术学会前会长蔡体良老师认真为我们审稿，撰写了有关文章，并多次赠予了相关著作；中国艺术研究院话剧研究所所长宋宝珍女士在百忙中热情为本书作序。这一切，生动体现了他们对话剧事业的关切和对老艺术家的尊重。

使我难以忘怀的，还有远在海外的戏剧家。香港著名易卜生研究学者谭国根教授应邀专门为本书撰写了有关 1956 年《娜拉》演出的长篇论文，他以统览国际舞台的广阔视野，对该剧的舞美设计和表演美学作了细致入微的精当分析，令人耳目一新。挪威著名戏剧家

Frode Helland 教授也提供了相关著作供我们翻译选载。他们的倾情相助为本书增添了亮丽的学术色彩和鲜明的国际符号。

这五年，我以父母的艺术实践为立足点，有机会浏览、环视话剧艺术的方方面面，使我对话剧舞台背后那些无名英雄充满敬意：那些仅在演出说明书职员表中出现的"副导演"，那些把舞美设计最终搬上舞台的置景人，那些从事灯光、道具、效果、服装、化装设计的艺术家和管理人员，那些演出现场前后台的监督指挥者，还有那些为我们留下舞台美好瞬间的摄影艺术家们，等等。是他们用自己的聪明才智和默默奉献，使一台台精彩的演出最终得以呈现，得以保存，得以流传。

原青艺著名摄影艺术家曹西林先生就是他们之中的杰出代表之一。基于对话剧舞台摄影艺术的挚爱和理解，他用创造性的劳动捕捉着舞台上一个个精彩的瞬间；他所拍摄的人物是那样传神，他所记录的舞台空间是那样生动。他参与拍摄的《娜拉》的全套剧照，至今仍被挪威国家剧院和挪威国家图书馆珍藏，并被国内外易卜生研究学者们津津乐道。他们称，那些"舞台剧照证明了这次演出的全过程令人惊叹，它所呈现的舞台形象几乎是独一无二的"，成为他们分析和解读 1956 年青艺版《娜拉》演出成就的重要依据。粗略估计，爸爸妈妈在青艺参与艺术创作的剧目，约有七八成剧照或舞台空景照是出自曹先生之手；可以毫不夸张地说，曹先生的摄影作品为本书撑起了半边天。曹西林先生不愧是我国话剧舞台艺术灵魂的捕捉者，话剧舞台演出历史的忠实记录者，永远值得我们尊敬和怀念。

这五年，我游走在中国戏剧史料的海洋，有幸接触到一些长年致力于整理和传承中国话剧运动史料的学者和专家；他们默默无闻的奉献精神令我敬佩，他们用赤诚之心和辛勤汗水铸就的成果，为我们提供了大量的宝贵资料。本书的编撰得以顺利进行，我由衷地致敬他们，真诚地感谢他们！

我由衷感谢《国立剧专史料集成》（以下简称《集成》）创作团队的朋友们：该书编著者李乃忱先生和他的夫人李侍琴女士，该书主编、国立剧专史料江安陈列馆张毅馆长，该书执行副主编宋晓涛老师，以及该书其他各位编委。是他们的坚守、坚持与卓有成效的工作，铸就了这份厚重的历史文献，使我们对剧专破浪前行的足迹有了全景式的了解，从而更深刻地认识到国立剧专对中国戏剧事业所作的巨大贡献，更生动、具体地感受到剧专之于父母的恩泽，也惊喜地看到父母在剧专所留下的鲜明印迹。遗憾的是，我未及道谢，李乃忱先生和他的夫人却不幸相继仙逝！

我由衷感谢原中国青年艺术剧院的有关领导和同志，是他们为我们留下了一份宝贵的遗产——一部厚重的《半个世纪的舞台历程——中国青年艺术剧院 1949—1999》（以下简称《历程》)，向我们展现了青艺走过的流金岁月，剧院几代艺术家精心打造的剧目长廊，以及青艺这座国家艺术大厦的业绩和风采。《集成》和《历程》使我们受益良多，书中许多珍贵剧照、图片、资料的引用，大大增强了本书的历史感和可读性。

我还要致敬和感谢其他朋友的热情相助。中央戏剧学院沈宁老师指导我们通过国家图书馆和相关网站，挖掘出父亲民国时期发表于各类报刊的诸多文稿、剧本、丛书等珍贵资料，极大地开阔了我们的视野，丰富了本书的内容。重庆话剧院原院长、重庆抗战戏剧博物馆《中国话剧的黄金岁月——重庆抗战戏剧历史陈列》策展人之一陈家昆先生，国家大剧院舞美总监、著名舞台美术家高广健教授等，精心筹划、复原了剧专时期父亲设计的《凤凰城》舞台模型，为我们展现了珍贵的历史遗存。我还要感谢一位身份特殊的朋友——宋晓涛老师，他集剧专“戏二代”（我们的父母生前是剧专同窗和挚友）、《集成》执行副主编、重庆抗战戏剧历史陈列展撰稿人于一身，身在重庆，情系江安，多年来为传承剧专精神做了大量工作；他有求必应，不厌其烦地多次为我们提供各种图文资料，并对本书的编撰提出了许多宝贵的建议。

最后，要特别感谢中国国家话剧院的鼎力相助，他们为本书提供了大量珍贵的艺术档案资料，涉及到青艺建院以来的众多剧目。经过 20 世纪六七十年代的社会动荡，青艺半个多世纪的艺术档案仍能保存、整理得如此有序，我由衷地敬佩那些为青艺历史遗存的保留和传承而辛勤工作的人们，他们也是令人尊敬的幕后英雄。

正是有了这么多前辈、师长、朋友的大力支持和帮助，我们收集到的资料数量和质量大大超出了原来的预期，我们对这些资料的认识和解读也不断深化，书稿编撰工作的进展总体上非常顺利。

值此本书初稿完成之际，我谨向所有指导和帮助我们的师长和朋友，致以最崇高的敬意，向大家真诚地道一声“谢谢！”我们也将继续努力完善后期编撰工作，不断提升内在质量，不负师长和朋友们的厚望，为大家奉献出一部“温暖的书”。

陈非比

2021 年仲夏初稿完成时

编撰说明

本书汇集了原中国青年艺术剧院两位艺术家陈永倞、冀淑平约八十篇著述和百余首诗词，写作时间跨度为1936—2000年；另含专家、媒体和子女的相关文章；多视角展现了这对剧苑伉俪六十余年的话剧人生和艺术成就。

1. 本书的内容架构

本书含上下两册，主体内容由五篇组成，构成了一个完整系统的叙事链条。

《绪篇》 由在美国加州大学戴维斯校园从事教学和现代文学、戏剧中西方比较研究的陈小眉撰写，她以“寻根”为主线，从儿时的家庭记忆切入主题，遂扩展至戏剧史研究的视野，概括阐述了本书的主旨和内容。

《陈永倞话剧生涯》 主要以时间脉络为主线，依其人生三个不同阶段——作为热血戏剧青年和从事戏剧教学的剧专时期、走进艺术鼎盛期的青艺岁月、参与创建和辅佐中国舞台美术学会的晚年时光——汇集了陈永倞的相关著述；包括艺术总结、学术评论、晚年所撰回忆录和诗作，以及他于20世纪三四十年代发表于各类报刊的短文。另有专章集中展现了陈永倞的“诗化人生”与诗词作品。

《冀淑平舞台春秋》 主要以一系列剧目的角色创造为主线，汇集了冀淑平在《万尼亚舅舅》《娜拉》《远方青年》《权与法》等剧中有关角色创造的笔记、艺术总结，以及《挪威纪行》等其他记述或回忆。

在陈永倞、冀淑平这两个主体篇中，都用专章辑录了专家、媒体等的相关评论或报道；各章中的《儿女寄怀》一节，则融入了子女对父母艺术人生的回忆、怀念与解读。

《结语》 是本书编者在成书过程中内心体验的记录，探讨了“剧专精神”与“青艺品格”的历史价值。虽然作为晚辈和外行去评说“一校”“一院”的历史功业或许不甚妥当，但编者的初衷是想说明，沃土育英才，父母的艺术成就离不开剧专和青艺的滋养与历练。

《附篇》 图表的汇集。系统展示了冀淑平的舞台形象，陈永倞参与舞美设计等创作活动剧目的剧照或空景照；最后给出了他们二人从艺经历的简表。

2. 陈永倞冀淑平著述的筛选与使用

我们收集到的父母著述涉及多种体裁，含各类文章、剧本、诗词、戏剧辅导丛书等。本书仅对其中的文章和诗词作了必要的筛选、归纳与整理，并按以下原则和方式予以使用。

全文采用 内容相对完整且与它文基本不重复的著述，原则上全文采用。已公开发表者在文后注明其来源，如《〈红色风暴〉设计谈》《我心中的叶琳娜》等。未公开发表者在文后注明“据……整理”，若对文章进行了某些必要的处理，如增设标题等，亦予以注明。

节选 根据需要从原文中截取一部分内容，或在与它文有所重复的文章中选取其相对独立的内容另行成篇， 在文后注明“节选自……”。如《走出大山》节选自《陈永倞自传》，《剧专剧团》节选自陈永倞发表在《剧专十四年》一书中的文章《怀念》。

摘编 不便采用以上方式处理的资料，则选取其有价值的相关内容进行编辑加工，文后注明“据……摘编”。如《山城记忆》《艺术前辈的感召与引领》等。

诗词作品 除两首长诗外，我们又从父亲千余首短诗词中遴选出百六十余首；其中以从艺经历为主题者，多以组诗的形式纳入相关章节，如《师友情长》《“学会”礼赞》等；其他诗词则汇集于陈永倞篇的《诗化人生》专章。

3. 文章的加工与注释

配图 我们收集到的文章绝大多数都没有插图；而在父母保存的遗物和我们见到的其他书刊等资料中，却不乏大量的珍贵图片：剧照、工作照，演出说明书、秩序单，各类剪报，等等。为了把图文资料融为一体，我们把有关图件“对号入座”插入进相关文章。本书对引自他人的图件都尽量注明了来源，其中引自《国立剧专史料集成》的图件，由于数量较多，我们在图名后加“#”予以标示（《附篇》中的剧照除外，详见本书第 868 页的注释）。

文字加工 收入本书的著述跨越了民国以来的漫长岁月，我们在文字加工时除遵循当今的一般原则外，也注意了尊重历史原著，厘清相关概念。例如，对于父亲在 20 世纪三四十年代发表于各类报刊的文章，除转化为规范的简化字和纠正明显的印刷错误外，原则上不随意改动；若遇原件损坏或难以辨认时，用“□”予以标记。又如，“剧校”与“剧专”对应于该校学制有别的不同时期，故不宜随意将“剧校”统称为“剧专”。再如，在不同时期、不同类型文献中，中外戏剧家的姓名或中译名，一些外国戏剧家的作品名，存在诸多“同人不同名”“同人不同译”或“同作不同名”等情况，由于对它们很难核查，我们大多以“遵从原始文献”的原则引用。

注释 文内注：作者原文中的文内注释，按惯例用“（）”表示；本书编者所增添的文内注释，则采用“〖〗”以示区别。页下注也存在两种情况：①文章作者的自注；②为对文中内容作必要的补充或说明，由本书编者所加的注释；对于后者均在相应的页下注释文后加“——编者注”予以标明。

4. 本书的辅助内容

本书以下述两种方式嵌入了一些辅助性内容，它们是对父母著述或相关文章的背景等有针对性的补充或说明。

链接 选载了一些专家学者的著述或其他文章，置于相关专题或文章之后。例如，原青艺导演肖崎的《〈万尼亚舅舅〉的排演》一文，详细记述了该剧排演的全过程，颇具参考价值。这类“链接”文章均编入本书《目录》。

附载 采用节录或摘编等方式“附带刊载”了一些相关短文、资料或图片，它们或有针对性地插入文章之中，或置于相关文章、图件之后。这类“附载”均未编入本书《目录》。

5. 关于本书的《目录》

辑入本书的主体文章和“链接”文章达百余篇，为使本书《目录》不过于繁杂，我们作了以下处理：陈永倞和冀淑平的文章数量很大且均编排在各自的篇章内，读者可一目了然，故在《目录》中对他们撰写的文章略去了作者姓名；换言之，《目录》中未注明作者的文章即分别为父母所作（他们的艺术生平简介、剧情介绍和本书《附篇》除外）。在正文中，则每篇文章都给出作者姓名，父亲剧专时期的作品采用发表时的署名，如陈永倞、陈梦莰（笔名）等。

我们期望，通过上述努力，能打造出一份内容丰富又不失条理清晰的纪实资料，为世人留下一份有价值的历史人文记录。

本书编者

目录

第二章　走进青艺

第三章　情系舞美学会

附篇 853

献给中国话剧一百一十周年

绪篇

寻根：写给我的父亲母亲

——献予中国话剧一百一十周年

◎ 陈小眉

弹指一挥间，自1981年自费赴美留学我已在异国他乡生活了40余年。作为一个专攻跨学科戏剧文化史中西方比较研究的学者，无论是在美国俄亥俄州立大学博士班教学，或是站在加利福尼亚州立大学戴维斯校园的讲台，还是在世界各地讲学，父母的话剧生涯与艺术人生无不潜移默化地影响着我的研究方向、学术思维和理论探讨，始终激励我以全球视野和中国学者的立场与情感来解读、理解中国话剧史的精髓与风骨。站在美国教中国的讲台，面对课堂上聚精会神听讲的种族各异的后生学子，徜徉在中国话剧百余年走过的漫漫长途和悠悠岁月，我的思绪常飘回20世纪30年代以后父母跋涉剧艺之时。他们一生的辛勤耕耘与言传身教滋养了我，也使我选择了继续他们的事业，力求为中国话剧走向世界文坛尽一份绵薄之力。

（一）

父母的艺术生涯与南京国立戏剧专科学校和中国青年艺术剧院的发展历程同步，这“一校”“一院”，是中国话剧史上绕不过去的丰碑。而我正是在青艺的台前幕后长大，父母的事业与青艺的历程伴我出生、成长。

青艺作为新中国第一个国家剧院，创建于1949年4月，其前身是成立于1941年的延安青年艺术剧院。我于1954年1月出生，说来也巧，记得妈妈说过，她从妇产医院出院时正好碰见朱奇阿姨入院，她的儿子邓维（曾任中国摄影家协会副主席）比我晚出生四天。邓维的父亲邓止怡叔叔是导演，后来任青艺副院长，朱奇阿姨是青艺演员。邓维的父母来自解放区，我的父母来自国统区，我们两家也许可以象征着青艺第一任院长廖承志先生曾主张的“两个拳头”：廖公曾寄语青艺发扬解放区与国统区各自的演艺优势。多年来，我们的四位父辈共同参与了《四十年的愿望》《十三陵水库畅想曲》《霓虹灯下的哨兵》《远方青年》《权与法》等多部剧目的创作。他们多年的合作与友谊是青艺人弘扬“两个拳头”精神，团结协作、共创剧场艺术辉煌的一个缩影，也延续了当年“国共合作”汇入抗战戏

童年与爸爸妈妈的合影

剧洪流的优良传统。

我出生后不久，妈妈进入了契诃夫名著《万尼亚舅舅》排演组，于是我被送进了青艺托儿所全托。长大后曾有阿姨亲切地告诉我，她们曾见证过我被保育员抱到排演场让妈妈喂奶的情景。我的童年是幸福的。青艺托儿所是我的“百草园”，老师的关爱，集体的友情，春秋时节的郊游，给我留下许多美好的童年记忆。长大后，和其他青艺子弟一样，每每放学回家，我们常常得意地绕到青艺剧场前的广场上，流连于保留剧目画廊前，指指点点哪位是自己的父亲母亲。记得有一次，我遇见两个不相识的叔叔在画廊前不停地议论着妈妈扮演叶琳娜的剧照：“这个演员太漂亮啦，是从苏联借来的吧，要不然怎么能这么像外国人？”我忍不住对他们高喊：“那是我妈，她是中国人，不是外国人！”也许是怕那两个叔叔和我较真，说完我一溜烟跑回家，在饭桌上兴奋地向爸爸妈妈讲述了这段“画廊奇遇”。

在美国的堂上课下，我有时会用青艺的剧照和我的童年经历讲述中国戏剧舞台的演绎和艺人生涯，使我的教学与学生拉近了距离。我的有些美国学生曾说，这样没有父母呵护的、集体生活中的童年怎能幸福，在我们这里，你的父母会被怀疑为“忽略儿童罪”。于是，我又要费些口舌“忆苦思甜”，以妈妈的舞台生涯为例，讲述优越的社会福利使她能够摆脱四个子女的家务重负。当然，妈妈也会承认，能享有那样优越的医保和托儿福利的人们是幸运的少数；但对比她 1949 年以前毫无保障的演艺生活，新中国的确为妇女——至少是部分妇女——提供了一个扮演自己性别角色的舞台。记得二十几年前，我应邀到就读研究生的母校印第安纳大学今西性研究所（Kinsey Institute）作有关中国妇女问题的演讲时，听众们对我选放的 20 世纪 50 年代初期新中国妇女识字扫盲、送子女入托的宣传画很感诧异。同时期的美国妇女也会羡慕这种几乎免费的、社会主义福利。当然，我没有把新中国的妇女生活描绘为天堂，她们在争取自身解放的道路上也会经历艰难与挫折。我会讲到这一点，但这不是我讲演的重点，因为我的有些听众早已在美国的传媒中读过不少有关“中国苦难妇女”的故事。我会把重点放在一些常被“历史”遮掩了的一面上。我始终认为，在美国所讲的中国应更“接”本土文化的“地气”，而不是盲目地迎合西方的冷战思维方式，贬低社会主义国家的实践经验。

父母参与创作演出的《万尼亚舅舅》是新中国话剧艺术的一座丰碑。曾任中国青年艺术剧院第五任院长的石维坚曾对我和姐姐谈到，他50年代刚从上海到北京时最想看《万》剧，因为全国传闻是部好戏。当他看到妈妈扮演的叶琳娜从舞台右侧打着阳伞优雅柔曼地登台时，还是惊呆了："你妈妈的扮相太漂亮了，美极了，一个空前绝后的美人！""金山、路曦等老演员的台词艺术太经典了，可惜没有灌成唱片流传给后人。""《万》剧可以说是空前绝后，以后再也没有一部戏聚光着这么一组好演员。"[①] 当年曾在青艺工作过的戏剧评论家杜高先生在一篇纪念孙维世的文章中写道："1954年，我认为是孙维世和金山共同的艺术生涯中最辉煌的一年，也是上世纪中国话剧演出达到巅峰的一年。它的标志是契诃夫的悲剧《万尼亚舅舅》的完美演出。""这个戏由孙维世和苏联专家列斯里担任导演，金山扮演主角万尼亚，同台的还有极优秀的女演员路曦和冀淑平，极优秀的男演员吴雪和王斑。这是一台在舞台的完整性、艺术境界、情感深度、美和诗性的感染力上，都达到了极高水平的演出。它让观众真正享受到了话剧的魅力。"[②] 杜高先生在文中还深情地回忆了当年《万》剧在中南海怀仁堂为中央首长演出时的盛况：

> 这晚的演出使我难忘，太动人了。我至今还记得戏的最后一个场面：乡村回到了往日的宁静，传来巡夜的更声和六弦琴声。万尼亚伏在小桌上，埋头拨打算盘，写着账目。他的侄女索尼娅靠在他的身旁，望着远方，轻轻地说："可怜的舅舅，您哭啦。您一生没有欢乐。我们会有休息的，我们会听到天使的歌唱，看到灿烂的光辉，会有的，会有的……"她的声调是那么甜美，观众安静地沉醉地听着。
>
> 大幕慢慢地闭合。片刻后，爆发了观众的掌声。大幕重又展开，演员们一个个走到台前向观众致谢。唯独万尼亚还伏在桌上，拨打着算盘。大幕再次闭合，观众掌声不停。大幕又拉开了，万尼亚还在伏案工作，这一切都没有让他惊醒。直到第三次大幕打开，他才醒过来，回到了现实。金山站了起来，显得十分疲惫，他慢慢走到台口向观众鞠躬。周总理带头站了起来，用掌声向他致敬。
>
> 这个场景是这样强烈地感动着我，深刻地保留在我的记忆里。它使我看到了一个演员是怎样全身心地沉潜到了戏剧的情境里，一个演员是怎样融入角色，真正地达到了忘我。

与这样一台精英演员同台演戏，妈妈的艺术成就显然得益于苏联专家以及孙维世、金山等为首的团队，但也与她本人在"艺术转型期"的勇于追求与不懈努力分不开。1950年，妈妈接受了在苏联名剧《保尔·柯察金》中扮演青年保尔的革命恋人、红军指导员丽达的任务。从来没有带兵打仗经历的妈妈，开始时曾"万分恐慌"，她连写了两份《角色自传》，排戏时仍感到"束手无策"；直到阅读了联共党史和得到孙维世导演的启发后，才终于拉

① 引自陈非比、陈小眉2015年12月21日采访石维坚的文字记录。

② 杜高：《忘不了的孙维世——读〈唯有赤子心〉》，《国家话剧》2014年第1期。

《万尼亚舅舅》第一幕剧照（杨迪先、游振国摄）

左起：阿斯特罗夫（吴雪饰）、万尼亚（金山饰）、苏尼亚（路曦饰）、叶琳娜（冀淑平饰）

导演：孙维世　艺术指导：〔苏〕普·乌·列斯里　布景设计：陈永倧、范思廉近了自己和丽达这个红军指导员之间的距离。特别是在听了廖院长所做的悼念任弼时同志逝世的报告后，妈妈才第一次感受到什么是为革命出生入死的战友情深，多少“懂得了一颗战斗的火热的心”，才能进入角色，表现出丽达痛失战友于疆场的悲情。

著名评论家王朝闻先生在为金山的名著《一个角色的创造》[①]所作的《序》中写道：“金山回顾他在重庆对屈原的创造，说他曾有过不知其所以然的认识过程，说他老是觉得心中无底，忐忑不安……在创造角色的活动中，不论经验多丰富的演员，假若他根本没有这种心中无底的过程，未必是他很有才能的表现。提出问题当然不等于解决问题，但是只有善于提出问题，才有可能创造性地解决它。”[②]同样，曾经“心中无底”的妈妈，在50年代初青艺火热的生活中，通过白凌、雷平等具有革命战争经历的同行们的帮助，认识到只有熟悉历史，达到艺术与思想的结合，才能演出有鲜活生命的人物。

丽达这个小角色使妈妈有幸了解革命的大人生，它是妈妈在青艺经历转型期步入革命舞台的一个有意义的起点。可以说，没有当年《保尔·柯察金》中那个稚嫩的丽达，就没有后来光彩照人的叶琳娜和娜拉。

与有关丽达的角色创造那幼稚、简单的文字形成鲜明对照的是，妈妈在排演《万尼亚舅舅》时，在仓促上阵的、紧张的两个月中，竟然写下了洋洋洒洒61页的角色创造笔记《叶琳娜》！妈妈扮演的叶琳娜是金山扮演的万尼亚的“梦中情人”，她那详尽、流畅的文字从叶琳娜的视角补充了金山撰写的《一个角色的创造》的舞台体验，为我们留下了一份珍贵的资料，也让我们了解到：一个热爱舞台的年轻话剧演员，在苏联专家和孙维世、金山等前辈的指引下，曾如何认真严肃地学习、实践着斯坦尼斯拉夫斯基表演体系；如何精心思考并撰写着一个角色的家庭和背景，如何把一个角色从开场前的“幕前戏”，场上的内心活动，以及场下的幕间戏乃至闭幕后的情景等等，都生动、具体地展现出来。妈妈的这些案头工作，为她在舞台上贯穿始终的台词、形体、眼神等一招一式做了深入细致的分析研究，使她能合理而又清晰地体现人物的整体情感、行为走向的内在逻辑。作为三个男人角逐的中心，妈妈在舞台上激情地演绎了叶琳娜与阿斯特罗夫医生短暂而炙热的爱情，对深情而无望地热恋着自己的万尼亚的歉意和惋惜，对不曾真心爱过的丈夫的厌倦、无奈与绝望；塑造了一个具有俄罗斯风情的富有魅力而又令人同情的女性形象。正如柯岩在她颇为专业的剧评中指出的那样：“冀淑平同志很好地体现了剧本所要求于叶琳娜的美丽和女性诱惑力。”[③]

---

① 金山：《一个角色的创造》，中国戏剧出版社 1957 年版。

② 王朝闻：《序》，金山著《一个角色的创造》，中国戏剧出版社 1957 年版，文前第 2 页。

③ 柯岩：《谈〈万尼亚舅舅〉的演出》，《光明日报》1955 年 4 月 2 日。

1956年，为纪念世界文化名人易卜生逝世五十周年，妈妈又成为在中华人民共和国成立后扮演娜拉的第一人。中国话剧史中曾谈到至少三个著名的“娜拉”：曹禺就读南开学校时女扮男装的娜拉被认为是中国舞台上较早的娜拉之一；江青在上海滩一举成名的娜拉使1935年成为中国戏剧史上的“娜拉年”；冀淑平1956年扮演的“青艺娜拉”则是现代话剧史中承上启下、继往开来的经典之作。在短短两三个月时间中，妈妈彻夜不眠地思考着人物创造，撰写着角色笔记，带着肺部的结核病痛，冒着酷暑挥汗如雨地排练。全剧组的共同努力终于使这次纪念演出取得成功。戏剧评论家王正曾这样评价《娜拉》的演出：

> 由于吴雪实地考察了娜拉的国度，了解了那里人民的生活状况和社会历史演变，特别是他拜访了易卜生故居，观摩了易卜生剧目的演出，对易卜生剧作的社会背景、作家的思想和风格都有了更加深入和具体的感受，因而他所导演的《娜拉》，应该说是中国舞台上至今最为完美和深刻的一次演出。整个戏朴素无华而又富有特色，每一个细节都颇具匠心。观众所看到的是一个美满家庭的日常生活，然而透过这表面的平静使你深感隐藏在资产阶级家庭内部的危机。没有一点矫饰和做作，一切都显得自然和真实。然而那不可调和的矛盾和无法摆脱的危机的步步推进，真使你内心震颤，喘不过气来。吴雪倾注心力在人物性格的刻画上下功夫。冀淑平饰演的娜拉，于村饰演的海尔茂，杜澎饰演的朗克，白凌饰演的林敦太太，姜祖麟饰演的柯洛克斯泰，都达到了含蓄而不温，外在平和而内在鲜明。他们各具特色，同时又都以生活中的典型形态呈现于舞台。他们之间的纠葛和解脱，构成了整个戏剧，具有深刻的社会意义。①

青艺版《娜拉》的演出影响深远。40年后，作为当年娜拉的扮演者，妈妈应邀出席了挪威王国驻华大使馆等单位于1995年在北京举办的“易卜生学术研讨会”。年逾古稀的妈妈在大会上声情并茂的精彩演讲，给与会的挪威戏剧家带来极大的惊喜；第二年他们便热情邀请她出席’96易卜生国家戏剧节。于是，在姐姐的陪同下，73岁高龄的妈妈毅然远赴挪威——她曾是挪威戏剧家的“中国女儿”，她要亲口告诉易卜生的故乡：中国的娜拉回来了！在挪威首都奥斯陆，她作为唯一的特邀嘉宾在戏剧节开幕式上致辞，这是她的光荣，更是青艺和中国戏剧家的荣耀。伍平曾对此评论道：“《娜拉》演出于1956年，而40年后的1996年，挪威还邀请娜拉的扮演者冀淑平访问作者易卜生的家乡，受到挪威人民的欢迎，把她当作两国人民友好的使者。”② 在收入本书的《挪威纪行》一文中，妈妈激情满怀地全程记录了这次美好的艺术之旅。

---

① 王正：《路漫漫其修远兮 吾将上下而求索——吴雪传》，林克欢、杜宁远主编《吴雪七十年的戏剧生涯》，中国戏剧出版社2001年版，第230—231页。

② 伍平：《回忆吴雪在“青艺”的十七年》，林克欢、杜宁远主编《吴雪七十年的戏剧生涯》，中国戏剧出版社2001年版，第283页。

我在美国教中国的课堂上和学术会议讲演时，人们曾惊叹摄影家曹西林先生等拍摄的《娜拉》的精彩剧照，使后人能有幸看到当年青艺舞台上的华美设计和艺术家们传神的互动；本书中由姐姐精心编撰的《图说〈娜拉〉》一文，生动地诠释了这些珍贵剧照的丰富内涵。在 2016 年瑞典首都斯德哥尔摩召开的国际戏剧研究学会年会上，几位外国专家还记得在挪威易卜生故居纪念馆中悬挂的多幅妈妈扮演《娜拉》的剧照，建议我把父母有关的角色创作分析及舞美设计原图捐献给国际易卜生研究中心，以便让世界各地的学者有机会研究这出冷战时期社会主义国家阵营中享有盛名的易卜生戏剧演出。

冀淑平在 '96 易卜生戏剧节开幕式会场入口处的留影
青艺版《娜拉》演出介绍是那里唯一的展板

幸运而有趣的是，2017 年 10 月，我也接到挪威奥斯陆大学易卜生研究中心的盛情邀请，于 2018 年 9 月在易卜生家乡 (Skien) 举行的第十四届国际易卜生研究年会 (The XIV International Ibsen Conference) 上，做了题为《中国的易卜生与美国课堂上的中国命题》的主旨讲演。作为大会的第一位首席发言人，我向来自世界各地的数百名学者讲述了我的那一版“中国故事”：三十多年在美国教中国的课堂上，我用妈妈出演《娜拉》的光彩照人的剧照，先把遥远的中国故事拉近到学生身边，再讲述从民国、新中国，到新时期诸时代娜拉“移居”中国的历史。我讲到胡适 1919 年在《新青年》上翻译介绍《玩偶家庭》的初衷，鲁迅 1923 年“娜拉走后怎样”的尖锐提问，以揭示娜拉“不是堕落，就是回来”的命运。由此展开，我讲到对话剧形式的多重解释与借用如何勾勒出了民国时期复杂、多样的文化图景；而在新中国，青艺、人艺等的众多艺术家共同建立的戏剧大厦，又如何使“五四”时期“走向民间”的话语变成为工、农、兵服务的大众戏剧的现实。用家庭故事讲活戏剧史与现代史，使我的学生更加关注妇女、家国与文化的世界性，体会到几代中国剧人对世界文化遗产的独特奉献，以及他们对人类共同追求精神财富的希望之旅、成就之赞。

曾任挪威奥斯陆大学易卜生国际委员会主席的香港知名学者谭国根教授，在应笔者邀请为本书撰写的论文中谈到，1956 年中国要排演易卜生的《娜拉》须解决的难题之一，是“要有一个女演员扮演娜拉，她既可以扮小云雀，也可以与海尔茂对垒，而且在对垒的时候要在视觉效果上产生高大的舞台形象，压倒海尔茂”。而“冀淑平是很能胜任娜拉角色的演员”，“以冀淑平的表演配合巧妙的美术设计，便可以营造出感人至深的舞台视觉效果。”

谭教授认为：“1956 年中国青年艺术剧院《娜拉》的演出，足以媲美 1879 年哥本哈根和 1904 年圣彼得堡的演出”，是“世界三大原著经典演出的典范；在舞台设计美学和演出美学上都达到了很高的水准，把易卜生原著中的戏剧性发挥到极致。”（见本书谭国根《世界级原著经典演出——1956 年中国青年艺术剧院〈娜拉〉的舞台设计及表演美学》。）在与会的挪威奥斯陆大学著名教授、人文学院院长 Frode Helland 的专著《实践中的易卜生》（*Ibsen in Practice*，Bloomsbury Publishing，2015）中，则从另一个角度，即通过对当年挪威使馆和中方文化互动的原始资料的梳理，分析了 20 世纪 50 年代冷战时期，《娜拉》的演出如何独树一帜地打破坚冰，既为中西方文化交流作出独特的贡献，又巧妙地衔接了“五四”传统与共和国的戏剧精神，并“在艺术上和观众反响方面都取得了巨大成功”。（见本书 Frode Helland《〈娜拉〉：1956 年在北京演出的〈玩偶之家〉》。）

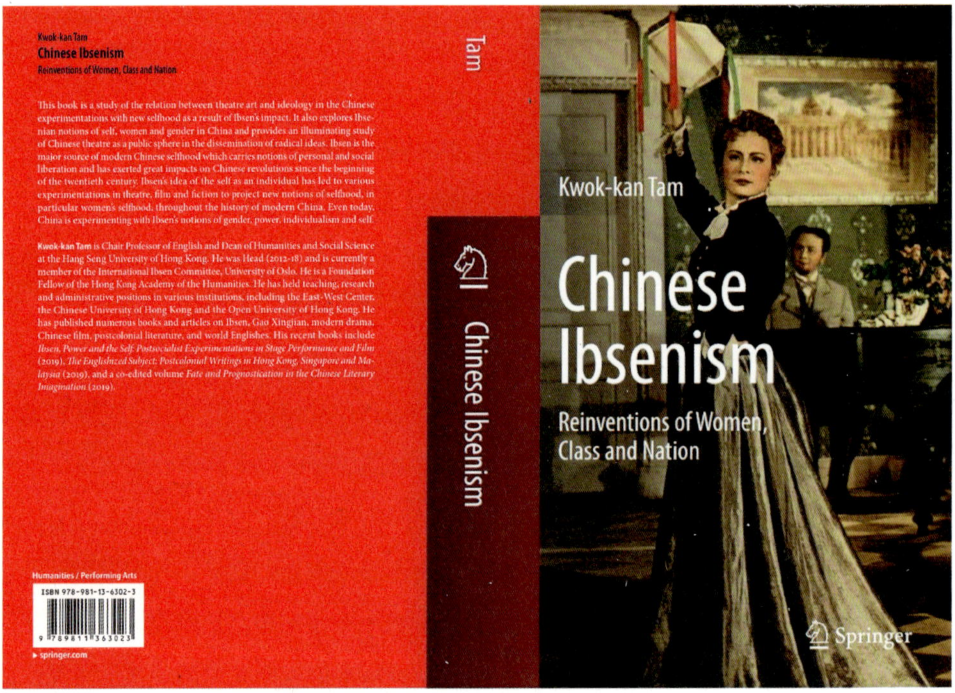

《中国易卜生主义：妇女、阶级、国家的重塑》一书的封面
谭国根教授提供

后来，我欣喜地得知，谭国根教授把妈妈那张手持铃鼓的《娜拉》的著名剧照，全景刊用在他新出版的学术专著《中国易卜生主义：妇女、阶级、国家的重塑》（*Chinese Ibsenism：Reinventions of Women，Class and Nation*，Springer，2019）的封面上。谭教授在与姐姐的通信中说，他这样做的目的“是希望世界各地的易卜生专家都可以看到冀女士扮演的娜拉形象已经成为舞台典范”。

（二）

与妈妈的舞台形象相映同辉的是爸爸的舞美艺术创作。爸爸担任了以上谈到的三部作品的舞台美术设计，而他的工作涵盖了青艺当时的若干个第一。他参与了青艺建院后上演的第一个大型剧目《爱国者》的设计工作，本书收入的该剧的设计草图展示了爸爸民国时期积累的艺术功底在青艺初创期得以发挥。该剧说明书的文本也体现了民国时期与新中国的衔接：我们看到的不是后来常见的“剧情介绍”，而是民国时期常用的“《×××》本事”以及“《×××》第一次公演”；这些用词沿用了剧专历届公演时的习惯用语。爸爸担任设计的《保尔·柯察金》（又名《钢铁是怎样炼成的》，编剧：〔苏联〕班达连柯）是青艺上演的第一个外国名剧。收入本书的《愉快的回忆》，是爸爸完稿于1951年2月的有关《保》剧装置设计的个人总结，其中提到该剧的设计工作曾三度创作，最后在孙维世导演的启发下，调动了以往的艺术积累，试图将他熟悉的“旧现实主义”手法运用到他并不十分理解的“新现实主义”创作之中。更准确地说，爸爸直接参与了新中国、新艺人建构“新现实主义戏剧”的实践。他秉承不拘泥于“历史的真”而强调“艺术的真”的理念，在开场中用一棵典型的白杨树营造俄罗斯风情，以着力表现出“无穷的力量”。谈到自己的创作意图时爸爸强调，要有发展、有重点、有对照，要体现细节服从整体的思路，要从色彩、线条、画面结构等方面处理设计原理中均衡、层次、节奏等问题，以体现从战争年代到新生活的转折，“以期清晰明朗、一目了然，造成一条向上的有发展的道路”。爸爸还以乐观主义贯穿始终，认为这才符合新现实主义三要义，以表现苏联原创导演所要求的“光明的远景”。

作为爸爸走进青艺后第一个独立设计的剧目，《保》剧的舞美创作受到好评。后来担任青艺院长的吴雪称，《保》剧的“舞台设计上更为大家所公认。它不仅创造了俄罗斯的情调，并且带来了浓郁的生活气氛”。[①]

爸爸关于《保》剧的总结，向我们展示了一个中国话剧史中不曾谈到的有趣现象：20世纪50年代初，刚刚从旧中国步入新中国的艺术家们，不是在理解了新的文艺理论后再进行创作，而是借助于以往的积累与经验，先把舞台与人物立起来，再遵循所谓“新”的艺术理论为自己和他人图解新理论对实践的影响。这使我们从一个侧面看到青艺初建时期如何在创作手法上传承“五四”以来的现实主义传统，为新中国所提倡的社会主义现实主义创作道路投石问路。

---

① 吴雪：《〈保尔·柯察金〉的角色创造》，林克欢、杜宁远主编《吴雪七十年的戏剧生涯》，中国戏剧出版社2001年版，第24页。

《万尼亚舅舅》第一幕设计图（陈永倞、范思廉设计）

引自全国舞台美术展览办公室编辑《中国舞台美术》（中国戏剧出版社 1986 年版）

感谢中国国家话剧院的工作人员为我们提供了爸爸这份宝贵的原始档案。遗憾的是，岁月的流逝使我们无法找到更多剧目的设计总结，尤其是在中国舞美设计史上颇具影响的《万》剧和《娜》剧。（两剧也都是剧作者名著在新中国的首演。）但从国家话剧院提供的一份关于《万》剧舞台设计座谈会的记录中，我们还是依稀可见爸爸对该剧舞美设计的精心追求。在解释了设计图纸后，爸爸希望相关人员体验生活，例如观察树木在阳光照射下的色彩反光，并研究如何表现以“达成舞台上的真实”。[①] 采访青艺前院长石维坚时，他也谈到爸爸主持的《万尼亚舅舅》舞美设计：后景中极有纵深感的杨树林，看起来很远很远，给人的印象十分深刻。其实那是一个未经改造的老舞台，台深才 11 米，现在看来实在太可怜了，说明青艺的舞美设计和绘景是全国一流的。[②]

从《〈万尼亚舅舅〉舞台设计座谈会》的记录中我们还能看到青艺早期艺术创作严谨流程中的几多有趣的细节：副导演肖崎要求道具、效果、服装、装置等部门派专人每天到排演场跟戏，珍视难得的向苏联专家学习的机会，并提醒舞美人员不仅要严肃工作，而且要着装整洁；他“为建设我们的剧院而努力”的结束语，体现了那个时代青艺人的归属感与责任心。

而在《娜拉》的创作过程中，爸爸与段纯麟等同仁挑灯夜战描绘出舞美、道具、服装设计的蓝图，和舞工队的师傅们一起创造出后来载入艺术史册的、充满诗意的舞台。李畅教授称，爸爸“设计的《娜拉》只一个景，但这个内景可谓是增之一分则太肥，减之一分则太瘦。它的平面构成，几乎成了经典”。（见本书李畅《怀念恩师陈永倞先生》。）

---

①《〈万尼亚舅舅〉舞台设计座谈会》（1954 年 7 月 4 日，原始记录），中国国家话剧院提供。

② 引自陈非比、陈小眉 2015 年 12 月 21 日采访石维坚的文字记录。

关于这个“经典”设计作品，我们今天所能见到的爸爸自己的解读，只用几十个字就一笔带过了：“这剧三幕一景，为便于调度，道具陈设做了些变化，以示事件和人物情感的演变；主要还在房门的位置和深度的处理。”（见本书陈永倞《莫道创业艰苦路——青艺舞美工作漫记》。）而香港著名易卜生研究学者谭国根教授则指出，在这“貌似‘轻描淡写’的记述背后，蕴含着陈永倞深邃的设计理念和他驾驭舞台空间的超凡能力”。谭教授从视觉艺术的角度，深入探讨了这出戏的舞台美学，高度评价了《娜拉》的舞美设计成就。他指出，爸爸的设计“既忠实于原著，又有大胆的创新”，将“本来一个二维的平面舞台”，“变成一个三维的立体演戏空间”，巧妙营造出不同的舞台氛围，“从而使人物之间的矛盾和冲突更加鲜明，也更加容易引起观众的共鸣”。（见本书谭国根《世界级原著经典演出——1956 年中国青年艺术剧院《娜拉》的舞台设计及表演美学》。）

作为青艺主持舞美设计工作的负责人之一，爸爸曾参与组织舞美团队逐渐形成“圆桌会议”的传统，他的艺术实践与集思广益的团队精神相得益彰。曾任中国舞台美术学会会长的薛殿杰曾坦言：“舞台美术从业人员，大多是默默无闻、埋头苦干的人，舞台美术幕后角色造就了低调，甘于寂寞，常常自我边缘化，甘为他人做嫁衣裳。这种创造精神，艺术品质，是相当可贵的。”[1]

这种团结向上，多出戏、出好戏的精神也体现在 1958 年爸爸担任《红色风暴》舞美设计时和他的团队的努力之中。《红色风暴》是由著名戏剧家金山兼任编剧、导演、主演的一部红色经典，集革命历史题材、工运题材、工农兵戏剧等于一身，真实地、艺术化地再现了著名的 1923 年江汉铁路工人大罢工的悲壮历史。在《红色风暴》的设计中，爸爸强调既要表现出历史的真实，又要具有“史诗”的艺术性。经过三稿创作之后，爸爸用简洁、干练的手法，设计了第一景中铁路工人零落残破的庭院；第二景中布满铁丝网的江岸车站禁地；第三景中军阀吴佩孚的顾问白坚武“状侯门似海，深不可测”的汉口寓所……以及第七景中巍然耸立的电线杆和林祥谦烈士英勇牺牲时的满台红光。[2] 爸爸感谢导演金山、美术顾问张正宇的指导，感谢

《红色风暴》剧照（曹西林摄）
引自张健钟主编《半个世纪的舞台历程——中国青年艺术剧院 1949—1999》

① 薛殿杰：《名符其实的“档案”》，为蔡体良著《WM 档案》所作之序，中国戏剧出版社 2012 年版，文前第 2 页。
② 陈永倞：《〈红色风暴〉的设计工作》，《戏剧报》1958 年第 10 期。

其他设计者和师傅们以及全体制作、演出同志的通力协作，使这出六景大戏仅用五天半时间完成了制作任务，并且只用了通常费用的十分之一。直到今日，戏剧评论家余林老师谈到这部戏仍激情满怀地指出，由金山、吴雪、于村、石羽等青艺一批老艺术家倾情打造的《红色风暴》，是一部可以进入中国话剧百年史册的作品，它以诗化现实主义为基础的革命浪漫主义为显著特征；而《红色风暴》的设计者对金山的创作思想心领神会，为这部作品提供了诗化现实主义的舞台景观，这是使之成为经典的重要因素；《红色风暴》的舞台设计也由此成为陈永倞最具代表性的作品之一。[①] 蔡体良也曾撰文指出："该剧的布景虚实结合，以点代面，以局部代整体，藏露、隐显互映，在当时是出类拔萃的，是突破了颇有一边倒的写实框架的。这与金山的导、表演风格一拍即合。"[②]

爸爸的艺术才能和埋头苦干的精神显然得到领导和同仁的赞许。《中国戏剧》1960 年第 3 期曾报道，[③] 当年 2 月 3 日，中国青年艺术剧院举行了"立标兵、赶标兵比武大会"，会场里锣鼓喧天，满墙贴着红绿标语。舞台当中竖着一块光荣榜，贴着十一名剧院标兵的照片，他们是：邓止怡、路曦、孟庆良、高维启、曹灿、陈永倞、贺群、陈振旺、王松美、康启荣、张淑华。我至今仍清楚地记得当年六岁的我看到爸爸标兵照时的心情：既为年轻英俊的父亲感到自豪，又告诫自己，不要因爸爸的荣誉而骄傲自大，要像爸爸一样做一个优秀的人。

爸爸在青艺建院最初十年取得骄人的成绩绝不是偶然的。爸爸在剧专主攻舞台美术设计兼学导演，后又留校教学。正如蔡体良老师所说，爸爸在剧专时期"已穿梭于这些学科之间，了如指掌，互融互汇，铺垫了他日后创作的重要基石"。所以，"陈先生首先是位戏剧家，他对舞台美术的创作是作为戏剧家的投入"。他的设计，"特别注重对剧本的分析、理解，对戏剧思想总体的把握。这种优势或者说创作特点，使舞台美术的形象真正达到了'戏剧思想外部形象的体现'"。[④] 李畅教授也说："永倞老师是设计师，他自觉地永远不离开戏，不离开舞台，他永远生活在导演与演员之中。"（见本书李畅《怀念恩师陈永倞先生》。）

在收入本书的长诗《四十五年容漫忆》中，爸爸记述了他和他的团队"早年曾作敦煌行""尽日观摩莫高窟"的情景；他们远走甘肃敦煌采风，从唐代壁画艺术中得到的启发与教益，成为日后他与张正宇合作创作《文成公主》的灵感和依据。1963 至 1964 年，爸爸与毛金钢、盛锡珊等同仁合作设计的《霓虹灯下的哨兵》《迎春花》《丰收之后》和剧院的其他剧目，代表了青艺 20 世纪 60 年代大演"工农兵戏剧"的全盛时期。

① 引自陈非比 2021 年 2 月 20 日采访余林的文字记录。

② 蔡体良：《心潮起伏意拳拳——陈永倞同志访谈录》，《舞台美术家》1994 年第 10 期，第 26 页。

③ 默：《立标兵赶标兵——记青艺的"立标兵，赶标兵"比武大会》，《中国戏剧》1960 年第 3 期。

④ 蔡体良：《心潮起伏意拳拳——陈永倞同志访谈录》，《舞台美术家》1994 年第 10 期，第 25 页。

青艺于 1957 年 4 月首演，由海默编剧、郑天健导演，爸爸与刘俊民合作设计的《洞箫横吹》，同《布谷鸟又叫了》《同甘共苦》等剧一起，曾被后来的戏剧史学界称为是短暂而闪光的“第四种戏剧”之一。我在为《哥伦比亚中国文学史》所撰写的《二十世纪的中国话剧》这一章节中，曾评论了这个戏剧现象。[①] 这批 1956 年前后演出的批判现实主义戏剧，跳出了工、农、兵这三种戏剧模式的框架，勇于打破禁忌，批判社会主义时期滋生的官僚主义和干部特权。例如《同甘共苦》描写一位部级老干部与在农村的前妻及城里的后妻之间的感情纠葛，并涉及了“老干部遇到新问题”这一敏感主题，因而引起轰动，造成全国各剧团纷纷搬演的效应。青艺的这台《洞箫横吹》无疑是国家剧院的高水平演出，因而也不可避免地成为随之而来的反右运动中批判“右派戏剧”的对象。

尽管如此，爸爸与他的同辈艺术家还是会抓住一切机会，为话剧艺术陈言。据《戏剧报》记载，1959 年 3 月中国戏剧家协会召开了由田汉主持的戏剧座谈会，爸爸曾和话剧界前辈老舍、欧阳山尊等知名人士一起应邀出席。在谈到如何提高舞美设计质量时，爸爸认为，“政治作主帅，生活为后勤，技巧是武器”；但是，舞美的技巧与别的美术部门不同，别的可以专攻一项，而舞美包罗万象，什么都需要，就很不容易深入。爸爸希望各剧团要多总结，全国剧团之间要多交流，共同探讨提高艺术水平，并希望尽早出版一本《中国舞台美术发展史》以供学习、参考。[②]

爸爸在这次座谈会上的发言，从一个侧面反映了他对全国舞台美术事业的关注。事实上，审视 20 世纪 50 年代以来爸爸的从艺之旅，可以鲜明地看到两条并行不悖的轨迹——倾心于自己的“主业”青艺舞美创作，同时也热心于其他舞美相关工作。他积极支持文化部委托青艺举办的全国舞台美术训练班，热心参与中国剧协舞台美术方面的活动；他坦诚评说首届全国话剧汇演的舞美设计作品，认真兼任“中戏”舞美系教学、教师职称评定等工作；他还多次上书主管部门呼吁加强对舞美工作的重视、指导与帮助；等等。

晚年退休后，爸爸更是全力以赴与志同道合者奔走于中国剧协等文化部门，终于发起和成功召开了首次全国舞台美术理论座谈会并成立了中国舞台美术学会，爸爸被推选为副会长并主持常务工作。会后，爸爸又团结同仁积极筹备并于 1982 年冬成功举办了首届“全国舞台美术展览”，选自全国 3000 多个演出团体的 1000 多件展品，占用了中国美术馆全部 7 个展厅，历时 28 天观众达 20 万人次，盛况空前。记得上世纪 70 年代末在“北外”教书时我只有周末回家，但常看到爸爸与来自各方的舞美界同仁，共商筹建学会之大计。那时国家还处于短缺经济时代，家里没有电话，更没有手机；出门没有出租车，更没有私

①Xiaomei Chen, “Twenty-Century Chinese Drama,” in Victor H. Mair, ed., *The Columbia History of Chinese Literature*, New York: Columbia University Press, 2001, pp. 848-880.

②《戏剧座谈会讨论话剧发展》，《戏剧报》1959 年第 7 期。

家车；相互联系靠信函或公用电话，出门奔走靠挤公交……然而，这群五六十岁的艺术家却乐此不疲，他们穿梭于首都的大街小巷，执着地追逐着他们的梦想。

多年后，在爸爸简朴的遗体告别仪式上，一位身穿黑色大衣的长者驻足于爸爸身边久久不愿离去，曾给我留下深刻的印象。他是谁？他是在回忆当年与爸爸共同战斗过的岁月吗？编撰本书时我们得知老人家名叫朱鹰，当年曾在舞美学会工作过，是全国舞台美术展览会务组的负责人之一，后来又担任过舞美学会办公室主任，已在多年前离世了。前不久，我们在爸爸的遗物中发现了朱鹰与爸爸共同工作的诸多印记，其中一份《申请1984年活动经费报告》所附的经费预算表就是由朱鹰制表、爸爸抄录的。这份资料真实地反映了学会初创时期的艰辛：由于“长期未解决编制问题，又无经费，开展工作十分困难”，在面临理事会改选和修改会章之际，特“拟请文化部拨款壹万壹仟玖佰元……”在那份《中国舞台美术理事扩大会议预算表》中详细列举了这1万多元的依据：10天会议，与会代表120人，每人每天住宿费4元，伙食补助1元；交通费、观摩费、会议室租用费……1985年8月，舞美学会全国理事代表会终于成功召开了；此前半年多曾罹患严重心梗愈后不久的爸爸，扶杖出席了这次会议，并欣然赋诗《忆江南》两首向大会表示祝贺，给与会的同行们带来了一份惊喜。就在这次大会的闭幕式上，新任会长薛殿杰代表新的学会领导班子宣布：“聘请孙浩然、陈永倞为学会名誉会长。”

自那年从副会长的岗位退下来直至辞世的十几年间，“赋诗以贺”就成了爸爸心系“学会”的另一种常态。在本书的组诗《“学会”礼赞》中，写于1985年以后的诗词就有十数首；直到1999年3月，在爸爸的《诗钞》上还写有一首《浣溪沙·九九灯节学会茶会颂》。

事实上，“‘学会’诗”仅仅是爸爸诗作的一部分。刘厚生叔叔曾写道：“我剧界擅韵语者自田汉前辈起代不乏人，唯舞美方面似尚少见，永倞学长其率先者乎。”[①] 余林老师在为本书所作的《跋语》中也说，“陈永倞是在诗中度过了一生。”在编撰本书的过程中，哥哥对爸爸创作的诗词进行了重新挖掘和整理：十数本诗钞手稿、零星的“夹片”，连同1996年出版的《陶然吟——陈永倞诗词选》，唤起了哥哥年轻时与爸爸朝夕相处的温馨记忆，他为本书撰写的万言长文《爸爸与诗》和精心选编的永倞诗钞《诗苑漫步》，向我们生动展现了爸爸的诗化人生。

“老去年华何所惧，舞台上下六十秋。赤子有心终未老，志方酬。”这是爸爸作于1995年10月的《摊破浣溪沙·铭志》中的诗句。是的，正如前中国舞台美术学会会长蔡体良在纪念中国舞台美术学会成立30周年上的讲话中所说，爸爸他们那代人默默无闻的奉献，永远令后人难以忘怀。[②] “陈永倞先生不仅为一个国家剧院的舞台美术建设奠定了

① 刘厚生：《序》，陈永倞著《陶然吟——陈永倞诗词选》，时事出版社1996年版，文前第4页。

② 蔡体良：《“纪念中国舞台美术学会成立30周年”上的讲话》，蔡体良著《WM档案》，中国戏剧出版社2012年版，第164页。

一个坚实的基础，是一个国家剧院舞台美术的总顾问和开创性人物之一，从他任中国舞台美术学会副会长、名誉会长等职还表明，他也是新中国舞台美术界的一位代表性人物。代表一个时代，代表一个时代的创作。”[①]

时至今日，爸爸拓荒舞美之路的足迹，竟然还能在2013年发表的一篇学术论文中寻觅到：根据李丹青的回忆，20世纪50年代初期，东北人民艺术剧院排演话剧《曙光照耀莫斯科》时，“特邀北京舞美专家陈永倞设计指导。他按著名导演万籁天的要求，按苏联斯坦尼的理论体系，即写实主义精神制作。舞美队按要求画出符合生活真实的草图，并按真实空间的投影原理从平面到立体翻图，舞台形象要求真实、细腻、漂亮，并讲求生活依据和配合剧情。这些都可以在斯坦尼理论体系中找到印证。《曙》剧舞台美术取得了极大的成功。一花引来百花开”。[②]

（三）

1962年，妈妈在法国喜剧《费加罗的婚姻》中扮演了主要人物之一——伯爵夫人，这可以看作是她演绎外国名剧女主角“三部曲”的最后一部戏。这部戏演出于1962年3月在广州召开的全国话剧、歌剧、儿童剧创作座谈会（史称“广州会议”）之后。爸爸和妈妈都参加了这次著名的会议，亲耳聆听到陈毅元帅为知识分子“脱帽加冕”的讲话，即脱掉资产阶级知识分子的帽子，加上无产阶级知识分子之冕。[③]会上，陈老总对人民艺术家们的“行脱帽礼”，曾使文艺界如沐春风，让青艺人更加振奋；他们1962与1963两年间共有十二台大戏上演，有些剧目还分为多组演职员同时在各地演出，仍一票难求。

1963年是妈妈成功地主演现代戏的一个转折点：在《远方青年》中饰演了一位天真热情的维吾尔族姑娘阿米娜。她“在多年养病之后重登舞台，创作了这样一个当代维族姑娘纯洁优美的形象，显示了这位老演员对现实生活的可贵的热情”。[④]大学毕业后阿米娜与相恋情人艾利一起来到哈萨克牧区这个年轻人可以大有作为的新天地，而艾利的狭隘妒忌、对艰苦工作的畏惧情绪，使阿米娜逐渐更倾心于踏实苦干的沙特克——他像一只草原上的雄鹰，扎根于人民中间，成为阿米娜人生道路上的楷模。《远》剧是那一时期“文艺为工农兵服务，为无产阶级政治服务”方针的产物，突出了“知识分子与工农相结合、与

① 蔡体良：《心潮起伏意拳拳——陈永倞同志访谈录》，《舞台美术家》1994年第10期。

② 李丹青：《从辽宁话剧舞台美术的发展看艺术理论的作用》，《才智》2013年第7期。

③ 鲁煤：《重视学术研究、推动戏剧创作》，中国戏剧家协会编《与新中国同行 中国戏剧家协会六十周年纪念文集》，第261—262页。

④ 左辛：《边疆三人行——〈远方青年〉里的三个青年形象》，《中国青年报》1964年1月4日。

生产实践相结合”的主题；而在戏剧结构上，则成功地传承了西方“佳构剧”(well-made play)的悠久传统。“五四”以来的话剧创作常常运用西方戏剧中以爱情纠葛为中轴的“情节剧”(melodrama)这个“瓶”，装上反偶像崇拜、反男权社会的“新酒”。这种用旧形式表现新内容的做法特别体现在话剧三大奠基人田汉、洪深和欧阳予倩的优秀剧作之中。《远》剧中含蓄而动人的、潜在的三角恋，别致的对白，情人之间诗一样的语言，为20世纪60年代开始逐渐消失的爱情剧保留了一片难得的空间，为观众留下了遐想的余地。一位剧评人曾谈到本剧结尾的神来之笔：当阿米娜与艾利决裂，追随沙特克走向艰苦遥远的大山时，吴军场长鼓励艾利：“你追上去还来得及”；艾利神色兴奋起来，双方无语片刻，大幕落下。孤独伤感的失恋者是否会追回情人，时代的落伍者能否改正错误追上同伴们的步伐？这种爱情纠葛与主题思想天衣无缝的结合，让观众有思考的空间，也给评论家和戏剧史学工作者留下多重解读的余地。记得当时才九岁的我，看完演出曾问过妈妈：“阿米娜还能和艾利和好吗？”妈妈笑着说：“那就让观众猜一猜吧。”

《万尼亚舅舅》叶琳娜，1954

《娜拉》娜拉，1956

《费加罗的婚姻》伯爵夫人，1962

冀淑平演绎外国名剧女主角“三部曲”①

① 剧照摄影（自左至右）：杨迪先、游振国，曹西林、游振国，曹西林。

《远》剧的另一突出特点是其“浓厚的新疆民族生活色彩，美丽含蓄的牧歌体语言”。① 正如那位剧评人所说：“它不仅在思想意义上使我受到教育”，而且在台词“语言艺术上使我感到是一种享受”；② 因为话剧是说话的艺术，演员们精彩的台词没有使他失望。

在《远方青年》中饰阿米娜，1963
曹西林摄

记得1965年，我在北京景山学校读小学四年级时，妈妈在新疆巡演《远方青年》，爸爸在河南参加“四清”。十一岁的我很想念父母，常坐在青艺宿舍东单三条院子里的大树下仰望夜空，数着眨眼的星星，猜测父母是否也能看到那同样的几颗？有趣的是，那一年，妈妈和我都上了报纸：《北京晚报》刊登了妈妈的《塔里木书简》，她对远方的友人诉说着新疆生产建设兵团的军垦战士和放弃城市舒适生活来疆的年轻人在沙漠荒原战天斗地的事迹，是怎样感动着她。我的作文《明灯》刊登在《人民日报》“六一”儿童节的副刊上。文章是这样开头的：“每当我乘着车子经过北海大桥的时候，看到那碧绿的中南海，和那中南海中点点的灯光，虽是一霎那间，却叫我深思许久……在全国，到处都能够看到灯光，然而最亮的一盏在北京，在首都的中南海。它是世界繁星中最明亮的一颗，是满园鲜花中最美丽的一朵。”

20世纪90年代，在俄亥俄州立大学东亚系博士班的课堂上，我曾以《明灯》为例，引导学生理解新中国以及我和我的同代人对“毛文体”的“贡献”。十一岁的我只有一个“文学梦”，而那时真诚欢歌的不仅仅是一个小学生：远在新疆巡演的妈妈从千里之外来信祝贺，鼓励我戒骄戒躁，做一个无愧于新时代的好学生；在云南昆明作毕业论文的姐姐在日记中写下了读妹妹《明灯》一文的感受。景山学校守门的校工爷爷多次用微笑迎接晨光中走进校门的我，挥动着来自祖国各地的信件。素不相识的大、中、小学学生真情地谈到他们的“读后感”，要和一个小学生交流写作经验和人生理想。“毛泽东思想光辉”的斑斓色彩是众人涂抹的。从这种个人和历史的角度出发，我所教的博士生比较容易进入到新中国十七年(1949—1966)的语境中，去理解那些“为新生活而歌唱”的艺术家和作品，从而更好地理解现当代文学史中错综复杂的继承、发展、断裂的现象。国内学术界对“红色经典”的关注以及大众文化中“红色旅游”的普及，使我感到自己的教学与研究并未远离中国的当代现实。看着青艺的现代戏和革命历史题材剧长大成人，出入位于东单二条的青艺剧场

① 左辛：《边疆三人行——〈远方青年〉里的三个青年形象》，《中国青年报》1964年1月4日。
② 吕江：《动人心弦的演出，绚丽多彩的语言——话剧〈远方青年〉观后》，《人民日报》1963年12月25日。

后门，以给妈妈送晚饭为借口溜进观众席“蹭戏”的亲身经历，无疑帮助我在美国教中国时，找到一个更加符合历史真实的本土立场、个体经历与多维视角。

（四）

“文化大革命”后期，青艺曾在复杂多变的环境中组织剧目，记得妈妈在《枫树湾》中扮演了一位支持1927年湖南农民赤卫军参加秋收暴动的贫苦老人王大姥姥，为这个极为普通的群众角色认真做戏，真情投入。“文化大革命”结束后，1979年青艺首演的社会问题剧《权与法》轰动一时，妈妈在剧中扮演女主角丁牧。丁牧“温顺却不软弱，柔中有刚”的个性，高知的身份和“独特的魅力”等角色特征，使妈妈可以依靠“本色演员”的优势去发挥、去创造；同时还可直接受益于她自身与友人的亲身经历。但是，作为一个把创造完美舞台形象视为生命的演员，妈妈仍然认真、刻苦、严谨地去做案头工作。她始终认为，案头工作，就是从自我出发体验人物的开始；之后，才能通过不断的排练逐渐把握人物正确的自我感觉。而“一旦掌握了正确的自我感觉，就能产生人物应有的反应（包括形体、语言、内心活动），就能生活在规定情境中去积极行动”。[①]

在这部戏中，妈妈继承了以往角色创造中“戏停情不断”的体验派表演手法，即使是背对观众没有台词时，也通过背影使观众感受到丁牧的复杂心境，并在上台与下台的不同步态中体现人物的内心活动。为了创造这个人物，妈妈到了废寝忘食的状态：丁牧像她的影子随时跟着她，妈妈又在随时找寻着她。在导演邓止怡和王培的带领下，妈妈与全剧组同仁一起激情洋溢地投入艺术创作之中，为一个充满希望的时代描绘出一幅“法制面前人人平等”的美好蓝图。本书收入了《权与法》剧作者邢益勋，导演邓止怡、王培的有关文章[②③]，旨在用“链接”的方式展现相关剧目的创作背景和戏剧传统，以从爸爸妈妈亲身经历的视角，看到青艺人集体书写的大戏人生，从一个侧面记录一部珍贵的青艺史。

《权与法》无疑是一部当时历史条件下上演的“切中时弊，发人深思、真实感人”的“宣传民主与法治的好戏”。[④]我在英文学术著作《正角登场：当代中国大众戏剧》中，曾着重分析了包括《权与法》在内的一批所谓“反‘四人帮’戏剧”(anti-Gang of Four

---

① 冀淑平：《我怎样扮演丁牧——〈权与法〉创作札记》，中国青年艺术剧院艺术资料编辑室编《艺耕集（续一）》，1984年版，第63页。

② 邢益勋：《〈权与法〉创作漫谈》，邢益勋著《〈权与法〉（四幕话剧）》，中国戏剧出版社1980年版。

③ 邓止怡、王培（执笔）：《〈权与法〉导演构思》，崔秀英编《戏剧之子 缅怀王培》，2013年版。

④《〈权与法〉喊出了人民群众的呼声——本市话剧界等称赞这是出宣传民主和法制的好戏》，《文汇报》1979年12月12日。

plays)，并将它们视为当代话剧异常重要的一个文学品种加以研究。[①] 据不完全统计，1979年，全国至少有62部话剧参加了文化部组织的向建国三十周年献礼的演出，其中有17部“反‘四人帮’戏剧”，16部“革命领袖题材剧”。前者揭露“四人帮”、声讨“文化大革命”苦难的主题，无疑得到“文化大革命”后新官方主流文化的赞赏与观众的共鸣；后者则将目光投向1949年之前的革命战争史，重笔重现“文化大革命”中被迫害的开国元勋们的戎马生涯。曾在1962年摄制的著名电影《燎原》中扮演以刘少奇为原型的工运领袖雷焕觉的青艺著名演员王尚信，在1977年青艺与武汉军区话剧团联合首演的《曙光》一剧中，又首次扮演贺龙。《曙光》以其强大的阵容与对现实生活的密切关注率先打造革命领袖题材剧，使青艺在新时期发轫期重振雄风，再次当之无愧地成为话剧界举足轻重的领军团体。[②]

由于特殊的历史契机，这两种类型剧作的演出无疑为话剧界带来了一个颇为短暂的“黄金时代”，而“社会问题剧”更成为那一时期最为流行的戏剧类型之一。作为当时方兴未艾的“反‘四人帮’戏剧”的一部分，青艺作家邢益勋创作的《权与法》，与众不同地把激烈的戏剧冲突放在1979年“现在时”的中国，并在台词中强调粉碎“四人帮”已经两年多了，为什么还会有曹达这样的贪腐高官，占据市委副书记的重要岗位，犯下“以权代法，陷害群众，追求享受，违法乱纪的可耻罪行”。[③]《权与法》既揭露了特权、腐败、官僚及其滋生的温床，又在正面人物罗放身上寄托了人民对新生活的希望。在文化部召开的《权与法》座谈会上，与会人员既肯定了该剧“艺术要干预生活”就“一定会触动一些人”，就“一定有人反对”；又尖锐地指出该剧其实并没有完成它“法大于权”的主题——“如罗放不去当市委第一书记，法便不能胜权”。[④] 针对当时文艺理论界正在激烈争论的社会主义文学中所谓“暴露文学”与“歌德文学”之间复杂而纠结的关系，《解放日报》发表的剧评指出：《权》剧所以好，就在于把两者的关系处理得比较稳妥，“告诉我们既可以大胆歌颂，又可以大胆暴露，但出发点与落脚点都必须是有利于人民的事业，而不是有损这个事业”。[⑤]

当年的媒体报道曾记录下这样的热烈场面：罗放面对自己的内弟、市委第二书记曹达专横跋扈、滥用职权的行为震怒地说：“不，绝对不允许！法律不是只为平民百姓制定的，

①Xiaomei Chen, *Acting the Right Part: Political Theater and Popular Drama in Contemporary China*, Honolulu: University of Hawaii Press, 2002, pp. 159-193.

② 张国军：《光彩照人——试谈话剧〈曙光〉贺龙形象的塑造》，《安徽师范大学学报：人文社会科学版》1977年第6期。

③《话剧〈权与法〉在沪上演》，《文汇报》1979年12月11日。

④ 黎之彦：《要坚决执行社会主义法权——文化部献礼演出办公室召开话剧〈权与法〉座谈会》，《光明日报》1979年12月14日。

⑤ 效平：《有感于〈权与法〉》，《解放日报》1979年12月22日。

在法律面前，决不允许有任何特权……你必须受到法律的制裁！”此时，观众报以热烈的掌声，有人甚至流下热泪，“表达了人民群众对加强民主和法治的渴望”。[①] 这里，观众用他们的掌声向我们提示该剧在哪一个层面上与他们的生命体验息息相关。

也许，《权与法》的社会价值只有在几十年以后的今天才能使读者、观众甚至剧作家本人充分认识到。该剧作者邢益勋在接受采访时曾回忆到，该剧当时上演了500多场，演红了大江南北，有时排队买票的人能从位于东长安街的老青艺剧场一直排到东单菜市场门口。但使邢益勋没有想到的是，“80年代过去得那么快，而《权与法》提出的问题，竟然一直也没有得到彻底解决”。30多年之后，“权大于法，还越搞越大，以权代法越来越严重”，“我们30年前没有解决的问题，如今反而更严重了。从这个角度说，《权与法》这样主题的戏，是迫切需要大力张扬的。”[②]

由于种种原因特别是“文化大革命”的动荡，妈妈在青艺有限的舞台生涯中只担任过四部戏的主角：深陷无望的婚姻之中不能自拔的叶琳娜，觉醒后出走的娜拉，毅然离开曾深爱着的恋人艾利的阿米娜，“文化大革命”中备受屈辱和磨难、拒绝钟情于她而品质恶劣的雷邦夫并终于挺身而出勇敢揭发曹达的丁牧。妈妈演绎的这四个截然不同的女性，尽管种族、历史、文化、背景，身份、心态与感情生活各异，但她们都与“娜拉式女性”有着千丝万缕的联系，都在不同程度上触及了社会问题剧中占有重要地位的一个类型——女性主义话剧。叶琳娜曾经历了短暂而炙热的爱情，但她不可能、也没有条件或勇气走出不幸的婚姻。娜拉终于认清了虚伪、无情的丈夫的真面目，勇敢地走出家庭，但留给观众的悬念是鲁迅式的提问：“娜拉走后怎样？”她会不会因为社会对女性的种种歧视与不公而无路可走，最终不得不重返家园？新中国的维吾尔族姑娘阿米娜得以大学毕业，并获得与男性平等的工作条件，她不必为家庭所累，而未来的人生道路上她又会遇到怎样的磨难与困惑？“文化大革命”后才获重生的丁牧失去的更多。50年代的理想与完美婚姻被反右派运动打得粉碎，“文化大革命”中与女儿的备受歧视使她痛苦、茫然；得到敢于反腐败、反贪官的好干部罗放的鼎力支持与鼓励，才使丁牧重新振作起来。然而，实际生活中有多少罗放式的“清官”？又有多少丁牧的姐妹们能真正获得重生与自由？

作为一个女性文化学者，我曾在《正角登场》一书第六、七两章中重点解读了20世纪80年代初期的女性主义话剧，主要是对青艺演员出身的知名女剧作家白峰溪的“女性三部曲”（《明月初照人》《风雨故人来》《不知秋思在谁家》）进行了详尽的文本分析，

---

①《话剧〈权与法〉引起观众强烈共鸣》，《解放日报》1979年12月11日。

②《〈权与法〉——一出从未过时的时代剧》http://www.lifeweek.com.cn/2012/0807/38163.shtml，2017年2月23日下载。

并讨论了西方女性主义戏剧与当代中国“女性戏剧”在意识形态、历史背景以及演绎形式之间的异同。与西方定义的“女性戏剧”不同，白峰溪的女性戏剧中总会呈现出当代社会中有关妇女解放、平等自由的极其矛盾的主流话语及其观念：既包含着性别自觉又包含着性别歧视；既带着霸权的因素，又有反霸权的声音。我认为恰恰是这些互相矛盾的成分塑造的戏剧形态，使“女性三部曲”成为艺术精品，其呈现的一个与西方社会不同的女性戏剧光谱，为20世纪八九十年代的女性剧作家群体做了一个表率。在经济改革的语境中，女性剧作家真切地体会到女性失去尊严和身份的尴尬，因而她们才更需要在舞台上再次出现女性回归家庭的描述，为女性寻找一种能够再次连结起个体与社会、公共空间的方式，以此恢复私人与家庭的领域。白峰溪用充满活力的女性形象取代了娜拉出走的旧话，描述了新时期女性面临的新挑战，同时也继续了“娜拉出走后怎样”的历史性话题与反思。她笔下的几位失落母亲实际上是当代中国女性自我反思和评估的过程，即她们作为自己命运的掌控者不愿再被看成是一个被动的指称——仅仅为了彰显出男性的主动性。这些女性不仅要在家庭中获得平等的地位，更要在社会生活中真正像男性同伴一样“撑起半边天”。

从妈妈创造的光彩照人的中外妇女形象到白峰溪新时期妇女问题的反思与决绝，都留下了青艺女性艺术家为话剧事业辛勤耕耘的足迹。

（五）

余林老师在为本书所撰写的《跋语》中指出：中国青年艺术剧院“是一个与新中国同龄的国家剧院，是新中国剧场艺术建设的初行者、拓荒者”；“要努力使剧院成为全国最好的剧院，要不断地有示范性的戏剧演出……”是廖承志为原中国青年艺术剧院制定的建院方针；廖院长这一建院宗旨“将大批的来自各方的艺术家聚成一股巨大的创造力量”，使他们到生活中“去寻找和锤炼自身的完善”“去领悟和深掘戏剧艺术的根源”；而“陈永倞冀淑平夫妇”“在寻找剧院国家规格的道路上”，“是精心的、勤奋的实践家”。

回顾爸爸妈妈在新中国几十年携手走过的岁月，理想主义始终是他们心中高悬的旗帜。细读他们建国后的一些手稿，有为社会主义戏剧大厦添砖加瓦的不懈努力，也有在所谓“思想改造”的道路上艰难跋涉的足迹，它们都见证着爸爸妈妈和同辈乃至前辈艺人的独特经历，也激励我在人生的道路上不断前行。

20世纪50年代初，与众多向往新中国的人们一起，他们拥抱新社会、新艺术、新人生，也面临着新的挑战。1950年妈妈在剧院接受第一个角色就遇到了巨大的困难——演惯了才子佳人的她面对《保尔·柯察金》中红军指导员丽达这个人物时，竟感到“束手无策”！

远在大洋彼岸，妈妈的剧照和爸爸的赠诗始终陪伴着我

这使她深刻认识到思想改造的必要性。1952 年底除旧迎新之日，妈妈真诚地解剖自己，回顾自己青少年时期遵从父命，只想靠本事吃饭；十五岁考入剧校也是为了满足自己的戏剧爱好；1949 年在金华参加三十五军文工团的部分原因也是为了找出路。是部队这个革命熔炉给予她大家庭的温暖，使她第一次看到世界上还有这样一批人，他们不为名利，不怕艰苦，一心为大多数劳苦大众的幸福而赴汤蹈火；她第一次懂得了做人的意义。此后，妈妈参演《万尼亚舅舅》取得成功，在写于 1955 年 10 月的一份“思想汇报”中，她诚恳地检讨自己迷信选中她扮演叶琳娜的苏联专家，以及成功后沾沾自喜的情绪，告诫自己要不断警惕个人主义抬头。参加 1962 年广州会议使妈妈深感振奋，干劲倍增。1964 年到新疆巡回演出《远方青年》等剧时，妈妈置身于边疆建设的火热生活之中，被无数平凡而又伟大的劳动者所感动，并“在极短的时间内”走上《豹子湾战斗》的舞台，创造了八路军四排长吴彩凤的形象，“在艺术创造上迈开了新的一步”。

“文化大革命”期间妈妈受到巨大的冲击。在一份报告中她曾写道：自己作为“三名三高”的“黑尖子”被赶下舞台；爱人被隔离审查，远在西安的父亲和哥哥也因莫须有的所谓“特嫌”问题先后入狱；大女儿远在云南，儿子和小女儿又上山下乡离家而去……但在困境中她没有消沉，没有气馁，终于迎来云开雾散的一天。这些人生经历成为她日后在《权与法》中创造丁牧形象的宝贵财富。

如果说妈妈的手稿表达了一个真诚的演员“入世”的参与意识，那么爸爸多年的思想“汇报”或“总结”，则从另一个侧面映照出 20 世纪曲折的话剧文化史及穿插其中的个人经历。早在 1950 年 6 月刚进剧院不久，爸爸就以《自传》形式详细汇报了自己解放前的经历，诚恳地表达了自己的决心：“要坚决地、老实地努力学习政治和业务，逐渐地改造，使自己成为一个真正的新文艺的工作者。”在以后的土改、赴朝慰问、下放农村、参加“四清”等活动中，他都用实际行动实践着自己的诺言：“在劳动实践的天平上称量自己”，谢绝人们的“照顾”克服严重的胃病和关节炎坚持“三同”，认真过“劳动关”；真诚与农民兄弟相处，终于实现了从“陈先生”到“老陈”的转变；在“真刀真枪的对答”中，面对自己薪酬与农民收入的巨大差异深感内疚，决心做好工作，以“对得起党对知识分子的关怀和照顾”“对得起人民群众”；等等。

作为一个戏剧人，关注底层劳动人民的生存状况，反映他们的命运与呼声，对于爸爸而言，既和他与生俱来的特质有关——他是从大山走出来的农耕人家的后代；更受到话剧前辈们潜移默化的影响。早在剧校读书时期参演洪深名剧《青龙潭》《赵阎王》等的实践中，爸爸也许已经领悟到了洪先生所言："阅历人生，观察人生"，同情下层劳动人民，并强调剧本的"时代性"，是"直接从人生里滚出来的"作品。[①] 在剧校毕业后，随着抗日宣传形势的需要，爸爸更加频繁地走向民间，并实践着前辈的创作理念；他此期编写的以农村为背景的独幕剧《灯塔》参与剧校公演就是例证。江安时期，在紧张的教学演出的同时，爸爸曾以关心剧本创作题材的眼光对民间的种种现象进行观察与思考。例如，为什么在盛产稻米的江安县，却有许多农民有时连杂粮都吃不饱？抓壮丁时明明规定了"平等原则"，为什么却要强征穷人家的独子？为什么大旱之年县官不积极抗旱，反而热衷于组织农民耍龙娱神祭天祈雨？等等。他当时甚至写出过一个三幕话剧《龙灯》，以反映农村的引水抗旱问题。（见本书陈永倧《走出大山》。）正是基于这样的情怀，爸爸走进新中国的人民剧院后，以极大的热忱投入了一系列现实题材剧目的舞台美术创作，上演百场以上的《保尔·柯察金》《西望长安》《红色风暴》《迎春花》《霓虹灯下的哨兵》等就是其中优秀的代表作。然而，"文化大革命"中，剧院的艺术创作活动被迫中断，爸爸也一度被隔离审查，并被迫提前"退休"。

事实上，爸爸的这些经历绝非个例。基于曾和父母朝夕相处的青少年经历并有感于英语学界对戏剧文化研究的现状与偏颇，我在 2002 年出版的《正角登场》一书中，以比较文化学和跨学科视野，研究 20 世纪 60 至 90 年代的中国话剧，通过对"样板戏"、反"四人帮"戏剧、社会问题剧和实验话剧等的分析，探讨了在这些话剧的生产、接受过程中，自我、主体、中介、国家革命和民族他者这几者纷繁复杂的关系。在书中，我还对当代中国话剧艺术研究与电影、小说、诗歌研究相比在英语学界不受重视这一学术倾向进行了分析，认为当代中国话剧之所以被边缘化，主要是因为它往往被用来动员大众，因而总是被认为只是某种政治宣传的工具而非严肃的文学作品。另一原因则源于一种偏见，即认为中华人民共和国成立以来尚未产生值得研究的优秀作品。我认为应聚焦于中国现当代话剧的文化、社会作用，讨论戏剧与革命之间的复杂关系，将当代话剧视为社会主义中国异常活跃的一个文学品种加以研究；而不应该用僵硬的二元对立思维，把政治内容与艺术实践对立起来。既抹杀当代中国戏剧的文化、历史背景，同时又设法肯定在这种时代语境中产生的艺术精品，这是一种自相矛盾的历史虚无主义。只有用跨学科的视野，充分解读政治与艺术之间矛盾与纠结的张力及其复杂而多元的"边缘跨界"(border crossing) 现象，才能

① 洪深：《属于一个时代的戏剧》，《洪深文集》第一卷，中国戏剧出版社 1957 年版，第 448—450 页。

更深入地理解那个独特的时代和与之相缠绕的文人历史，也才能理解新中国剧场艺术建设的艰辛，以及几代艺术家为之所付出的巨大努力。

2016年，我又出版了《奠基伟人的回归：舞台银幕上的中国革命及其回响》一书[①]。有学者评论，该书将研究的视野聚焦于“中共奠基人的舞台演绎”，继《正角登场》之后又一次“以宏阔的视野”“覆盖了一个世纪以来中国艺术和政治的纷繁复杂的纠葛、互动”。书中浓墨重彩地展示和剖析了当代中国主流文化演艺中陈独秀、毛泽东、邓小平等领袖的艺术形象，并通过对中国戏剧三大拓荒者田汉、洪深、欧阳予倩的回望，“为中共创建者的舞台形象找到艺术根基与文化传承”，从而更深入地探讨了话剧、戏曲、音乐、影视等各种表演文本“背后的政治、历史、文化动因”。[②]在该书中我进一步分析了社会主义中国貌似枯燥、实则微妙的主流文化“表演政治”(propaganda performance)的复杂内涵与历史成因，认为不应将其简化为“自上而下”的强制灌输过程。正如上述书评中所说：“艺术家被革命激情与‘文以载道’的政治抱负所激发，经常在这种政治宣传中积极主动地参与戏剧文化的建设，从而以主流戏剧样式获得了艺术家的生存空间与观众群体，因此还有一脉‘自下而上’的潜流在中国政治历史中生生不息地流淌。”[③]中国话剧运动的开拓者乃至爸爸妈妈和他们同辈的剧专人、青艺人，不正是这段历史的参与者与见证人吗？其中，与爸爸有着“师生、学友、同乡、同志之情”的田汉大师是最具代表性的人物之一。爸爸和田老都是湖南长沙县东乡人，都曾就读过徐特立先生创办的长沙师范学校。在剧专，他们是师生；在青艺，他们除了艺术创作外甚至还有“犹忆当年去土改，你是团长我是兵”的传奇经历。他们“忘年之交情深远，记忆犹新四十年”的情谊，弥足珍贵。

中国话剧之父田汉在他早期的剧本创作中十分关注民众疾苦，尤其是妇女与贫困问题。1927年，他在自己领导的南国社于上海、南京公演成功之后，欣然接受了陶行知的热情邀请，到他主办的晓庄师范为那里的农民演出，并为他们编排了《新村之歌》，表达了“南国戏剧要归于民众，走进民众，到民众中去”的理想诉求。[④]田汉在1930年“左转”时，在著名的《我们的自己批判》中，更是无情地解剖自己，总结了经历八年之久的南国运动“想从地底下放出新兴阶级的光明而被小资产阶级的感伤的颓废的雾笼罩得太深了”，决心“跟着阶级斗争的激烈化与社会意识之进展”来鉴别文学、电影、戏剧及美术。[⑤]田汉公开宣

---

①Xiaomei Chen, *Staging Chinese Revolution: Theater, Film and the Afterlives of Propaganda*, New York: Columbia University Press, 2016.

② 张丽芬：《全球视野、表演政治与戏剧艺术——评美国汉学家陈小眉的〈奠基伟人的回归：舞台银幕上的中国革命及其回响〉》，《华文文学》2019年第4期。

③ 同上。

④ 邹平：《田汉：中国话剧的奠基人》，上海教育出版社1999年版，第98—99页。

⑤ 田汉：《我们的自己批判》，《田汉全集》，花山文艺出版社2000年版，第15卷，第185页。

布向无产阶级转向，震动了文艺界，也为 1949 年后新中国艺术事业奠定了基石。

在青艺，爸爸参与了田汉创作的最后一部话剧《文成公主》的舞美设计；“文化大革命”结束恢复工作后爸爸设计的第一个戏又是田汉的成名作《获虎之夜》，以纪念左翼文化运动五十年。如果说从 1922 年的《获虎之夜》到 1960 年的《文成公主》贯穿了田汉一生对话剧创作的卓绝贡献，他又在文革时期被批判为“一条又黑又长的文艺黑线”；那么，爸爸的舞美生涯正好契合了这一剧人之旅。面对多变的政治风云与舞台春秋，他们与同仁们有过失望、困惑、徘徊，但更有着与时俱进、砥砺前行的坚忍不拔。他们不断更新自己，始终要求与人民站在一起，为他们而创作、演戏，为他们而重塑“自我”。

1965 年，田汉的京剧《谢瑶环》受到批判，他的剧协主席一职也成为空置；1966 年初“文化大革命”开始，田汉被戴上“叛徒”“文艺黑线祖师爷”等帽子，被揪斗示众；1968 年，田汉惨死在监禁之中。那时，爸爸也因莫须有的“罪名”被隔离审查。1972 年 12 月 2 日，在剧院下放 4793 部队接受再教育期间爸爸被宣布“解放”，在“落实党的政策大会”上爸爸感激组织上对他的问题作了正确的结论：“这是对党对人民极端负责的精神，也是对自己的政治生命负责的态度……这更是对自己的家属和子孙后代在政治上负责了。要不是党组织和革命群众过细的做工作，关于我被揭发的国民党员问题，又怎么能够排除呢？”他表示今后一定要在三大革命斗争的实践中，“加速改造世界观，革命到底，奋斗终生”。

至今我仍清楚地记得，当我在遥远的黑龙江生产建设兵团得知爸爸被宣布“解放”的消息时，激动得彻夜难眠。今天的读者也许无法理解爸爸的“问题定性了”这一“喜讯”对我们家人的特殊意义。那时我已在黑龙江当兵团战士三年，但不管我怎样努力也无法入团，没有资格被评为“五好战士”。后来调到团政治处工作，我常常感到非常尴尬：我连团员都不是，还能代表团部指导连队工作？后来曾有好友告诉我，问题的症结在于，你爸爸的问题“没有定性”，因此你连作为“可以教育好的子女”入团的机会都没有！由此可见，爸爸的“解放”与“定性”对我而言真是太重要、太及时了，否则我怎么可能通过政审，于 1973 年被北京外语学院录取为工农兵学员呢？恐怕我的人生道路将全部改写了。

我一直珍藏着“文化大革命”期间爸爸妈妈写给我的家信。当我遇到挫折，感到委屈时，妈妈鼓励我要相信爸爸的问题会最终得到澄清。环境的改变没有降低他们热爱生活的激情，他们鼓励我在北大荒的严冬中经受艰苦生活的考验，相信我会在人民中长大成才。作为“文化大革命”的过来人，我深知那段历史给人们特别是知识分子所带来的苦难，但父母给予我更多的是一种处于困境而坚强乐观的精神，一种相信未来、永不懈怠的秉性。

几十年后重读爸爸妈妈的手稿，虽有那个时代的局限甚至幼稚，但仍使我感动。他们代表了那个时代的人们特有的家国情怀与敬业精神。爸爸妈妈的这些手稿真实地记录了社会主义时期话剧艺术家所走过的黄金岁月——那一段不应当被人淡忘的历史。投身新中国剧场艺术建设事业，脱胎于旧中国艺术教育体系的爸爸妈妈，虽然具有正规专业训练和较长舞台实践的优势，但面对新的社会转型期，从创作理念到创作方法，他们都必须重新学习。

基于切身体验，我希望本书收录的有关父母思想改造的文字，能帮助今天的读者理解前辈艺人如何在看似僵硬的政治与艺术的两元对立中游走于潜在的、有限的话语空间，为自己找到一个可以发挥聪明才智的舞台，实现他们的艺术理想。他们的故事理应成为现当代中国话剧史大叙事的一部分；他们从“五四”传统中走来，接过巨人们手擎的火炬，与同仁们一道把它的光焰传播到人民之中，映照着共和国戏剧长河中的滚滚波涛。

（六）

今天，在重读戏剧史的视野中，恰恰是爸爸在剧专时期（包括进入剧专之前）的从艺经历，为现代戏剧史留下了浓重的色彩。早在 20 世纪 30 年代初就读于长沙县立中学（前身是徐特立先生创办的长沙师范学校）时期，爸爸就与当地的戏剧爱好者组织了业余剧团“逆流剧社”，参加了文明戏时期的“幕表戏”的演出，成为早期校园戏剧的实践者。此期爸爸参与了丁西林的《压迫》和欧阳予倩的《回家以后》的演出；这两个剧本作为“五四”时期的代表作，曾被洪深收入他于1935年编撰出版的第一部中国话剧选之中。[1] 同一时期，爸爸还参加了易卜生的《傀儡家庭》、萧伯纳的《英雄与美人》和日本剧作《婴儿杀戮时代》的演出， 成为早期中外名著的传播者和学生戏剧的实践者。

江安时期爸爸妈妈与姐姐的合影

在与剧专共始终的十四年中，爸爸参与了其培育戏剧人才、实践舞台艺术的全过程，曾设计过 70 多部中外古今大小剧目，其中包括许多名家经典。例如，武汉大撤退时期全国话剧精英 100 多人集体出演的《全民总动员》（《黑字二十八》），抗战名剧《凤凰城》《岳飞》《魔窟》《古城烽火》等，都是爸爸首先设计的。而爸爸“思想汇报”中多次检讨的曾为所谓“伪中万”设计曹禺编剧的《蜕变》

① 洪深编《中国新文学大系·戏剧集》，良友出版社 1935 年版。

和陈白尘创作的《悬崖之恋》，都是话剧史中进步作家的作品。早期剧作家向培良的代表作《暗嫩》也曾被洪深收入他的第一部中国话剧选中，并与白薇的《琳丽》比肩，被称为“都是充满着热情的作品”；“非有能干的演员，是绝对演不了的”。[①] 向培良在戏剧理论、表演、舞台、批评等方面卓有成就，但因曾受到鲁迅指责，又曾倡导“为艺术而艺术”的“国剧运动”，很少受到话剧史学界关注；爸爸也因在“伪中万”兼职时设计了向培良创作的《彪炳千秋》一剧而反复检讨，批评自己参与了为国民党将领“歌功颂德”的活动。然而，父亲 1949 年以后参与设计的新中国舞台的数十个剧目，不正是在一定程度上说明了民国时期与新中国话剧艺术的传承与借鉴，“国共合作”在艺术上的潜质与同流，以及一代艺术家曲折而又坚韧的跋涉吗？

本人与他人合编的《重读中国社会主义戏剧改革：舞台实践与理论探讨》[②] 一书中，引用了剧专第一届毕业生、后定居台湾的知名学者贾亦棣先生的学术著作。贾先生与吴若先生合著的《中国话剧史》[③] 以大陆学者所不熟悉的视角，叙述了抗战时期民国政府领导下话剧界人士“捐弃成见，团结抗战的局面”。国防部曾命令师以上部队设立演剧宣传队，并设十个“抗敌演剧队”深入民间，普及话剧。政治部要求艺术工作者“以抗战建国之目的结成似铁的文化队伍”，“十个文化艺术部队”“要当十个师用”。在《中国话剧史》中，还将爸爸曾检讨了多年的为之服务过的“中国万岁剧团”“中青剧社”“国立剧专剧团”列入抗战时期西南大后方特别是陪都重庆“几个最著名的剧团”。爸爸曾设计过的《雾重庆》(兼任合作导演)、《蜕变》、《全民总动员》等剧目，都是民国政府领导的正面抗战、以戏剧为先行官来教育和启发民智的一部分。因此，战时重庆观赏话剧“风气之盛，剧运之蓬勃，为从来所未有”。该书还提到，爸爸设计并参演的《凤凰城》等三部作品，“在描写抗战之剧本中”可称为是“抗战前期之代表作”（其他两部是《卢沟桥》和《飞将军》，后者爸爸也参与了设计）。

与某些大陆学者的著作不尽相同的是，该书作为话剧史，更多地记录了舞台背后的话剧理论、技术研究、书刊出版等活动，指出它们在抗战时期“已进步、发展至一全盛时代”。在介绍战时戏剧出版物时，曾提到爸爸参与执笔的《战时戏剧讲座》（国立剧校余上沅等编）；爸爸的《舞台实用化妆》一书也被列为“较为重要者”，指出它“专谈战时物质条件困难情形下化装用品如何就地取材之问题”。[④]

---

① 洪深编《中国新文学大系·戏剧集》，良友出版社 1935 年版，第 70 页。

②Xiaomei Chen, Tarryn Li-Min Chun, and Siyuan Liu, eds., *Rethinking Chinese Socialist Theaters of Reform: Performance, Practice, and Debate in the Mao Era*, University of Michigan Press, 2021.

③ 吴若、贾亦棣：《中国话剧史》，“行政院文化建设委员会”1985 年版。

④ 同上书，第 199 页。

第二十一届公演秩序单
国立戏剧学校假国泰大戏院座
举行第二十一届大公演
顾一樵新著
陈永倞导演
古城烽火
三幕抗战名剧

本校第四十二届公演秩序单
五幕剧　一名《鞭》
编剧：宋之的
导演：陈治策　陈永倞
装置设计：陈永倞
雾重庆
票价：一元、二元、三元
地点：文庙本校剧场
时间：五月三十一日、六月一日
每日午后七时开演

第二十二届公演秩序单
南开学校战时工作委员会主办
国立剧校征募寒衣公演
阿Q正传
田汉编剧
黄作霖导演
陈永倞设计
地点：南开礼堂
时间：本月二十六、二十七日晚七时　二十七日午后二时半
票价：三角、五角、一元
南开礼堂，舞台很小，没有副台，布景造型采用“中性”
反复拼搭，不需上下，是这次公演的一大特点。

国立剧专第四十八届公演
编剧：洪　深
导演：刘静沅
布景设计：陈永倞
灯光设计：黄约翰
时间：三十一年一月三十一日至
二月一日晚六时半
地点：江安本校剧场
第二梦
职员表
前台主任：周彧文

第二十六届公演
“七七”抗建二周年各界纪念大会
国立戏剧学校第一次莅宜为渝蓉被炸灾胞扩大募捐公演
陈白尘作四幕名剧
魔窟
导演：阎哲吾
设计：陈永倞
时间：七月十一日午后七时
票价：十元、一元、五角、三角
地点：中央影院
入场券代售处：宜宾商会　金岷报社
写汉奸群的丑态，会叫你啼笑皆非！
写游击队的英勇，会叫你义愤填膺！
写良民之遭难，会使你伤心惨目！
写流氓之胡调，会使你咋舌痛心！

第八十四届公演秩序单
蜕变
四幕名剧
演出者：余上沅
编剧：曹禺
导演：蔡松龄
设计：陈永倞
票价：一千元、七百元　捐税外加
时间：准七时半
六月十四、五日在北碚儿童福利所上演

国立剧专公演剧目秩序单选刊① #

事实上，爸爸亲历了不少话剧史中的重要事件，包括三位中国话剧奠基人欧阳予倩、田汉、洪深最活跃的 20 世纪 30 年代的一些艺术实践。在长沙县立中学学习期间，爸爸参与的业余剧社排演了欧阳予倩的名著《回家以后》，田汉的剧作《南归》《古潭的声音》等剧目。在剧专学习和从教期间，爸爸参加了洪深著名的农民三部曲之一《青龙潭》和话剧《赵阎王》的演出，担任了洪深《飞将军》《第二梦》等剧的设计；1936 年暑期爸爸曾远赴武汉参与田汉的《洪水》的设计工作，毕业留校后他又为田汉首次根据鲁迅作品改编的话剧《阿 Q 正传》担任设计。收入本书的父亲的《山城记忆》一文还提到，1936 年他在南京世界大剧院目睹了一出名家出演、满堂生辉的《雷雨》的演出——曹禺老师亲自扮

①本图秩序单选自《国立剧专史料集成》，李乃忱编著，中国戏剧出版社 2013 年版。该书所载秩序单是由编著者根据原件按现今行文习惯重新设计编排的，见该书第 1171 页。

演周朴园，马彦祥老师饰鲁贵。“序幕和尾声是照演的。这次演出的角色安排真是别开生面——作者现身说法演矿主，导演粉墨登场扮家人，传为佳话。那时我曾在后台帮忙（制作化装油彩和帮助化装），亲眼见证了这一盛况。”

笔者的研究表明，自 1934 年《雷雨》在日本东京首演后绝大多数公演都删去了“序幕”与“尾声”。一是因为时间太长，二是这两段戏描写了悲剧结束多年后的情景：周朴园将周公馆改为教会医院，以照顾因家庭悲剧而触发精神病的鲁妈和蘩漪。东京首演后，不少左翼文人常将周家与鲁大海之间的戏剧冲突解读为矿主与罢工领袖之间的阶级斗争，而原剧本的序幕与尾声却凸显了周朴园基督教式的忏悔之心——这显然使当时进步的剧人不能接受。我在《哥伦比亚中国现当代话剧选》一书的《绪论》中概述了《雷雨》在日本与中国的接受史、演出史，特别强调了我为什么要在这部英译选读本中收入“序幕”与“尾声”：我希望能向英语学界介绍一部更接近历史真实的作家与作品。[①] 李乃忱曾提到，爸爸在剧专时饰演的周朴园，“除了治家严厉之外，默默中流露出一种深沉的爱，给观众留下深刻印象”。[②] 看来爸爸也领悟到了周朴园复杂多面的感情世界，没有将他简单化、脸谱化。

今天，“伪剧专”中的“伪”字早已被去掉，国立戏剧专科学校的创业史已经名正言顺地成为中国话剧史的重要组成部分，它与延安鲁艺、华北大学第三部等被并列为中央戏剧学院的前身，它们都对“中央戏剧学院的形成，对学院教学和师资队伍建设与发展，具有极为重要的意义”。[③] 剧专“为中国话剧培养了一千余名各方面人才，其中许多人都成为近几十年中活跃在中国剧坛、影坛上的骨干力量。因此更可以被看作是这段华彩乐章的高潮部分”。[④] 刘厚生先生曾中肯地谈到剧专校长余上沅先生：“如果我们要总结中国话剧运动的历史经验，就决不能忽略这些历史上作出过巨大贡献却又久遭冷遇的先驱”。[⑤]

作为余校长的首届学子，爸爸有幸成为与剧专十四年共始终之人：从 1935 年作为第一届学生入校，1937 年剧校毕业进入研究实验部，1938 年留校任教，到 1949 年南京解放，爸爸始终也没有离开过剧专。李畅教授在为本书撰写的《怀念恩师陈永倞先生》一文中评价道，作为剧专的高才生，陈先生原本可以离开舞美这个又劳心又劳力的苦行当去剧团当

①Xiaomei Chen, ed., *The Columbia Anthology of Modern Chinese Drama*, New York: Columbia University Press, 2010, pp. 12-14.

② 李乃忱：《陈永倞在“国立剧专”》，李乃忱编著《国立剧专史料集成・中卷》，中国戏剧出版社 2013 年版，第 464 页。

③ 徐晓钟：《梦想的实现》，李乃忱编著《国立剧专史料集成・上卷》，中国戏剧出版社 2013 年版，《代序》第 12 页。

④ 赵星：《国立剧专十四年：余上沅戏剧教育实践初探》，《戏剧艺术》2012 年第 3 期。

⑤ 刘厚生：《毋忘中国现代戏剧的先驱者——纪念余上沅诞辰一百周年》，李乃忱编著《国立剧专史料集成・上卷》，中国戏剧出版社 2013 年版，《代序》第 4 页。

一个让人羡慕的导演，但他默默无闻地留在母校培养戏剧人才。他毕业后直到最后的第十四届毕业生都修过他的舞美设计课，不少学生后来成为卓有成就的舞美艺术家。

令我倍感兴奋的是，在这次编书的过程中，我们意外地收集到 20 世纪三四十年代爸爸发表于各种报刊或单独出版的诸多作品及部分手稿，它们是爸爸的剧专岁月最真实、最生动的写照。我们把其中的 33 篇短文分为《剧运和抗战》《舞台探索》和《散文拾零》等三个专题收入了本书。通过这些作品我们更可以真切地看到，在那远去的剧专岁月，在那抗日战争全面爆发后最艰苦的年代，爸爸作为一个只有二十几岁的血气方刚的年轻人，曾以怎样的热忱与精神投入社会前进的洪流，在推动剧运、教学实践、抗战宣传，以及近百部剧目的各种创作活动中探索、进取，全方位地打造着自己的话剧人生。无疑，“热血戏剧青年”，正是对父亲剧专岁月砥砺前行的生动概括。作为民国时期舞美艺术的拓荒者之一，爸爸丰富的经验与实践使他日后自然地成为建设新中国剧场艺术大厦的排头兵。

《国立剧专史料集成》的主编李乃忱曾指出，爸爸“是一位一专多能埋头苦干的艺术家。在舞台艺术的领域里，从编剧，导演、表演、布景设计，直到艺术制作和演出管理，涉猎广泛，作风踏实，勤勤恳恳，在中国近代戏剧史上，留下令人难忘的功绩”。[1] 如今，悬挂在国立剧专史料江安陈列馆中爸爸导演的《雷雨》剧照，生动诠释了李乃忱先生这段评说。

李乃忱先生在文中还特别谈到，爸爸在江安剧专任教时亲自带头，一班一班地手把手教，带领学生做油彩，制作、拆装布景，“正是在他的辛勤教导下，国立剧专舞台美术专业，为祖国戏剧艺术培养出一代著名的、具有真才实学的设计家”[2]。

国立剧专史料江安陈列馆的展陈说明：“1945 年 2 月 15 日在江安本校剧场演出由陈永倞导演《雷雨》剧照”
国立剧专史料江安陈列馆提供

① 李乃忱：《陈永倞在“国立剧专”》，李乃忱编著《国立剧专史料集成·中卷》，中国戏剧出版社 2013 年版，第 464 页。
② 同上书，第 465 页。

但在我儿时的记忆中，爸爸却总是谦卑地认为自己美术功底不够，作为中国青年艺术剧院舞美设计组的负责人，在繁忙工作之余，他总会抽空练习绘画；他书桌下面的抽屉里放满了人物素描、油画草稿。他曾临摹著名画家贺友直的连环画《山乡巨变》中的人物形象，学习他线条的运用以及如何把人物刻画得简洁、清晰、明快。他带我去美术馆、军事博物馆，有时驻足于一幅大型油画前，给我解释构图布局和景物的描绘，以及怎样运用色彩勾画出栩栩如生的人物，怎样艺术再现"八一起义""秋收暴动"等重要的历史事件。父亲亲授的艺术传承，使我从小就受到了红色经典美术作品的熏陶。我曾写过一篇在汉学界颇有影响的文章，谈到海外汉学家们不应该用西方的立场、观点，用冷战思维，把新中国某些广为流传的优秀作品，仅仅看作是枯燥无味的政治说教。[①] 以《开国大典》为例，这幅著名的油画继承了西方艺术的精华，综合了民族风格，体现了中国的审美趣味，其独特的艺术风骨代表了视觉艺术的巨大成就，是在西方教中国文史绕不过去的杰作。我在论文中也曾提到父亲对我的启蒙，以说明社会主义时代拥有崇尚艺术的艳阳天，以及幸福的童年和温馨的家庭。我在文中指出，西方话剧和西方美术这些 20 世纪进入中国的舶来品，虽然曾被质疑与批判，但它们其实是当代新文化的重要组成部分和创作源泉。

回顾父亲在剧专时期的艺术实践，我们不仅能看到老一代艺术家曲折而又坚韧的跋涉，也在一定程度上说明了民国时期与新中国话剧艺术的传承与借鉴。

（七）

父母对我潜移默化的熏陶，使我近水楼台，对新中国的艺术世界有着独特的感受，使我在学术研究中能够勇敢地质疑冷战时期西方全面否定社会主义阵营实践的话语霸权。我力图建构一个适合中国国情的叙述框架，同时也对中国的戏剧文本形成一个自己的说法，从而用中国的视野来看世界，而不是让西方话语来主宰中国的文艺批评。1995 年我在牛津大学出版社出版了第一部英文学术著作《西方主义》[②]，针对的就是那时美国学术界时髦的"后殖民主义理论"及其核心理论"东方主义"。

---

①Chen Xiaomei, "Growing up with Posters in the Maoist Era," in *Picturing Power in the People's Republic: Posters of the Cultural Revolution*, eds., Harriet Evans and Stephanie Donald, Boulder, CO: Rowman & Littlefield Publisher, 1999, pp. 101-122.

②Xiaomei Chen, *Occidentalism: A Theory of Counter-Discourse in Post-Mao China*, New York: Oxford University Press, 1995; second, revised and expanded edition, Lanham, Maryland: Rowman & Littlefield, 2002. 其有删节的中文译本《西方主义》出自 2002 年的第二版（扩充修改版），由杭州师范大学艺术教育研究院冯雪峰教授译，南京大学出版社 2015 年出版。本文以下有关《威尼斯商人》和《伽利略传》的评述，改写或借用了冯雪峰的精彩译文，特此致谢。

赛义德作为挑战“东方主义”的代表人物，认为西方学者对东方文化的解读与传播不可避免地带有西方殖民者本身的视野和偏见，他们那种帝国主义式的话语霸权必定影响西方学者对东方文本的解读。赛义德的“东方”文化背景使他把批判的触角直指西方文化帝国主义的立场。而我在《西方主义》中则变换了视角，试图反映东西方文化交流的另一个方面：当代中国——这个东方文化之一，常常主动地引进“西方文化”，以努力刻画一个“科学和现代的西方”形象，但这决不是为了宣扬西方文化帝国主义的观念，更不意味着中国人将西方的殖民主义强加于自身；恰恰相反，通过对西方他者极为巧妙的“解读”，“东方”“反帝国主义式”地挪用了“西方”，并借此来追求自身的政治目标。

为了进一步阐释我的“西方主义”理论，探讨西方文化在当代中国的积极作用，我考察了“文化大革命”后被重新搬上中国舞台的西方戏剧，诸如莎士比亚、易卜生和布莱希特等人的作品。

以《威尼斯商人》为例。据陈丁沙的说法，莎士比亚的这部名剧在我国曾由新民社于1913年演出；曾有几种不同的版本和剧名，如《一磅肉》《借债割肉》《肉券》和《女律师》等。[①] 1937年剧校第一届学子毕业公演这个剧目时，爸爸参与了集体设计、化装设计，还扮演了剧中人李昂那多。这部与中国观众相距甚远的西方文本，在1980年青艺上演时获得观众广泛好评，因为它通过剧中的真、善、美，抨击了假、丑、恶，正好契合了刚刚经历过十年浩劫中善恶颠倒的中国观众的生存体验；通过将不同的意义附加于西方戏剧之上，中国的艺术家表达出他们对美好生活的向往，呼唤人们在生活中寻找和倡导“正义与友情”。[②] 为了进一步突出这一主题，张奇虹导演删掉了原剧关于宗教和种族冲突（基督徒与犹太人）的情节，因此，代表着上升的资产阶级的安东尼奥与高利贷者夏洛克之间的矛盾，就成为这部戏剧突出的重点。另外，这部浪漫喜剧突破了当时已经变得有些过时的某些社会问题剧的表演形式，充满滑稽和欢乐的故事情节，能够让人们忘记现实与过去，从而能全心投入地享受在剧院中的欢乐时光。[③]

1979年，布莱希特的剧作《伽利略传》首度在青艺剧场上演，连演80余场，场场爆满，成为当时最受欢迎的剧目之一。这也是“文化大革命”后妈妈第一次参与演出的剧目。本剧导演之一陈颙曾经谈到，即使对于西方观众而言，“布莱希特体系”都显得太过于生疏。但这部戏在中国却大获成功，原因就在于这部戏讲的是有关黎明前黑暗的故事，剧中充满了困难、挫折，尖锐的矛盾，血腥的冲突，甚至还有那些先驱之间的相互背叛。陈颙导演

① 陈丁沙：《中国早期舞台上的莎士比亚戏剧》,《戏剧报》1983年第12期。
② 张奇虹：《在实践和探索中的几点体会》,《人民戏剧》1981年第1期。
③ 杨田村：《看〈威尼斯商人〉》,《戏剧与电影》1981年第7期。

认为，这样的理解对于刚刚粉碎“四人帮”和面临四个现代化艰巨任务挑战的中国人民而言，是有启发意义的。[①]

伽利略的名言是“为他人着想是人生的最大幸福”，这个信念使他能勇敢地审视中世纪天主教的“真理”系统，不断地去重新理解和评估他周遭的世界，重估他自己与他人在宇宙中的位置。终于，他以那个时代天体物理科学的最新成果，挑战了中世纪宗教神学的宇宙观，指出了黎明到来前的“黑暗”。

曾任青艺院长的评论家林克欢指出，伽利略代表了一个“新人”的形象，而这个隐喻在当时的中国非常流行，往往被用来表述“文化大革命”的结束和复兴时代的来临。在“文化大革命”中人们总是被告知应该怎样去思考，那么这个发生在另一个时空中的故事就拥有了特别的意义。所以，林克欢认为，《伽利略传》这部戏可以看成是由1979年的中国观众在脑海中与作者一同完成的。[②]

哥哥曾跟我谈起过，看了这部戏，他才惊异地得知，伽利略后来竟然向宗教裁判所妥协，甚至承认自己“有罪”，所以才能免于他所捍卫的前辈哥白尼在火刑柱上被烧死的遭遇，而苟活了下来。布莱希特特别突出地展现了伽利略这种深刻的分裂人格。剧中，伽利略告诉安东尼，他之所以背叛自己的科学原则，并非如安东尼想要说服自己的那样是为了等待更好的时机，而是因为自己无法忍受教会施加的那种非人的折磨。林克欢指出，勇敢地承认自己的懦弱，并公开承认自己绝非什么伟大人物，反而证明了伽利略称得上“伟人”这个称号。把主人公同时塑造成“英雄和罪犯”——他是一个有缺点的英雄，或者，是一个为人类作出了巨大贡献的“罪犯”；这样的一个伽利略，对于文革期间人们看腻了的“高大全”式脸谱化形象，实在是一个颠覆性的存在！

对于后文革初期的中国观众而言，布莱希特的《伽利略传》还是一个关于科学家和知识分子遭遇的熟悉故事。陈颙导演曾谈到，这部戏在文艺界和知识分子群体中，特别是科学家群体中，反响尤为强烈。妈妈在《伽利略传》一剧中扮演查尔蒂太太这个角色，因此我有机会去后台与演员们聊天。叔叔阿姨们告诉我，很多观众曾向他们表示，科学家们如何将此剧与对知识分子迫害的时代悲剧联系起来。审视这几十年来中国对布莱希特的接受史，我们似乎会发现，1979年中国的艺术家及观众努力将捍卫科学和民主作为主题来加以对待，这个主题发端于“五四”运动。此例再次证明，处于不同历史节点中的社会文化环境，会创造出一个新的西方他者（Western Other），而这一现象在个体和政治的层面上都是与当时的社会生活息息相关的。

---

①Chen Yong, “The Beijing Production of *Life of Galileo*,” in Antony Tatlow and Tak-Wai Wong, eds., *Bretch and East Asian Theatre*, Hong Kong: Hong Kong University Press, 1982, pp. 88-95.

② 林克欢：《辩证的戏剧形象：论伽利略形象》，《戏剧艺术论丛》1979年第1期。

（八）

我在新作《共和国的戏剧大厦：现代中国戏剧与电影文化》[①]一书中，一改过去英语学界多将民国时期与新中国艺术分段研究的惯例，将二者融为一体进行考量。前半部研究田汉、洪深、欧阳予倩三位中国话剧之父民国时期开拓与耕耘戏剧舞台的艺术成就，后半部分析他们在为新中国艺术大厦奠基铺路的业绩与局限，并以此为视角纵观评判新中国戏剧六十年的艺术成就与得失。三位戏剧大师1949年聚首北京，在参加了首届文代会、政协会议和开国大典之后，分别主持或参与了中国剧协和戏剧教育机构的创建，领导了戏改，主编了戏剧刊物与学术出版，为社会主义现实主义戏剧事业扬帆领路。他们既是主流文化艺术的领导者，又是被主流意识形态不断改造的对象。但在悼念欧阳予倩不幸逝世的文章中，田汉特别强调欧阳予倩临终前口述的遗嘱："我是一个戏剧运动的积极分子。""我自己肯定我一直为此奋斗了一生。"[②]是的，早在1928年欧阳予倩就在《怎样完成我们的戏剧运动》一文中明确指出，要实现戏剧运动的终极理想，就要有好剧本、好舞台、好演员、好舞美、好音乐。[③]为此目标，他身体力行，一生孜孜不倦地编导话剧、戏曲、电影，在极其艰难的情况下在南通、广州、桂林等地开办戏剧学校。1950年担任中央戏剧学院院长之后，他更是为培养戏剧人才呕心沥血。爸爸妈妈对话剧艺术的执着追求，不正是欧阳予倩与田汉的"湖南牛"倔强性格的继承与发扬吗？不正好说明了中国话剧一百多年来几代剧运人承前启后的孜孜以求吗？

爸爸妈妈有幸在我国优秀戏剧前辈的引领下前行，并在中国话剧舞台上留下了光鲜亮丽的一页。从《凤凰城》《岳飞》到《万尼亚舅舅》《娜拉》《红色风暴》，人们见证了这些风格各异的舞台美术作品的魅力；从叶琳娜、娜拉到阿米娜和丁牧，人们记住了这些栩栩如生的舞台形象……爸爸妈妈这些艺术成就，无疑是我进行学术研究最为生动具体、最为难能可贵的财富。然而，为我的学术生涯注入最强大的不竭动力的，更是他们艺术成就背后彰显出的艺术品格——坚韧，执着；为了追求心中的艺术理想，为了中国话剧运动和剧场艺术的繁荣，他们在半个多世纪的漫漫长途中，尽心竭力，始终如一，永不懈怠。

为了追求心中的理想，他们与中国第一所国立戏剧学校风雨同行，艰苦奋斗。特别是当时作为剧校首届学子和年轻教师的爸爸，为了他挚爱的话剧运动、剧教事业，为了抗战

①Xiaomei Chen, *Performing the Socialist State: Modern Chinese Theater and Film Culture*, New York: Columbia University Press, 2023.

② 田汉：《他为中国戏剧艺术奋斗了一生》，苏关鑫编《欧阳予倩研究资料》，中国戏剧出版社 1989 年版，第 139 页。

③ 欧阳予倩：《怎样完成我们的戏剧运动》，苏关鑫编《欧阳予倩研究资料》，中国戏剧出版社 1989 年版，第 237—238 页。

宣传，他不怕“通宵枕着布景包，在后台与耗子为伍”；也不惧“居无定所，食无定时”而罹患严重胃疾，更不惜将自己的血肉“抛弃”在舞台，不舍昼夜认真探求舞台艺术的真谛，用“心”去打造“有着幻影般暗示能力的”舞台。对阻碍剧运前行的种种弊端，他更是疾恶如仇，旗帜鲜明地伸张正义。（见本书陈非比《关于“追梦剧专”与父亲的对话》等。）

为了追求心中的理想，他们激情满怀，携手走进新中国第一个国家剧院，为新中国剧场艺术的开拓、繁荣与昌盛积极进取，全情投入，精益求精，一丝不苟。那一张张悉心勾画的舞台设计草图，那一页页真情注入的角色创造笔记，还有那一份份精心保存的艺术文档，都留下这对话剧伉俪数十年辛勤耕耘的足迹。（见本书陈非比《画夹里的故事》等。）

为了追求心中的理想，面对屡屡袭来的人生苦难和家庭悲剧，他们都以顽强的毅力走出困境。早年失女、中年丧子、晚年失婿，不但没能把他们压垮，反而使他们浴火重生，书写出“彩虹总在风雨后”的悲壮。他们一次次与病魔抗争：妈妈身带重疾成功扮演娜拉之后，为捍卫自己的艺术生命，咬牙忍受了长达七个月的残酷治疗，终于重返舞台；耄耋之年的爸爸刚刚病愈即出现在全国舞美学会代表大会的讲台，为同行们献上“舞美繁荣今又是，重开会议永留芳”的深情祝福。这些往事至今仍留在艺术友人的记忆中。（见本书陈非比《彩虹总在风雨后》《从一份‘存稿’说开去》等。）

为了追求心中的理想，他们活到老，学到老，生命尚存，奋斗不息。步入老年退休后，已经“功成名就”的爸爸妈妈并没有停下脚步。他们整理的一篇篇业务笔记、艺术总结、回忆文章、诗词佳作，爸爸为创建与辅佐中国舞台美术学会忙碌的身影，妈妈以 73 岁高龄远赴挪威易卜生故乡的远行，无不是他们步入晚年后对话剧事业仍不舍追求的真实写照。（见本书陈非比《最美夕阳红》、陈冀《爸爸与诗》等。）

在为中国剧运和剧场艺术的繁荣而奋斗的征程上，他们追逐“剧场梦”的执着也深深打动了我。从爸爸步入剧校 1936 年因舞台条件的局限造成《洪水》（田汉编剧）设计的困难而发出“‘假如我们有个剧场’，希望这不是在做梦”的期盼，到 1947 年历经十几年不断呼唤仍然是“剧场待明日，剧运成蹉跎”而发出的感慨，直到新中国成立后为青艺剧场改造初期的不合规而怒不可遏，爸爸视剧场为生命。爸爸妈妈在属于青艺人的剧场里度过了他们生命中最灿烂的时光。记得当经济改革大潮汹涌而至，原位于

参加 1962 年广州会议时留影
这次会议使文艺界如沐春风，爸爸妈妈深受鼓舞

东长安街黄金地段的青艺剧场被东方广场淹没之后，妈妈曾多次叹息：没有了属于青艺风格的剧本创作，没有了青艺老剧场，就像是没有了自己的家园；没有了倾心于青艺剧艺的观众，就像是失去了朋友和知音。

爸爸妈妈的戏剧人生是时代的产物。在现当代戏剧文化史的视野中，他们的艺术成就和艺术品质离不开国立剧专和青艺的培育、历练与陶冶，更得益于对中国话剧先贤优秀传统的学习、继承和发扬。在本书《结语》篇中，姐姐所作的《追寻：剧专精神与青艺品格》一文，正是对爸爸妈妈艺术人生与造就他们成长的“一校”“一院”关系的探讨。作为“现代中国第一所由国家主办的高等戏剧学府”①，剧专以其明确的办学宗旨，群星灿烂的师资力量，理实交融的教学理念，以及“艰苦卓绝，为国储才，投入时代的洪流”的剧专精神②，造就了一大批共和国戏剧大厦的栋梁之才。爸爸妈妈受教于这座戏剧殿堂，又曾为它的发展倾尽所能；犹如孩子受于母亲的抚育，又以己之力回报母亲的恩泽。而青艺，作为一个 1941 年诞生于革命圣地延安，从战火中走来，经历过半个多世纪考验和锤炼的国家剧院，③她始终不渝地忠实于自己的优秀传统，打造了几代人心血和生命凝练成的最宝贵的“青艺品格”④。是青艺这片“热土”，是那些前辈和同辈艺术家的热心提携与共同奋斗，是所有青艺的缔造者和建设者用集体智慧的结晶与勇气创造的话剧艺术里程碑式的舞台实践，铸就了爸爸妈妈的艺术人生，使他们无愧于现当代话剧运动中优秀的“积极分子”——兼备了欧阳予倩所坚持的“剧运积极分子”的自我定位与共和国时期“标兵”和“劳模”的社会认可。在中国话剧跨越世纪的历史长河中，他们是两朵靓丽的浪花。

今天，“剧专”与“青艺”这两个名称随着世事的变迁与更迭已成为历史，但它们的精神与传统已融入了新时代的洪流，继续在“中戏”和“国话”的血脉中流淌；它们对推动与繁荣中国话剧运动的杰出贡献将永驻史册。

（九）

回望我几十年的学术道路，我由衷地感谢父母的恩泽，更不能忘怀剧专的影响和青艺的滋养。为了记住历史，我在 2002 年出版的《正角登场》一书中，收入了青艺剧场 1950 年首演《方珍珠》时的照片，以见证青艺曾拥有过的辉煌。作为“英语学界第一部从比较

① 谢增寿、张祏元：《流亡中的戏剧家摇篮——从南京到江安的国立剧专研究》，四川出版集团・天地出版社 2005 年版，第 1 页。

② 同上书，第 9 页。

③《中国青年艺术剧院简介》，张健钟主编《半个世纪的舞台历程——中国青年年艺术剧院 1949—1999》，第 1 页。

④ 陈颙：《珍惜宝贵的“青艺品格”》，《青艺》1994 年第 1 期。

爸爸在珍藏的剧照背后题字："五十年代《钢铁运输兵》 怀中抱着的是陈小眉"

文化学和跨学科视野来研究中国当代戏剧的文字"[①]，我在《正角登场》一书中以《在青艺的台前幕后成长》为名作序，为青艺书传，为父母和他们的同仁立碑。书中描述《万尼亚舅舅》《娜拉》《保尔·柯察金》《红色风暴》《李双双》《钢铁运输兵》（我曾在剧中扮演过战争中受伤失明的朝鲜小女孩）等经典剧目的照片，以及我在父辈的激励下学看戏、学做人的亲身体验，使青艺故事当之无愧地进入正史，成为这本被称为"一部率先把中国当代话剧推向世界文坛的学术力作"[②]中青艺的坐标。令人欣慰的是，为共和国话剧艺术奠基的前辈艺术家的功业已被历史所铭记。2011 年 12 月 25 日，中国国家话剧院举行了隆重的"创建 70 年组建 10 周年庆祝大会"，国务委员刘延东在致词中勉励剧院要继承老一辈艺术家创下的"共和国戏剧长子"的光荣称号和优良传统，向全新的发展目标迈出新的步伐。[③] 2017 年 4 月，中国国家话剧院举办了"大幕开阖——中国国家话剧院创作剧目回顾展"，按"中国原创""世界经典""实验探索"三大板块取剧院 76 年历史的寓意，撷取 76 部优秀作品予以介绍，以致敬中国话剧诞生 110 周年，纪念剧院的拓荒者和耕耘者收获的辉煌与荣耀。[④]

前不久，一位美国学术圈外的朋友曾欣喜地告诉我，他于圣诞前夕为孩子购物时，在加利福尼亚州一个书店的"戏剧类"图书架上，意外地发现我主编的《哥伦比亚中国现当代话剧选》竟和莎翁戏剧以及其他世界名剧经典选读本陈列在一起展卖。该书注明敬献给

① 冯雪峰、刘佳：《理论话语、表演政治和中国经验——介绍汉学家陈小眉教授》，《华文文学》2012 年第 1 期。

② 同上。

③ 刘延东：《在中国国家话剧院创建 70 年组建 10 周年庆祝大会上的讲话》，《中国国家话剧院年鉴 2011》，第 132 页。

④ 周予援：《"大幕开阖——中国国家话剧院创作剧目回顾展"前言》，《国家话剧》2017 年第 1 期。

我的父亲母亲以及他们同辈戏剧家和演艺人员，并致谢美国的汉学家同仁们精心打造了精彩的英译文本，还有我在美执教几十年间教过的众多学生。中国话剧的经典作品终于有了一个贯穿整个20世纪的英译本。我把它作为向敬爱的戏剧大师们奉献的一份薄礼，以告慰九泉之下的田汉、曹禺、老舍诸神，以回报父母的养育之恩和青艺对我的终身馈赠。愿中国戏剧继续走出国门，走进西方世界的千家万户。

近几年来，我在加州大学教授的“中国话剧史”一课的学生们，发起组织了“戴维斯校园中国话剧社”，先后成功地用英语演出了欧阳予倩1922年创作的《回家以后》(2017)，杨绛1943年创作的《弄真成假》(2018)，以及沙叶新1979年创作的《假如我是真的》(2019)。在美国校园里上演跨越五十多年的风格各异的中国戏剧，在国际舞台上应该说是难得一见吧。我为我的学生弘扬中国戏剧文化的热情所感动。在从剧本文本解读到舞台呈现的艺术创作过程中，我的学生们体会到，20世纪20年代留美学生在西方文化熏陶下“回家以后”所遭遇到的文化冲突，与一个世纪以后他们自己的留学经历竟然如此相似。杨绛40年代对上海市民心理状态的善意嘲讽，又使他们更深刻地理解了今日中国“拜金主义”之风的历史渊源。沙叶新在“文化大革命”结束初期对腐败与特权的嘲讽与警示，更与当今国内的某些现实与美国政坛中的虚伪、欺骗与不正之风丝丝相扣。台上台下，我的一些从未登过舞台的学生们，找到了“自我”，寻到了文化的“根基”，也在某种程度上在大洋彼岸“传承”了剧专与青艺的戏剧之旅。和爸妈的青年时代一样，我的学生没有自己的舞台，没有自己的剧场。演出是在一个免费的阶梯教室里进行的，但他们用手提电脑遥控的LED大银幕，用自己的聪明才智和募捐到的几百元美金，组装了一个属于他们自己的舞台，也实现了他们的“剧场梦”。

当我站在舞台上向热心的观众们介绍“演员”与剧目时，我仿佛看到了爸爸妈妈满意的微笑。真诚的学子们和爸爸妈妈当年首次登台时年纪相仿，与他们一样年轻，纯情，为戏剧艺术的实践而兴奋不已。妈妈似乎正向我走来，和我一起辅导学生们的演技；爸爸也许正在全神贯注地为孩子们讲解舞美与调度……

亲爱的爸爸妈妈，我多么希望您们能和我一起，共庆这中国话剧走进西方校园的美好时刻啊！是的，百余年过去了，在您们和一代代艺术家的不懈努力下，中国话剧不仅已从“舶来品”成功脱胎实现了本土化，而且以自己独具魅力的风姿，款款走出国门，走向世界，在国际话剧舞台上绽放出绚丽的光彩。

回首往昔，我庆幸自己在几十年的艰辛求索中一直有爸爸妈妈的陪伴。亲爱的爸爸妈妈，愿您们永远伴随着我，激励我永不懈怠，勇往直前。

2022年4月修订完稿于美国加州木城(Woodland, Californian)

附载 / 陈小眉学术研究成果简介

陈小眉，美国加利福尼亚大学戴维斯校园东亚语言文化系杰出教授（Distinguished Professor），致力于现代文学、戏剧和文化的中西方比较研究，先后问世的英文学术专著有：《西方主义》（牛津大学出版社，1995；2002 年其扩充修改后的第二版出版；并有韩文和中文译本）；《正角登场：当代中国大众戏剧》（夏威夷大学出版社，2002），它的姊妹篇《正典精读——中国当代戏剧选集》（夏威夷大学出版社，2002）；《奠基伟人的回归：舞台银幕上的中国革命及其回响》（哥伦比亚大学出版社，2016）；《共和国的戏剧大厦：现代中国戏剧与电影文化》（哥伦比亚大学出版社，2023）等。她还与他人合编了《西方的东方：跨文化演艺与差异舞台》《当代中国视觉艺术》《洪深与民国时期的现代媒体》《重读中国社会主义戏剧改革：舞台实践与理论探讨》〔该书获戏剧高等教育学会（ATHE）2022 年最佳编辑奖〕等多部著作。她曾耗时十几年，组织海内外多位专家学者，将中国“五四”以来 17 位优秀剧作家的 22 部话剧作品译成英文集结成卷，出版了《哥伦比亚中国现当代话剧选》（哥伦比亚大学出版社，2010），把现当代中国（包括港台）的优秀话剧作品整齐划一地推向世界；她为这部话剧选撰写的长篇绪论，成为英美学界解读、教授中国戏剧的权威文本。基于该书出版的成功和学界的反馈，哥伦比亚大学出版社又于 2014 年推出更适用于大学教材的“精读本”，使这部选集成为英语国家教授中国话剧的首选书目。

陈小眉的一系列研究成果，凸显的是她对本土文化经验表达的重视；她在比较文化学和戏剧史学的背景下研究中国现当代戏剧，开拓出一个重要的、跨学科的研究领域。她的学术成就，使她成为一位独具中国特色的海外知名学者。

陈小眉已出版的部分学术著作

陈永倞话剧生涯

陈永倞艺术生平简介

陈永倞（1914—2000），曾用名陈梦荻、梦荻等，湖南长沙县人，中国著名舞台美术家。早年就读于湖南长沙县立中学（前身为徐特立先生于1912年创办的长沙师范学校），其间曾与同好共创“逆流剧社”，成为早期校园戏剧的实践者，中学毕业后曾任小学教员。1935年考入南京国立戏剧学校成为首届学员，学习舞台美术兼学导演，师从余上沅、应云卫、曹禺、马彦祥、陈治策等戏剧家；1937年毕业后转入该校研究实验部深造，1938年留校任教直至南京解放；十四年与剧专共始终。1949年12月应邀到中国青年艺术剧院工作，历任舞台美术设计组组长，院艺术委员会委员、常委。曾兼任中央戏剧学院舞台美术系教学等工作。中国戏剧家协会会员，曾任常务理事，中国戏剧家协会舞台美术研究会常委（兼设计组组长）、副主任委员；中国美术家协会会员；全国第四次文代会代表。曾获北京市劳动模范称号，享受国务院政府特殊津贴。1981年参与发起创建中国舞台美术学会，任首届副会长，主持常务工作；1982年参与主持筹备并成功举办了首届全国舞台美术展览；1985年起任中国舞台美术学会名誉会长，直至辞世。

从艺60余年，涉足话剧艺术编、导、演、舞美等诸多方面，曾从事剧运和抗战宣传，舞美创作、教学，全国舞美学术活动的组织等工作，培养了大批人才，成为中国舞台美术界代表性人物之一。在剧专期间，曾任《凤凰城》《魔窟》《阿Q正传》《从军乐》《岳飞》《大雷雨》《日出》《家》《文天祥》等70余部大小剧目的舞美设计，导演（兼设计）过《古城烽火》《视察专员》《雾重庆》《雷雨》《妒误》等十几个剧目；由他编剧的抗战独幕剧《灯塔》曾纳入届次公开上演，他还在《凤凰城》《魔窟》《雷雨》《反正》等剧中饰演过重要角色。在中国青年艺术剧院工作期间，陈永倞与张正宇、陆阳春等舞台美术家团结协作，带领一个团队为新中国第一个国家剧院的舞台美术建设奠定了基础。担任或参与了《保尔·柯察金》《抓壮丁》《万尼亚舅舅》《娜拉》《西望长安》《红色风暴》《阴谋与爱情》《文成公主》《霓虹灯下的哨兵》《深夜静悄悄》等约30个剧目的舞美设计，其中有的作品获文化部奖励，有的作品曾参加全国舞台美术展览或国际交流。

从艺之余常挥毫泼墨，晚年著有诗词千余首；由曹禺先生题写书名、刘厚生先生作序的诗集《陶然吟——陈永倞诗词选》于1996年出版，辑入代表性作品百余首，在戏剧界传为佳话。

中國
戲劇搖籃

第一章

剧专岁月

念奴娇

贺国立剧专建校六十周年暨中戏建校四十五周年

陈永倞

金秋天气，望神州、水远山高深意。
六十诞辰今正是，校庆正逢盛世。
回首当初，善男信女，四海奔波至。
精研话剧，氍毹无限天地。

莫道小巷薛家，余公兴校，十四年情寄。
辗转迁徙为抗战，弦歌不绝匪易。
金陵星沙，山城文庙，学制因时异。
辛勤事业，到如今更铭记。

1995 年 9 月

走出大山
——离乡学戏从艺情

◎ 陈永倞

【破阵子】 弃教离乡学戏，如今老大难更。一介寒儒平素志，半世清贫我自明。躬耕岂为名。 鼓浪乘风东去，依稀放眼纵横。谁识六朝烟雨地，原是金陵古石城。赤心从艺情。

动荡的童年

据老人说，我的先世是农耕起家的。① 祖父为前清秀才，还做过清朝的官吏，也剥削到一些家财——田地；祖父在我出生的次年去世。

父亲继承祖业已是民国初年，做法有些两样，他卖掉大半田地（约一百市石谷子——每年的收割数目），一方面读洋学堂，一方面参加办纱厂和面粉厂做小股东，剩下的田地只够吃用。不到一年，工厂结束，实际并非经营失败，而是军阀侵占了厂权，家庭生活渐感困难。父亲凭着他多读了几年线装书又在旧制中学毕业，就远走异乡，开始过文牍之类的职员生活；好像是在北京，几年也不曾回家，也很少寄钱回来，家里日子过得更苦。那时除母亲以外，还有姐、妹、弟和我五口人，生活很难维持，加上一块老牌子所谓书香门第，亲朋戚友又相当多，日子没法过，开始东挪西借，借到无法偿还就卖地。如此一年年下去，地也年

① 陈永倞的故乡在湖南省长沙县东乡尊阳村（现名华阳村），祖屋名陶然洞。——编者注

故乡远眺——陈永倞当年曾从这里走出大山
陈冀摄于2016年5月

年减少，再加上连年南征北伐的军队过境，日子真过得不踏实。就这样还得撑面子，还要保持破落了的书香门第的臭牌子。于是叫我也读书，从五岁起，家族间联合起来请先生住在家里教，兄弟姐妹、叔叔姑姑、表弟侄子，共读一堂；一开始就读《孟子见梁惠王》。

我十一岁上，父亲打北京失业回乡，从此不请先生，由父亲自己教学。约一年光景，父亲又外出谋生活，这回好像是入川，临行前嘱我入学校，不要再读私塾。于是我进了县立十一高小。学校离家有二十来里，住校过集体生活。起初很不习惯，渐渐地对新鲜的知识发生兴趣，成绩也很好。那时候就有游行、大集会，喊口号、演新剧等活动。没有多久，学校教员和年龄大的同学一夜之间跑了一些人，学校也暂时停课。当时年纪小，完全不明白是什么原因，既然停课放假，我就回家了。又过一年学校复课，我读完了高小的最后一年。正在这时，父亲的死耗传来，使我感到前途茫茫，整天像傻子一样不知如何是好。如此闲住在家，也读了一年线装书，记得此时五经四书大都读过一遍。

初涉剧艺："长中"生活

我想再读书，学新知识上中学；然而家庭经济状况不允许，我着急、痛苦，也哭泣过；结果又是借债读书，就考上了长沙城的县立中学（距家约百五十里）。长中较一般学校便宜得多，问题较易解决，平静地读了两年。长中前身是长沙师范学校[1]，艺术空气甚为浓厚，环境育人，使我也爱做一些文艺活动，包括戏剧演出在内。

① 据长中校友联谊会1997年编印的《荷池4》记载，长沙县立中学前身是徐特立先生创办于1912年的长沙师范学校；1927年"马日事变"后政府认为长师培养出许多共产党人，勒令其停办；1928年复校后更名为长沙县立中学，并开设了中师班。本文的长中"高中师范科"应与"中师班"同义。——编者注

“马日事变”，学校暂时停课。回到乡下，正是农民暴动，清算没收地主财产（此事不大记得清楚，只是“没收”二字一直记住了），我也做了几天赤卫队员，挂过几天红臂章。没多久，长中复课；又一年，初中毕业。严重问题又来了——升学呢，还是就业？没有钱不能再升学；找工作，一个初中生毫无技术可言。此时，一个机会到来：长中续办高中师范科，我考取了。师范生不收一切费用，何况我还喜欢这个学校，就读下去。

三年中，我逐渐地爱好新文艺、新戏剧，学校常举行纪念节日演剧，也受到新戏剧运动在全国普遍推动的影响，再由于男女同校和艺术教员的方便条件，组织了业余剧团“逆流剧社”，演出了田汉的剧作《南归》《古潭的声音》和丁西林的《压迫》及欧阳予倩的《回家以后》等剧，因之对戏剧的兴趣日益浓厚。高中师范科三年毕业后，我们“逆流剧社”十几个同学都获得了长沙市立或私立学校的半个或一个教员的工作机会。“逆流剧社”又开始活动起来，演出了萧伯纳的《英雄与美人》和日本作品《婴儿杀戮时代》及易卜生的《傀儡家庭》等剧。

这样，在执教之余，演剧成为我们唯一的精神寄托；也在报纸上办了一个副刊，名字就叫《逆流》，是文艺性的，我常写些抒情的散文及关于演剧的心得之类的短文。如此地我在市立八校教了一年多的书。

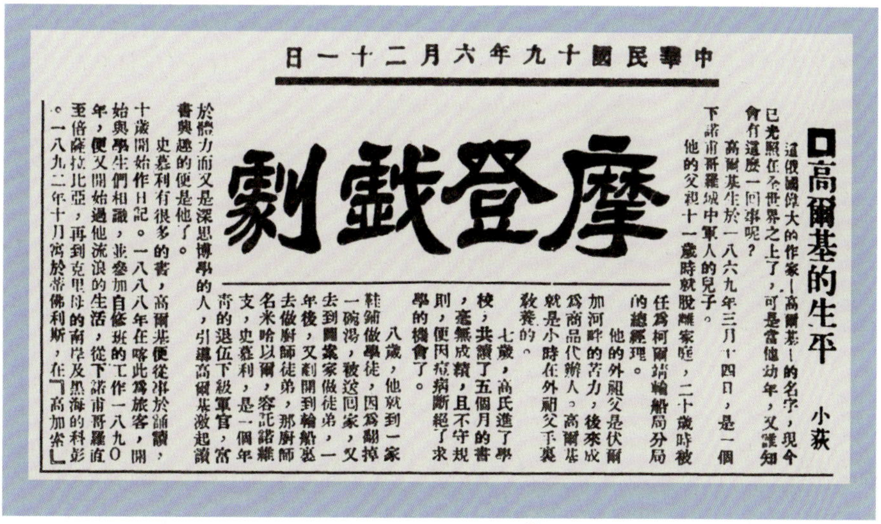

中華民國十九年六月二十一日

摩登戲劇

□高爾基的生平　小荻

這個偉大的作家—高爾基—的名字，現今已光照在全世界之上了，可是當他幼年，又誰知會有這麼一回事呢？

高爾基生於一八六九年三月十四日，是一個下諾甫哥羅城中軍人的兒子。

他的父親十一歲時就脫離家庭，二十歲時被任爲柯爾靖輪船局分局的總經理。

他的外祖父是伏爾加河畔的苦力，後來成爲商品代辦人。高爾基就是小時在外祖父手裏敎養的。

七歲，高氏進了學校，共讀了五個月的書，毫無成績，且不守規則，便因痘病斷絕了求學的機會了。

八歲，他就到一家鞋鋪做學徒，因爲翻掉一碗湯，被送回家，又去到圖案家做徒弟，一年後，又剷開到輪船去做廚師徒弟，那廚師名米哈以爾，容託諾維支，史慕利，是一個年青的退伍下級軍官，富於體力而又是深思博學的人，引導高爾基激起讀書興趣的便是他了。

史慕利有很多的書，高爾基便從事於誦讀，十歲開始作日記。一八八八年在喀此爲旅客，開始與學生們相識，並參加自修班的工作一八九0年，便又開始過他流浪的生活，從下諾甫哥羅直至倍薩拉比亞，再到克里母的南岸及黑海的科彭。一八九二年十月寫於蒂佛利斯，在「高加索」

《高尔基的生平》剪报①

① 这是我们目前见到最早的陈永倧发表文章，当时作者就读于长沙县立中学。本文刊载于 1930 年 6 月 21 日《镇江民国日报·戏剧》第六期，“小荻”是陈永倧的笔名。——编者注

走进剧校

1935年的一天，一个突然的消息传来。清晨，姓罗的同学来告诉我，报纸上有新闻，国立戏剧学校在南京成立，在长沙由教育厅代招初试新生。如是社友们聚商，结果我自告奋勇应试，初试录取。一个优越条件使我敢冒一次险，就是大家愿意分别为我代课并集资为我筹旅费，若到南京复试考不上时我仍可回八校教书。同时，姐姐也于两年前在自治女子职业学校缝纫科毕业，正留校教书（她能上职校，是指腹为婚的婆家也是姑母家供给的。不过至今她仍未出嫁，因为她不喜欢那个表兄；我是帮她毁除婚约的最得力的一员。）我没有后顾之忧。于是我毅然东上南京复试并被录取，从此我做了国立剧校的第一届新生。

当时，剧校新创，不收学宿费，伙食费月需6元，自由买饭票，不集中收费。我的费用一部分来自家乡剧社同学的接济；一部分则是报屁股写文章的稿费收入，在学校办的《剧周刊》常写些短文，马彦祥先生主编的，稿费每千字2元。

金陵学艺

照片题字："1935年秋"

在剧校学习一年来，原先自以为懂得一些戏剧知识，渐渐觉得自己什么也不太明白，原来只懂得一些皮毛；同时觉得什么课程都需要，什么都得搞它一下。另一方面，我在中学时代搞业余戏剧时是喜欢表演的，来到剧校后，因为语言关系，无形中爱上了静的工作。第一学期预备分科，第一学年决定分科，我想致力于导演和设计，于是主科学设计，副科学导演；另一个理由则是学这两门可以包括一切课程，连编剧理论、表演方法均在内，可以多学一些课。一个好笑的事，就是第一学期终了，60个同学当中，还有几位不晓得我的名字；这证明我不爱课外活动，尤其在与人接触方面更显得低能，当然，语言的拙劣也是原因之一。

1936年夏，第一学年终了，有较长的暑假，同学们分途组织外出演戏。我们几个同学在马彦祥先生领导下，乘京芜火车到芜湖演出《走私》《械斗》《梅罗香》《赵阎王》等剧。一天，演出进行中，一群兵和警察忽然来到后台和舞台上，并把住了布景的上下场门，几经交涉和坚持，才得未停演；但戏一完我们就被押到警察局的拘留所去了。我们受了五小时的拘禁，原因是我们不该演出宣传抗日的《走私》一剧。后因马先生认识县府某科长才放我们出来，对警局方面还交了一些捐税。那位科长硬请我们吃了一桌酒席，弄得我们哭笑不得。如此官场，如此专横，又如此腐败，我开始对当时政府感到失望。由于这些事实的不能忍受，离开芜湖至汉口，头一件事就是写文章在报上骂，当然不敢骂政府，只能暴露拘留室的一些情形。[①]

后来我们几个同学又组织到汉口去，与汉口市剧协合作演出田汉的剧作《洪水》，主持的是光未然——他是汉口《大光报》编辑，协会主持人。与他接触的月余光景中，我发现一个问题：他是被认为左倾的人物（当时统治政府宣传左倾者为恐怖分子），然而和他相处倒非常融洽，我们虽不谈政治问题，在工作爱好上却成为同道的朋友，在苦干的剧运当中成为知己。

还有一段事情记忆犹新。在南京，学校附近的鼓楼有日本领事宿舍；我们青年人抗日情绪高涨，常在清晨练声的机会跑步至该处高声大叫，想吵醒日本人，更让他们听一听中国青年的吼声。接着没多久，学校演出描写日帝迫害同胞的《黑地狱》一剧，每场都有军警便衣及日本便衣在场监视，同学们甚为反感，难以容忍，可又不知如何发泄。于是，愤怒的情绪促使我们在鼓楼日人住处高喊“打倒日本帝国主义”等口号。以后那地方就圈上了铁丝网，站上宪兵，不可能再做这样的举动了。

随研究实验部西迁

1937 年 6 月 30 日，我在剧校毕业。后来，学校计划开办的研究实验部宣布成立，我觉得自己虽然已经懂得些戏剧的入门知识，但想知道的还多得很，就决定加入研实部。

“七七”抗战开始后，我随学校西迁长沙，开始抗日宣传并作街头演出。在长沙市的半年时间，也未曾下乡看望家人。

1938 年元旦，学校又迁重庆，乘木船沿江行，历时 20 余日；每过一城一镇一乡场，均作露天演剧。眼见人民生活穷困已极，操劳终日，无以为生的为数极多。生活苦，知识也很差，连抗日是怎么回事都不知道。我们凭着一股爱国热忱，声嘶力竭，大声唱，大声喊，每日如此，直至到达重庆。

在重庆的头半年，研实部实际是为学校做演出工作。我的工作范围很宽，包括了编、导、演、装置各方面。一年过去，研实部工作结束。

回想这些年来，从农村入中学，喜欢搞戏，做小学教员；考剧校，离长沙，到南京，事先都未通知家里，亦未再增加家庭负担；是在朋友们支持帮助下独自闯出来的，从而对自己颇为自信。

① 作者当时在武汉《大光报》刊文抨击了这一事件，见本书陈梦荻《旅芜公演的危运》。——编者注

留任助教

1938 年暑假研实部结业后留任助教。第一个工作就是导演二年级的一个大戏《古城烽火》（第三届同学的排演课），从修改剧本到装置设计一手包办，演出相当成功。接着在半年之内，除导演三个小戏之外，又为《凤凰城》《魔窟》《雷雨》《阿 Q 正传》等及另一些小戏作装置设计，还兼任《凤凰城》《魔窟》《雷雨》及几个小戏的主要演员，包括老年、中年、青年，正反派各种角色；还写了一个剧本，描写打败汉奸的《灯塔》，并被选作公演脚本。这样一来，我在多方面发展，觉得都还不错，于是对自己建立了一种信心。

1939 年春，学校为避免日机轰炸，迁校至重庆上游江安县。我负责一切演出工作，并做公演剧目的装置设计，导演《钦差大臣》的改编本《视察专员》，并担任“舞台技术”和“化装术”的教学课程。

如此一年年过去，每学期至少有一次旅行公演，至附近各县城与乡镇公演抗战戏剧。当时抗日情绪高涨，但并不知蒋介石打着抗日旗号暗自与人民为敌的各种行为，只是单纯地凭着民族生存的意念工作着。

此期有几件事我有作为剧本题材的考虑曾加以关注，但当时未能深入分析。第一件——江安县本是产米区，每年有很多谷米出口；但却有小部分农民终年吃杂粮和红苕，一部分农民要吃部分杂粮，还得是丰肥年成，否则连这些都吃不上。这必然是被剥削的结果，而农民安于天命不知所以，我也是觉得奇怪，既追究不出原因，也不知该怎么办。第二件——抓壮丁问题。明明定的平等原则，而地主家的几个游手好闲的儿子一个也不抽，另一个女工的独子且是唯一的劳动力却被抓走了。事先她托我在学校找位置，惜未成功，后闻在壮丁营病死，一直引为憾事。像这类的事，总以为政策是好的，但执行得不好，弄不清事实真相。第三件——天久不雨，水田大旱，川南各县皆然。农民无知，纷纷祈神求雨，并要黄金龙（草龙）以娱神，将凉水用力拍击持龙者的头和胸，态度严肃，不可嬉笑，烈日之下不得撑伞，毕恭毕敬，如神已降临，妄想下雨。同时县府下令紧闭南城门，说是南方丙丁火，关起来即可下雨。并禁杀猪羊，强迫素食，以免雨神不加保佑。还在县府前高搭祭坛，盛点油灯，县长倡导临空叩头，实诚滑稽可笑。当时想，农民无知，县长亦迷信吗？实则不然。为民“父母”者，饱食终日无所用心，如此祈神正是以推卸责任，骗骗老百姓敷衍塞责而已。江安县的稻田多面临长江两岸或支流旁边，且遍地南竹丛生，如用竹管接水，即使不能使用简单吸水机械，难道有整日整夜耍龙求雨的功夫和费用，有那么多农民，不能群策群力，挑水上岸吗？水既上岸，经由竹管接引，任何田地不能灌溉吗？当时对此颇有感触，曾写了个三幕剧《龙灯》，强调抢救旱灾；写得不好，也没机会演出，事过境迁，也置之脑后了。

1940年第一次旅行重庆公演，剧目为《岳飞》《从军乐》《蜕变》，我任舞台监督兼设计制作。一个是古装戏《岳飞》，四幕十一景，不关幕抢景的；一个是《从军乐》，风格化的新型配乐喜剧；一个是《蜕变》，写实的抗战戏。在设计与制作上相当地发挥了创造性。通过这些工作，使我更坚定了对设计工作的信心。

三年来（1938—1941）物价飞涨，薪水已不够维持生活。据规定，教职员加发米贴，按口每月二斗。时少年刚直，不愿乱报，有的职员则不管有无直系亲属，一报就是六口；我则仅报自己和母亲两口，强为支持生活，只盼抗日战事早日结束。结婚后，第一个女儿出生，生活更艰难，连一部仅有的《鲁迅全集》都出让了。如此从1938到1941年，在剧专做了三年助教。

升任讲师

1941年夏起升任讲师，专任舞台设计课程，计分“布景设计”“舞台技术”“化装术”等课程。为教学需要，经常埋头图书馆蒐集教材，时日既久，由于教学相长及教学需要，编成两部稿子，一本是《舞台化装术》，卖稿于商务印书馆；一本是《舞台化装品的制造》，由学校出版小丛书。

这时，剧专剧团成立，开锣戏选了个法国戏《妒误》，本是偏重心理描写的高级喜剧，导演及设计由我一人担任。演出成绩相当好，并作第二次旅行重庆公演剧目之一，也获得好评；另一剧目是我参与设计的莎士比亚的《哈姆雷特》。

1943—1944年兼任高级职业科主任，很想把教学搞好，但计划不能实现，困难重重，推卸不掉。在1944年乃趁剧团在成都筹演《清宫外史》第二部的邀约，前往参加工作，作了两月余的川中旅行公演后，才又假满回校，辞去兼职，仍专任讲师。

1945年日本投降后剧专迁至重庆附近北碚，这是山水秀丽的温泉区，安静的环境中心情有些改变，又开始搞搞学问，整理历年教材写出《布景设计》一稿，尚感内容不够充实未予发表。时重庆旧政协开始，洪深教授参加协商会议归来，报告不致再有战事发生的消息，群情雀跃，我更兴奋，因我最不喜欢战争。

此时学校计划迁回南京，然迟至1946年暑假才成事实。此期除教学外也埋头于自己的研究工作，改编成五幕喜剧《老凤雏凰》，是写都市小市民饱食终日、交际应酬、自以为是的糊涂生活。另外又对剧场史料发生了兴趣，写了一些《古希腊剧场的发掘》《古希腊悲剧的演员和歌唱队》《古希腊悲剧的化装术及其分类》，以及《莎士比亚时代的剧场，演员，观众》诸篇。此外又写出了《舞台技术》的初稿一本。

节选自《陈永倞自传》手稿（1950年6月23—30日），文前诗和标题由编者加配

附载 / 国立戏剧学校首届招生概况

1935 年 8 月中旬，国立戏剧学校筹备委员会正式办公，遂在报纸上刊载学校的招生广告；考生报名时间定于 9 月 10 日至 15 日，报名和招生考试分别在南京、上海、北平、武汉四个片区同时进行。各地爱好戏剧的青年踊跃报名，全国报名者达千余人。9 月底，对四个片区和部分省市党部选送的正式参考的 567 名考生进行了国文、国语、声音表演、姿态表情的笔试和口试及体格检查。10 月 4 日，各地考生的成绩汇集完毕，由各主考人员集体评判，提出一批初选的优秀人员提交筹备委员会审查通过。各片区初选人员集中到南京复试，经过严格的笔试、面试、表演考试，以及主考人员、筹备委员会筛选审查，最后择优选录了正取生 60 名（男生 36 人、女生 24 人），备取生 30 名。

1935 年 10 月 18 日上午 9 时，在南京鼓楼薛家巷 8 号国立戏剧学校礼堂举行了隆重的开学典礼，中国第一所由国家创建的正规培养话剧专业人才的戏剧学校正式诞生。国立戏剧学校在中国戏剧史上书写了新的一页，在中国戏剧教育史上占有重要地位。

摘编自谢增寿、张祐元著《流亡中的戏剧家摇篮——从南京到江安的国立剧专研究》，四川出版集团·天地出版社 2005 年版，第 46—48 页

附载 / 陈永倞、郭蓝田、何治安启事

——1944 年当选国立剧专校友会会长时所作

念七年秋，本会于陪都宣告成立，迄今六易寒暑，际兹改选伊始，瞻顾既往，展望将来，且喜且惧。吾人欣幸处此民族复兴之大时代，母校虽几历艰辛，犹能抗战中长成，本会六庆六龄。往者，本会会友一本“爱国家，爱戏剧，爱母校，爱同学”之精神，各自奋发，勤勉有加，功效劳迹，昭昭在人耳目，吾人之所以不避艰辛，不辞劳苦，不趋利达，不图苟安，其所以维系吾人之精神者，母校校训“精诚立达”是也。语云，“人而无恒，不可以作巫医”，盖业各有道，恒斯以学，学斯以成，学成而致用，恒用巧精，精而后能进，进而后能得，此吾会校，不屈不挠，为剧艺，为剧教，始终其事，未贻人讥，有以致之也。以此思维，谁曰不喜？本会尚若孩提之童，大厦将营，基础未固，期此濯濯牛山，□生乔木，端赖耕耘灌溉，施肥殿芜，然后籽种芽生，然后木叶葱茏，然后大木以树。□兹事体大、责重事艰，倞等不才，丁此重任，午夜扪心，惶惑不已，以此思推，谁曰不惧，今谨以至诚，祈吾会友一本精诚之□，督之，导之，教之，责之，虽片言只字，无不金玉其言敬谨□命。倞等虽愚鲁，愿谨慎将事，竭其股肱之力，为本会作公仆焉。此启。

原载于《国立戏剧专科学校校友通讯月刊》第六卷第二期，1944 年 11 月 18 日编印

学艺石头城

◎ 陈永倞

【鹧鸪天】三十年代好个秋，金陵岁月已悠悠。薛家巷里“新戏子”，艺海儿女来九州。　新艺事，醉人眸，日积月累冀丰收。时文时武台前后，古今中外任遨游。

余 1935 年弃教离湘，赴金陵考入国立戏剧学校①。校址在鼓楼左近薛家巷 8 号；我是第一届学生。剧校当时是全国招生，共录取学生 60 名，男生 36 人，女生 24 人；我们毕业时男女同学只有 44 人。

“1937 年 6 月剧校毕业时”

据知建校前余上沅先生正担任教育部派赴苏、欧考察戏剧教育的专员，同时又任梅兰芳赴苏联、欧洲表演团顾问，接到教育部长王世杰电促其归国筹建国立剧校遂返国。余先生原在北平中华教育文化基金会工作，按规定已任职六年正值休假期间，他受聘回国即赴南京筹备建校事宜。他 7 月受命，8 月返国，10 月开学，这是了不得的高速度，创办一所新型的专业学校，一切从零开始呢！如此神速，可见余校长创业精神之一斑。

剧校的办学宗旨是，“研究戏剧艺术，养成实用戏剧人才，辅助社会教育”；学制仅为两年，也是办学之初有意压缩学习时间以利早出人才的。1935 年底还创办了特别班，学员都是在职人员，夜班授课；这种班后来在重庆和江安时期也开办过。自 1937 年第三届起剧校改学制为三年，1940 年又改为五年制专科学校（“剧专”由此得名），并增设乐剧科，即歌剧专业。定名“乐剧”，意欲创办中国的新歌剧；但因各种困难因素，仅办到四年级，只好师生一起转入了中央音乐院。

① 国立戏剧学校于 1935 年 10 月 18 日正式成立，学制两年。1940 年 6 月升格为国立戏剧专科学校，学制五年。本书中，对学制升格前的事件称“剧校”，泛指或学制升格后的事件称“剧专”。——编者注

国立戏剧学校建校开学典礼留影 #
第一排左起第六人为余上沅校长，最后一排正中为陈永倞

我们班学制两年。第一年有 11 门课程，在校专任导师是：余上沅（教授导演、表演基本训练、装置设计），应云卫（教务主任，教授导演、化装术），曹禺（任教时名万家宝，教授编剧及理论、西洋戏剧史、西洋剧本选读），马彦祥（教授戏剧概论、导演），陈治策（教授导演、舞台技术及西欧剧场史，兼特别班主任，后又兼教务主任），王家齐（教表演基本训练、剧团及剧场管理、导演）。

为扩大学生的知识面，提高艺术修养，还外聘了许多专家，他们多在晚间上课。其中，有我国话剧运动奠基人之一田汉。他不谈南国剧社的艰难创业，强调戏剧不止是“游于艺”，学艺为的是对人生的理解和阐述，不能说教，要寓教于乐。欧洲戏剧专家谢寿康讲授古希腊戏剧，并介绍主要悲剧、喜剧作家及其作品。吴梅（名字记不准确）教授中国戏曲史，常带来一人吹笛，他循声吟唱，有声有色，颇具吸引力。赵元任教授语音学，每列举我国方言的音韵特色，如苏州话的吴音与上海话的区别所在；广东的客家话、西南官话等的区域性特点和关键所在；就提问解答并作示范，使班上来自四面八方南腔北调的学子，对学习标准语言增强了信心和决心。徐悲鸿教授美术，别看他戴着黑色大领结，讲话却平易近人。他讲到要搞绘画，无论中外，不能泥古，临摹不是创作，必须深入实际，

陈永倞（第二排右起第三人）照片题字：“1936 年旅镇江演出后临别纪念”

更要学好素描，不画上千张，打不好基础。洪深讲表演，声情并茂，他对男扮女装深恶痛绝。梁实秋教授讲莎士比亚的作品和翻译问题。他认为莎翁剧本不作删节是不便上演的，如照原本演出，场次多，冗词也多，演出时间太长，现代观众难以适应。莎氏专家，深入浅出，启瞶振聋，并介绍莎翁时代的剧场和演出情况，词简意深，引人入胜。

本校第十三届公演秩序单

威尼斯商人

（第一届毕业公演）

时间：二十六年六月十八、十九、二十、二十一日
晚八时半又二十日下午二时半
地点：香铺营中正堂
票价：对号一元、散座六角、三角、
二十一晚特价二元、一元
（日夜一律，十二岁以下儿童恕不招待）

莎士比亚的《威尼斯商人》
翻译兼改编者　梁实秋
导演者　余上沅　王家齐

第一届学生毕业公演《威尼斯商人》秩序单 #

第二学年，除普修课程外，分表演组、导演及管理组、理论与编剧组、装置设计组四个专业。学生们各就专业兴趣、志愿和才能进行选择，经学校导师鉴定，可选一种专业主修，也可选另一专业作为副组，而以正组为主。我选择的是主科学设计，副科学导演。所有课程各专业组均须学习，只是参加实习的多寡不同，所记学分不同。如除表演组、导演组共同组成排演组外，其他非表演组，另行排戏，也作试演或公演。我所在的组曾排演过《赵阎王》，并分 AB 组进行试演，如凌子风饰赵阎王 A 角，我是 B 角。又如易卜生的《国民公敌》，凌子风饰医生，我饰市长，并和李增援共同设计，这戏作为第 9 届公演[①]。此外，非表演组也要写剧本、导小戏，并进行试演。凌子风自编自导自演的《狱》就是比较出色的。这样的试演先后举行过十几次，剧目有《汉宫秋》《回家以后》《兵变》等。这种理论与实践相结合的做法，其意义就在于使教、学、做紧密联系起来，也是为了培养通才，经过较多的实际锻炼，达到专才的目的。事实证明，只有在通才的基础上培养出的专才，才能熟悉、掌握戏剧的方方面面，从而更利于专业的发挥。

两年学习中，我班举行过 9 届公演，共 17 个剧目，其中有外国名家果戈理、琼斯、巴雷、雨果、易卜生、高尔基、奥尼尔和莎士比亚的剧作；更有反映抗日斗争的《走私》（洪深作）、《东北之家》（章泯作）等，以及洪深编剧的《青龙潭》等。

① “届”有两个不同概念：一是学生 1—14 届，指学生入学的届数；二是公演 1—94 届，指公演的届数。见李乃忱编著《国立剧专史料集成・下卷》，中国戏剧出版社 2013 年版，第 914 页。——编者注

国立戏剧学校第一届毕业生留影 #
上起第二行正中为陈永倞

此外，还有未计届次的多次公演。如 1936 年 11 月赴镇江的旅行公演，在西门大街大舞台演出三天共六场，剧目是《戏》《自救》《视察专员》和《狄四娘》（据雨果剧作改编）；同年 12 月举行的援绥公演，剧目有高尔基的《母亲》、章泯的《东北之家》、王思曾的《红灯笼》和万家宝改编的法国腊皮虚的《镀金》，四剧为一台晚会，连演四天。《镀金》《自救》还参加了教育部第二次全国美术展览会主办的演出、国立剧校成立一周年纪念会演出等。

同学们还利用假期到外地演出。如 1936 年暑假，临时组成以马彦祥为社长的南京联合剧社，到芜湖演出《走私》《东北之家》《赵阎王》等剧；后又在汉口以武汉联合剧社名义公演田汉的《洪水》等剧。

1936 年 2 月，第一届公演由陈治策先生改编、余校长导演的《视察专员》，这时学校正首创上演税，对新编剧目的作者按售票收入给以 3%的报酬，如改编则致酬 2%。陈治策先生是获得上演税的第一人。这种有别于稿酬的上演税，就从这时开始了。记得陈先生的收据还曾刊登在报刊上，起到了宣传作用，全国各地也多有照办的了。因系创举，特记之。

南京的两年学程，在诸多导师、前辈因人施教，谆谆教诲下，获益匪浅，为我以后从事舞台美术设计和教学工作打下了良好的基础。

据陈永倞手稿《剧专十四年断想》和《怀念》（载于《剧专十四年》编辑小组编《剧专十四年》，中国戏剧出版社 1995 年版）摘编

迁徙途中——播撒抗日火种

◎ 陈永倞

[南乡子] 东北望神州，倭寇突袭占卢沟。举国高呼惊事变，仇雠！抗日救亡铁笔投。 秋水几扁舟，热血师生恨不休。扬帆万里传火种，新猷。鼓浪长江战激流。

南下星沙

1937 年“七七”事变后，抗日烽火燃遍祖国大地，剧校奉命离开南京迁往长沙。为了发挥戏剧的战斗作用，宣传抗日，在迁校途中，组成了战时巡回抗敌演出团，分两路进军：一路和其他单位联合，以部分师生组成抗敌剧团，8 月由南京出发至徐州，又转赴江苏、安徽、江西、湖北各地巡回作抗敌宣传，历时达 6 个月。另一路，将学校迁至湖南长沙，于 10 月 18 日校庆日在长沙稻谷仓 3 号开学。当时在校学生为第二届和在南京新招的第三届同学。因战乱关系，有的人没能报到，故又在长沙招收了一批学生。

校庆两周年日剧校在长沙开学时师生的合影（宋晓涛提供）
坐在第一排左三的为余上沅校长，第二排左二为陈永倞

研究实验部也于此时成立，由第一届毕业生组成。由于抗战初起，学校西迁，音信难通，回校参加的仅十数人；又临时邀请当地同行数人，组成剧校巡回演出宣传队，日以继夜地筹备，急走湘南。全队仅20来人，从长沙出发，以衡阳为终点，途经浏阳、泉溪市、剑山、南岳、衡山、易俗河、湘潭等地。沿途以演戏为中心，兼有歌咏、演讲及展览抗敌宣传画，并结合当地情况和要求，举行座谈会，为当地学校作宣传和演剧的技术指导。在南岳顶上祝融峰前演出时，和尚都感动得掉泪。这次巡演为时近两个月，后情况有变，即返长沙。

附载 / **剧校研究实验部的缘起与巡演活动**

余上沅校长始终认为教育部为国立戏剧学校确定的二年学制太短，还应该为学生开辟继续深造之路，为国家培养更具专业水平的戏剧人才，为学校积蓄师资，力主在校内设立研究部。这种战略眼光使他不断筹划运作，终于得到教育部同意。1937年10月18日，国立戏剧学校研究实验部在长沙成立，其定位为：本校毕业生及校外有志戏剧者之研究实验机关，在教师指导下从事戏剧更深之学术研究与具体实验。剧校研究实验部的设立，开了中国学校戏剧教育中设立专门学术研究机构和招收研究学员的先河，也是戏剧教育中的创新。在长沙阶段研究实验部招收了一届毕业的陈永倞、蔡松龄、林婧、余师龙、夏易初、汪德、沈蔚德、贾淑慧等八人，聘任在文学戏剧方面卓有建树的向培良先生为研究实验部主任（后由贺孟斧担任）。

研究实验部成立后，向培良主任曾率该部成员赴湖南农村演出，宣传抗战，发动民众，并与当地文艺团体举行“抗战艺术座谈会”。

摘编自谢增寿、张祐元著《流亡中的戏剧家摇篮——从南京到江安的国立剧专研究》，四川出版集团·天地出版社2005年版，第79、234页

沿江西上

随着战争形势日趋严重，学校决定离开长沙继续迁往四川；1938年1月1日，包乘五只帆船（三艘乘人，两艘装载演出设备和器材），沿湘江，走洞庭，入长江西上。为宣传抗日主张，西迁途中继续组成战时巡回剧团，一有机会就上岸宣传、演出；所经过的地方多是较为偏僻的小县城或小村镇。从长沙到宜昌，每天行船，走了23天，几乎都要上岸演出。

记得航行约十来天后，已北越洞庭。师生们在船上紧锣密鼓筹划宣传活动，有些节目就是根据途中的见闻和感受编排的。

有一次，途经湘北安乡县城，约午后一时许，舟泊码头，起坡登岸；打听到城北有个体育场，于是锣鼓喧天，宣传画前导，化好装的演员跟在队伍中，边走边唱抗日歌曲，引

得观众前呼后拥，与我们一齐到达体育场。不大的县城，一时观众云集，里三层外三层足有不下千人。街头演出在内地并不罕见，群众有围观看“撂地摊”的习惯，只是化着装演戏透着新鲜，所以戏已结束观众还不肯离去。经与当地联系，晚间又在一戏院上演三个抗战独幕戏：《毁家纾难》《反正》《炸药》；仅是临时在街头鸣锣通知，演出时间未到剧场却已爆满。话剧在当时人们心目中还是新鲜事物，服饰平常，只说不唱，但由于结合抗战，还很有吸引力，观众随着剧情发展很快进入戏中。演出后，还应当地有关方面要求，一同座谈抗日宣传问题。会后已经半夜，主人们才打着灯笼火把送我们回船。

这些日子里，各地停船时间早晚不同，晴雨有别，但这种方式的宣传活动很少间断，并因地制宜有所变化，以适应各种不同的具体环境。这些活动，校长余上沅先生也亲自参加，教务主任万家宝（曹禺）老师总是鸣锣开道的一员。而这种行进中号召群众的方式，成为以后于街头演出的一种行之有效的办法。

过宜昌——离舟登岸

1938 年 1 月 23 日到达湖北宜昌。在等待上水轮船约三星期的日子里，我们离船登岸，借住在一个学校里，抓紧时间做街头宣传工作。街头宣传的内容有说、有唱、有演，还有宣传画（画在白布上，用竹竿撑着走；也可以用绳子挂起来展览。这是在湘南巡回宣传队时绘制的）。组织观众几乎用不着什么宣传，只要举着旗、列着队、唱着歌，化好装的演员走在队伍中间，敲锣打鼓，观众就跟着队伍前进，前呼后拥，越集越多。走到一处事先看好的较大场地，拉开场子，做一段简单明了的开场白，就演将起来，演出气氛十分热烈。

在宜昌，还举行过三次规模较大的抗敌宣传公演，每次总要超过三小时。剧目是半年以来积累的抗战独幕剧，如《毁家纾难》《反正》《炸药》等，还有像《香姐》这样的从街头剧《放下你的鞭子》改编的戏，也权作舞台演出，效果很好。

突遇敌机偷袭

一次，我们已到达川鄂毗连地区，难得碰到天空晴朗没有云彩；却隐约听见嗡嗡之声由远而近，忽然发现晴空中有六个三角形的飞行物凌空而来。当我们在判断是不是日寇飞机侵入的时候，那六只家伙突然分作两路，一对一对轮番往下俯冲，连投弹都看见了！一阵阵轰隆隆爆炸声以后，敌机爬高盘旋一圈；这时，地面并没有什么防空反应，敌机竟扬长而去了。就在敌机“下蛋”前的瞬间，街面上人们并没有什么惊慌，行人、店铺活动如常，那是因为那时没有空袭警报，群众也没有防空意识。这样一来，我们只好权做临时防空指挥，急忙招呼行人散开，尽量跑到阴暗处暂避。好在那次敌机轰炸时间很短，六架飞机在城外飞机场上空扔了一阵炸弹就飞跑了。

这种情况，我们并不是第一次碰到。大约三个月以前，在长沙就碰到过。那天，秋高气爽，我们正在民众教育馆前演街头戏，突然间隆隆声响自天际，仰望晴空，霎时间曾以为是我方的机群；忽然发现一串坠珠似的黑点从机身撒下，随即爆炸声从长沙市的东面传来。后来才听说是敌寇飞机肆虐，轰炸了铁路线。那次敌机来袭，事先也没发警报。

到万县——已入川境

从宜昌到万县还须乘轮船，船很小，枯水季节船就更小了，大约只有几十吨。等上水船的人很多，我们一次只能买到十几二十张票，只好分批出发；等我们都到达万县时，已经是 2 月上旬了。

在万县的这十几天，我们举行了两次抗敌宣传公演，同时仍然在街头作宣传演出。万县有个较大的公园，傍山面江，利用山坡作街头演出，我们自誉为这是古已有之的演戏办法，是很好的演出场子。这里县城较大，人口较多，每次演出观众很是踊跃。当时演话剧是很新鲜甚至是新奇的事，演出反响强烈，效果很好。我们学校还在当地报纸上出专刊，专谈抗敌宣传演戏，从文字上加强宣传的力量，很起作用。我们还为当地学校组织戏剧团体，帮助他们演出抗战戏剧，播下了戏剧的种子。

由万县去重庆也是乘轮船，船更小些，仍然分批搭乘；直到 2 月中旬，全校师生才先后到达此行的终点——重庆。

在剧校西迁途经湘、鄂、川的几个月中，经过沿途频繁的演出活动，创作、排演的街头剧和剧场剧都不断有所提高。很多剧目逐渐形成角色的 AB 双制，一旦需要可以同时在几个场地演出。特别是街头演出，以前没有什么经验，通过这一段时间不同、地点有别、观众各异的锻炼，节目不断改进，成绩是相当可观的。

湘鄂川三省地理上毗连，而语言、民情并不完全相同，通都大邑和偏僻乡镇码头，人们的见识大有区别；有些地方人们还不知何为抗战，甚至不知道已经在抗战。这就使我们进一步体会到抗战的宣传工作是非常重要的，也是非常紧迫的。

我们的活动在沿途撒下了抗日的火种，起到了宣传队的战斗作用，也使我们加深了对戏剧为人生的理解，在教育人中教育了自己。

据陈永倞手稿《回忆剧专十四年》和《怀念》（载于《剧专十四年》编辑小组编《剧专十四年》，中国戏剧出版社 1995 年版）摘编

山城记忆

◎ 陈永倞

【诉衷情】当年国难正当头，跋涉到渝州。五十六载飞逝，人渐老京秋。 驱强寇，解民忧，誓不休。咏歌茶馆，演剧街头，敌忾同仇。

1938 年 1 月，剧校奉命离开长沙继续西迁。2 月中下旬，全校师生先后到达此行的终点——重庆上清寺 140 号。这座临时校舍，从马路上看是三层楼，从背面看是四层楼（有一层是傍着马路崖边建筑起来的，这种砖木结构或其他更多的竹木结构的建筑，当地叫做“捆绑房子”，举目皆是），楼后还有一块不小的场地可派用场。这时学校的抗敌巡回剧团宣告结束，于 2 月 28 日又开学了。

1938 年上半年，剧校在校人数仅有 50 来人，包括研究实验部成员、第二届将毕业的同学和第三届学生；1938 年秋招收了第四届学生，在校人数增至 80 余人。他们有学习专业的，有从事研究实验的，各有侧重。剧目则适应当时形势，以抗战题材为中心，这在多幕剧和独幕剧以及街头剧中都充分体现出来了。

从 1938 年 2 月到达重庆，至 1939 年 4 月迁校江安，剧校在重庆共停留了 14 个月。其间，按剧校历年演出届次排列的正规剧场演出，是从第 16 届公演《飞将军》（洪深编剧、阎哲吾导演）、《爱与仇》（丁玲编剧、阎哲吾导演）开始，至第 23 届复演《凤凰城》止，共计 8 届，约含大小 11 个剧目。此外，未计算在届内的还有：在其他礼堂、学校或重庆附近地区演出的约 20 多个独幕剧，以国立剧校毕业同学会名义公演的《雷雨》和《日出》，以及重庆剧人联合大公演的《全民总动员》。就一个教学单位来说，其成绩蔚为可观，演出可谓相当频繁了。

别开生面的“茶馆剧”

这一时期，重庆话剧团体的演出多起来了，经常上演抗战剧。但是山城人民一般对话剧并不熟悉，因为话剧是个陌生的剧种，演员说的是国语普通话，当地人说四川方言，语言上有不少障碍。公共交通又很不方便，连当地叫作“洋马”的自行车也很少很少；马路忽上忽下爬坡太多，黄包车下坡时有如凌空飞跑，胆小的人还真不敢坐或不忍心乘坐呢。观众要看场戏，确实要下大决心，若只为见识“下江人”或别有向往的，为数恐也不是很多。所以当时大型话剧每次上演只演三五场，还是街头和剧场演出同时并举。

在到达重庆后的最初一段时间，剧校仍加紧抗日宣传，经常到街头出演，也尽可能到一些学校包括嘉陵江北岸、长江南岸以及重庆周边的乡县等比较偏僻的地方去演出。这样一来，积半年多的街头演出经验，形式就越来越灵活，除采用早在湖南演出时队伍在行进中号召观众等形式外，还根据当地具体情况创造了“茶馆剧”。

茶馆多是重庆的另一特点。茶客一杯茶，甚或是一杯“玻璃”（即白开水）可以坐半天；若有事走开，与“堂倌”打声招呼，把茶碗盖往茶托边一搁，就可以保留茶座。茶馆经常客满，是很好的宣传阵地。于是，由到茶馆唱抗战歌曲、化装演讲，逐渐形成了“茶馆剧”：当人们正在喝茶、“摆龙门阵”的时候，突然间，一个或两个茶桌上的“客人”高声辩论起来了；这样的开头，自然而然地吸引了茶客的注意，戏就从这里开始了，这比拉开架势演戏要自然得多。这种形式与《放下你的鞭子》工人从观众中上场，异曲同工，且更生动、自然，更富有感染力。茶客安逸地坐着饮茶，既听唱又看戏，还无须买票。所以这种演出形式深受山城百姓的欢迎，茶馆老板也高兴——能为他们招徕更多的茶客呢！

两演《凤凰城》

抗战剧《凤凰城》是吴祖光先生的处女作，1938 年 5 月在重庆国泰大剧院首演即轰动一时。那次是作为剧校的第 17 届公演，由研究实验部领衔主演，汪德、余师龙导演，张定和作曲，我任设计兼饰演东北大学校长。

《凤凰城》剧照 第一幕

这出戏的布景，今天看来很平常，可当时却透着新鲜呢。演出时，大幕在“黑龙江上，长白山头，江山如锦绣……”的歌声中徐徐开启，一轮明月钻出云层；皎洁的月光从落地的格子窗外探头进来，斜照在背对观众的男女主人公身上；女主人公斜倚在男主人公的肩头，还没讲台词，就体现了这对夫妻依依不舍的离情别绪，颇为动人情思。每当此时，观众总是感动得鼓起掌来，“人有悲欢离合，月有阴晴圆缺……”但这是投笔从戎啊！那首充满激情的歌曲，也广泛地流传开来。

1939年1月，由曹禺、黄佐临、阎哲吾、吴祖光联合导演，重排《凤凰城》，在国泰戏院作为剧校的23届公演，也是剧校告别重庆的演出。这次我修改了布景设计方案，改演白队长。夏川菊子由表演老师金韵之（后更名丹尼，黄佐临夫人）扮演。金老师原是燕京大学理学士、哥伦比亚大学硕士，后来又毕业于英国伦敦戏剧艺术学院表演系，还专门学过舞蹈，可谓多才多艺。这次有幸和她扮演的夏川菊子有些重场戏，在排演中使我获益良多。蔡松龄与我同班，原学编剧，留校任教后专事表演教学；这次仍饰演主角苗可秀。

《凤凰城》剧照 第三幕（上）、第四幕（下）

陈永倞（前排右一）照片题字：“《凤凰城》公演时剧中之真实主人公及演员合影，重庆，1938”①

① 这张合影的背景是，当年《凤凰城》“在重庆上演时，正值东北大学校长王卓然先生到达陪都，更巧的是中国少年铁血军苗可秀牺牲后继任司令员的赵侗也来到重庆。首场演出王、赵登台和观众见了面”。见吴祖光《〈凤凰城〉始末 二十岁写的头一个剧本》，载于《情系剧专》，国立剧专在粤校友1997年编印，第133页。——编者注

莎翁名剧《奥赛罗》

第20届公演的是梁实秋先生翻译的莎士比亚名剧《奥赛罗》。余上沅校长曾有个愿望——每届本科毕业都要上演莎士比亚的剧本；这戏被选作第二届同学的毕业公演剧目，由余校长执导，贺孟斧先生（研究实验部主任）布景设计，我任灯光设计。

剧中有一景要出现海上远帆，在设计草图上仅是极为精炼的几笔，可在舞台上如何体现呢？设想过几种方案，舞台实践中都不理想。一天，时间已过凌晨，我和贺先生倦极和衣躺在布景帷幕中，辗转不能成寐。偶然之中，我发现墙壁上一个影像，那是剧中道具蜡烛立灯被后台工作灯照射形成的。我一时如获至宝，这较之在天幕后方制作剪影要灵活得多；不禁高呼："有了，有了！"兴之所至，我急忙推醒贺先生说明究竟。

我们在天幕前几经试制，终于趴在仅可容身的平台下面，用一个小型聚光灯，通过剪影放映在天幕上，还可缓慢地在一定距离内移动，以示帆影由远而近，效果很好。只是趴在平台下面操作聚光灯，空间狭小，仅能容身，俯卧操作，很不自如；又是在重庆炎热的夏季，挥汗如雨自不待言。后来流传一句笑话，反映灯光工作者的苦乐，叫作"死抱得"——谐"spot"（聚光灯）译音，以形容这次的情景，一时传为美谈。

《奥赛罗》剧照

此前，第18届公演的是李庆华作、我导演的《可怜虫》，我编剧、郭蓝田导演的《灯塔》，王思曾改编、余师龙导演的《炸药》等三个抗战独幕戏，都是我担任设计。第19届公演的是陈白尘编剧、阎哲吾导演的《魔窟》，我任设计并兼演维持会长李步云（A角）。

《古城烽火》

1938年6月，研究实验部结束，我留校执教。头一项任务就是导演一出由顾一樵先生新编的三幕抗战剧《古城烽火》，并兼设计，利用暑假期间为第三届同学排戏，8月底开学第四届学生入学后才着手排群众场面。在最后一幕，增加了抗战歌曲载歌载舞的内容，是根据剧情发展的需要，结合新同学的艺术才能编排的，颇能烘托激动的胜利气氛。

《古城烽火》的古城指的是北平，舞台设计上，为使古城北平的形象鲜明，是用远处城垣、城楼做成景片，放在天幕后面映出的剪影，并在天幕前后投光，借以点题。最后一景表现深山古刹的参天大树，则是用墨绿幕布或前或后、或粗或细，或垂直或倾斜，参差错落悬挂，略呈树干、树盖形象，树干基本不投光，在树荫中光色渐远渐暗；层层山路则为平台构成，软硬结合，人物活动其间，颇能体现深山老林的意境。而墨绿幕和平台都是基本设备，不必新制。

这部戏作为剧校的第 21 届公演时，前面加了一出独幕戏，是曹禺先生根据法国剧作家腊皮虚的本子改译的《烟幕弹》，由刚毕业留校的郭蓝田导演。

《古城烽火》剧照

上：远处城垣城楼的剪影清晰可见

下：深山老林的意境

《阿 Q 正传》

第 22 届是学校征募寒衣公演，剧目是田汉先生根据鲁迅作品改编的《阿 Q 正传》，由黄佐临先生导演，我任设计。布景的处理大体上是一景一物，按剧情需要作或偏、或正、或倾斜等等的安排。这样做也是为了解决重庆沙坪坝南开学校礼堂舞台空间狭小和快速迁换布景的问题；当然主要是为了适应导演处理的要求。后来有评论家写文章说，我对《阿 Q 正传》设计是运用了风格化的手法；实际上我是适应特定舞台的实践和导演处理的需要，有意于景物的严格选择而已。

《阿 Q 正传》公演秩序单[1]#

① 该图的说明写道：“舞台很小，没有副台，布景造型采用‘中性’反复拼搭，不需上下，是这次公演的一大特点”。见李乃忱编著《国立剧专史料集成 · 下卷》，人民戏剧出版社 2013 年版，第 978 页。——编者注

附载 / **《阿 Q 正传》的第一次话剧化**

在《全民总动员》演出前 10 天和后一个月，重庆出现了两台《阿 Q 正传》，一是上海业余剧人协会演的，一是国立剧校演的。都是田汉的改编本。前者由赵丹导演，钱千里演阿 Q，白杨演吴妈；后者由黄佐临导演，沈扬演阿 Q，赵韫如演吴妈。

当时重庆话剧尚未大开展，观众还不多，又是抗战初期，因而两台阿 Q 都只演了两三场，影响不算大。但这两台阿 Q 连同几个月前在武汉由中国旅行剧团演出的同一改编本都是鲁迅名著的第一次话剧化、舞台化，值得纪念。

摘引自刘厚生《抗战时期的重庆话剧》，见《文艺报》2005 年 9 月 22 日

《雷雨》和《日出》

1938 年 6 月，研究实验部结束前夕，同仁们将劳燕分飞；这时排演一出什么剧为好呢？从当时人员情况看排《雷雨》甚为合适，我们把初步设想征得了作者万老师（万家宝老师，笔名曹禺，是我们第一届的编剧等课目的老师）同意。角色是这样安排的：我饰周朴园，林婧饰蘩漪，陈健饰周萍，朱平康饰周冲（朱当时是第三届学生，以其年龄、形体合乎冲儿要求，请其帮忙），郭寿定（从影后改名阳华）饰鲁贵，沈蔚德饰鲁妈，蔡松龄饰鲁大海，贾淑慧饰四风。汪德负责导演，朱家训负责灯光，我负责布景。此剧在重庆国泰大剧院演出了七场，在当时是上演次数较多的，要不是日程定死了不能延长，还能多演。

有件事值得一提，当时上演的剧本是要送审的，审查机关曾硬说《雷雨》“乱伦”，不准上演，其实是怕宣扬工人造反。费了不少气力，找到一本封面上写有“准演”字样的剧本，有图章及月日，这才既不肯定又不否定地准予演出了。这次没有演序幕和尾声，那是征得作者同意的，使戏在四小时以内演完。

说到这里联想起两年前（1936 年）中国舞台学会在南京世界大剧院演出过《雷雨》，是曹禺老师亲自扮演周朴园，马彦祥老师饰鲁贵，戴涯饰周萍，郑挹梅（学校短训班毕业生）饰蘩漪（其他记不得了），序幕和尾声是照演的。这次演出的角色安排真是别开生面——作者现身说法演矿主，导演粉墨登场扮家人，传为佳话。那时我曾在后台帮忙（制作化装油彩和帮助化装），亲眼见证了这一盛况。

还有一次公演是第二届毕业生同学组织的《日出》，算是他们班毕业的同仁场，仍在国泰大剧院上演。和《雷雨》一样，这次演出也没有算作剧校的公演届次。

《雷雨》公演秩序单 #

《雷雨》公演广告（重庆《中央日报》）

附载 / **剧校校友会筹备处与《雷雨》的演出**

1938 年初夏，剧校研究实验部依教育部指令裁撤后，以原班人员组建起了向职业化的校友剧团过渡的剧校校友会筹备处，推选汪德为负责人，并决定以献演《雷雨》向社会宣布校友会的成立。1938 年 7 月初在重庆各报刊出了大幅广告：“剧校校友会成立，献演《雷雨》”。原计划演出三日（六场）实际演了一星期，天天爆满，轰动了重庆。国泰经理还要求再续几日，因大家累得嗓子沙哑而未再续演。剧校西迁江安后，校友会由留校任教的陈永倞、蔡松龄、沈蔚德和二届郭蓝田等继续开展工作并坚持了较长时间。

摘编自汪德《追忆剧校研究实验部和第一个校友会》，
见李乃忱编著《国立剧专史料集成·中卷》，中国戏剧出版社 2013 年版，第 472 页

独幕剧一览

重庆时期演出的独幕戏不下数十出，计有：文治平编剧的《毁家纾难》，冼群的《反正》，尤兢的《警号》，章泯的《东北之家》，余师龙的《抗战第一声》，余上沅、谷剑尘等集体创作的《流亡者之歌》，骆文宏的《疯了的母亲》，李庆华的《觉悟》，舒湮的《老爷不走了》，谢重开的《拆桥》，陈豫源的《我们的国旗》，李庆华的《可怜虫》，张平群改编的《求婚》，宋之的的《出征》，张道藩的《杀敌报国》，陈治策的《干不了也得干》，刘厚生的《保卫工厂》，王震之的《铜锣》，金韵之改编的以歌舞为主的《抗战三部曲》，何之安的《末路》，张世骝的《还乡》《最后胜利》，沈蔚德的《我们的后防》，杨村彬、

阎哲吾的《反侵略》，钟铋云的《重整战袍》，宋清涛的《新十八扯》，何之安的《募寒衣》等。还有丁玲的《重逢》，王思曾改编的《炸药》，陈永倞编剧的《灯塔》，张逸生改编的《香姐》等。不少戏在舞台和街头都曾多次演出。

社会宣传与社会活动

在重庆，剧校师生还面向社会开展了许多工作。1938 年成立了“战时戏剧辅导委员会”，专事开展剧运，特别是抗战戏剧宣传工作。内容包括组织剧团，选择排演剧目，训练演员、舞台工作人员等方面的指导和协助；举办战时戏剧讲座、辅导座谈会以及战时戏剧人员短训班；在报纸上编发《戏剧周刊》，编印战时戏剧丛书；等等。此期出版了铅印本《古城烽火》《黑子二十八》《从军乐》《表演艺术论文集》《战时戏剧演出》《战时戏剧讲座》[1]《新型街头剧》《崖山恨》（四川方言抗战剧）等不下十余种。另有战时戏剧小丛书八种（包括自长沙阶段以来所编所演的小剧本），计为《炸药》《觉悟》《杀敌报国》《反正》《流亡者之歌》《香姐》《拆桥》《疯了的母亲》等。

还有一次社会活动也值得一提。就在上清寺校舍的后院，用当地流行的办法搭建了席棚。它有多种用途，平时当饭厅，挪开饭桌就是排演场，必要时也当作开会的礼堂。记得就在这简易的席棚里，在 1938 年 8 月间召开过苏联著名戏剧家斯坦尼斯拉夫斯基逝世悼

国立戏剧学校追悼斯坦尼斯拉夫斯基大会纪念 1938 年 8 月 #
前排右起第二人为陈永倞

① 该书“由余上沅、吴祖光、陈永倞、陈治策、阎哲吾等执笔”，“后由正中书局出版”。见吴若、贾亦棣著《中国话剧史》，“行政院文化建设委员会”1985 年版，第 196 页。——编者注

唁会，余校长、曹禺、黄佐临、金韵之诸先生均与会；还在《国民公报》上发表了纪念特刊。那次纪念会的照片，现在还在中央戏剧学院图书馆收藏着。

回想当年，那时我只有 24 岁，血气方刚。因为抗战，精神振奋；因为专业，工作紧张而热烈，而精神却是愉快的。那几年我搞舞美设计，又当导演，还做演员，也写过剧本，都是工作需要，兴之所至。然忙时废寝忘食，或通宵枕着布景包，在后台与耗子为伍；居无定所，食无定时，卒罹胃病；又无力及时就医，渐成宿疾。终至一段时间不能进食，吃点烤馒头片也要呕吐；识者告我，吃了要吐也要再吃；单靠小小的苏打片止痛，治标而已，终成痼疾。从此不能吃米饭，更不能吃辣椒，人们很奇怪我究竟是什么地方的人，怎么有不想吃大米饭又不能吃辣椒的湖南人呢？

如今，半个多世纪过去了，作为一项事业的耕耘者，因其意义重大，成绩昭然，虽岁月已逝却难以忘怀。当年我们那一代剧人，在民族革命战争的潮涌下，在抗日民族统一战线的声势下所作的种种努力，意义深远，令人难忘；每一凝思，那情那景恍若昨日，发人深省，引起无限回味。

据陈永倞手稿《回忆剧专十四年》（约作于 1994 年）摘编

附载 / **茶馆剧趣闻**

茶馆剧是非常互动、真实的行动剧，观众常常不知道是演戏，以为是现场发生的真实故事，便非常投入与演员一起融入剧中，成了戏中的临时演员，往往直到第二天报纸报道，才知道是一出戏，而轰动一时……

在重庆，我曾经参加过一次“茶馆剧”的演出，剧情主要是由一男一女分饰一个煤炭行老板和一个全家被日机轰炸摧毁的妇人为主，戏从老板向妇人催讨债务开始，妇人泪涟哭诉她如何从南京逃难到重庆，家破人亡的悲惨遭遇。这出戏原本的主题是国仇家恨，不料演得太过于逼真，当妇人拿不出债款，现场马上有位热心的观众站出来说：“她到底欠你多少钱，我给好了！”饰演老板的人，为了演戏，只能接着说：“我不要你给，我只要她给！”眼看演员和观众的争执即将引爆，为避免造成不愉快的冲突，演戏的两个人只得马上散去。还有一次，成功地在茶馆里演出一场“茶馆剧”《兄弟会》，剧情描述一位先生在茶馆里喝酒发牢骚，一位乞丐看不过去，回嘴骂这位先生，两人对面一望，竟是分别多时的兄弟，不禁抱头痛哭，彼此诉说逃难的经过，以及家人被日本人杀死的悲惨遭遇。由于当时的社会情况与表演太过于逼真，亦有位观众突然站起来说：“日本人真可恶，我知道的更多！”由此可知，茶馆剧戏剧感染力之浓厚，台上台下互动之强烈。

摘引自彭行才著《导演生涯六十年》，
台湾柏室科技艺术股份有限公司 2005 年版，第 136—137 页

重庆雾季戏剧节

◎ 陈永倞

【诉衷情】《全民动员》怒神州，四海剧人筹。空前盛举应记，正抗敌同仇。　胡未灭，恨难休，志未酬。放歌前路，无缺金瓯，磅礴千秋。

全国第一届戏剧节

1938 年 10 月，在重庆的戏剧团体根据“中华全国戏剧界抗敌协会”[①] 每年 10 月举办戏剧节的决定，主催了史无前例的全国第一届戏剧节。这次重庆雾季戏剧节规模空前，声势浩大，意义深远；剧校师生以高昂的热情参与了这次盛举。

第一届戏剧节长达近一个月，分作四大部分进行。

一是大规模的街头演出，由专业和业余剧人千多人组成 25 个宣传队，在山城内外连演三天，宣传抗战。这形式新颖、气氛热烈的街头演出，各剧团的节目多属自编，形式多样，或用普通话或用四川方言，各展所长，大开风气之先。

二是戏曲界大联合演出四天，多是传统戏剧和新编的抗战剧目，台上台下情绪热烈，盛极一时。

三是为抗战将士募寒衣的“五分公演”，即五分钱一张入场券；大都是抗战内容的剧目，节目轮换，演出精彩，观众踊跃，抢买站票，情绪十分高昂，几乎是欲罢不能，一连演了七个晚场。

四是话剧界通力合作的《全民总动员》，当时在山城的所有话剧团体和旅渝剧人约两百多人参加这次演出。

①1937 年 12 月 31 日在汉口成立，余上沅、洪深、曹禺、应云卫、陈治策、向培良等被推选为理事。见谢增寿、张祐元著《流亡中的戏剧家摇篮——从南京到江安的国立剧专研究》，四川出版集团・天地出版社 2005 年版，第 235 页。——编者注

《全民总动员》——空前盛举

《全民总动员》的排演是一件意义深远、令人难忘的空前盛举。

根据当时的情况，完全编写一个新剧本无论如何来不及。正好有一本《总动员》，是宋之的、陈荒煤、舒群、罗锋等合写的，于是决定对其进行修改，由宋之的、曹禺担任改写任务。为了排演好这出戏，组织了包括剧作者、剧校校长余上沅等人在内的六人导演团；演出委员会还推荐了一张空前的演员名单，他们是：赵丹、白杨、舒绣文、英茵、张瑞芳、施超、顾而已、魏鹤龄、王为一等，连余校长、曹禺、宋之的等都榜上有名。戏剧家们出色地组织了一台好戏，群星荟萃的演员阵容，编、导、演、美的密切合作，体现了五湖四海剧人空前的大团结和一致抗日的奋发精神。

《全》剧由应云卫老师任执行导演。应导排戏善于攻坚和突击。当他了解了原作，听取了改写计划后，在参与讨论时提出全剧场景的安排，特别是第四幕的处理编剧应与舞美设计一起共同讨论，妥善安排各幕场景的处理，并提出希望在总动员的壮大声势中结束全剧。

我作为话剧部的成员[①]又是这个戏的布景设计者，认为应导的提法很好。过去每当排戏之前，导演、设计必定研究场景处理；现在要和编剧者事先讨论，这是赶时间、争速度，以求事半功倍的好办法。为了完成剧本的主题，建议最后一景似可假定在抗战胜利纪念碑前，这样处理，既可突出抗战主题，又在形象上能够造成磅礴的气势，还能够安排上百人的群众场面。几经研讨，后来这最后一景就是这样处理的。

排演《全》剧时没有合适的场地，主要场面是在不大的房间排练的，布景平面图只能在排演场作出示意；这在当时，对于导演、演员都是习以为常的事。演员们胸有成竹，善于自行准备，对人物的设想和构思非常仔细。由于排演场地窄小施展不开，很多戏只好“台上见”——这在老演员中是个褒辞，绝非是对即兴表演、各自为政的贬辞，反而更能看出名演员的功力。至于全剧合成，也只能在剧场的晚场电影后才可登台。好在导演、演员、舞工都有“抢台”的战斗经验，这种夜战场面是不在话下的。

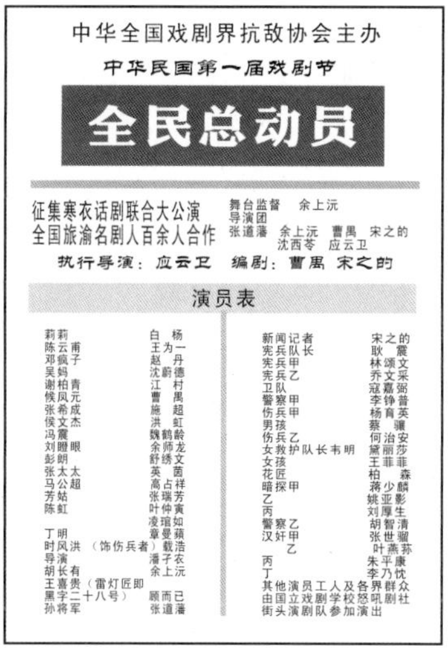
中华全国戏剧界抗敌协会主办

中华民国第一届戏剧节

全民总动员

征集寒衣话剧联合大公演
全国旅渝名剧人百余人合作

舞台监督 余上沅
导演团
张道藩 余上沅 曹禺 宋之的 沈西苓 应云卫

执行导演：应云卫 编剧：曹禺 宋之的

演员表

莉莉	白杨	新闻记者	宋之的
陈云甫	王为一	宪兵队长	耿震
邓疯子	赵丹	宪兵甲	林颂文
吴妈	沈蔚德	宪兵乙	乔文采
谢柏青	江村	卫队	寇嘉弼
候凤元	曹禺	警察甲	李铮普
张希成	施超	伤兵甲	杨育英
侯文杰	洪虹	男孩	蔡骧
冯震	魏鹤龄	伤兵乙	何治安
刘瞪眼	余师龙	女救护队长韦明	黛丽莎
彭朗	舒绣文	女孩	王菲菲
张太太	英茵	花匠	柏森
马公超	高占祥	暗探甲	蒋少麟
芳姑	张瑞芳	乙	姚亚影
陈虹	叶仲寅	丙	刘厚生
	凌琯如	警察乙	胡智清
丁明	章曼蘋	汉奸甲	张世骝
时风洪（饰伤兵者）	载浩	乙	叶燕荪
导演	潘子农	丙	朱平康
胡长有	余上沅	丁	李乃忱
王喜贵（雷灯匠即黑字二十八号）	顾而已		
孙将军	张道藩		

其他演员工人及各界群众由国立戏剧学校怒吼剧社街头演剧队参加演出

《全民总动员》公演秩序单 #

《全》剧是四幕剧，需四个场景，筹委会把舞台工

① 据记载，“余上沅为第一届戏剧节演出委员会委员，兼任委员会下设的话剧部副主任委员，阎哲吾为副主任委员，曹禺、陈永倞等为话剧部领导成员。”见谢增寿、张祐元著《流亡中的戏剧家摇篮——从南京到江安的国立剧专研究》，四川出版集团·天地出版社 2005 年版，第 237 页。——编者注

《全民总动员》剧照

作任务交给国立剧校。校方非常重视，由余上沅校长亲自兼任舞台监督，设计者兼任舞台主任（包括装置及灯光），其他如服装、道具、化装、效果等方面的工作，另设后台主任，由蔡松龄负责。特别要提的是灯光器材的问题。国立剧校有一批进口的聚光灯和节光器等，特别是那批聚光灯泡，虽只用过两年多，但因当时已无来源，历来严格规定不能外借；这次悉数提供《全》剧使用，为了一致抗战，这也是破天荒的。

由于时间紧，任务急，当十月半大戏开排的时候，全剧本子尚未完全脱稿，但应导已经知道全剧结构，胸有成竹地动手排戏。仅花两个多星期，剧本完工了，戏也排完了；同时布景和各项舞台工作也如期完成，赶在10月以内即29日正式公演。

这一空前盛大的剧人大会师，岂止轰动了山城，提高了渝都人民对话剧的认识、爱好，以至推进话剧运动，更是为团结全民族抗战尽到了艺术家的神圣职责。

当时，限于照明器材及经费，很多戏的演出很少照相。但《全》剧是拍了不少剧照的，四幕四景的主要场面都拍到了，剧照是由电影制片厂拍的，但未拍影片。真可惜呀！一代表演名家的群英荟萃，一次抗战戏剧的大会师，一回东西南北剧人的大团结，竟没能留下宝贵的形象资料给后人观赏、留念，实在遗憾！

抚今追昔，同龄人泰半作古，而戏剧艺术事业，却如此盛况空前。今非昔比，今胜于昔，实当时所望而不可及的，能不感慨系之？

据陈永倞手稿《回忆剧专十四年》（约作于1994年）摘编

参加演出之全体人员合影

附载 / **中华民国第一届戏剧节与《全民总动员》**

1938 年 10 月中华全国戏剧界抗敌协会和重庆分会集中大后方戏剧和电影界的主力，在陪都重庆主办了中华民国第一届戏剧节。国立戏剧学校的全体师生全力以赴积极投入，成为了这次活动的骨干力量。在联合演出压轴戏《全民总动员》时，剧校师生中不少人身兼数职，日夜奋战，三、四届学生被派去扮演群众角色，兼舞台各部门管理工作，使他们能与当时蜚声剧坛的众多知名演员同台演出或身临其境观摩，感受到了从未感受过的大场面、大气派，扩大了他们的艺术视野，提高了他们艺术鉴赏能力和表演艺术水平。

第一届戏剧节有一流编剧、一流导演、一流演员、一流舞台工作者的参与；各党各派、南方北方，众多著名戏剧作家、导演、演员共同合作，同台演出，这在中国话剧史上是空前的。《全民总动员》公演后，《新华日报》《中央日报》等报发表了不少评论，充分肯定此剧公演在政治上的极大成功，认为该剧题旨紧紧把握住了目前抗战阶段的重要契机——总动员。化装、布景、灯光和效果都很成功，演员的演技是最使人满意的。更重要的是通过演出把戏剧界人士团结起来了。

《全民总动员》的创作和演出，其意义已超出了戏剧本身，对动员全民族抗战，维护全民族的抗日统一战线产生了积极作用。

摘编自谢增寿、张祐元著《流亡中的戏剧家摇篮——从南京到江安的国立剧专研究》，四川出版集团・天地出版社 2005 年版，第 103—104 页

江安——小城春秋

◎ 陈永倞

［浪淘沙］ 五十二年前，艺苑西迁。弦歌不绝大江边。先圣时贤共文庙，江安剧专。　正炮火连天，遍地狼烟。频繁演出尽新篇。百倍信心齐御侮，抗战宣传。

1939 年 4 月，学校迁至长江上游小城江安，这是座很有特点的三等县城。初到这偏僻闭塞的地方很不习惯，当地有些乡亲也看不惯我们：男女同校……经过 6 年多的活动，学校与当地人民建立了深厚的感情。直至今日，学子们都忘不了江安的岁月，对江安怀有深切的眷恋之情。

剧专在江安的时间最长，演出也最多。从 1939 年 4 月到达江安至 1945 年秋回迁重庆附近的北碚，在届公演达 54 届（自 24 届至 77 届），涉及古今中外近百部剧目，尤以抗

江安县戏剧协社欢迎剧校师生茶会留影（1939 年 4 月）
国立剧专史料江安陈列馆提供

战题材的剧目为重；并多次到宜宾、重庆等地举行抗战慰问或宣传公演。

到江安的第一年，先后演出了《岳飞》《蜕变》和余上沅、王思曾合作的《从军乐》；并进行旅渝公演，演出地点仍在重庆国泰大戏院。

气壮山河的《岳飞》

《岳飞》是顾一樵的新作，由杨村彬导演，我任布景设计。该戏是多场景四幕剧，每幕有好几场，场景不重复。我运用了从台左到台右的通长平台，以软幕的样式和颜色变化表现不同幕场次的场景；又以极简练的景物，如柱、栏、石狮、长案、石榻等，表现不同的环境，使全剧十几个场景既连贯又不重复。

《岳飞》宣传照
前右：冀淑平饰王夫人

该剧在江安演出时未料到将作旅渝公演，此番赴渝演出舞台技术上必须进行改进。例如，布景中运用的平台结构，必须适应装木船走长江、下重庆的运输条件。又如，平台的利用，原来按分幕设计的每幕基本不作变动，但在深度为八英尺的通长平台的前沿和后沿，则须变换台阶的外形和位置；每幕有三两场戏，景的地点不同，而全剧十几个场景是连贯的、不重复的，因此布景的迁换技术必须解决速度和较复杂的暗转问题。

旅渝公演时对尾声的处理是值得一提的。原剧是在岳飞被秦桧阴谋毒死于狱中结束的，导演处理时增加了一个尾声：奸相秦桧夫妇跪在岳飞坟前，全剧在《满江红》的歌声中闭幕。尾声没有台词，在江安演出时，观众一看到天幕上出现岳飞形象，不等别的形象出现，就“起堂”退场，几乎每场演出都是这样。尾声中至少有四种形象出现，为什么观众不等看完就走呢？经反复琢磨后认为，问题就出在舞台形象的艺术处理不严密、无条理，没有层次，没有动律感，不能吸引人。但由于江安没有电灯，这个问题未能解决。

旅渝公演时，我们利用灯光变化使原有的几个形象分层次地出现，取得了很好的效果。暗转后，在《满江红》歌声中先是渐渐出现岳飞的墓碑，渐及碑上的字样；然后，用微弱的冷色光照射跪在岳坟墓碑前的秦桧夫妇；继而，用红光在天幕上映出与天幕等高的“顶天立地”、威武庄严的岳飞戎装剪影；歌声唱到词的下阕“靖康耻，犹未雪……”时，墓碑上再显示出“还我河山”的红色字样——这是从碑石内透射出来的岳飞名句的手迹，这就确实抓住了观众；当唱到“待从头收拾旧山河，朝天阙”时，全剧在激越的歌声中结束。这样不厌其烦的处理，确实起到了为千古奇冤的历史悲剧大鸣不平，激发人们民族情感奋起抗战热情的积极作用，有力地渲染与突出了本剧的主题。还要说明的是，在江安小城演出时只有煤气灯可用（虽然很有创造性），节光器之类是没有用武之地的。在重庆演出时用电灯照明，效果自然好得太多了。

《满江红》由张定和重新谱曲，第一句中的“怒发冲冠”中的“冠”字以高八度冲出，犹如直插云霄，很有气势。

附载 / **记忆犹新的话剧《岳飞》**

当年在重庆的中国国民外交学会得知《岳飞》演出轰动了整个山城，特地请剧专加演早场招待驻渝各国使节，到场的有英国大使卡尔、美国大使詹逊和苏联大使潘友新……还有外侨和外国记者出席相陪。开幕前还向各国使节、外宾赠送了岳飞遗书“还我河山”的立式小三角旗，表达我国民族气节不可辱之意。大幕拉开后，观众无不为戏的内容和感人的艺术魅力所倾倒。幕落连连谢幕五次，在场的曹禺老师情不自禁地高喊“‘encore’（再演一次）。”

摘引自张家浩同名文章，见李乃忱编著《国立剧专史料集成·中卷》，
中国戏剧出版社 2013 年版，第 617 页

在重庆演出时的舞台装置工作也令人难忘。演出所在剧场是放映电影的，舞台的深度、高度和宽度都很不够；特别是舞台的左墙是斜的（墙外挪出一条到后台的通道），更给装台和迁换布景造成困难。《岳》剧悬挂的景片有十来道之多，虽然事先定制了用于拉紧铅丝的“螺丝钩”，但要在墙上打洞拴木楔则须把梯子搭在桌子上才能操作。为了节省经费，我们没有聘请专业的装置行家，我这个设计者身体力行，带头登高爬梯，带领第三届和第四届的莘莘学子自己动手。而能用于装台的时间，满打满算只有十几个小时——晚场电影散场后才能上台工作，第二天还有日场电影，晚上开演前还要留两三个小时给演员走台；所以这项工作非常紧张，非常辛苦。大家拼着命干，总算在开演之前结束了装台的战斗，好多人都通宵没有睡成觉。然而，开演后还要进行繁重而紧张的布景迁换工作呢！经过大家的不懈努力，总算完成了首场演出的艰巨任务。

作为国立戏剧学校旅渝劳军公演（总第 31 届公演），《岳》剧在重庆的演出轰动了山城，取得了巨大的成功。

且歌且舞《从军乐》

《从军乐》是余上沅、王思曾合编的四幕剧，立意于长沙，执笔于重庆，年中才脱稿，1939 年 12 月在江安上演过；1940 年 4 月旅渝作为剧校第 32 届公演。

在余先生的回忆文章里，曾提到这部戏主要表现为抗战而从军，它的演出要求是强调歌、舞、乐紧密的有机结合，融合成一个整体；并且要与布景密切结合，使视、听和谐一致，以纠正以往对于从军的陈旧看法，高唱“好铁要打钉，好男要当兵”，体现群起从军、乐于从军，赋予从军以抗日的崇高的新意识。

该剧由杨村彬导演，我任设计，张定和任作曲和音乐指导，吴晓邦任舞蹈指导。我们的共同愿望是，要使演出主题更鲜明，形象更精炼，在艺术上更有新意，更富于感染力。因此，我的设计处理是：舞台正中设一圆形平台，直径约 5 米；圆内平台可以上下变化，设置或门楼、或战地、或室内等精选的局部形象，但都不简单模拟生活中的造型。圆外则不作变化，只在圆平台的两侧设有不完全对称的斜坡。这样一来，大处不动，小处有变，采用风格化的处理，意在使观众的注意力集中在演员的表演上，实际是集中在圆形平台上了。场景基本不变而又多变的《从军乐》，在音乐奏鸣声中流畅地进行。这种演出形式，在当时颇具新意，得到了好评。

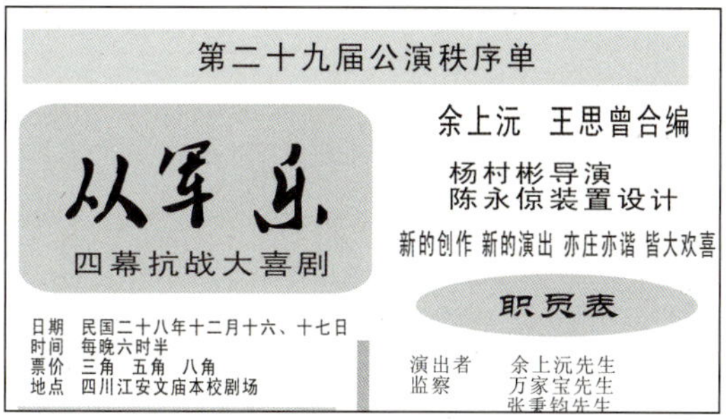
第二十九届公演秩序单
从军乐
四幕抗战大喜剧
余上沅　王思曾合编
杨村彬导演
陈永倞装置设计
新的创作 新的演出 亦庄亦谐 皆大欢喜
日期　民国二十八年十二月十六、十七日
时间　每晚六时半
票价　三角　五角　八角
地点　四川江安文庙本校剧场
职员表
演出者　余上沅先生
监察　万家宝先生
张季钧先生

《从军乐》公演秩序单 #

附载 / **余上沅与《从军乐》的排演**

他和王思曾为抗日而作的多幕话剧《从军乐》是一次比较成功的实验。他在该剧本出版的后记中说：“为了实现在演出艺术上的一种理想，我们（导演杨村彬、布景设计陈永倞）采用一个新的方法，终于得到了非常圆满的收获。”他们这个新方法就是要在：“歌（或者声音与对话）、舞（或者动作与姿态）、乐（显著的或者不显著的）三个方面都能够融合成一个整体，并且和布景、灯光以及在剧场里看得见、听得见、感觉得到的一切，都能够打成一片，造成一个天衣无缝的、独立存在的艺术品。”余上沅写道：“《从军乐》的演出，自然不敢说做到了这一步，但是它的倾向、它的可能，是属于这一步的，我相信拿它来做一个启示，做个基础，继续不断的努力，是可以走出新路来的。”

摘引自周牧《为中国戏剧奉献一生的余上沅先生》；
见李乃忱编著《国立剧专史料集成·上卷》，中国戏剧出版社 2013 年版，第 54 页

首演《蜕变》

《蜕变》是曹禺的新作，是在江安县城东街“乃庐”的宿舍里写成的一部抗战戏。剧校师生对排演抗战戏非常积极热情，剧本是边写作，边加工，边油印的。

这部戏由刚从耶鲁大学专攻导演和舞美设计的张骏祥硕士担任导演兼设计。角色安排除梁专员、丁大夫、孔秋萍三个人物由青年教师蔡松龄、沈蔚德、郭蓝田饰演外，其他均由第三、第四届同学担任。丁大夫设有 B 角，由冀淑平担任。张骏祥先生亲任舞台主任，我任舞台副主任。

该剧四幕四个内景，设计者从环境处理构思，说明从小城市到大城市，从低矮简陋、陈设杂乱到高大宽敞的变化；进而说明这个单位从管理紊乱经逐步整顿到秩序井然的发展。为此，张先生的处理是，第一景为九呎高，以后三景每景高度递增一呎。现场效果显示感觉良好，不像只增高了一呎，达到了表现环境也在“蜕变”的意图。

《蜕变》的布景制作是颇具戏剧性的。全剧有四堂硬片布景，虽然在江安已经做了，但为了便于木船运输，景片都是下好料、编号好打好捆的，要等到渝后再拼接和蒙布上色。但在渝演出时，该剧与第一个戏仅隔 5 天，其间还须参加每晚的演出。剧场舞台旁的夹道既弯曲又狭窄，还遇到阴雨天气，完成景片的后期制作既费时又费力；以致第一场公演的当天下午在台上连排时，第四场布景上色后还是“油漆未干”，只得在后台的夹道里用火烘烤，真是狼狈之极。从来没有碰到过这样糟糕的事情，真难为了我这个舞台副主任了。

《蜕变》上演前的“审查”也颇费了一番周折。有关当局审查了文学剧本不算数，还要审查连排。他们十分挑剔，哪怕是一个形象、半句台词都可能遭到严酷的砍杀。例如，不准称医院院长的小老婆是“伪组织”，不准用公立医院的名称，等等。他们最怕的是剧中那个小小的“红兜肚”——送别伤员时，丁大夫挥动着小伤兵送给她的纪念品红兜肚告别。兜肚本是西北人民用来护肚防寒的，大人孩子都用，即使夏天也要穿戴，民间都用红色。作者把它写进戏里是有他的寓意的，而审查“老爷”的嗅觉也够灵敏的，很忌讳这个“红色”。为了应付审查，在排演场演员们只走大地位，拿着剧本背台词，也不穿服装，有些台词一糊弄就过去了，道具也是代用品；那只红兜肚才没有被砍掉。对待审查真是一场战斗！1940 年 4 月 15 日，《蜕变》终于在重庆成功首演了。这是剧校的第 33 届公演。

旅渝公演的这三个剧目均以抗战为中心，题材有历史的、现实的，演出形式又是三种样式，很有新意。只是当时每部戏只能演出三至五天，对于当时重庆观众的需求来说，这可能已是极限了吧。后来几年，重庆成了话剧的天地，上演的场次则以月计算，那就不可同日而语了。

由于经费等各种原因，一个戏演完就将不用的器材包装好，大部靠自己人力，肩扛人抬运走。最后一场戏刚演完就连夜拆台，把各项器材直接运上船，待到第二天早晨开船前，我们连人带器材都在上水船上了。

旅渝公演，匆匆而来，匆匆而去，演完就走，半天也没有停留。只好再会吧，重庆！果然，待到1942年12月第二次旅渝公演，我们又把《哈姆雷特》送到山城的观众面前了。

第二届戏剧节

1939年10月，受全国戏剧界抗敌协会委托，在江安举办中华民国第二届戏剧节。[①] 剧校参演的剧目有夏衍的《一年间》、陈白尘的《魔窟》等。

还有三台晚会，演的都是"五四"以来的优秀独幕剧，也有几出抗战戏。晚会之一：丁西林的《一只马蜂》，曹禺的《正在想》，张家浩的《红色马》，契诃夫的《求婚》；晚会之二：《一生大事》《一出戏》《一副喜神》和《一对近视眼》；晚会之三：《反正》《求婚》和《重整战袍》。三台晚会共演出一周。

为纪念第二届戏剧节，余校长还首创"戏剧饼"。我以戏剧面具作图案，烦糕点作坊雕刻模板，制成带馅的饼子，大小如通常的八件。戏剧节期间，正值校庆前夕，两个节目一同纪念，发给师生品尝，也是一个节目。糕点铺也可自制自卖，小小的"戏剧饼"，也就成为宣传品了。

照片题字："《魔窟》演职员合影 永倞存"
前排左三为余上沅校长，后排左一为陈永倞（设计兼饰演李步云）

①1939年10月10—19日，由戏剧学校负责，以江安县戏剧界名义主办中华民国第二届戏剧节，余上沅任演出委员会主任；票房收入全部充作前方抗战将士寒衣之费。见谢增寿、张祏元著《流亡中的戏剧家摇篮——从南京到江安的国立剧专研究》，四川出版集团·天地出版社2005年版，第240页。——编者注

《魔窟》剧照（阎哲吾导演）

多样的演出形式

在江安时期，为补助学生伙食，还举办过两次大型公演。一次是由学生自治会主办，邀我导演万先生的《雷雨》，从各班选用演员，利用假期排演。这出戏很有号召力，剧场效果很好，连演两场，欲罢不能，又多演了一场。

第二次由余校长主办，并亲任导演，全校师生联袂登台。这次大公演更是盛况空前，时间在 1943 年 1 月，剧目是《日出》。我当时是校友会会长主持其事，并兼任设计。演员阵容很不一般：陈治策先生扮演黄省三，马彦祥先生扮演胡四，焦菊隐先生扮演张乔治，刘静沅扮演福生，林婧扮演翠喜，张天璞（张真）扮演大茶壶，应尚能扮演黑三，王家齐扮演潘经理，冀淑平扮演陈白露，均有独特的、精彩的表演。万先生当时不在，要不更有好戏看了。还有外地赶来欣赏的。两次演出的收入，悉数交给学生伙食团改善生活。

国立剧专教职员新年公演

日出　一九四三年一月　凭物看戏

在文庙舞台演出

曹禺名剧　主要角色均由教职员饰演

前台职员表

前台主任	陈伯渊
事　务	丁肖微
	夏永安
宣　传	张秉钧
	吕　风
	陈文泉
	杨德仁
	康　牧
	杨筒微
票　务	方　匀
	朱　琨
	温功智
	于象乾
	王学煌

演员表

妓　女	施寄寒	陈白露	冀淑平
	萧锡荃	方连生	温锡莹
	贾光涛	张乔治	焦菊隐
	林斐宇	王福生	刘静沅
	徐敏英	潘月亭	王家齐
	胡寄蘋	顾八奶奶	夏易初
	周柔珍	李石清	张　雁
歌　唱	陈　玄	李太太	张逸清
	薛传懿	黄省三	陈治策
	万桐书	黑　三	应尚能
	潘英锋	胡　四	马彦祥
	储声虹	小东西	王文琦
	邵　光	翠　喜	林　婧
	何延昌	小顺子	张天僕
	郑戈恒	卖　报	蔡　骧
	金钟鸣	打　手	洪　深
	彭　松		

《日出》凭物看戏公演秩序单 #

当时还有一种不卖门票的演出形式——“凭物看戏”。观众带来的各种食品，也用于改善伙食。

江安时期，学校每年总有十来次公演。除两次旅渝公演外，沿长江上游至南溪、宜宾，下游到泸州等地，均应邀送戏上门，很受当地欢迎。后来历届考取的新生中，有的就是在当地看过我们演出慕名而来的。

音乐会，也是开风气之先的活动。抗战歌曲是主要的曲目，也有“五四”时期老一代作曲家的名作和我们上演过的话剧中的插曲。当时学校有乐剧科，所以有齐唱、合唱、轮唱、独唱各种形式以及器乐演奏等。这种活动也有助于普及，有些歌曲很快就流传开来。

还有别开生面的舞蹈表演。吴晓邦先生创作的舞蹈——《丑表功》，揭露了卖国求荣的大汉奸的丑恶嘴脸。演员有一个面具，它酷似汪逆大汉奸，有时戴上，有时拿在手上，在音乐伴奏之下，形象生动，颇具艺术魅力，不愧是名家大作。

社会活动

剧校迁江安后继续积极开展各种社会戏剧宣传辅导活动，包括以下诸方面。

戏剧培训工作。如：举办战时戏剧工作短期训练班[①]，每期六至八周，有的学员后来考入剧专；举办战时戏剧讲座，召开战时戏剧座谈会；等等。

国立剧校第二期短训班（在江安）合影 #

前排右三为余上沅校长，右二为陈永倞

① 据丁庭富（丁琳）《忆第二期短训班（江安）》记载：“剧专 4 月迁来，5 月份就开办了第二期战时戏剧工作人员短期训练班，为江安地方培养出了戏剧宣传抗日的人才……上课教师有吴祖光、陈永倞、阎哲吾、蔡松龄、郭蓝田等学识渊博、技艺精深的优秀老师。”见李乃忱编著《国立剧专史料集成·下卷》，中国戏剧出版社 2013 年版，第 1101 页。——编者注

为社会戏剧活动提供物质帮助。如剧本的供应和介绍，布景道具的代制、借予或提供简明制作方法，介绍化装品的制作方法或代制，推荐戏剧指导人才。

出版工作。如编写《戏剧小丛书》等普及读物。因条件所限，这时的小丛书只能改为石印；后更加困难，故又改为油印。

剧专十四年，以在江安时间最长，自 1939 年 4 月至 1945 年 6 月，达六年又两个月。小城人民通过观摩演出和与我校教职员工的交往，逐渐改变了对“下江人”的看法，有些男女青年考入了学校，还有些当地人与我校员工喜结良缘。江安的乡亲们与散居在县城东南西北四条街的教职员工建立了深厚的感情，迁来时礼貌相迎，迁走时依依不舍。

由于剧校江安时期在培养人才、剧艺演出、抗战宣传、社会教育等各方面成绩卓著，现在当地政府已将原校址划定为专区文物保护单位，并建立了国立剧专纪念馆。

据陈永倞手稿《回忆剧专十四年》和《怀念》（载于《剧专十四年》编辑小组编《剧专十四年》，中国戏剧出版社 1995 年版）摘编

附载 / **凭物看戏**　丹尼

什么叫“凭物看戏”？就是不必拿钱买戏票，只消交点吃得的东西就可入场看戏。剧专创办这种看戏制度的原因有两个：一、方便农民看戏；二、改善学生伙食。

当时，江安四乡农民常苦于无钱买票看剧专的戏。但是，他们每逢场期，挑着小菜或瓜豆到县城赶场，而大约下午四点，赶场高潮即过，买主逐渐稀少，农民只有把尚未卖完的东西贱价“打瓜”。这时，我们搞宣传的同学就上街鸣锣，或贴出海报，欢迎农民把要“打瓜”的白菜或南瓜拿来“凭物看戏”。剧目多样，有四川方言话剧（如《包得行》），也有新编川戏（如《汉奸梦》）以及京剧、魔术等，都是同学们利用课余时间自己排演的。这种“凭物看戏”的办法，农民非常高兴，每次演出，观众都很踊跃。

凭物看戏，不拘品种，只要吃得就行。亦不限数量多少，两根萝卜，欢迎；一只鸡婆，更好。有个绅粮摆阔气，赶着一头大肥猪来，要凭“猪”看戏，我们也来者不拒。第二天，全校加餐，同学们痛痛快快吃一顿。

转引自李乃忱编著《国立剧专史料集成·上卷》，中国戏剧出版社 2013 年版，第 102 页

剧专剧团

◎ 陈永倞

[长相思] 记忆留，白发留，长江上下历八秋。几番往事浮。 水东流，岁月流，四任团长奋勉求。十一出戏优。

搞个专业话剧团，是余校长多年的心愿。剧校改为专科后1941年的秋天建立了“国立戏剧专科学校剧团”，[①] 成员为本校毕业生；后因巡回演出人员不够而吸收了非毕业生，遂流传称“校友剧团”。

建团之初，由焦菊隐先生兼团长。后焦先生任专科主任，团长由余校长兼任，蔡松龄代理行政事务。这时，余校长要我导演一出演员少的戏，我排了法国的《妒误》，三幕戏只四个角色，由张雁、蔡松龄分演父与子，林婧、冀淑平同演儿媳，林飞宇演女友。《妒误》作为剧专剧团的开门大戏上演后效果很好，以后曾在泸州、重庆演出。

1942年夏，杨村彬接任团长，至成都公演《清宫外史》《岳飞》等剧。后又于1944年春走内江、自贡巡回演出，[②] 除《清》《岳》两剧外，又新排了《家》（郭蓝田导演）、三幕喜剧《天作之合》（陈永倞导演）。除《清》剧外，均由我任设计。

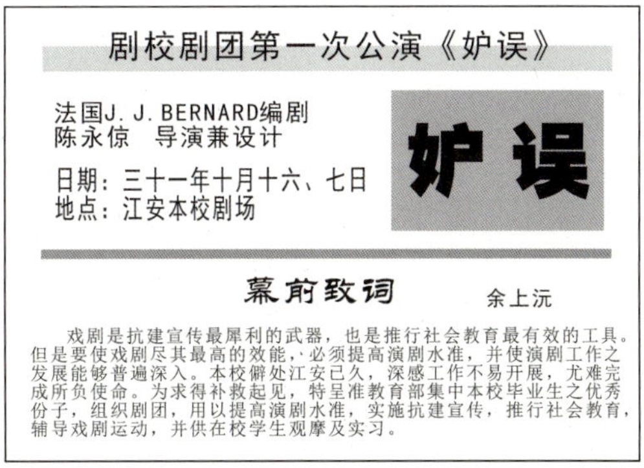
剧校剧团第一次公演《妒误》

法国J. J. BERNARD编剧
陈永倞　导演兼设计

日期：三十一年十月十六、七日
地点：江安本校剧场

妒误

幕前致词　余上沅

戏剧是抗建宣传最犀利的武器，也是推行社会教育最有效的工具。但是要使戏剧尽其最高的效能，必须提高演剧水准，并使演剧工作之发展能够普遍深入。本校僻处江安已久，深感工作不易开展，尤难完成所负使命。为求得补救起见，特呈准教育部集中本校毕业生之优秀份子，组织剧团，用以提高演剧水准，实施抗建宣传，推行社会教育，辅导戏剧运动，并供在校学生观摩及实习。

剧专剧团第一次公演《妒误》秩序单 #

1945年，王瑞麟接任团长，专科话剧科第一届毕业学生全部加入剧团，团址设在

① 《剧专剧团介绍》一文称，1938年剧校研究实验部撤销后成立了毕业同学校友剧团筹备处，后“因为学校迁江安，剧团创建工作中断。直到1942年，剧专校友剧团才在江安正式成立”。见李乃忱编著《国立剧专史料集成·下卷》，中国戏剧出版社2013年版，第1148页。——编者注

② 参见肖晴天（稚苓）的《回忆1944年中艺、剧专、中术三剧团在内江的演出活动》，政协内江市市中区委员会编《内江市市中区文史资料选辑 第21辑》，1985年8月出版，第10—12页。“三剧团”即中华剧艺社、国立剧专剧团及中国艺术剧社。——编者注

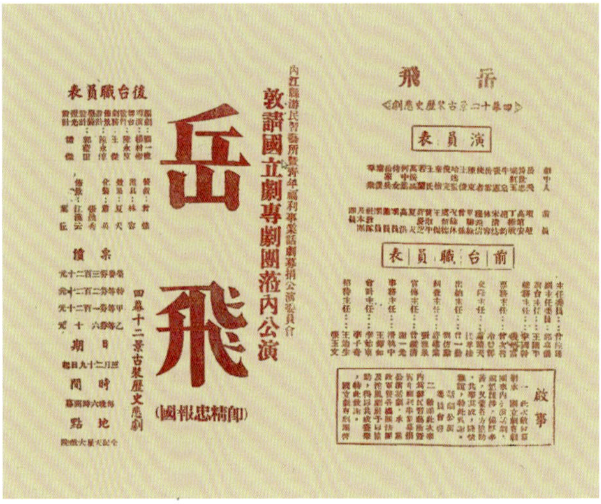

内江县游民习艺所暨青年福利事业话剧募捐公演委员会
敦请国立剧专剧团莅内公演

岳飞
（即精忠报国）

四幕十二景古装历史悲剧

后台职员表

票价
日期
时间
地点

岳飞
《四幕十二景古装历史悲剧》

演员表

前台职员表

故事

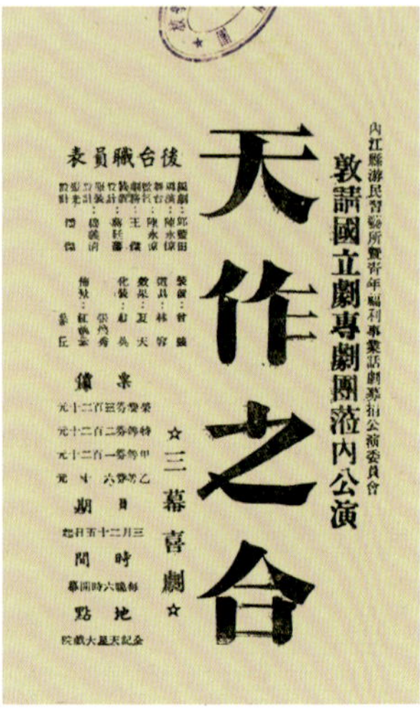

内江县游民习艺所暨青年福利事业话剧募捐公演委员会
敦请国立剧专剧团莅内公演

天作之合

☆三幕喜剧☆

后台职员表

票价
日期
时间
地点

剧专剧团赴内江演出之秩序单

重庆大田湾。演出了《红尘白壁》，周彦编剧，王瑞麟导演；除本团演员外，还特邀陈天国、钱千里、洪流等参加演出。

1946 年剧团随学校迁南京，由第一届毕业同学黄海任团长。先后演出了《夜店》（柯灵等根据高尔基的《底层》改编、赵锵导演、宋清涛设计），《续弦夫人》（冼群根据英国名剧《谭格瑞续弦夫人》改编），《云雀》（路翎编剧、冼群导演）。

1948 年排演《正气歌》（吴祖光编剧、冼群导演），《大团圆》（黄宗江编剧、张逸生导演），两剧旅行台湾演出。

剧专剧团，建团八年，地址三迁，团长四任，演出了一二十出多幕剧。于 1949 年夏，与学校一起移交。原有成员，有的参加部队文工团，有的参加剧院、电影厂，有的参加南下服务团，有的留在戏剧学院任教。

《岳飞》剧照（冀淑平饰王夫人，左一）

冀淑平参加演出的《红尘白壁》

剧专剧团演出《续弦夫人》演职员合影（南京，1948 年）
引自陈飞等主编《剧海求索——赵锵戏剧生涯》（重庆大学出版社 2007 年版）

时光易逝，岁月如流。当初年方弱冠的青年，如今已是八十老翁。怀念母校，抚今追昔，能不感慨万千？而今，母校学子多为剧界、影界骨干，为祖国戏剧事业辛勤耕耘，遍及天涯海角。我也终生为舞台美术设计事业贡献绵薄，堪可告慰母校师友们。

节选自陈永倞《怀念》，见《剧专十四年》编辑小组编《剧专十四年》，
中国戏剧出版社 1995 年版，第 65—66 页

附载 / **为国储才**

1938 年春，抗战进入第二年，敌强我弱，国家存亡是迫在眉睫的头等大事，余上沅校长在此关键时刻，提出“为国储才”，不仅表达了他对抗战必胜的坚定信心，而且预示中国胜利之后，还要建设。……他的这一远见，在新中国诞生前后初见成效。……50 年代以来，近 30 多年的时间里，剧专学生，分布在全国各地剧院剧团，担负行政领导和艺术创作上的主力，为祖国社会主义建设，形成一代骨干。电影导演凌子风、谢晋、陈怀皑、寇嘉弼，话剧导演石羽、张逸生、凌琯如、耿震、方琯德、赵锵、胡伟民；舞台美术设计陈永倞、李畅、周洛、陈永祥；儿童剧编导任德耀；演员叶子、项堃、温锡莹、金淑之、冀淑平、张雁、田广才、位北原、胡浩、陈奇、吕齐；电视导演、理论家蔡骧、黄德恩、殷登翼；谐剧创始人王永梭；剧评家梅朵，作家李国文、朱祖贻、关世楠、邝雪林，以及现任中央戏剧学院院长、导演艺术家徐晓钟，教授何之安，全国剧协副主席刘厚生等等；他们代表数以百计的剧专学生，在戏剧（包括电影、电视、戏曲）领域的各个岗位上，默默地发挥着国立剧专的精神，为建设具有中国特色的社会主义社会，作出自己的贡献。

摘引自李乃忱《国立剧专三进山城》，
见李乃忱编著《国立剧 专史料集成 · 下卷》，中国戏剧出版社 2013 年版，第 894 页

剧场梦

◎ 陈永倞

舞台无大小，重在表人生。历史千古事，人间泾渭分。
但得春常在，伏枥见愚情。心诚不可没，世事有艰辛。
余公剧场梦，勋业今始名。乱世难如愿，剧场未建成。

戏剧艺术是在舞台上完成的，这就需要一个场所。余先生早在研究戏剧艺术的20年代，就力主搞一个剧场；后来仅搞成了一个爱美的北平小剧院，时间也很短暂。

国立剧校办学前期，正值抗战前后，虽五次搬迁都没有忽略剧场问题，但是力不从心，事与愿违，余公的剧场梦终未能如愿。我亲自见证了这一追梦的艰难历程，回首往事，不能不感慨万分。

1. 建校南京（1935—1937）

剧校在南京创办时，校址设在薛家巷9号。

当时在校内建了一个小舞台，是利用第二进一明两暗的平房改造的。舞台只有一间厢房的深度，连伸出的台唇也仅三米多，台宽也就六米许，居然做了台口，装了大幕，台唇内还装了脚光槽，天幕是利用后墙。舞台的地板是倾斜的，台口外边设有可移动的台阶，以资上下。观众席是与教室合用的。学生座椅的右扶手加有一块长方形的木板，便于书写，如此桌椅合用，可坐70来人。就是这样一个狭小的空间，教学，编、导、演、设的习作，剧目的排练等都在这里进行，可谓名副其实的“小剧场”了。

南京剧校校门 #

如果要排演大型剧目，则要在搬开座椅后的“观众席”里进行了。例如，第一届公演的《视察专员》（陈治策根据果戈理的《钦差大臣》改编），第一届学生毕业公演的《威尼斯商人》等剧目就是在这里排演的。

山不在高，水不在深。剧校建校后的头两年在南京公演达 13 届之多，演出大小剧目 20 余部，就是在这里排演出来的。当然，这里只能作为排练、试演的场所，不是也不可能作为公演的剧场。

2. 迁校长沙（1937）

1937 年暑假全面抗战开始，学校组织了非常时期巡回抗战剧团，直至迁校长沙；校址在稻谷仓 3 号。

这是一个有两栋楼房还有个石砌半圆形养鱼池的院子。排戏和制景只能在楼间的空地上进行。抗战街头剧和两次大的公演（第 14 和 15 届公演）即在这里进行排练，然后假民教馆演出。当时正值抗战初期，局势动荡，连小剧场都未及筹办，仅四个来月学校又奉命西迁了。

3. 辗转重庆（1938—1939）

1938 年 2 月，学校辗转到了重庆，校址设在上清寺 140 号；这幢从马路上看是三层，从背面看是四层的楼房，就是剧校的校址。

校门（正面三层）　　背面四层

国立戏剧学校重庆校址 #

这次的“剧场”另有一番风景，它是在校内一块空地上搭建的一个席棚，既是饭厅又做礼堂，也是排演场。就是在这个简陋的棚屋里，居然排出了不少大型多幕剧。剧校在重庆八次大公演（第 16—23 届公演）的剧目都是在这个棚子里排出来的，其中不乏《凤凰城》《奥赛罗》《阿 Q 正传》等脍炙人口的剧目。此外，著名戏剧大师斯坦尼斯拉夫斯基逝世后，剧校举办的纪念会也是在这“席棚礼堂”举行的。

4. 西迁江安（1939—1945）

1939 年 4 月，雾季将尽，日军必将轰炸山城，剧校又奉命继续西迁至长江上游的小镇江安县，校址设在县城西南隅的文庙。

江安剧专校门 #

在江安，剧校终于有了一个可以对外公演的“文庙本校剧场”。在大成殿前的丹墀之上铺板立柱，用树皮盖顶构成舞台；阶下大殿前的广场上，则用竹架、席棚搭建起可遮风避雨的观众席，摆上长椅，居然形成了一个可容纳四五百人的剧场！而大成殿内，则成了后台和化妆间。

值得一提的是文庙剧场演出时使用的灯具。当时江安没有电灯，是用灯草点豆油灯，演出时只能用煤气灯照明。经四届黄约翰同学潜心研究和多次改进，制成了可用于舞台的新型灯具，它可变颜色，可变照射方向，还可远距离操作；置于台口上方可作面光，闭幕时关闭面光又能给观众席照明；将特制的灯盒置于天幕前后，对彩云、星月等都有一定的表现力。这种灯具适应了当时的情况，在大后方流传很广，我们为之命名“约翰灯”。

还有那令人难忘的“凭物看戏”，也是在文庙剧场的创举。其时，戏剧与江安百姓交往与融合的动人情景，至今历历在目。

在江安文庙剧场，六七年间剧专师生上演的大小剧目难以计数。上自古希腊《美的亚》，下至莎士比亚、莫里哀、果戈理、易卜生、契诃夫、高尔基等戏剧大师的作品，以迄我国著名戏剧家早期的优秀剧作《岳飞》《蜕变》《从军乐》《雾重庆》《一年间》《凤凰城》《雷雨》《日出》《古城烽火》《魔窟》《以身作则》等，几十出多幕剧和几十个独幕剧，都曾在这“竹棚剧场”与公众见面，受到江城百姓的热烈欢迎，极一时之盛！

5. 回师重庆北碚（1945—1946）

1945 年 7 月，剧专师生告别江安父老，回迁重庆附近的北碚。因此处系东归南京的过渡，所选校址比较狭小。这里原址是山东省立剧院王泊生先生修的一个露天场子，它依山坡而筑，低处为表演区，背建小屋作后台；斜坡之上掘土为阶，约可坐二百来人；颇有古希腊剧场意味，只是太小了。

就是这露天场地，只要不下雨，可用作排演场；还演出过《春寒》等剧。由于川地多雨，我们的有些演出只得借用马路对面的一处礼堂，洪深先生为专科班导演的《日出》就是在那里演出的。

我们在这里等待迁校，也就未对这个“剧场”作其他打算。而当时地方上正筹建较大规模的剧场，我们则为他们当参谋，所作示意图中的舞台，其长、宽、高的尺寸都力求能够施展得开，建成后很像样子。但我们当时正打点行装等待搬迁，没有机会用过。

6. 回迁南京（1946—1949）

1946年暑假，学校迁回南京。大光路校舍初步建成后，余校长又在新建图书馆左近筹建剧场，规模较大，我参与其事，颇费精力，惜限于经费，诸多方案均难以实现。

余校长当机立断，大刀阔斧，以仅有的经费先造舞台；舞台建成后暂以席棚作前台以遮风避雨。在这里，排练尚无问题，公开演出则难以进行。那时，凡遇审查、参观之机会，便将人们引到这里；是“呼吁”呢，还是“示众”？见仁见智，人们心中自然有数。

越二年多南京解放，学校被接管，改制北迁，合并入中央戏剧学院，剧专原址改做它用，这个没有观众席的“剧场”，或已成为历史陈迹。八年前到南京曾想去看看，但闻原址已数次改作它用，故未果前去。

剧专办校十四年，是解放前唯一一所培养戏剧人才时间较长的话剧专科学校。校长余上沅先生虽早在20年代就极力呼吁建个专业剧场，但终未如愿，实为历史的遗憾！

如今，中央戏剧学院设备完善的现代化剧场早已建成，而余先生已不幸离世21年了。余先生为之奋斗几十年的剧场梦，终于，也只能在今天实现。先生有知，当含笑九泉。

据陈永倞手稿（约作于1991年）整理

附载 / **高水平的师资队伍**

剧专之所以能够培养出大批人才，对中国现代戏剧事业作出贡献，另一个重要原因是拥有一支高水平的坚强的师资队伍。

据不完全统计，先后在校任教的文化界著名人士有四十余人，如田汉、应云卫、马彦祥、曹禺、吴梅、赵元任、应尚能、梁实秋、徐悲鸿、梅兰芳、程砚秋、陈白尘、叶圣陶、黄佐临、吴祖光、陈瘦竹、杨村彬、张骏祥、焦菊隐、洪深、章泯、吴晓邦、郑君里、吴仞之、孙家琇、李曼瑰、许幸之、黄芝冈等。这个师资阵容堪称是第一流的。后来学校又从毕业生中培养了新一代的师资，即陈永倞、沈蔚德、叶仲寅、蔡松龄、何治安、刘厚生等。

这些教师本身就是艺术家，不仅业务水平很高，文化素养好，而且具有献身戏剧事业的热情与理想。他们生活清贫，但在教学、演出中刻苦钻研，严格要求，一丝不苟，有不少老师关心爱护学生，亲如家人，培养了深厚的师生感情。

摘引自甘竞存《我们应当尊重历史——纪念国立剧专建校五十周年》，
见李乃忱编著《国立剧专史料集成·中卷》，中国戏剧出版社2013年版，第410页

师友情长*

◎ 陈永倞

满江红·怀念上沅师

余上沅校长 #

一代宗师，难忘却、当年教育。
我晚辈、毕生长记，启蒙从读。
学贯中西勤教诲，“精诚立达”尊师沐。
看如今、桃李满中华，馨香祝！

追往事，心潮逐；
感岁月，光阴倏。
记程门立雪、艺途承牧。
学生时代应已逝，教书畴昔还诚服。
痛难平、恨魍魉横行，同声哭。

跋：恩师余上沅先生乃老一辈戏剧教育家、戏剧理论家，南京国立剧专之创办人。先生以“精诚立达”为校训，树立了团结敬业的良好校风。在“四人帮”横行时期，上沅先生受迫害致病，长辞人世。

1991 年春

惜 别

剧校同学多年不见，今远道来晤；惜别匆匆，赋此以记。

丁年共识剧艺，壮岁又见匆匆。
高龄欣逢几日，回首佳话重重。
水远山遥人近，新老舞台始终。
今朝著书立说，明日跨海乘风。
我且从容吟诵，伏枥岂是衰翁。

1991 年 5 月 19 日

---

* 除另行注明者外，本文诗词均选自《陶然吟——陈永倞诗词选》，时事出版社 1996 年版。——编者注

采桑子·寿叶子

华年快饮金陵水，两岁南征。八剧恢弘，
自是氍毹有令名。

方今松鹤修身处，白首犹耕。文思如倾，
艺术应夸不老情。

跋：叶子，原名叶仲寅，剧校同班同学，著名话剧表演艺术家。她年逾八十，自北京人艺离休后仍笔耕不休，并已付梓成书。三十年代，叶子女师大毕业将执教鞭时，毅然南下，考入剧校就读，历时二载。其间曾在八出戏中任主要角色，成绩优异。

1991年9月24日

首倡上演税[1]

一九三六二月天，上演税起我剧专。
陈师出据刊日报，新风从此数十年。

跋：剧校公演陈治策师改编的《视察专员》时首创特酬上演税，即对新编剧目按售票收入给予作者一定报酬。陈师是获得上演税的第一人，其收据曾刊登在报上。此创举也。

1991年11月27日

临江仙·赠老同学

早岁江安文庙聚，五十四载曾经。
天南地北苦书生。
菜油灯下读，中外古今情。

抗战时艰年正少，盐巴黄豆清贫。
石牌坊畔唱新声。
水流千里去，学艺更兼程。

跋：1939年春剧校迁校四川江安县文庙，至今已50余年。小城条件艰苦，以盐巴煮豆佐食，菜油灯下勤奋自修；而课余常在文庙前石牌坊下高唱抗战歌曲，斗志昂扬。

1992年5月5日

① 选自《永倞诗词钞 第二本》。——编者注

临江仙·长忆同乡亲

当年同窗，又得同台；抗战豪情，宛如昨日。55年难以忘怀。因咏，以赠琯如。

山水相邻凭岚望，金陵又识同乡。
卢沟事变下浮梁。
星沙还演戏，学校也迁湘。

四海战歌齐御侮，《伟大女性》名扬。
堪是杀敌好投枪。
真情千古在，剧艺老来强。

跋：琯如系凌琯如，剧校同学并同乡；曾任上海人艺导演。1937年曾在《伟大的女性》中饰主人公。

1992年8月18日

思故人

——怀村彬

连雨木叶落，相思两鬓秋。
遥想当年事，历历在心头。
光绪《亲政记》，最是受人讴。
《岳飞》励抗战，《从军乐》亦优。
但念故人远，回首都白头。
艺术千秋业，功业万古流。

跋：著名戏剧家杨村彬先生曾以《清宫外史》等著名剧作蜚声海内外，余三四十年代与之共同执教于剧专，曾有过多次合作。

1993年5月

冀淑平照片题字："师生畅游香山，摄于村彬师寓所，1977年10月"
前排左起：吕恩、王元美、杨村彬、冀淑平　后排：耿震

1989年国庆与剧专校友张雁（左一）、陈怀皑（右一）合影

蝶恋花·唁沙梅

执教江安曾共事。
暮暮朝朝，川剧催人醉。
吟唱《红梅阁》初志，痴心只把深情寄。

矢志创新无限意。
日夜萦怀，星月推敲记。
婉转低徊怨偶泪，终成名剧钢琴出。

跋：40年代初与著名音乐家沙梅教授同在江安剧专执教，住南街宿舍，朝夕过从，时聆对川剧《红梅阁》吟唱。多年后他终赋新作《红梅赠君家》，并有缘欣赏其在京演出。此剧以钢琴协奏，乃极富创造性之新歌剧也。忽于6月6日、芒种时节，噩耗传来，不胜哀恸。

1993年6月12日

清平乐·诀别思诚

8月24日之夜，值癸酉处暑，惊闻海政话剧团导演姚思诚校友之丧，悲赋。

人归何遽！久卧喑无语。
遥想当年曾美誉，痼疾不堪如许。

频年旧雨情牵，一朝羽化登仙。
壮志汪洋大海，悲夫永寿难全。

1993年8月

渔歌子·咏《南雁》创刊七周年（二首）

《南雁》乃剧专校友在广州创办之刊物，为联络各方校友功德卓著。因赋。

其一

《南雁》腾飞庆七年，天涯海角雁声连。
芳草艳，铁笔坚。繁星闪耀照人眠。

其二

百期烂漫绣新天，辛勤无限谢诸贤。
红棉壮，盛情牵。英雄花瞰岭南巅。

1995 年 1 月

哭挽曹禺万家宝师①

“大雪”甫已过 “冬至”却未来 惊雷何霹雳 诗翁遽西归
六十载良师 卧榻已频年 寻思师生谊 京居总长违
客岁曾拜谒 畅叙数十年 话起金陵事 抗战起烽烟
星沙转洞庭 博浪长江边 直指宜昌市 乘舟数十天
每日停泊处 上岸作宣传 严冬着棉袍 万师敲锣先
木船逆水上 无日不离船 换轮到万县 辅导又上街
重庆仅一载 剧运极频繁 寇机大轰炸 奉命江安迁
上课又上演 巡回泸叙间 小城地偏僻 坚苦更情坚
人心齐抗战 盐巴油灯艰 如今半世纪 佳话忆难全
往事情趣多 回忆总情牵 今朝重拜望 诗选请题签
伸纸大笔挥 书法走龙蛇 书成奉师手 含笑赞有为
师生情未已 不觉又一年 后知精神好 群情共欢颜
学院校庆日 高论轮椅间 众望早祛病 期颐终可来
谁知长卧榻 终难如人愿 今朝惊永诀 弟子不胜悲
吁嗟造物主 讵料无是非 哲人应高寿 苍天胡不哀

1997 年 1 月

① 据陈永倞手稿和《永倞诗词钞 第三本》整理。该诗初稿《哭曹禺师》作于曹禺先生逝世的次日（1996 年 12 月 14 日），并有序曰：“万老师仙逝，如此匆匆，始料未及。噩耗传来时，吟此诗以挽，并寄《南雁》”。见李乃忱编著《国立剧专史料集成·中卷》，中国戏剧出版社 2013 年版，第 607 页。——编者注

公演《视察专员》的几句话 *

◎ 永倞

戏剧在中国，自从辛亥以来，二十余年当中，经过了若干的变迁和改革以迄现在，还只算是一个刚由母体中坠下来的胎儿；中间虽有不少的戏剧家在努力着，而这个洁白的婴孩，在封建残余势力仍旧弥漫着的广大的国境中，真不知还有多少人未曾看清过它的真面目。由是关于以后对它的养育与培植，仍有待于当今戏剧家们的努力。

诚然，在这启蒙的时候，“剧本荒”的难关更是无法避免的事实了。中国处在这样的一个境地：危机丛立，人祸天灾，久转徙于颠沛流离中的人民，急需多方的滋补品，就精神食粮说，也更是大旱之下企望着云霓般的迫切了。

自从“九一八”的浪潮激醒了老狮，揭开了久久埋伏着的魔幕以后，在剧坛也并未放松它的职责，已曾几次的嘶吼着了——上海舞台协会及最近中舞的演出，足显然地昭在目前，剧运的从事者是抛弃了前时的沉醉，而把这庞大的责任毫不迟疑的肩起来了。这些当然是庆幸的事。

在目今举行一次公演，困难之多，当非局外人所能料及的，譬如每见一次演出，其评价先得看看它的意识如何？对于现实的处理是否恰当？及影响观众之程度，等等。就这些观点我们检讨这一次的《视察专员》吧，就凭观众们看过以后静心的想一想吧。

* 1936 年 2 月剧校创办仅四个月即举办了第一届公演，把《视察专员》搬上舞台，届时本文作者曾作为“后台随习员”参与“布景”工作；同年 7 月暑假期间，作者又赴外地参与演出活动。本文和以下两篇文章即作者此期发表的短文。——编者注

《视察专员》全体演员合影（1936 年）

一个普希金自身经历过的题材，交给富有敏锐观察能力的尼古拉斯·郭果尔（N.Gogol）用他生花之笔，滑稽的语调，生动严密的结构，□有足以使人看了要发笑而深思的地方。这种力量一直维系了百年。每当圣彼得堡或莫斯科剧场开演此剧的时候，他那活的、有力的、针对着帝俄时代的讽刺，依然为百年以后的人们所欢迎与赞美，这一点可想见《巡按》——《视察专员》旧译名——在俄国是怎样的被重视着宝贵着。

但，郭果尔的作品，固然充满了滑稽的意味，然而他能使人发笑之余不忘其真义，于此使郭果尔在欧洲文学史上成为一个伟大的讽刺作家，则其处理现实题材的手法，又是值得一读的了。

在这里，我们得回溯中国过往的历史，如其每一个官吏在他职守范围以内没有贪赃枉法的事情产生过，那也只能算是一个本分的人，固没有什么了不起的；反过来说，“在其位不谋其政”的官守，就无论在怎样的一个国度里，是绝没有被人原宥的可能的。由此剧当年在俄国不得上演机会的情形说来，那么，剧里的描写，显然是对当时俄国官吏的一种嘲笑了。

我们希望改译过的此剧的上演，不但是搬演了十九世纪帝俄时代的《巡按》，我们还得借此介绍于我们过去的，再来的“清官”面前，作一回检讨与勖勉，似乎不失改译此剧的真义，以及不负此剧演出的初衷吧？

原载于南京《中央日报》1936 年 2 月 28 日《戏剧副刊》第 8 期

旅芜公演的危运

◎ 陈梦荻

七月八、九、十这三天，我们——南京联合剧社旅行剧团——在芜湖光明大戏院，将《梅罗香》《赵闯王》《走私》《早餐之前》《东北之家》等五剧分作三天公演了，演出的成绩，凭自己客观的审察，很可以相信的是对得住自己，对得住观众的。

芜湖，在我们是一个新的码头。当七月二日到达时，首先依照演出的手续向专员公署、县政府、公安局、县党部、戏剧审查委员会递上呈文，手续不为不完备了；然而当公演的第三天（十日）晚场出演至第二个剧目《东北之家》时，突有专员公署收捐员率领政警闯入幕后，来到后台了。其时，我们的前台主任正在演《东北之家》中的老何，政警们看见了，竟把景片上的门掀开，就要把他拉下来。经后台主任委曲求全的多方招待，才等前台主任下场时，就把他押到专员公署去了。那时费尽了多大的力量，把这剧本演完，一直维持到整个演出幸未发生困难。

关于前台主任被捕情形，这里且来说明一下。

推行话剧运动，辅助社会教育的话剧公演，本来不是营业性质，为了弥补开支，才定了一点票价，这情形在各地都这样行使着的。可是芜湖有些不同，当我们呈文专员公署后，署中财务科与我们前台主任接洽，要每天收娱乐捐十元，结果以三天二十一元的数目，说明了在第三天最后一场完毕后缴纳，并经署中第三科财务科长说明了，如其收入不佳，以后还可酌量减少。是这样说明了的，为什么在未演完时就来带人呢？这也许很简单，当第一晚演出时，有公署中收捐员向我们要三十张入场券，我们负责人和他说明：各机关都是一律送了票的，如其署里觉得还要一些的话，只要给我们一个通告，也可以照办的，这样那个收捐员无理而退了。根据这一点，不难找出有些公报私恨了。

话说回来，前台主任胡君被押进专员公署后，财务科长亲自开庭审问，硬要纳十元一天，三天三十元之外，还要一倍至十倍的罚金。胡君即根据财务科长亲口说的“收入不佳，酌量减少……”的话发言，他就只一句话：“没有什么可说的！下堂。”于是胡君由政警室押进“号子”里去了。

《东北之家》剧照（剧校第 6 届公演，1936 年）#

十日至十二日三天之中，胡君不能出来。一块人地生疏的地方，呆在宿舍中的我们四个有什么法子可想呢？十一日回南京去的几位伙伴又没见回来，只好赶紧收拾公演后未了的事务，度日如年的又过到十三日了。上午十时许，胡君由一个政警押着出来找保，到了我们住的地方，相对寂然以外，我们仍各自清理借来的服装道具。不知怎么的，当用人叫吃午饭时，突然那个政警凶恶地问我们“人到哪里去了！”这可奇怪了，又没有交人给我们，我们当然更不知道他到哪里去了，并且我们没有负看守的责任。于是那个政警即打电话至专员公署。在吃午饭时，来了许多政警，申言上面的命令，要把我们全部带走，我们中间的一个挺起胸说：“我代表！”只听得一句“上面的命令要全部带走！”刚好这时胡君拿着洗衣店洗好了的几件衣服进来了——号子里只有几尺宽，丈来长，押上三十多人，三天没有洗澡，故胡君在巷子口上打几个找保人的电话，便拿包衣服回来——这或我们四个可不必到专员公署中去了，政警们又去打了个电话，回来说：“上面的命令还是要一块去。”

在政警室里坐了五个钟头，后听到一点下落。这时是十三日的下午五时光景，赶回南京去的董君和马先生一道进了专员公署——当然他俩不会看见我们的，以后他把情形告诉我们：马先生一直会财务科长，走进去就直问他四点：“第一，国家的税收，是一就一，是二就二，为什么可以讲价钱？第二，接洽好了的这三天演毕后缴纳捐款，为什么剧未终场即擅行逮捕演员？第三，胡君出去找保，既未交给我们的任何一个团员，为什么说是‘强放’？为什么没有手续或拘票可以无故逮捕团员？第四，胡君既经回来，为什么还要逮捕我们的团员？”财务科长哑口无言了，经他们署里的几位科长商量的结果，三天一共缴纳十五块钱的捐税，把胡君释放出来。我们四个呢？当听到要我们也出来的消息时，我们由奇怪而生气了，无缘无故地把我们抓来，又无缘无故地把我们放走，这是什么理由？这是什么法律？一个行政机关，办事就这样糊涂，就这样不讲法律，不是知法犯法吗?！我们没有犯法，当然要请问他们为什么叫我们进来的？结果他们无理可申，只好另由一个科长向我们道歉，而那个财务科长却畏罪避开了，我们由科长送出了专员公署的大门。

这样一段事实，于今作一个忠实的报告，并不是为了我们四个人的无辜被捕而要来泄愤，实在由这一回的事实而感觉到戏剧运动刚在萌芽之际，话剧的路线正要在内地推行的时分，一个文化团体还无辜受辱，要是一个职业性质的团体又怎么办呢？对于这次的事情，无论在哪一方面讲起来，我们是不能担负任何责任的，这回的责任无疑的要专员公署来担负，他给予话剧运动史上从未有过的大侮辱！他肩起了摧残文化运动的大罪名！要是这种现象和类似的摧残剧运的现象不从兹绝迹，话剧想朝内地推行，剧运欲谋建立，是没有法子办得通的。

武汉的剧运同志们，各地的剧运同志们，全国的剧运同志们，为了话剧运动的发扬光大，请细察此回的遭难而出以严正的态度来判识吧。为了剧运的前途，我个人不甘沉默，因记《旅芜公演的危运》一文，谨向剧运的同志们作一个忠实的报告。

二十五年七月二十二日

原载于武汉《大光报》1936年7月30日第12版《艺术座》第5号

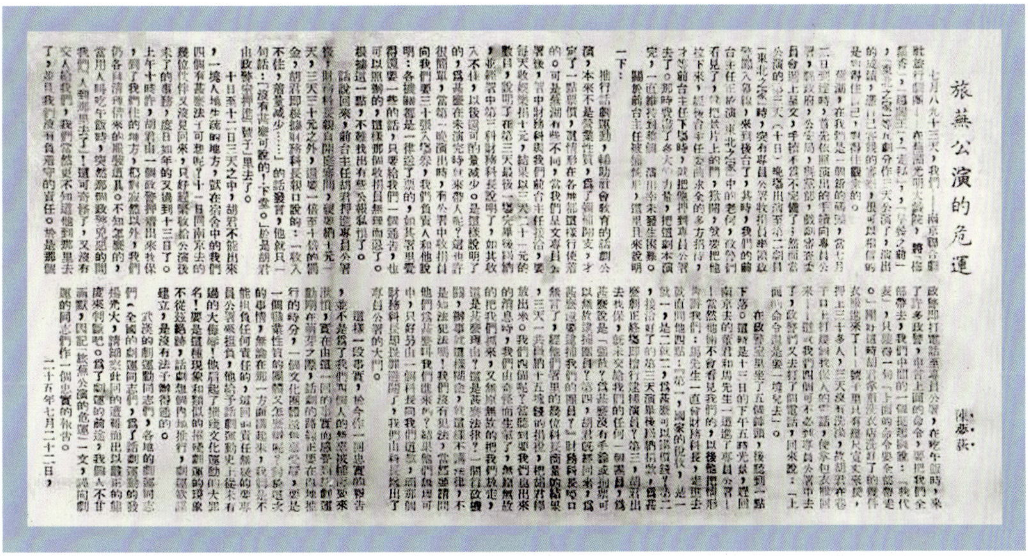
旅蕪公演的危運

二十五年七月二十二日

《旅芜公演的危运》剪报

假如我们有个剧场

◎ 陈梦荻

泛观各地剧团的公演，别的困难且不提它，就“排好一个剧本预备在哪一个场所上演”这个问题来讲，总是使人多所踌躇的。近年以来上演的纪录已突飞猛进地无论在某一城市中出现时，总是因了剧场给与的困难而致无形中影响了戏剧的演出。

本来就没有一座适宜于上演话剧的剧场。于是只得假借于旧剧或乡土戏的台襟突出太多后台少有能够退一步的旧式舞台来上演。这情形一方面使舞台装饰者无从施展其技能，更进而因了草率的关系致影响于演剧的方便，因之演出的效果却受莫大的打击了。

一九三五年迄今的南京剧坛，其活跃的情形，可以说是不愧为独霸一方的，但南京是否是有一个适用的剧场呢？仅有的小型剧场——中正堂——虽然是新建筑的比较合用，尚有若干条件不完备，也不能上演较大的剧本。长沙呢？有是有两个由旧剧剧场稍加改造的剧场，到底上演话剧时还是免不了多方的限制。芜湖我们曾在那里演过几天戏，更不如说完全是只适合于上演皮黄戏的。至于汉口吗，每次想用几家大的剧院来上演较大的剧本，从没有成为事实过，当然的，多方面的束缚造成了极大的困难，那是不可讳言的。

假如我们有个剧场，这里我并没有梦想，并没有想怎样的建造一个适用于舞台的剧场完全是梦幻一样的梦想，就上一次戏剧学会上《洪水》在那么一个剧场上演的景况，那么三幕大的布景——几乎整个的要以防黄的大堤为景物的困难，就给与担负舞台装饰之责的有些颤栗了。为的是舞台装饰者总须忠实于剧作，草率地将一个布景搬上台去简直是罪恶！话又得说回来，这不是说一定得要花费许多钱去制作一个布景，这意思完全是想一点不苟地在尽有可能的范畴内装饰一个景来，那是舞台装饰者的责任。

于是，假如我们有一个剧场，一方面可以适宜于任何剧本的上演，一方面可以给与舞台装饰者的便利而事半功倍；更可以排除像目今要上演一个剧的困难——大家都知道的各种困难。

“假如我们有个剧场”——这在任何剧团上演时前后台都能很顺利的工作。

“假如我们有个剧场”——我们可以忠实于剧本来尽我们的力量。

最后，“假如我们有个剧场”，希望这不是在做梦。

原载于《武汉日报》1936 年 8 月 26 日《鹦鹉》第 2107 号

衡阳文艺团体举行抗战艺术座谈会*

◎ 陈永倞

（衡阳特讯） 径启者 当兹全面抗战时期，艺术运动至为重要，唤起民众、鼓励士气，非此莫属，特由敝社团等发起“抗战艺术座谈会”。谨订于本月二十五日下午四时半假座汉民园开会，届时敬希惠临，共同商讨庶几艺术之光辉映雁峰，抗战伟力发扬后方，不胜企盼之至。 国立剧校巡回公演剧团、海风文艺社、来雁剧团、咆哮剧社同启。

这是国立剧校巡回公演剧团此次旅衡公演时，由于此间人士对于抗敌宣传公演的感应而发起召集的一个座谈会，我们为了联络衡阳文化界，同时推进抗敌宣传工作起见，终于在百忙中，将这个座谈会实现了。

到会的有县党部、各报社文艺社剧团及十几个中学校师生的代表，还有我们团员全体。三十几个热情的青年，在昏黄像煤油灯的电灯光亮下，兴奋地开始着座谈。

第一个发言的是向培良团长，他对于抗战艺术运动的重要性及其宣传性陈述得非常透彻而精简，引起了大家对于抗战戏剧发生着很大的兴趣。其次就是陈永倞申述有组织戏剧团体的建议，将新兴的戏剧在中国的发展过程，及“学校戏剧”兴起的史略和其活动的力量，同时提出剧团组织的方法，更具体的述及剧团中应注意的几件实际问题。又由余师龙拟具导演方法，并用简单扼要而着实际的说明。蔡松龄谈农村戏剧问题，林婧谈街头剧编制法，朱家训讲战时舞台装置，于晓明讲化装品的简单制造法，郭子雨谈抗战的绘画音乐，陈健谈化装术的程序，程嘉哲又提出艺术综合论的研讨。

最后，广德中学教员及海风文艺社黄袁二君提出发起组织衡阳文化界抗敌救亡协会，当场推举七位负责组织筹备会的人。

经过三个钟头的“抗战艺术座谈会”，谈了许多问题，结果还有组织文化界抗敌救亡

---

*“七七”事变后剧校从南京西迁至长沙继续办学，并成立了研究实验部。为扩大抗日宣传，1937 年 11 月，向培良率领由研究实验部与长沙文艺人士共同组成的巡回公演剧团，沿湘江两岸长沙—衡阳一线的县、市、镇演出，并进行座谈、辅导、讲座等抗战戏剧宣教活动。本文和以下三篇文章是这次巡回演出途中陈永倞为长沙《力报》撰写的特别报道，以及在沿途当地报纸发表的短文。——编者注

协会的发起，这几小时的光阴，诚非白费的，可惜我们不能在衡阳有较长时日的勾留，我们得按照行程继续他去。好在国立戏剧学校的研究实验部，不仅是个人在戏剧艺术上的研究和实验，极愿意有志于此的同道，作长期间的研究，或因为地域所限，不能抵足而谈，亦极愿意由通讯问答，互相研求，俾非常时期的抗战戏剧，得到些微的收获。至于此次因旅衡演剧，致引起的这个座谈会，及其将要产生的抗敌救亡协会成绩如何，虽还得看他们的努力，然而也足以壮此征程的行色于万一吧。

原载于长沙《力报》1937 年 12 月 2 日第 3 版

剧校师生赴南溪参加抗日宣传公演在县民众教育馆前留影（1939 年 5 月）#
前排右起第四人为陈永倞

抗战戏剧

◎ 陈永倞

争取民族生存的全面抗战，早已揭开英勇壮烈的序幕，血钟响彻了云霄，火炬照耀着大地！这次的抗战，是决定我们历史的赓续与绝灭，民族的生与死，国家的兴与亡！凡我中华民国的国民，丁兹忧患，都应该人人抗战，处处抗战，前方动员，后方也动员，抗战的责任是全民大家都有的，抗战的力量，是全民都应该参与的。日本敌国无理的节节推进，我们企求和平已不可得，我们一再隐忍亦不可能，我们只有以全民动员的最大努力，最大牺牲，拼着“血肉”和“钱财 ”，□取光荣的代价。

我们是戏剧工作者，欣幸躬逢了这样一个伟大的世界，我们相信戏剧的最大力量——开发民智，鼓励士气，唤起抗战情绪，以教育民众，组织民众，训练民众——在非常时期的今日，已经不能像承平之世的“等闲视之”，“同仇敌忾”这种情绪之提高，固有别的有效方法，而感人深切激励真情的戏剧艺术，其发挥的力量，则更有甚。举例说吧，戏剧演出时，常致愚夫愚妇老翁幼童，或破涕而欢，或敛容而哭，实际发人深省动人深情的伟力，才能得到此种效力；知县老爷看演风波亭，要把秦桧抓来斩头的故事，也足一证。触于目，入于耳，感于心，因而崇尚勉励仿效，因而反省愤恨痛恶的行为，无形中已逐渐生长。所以戏剧艺术，不独为太平盛世寓教育于娱乐的产物，更是非常时期唤起民众，团结民众的利器。

中華民國二十六年十二月七日 衡山通俗日報 星期二

衡山公演特刊

國立戲劇學校巡迴公演劇團

國立劇校巡迴公演之意義

抗戰戲劇

國立戲劇學校巡迴公演劇團出發經過

公演節目

《国立戏剧学校巡回公演剧团 衡山公演特刊》
（《衡山通俗日报》）

抗战戏剧的内容和意义，前已言之。抗战戏剧的实施，则除戏剧界动员外，民教馆的提倡，学校戏剧的活动，民众团体的戏剧组织，爱美剧团的兴起，均足以收实效。

抗战戏剧，非一个团体或少数人力可以完成，愿大家利用此利器，训练民众，组织民众，凝聚其力量，以为抗战之用。

二十六年十二月六日于衡山县

原载于《衡山通俗日报》1937 年 12 月 7 日
《国立戏剧学校巡回公演剧团 衡山公演特刊》

附载 / **国立戏剧学校巡回公演剧团出发经过**

十一月十九日下午，我们巡回团出发了。那天下着细密的雨，因广武通车误点，我们在车站附近一个客栈里守候了一晚。二十日上午九时才离开长沙。

第一个目的地是衡阳。二十二日下午起，我们便开始在升平戏院公演，一连四天，共演了七场。……差不多是场场满座，观众中多数是抗日负伤归来的勇士们，他们深深地受着我们的演出的感动。他们的被剧情激起的反应也深深感动了我们。《抗战第一声》使他们明白了这次全面抗战的意义。《炸药》听他们笑。《反正》听他们哭。尤其是《反正》一出……必引出不少悲愤的热泪。我们眼看许多弟兄拉着绷带往眼眶拭着，全场的观众都激动起来了。有一场台下有一位军官激动得站起来高喊，“打倒日本帝国主义”，还有观众喊“打回东北去”“打倒汉奸”。散场的时候，有的泣不成声，有的握拳抵掌。这种情况，真叫我们感动，使我们忘记了疲劳，更相信这次巡回演出的意义。二十五日衡阳各界抗敌后援会慰劳第五路军抗战的勇士，我们也参加演了一场《反正》。

摘引自陈健同名文章，见 1937 年 12 月 7 日《衡山通俗日报》

出家人的爱国情绪
老和尚流下泪来
不抗战就不能活命就要灭亡
在衡山公演之一幕

◎ 陈永倞

（本报特稿）国立戏剧学校巡回公演剧团到南岳后，决定演剧程序为两天三场，十二月一日晚场演《抗战第一声》和《反正》二剧，择定岳庙进门处奎星楼庙台为演剧场所。五时半许，天忽降雨，露天演剧，最感困难的就是风雨淋漓。可是今晚的观众——老百姓最多，大中小学的学生次之，驻扎此地的军队又次之（接洽好了，每场派一营人来看戏）——却撑开各色各样的雨伞鹄立场中，始终不动。以一营武装同志所占的地位来估计场中的观众，足有二千将近三千人光景，实为我们出发以来空前的盛况。每到一块新地方，节目单这样支配，经验告诉我们，这是很合适的。《抗战第一声》告诉观众们全面抗战的由来，宛平失守的惨状，和每个国民值此非常时期所应尽的责任，一字一泪，听了看了，都足以感人。《反正》所描写的，自卢沟烽火爆发而后，通州伪保安队经多方困难而卒致反正，使悲壮的浴血抗战，增加坚强的力量，为民族抗战光荣的一幕。这几个剧本演过不下二十场，故愈能抓住剧本的精髓，而使观众和剧中人物呵成一气。

汽油灯光下，照着场子中间一位特别引人注目的白佛〖鬍〗老和尚，他，出家人，也来看戏，这不要紧，戏使他受感动，他哭了，哭得很明显。出家人的爱国情绪，从那丝丝流下来的老泪里昭示给我们，“我不是爸爸的财产，我是中华民国的财产”（《抗战第一声》的剧词），这是剧中人志强要求母亲答应他从军的词句，老和尚被这种话语感动得流泪，是值得称赞的。“我是东北人，我要杀日本鬼子，我要打回老家去！”士兵们也哭了，差不多是一致的行动，他们齐声发出真诚的叫喊。是的，不抗战就不能活命，不抗战就要灭亡。全民抗战的血钟响了，全民抗战的情绪是一致的。我感觉同胞们高热度的爱国情绪的可敬可爱。近年来，发现我国同胞在思想上行动上，处处都有长足的进步；中国的情形，就各方面看起来，都是在进展中。中国有最光荣的史页展在前面，只待我们全民众来揭开来填满那血泪筑成的史迹。罗马城非一日造成的，只要大家努力。

今天继续在奎星楼演剧，《炸药》《抗战第一声》和《炸药》《反正》，分配成日夜两场。幸喜天晴，观众更形拥挤。岳庙每当八月香会，各地来朝香的，日必万人左右；我们三场演出所号召的观众，亦不下万人。这小小的成绩，应是我们全团十四个人的收获吧。明日访游南岳风俗民物人情以后，即离此去衡山县，在山顶，在沿途，还作街头剧的演出，应多值得报告的，望读者们少安毋躁。

原载于长沙《力报》1937 年 12 月 10 日第 3 版

剧校同学到农村进行抗日宣传活动
引自胡传敏、张凌南编著《中国抗战话剧图史（1931—1945）》（文化艺术出版社 2017 年版）

如何送戏剧下乡

◎ 陈永倞

“一部历史是血肉战争史”，在强凌弱大欺小的今日，我们要活命，我们只有抗战到底，以求从血腥的斗争中去找光明幸福之路！这次抗战，是决定我们历史的赓续与绝灭，民族的生与亡，国家的兴与灭！并非哪一部分人应负的责任，而是全民都得担负的工作。

我们是文化工作者的一员，我们是戏剧研究者，我们认清戏剧有其伟大的力量，当戏剧演出，观者触于目，入于耳，感于心，因而崇尚勉励仿效，因而反省愤恨痛恶，这样，必能产生出一股崇高伟大的力量。则以之开发民智，鼓励士气，唤起抗战情绪，以教育民众，训练民众，组织民众。此演剧的场所，不独为太平盛世作为社会教育的施教堂，更是非常时期同仇抗战的教战场。

前者，新兴之戏剧，话剧，仅流连于大都市中，实则即应把它送下乡去，须知广大的各县镇乡村中，正有着广大的同胞，还不知道全面抗战是什么意义呢。内地老百姓，平时对国家大事，不易与闻，报纸又难得被他们看见，而且印刷品对于他们似无多大的影响，把戏剧送下乡去，以有组织有训练的剧团担负这抗战期中的宣传工作，实是目前一件非常重要而且刻不容缓的工作。

这种戏剧团体，组织时应注意极力经济，如何省力，免除无谓的铺张，专着重实际上的收获。

关于演出注意剧本的采用，舞台的装置，要能简单，明了，通俗，动人，不要虚无缥缈，不要格格不入。“唱庙戏”演街头剧都可以演出，方式可以变更，不必死守在一口箱子似的舞台里。

剧本的编制和选择，无非以抗战为中心，其取材方面，如日本并吞中国的阴谋，日本最近对我国的暴行。中国的出路——屈服是条死路，依赖是慢性的自杀，唯有抗战，是生路。抗战期中民众应有的认识——中国的优点，日本的弱点。抗战期中应努力的——贡献人力，财力，物力。

总之，要以戏剧这宣传利器，唤起全国同胞有牺牲决心，长期抗战的精神，镇静的态度，一致抗战，一致为这次艰难的抗战而尽全力。

本团此番经过了几个城市，几个乡镇，虽时日所限，不能真正地深入农村，唯一的信念——“送戏下乡是可能的事”。则已得到事实的证明，内地人们潜伏着的一股爱国情绪，易于高涨，只等待着文化工作者，举起火炬来助与我们以引火的力量。

十二月十二日湘潭旅次

原载于《湘潭民报》1937 年 12 月 13 日第 6 版《剧校巡回剧团 旅潭公演特刊》

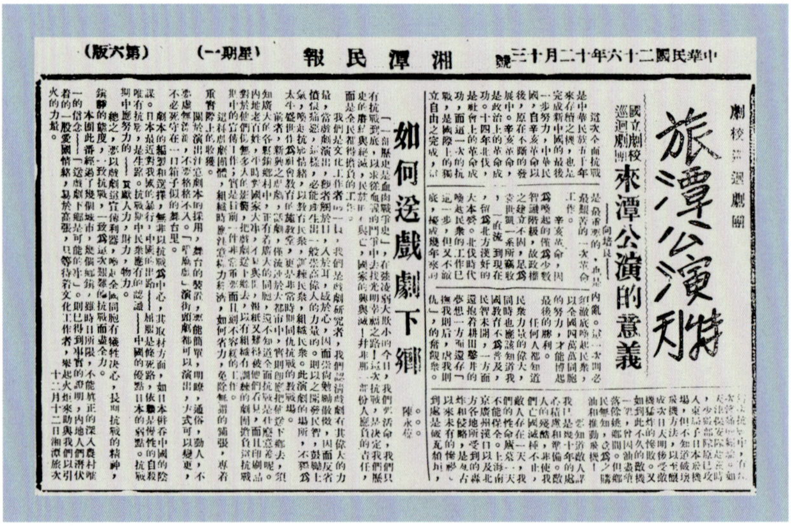
中華民國二十六年十二月十三號　湘潭民報　（星期一）　（第六版）

劇校巡迴劇團

旅潭公演特刊

國立劇校巡迴劇團來潭公演的意義

如何送戲劇下鄉

陳永倞

《剧校巡回剧团 旅潭公演特刊》剪报（《湘潭民报》）

附载 / **国立戏剧学校巡回公演剧团**

学校在长沙期间，为了扩大宣传效果……派向培良率领由研究部与长沙文艺人士共同组成的巡回公演剧团，沿湘江沿岸各县、市、镇演出。……经浏阳、泉溪、湘潭、易俗河、剑山、南岳、衡山，沿途以演戏、歌咏、演讲及画展进行抗敌宣传，并结合当地情况和要求，举行各界座谈会，为当地学校和业余演剧队作戏剧讲座和演剧技术辅导。他们深切动人的演出使各地观众感动不已，在南岳顶上祝融峰前演出时，身居庙门自称清心寡欲、看破红尘、超脱世事的和尚们都感动得掉泪。到达衡阳后……举行了大型的“抗战艺术座谈会”，向培良、陈永倞、余师龙、蔡松龄、林婧、朱家训、余小明、郭子雨、陈健、程嘉哲及海风文艺社，广德中学代表黄、袁二先生相继在会上发了言。……此次座谈会为“衡阳文化界抗敌救亡协会”的成立奠定了基础，大大推动了衡阳地区抗敌救国戏剧演出活动。

摘引自谢增寿、张祏元著《流亡中的戏剧家摇篮——从南京到江安的国立剧专研究》，
四川出版集团·天地出版社 2005 年版，第 73—74 页

战时戏剧辅导工作

◎ 荻 子

抗战已逾一周年，救亡剧运已有大的展开。尤其一班为民族而献身的青年热情，是值得我们钦佩的。但是我们又看到很多演剧队，单有热情而缺乏演技，致使工作效力减低。这不能不归根于缺乏指导与训练。演剧似乎是很容易的事，但也是一种技术。这正如游击队一般，相比正规军应当能够更善于战术。至少每个游击队员必须善于射击枪弹。这“射击”当然是技术的，我们不能忽略它。因此演剧队自身技术不精，我们需要多几个技术机关去辅导他。反过来说，在战时，我们希望一切有训练的有专家的戏剧机关担任起这一份工作。

最近，我们得到消息，国立剧校有战时戏剧辅导委员会之设，专门从事校外戏剧推广指导工作，这是值得我们介绍的，并且希望其他的类似机关团体，也能于自身工作外，从事辅导工作才好。

下面把他们的《施行辅导戏剧工作办法》介绍如下。

（一）本校为适应战时需要，服务社会，推广戏剧教育，扩大戏剧运动起见，特设战时戏剧辅导委员会，并派定辅导员专司其事。

（二）各剧团、学校、兵营、工厂及其他机关社团，如有需求本校辅导者应派员来校或来函办理“申请辅导”手续。

（三）凡有申请人需填具申请书，经本校战时戏剧辅导委员会审核通过后方允辅助，否则本校将谢绝其申请。

（四）本校辅导工作之范围及办法如下：

1. 剧本之导演——可由本校派员担任，在导演期间，食宿旅费由申请人担负外，不收任何费用。

2. 剧团之组织及工作之设计——可由申请人来函询问，本校当即回复或派员前往各该处，就实地情形代为组织或代为设计工作程序。

3. 舞台工作之指导与协助——在本市区内本校可派员前往指导与协助。

4. 戏剧理论之面授与戏剧人材之训练——如有需面授戏剧理论或举办阅读班、讲习会等项事业者，经申请辅助后，可由本校派员前往担任讲授。

5. 化装之实习与辅导——本校可派员前往实地指导。

6. 示范演出——经申请后，可由本校派定学生前往举行示范演出，其工作地点，以在本市区以内者为限。

7. 剧本之介绍——本校可代为选定剧本以供各剧团演出之用，但如系有上演□者（本校师生作品在内）于售票演出时，得抽收入百分之三之上演税。

8. 布景道具之代制与借用——本校可指示其制法或代为介绍承制人依样制作之，申请借用者须填具借物单，如有污损，须照价赔偿。（灯泡及他项规定不能借出之物品，概不借出。）

9. 化装用品之代制与介绍——其有自备原料请本校代制者，本校得酌收手续费；至其他化装工具，本校亦可代为介绍购买场所。

10. 戏剧指导人员之介绍——其有聘请长期戏剧指导人员者经申请人说明工作范围与薪酬，本校可代为物色。

11. 困难问题询问之解答——凡付足邮资者，本校概予回答。

（五）以上各项工作，凡由本校派员前往辅导者，其食宿旅费均由申请人担负，凡需本校回复者须付足邮资。

原载于重庆《新蜀报》1938 年 8 月 31 日和 9 月 7 日
《新光戏剧周刊》第 11 期和 12 期

附载 / **卷前语**

国立剧专办学历史中，适逢严酷的抗日战争。广大师生为了救亡图存，为了把日本侵略者赶出中国去，为了中华民族的复兴，他们众志成城，坚忍不拔，不辞艰辛转辗迁徙，呕心沥血坚持办学，积极投入时代洪流，勇做剧运先锋，营造了战时学术研究、学校教育的气氛，锻炼造就了一批批人才，推动了大后方教育事业和抗战文化救亡运动的发展，延续了中国文化命脉，为我国培养了千余名戏剧家、艺术家及其他战线的管理人才，桃李芬芳。

转引自李乃忱编著《国立剧专史料集成·中卷》，中国戏剧出版社 2013 年版，第 400 页

写作街头剧之管见

◎ 陈永倞

抗战十三个月以来，宣传工作及其所用的方法，甚为进步，而宣传所用的方式，实以戏剧最为广泛，尤以街头剧的使用机会更多，收效更大。如果有人发问："为什么街头剧的演出次数如此其多，为什么大家都要演街头剧？"要回答这个问题，且举一点来说。如其街头剧在宣传上无甚作用，或作用太小，则宣传者们决不会都是傻瓜，去费力不讨好的将就它了；再则就因为它既是简单便利，又能收效宏大，才始终的被宣传者们所使用了。

不过，经常所见街头剧的演出，亦不无值得商讨的地方，姑将写作问题一叙管见。

我没有写过街头剧，但我也看过相当多的街头剧本，自第一个几经删改的老本子《放下你的鞭子》以至于最近曾和重庆观众见面的《流亡三部曲》，其间创作虽不为多，也不能算少，可以叫出名字来的有好几十个。但我每次看过一本以后，随即发生一个疑问，街头剧只有一种写法吗？为什么大多数的剧本只限制在《放下你的鞭子》那一种开场的手法呢？为什么一部分的剧本又陷落在只用京戏开场的手法呢？固然我也承认，在宣传的方式上，可以把同一个主题装进稍为不同的形式里去，目的当然是在宣传啰，可是我们就不能在由于宣传所发生的效率这一点着眼吗？同时我以为街头剧也应该把它的范围扩大，应当把宣传大纲所包括的一切要义，一项一项的都利用街头剧的形式去宣传。这样，一方面可以发掘新鲜的题材，一方面也就产生了新的形式，然后再用街头剧作宣传。写作街头剧还可注意以下几个方面。

第一，破除陈套的写作方法，创造新的形式，使它有新的面目。比如不用锣鼓开场，不用京戏开场，等等。例如用两个人打架，用说书，用看□手相，用下象棋，举凡可以号召观众聚集观众的各种巧妙方法，都是可以用作开场的。本国人的习惯，大多喜好袖手旁观，街头白相，吃着两顿饭睡足一夜觉闲着没事在街头巷尾游荡的人们，真是数不清的多数，很容易就给召集起来的。开场方法是街头剧的重要问题，这一点行通了，下半截的文章已经容易了一半，这是一点。还有就是不完全用对话来传达剧情，或全不用对话来传达剧情，或利用民间流行的演剧形式，这些都是可能的。好比用一种歌剧的形式，或哑剧的形式，或歌颂式的形式，用起来味道新鲜，意味深长，观者自感兴趣。如《流亡三部曲》用几首极流行的歌调，更参加了舞角姿态，只要歌词谱调相当通俗，那么，惨痛、紧张、激昂、热烈、兴奋的情绪，由于音乐的感人有时比对话或口号的感人容易，效率伟大，意味深长，则演出的收获，自有可观。而哑剧更可避免观众拥挤时，远方观众听不见对话或歌唱，但是表演者的动作姿态是可以看得见的，除非是距离得太远。

第二，写作街头剧的角色入场也要注意，在广大的场合里，挤在千百观众后边的观众，稍一忽略就分不清一开场时剧中的好些角色与角色间的关系，若使角色的入场，一个一个的介绍清楚了，下边的戏，当易于演下去，看者才有兴趣。

第三，对话不妨重复，甚至可以一再重复，因为观众众多，不免嘈杂，丢掉中间一句话或一段话，以后的就听无头绪，若是重复，可免此弊。不过要重复得自然，不见死板，甚至换汤不换药的对话都是很好的。

第四，故事应能简单明了，不要把好些桩事情包括在一个剧本里去，一个剧本的表演时间最好不超三十分钟。比方宣传服兵役，征募寒衣，有钱的出钱有力的出力，消灭汉奸，齐心杀敌，最后胜利的决心等等，一个剧本里只让它包括一个意义，如此，观众容易明了。

总之，街头剧的写作，得注意它是要在街头或旷地上演的，它是在拥挤的观众群中演的，它是在知识程度悬殊得厉害的大众前演的，它更是用通过艺术而作宣传的，明乎此，更用作者们的技术手法，始能成为良好的作品。此短文仅个人管见而已。

原载于重庆《中央日报》1938 年 9 月 23 日第 4 版《戏剧周刊》第 1 期

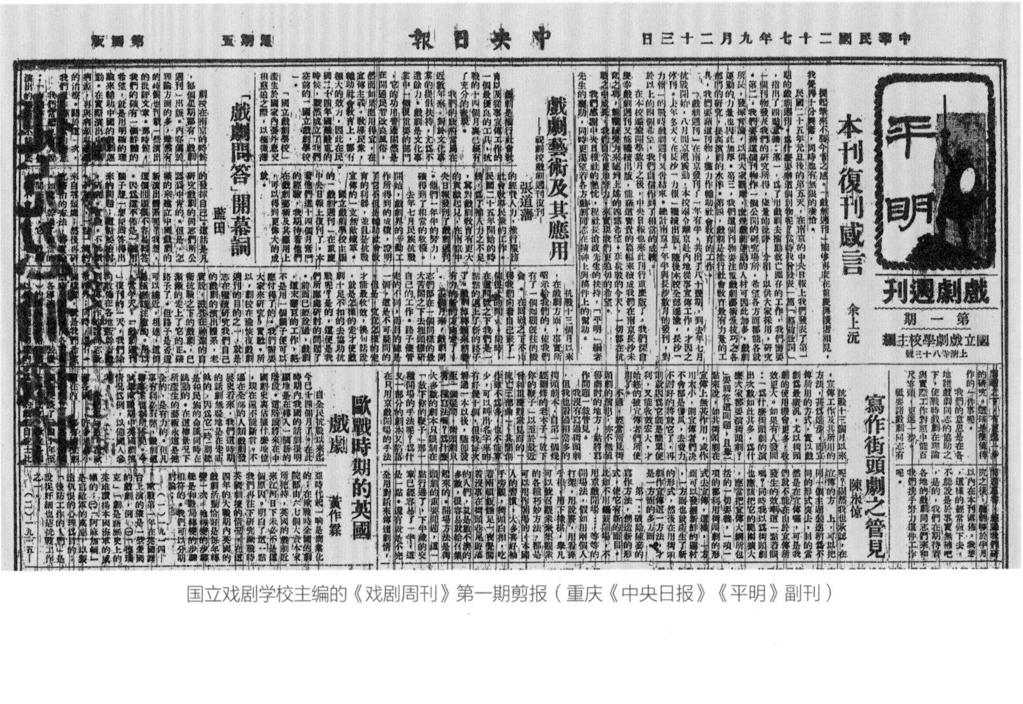
中華民國二十七年九月二十三日　中央日報
平明
戲劇週刊
本刊復刊感言
寫作街頭劇之管見
戲劇藝術及其應用
「戲劇問答」開幕詞
歐戰時期的英國戲劇

国立戏剧学校主编的《戏剧周刊》第一期剪报（重庆《中央日报》《平明》副刊）

附载 / 本刊复刊感言　余上沅

提起笔来不胜今昔之感。《戏剧周刊》能够再度在重庆与读者相见，我觉得十分兴奋，同时也有无限的凄怆。

民国二十五年元旦后的第五天，在南京的中央日报上我们发表了第一期的戏剧周刊。为什么要办这个刊物呢？当时我曾发表一篇《幕前致词》，指出了四点意义：第一，为了用戏剧去推动救亡图存的工作，我们需要一个刊物发表我们的研究所得，尽量的批评、介绍，以供大家采用、研究。第二，我们要借这个刊物作一个公开的研究场所，希望各方面都能各就所长，发挥言论，以供大家观摩，庶几戏剧运动的人材可因此加多，戏剧运动的力量也因此加厚。第三，我们这个刊物要注重戏剧艺术及技巧之各部门的研究，提高演剧的水准。第四，戏剧是推行社会教育最有力量的工具，我们要借这个刊物，尽力作辅助社会教育的工作。

《戏剧周刊》在南京发刊了一年有半，共出了八十几期，到去年七月抗战开始，八月间京沪震动，本校奉令离京赴内地从事宣传工作，才因之停刊。去年冬天又在长沙《力报》继续出版。随后本校全部迁渝，长沙《力报》的战时戏剧周刊又告结束。总计南京一年半与长沙数月的发刊，对于以上的四个希望，我们自信作到了相当的成绩。

在本校迁渝开学数月之后，中央日报也来此刊行重庆版了，我们深自庆幸戏剧周刊又能继续出版，能借这宝贵的篇幅来续成我们在南京长沙未竟之功，能继续努力来达到上述的四点希望。在抗战的今天，一切都在抗战之中成长，我们自当更加努力，来实现我们更迫切的希望。

我们感谢中央日报社的热忱，程社长沧波先生的扶持，《平明》编者先生的襄助，同时更渴望着各方戏剧同志在精神上与稿件上的帮助。

原载于重庆《中央日报》1938 年 9 月 23 日第 4 版《戏剧周刊》第 1 期

演出街头剧二三事

◎ 陈永倞

前回写过一点写作街头剧的管见，虽无独到的见解，在这街头剧本供不应求的情势下，我们应当为它多多开垦，从各方面找题材，以求作品通过艺术的手腕而达到戏剧宣传的目的。但和写作街头剧一样，排演街头剧也有二三事要提供大家参考的。

剧本必要求演出，演出必须要观众，这是谁都知道的，舞台剧的演出，须要观众在静穆中欣赏剧情自由而合理地予以反应，这点演街头剧也是相同的。惟进一步的是，街头剧的观众已经和演员站在一起了，虽偶或看过一些街头剧的演出，察其并未和观众打成一片，但那也只是个无形的界限，很容易就给打破的，但是这工作不能等待观众来完成，是必须由导演者来设法，使演员能尽量与观众化为一体，观众不但不感觉演员在演戏，也辨不清自己是在看戏，并且以为自己也是演员中的一个，然后观众才能很自然地随着剧情的发展而心思神往，随着剧情授予的悲悯、同情或慷慨激昂而有所感应。这是排演街头剧值得注意的一件事。

需要三面有观众，在室外演剧，因发音与回音不能与室内剧场相比拟，而大半出演街头剧的地点，多在平地，如果还像演舞台剧似的，那么演员正前方以外的观众只能看无声电影了，你叫他们看什么呢？听什么呢？所以排演者得随时顾及至少是前、左、右，三方面的观众——如能前后左右四面，都能顾到，当然更好，但也并不强求——譬如一个哭的表情，何妨用二种或三种不同姿势分作三方面表演，即使有些表情和动作想不出三种姿态的，就用其仅有的一种也属无妨，但最好表演的区域能稍微广阔，能有三丈直径的地方为好——表演范围越大，顾到的观众越多，因此把一个表演献给三面观众时，演员的地位，也要跟着走动的，不要站在一个据点做表情的变戏法。

尽量运用姿态表情，代替听不清楚的词句，也是要注意的。当国产声片刚刚起始的那个时候，每逢对白不清晰的地方，反觉不若默片来得容易明了，就因为默片的特长，有很多地方是运用哑剧的表演方法的。

如果剧中需要着太多的群众，排演时不便指挥，可以把许多群众分成若干组，每组有个传达导演者的意旨的人，那么导演者发现某方群众需得向某方移动，或某部分群众需要在某时低哄某时高嚷，均易指挥了。

演员要尽可能的插进观众群中去，演员的上场，最好由观众群里边出来，而且是四方八面的出来。做群众的演员，更应深入观众群里，好些等待着观众的反应，经常的观众不会那么敏感的，都得做群众的演员把他们带起来，以使观众情绪活跃。

演出地点，也要在排演之先决定的，寻觅到一块宜于演剧的地方之后，要详加研究，哪几面宜于站立或蹲坐观众，宜于表演的地方有多少方丈？是什么形式？假使那块地方是三角形的，正好三方面表演，如其是方形的，或圆形的，也得根据地形，予以适当的排演。若遇一边或数边有山坡或建筑物的地形，那么表演方向应直对着那山坡或那建筑物，好不使声音散溢。

再有演剧时的季节、风向，等等问题，也不能忽略，演员的表演方向应该顺着风的方向，然后观众能听见演员的发音。

排演街头剧的难，难于没有像舞台剧似的有着各种帮助，然其容易处，却是较舞台剧来得自由，不受限制这一点。你只要根据如何使演员与观众打成一片，如何使剧里制造的情绪在观众的脑子里发酵，你可完全自由的运用你以为最适宜的方法，决不受丝毫束缚。至于如何能使一剧成功，则在排演者的发挥高见了。

原载于重庆《中央日报》1938 年 10 月 7 日第 4 版《戏剧周刊》第 3 期

剧校在重庆中山公园演出《抗战三部曲》时的盛况 #

街头的动荡 剧人的怒吼
热烈的戏剧山城

◎小荻

第一届戏剧节第一日之收获
三周来各剧团各种戏之展览

酝酿已久的中国第一届戏剧节，于今年双十节，奠了基。在双十节的这一天，除了全市剧人在又新戏院热烈地举行了一次纪念仪式外，还出动了二十五队的街头演剧队。在本市公园、模范市场、夫子池、青年会、较场口、七星冈、两路口、大溪沟、菜园坝，及江北公园、南岸弹子石、去坛庙等地，磁器口、化龙桥一带上下午同时演出街头剧，虽然天气忽然那样地热，但是更形增加了热烈的空气，全市上见到了剧人们的奔驰，民众的尾随，这是空前未有过的活跃景象。尤其兴奋的是四川旅行剧人抗敌剧队，从泸州特为赶来参加我们底盛节（列为第二十四队），而中央摄影场及上海业余剧人协会联合举行的街头活报剧队（列为二十五队）从上清寺直奔至青年会，连走带跑带追带演地辛苦了一整个的下午，宣传激动的力量十分的显著尤为难得。

至于国立剧校在公园演出的新型街头剧，更是轰动一时。可惜各剧团工作报告尚未收齐，这里恕不一一详述。

不过戏剧节不止是一天的活动，将延展至本月底才截止。十一、十二、十三三晚在一园有全市的歌剧杂剧两组剧人在动员公演，十四日起至二十一日止，在社交会堂还有“五分票”的宣传演出。担任各剧团及剧目如下：

十·十四	下午七时	南渝中学演剧队　我们的国旗，重整战袍，歌咏，莲花板
十·十五	下午二时	四川旅外剧人抗敌剧队　渡黄河，赌窟
	下午七时	自强读书会　滕县血战记
		青年剧社　秋阳
十·十七	下午七时	怒吼剧社　林中口哨，顺民，死里求生，黎明
十·十八	下午七时	七七剧团　有力出力
		青年职业互助会　抗战进行曲，我们的游击队
十·十九	下午七时	戈兴剧社　国庆日，秋风的感动
十·二十	下午七时	第二社教工作团巡回施教队　王道，戴天之仇

重庆举办第一届戏剧节纪念大会会场外景

引自胡传敏，张凌南编著《中国抗战话剧图史（1931—1945）》（文化艺术出版社 2017 年版）

十·廿一	下午七时	华北宣传队　北中国之夜，日军暴行
		国立剧校　最后胜利

此外，十月内尚有七日街头剧之演出，其日程如下：

十·十六	戈兴剧社	中央公园	下午二时起
十·廿二	南开中学剧队	同上	同上
十·廿三	中国制片厂　怒吼剧社	中央公园	上午十时
	自强戏剧队	夫子池	下午二时
	国立剧校	中央公园	下午六时
十·廿四	七七剧团	同上	下午二时
十·廿五	青年职业互助会	同上	同上
十·廿六	第二社教工作团巡回施教队	同上	同上
十·廿七	求精抗敌剧队	同上	同上

最后，在本月廿八、廿九、三十三日在国泰将上演《全民总动员》，将由全市优秀剧人总动员演出之，编剧及演技，必将有超出一切最高水准之表现，可以预卜之。

总之，十月，将成为戏剧的十月，抗战宣传的十月，剧人总动员的十月！重庆，这山城，将成为戏剧的山城！

愿这山城，应和着抗战的最后胜利，更应和着这戏剧节的未来的光辉，将成为中国建国史上与中国戏剧史上最可纪念的一页。

原载于重庆《中央日报》1938 年 10 月 14 日第 4 版《戏剧周刊》第 4 期

戏剧入伍

◎ 陈永倞

中华民国第一届戏剧节由中华全国戏剧界抗敌协会主催，于今年双十节在重庆举行了。

披荆见道的戏剧运动拥护着英勇的抗战迈开新的步伐了。

在抗战期年后的今年，在今年的双十节，这首届戏剧节的举行，无疑的应当庆幸，庆幸的是这首届戏剧节居然产生在这大时代的今天，有史以来，一直被人们所鄙视所不足道的戏剧，而今，渐为人们所重视所足道了。并且，今日的戏剧活动，更说明了，她也是配合着抗战的一种力量，一种不算小的力量，所以在首届戏剧节揭幕的今天，我们应当庆幸且应举以自慰。

大家都承认了，戏剧节的举行，是剧人的大联合，是戏剧的大检阅，是戏运从事者的立志愿大决心的表现，不错，这是对的，这说法一点也不歪曲；不过在剧人大联合之下，首应认清一点，自古文人相轻，剧界亦未能免除此弊，多少年头多少事实足以说明这种病端日在蔓延滋长，然而这的确是一种不可救药的病，若不速治，这痈疽是要溃疡的，我们要剧人相“亲”，我们要打倒剧人相“轻”。这是第一点要认识的。

第二，关于戏剧的大检阅，这一点，在本届的戏剧节中，并不能十足的做得到，本来戏剧节的举行，应有竞赛的意义，而这一次呢，如其硬要着重这一点，那只能有个人的竞赛，而戏剧这工作，是没法个人竞赛的，因之在大检阅之下，剧人们应有忠实诚意的自我批判，而这种批评，是大公无私的，也是友情的。

第三，说到戏运从事者更坚定其决心时，我们应以至善至大的毅力，埋着头沉住气，苦干，砸着桩子干。我们的成就在视我们的努力与否，我们的成就在将来，我们的希望是将来，一切都靠伙伴们的努力。

最后，我愿戏剧的从事者，在打倒剧人相轻，在相互的诚意批评，在埋头苦干这三种愿望之后，我提出戏剧入伍这题目，希望同志们竭诚努力，使戏剧工作，有下操时的精神贯注，有冲锋陷阵时的气贯云霄，有一切入伍过的军队纪律，活泼，诚朴，严肃！严肃！严肃！

原载于重庆《中央日报》1938 年 10 月 28 日第 4 版《戏剧周刊》第 6 期

庆祝第四届戏剧节

——希望各省建立“抗建剧场”

◎ 陈永倞

——优美的演出需要适用的剧场

我们实在太需要一座适宜于演剧的剧场了。这要求虽曾有过很多从事剧运的同志力竭声嘶地高呼过，希望过，甚至于计划过，终于到今天——中华民国第四届戏剧节日的今天，这种愿望，仍然未能达到，除掉一两个省会如江西、福建等省在筹设为话剧演出的剧场而外，其他若干省市并未闻有筹设公立剧场的意思，这是我们感觉十分怅然的。

抗战以还，话剧上演的纪录，真所谓突飞猛进，但观无论某一剧团，不管他们的规模大小如何，泰多因为剧场给予以无限的困难，而致无形中减少了演出的次数，甚而至于影响到演剧的成绩，这情形，在各省的文化中心地更是显著。各省市文化区的剧运同志自是深受其苦，而其他边远县城欲至省会旅行公演的团体，且更痛苦至深！没有剧场上演的痛苦，较之没有剧本排演的痛苦，愚意以为“尤有甚焉”！借用私家营业性质的戏院来上演话剧，困难之多，真是一言难尽。这些：

《剧教》1941年第十期目录

技术上的困难

人事上的阻碍

经济上的损失

自是当然的事实，每使规模较小的剧团“望洋兴叹”，而规模较大的剧团，亦以痛苦的经验再度临头，因而“裹足不前”了。纵令：

需要如何迫切

剧本已不恐慌

意义确实重大

试问，谁又能经得起私家营业性质戏院的囊刮？即或忍痛上演一次，第二次又不知如何办法，岂不又陷入“搁浅”的绝境了吗？

因此，我们迫切地希望各省会建立起一座较为完备的“抗建剧场”，这剧场是由政府来管理的。自然，这所剧场只求在技术上得到合理的解决，并不要如何“富丽堂皇”，设备暂不嫌简陋，得能免除私家营业性戏院的剥削，获得上演的便利，于愿已足，他无所求了。至于理想中的规模宏大的省立剧场，还有待于建国成功之日呢。

——建立“抗建剧场”的优点

“抗建剧场”建立之后，各剧团的最大痛苦，可以迎刃而解，更可赓续作进一步的工作，俾得达到剧艺的理想国度之先路。

（一）全省政治性质的会议，每需较大的会场，有此则亦可以应用。

（二）巡回剧教队可以此作为驻足地——他们终年旅行各城市乡村演剧，本身既无暇作大规模的演出，也不易参观大规模的演出，有此驻足地，既可将从事剧教的宝贵收获公诸于世，亦可集多数剧团于一处，藉资观摩，他山之助，裨益良非浅鲜。

（三）戏剧节日可在此举行公演——有此适用的剧场，自能号召多数的剧团，作大规模的公演，亦可作一年中成绩的展览。又寓有竞赛成绩高下的美意，有比较斯有进步，此于剧运之开展，剧艺水准之提高，有无上之深意存在。

（四）实验性质的演出可以实现——这是一种极重要的工作，为发扬剧运必经之路，一如科学家有了良好的实验室才能有所发明，贡献亦自宏大。

总之，有适用的剧场，才能有优美的演剧。

我们在庆祝第四届戏剧节的今天，深深地感觉到没有剧场的痛苦。

我虔诚地敬祝中华民国的戏剧节日永恒赓续。

我更高呼——

加速建立省立的“抗建剧场”！

卅年戏剧节于四川江安国立剧专

原载于《剧教》1941 年第 10 期，福建省政府教育厅戏剧教育委员会印行

第一届戏剧节回忆录

◎ 陈永倞

抗战第二年代的剧坛

那是抗战第二年代，剧旗高插在山城。秋天了，民国第二十七年的九、十月间，剧人剧队随政府的西迁而集中重庆，由于抗战军兴一年来，各军营各城镇……几乎全国交通稍畅的地区，都揭起了戏剧的旗帜——尤其是话剧。无论谁都能忆起当时每看一次话剧演出，是如何兴奋激动，观者与演者的精神，有如冶铁的烘炉熔成一体，旷古以来，闻所未闻，见所未见。一方面由于鼓励战士，剧队活跃在军营里，不仅是单纯的劳军，淬励士气，却为主因，而当时的演剧目的，起于有意，成于无心，而使工作顺利进行，成绩卓然。另一方面基于组织民众，剧队流入民间，对智识落后的农民演剧，使其但凭耳朵听话，但凭表演生动而又入情入理的故事，了解抗战意义，如是各剧队在民间又获取了无量的观众。苦心经营的话剧，于此完成了孕育时期而渐渐发育成长。

戏剧节的提倡和组合①

自古文人相轻，相轻的理由，也许由于各人的见解和技巧的独到，致不能相亲，更无缘砥砺切磋。单人活动的艺术，联合起来，尚且有相互观摩得他山的激励，何况集团活动的艺术，不能协同地组合起来，其力量自会因为各个的抵触而减弱。当年“中华全国戏剧界抗敌协会”的组织，在组合剧人，宣传抗日，砥砺剧艺的原则下，有张道藩先生登高一呼，群起响应。事隔经年，如今回念，觉得当时热烈的情绪，犹萦回脑际，令人难以忘怀。

① 据记载，中华全国戏剧界抗敌协会成立后，一方面督促全国剧团剧人精诚团结，以增厚抗战的力量；一方面集合各部门的专长人才精诚合作，以提高戏剧艺术的水准。为推进上述双重使命之完成，协会决定于 1938 年双十节举办中国破天荒的第一届戏剧节。见余上沅《第一届戏剧节》，1938 年 10 月 14 日《中央日报》第 4 版《戏剧周刊》第 4 期。——编者注

光荣的戏剧节日

戏剧而有节日，应是无限光荣的，这已经打破了中国亘古以来的传统观念偏见。

当初戏剧节日定在双十与国庆同日，在“剧协”组织下的“中华民国第一届戏剧节”，集上千的工作人员，从双十至十月底，有话剧部（主任余上沅，副主任阎哲吾，秘书陈永倞）为主干。并行的还有歌剧部、杂剧部，这两部，由各职业剧团，各就原来营业的场所，精选或新编有教育意义的台本，减低票价，同时就地上演，这的确是件难能可贵的事。

宣传的效用

就话剧部说，作为宣传效用的，特组有二十五个街头演剧队。这一部分的工作，情绪的紧张和工作的繁忙，简直像调动军队作战了。就在节日的筹委会里面，自早至晚，以电话指挥，以决定节目和场地的调度。记得剧专担任的其中有一队所演的《反正》一剧，在一天之内就转移了三个地点：上午在重庆的求精中学，下午在南岸的治平中学（也许是另一学校，记不清了），晚上又到了江北的兵工厂；一渡扬子江，再渡嘉陵江，日以继夜。虽则疲于奔命，然以各场的观众不同，都能获得同一的预期的反应，由于感动竟忘了疲劳，那种快慰的情绪，至今没有忘记，也无法可以形容，恐更难于重演的了。

另有“五分票”公演，这也是创举。为维持剧场的秩序，每张门券只收五分钱，借以普及观众。因此山城民众，风起云涌，群来观剧，欲罢不能，结果常致调动街头剧队的节目，以资继续，盛况可谓空前。

艺术的成就

表现艺术成就的，有宋之的、曹禺改编的《全民总动员》——即今日印行的《黑字二十八》一剧。这剧由导演委员会张道藩、余上沅，应云卫、万家宝、宋之的、沈西苓（已故）六先生负责计划，应云卫执行导演。历来有群众的戏，大多不过二三十人，此剧却多至百数十人，演于国泰影院，日夜共达七场，后因限于时间及各团体的固定工作，未得继续上演，以当时情况，还可以演下去的。这里应声明的，当时演话剧最多三场，演五场的已觉困难，由此可想见其盛况了。至于那张演员表，也值得提一提，就参加的人员中，如张瑞芳、舒绣文、白杨、英茵（已故）等女同志，如赵丹、顾而已、施超（已故）、王为一、魏鹤龄、高占非、洪虹（已故）……等男同志，荟萃一台前所未有。更值得纪念的是张道藩先生也粉墨登场，并且是相当吃重的角色，他和戏剧教育家余上沅先生，剧作家曹禺先生、宋之的先生，导演应云卫先生多现身说法，实属难能，可资纪念的。

首届节日，相沿至今，已历九载，首届肇始抗战军兴的陪都，轰轰烈烈，热闹非凡。今兹胜利后，剧节又在首都举行，回忆十个年头中，戏剧节仅有首届的光辉史迹，蹉跎念年的时日，不免兴叹。用作回忆录，聊书个人的印象，且以展望来日的无限光明。

原载于南京《中央日报》1947年2月12日第11版《剧艺》第2期

中国的戏剧运动，三十年来不断的斗争，
为了民族，为了本身，
坚毅奋斗，慷慨牺牲。
戏剧教育的意义重大，戏剧战士的意志坚贞。
到街头，到农村，
不知辛苦，不出怨声；
到前线，到敌后，
不顾艰险，不惜此身。
哼，哼，哼！
抢救国家的危亡，发出雄伟的吼声！
全国人民的热血在滚，侵略强盗的营垒在崩。
庆祝戏剧运动的完成！庆祝中华民族的新生！

《戏剧节歌》（引自《剧教》1941年第十期 第四届戏剧节纪念特辑）

戏剧节·想剧场

◎ 陈永倞

明日复明日 明日何其多
剧场待明日 剧运成蹉跎

洞观戏剧史，但凡一种剧场形式的变革，或是一种思潮流派的新兴，其主要的影响，就及于剧场建筑形式的重构。

今日，我们高唱话剧新兴。

今日，我们哀歌剧运低潮。

今日，我们盛倡剧人团结。

但是，希望总在明天，事实却横在眼前——没有可以演戏的剧场。请问剧人团结了，是不是就可以突破剧运的低潮？把剧人团聚在一起成年累月的研究吗？讨论吗？座谈吗？这样的座谈讨论研究，有什么结果呢？纸上谈兵而已——恕我夸大地再说一句——纸上谈兵而已！

昨日，那兴奋的情怀。

昨日，那痛苦的回忆。

昨日，那繁荣的往事。

虽然经过了九年的岁月，我依然能够忆起，记得是首届戏剧节光荣地降临的那年，在各种努力之下，戏剧节诞生了。那时候，当然没有一座为话剧而建筑的剧场，为了不妨碍影院的主要营业收入，租用重庆国泰影院，在放映的时间内，绝对不能在舞台上工作，只能够在将要上演的头一两天夜场电影完毕后，舞台工作人员才可以走上舞台，并且要受银幕的范围所局限，只能够做些局部的装置工作。本来这在所有的话剧团体，所有的舞工人员，早就适应环境，习惯开夜工的痛苦了。我记得开始走进国泰的后台那天起，到离开舞台那天止，中间总共只有一个星期；我更记得当时影院的大厅里，摆着一架磅秤，当时也是无心的，在走上舞台工作的头一天，我磅了磅自己的体重，离开舞台的一天，我又磅自己的体重，结果减轻了五磅，就为那次的节目演出，我大方地割下了五磅的血肉，扔在一座不合理的舞台上了。这在当时，虽不足令人惊奇，如今想起来，难道不是件诧异的事吗？凭什么叫一些舞台工作者的血肉，随便的抛弃！原因不很简单明了吗？我们没有自己的剧场呀！由于几年来痛苦的经验，由于剧人们的苦斗，在战时的陪都，几年内居然有着较为合用的剧场——抗建堂和青年馆。如果有人怀疑南京现在的话剧演出为何如此冷落，为什么不能像战时的陪都那么蓬勃兴盛，那主要原因之一，就是南京没有抗建堂和青年馆。陪都在最艰苦的战争期间，在敌机狂炸的期间，居然敢于建筑抗建堂和青年馆，居然轰轰烈烈地有过一番光辉，居然危楼矗立没有毁于炮火，居然还让多少的剧人和观众所向往，这岂是偶然的事迹？虽然陪都的抗建堂和青年馆并不能作为完美的剧场，可惜首都还没有呢！

明日，是个推诿的托词。

明日，是个无情的恶魔。

明日，是个死亡之吉日。

一切指望明日，全体剧人对于剧场将会害着单相思；剧运的纪程碑，将让刀手放下他的刻刀。到此为止，已属幸运，从兹灭亡，亦有可能。剧艺啊！你别悄然离去，千万驻足，为众生一番回首。有朝一日，天回地转，大地皆春，总有你绚烂的彩衣，装点你辛勤的圣体，作为你奋斗的酬报。请一回首，细作思量！

过往总是烟云，
希望期诸来日。
今朝尚无建树，
我却要作高歌。

虽然是个老调，我却以为老调不怕重弹，于是我大胆地写出：

明日复明日，
明日何其多！
剧场待明日，
剧运成蹉跎！

原载于南京《中央日报》1947 年 2 月 15 日第 8 版
《剧艺》第 3 期《戏剧节专号》

《群鸦》之作者及其演出*

——国立剧校第五次公演简评

◎ 陈梦荻

《群鸦》被选为国立戏剧学校第五届公演的剧本，在五月二十八日至三十一日作五场的演出。因为剧作者是法兰西剧坛上一个有爵位的人——他是法国自然派戏剧的奠定者。在这里我先要简略地说几句关于他的话。

贝克生长在巴黎，毕生都陷于穷苦之中，一向是和人家争辩着的。他在一八八二年公演他的《群鸦》以前，已经有过几本戏剧，只是都不被人家所注意。因为他总是攻击人家，攻击人类，他的剧本失败了，却埋怨剧场经理的无能，诅咒社会人士为光眼的瞎子，甚至于控告不肯上演他的剧本的剧场经理，即使在剧本中也要痛斥一切的人来扬眉吐气。《群鸦》最初送给剧场经理时，也是颇遭白眼的，好容易得到上演（一八八二年），这一次的上演，可幸得很，他的声望就树立起来了。不仅剧场中跑出了一位新的天才者，而且舞台艺术的新标准，很显明地获到了建树。

现在得记录《群鸦》在南京的上演了。

故事是这样的："安乐幸福的费尼龙的家庭——发妻、子女、他，一共六个人——开着个工厂，富有极了。不幸费尼龙因脑充血暴卒，于是这一家子陷在一个不可思议的恶劣环境中：和费尼龙合股的戴喜候，

---

* 本文和以下两文均为作者在剧校学习期间发表的文章。——编者注

家庭律师浦尔腾，包工头雷复，地毯商人杜百亿，以及为了费家破产而拒绝婚约的孙太太，这一群乌鸦，千方百计吞没他们的财产。结果是费家穷困了；因孙太太拒绝婚约致三小姐疯狂了；为要撑持危局，二小姐接受了六十岁老头——戴喜候的求婚。”这么一段平凡的故事，描写人情的险恶，对人生的冷酷作讽刺，这就是《群鸦》的主题。

“人生是无始无终的，戏剧也应该无起无合”，自然派主张的“一片血淋淋的人生”，在这篇戏剧里看到了。试环顾我们的周遭，不正相仿佛于《群鸦》吗？虽则各地方的风尚不同，各时代有相当的变迁，这篇终是普遍的社会的悲剧了。这实而不华，严肃而平淡的四幕剧《群鸦》，是值得演出的。尤其是看惯了美人的照相，未曾想到拿镜子照照自己的人们，应当在这剧里来寻找来参照的呵！

演出方面：

——布景与灯光

这是一个并不难于布景的戏，前三幕都在费家的客厅里；可是第一幕从开始到闭幕前两分钟的时光，费家是安详的，快乐的，不幸的事情从这幕中最后两分钟开始后，衰颓凄惨的费家，经过第二幕的混乱，第三幕的决裂，仍要在这一幕景中出现，这种情形已够棘手的了。好在聪明的装饰设计者，他利用道具的撤换，虽然在第一幕时显出安详的灰而深绿调子的景片，在第二幕到第三幕，更利用灯光把几幕的情景变化了，给变化得并不见到痕迹。第四幕费家的新居——破落的屋子——那么一间单调空洞的房子，粗笨的方格子窗子，疏疏落落的家具，那凄凉没落的情景，布置得恰到好处。对于舞台装饰和灯光，实在无甚异议的。

剧校第5届公演《群鸦》剧照 #

——演员

说明书上声明只有□□□〖原件此处有缺失〗和她的音乐教师一样，低黯的说白却是不敢恭维的。那一群乌鸦呢？饰浦尔腾的侯鸣皋，很适合剧中人的阴险诡诈；饰戴喜候的李荫侬，老态龙钟做到了，一副老嗓子嫌他有点不够；饰雷复的胡铃，表现了他是没有受到相当教育的人；饰杜百亿的，戏虽然少，国话虽不纯粹，却像饰浦尔腾的一样，使人看见了就有些讨厌他，这个角色做得甚为恰当。还有饰半老徐娘的（孙太太）郑露伊，她是抓住了剧中人的性格的，细腻的动作，声音姿态的入情入理，她真有表演天才呢！可惜化装嫌年轻些，不像个四十岁的中年寡妇。饰费家栋的王英豪，他虽是个浑浑噩噩的大少爷，当第一幕学他父亲时的一段表演，全然变成一副老头子的神情，他是成功了；饰二小姐的程静子，声音姿态的表情入微入化，这个沉静温柔的角色于她是再相宜不过的；饰罗妈的项爱如，十几岁的人饰个老妇，很为难得。还有不曾记载的几个，他们都是成绩平平。

这样简单地来叙述《群鸦》的作者及其演出，当然不免有许多疏漏，不过这总算是一段忠实的记载。听说这是国立剧校特别班的“最后一课”，只有半学年修业的特别班，获到如此的成绩，足够满意的，祝他们回到社会中去继续努力，那时候再看他们更好的成绩吧。

原载于汉口《扫荡报》1936 年 6 月 4 日

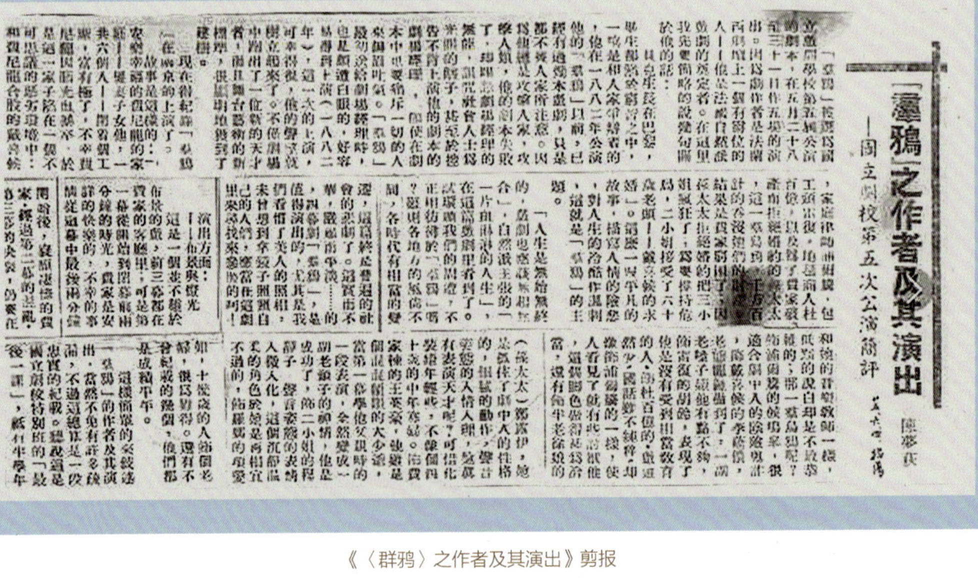
「羣鴉」之作者及其演出
——國立劇校第五次公演簡評

《〈群鸦〉之作者及其演出》剪报

《洪水》之舞台装饰*

◎ 陈永倞

似乎有这样一种感觉，《洪水》的难于演出，不单只在于演员要多，而很使人困窘的却又在于它的舞台装饰。我们晓得布景是给予表演者的一个环境——一个优良的环境，环境者不能使之优良而适合，表演也就无从好起来的；所以舞台装饰自十七世纪后歌剧勃兴于意大利起始，迄于现代，是日益显出其重要性了。

当我们决定演《洪水》的时候，装饰设计的同人是不胜惶恐，似乎每个人的心都有些在颤抖。这是什么原因？我们不敢尝试吗？不是的。我们会知难而退吗？也不是的。那完全是为了时间和经费的两大问题。记得去年在京曾为《视察专员》的上演说过这样几句话："目今一剧团的演出，困难之多，常非外人所知道的。" 这几句话就是对着当时的演出而说的，更是对着一般剧团的舞台装饰而说的，特别是着重于经费一方面。如今这困难实实在在的落在自己的头上来了。好在《洪水》业余演出，装饰如何暂不涉及，且将它的舞台装饰在这里简略的记载一下。

详细的把剧本看过以后，开始设计那三幕不同的长堤和土阜。（当然在这时候是逃不开上述的困难的。）

第一幕——苏北大堤。在中秋节的前夜，是大堤坝基好——根据老人一的剧词"这一段还亏着是就原来的旧堤加高的"——的时候，月色照着镇水的铁牛，守堤红灯在银光下拉長成"星点似的线"。这一幕的开场，诗意是很为浓厚的。因为堤身既是"旧堤加高"的，故坝子旁边有着垂青的柳树，而堤身的下半截也就长上些短草。

第二幕——较高的土阜。这不过是"较高"的土阜而已。在农民一的剧词里这样说："现在是东堤旧家坝又要决口了，那边一决口这边也不能待。"则这个布景仍是得显出一些堤身来，因为事实上的困难——舞台的高度与深度不能稍微满意，布景是没法使它再高大一点，更伟大一点的，已经那么高的堤身再加上几尺高的人站在上面，必然的再一加高围堤上做戏的演员面部不能被观众看见。要是把第一幕的堤身减低吗，那是已经到了不能再低

---

* 1936年暑假剧校部分同学与汉口市戏剧协会合作演出田汉剧作《洪水》，本文是作者参加本次演出后发表于《武汉日报》的文章。——编者注

的程度。更为了舞台的限制（布景后面地位太小）、经费限制，没有可能的，另外专设一套第二幕的布景——较高的土阜。

第三幕——筑堤。正在和水抢筑。这筑堤的布景原也是不能过高的，由第一二幕对照起来，它是应当矮一些的，但为了上述那些困难，只能把它的左边一部分矮下来，表达既然是正在和水抢筑，当然堤还没有筑好，又在木桩麻袋——什么材料都被赵庄那边的人截住了的景况下，大家只能呆呆地望着，所以把堤的一段低下来也是可能的。这一幕又在困难中轻便的布置了。

《洪水》的三幕布景既是受着各种限制，当不免于不妥善的地方，在国内尚无一座较完美的剧场的现在，什么剧本都难以演出，都不敢演出，《洪水》，只能有第三次的上演记录，舞台装饰的困难许是阻碍之一。

总之把一部伟大的《洪水》在困难中演出来，舞台装饰者又不能尽其应尽的力量，这是得向我们的剧作者寿昌先生[1]及这一次许多高贵的观众们道歉的。关于这一次的舞台装饰原想来“自我批评”，及将这次所得些微的经验或一得之见建议于后之为《洪水》的舞台装饰者，只以篇幅所限，暂作罢论。别了，高贵的观众们。但我们留着个对于这次的舞台装饰来些正确的批评、指正，本人谨代表工作同人无量关念，无量感谢。

原载于《武汉日报》1936 年 8 月 23 日《戏剧座》第 20 期

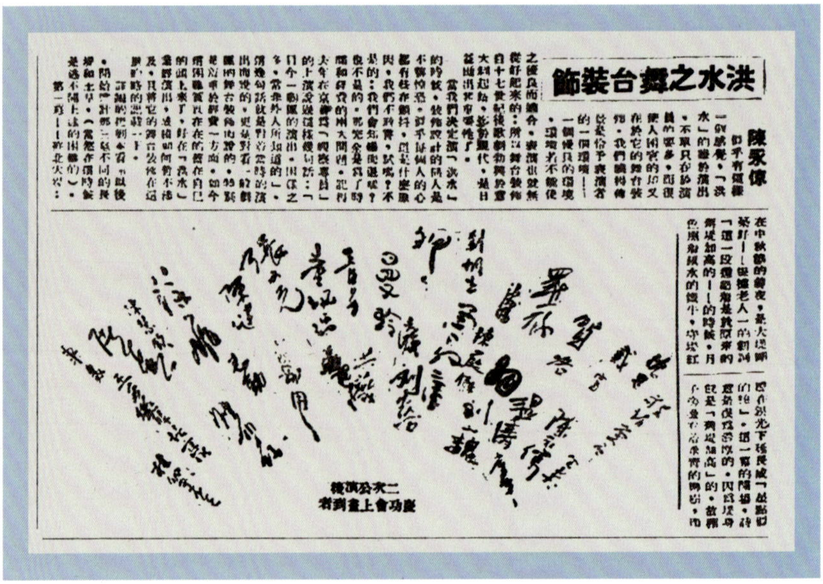
洪水之舞台裝飾
陳永倞

《〈洪水〉之舞台装饰》剪报（《武汉日报》）

剪报中的插图为汉口市戏剧学会第二届公演后庆功会上的签名

① 寿昌先生，即田汉先生，田汉原名田寿昌。——编者注

舞台装置和演员导演者演出者的联系

◎ 陈梦荻

一、舞台装置在演剧中的重要性

舞台装置的主要功用，简单地说起来，就是供给表演者一个空间，使其动作有所依据；不但要给与表演者一个适当的环境，除了背景的显示而外，还要造成正好的适合剧情的氛围气。即算是一座客厅、卧室或办公室，森林田野等等不同的境遇，要用几种恰好的形体、线条，以表示它的风味，要用一种或数种颜色显示它的情调，只要剧一开始，首先接触到观众的眼帘，就有可能唤起他们一种新的感觉的能力，叫他们一望而知这是什么地方。这一点做到了，进而至于演员的服饰，道具的颜色和形式，无一不是根据剧本的需要而用着的。台面上许许多多的东西造成了必要的统一的和谐的，不但适合而且要达到增加剧中情感的目的，要是破坏了这应有的统一与和谐，即使是布景上的一根线条，衣服上的一只圆角或方角，以及景中诸物颜色上小小的错用，这些别说是微小的地方，都足以破坏全剧的空气，是不能尽了舞台装置的发挥力量的。

为了使一个演剧得到成功，这里面需要若干的执事者，而这些执事者都是踏着统一的步伐前进的，不许任何一个落伍，也不许任何一部门各行其是，所谓故事的时间与空间，由剧词和动作来表达，更由舞台装置而显示。于是舞台艺术才是完整的健全的，由此成长发扬，方可得到正确的伟大的收获。

舞台装置的性质及其重要性既经明白，它在一个演出中的地位可以不用多说了。因为一个舞台的装置，若是违背了统一和谐的原则，或者喧宾夺主地强占了其他的部门，或者尚不能达到所需要的程度，都不能够使一个演出有圆满的结果。

至于因为某一个演出所用的表现方法有所不同，有些只用简而又简的几件道具，甚至连背景也不用的演出，这样说来，那么舞台装置是多余的了？不然，就因为舞台上还置放着几件道具，演员还穿着服装上台，你就不能不承认那也是舞台装置，即算没有用上舞台装置的名义，实际上已经是舞台装置了。

明白了这一点，则舞台装置不是演剧中的附加物，也不是让画匠在舞台上去展览，有了舞台装置然后能完成舞台艺术的全部，没有舞台装置就不能达到意想的演剧的成就。由是舞台装置的意义既明，而它的地位，它应负起的责任，也更明显的是很重要的了。

二、舞台装置和演员的联系

有人把演员看作魔术行为的继承者，因为演员能把观众诱入幻想似的境地，使他们（观众）受着他的支配。这样看来，演员是一个演出中的中坚了，但他（演员）除了接受导演者的指示，用他的修养他的体验来表演以外，他还得要受着舞台装置的限制，这个限制，似乎没有一个演员会承认的，因为演员所根据的是剧本，所接受的是导演所给与的指示。然而演员必须在一个环境中来表演，他不能失掉空间的依据，他不能离开一块优美适宜的地方作表演。而舞台装置者所给他造成的那美好的环境，是根据剧本而来的，是有着舞台艺术的根据的，演员不是一座房子的主人公可以要求他的工程师随自己的意思去建造一座他认为需要的房子，他没有这权利的。为了演出上的成功，为了演出中的统一与和谐，他得受舞台装置者所造成的环境的支配，而且会利用那环境以表演。当然，舞台装置者也没有更改剧本的权利，但舞台装置者所装置出来的景物，都是经过导演的同意，根据剧本而产生的东西，所有演员不但要依据装置出来的景物以表演，而且要站在同一为演出增加集体效果的立场上受着舞台装置的合理的限制，这是舞台装置者和演员的联系。

三、舞台装置和导演者的联系

导演者的任务，其最重要的在于怎样联络演出之前的各种工作以及表演诸部门，使之产生一种最大有效的力量，而将一个剧本有生命的搬上舞台，这是毫无疑义的。但导演者的技术、学术、精力有限，他没法独立支持这种复杂的戏剧的演出，演出中重要部门的舞台装置，这工作有时导演者也会担任，但通常总是另有专家——舞台装置者来担任，比较更合理些成功些。

在一个戏的排演之前，导演者选定了剧本，交给舞台装置者去设计，舞台装置者就去研究那剧本，知道了那是怎样的一个剧本，需要在舞台装置上用怎样的一种表现，就研究所得到的结果，拿与导演者去商量，或者遇有不便利的地方，也可以根据导演的见解去变更。这种情形，并非人与人及地位上的差别问题，这不过是谋得技术上的成就问题，导演者应有采纳舞台装置者的合理的建议之必要，正是为了艺术上的成败问题。

导演者和舞台装置者的地位是同等的，他们俩只是有着技术上的不同，在做着分工中不同样的工作而已，所以舞台装置者有根据剧本而设计的全权。至于导演者为了工作上的便利而有与装置者商量的地方，则装置者亦应接受其意见，为的是要达到一个良好的目的，使一个演出有应得的预期的成功。

四、舞台装置和演出者的联系

演出者，是一个演出的主持者，他有依着他自己的主张以搬一个戏剧上演的权力，他是介乎导演者和舞台装置者以上的，他对于后二者的工作有参加意见甚至支配的必要，因为那是他的权利。但演出者不一定明了装置上的诸方面，他只要认定这一次要用某种姿态演出，装置者就可依照那原则去装置。

（如果舞台装置者自己是演出者的话，那就又当别论了，那时节装置者可运用自己的主张去装置了。）

所以演出者有统一一个演出的全权，不像导演者和装置者仅有统一排演或统一装置设计的全权。戈登·克雷主张用一个脑筋去统一创造，是戏剧工作中最理想的理论，从事各部门的工作者，都得有此观念的。

奔濤半月刊一卷七期目錄

論文
莎士比亞與民族理想……方重
舞台裝置和導演者演出者的關係……陳夢荻
散文
記友人北遊雜感……亞明
戰線風景（一）……滌紫
隨筆
我流出了歡喜的眼淚……紫墟
一個圖書館員的自述……碧茵
小說
九頭紀……空堂
貂蟬……王亦飛
死……江鳥
劇
光復之夜……吳若
詩
征人曲……白也
烽火……張哲之
歌
月夜……太庚
編輯後記……編者

《奔涛》半月刊 1937 年第一卷第七期书影

五、结 论

从上述几点看来，我们知道装置者在演出中的地位以及和演出中各部门的联系是非常重要的。一个有为的舞台装置者，既然明白了他的地位，认清了他的责任，以他的纯熟的技巧，根据剧本——深悉剧本——来设计，这么一个舞台装置者正是现代的舞台装置者。他不能乱作主张，也不能以画家的资格上台卖弄，从研究剧本开始到演出时分，是他用心的时候，从背景到装饰以及服装道具灯光的配置，甚至于舞台的形式，这些都是他用心的范围。于是这种能够增加效果，创造恰合的空气的舞台装置，也就是现代的装置。

说到近代的装置大家，爱皮亚（Appia）、莱茵哈特、斯坦尼斯拉夫斯基、梅伊荷特诸人，他们才能算是在舞台上用心血的人，虽然他们数人的主张手法并不相同，而他们有着创造的胆识。不拘泥于成法，不依旧规，纯是为了自己的主张而装置而演出的，戈登·克雷就是其中最著名的一人，可惜始终没有达到他的理想的境地，莱茵哈特才算是实行了他的一部分。而斯坦尼斯拉夫斯基、梅伊荷特诸人，正是极图努力的时候，这些人都是值得敬佩的，因为他们看清了舞台装置是居于演出中的重要地位的。有了舞台装置，然后能完成整个的作风，更要演出中各部门得到充分的联络，然后集体效果才能获得，所以舞台装置应能和演员导演者演出者有着充分的联系，理由是很重大而且也是事实必然的。

原载于《奔涛》半月刊 1937 年第 1 卷第 7 期，1937 年 6 月 1 日出版

附载 /《奔涛》半月刊简介

《奔涛》是武汉奔涛半月刊社出版的文艺刊物，创刊于 1937 年 3 月，由王亚明主编；同年 10 月停刊。该刊旨在发展民族文艺，主要刊登发扬民族精神，提倡中国固有道德的文艺作品。

该刊设置有论文、散文随笔、小说、报告文学、诗歌、戏剧等栏目。所登载的文学评论和原创作品具有鲜明的现实主义特征，刊载有借古讽今的历史小说，揭示社会现状的现实主义小说等作品。报告文学和抗战文学作品不仅具有文学价值，也具有较高的近代史研究价值。

该刊对于中外戏剧文学颇为关注，曾发表文章论述中国当时开展的戏剧运动，曾专文阐述“只有伟大的时代，才能产生伟大的戏剧”的理论。

摘引自百度百科《奔涛》词条

今日之装置设计

◎ 陈永倞

当剧作者完成一个剧本之后，其最大目的，是要将它在舞台上扮演出来，否则写剧的目的是不会完成的。在演出上，一个剧本有多少个演出方法，全视演出的形式及其所定的方策来抉择的，譬如莱茵哈特出演名剧《奇迹》时，既能在德国大剧场上演，也能在美国教堂中上演。这就是说，因为环境的限制，演出的方式，又有着改变的可能性。

装置设计的作用，简单地说，无外乎替剧本创造氛围气，虽然在仅仅几方长而又受着许多限制的舞台上，要巧妙而不露痕迹地把观众引入那动作的精神中，暗示地使剧中的主要情绪提示出来紧张起来，以增演剧本和演员所发放出的情绪，正如 S.Selden 说的："其职责是，通过着暗示的和有意义的围绕着的形体的应用，帮助演员在最有效的可能的情况中，缗绎作家的意象思想与其精神。"所以无论是用写实的方法，或非写实的方法来作一个剧本的装置设计，总是为了装饰戏剧的动作，推进戏剧的动作之艺术而成立的。（关于装置设计的意义及其设计的范围与方法，笔者曾专文发表过论舞台设计，及怎样作一个戏的舞台设计诸文，此篇以篇幅所限，不及备述。）

但是，时至今日，事实上已经不能允许我们斤斤于许多理论上的考究，而像以往似的，每每为了一个剧本的装置问题，致费了多少时日多少心思，以多少成本，才能慎重地把它搬上舞台，像那样似有"象牙之宫"之嫌的设计手腕，决非今日所需要的，更不是值此非常时期所应该有的现象了。以前我们曾用几千块钱几百块钱演上一个剧本，现在，只能以几百块钱，甚而至于只用几十块钱上演一个剧本了。这理由，用不着申述，当然是因为演出方法有所不同，我们要在非常的环境里来做我们的必要工作（非常时期的演出工作）。

本团上次出演《最后关头》时，[①] 舞台上的设置，就在这个原则下草率将事了。而以后的演出，我们在舞台设置这一方面，也没法逃开这个原则。我想，有负于高贵的观众及"行家"的地方，总可以体谅我们的苦衷吧？本来，非非常时际的演出，在话剧起源的欧陆，

① "本团"系指 1937 年 8 月剧校奉命西迁时组织的"巡回公演剧团"，1937 年 9 月底剧团在长沙公演了《最后关头》，作为剧校的第 14 届公演，陈永倞任设计。——编者注

《最后关头》剧照（剧校第 14 届公演）#

很有拿演出工作中，某一方面来号召观众的（如某人编剧，某人导演、出演、装置等等）。而非常时期的今日却只是以剧中的最高情绪来达到感应启发鼓励或教化的这主要目的，除了特殊地着重在这一点以外，别的方面似乎不能不割爱了。

不过，话说回来，在匆促中所用的这种简陋的方法，仍多不免于损失演出的效力，我希望贤明的“行家”有高贵的意见赐教，使今日的舞台设计工作，得能较为完善的进行。

据剪报整理，原载处不详，时间应在 1937 年 9 月以后

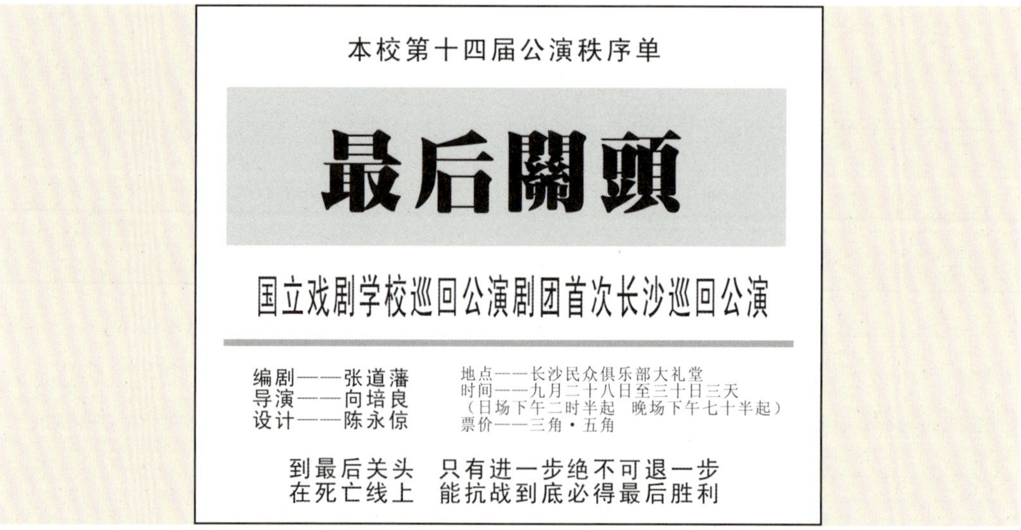

本校第十四届公演秩序单

最后關頭

国立戏剧学校巡回公演剧团首次长沙巡回公演

编剧——张道藩
导演——向培良
设计——陈永倞

地点——长沙民众俱乐部大礼堂
时间——九月二十八日至三十日三天
（日场下午二时半起　晚场下午七十半起）
票价——三角·五角

到最后关头　只有进一步绝不可退一步
在死亡线上　能抗战到底必得最后胜利

《最后关头》公演秩序单 #

论舞台设计

◎ 陈梦荻

幕拉开了，舞台上现着个新的世界，自范围着表演区域的景物道具，表现时间季节的光影明暗，以及于演员的服饰面发须眉的形式颜色……凡属于台面上可以看见而足引人注意，移人情感的形体、颜色、光影各种表现，这些，都是包括在舞台设计的范围里面的。换句话说，舞台设计，实包括布景、道具、服装、化装、灯光等等的设计，是一个整体的工作，决非支离破碎，凑杂成章的。所谓舞台艺术，并不是实际生活的直接写照，而是实生活的一种暗示，舞台上所布置出来的景物之类，是有着幻影般暗示的能力的，要是用之死板，就会把神秘的幻影完全毁灭了。为求得舞台上的表现能够完整而有力量，关系演剧里面的舞台设计这一工作，实有加以讨论的必要。

先让我们回顾演剧史，看看在过去的舞台上有些什么表现吧。

希腊罗马时代：纪元前六世纪时 Thespis 创始在舞台上造一个布棚子，作为化装室及背景之用，可以说这是舞台设计的起源。纪元前五世纪，Aeschylus 曾在化装室墙上开了三个门，为演员出入的处所。同时期的悲剧家 Sophocles 又在背景（skene）上张挂画布，每剧用之，此外尚有一种三角形柱子的换景法，作为外景用的。至于罗马的演剧史中，台面上并无特别的表现，只是这时期，舞台上还是用作背景的墙，墙上开五个门，门和门之间仅有雕刻宏丽的柱子而已。

中古时期，有所谓循环剧、神秘剧、奇迹剧及活动车戏等等。有借教堂门阶举行的，有在街头举行的。法国式的街头剧场，在宽六十尺、长百五十尺的地面上，一端搭成天堂，一端搭成地狱，中间分耶路撒冷等等，多至十余景，景是搭得相当讲究的，可是演员只从任何一景中出来，到前一块高起的地方表演，景，简直是虚设，做做陪衬而已。当然，这种布景并不是根据动作而成立的。英国式的活动车剧，也是表演宗教剧的，车分上下二层，上层用作表演，下层作化装室用，每剧有多至十几部车子的，每车下辟地演剧，但布景也是像法国式的长台布景同性质的，仅作背景之用。

文艺复兴而后，远近法布景，颇活跃一时，但是这种透视画的布景，终以弊病特多，而渐受淘汰。十八九世纪以来，因着文艺思潮的影响，剧本、剧场跟着有好些大大的变迁。前世纪末叶至本世纪初年，在舞台上曾活动过的及尚未登台的空想着的流派很多，因之，舞台艺术，也在这波动中长足进步了。

洞观演剧史，其在台面上发现的东西，最早的还是头面衣履的讲究，布景起始很迟，灯光的运用，则更是晚近——前世纪末年方起首的。科学的进化，在舞台上的帮助甚大，也是不可否认的。

尽管在历史上去寻求舞台上的过往成绩，功夫虽不是白费掉了的，到底只能作为一种参考，而今后的舞台上将需要着怎样的表现才最适宜，这不是本文的范围，恕不多及。在下面要谈到的是，舞台设计之前应当顾虑的，及设计的程序诸方面的事情。

谁都知道，剧作家每作成一篇剧本，不把它在舞台上扮演出来，它的目的及其效用，是不会完成的。而进行演出时要顾及的是：用什么方法演出；在什么地方演出。此二者当由演出主持者去选择、决定、施行，用不着多述。但既经演出会议决定在某剧场上演之后，舞台设计者就得进行测量剧场的工作了；因为上演话剧的场所，严格地讲起来，中国尚无合理的建筑，设计者务必先行明了某剧场的舞台形式，座位部大小，可以利用及应避免的地方，然后才好开始设计的。笔者常有一种感觉，就是舞台设计的进行，其工作以由大而小为较便利——即是先有个概括的形式，渐及于装饰部分，有了布景的大概形式，一步一步地进行灯光、服装、道具、化装等工作，由浅而深，由远而近，慢慢地才能使各方面都造成统一的和谐的一个整体表现的东西。普通的剧场，其座位部多为方形，这实在是给予设计者的一大致命伤。就普通情况讲吧，可以容纳八百以上观众的剧场，舞台口的宽度，不会使一定大小的布景宽度总能使前数排左右两端的观众可以看见整个表演区域；若有楼座，则更须注意台口上作为遮掩用的檐幕之高低，及布景的高度和深度。于是第一步手续就得测量视线了。测量视线之后，布景的大小才能确定，才能继续其他各项的设计工作。

第二步手续：研究剧本，亦是开始设计之前的必要手续。我们研究剧本，是着重其“空气”“情趣”与“意象”，自剧本里面找出这些以后，把这些“概念”“情绪”“意象”等形象化起来，成为实际装置的初步。在研究剧本之时，虽是偶上心头的感觉，也得把它记载下来，所谓灵感的记载，是非常要紧的。至于将来是否有你应用的材料能把这些东西实现，这个你不必担心的，因为所有的材料，其本质上都是没有生命没有意象的，只要你给它们以如何的琢磨，赋予它们以何种风格，就有何种风格表现出来——舞台艺术家的制作如果没有风格，他的作品不会有生命的。如其还有人担心物质力量不够帮助你发挥的话，我们试看几片屏风，为什么在戈登克雷手中，可以成为美丽的有意义的布景；几片平台子，又为什么在利西蒙生（Lee Simonson）手中也能成为有生命的舞台之形体；莱茵哈特的《奇迹》，既能在德国剧场上演，也能在美国教堂中上演。这就是诸物质上东西，都可经过艺术家的手法成为有生命的艺术品，而且是能够变化的。一个舞台艺术家，固然需要很好的环境供其任意适用，但几条布，几块板，亦不致阻碍其理想，仍旧会实现其目的，这就要靠舞台艺术家的风格表现。

第三步手续：知道了剧场的形式，研究过剧本上要表现的是什么；其后，就是想方法去表现了。让我分开来讲吧。

布景设计：包括道具的设计，其工作步骤，最初是根据剧本中所要求的形式，在平面上作出地基图。所谓剧本上规定的形式，有时不一定可靠的，尽管有些剧作家在景物说明里说得如何仔细，但是并非经过设计的工作。地基图及道具部位配置图，要用比例尺的制作法，通常是以四分之一吋等于一呎的比为最适合，用这样的比例和量具，既可求制图的便利，又可吻合制景工匠习用的单位尺。（制景工匠差不多都是用呎来度量的。）布景及道具部位的地基图既经制定，经过导演者同意后，就要把地基图立将起来（这种图通常叫做透视图），站在观众的立场，以距离台口中心二十呎的远度，以布景地基线向上六呎的高度为观点，作出透视图。（这是一种习惯的视点距离。）如此则在地基图中所不甚明显的地方，能在透视图里面看出来，而且得到将来装置在舞台上的大体情形，同时也给设计者研究此设计的缺点所在及应如何改良提供方便。之后，还要绘制各种分图，如景片、窗、门、台阶和其他装饰物的形式花纹的底样，及更为制作便利的各物之平面和纵横剖面图，这也要按照比例尺把它扩大，并须记明大小尺寸，标明颜色，写出大概以何种质料制作最为便利，等等。上述的各种图，除掉研究时的记载不算，其决定后之设计成图，从地基图至分图，连决定部位及制作装置，都可应用，是特别经济的。

灯光设计：由于剧场的大小，舞台的形式，景物的需要等等来决定灯光的配置，这是最合法的手续。在电器设备普遍都受到束缚的现况下，设计者必须着重于灯光部位之配置及颜色上之变换，效果光和照明表演地带的光，当然得有光源的根据，这在季节时间上，户外或户内景，富丽堂皇的厅堂和沉闷幽暗的地窖似的屋子，其灯光的明暗显然有别。至于颜色光的应用，则凡是太阳光带里面的颜色，大致都可运用，但须注意景物服饰化装的颜色及其感光作用，而在其分量上有着区别而已。在小型舞台上，设备不完全的，有常用的真空灯泡及少数的氮气灯泡至少三千五百烛光，也能差堪运用，要再调度的适宜了，至少可以达到照明的第一目的——照明表演地带。然而这不是灯光的最后目的，灯光之誉为舞台上的灵魂，用的得当，可作戏剧之恩人；不得当，则变成戏剧之仇敌，要是不能善为驾驭，其危险实在太可怕了。

服装设计：无疑的要着重剧本的时代性，及依照剧中人的身份性格等等，在形式上及颜色上去设计，总以能充分而适合的达到全剧氛围的一致与和谐的要义为原则。写实的服装设计，如其是古装的，自然有所考据，不能像平剧似的（不管哪一朝代的人物，总只在生旦净丑角色的类型上来分别，而犹以古装中竟有时装的参杂，显出不能调和），让大家承认它是象征的东西，而至忽略其重要性。关于古装剧的服装设计，还有一点可以商讨的，并非一定要拘泥于刻板的写实，有时尽可大胆的稍加剪裁的功夫。如其是以现代为背景的写实剧本，其服装的制作，也要在形式颜色上加以选择，着重的也在于增添整个演出的效果。至于非写实的用法，也不外乎与整个舞台上所要表现的要求一致。灯光影响于服装的颜色而起的变化至为显著，这在服装的质料和颜色的选择上要特别小心的。

化装设计：化装在演剧中的重要性，很容易被忽略，通常认为化装只是各个演员应当自己了解的。不错，演员对于自己所表演的角色非常清楚，他可以根据剧中人的性格年龄身分去化装所需要的人物，但在整个舞台设计的工作中，有上述各种设计牵制着，如果一任各演员自己发挥，难免不致破坏演出的统一性。实际上，化装的目的，不但是达到了在强烈的灯光下能够看清楚面目须发及身体上露在服饰以外的肉体部分，就算完了的，而其重要性，既要表明角色，增加全剧所要求的空气，更要特别留心灯光所加于它的影响，才好规定化装的浓淡颜色式样等等，明乎此，然后可以谈到化装的设计。

下面再有一步手续，可以说是给设计者以最后研究机会的，即在各种设计工作完了之后，到底还是纸面上的东西，如果不把它具体化了，有许许多多将来在实际制作时，非做不可的。所谓模型，当然得依照设计式样，以实际上需要的大小，用缩小几分之几的比例尺去制作。模型成功之后，经过好些次的试验观察，使有改正或补充的机会，然后舞台设计始告完成。

依上述各手续来做一剧的舞台设计，心血虽消耗得太多，而演出之后的收获，可以证明它不是白费的。前面只是简略地将舞台设计的范围及工作上应注意的地方提供出来，但提出的各端，在舞台设计中，并无重要或次要的区别，它们如同人之五官，缺一不可，惟其各个单位的基础健全，相互间的关系愈加严密，则整个剧本的力量，才是偌大的有生命的。为着篇幅的限制，恕我不能作稍微精细一些的叙述。

原载于《文艺（武昌）》1938 年第 5 卷 1—2 期

《古城烽火》的导演及装置

◎ 陈永倞

当我得到“导演《古城烽火》”这一职责的时候，正是暑假开始后的第五天，把剧本细看一遍，当时就在我的脑子里映出一个“？”符号：“我能导演吗？”这问题的发生，不是自谦，也不是客套，实在的，我入世太浅，经验自少，我走进戏剧之门只有短短的几年，学习时期不够，所以视我的才力，诚然当不起这个责任。不过，为了“学习”，“学习”，我终于冒险了，所以关于本剧的惨出，失当之处自多，特在此敬向本剧作者顾一樵先生，及诸位演员诸位观众告罪并致歉意。

在这里我还要提一句的，就是横在戏剧界前面的一大难题——“剧本荒”，差不多是每个演剧团体异口同声的在高嚷着，没法解决这一个困难。实在呢，抗战以来，剧本产量，虽是大增特增，演剧纪录也是有加无已，因而形成一种不好的暗潮，举凡一演抗战剧本，观众就裹足不前。察其原因，可以说，一部分剧作的题材与手法，难免落于俗套，大多人云亦云，至于取材，则又诸多大同小异；无疑的，这是抗战宣传的莫大损失。固然，大家

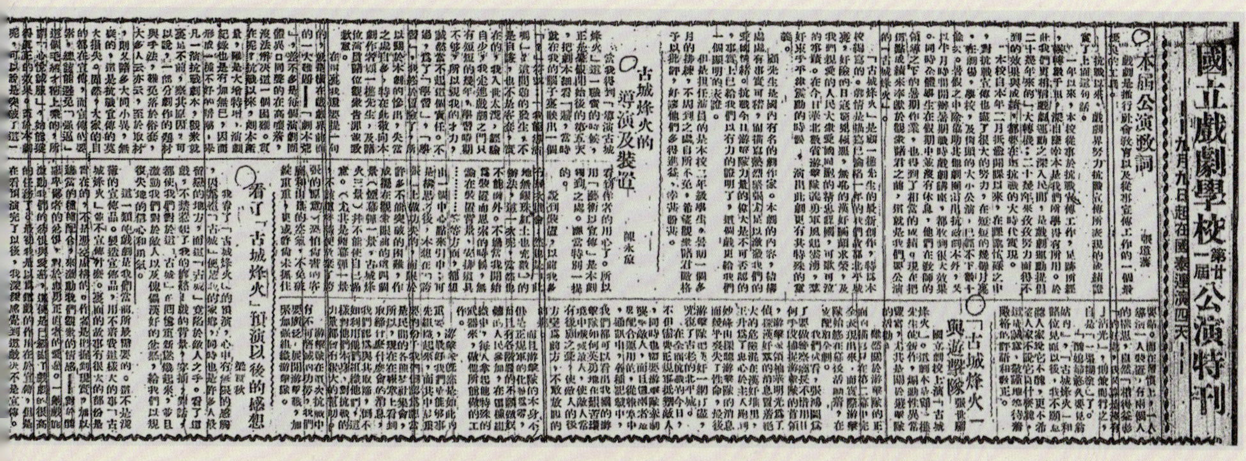
國立戲劇學校第廿一屆公演特刊
九月九日起在國泰連演四天
本屆公演致詞
古城烽火的導演及裝置 陳永倞
看了「古城烽火」預演以後的感想
「古城烽火」與遊擊隊

《古城烽火》上演时剧校编发的《国立戏剧学校第廿一届公演特刊》（《新蜀报》）

的目的都在宣传，而宣传的要素，总该能避免“强逼”这个毛病才称上乘的，所谓“心悦诚服”，始能获得真正的效果。至于本剧呢，可以说是突破了这一毛病的，在本剧选择人物，编制故事上，我们可以看到作者的用心了。所以用“艺术以宣传”是本剧的独到之处，应当特别一提的。

说到装置，以前我多有几次机会，然也是“此地无银珠红土也充数”的办法，这一次呢，当然也不能例外。不过当我开始为装置而思索的时候，无论在装置背景、安排道具……等等方面，都想出一个中心点来引申；可是构思之后，本想在“夸张”上做功夫的，而限于许多不能突破的困难，作成摆在观众眼前的这四个景（《烟幕弹》一景，《古城烽火》三景）并不能使自己满意。（尤其是《烟幕弹》一景，不该这样随便放弃了夸张的原意）恐怕尚书的客厅和山景的空气，不免破绽重重，更或许尚未抓住要点。而在习惯上，一人导演一人装置，有两个人的构思，自然有“相得益彰”的好处，我又算是没有□沾光，则兼而行之，自是“一塌糊涂”了。

“丑媳妇终究要见翁姑的”，《古城烽火》和诸位见面以后，我不愿意听人家说它不丑，更不希望人家不说它有什么丑，这是诚意，敬谨地等待着严格的评语和教正。

原载于重庆《新蜀报》1938年9月8日第3页
《国立戏剧学校第廿一届公演特刊》

附载 / **看了《古城烽火》预演以后的感想** 梁实秋

我看了《古城烽火》的预演，心中有无限的感触，因为这“古城”便是我的家乡，同时也是许多人最留恋的地方，而这“古城”竟陷于敌人之手。看了这戏，不禁惹起了我的乡愁！戏的背景，穿插，对话，都使我们对于这“古城”的回忆重新燃炽起来，并且激动我们对于敌人以及傀儡汉奸的忿怒，给我们以规复失地的信心和勇气。

这一类的戏剧是我们当前所最需要的。这不是浅薄的宣传品。制造宣传品，用不着费这样大的事，《古城烽火》并不宣传什么。里面的故事有很大的部分是实在的，不是凭空虚构的。作者是把握到现实，加以适当的种种配合，来激动我们观众的情感——对于丑恶卑鄙者的忿恨，对于忠勇正直者的爱慕。一出戏能激动我们的忿恨与爱慕，这便是已经尽了戏剧的很高的任务了。最初我是以为这戏的作用在于宣传，但是在看预演完了以后，我深深感觉到这戏决不是宣传。作者在分析人性，描写性格，诸方面都是很下了一番功夫的。这戏是一件成功的艺术品。

原载于重庆《新蜀报》1938年9月8日第3页《国立戏剧学校第廿一届公演特刊》

《阿Q正传》的舞台设置

◎ 陈永倞

于今，我对于装置设计，无形中存有畏怯心理了。

虽则我目前还在为每一个上演的剧本缝制嫁妆——装置，而我的兴趣也还是重视着装置，表面上看来，我所想的和我所做的似乎是一种矛盾的现象，这，自己也没法声诉，许是一种苦闷——一种很难逃避的苦闷，它，羁绊着我的脑我的精神，于是我在这矛盾之中低徊，有时兴之所至，也不惜露着笑齿，偶尔高兴，可是终究是矛盾，也终究是苦闷。然而我仍旧浮游在这苦闷的暗夜里的波心，期待着浴水的朝霞，想象着有那么一年，不管是几十年后的哪一年，只要有一天我能对自己所制作出来的一纸设计图片，加以轻微的颔首，的确自许了我是那张图片的生母，那会使自己如何的高兴。且不去思量那一回轻微的颔首是经意的？是应得的？

我又飘忽在暗夜里的波心拧□了，当我翻开《阿Q正传》，我细读过好几回，每回都有一点点游离的舞台部位的踪影摇晃在眼前，正要把那踪影捉放在纸上的顷刻，那印象却更加恍惚，终于出现在纸上的图形，已不是先前呈显于眼帘的原形了。这样经过好几回，我才发现我所要求于纸面上的东西，缺少一个最主要的元素，那元素，就是跟着剧本所要求的最简单，最清楚，也最明显的东西，那东西——现在无以名之——是居于景物的主位的，而且是除了简单清楚明显之外，还得把它统一起来，成功一种独特的东西，更应根据这独特的元素，扩大开来，在其周围辅以同一情调而具有着变化性的形体、线条及颜色，使成整个的而非零乱的构图。

基于上述的理由，我开始为《阿Q正传》装置设计，我所着重的是阿Q时代的气味，同时为了这剧本是写阿Q的悲剧的，所以在表征的封建时代之外，更要说明阿Q的悲剧色彩。这是前四幕的主要情形。至第五幕——这不是原作者的第五幕[①]——这一幕在时间上虽是接续着第四幕的，可是已经从封建的满清时代度到“推翻满清”“光复汉室”的民国了，而剧本所显示的，分明不是我们所见到的“真正”的光明的“政体的改革”，仅是述说一

① 田汉的原作第五幕安排在监狱，而导演黄佐临将其改为法庭。见殷野《忆雾重庆话剧舞台的两台〈阿Q正传〉》，《人民戏剧》1982年第3期。——编者注

《阿 Q 正传》第五幕剧照 #

部分借着光复汉室为护符的人们正在张牙舞爪、各行其是的现象，剧本里也很清楚地看到那般丑角的丑态，于是在这临时的公堂这一景中，应当特别标明这种特色，所以在这景里边，我们应看见些荒唐的设置，这是我有意造成的。

至于每幕景物地位的布置，当然以能加重演员们在舞台上的戏剧的演作，并且使他们能通过动作的泉流，来辅助舞台艺术的融合。从第一幕至第五幕，在这原则方面说，也许能减少一些缺陷吧。

不过自第一幕第四幕像是和第五幕不能取得调和，这，恐怕也是故意的冒险。因为根据剧本而言，的确这是不妨碍的措置，也许更能加重一点本剧的情趣罢。

原载于重庆《中央日报》1938 年 11 月 25 日第 4 版《戏剧周刊》第 10 期

阿Q正傳——的——舞台設置

陳永倞

《〈阿 Q 正传〉的舞台设置》剪报（重庆《中央日报》）

附载 / 国立剧校演出的《阿 Q 正传》

1938 年暑期，戏剧家黄佐临、丹尼伉俪从英国游学归来。返国后，他们应聘在当时重庆的国立戏剧学校任教。佐临回国导演的第一个戏，就是田汉同志改编的《阿 Q 正传》……

田汉同志把最后一幕，即阿 Q 的结局安排在绍兴城里的监狱。佐临则作了较大的改动，把监狱变成了法庭，假洋鬼子沐猴而冠，"荣"任法官。把总、举人老爷乃至于未庄的头面人物，如赵太爷、赵秀才，等等，共有十多个人全都剃去辫子，裸露着光光的头皮，排成一串，侍立假洋鬼子身后陪审。

法庭上……假洋鬼子每判决阿 Q 一项大"罪"，便口操英语，回头垂询陪审的土劣："You see?"十几个头皮青青的光头便像机器人似的点头，以示首肯。最后落案之际，法警喝令阿 Q 在供状上画押，这可难坏了素与笔墨无缘的阿 Q，他小心翼翼，费尽平生气力用食指凭空画了一个圆圈（意思是先练练手）……阿 Q 画押已毕，法警给他套上那件令人晦气的白色洋布背心，倒剪双臂，插上招子，连推带搡，弄上一辆临时用木板钉成的囚车。……他犹如一个孤苦无助的婴儿蜷伏在囚车里，由荷枪实弹的洋枪队押解着下场……佐临生性沉默，不苟言笑，可是他改写的这一幕戏不断引起观众的哄笑，对这场荒谬绝伦的审判，作了辛辣的讽刺。

难以忘怀的，是舞美教师陈永倞为这幕戏所作的舞台设计：法庭入口处交叉着两面色彩错乱的五色旗，墙壁上张贴着"光复汉室"之类荒诞的标语，到处是一片杂乱无章的景象。陈永倞舞台设计的春秋笔法，充分显示出这次革命的不彻底性。

摘引自殷野《忆雾重庆话剧舞台的两台〈阿 Q 正传〉》，见《人民戏剧》1982 年第 3 期

史剧的写作

◎ 陈永倞

历史是史实，戏剧是艺术，史实的目的是真，艺术的目的是美。将史实通过艺术之流来表演，就是史剧的运用了。认清楚这一点，才可以谈史剧。

关于史剧，许多人发过议论，当然各有各的眼光及其根据，因此，我也缕陈一点意见。

假使将历史上某一段故事取出来，剧作者根据了史实，摄取其认为重要的，依据了原时代的精神；斟酌现时代的需要，抓定某一个剧中人物，说原时代所说的话，说原时代的人所能说的话，更要说原时代的人所能说的而又影响于现时代的话。这是写作史剧的一种方式。

又如，史剧就是史剧，剧中所描写的事物，所说的话，所表现的思想，都是原时代中所可能的，所固有的，它仅仅是尽量发挥原时代的精神，怎样的辨明白原时代的环境，充分表现出一个原时代的空气来。其目的，是使人看了此剧，足以认识某时代的人物、思想，及其环境，或含蓄的一成不变的见解，使后之人自己造成陷入剧中的氛围时，发生憧憬着原时代的思想及处境，而怎样的去观摩及照明现时代的环境，这是史剧写作的又一种方式。

依据上述二种写作史剧的方式，我们来取决史剧的条件吧。

第一，根据史剧是艺术，那么，它所取材于历史的，原是要造成历史的幻影，使观众能够感动，只是取材于历史，只是为了要达到史剧之目的，才拿这个幻影以感动观众，而来运用历史的。至于忠实这一条件，不过为了贯彻目的之一种手段，决不能为了忠于史实而至牵强。史剧中的史实，有如电的“能”，但可以利用电的“能”而造成一种有作用的作品，不是做电器游戏。

第二，以前有些人以为史剧的写作是为逃避现实的，又有些人把它弄成“旧瓶新酒”的套□，可是避免“文字狱”的时代过去了，如今也用不着这种顾虑。至于在史实中去扩充写作材料的范围，这固然也是一种理由，但究竟不能说明写作史剧的全部重要性。

总之，对于史剧，在题材上，我们有自由处理的必要和权利。一方面可以顾及旧剧对观众已成的幻影（这是就正确的史实而言），一方面也可以推翻旧剧对观众已有的幻影，可以自由的正确的去取材史实，更可能的加强它的戏剧性。此外，当今之世，取材时，应宜将历史上富于民族意识的材题，合理的尽量运用，在为民族生存而奋斗的这一着重点上，灌输着积极的而非消极的推动力。然而这种灌输的方法，应注意有含蓄，不勉强，也切不要又是旧瓶新酒，只做一面的功夫。

原载于重庆《中央日报》1939 年 1 月 14 日第 6 版《平明》副刊

剧专演出历史剧《清宫外史》之秩序单 #

雨果的诗与剧

◎ 陈梦荻

—— 一切都要流过去
—— 只有艺术才是永远的

十九世纪以人道主义的精神而写作的，俄国的托尔斯泰，法国的雨果（Victor Hugo 1802—1885）却是相提并论的。至若以在朝的政治家，在野的文学家，而能获得朝野上下共同拥戴取得信仰的雨果，以其思想和性质，自有其独特之表征，此所以奠定法兰西文学史上永垂不朽的光辉，决不是偶然的了。

雨果，生于军人之家，因而转徙于意大利、西班牙诸风景明媚的国度里，这少小即在自己练习簿上立志着："我要做沙都白利昂。"那时候，正是一八一六年，他才十四岁的那年立下的雄心。由于他那伟大的志愿，雨果在他十七岁时（1819 年），因为参加花朵竞赛学院的诗歌竞赛得到了金质百合花奖，便引动了巴黎文学界的注意而初露头角了。沙都白利昂是法国浪漫派的先驱者，当他读雨果诗的时候，竟赞叹为"卓绝的孩子"，雨果的天才，于兹可见。

文学家仅凭本身的生活经验及其丰富的情感，对事物环境不生同情，无澎湃的想象力，是不能由客观的世界里抓得住许多印象的，岂独客观上感情之深处不得完全的得到感应呢。雨果之能有所建树于文学而又有惊人成功者，特殊敏锐的感觉力量，及能认识时代的一切动态和体验生活的节奏，加之坚忍强毅的心志，忍受痛苦，具非同情，这参悟自然的雄伟，为人类疾苦而牺牲的伟大精神，唯雨果有之；而其走出"象牙之塔"底，反对强迫片面的义务的行为，清明而指引人们，见天下的溺者若为己溺而作不平鸣的雨果，无疑地，它的作品如沉思集、梦章诸篇，是兼具着人道主义的精神，宣播人类福音的了。此雨果以为诗歌不该徒视为个人的抒情工具，更非消遣逸志的那种超越的作风，由于他以宇宙人类万物为其诗性的最后归依，独立的且属于时代意识的真性实感垂之于不朽的是雨果在诗歌上发抒的一种时代的回声。"诗是人群的先驱，诗应当不是被诅咒或就是颂扬，它像火炬，点燃起光明的前路。”这又是他在诗的内容一方面，认为除去要反映时代的意识以外，应有更大的使命——能引导人群宣扬真理和希望的使命。

读雨果诗，言之有物，不涉缥缈空虚，那真实的基础，缜密的时代意识，形成他革命的风格，打破了当时的古典主义典型的规律，确立了他在浪漫主义文学及法兰西文学上最权威的地位，且以影响到后来法国和欧洲的文坛。故称浪漫主义诗人的雨果，他的成就，是远超了他的小说和戏剧的。

不过，我们不能因雨果在诗歌一方面有了伟大的成就，而忽略了他在戏剧一方面的贡献。

当十九世纪初叶，法国古典派悲剧垂死之际，外国剧作的输入，使法国剧坛燃起了反抗古典剧的火焰。此后雨果对于戏剧的主张，曾说：戏剧必须是写实的，必须是人生正确的反映，有个性且有变化的；人生既无悲剧喜剧的绝对界域，故戏剧必同时包括哭、笑、美、丑，常态和奇特；否认了亚里斯多德的三一律。形式上，他又承认了亚历山大体裁为诗剧最好的形式，不过摈弃一些束缚而已。则他在戏剧上的建树，已是不可泯灭的了。迄至一八三〇年《爱拿尼》上演，即是文学史上所谓“爱拿尼之战”，确定了浪漫主义得到了胜利的成果。虽则《克林威尔》一剧也不能获得上演的权利，它却是为雨果而开辟了戏剧上的正路。至于为检查机关所禁演的《马里雍罗梅》、白话剧《吕克雷斯鲍兰夏》、诗剧《吕伯兰》……都是他的杰作，《项日乐》——曾由国立剧校改编公演更名《狄四娘》，是一八三五年发表的。

剧作在雨果的整个作品中虽不见多产，而表现他的主张，筑成了浪漫主义剧的精髓，在《克林威尔》序文的发表、《爱拿尼》的上演时，由于当时得到的抗战和拥戴的反应，可以见之。

“示人以希望之路，告人以失望之苦。”这位革命诗人戏剧家、小说家——雨果，在他的一切作品中，均以毕生精力，运用着丰富的想象，崇高的情绪，无涯的气魄，和无人能及的美丽的诗词，不蹈他人的故辙，别开常规的束缚，推翻已往，展开未来，画下了十九世纪法兰西文学史上深刻光荣的痕迹。由于他绚烂富多的作品，给与世人的贡献，奠定了法国的文坛。他的伟大，不仅在他一八五二年反抗第二帝国而被放逐漂流了十九年的艰苦生活，亦不仅在于一八八五年溘然长逝时，荣受国葬的盛典，所可以崇仰于他的，则这篇零碎的文字，决不敢自承为一代诗人的介绍，聊以志挟生命而居神位之伟人的片段而已。

末尾，我虔诚地敬仰着这八十三龄高寿的雨果，默念着：“一切都要流过去，只有艺术才是永远的。”

原载于重庆《中央日报》1939年2月1日第6版《平明》副刊

《从军乐》与《岳飞》的布景设计

◎ 陈永倞

“布景设计”这名目和“布景设计”这工作，已是司空见惯无甚稀罕的，不过这项职责在我已感觉到有些惶惧，过去也从事过好些次的设计工作，虽亦曾煞费经营，从未尽善于十一。于今若要鼓起勇气去回忆已往诸剧的演出情况，或翻阅那些绞过脑汁的设计图片，憎厌与不满的心情总是油然而起，这究属如何怪特的感觉，却也无从解释，只是一想起就头痛，一翻阅就不满意。然而此番重复鼓舞着勇敢之心来承当这项工作，却也并非承乏，实则兴趣使然，复不计此种艰巨工作，居然又一次再次地冒此大不韪了。

这是《从军乐》和《岳飞》的布景设计的开始。

关于《从军乐》——不是追踪派别

记得客岁，隆冬时节，《从军乐》尝试地搬上舞台的时候，好些个被好奇心所驱使着的探询，使我无从做满意的回答，朋友们的兴趣和情谊当然极端感激，然恐引起其他的解释，不得不将此剧较为“怪特”的设计稍加说明。第一，《从军乐》所用的设计方法，不是蓄意运用装置上或绘画上的某种流派所产生的作品——我自己并不深知什么流派的源流及特质，而是演出形式决定出来的一种形式。第二，在一本现代剧作——写实主义的剧作，硬要加以别种主义的形式和方法来改装或装饰，我以为并不合理也不可能。小仲马的剧作，一登苏联舞台，为什么可以用梅伊荷特的方法演出，不是梅伊荷特的方法能够□□□〖原件此处有缺失〗范围《茶花女》，也不是《茶花女》正适用于梅伊荷特的作风，只是梅伊荷特所演出的《茶花女》，是经过梅伊荷特的再认识，然后表现的《茶花女》罢了，那与欧洲表演《茶花女》的一贯形式有着不同意义和方法的。

《从军乐》所用的构图，其蓄意想以“乐”为基础来发展，于是四幕中全用圆线条来组织，意求其轻快活泼。因为真实的艺术，应是依据感觉才开始发生的，而人类对于世界本有着神秘的支配权，真实的艺术不应只服役于物，更不必依样地写取现象，应是从自己的本身去构成它们，这样才不至于消极地增加现象，或复制现象，乃是用一种方法去把它从新制造及创造。所以用在《从军乐》这剧中的形与色，就以这些轻快的色彩和活跃的线条来完成了。只是由于自己的胆量小，技巧也不够，丰富的想象更不够，以致徒有对于处理方法的蓄意，并不能满足地用一种方法传达这意义。在现在及在未来，或许将永远成为不可补救的遗憾。

关于《岳飞》——并非自我作古

“并非自我作古”写下了，似仍有些夸耀，实则这是一句道地的老实话，基于对历史的考据工作如此贫弱的情况下，想以今人的想象描绘百年前的文物，原是笨拙之极的方法，而布景设计发展到今日，仍然想以写实的手法甚至于琐碎的写实手法处理一本历史剧，未免过于不经济不必要。如果有人视作历史文物的展览，把南宋岳家军使用的营帐，宰相府……描摹尽致，一一陈列，倒是情有可原，不必深究。如果此刻所需要的，只是戏剧的气氛，演剧效果的获得，那么目的既有不同，情形自然两样，此所以我对《岳飞》所用的布景设计方法作另一看法了。

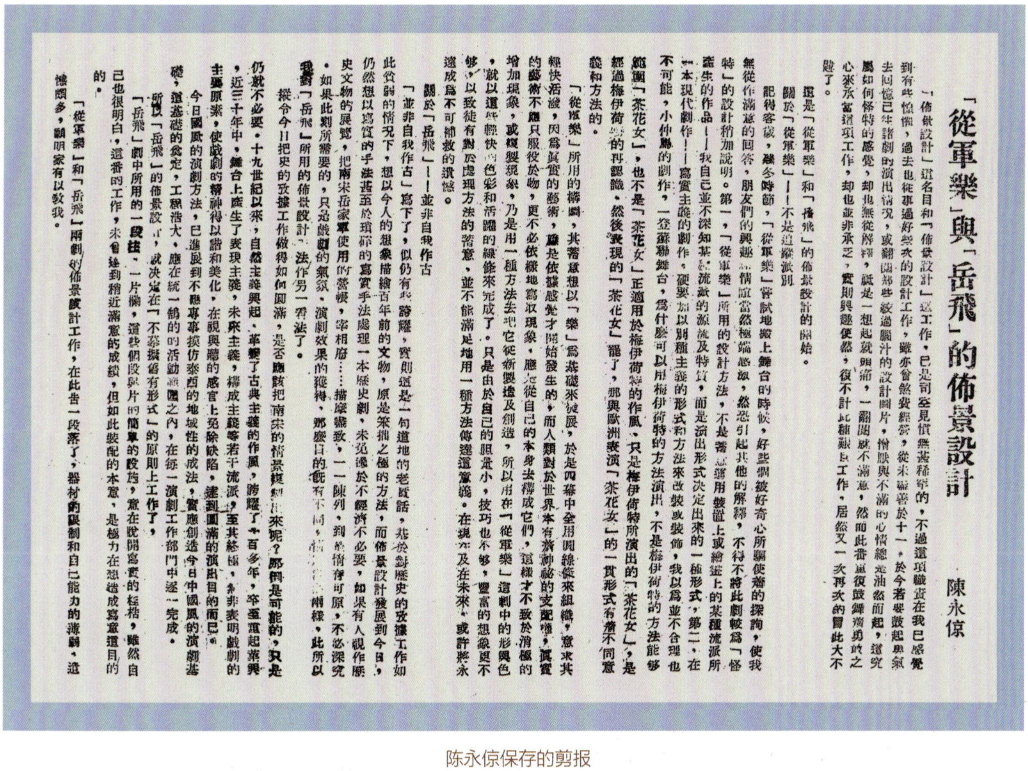
「從軍樂」與「岳飛」的佈景設計

陳永倞

「佈景設計」這名目和「佈景設計」這工作，已是司空見慣無甚稀罕的，不過這項職責在我已感覺到有些惶惑，過去也從事過好些次的設計工作，雖亦曾煞費經營，從未嘗善於十一，於今者要鼓起興氣去回憶已往諸劇的演出情況，或翻閱那些絞過腦汁的設計圖片，惆悵與不滿的心情總是油然而起，這究屬如何怪特的感覺，却也無從解釋，祇是一想起就頭痛，一翻閱就不滿意，然而此番重復鼓舞着勇敢之心來承當這項工作，却也並非承乏，實則興趣使然，復不計此種艱巨工作，居然又一次再次的冒此大不韙了。

還是「從軍樂」和「岳飛」的佈景設計的開始。

關於「從軍樂」——不是追蹤派別

記得客歲，歲冬時節，「從軍樂」嘗試地搬上舞台的時候，好些個被好奇心所驅使着的探詢，使我無從作滿意的回答，朋友們的興趣和情誼當然極端感激，然恐引起其他的解釋，不得不將此劇較爲「怪特」的設計稍加說明。第一，「從軍樂」所用的設計方法，不是着意運用裝置上或繪畫上的某種流派所產生的作品——我自己並不深知某種流派的源流及特質，而是演出形式決定出來的一種形式，第二，在一本現代劇作！——寫實主義的劇作，硬要加以別種主義的形式和方法來改裝或裝飾，我以爲並不合理也不可能，小仲馬的劇作，一登蘇聯舞台，爲什麼可以用梅伊荷特的方法演出，不是梅伊荷特的方法能夠範圍「茶花女」，也不是「茶花女」正適用於梅伊荷特的作風，只是梅伊荷特所演出的「茶花女」，是經過梅伊荷特的再認識，然後表現的「茶花女」罷了，那與歐洲表演「茶花女」的一貫形式有着不同意義和方法的。

「從軍樂」所用的構圖，其著意想以「樂」爲基礎來發展，於是四幕中全用圓線條來組織，意求其輕快活潑，因爲眞實的藝術，應是依據感覺才開始發生的，而人類對於世界本有着神秘的支配權，眞實的藝術不應只服役於物，更不必依樣地寫取現象，應先從自己的本身去構成它們，這樣才不致於消極的增加現象，或複製現象，乃是用一種方法去把它從新製造及創造，所以用在「從軍樂」這劇中的形與色，就以這些輕快的色彩和活躍的線條來完成了。只是由於自己的胆量小，技巧也不够，豐富的想象更不够，以致徒有對於處理方法的蓄意，並不能滿足地用一種方法傳達這意義。在現在及在未來，或許將永遠成爲不可補救的遺憾。

關於「岳飛」——並非自我作古

「並非自我作古」寫下了，似仍有些誇耀，實則這是一句道地的老實話，基於對歷史的攷據工作如此貧弱的情況下，想以今人的想象描繪百年前的文物，原是笨拙之極的方法，而佈景設計發展到今日，仍然想以寫實的手法甚至於瑣碎的寫實手法處理一本歷史劇，未免過於不經濟不必要，如果有人視作歷史文物的展覽，把南宋岳家軍使用的營帳，宰相府……描摹盡致，一一陳列，到是情有可原，不必深究。如果此刻所需要的，只是戲劇的氣氛，演劇效果的獲得，那麼目的既有不同，情形自然兩樣，此所以我對「岳飛」所用的佈景設計方法作另一看法了。

縱令今日把史的攷據工作做得如何圓滿，是否應該把南宋的情景複製出來呢？那倒是可能的，只是仍就不必要。十九世紀以來，自然主義興起，革新了古典主義的作風，誇耀了一百多年，卒至喚起茀興，近三十年中，舞台上產生了表現主義，未來主義，構成主義等若干流派，至其終極，無非表明戲劇的主要原素，使戲劇的精神得以諧和美化，在視與聽的感官上免除缺陷，達到圓滿的演出目的而已。

今日國風的演劇方法，已進展到不應事事摸仿泰西的地域性的成法，實應創造今日中國風的演劇基礎，這基礎的奠定，工程浩大，應在統一鵠的的活動範圍之內，在每一演劇工作部門中逐一完成。

所以「岳飛」的佈景設計，就決定在「不摹擬舊有形式」的原則上工作了，

「岳飛」劇中所用的一段柱，一片欄，這些個段與片的簡單的設施，意在既開寫實的桎梏，雖然自己也很明白，這番的工作，未曾達到稍近滿意的成績，但如此裝配的本意，是極力在想造成寫意這目的的。

「從軍樂」和「岳飛」兩劇的佈景設計工作，在此告一段落了，器材的限制和自己能力的薄弱，遺憾頗多，顯明家有以敎我。

陈永倞保存的剪报

纵令今日把史的考据工作做得如何圆满，是否应该把南宋的情景复制出来呢？那倒是可能的，只是仍旧不必要。十九世纪以来，自然主义兴起，变革了古典主义的作风，夸耀了一百多年，卒至重起革新。近三十年中，舞台上产生了表现主义、未来主义、构成主义等若干流派，至其终极，无非表明戏剧的主要元素，使戏剧的精神得以谐和美化，在视与听的感官上免除缺陷，达到圆满的演出目的而已。

今日国风的演剧方法，已进展到不应专事模仿泰西的地域性的成法，实应创造今日中国风的演剧基础。这基础的奠定，工程浩大，应在统一鹄的的活动范围之内，在每一演剧工作部门中逐一完成。

所以《岳飞》的布景设计，就决定在“不摹拟旧有形式”的原则上工作了。

《岳飞》剧中所用的一段柱、一片栏，这些个段与片的简单的设施，意在脱开写实的桎梏，虽然自己也很明白，这番的工作，未曾达到稍近满意的成绩，但如此装配的本意，是极力在想造成写意这目的的。

《从军乐》和《岳飞》两剧的布景设计工作，在此告一段落了，器材的限制和自己能力的薄弱，遗憾颇多，愿明家有以教我。

原载于陈永倞保存的剪报（出处和时间不详，据内容推测发表于 1940 年）

附载 /《从军乐》和《岳飞》设计谈

蔡体良先生曾在《心潮起伏意拳拳——陈永倞同志访谈录》一文中谈到，曾经有人认为话剧舞台“开墙破框”虚空、写意性的创造只是近一二十年的事，“看来是一种历史的误解，《岳飞》就是一例，消除‘误解’的一例。类似的例子，在陈永倞先生的舞台设计中还可以列举出好多”。如音乐喜剧《从军乐》的设计构思也极简易，“一个圆平台，两个斜坡，加以变形的门楼，造就了喜剧舞台应有的轻快、便捷的舞台环境”。李乃忱先生在《陈永倞在“国立剧专”》中也指出，陈永倞的设计风格“淳朴”“求新”“实用”；“扬弃‘箱式模式’的居多，写意比写实更重”。“遗憾的是，可以作为他在舞台美术艺术创新的两出大戏成功的布景设计：《岳飞》与《从军乐》，因为当时客观原因，没有来得及拍照留影”。剪报《〈从军乐〉与〈岳飞〉的布景设计》是陈永倞保存的唯一一份剧专时期的设计总结，由此也可反映出他对求新理念的追求与重视，以及对这两个剧目舞台设计成果的珍惜与偏爱。

本书编者摘编

剧场史话

◎ 陈永倞

平常在剧场史料的一些书籍里，看到一些记录，关于往古演剧的各种情形，觉得颇有兴趣，因为个人的癖好，随读随录，相当时间，居然集得不少，虽然是一些像破铜烂铁一类的东西，识者或会不足为奇，视为无足轻重，但是个人却敝帚自珍。因择录几段，以供同好。

一 演员及声音表情

古希腊，这已经是一个历史上的名字了，到现在，谈到戏剧的源流，却会常时把它搬出来，并且要在这古往的国度里来发掘新的知识和成果，因为它曾有过光荣的史迹，也曾作过惊人的建树，无怪流传至今，还要叩一叩它的门庭呢。

演员，这是一个很熟悉的称谓。在古希腊却常是了不起的人物，被国人所最钦佩景仰的人物。当时民众的对演员，几乎当作国家宗教的牧师一样的款待。曾经有过悲剧的名演员被任作使节派往他国的事实，也曾有过许多的演员被任作国家的重要官员，即此可见其地位和能力的高超了。

在纪元四世纪的时候，演员们有过组织，共同研究表演艺术。那是联合剧作家共同组合的剧人剧会，却由演员作主干的。参加作为一个会员，却不是一件容易的事，但是能够加入作一会员，就被尊称为“Artist of Dionysus”，由此可想见其光荣了。

古希腊的演剧，演员全依赖其良好的声音，因为表演的时候，必须戴着面具，戴着个刻板的面具，当然无所谓面部表情，更以服装和高底鞋的束缚，举动都感不灵活，因亦谈不到动作的表情。同时所用的剧本，也是特重抒情的，着重朗诵的。于是演员必须有很好的声音，才能够在广大的露天剧场，叫万千的观众听得见，并且还要发抒诗的情意，更要利用这唯一的声音工具，以刻画剧中人物的年龄身份情感等等，所谓“一切都着重于声音表情”，由此可以想见。至于戏剧节目的比赛，其成绩的高下，也是以声音为根据的。曾有一句名言："演员的好坏完全以声音决定，犹如政治家的好坏以智慧来决定一样。"哲学家柏拉图在理想国中有过一句话说："演员都用他们的美好的声音。"亚里士多德也说"表演就是声音表情，声音要成为表演中各种不同的情感之工具。"这本是不足为奇的，声音原是表情工具之一，不过作为当时的一个演员，不但要能朗诵，也要会歌唱，并且观众来到剧场欣赏诗人的杰作，颇像我们北平人上戏馆"侧耳而听"的情形，听戏是重于看戏的。这些当然足以说明声音在当时演剧的重要。也就是古希腊表演技术的特殊之处。到今天，我们虽然晓得声音和姿态是表情的两个法宝，编剧的取材和技巧变更了，表演的技术之一却还是不能离开美好的声音的。

二 面具

正如中国旧戏的画脸谱一样，古希腊演剧的时候，演员都得戴面具的。本来面具的应用是属于程式化的，但是也要表现一个人物的年龄身份性情。

面具原是古希腊三大悲剧家以前的一个悲剧家所发明的，当 Thespis 的创作剧本，仅用一个演员来表演，剧本里却写了好几个人物，用一个演员表演几个人物，势必要想个适当的化装方法，于是他（Thespis）创始用布做出面具，用面具套在演员的头上，这样就可以变成各种的人物，可以扮男的，也可以扮女的剧中人了。

面具的制作，渐渐地改用皮或软木了，完全照着人的头样，眼睛处挖有小孔，嘴部特别放大——这是为了两种用场而设计的：一是要在空旷的剧场里对上帝的观众传达声音，人的嘴唇不够送出满意的声浪，有了像如今的扬声筒一样的大嘴唇，才可以应付裕如。二是剧的故事总是描写神话一类的题材，剧中人也多半是神仙一类的人物，在嘴唇外边装设了扬声筒，本来的声音自然就起了变化，也就近于神秘了。

演员的更换面具方法，那很简单，下场以后换就是了。可也有些得临时加以处理的，如同阿底浦斯王的最后一场，瞎了眼，血肉模糊的怕人情景，就是演员下场以后弄的。

"悲剧的和喜剧的面具"普遍都是这样分别。可是种类繁多，不妨介绍一下。

（一）悲剧的面具

据统计，悲剧的面具有二十八个之多。其中六个是老头子用的，八个是年轻人用的，三个是听差们用的，十一个是女人们用的，合共二十八个。

老头子用的面具 1. 最老的，头上只有几根白毛，面上的皱纹非常的多，老态龙钟的情态，完全显露。2. 老的，尚未至耳聋眼花的程度，灰发，有白胡须，眉毛很高。3. 头发已经变成灰色，面部也显得灰暗而无血色。4. 年龄不算太老，还有些墨发，黑胡子的人物，脸上的皱纹，却一根根都显得很硬性的，近于凶暴的一种人物。5. 棕色的头发，年龄虽老，但是精神健壮，所谓老而未衰的一种人物，这类角色是喜欢运动的漂亮人物，颇有老英雄的气概和性质的一种人物。6. 年岁虽和上一种相似，但是脸色灰白，是一种多愁善病的老头儿。

年轻人用的面具——壮年的也包括在内 1. 年纪较大，没有胡须，却有很密很黑的头发，脸色带红褐色，这是赋有全才的英雄。2. 也是英雄，淡黄或麻黄色的曲卷的头发，宽大而深重的眉毛，性情却暴烈而凶恶。3. 大致和前者相同，只是年龄比较轻一些。4. 脸色白润，有一种神圣的光辉，活泼而快乐的青年的神。如阿波罗神——本是音乐，诗，医，预言的神，罗马至今保存这种立像，发挥男子之美的一种相貌。5. 原是一种不清白的人物，面色青白，头发短少稀薄，两眼下垂而无神韵，不幸运的青年。6. 有美丽的头发，却生长在一副瘦削的脸庞上，神情近乎衰败，这是一种灰色的青年人。7. 也是灰色的或近于灰色的青年人。8. 和第七种相仿佛。

听差们的面具 1. 白头发，尖鼻子，高眉毛，头戴小皮帽，身穿兽皮衣，吊着个眉毛，却是个聪明的老听差的。2. 中年的听差的，有一簇尖尖的黑胡须，这是典型的听差。3. 头发原很整齐，可惜当顶秃了一块，加上塌着个鼻梁，生成是个当差的相貌。

女人的面具 1. 白发苍苍，年龄和地位都较高的女人。2. 两肩下垂，头发卷而带灰色的人。3. 紫色脸蛋，又戴着个便帽，这是道地的乳妈。4. 灰色脸，已近中年，发亦夹有灰丝。5. 较为年轻的女用人。6. 脸无血色及光辉，披散着头发，是个悲哀的女人。7. 额有短发，两鬓则垂着长发的女人。8. 头发剪成特别式样，为常人所不用的式样，是个新近被人奸污过的可怜儿。9. 本是年轻的女孩子，脸色却已苍白，但垂有美的卷发。10. 和前者相似，却是另一种格调的女子。11. 这是最为年轻的女孩。

（二）喜剧的面具

喜剧的面具，据 Pollux 的考证，多至四十四个，那些是古希腊的喜剧多描写当时生活方面的，比如有一个面具就是和苏格拉底完全相似的，因为喜剧的面具常时要能表现当代人物，这样自然就需要得多几个了。

老年的有九个 1. 最老的人。2. 也是最老的人。3. 较老的人，演父亲用的。4. 同事。5. 中等年纪的老头。6. 也是中等年纪的老头。这两种老头，平常有着个习惯名字，叫做 Hermonios Second，那是在喜剧家亚里士多芬时代，曾经有过这么一位出名的演员，于是就这样的叫起来了。7. 有尖胡子的老头。8. 妓院里的老板，坏人。9. 左眉高右眉低，专会奉承人的老头子。

青年的有十一个 1. 无所不能的青年人。2. 灰色的青年人。3. 卷发的美少年。4. 文弱的书生。5. 愚蠢的乡下人。

上面的五种面具，规定为所谓正派人用的。6. 棕色发光的面孔，黑色暗淡的头发，一种傲慢自负的人物。7. 同上种。8. 逢迎谄媚的食客。9. 也是专会逢迎的食客。10. 同上的一种人物。11. 流氓中的蠢材。

上述的几种，通常是属于所谓反派的人物。

奴仆的有七个 1. 年纪最老，服务最久的老家人。2. 年纪较轻，却很能干的管家。3. 很瘦，前顶已经秃了的女用人。4. 红头发，身体衰弱的用人。5. 头发带红色或带黄色，秃顶，这是古希腊的本地厨子。6. 秃了顶的外围厨子。7. 最爱自夸的人物。

女性的有十七个 老婆子一类的：1. 狼心狠毒，白头发老妇人。2. 胖子老太太。3. 女用人。4. 长舌妇。5. 软弱无能的妇人。6. 大家闺秀，带有女主角女英雄之流的人物。7. 已经落难的名门闺秀。8. 也是落难的闺阁名媛。9. 老妓女变成的鸨母，长舌妇。10. 太太，头发的式样就表示已经结过婚的。11. 娴雅不俗的妓女，与 7、8 仿佛。12. 年轻的妓女。13. 有金属装饰品的妓女。14. 缠有色彩头巾的妓女。15. 头上梳着个华美的髻，大概是和其父母离散的人物。16. 性情粗的女用人。17. 头发光滑，妓女的心腹。

（三）特殊的面具

除以上所介绍的面具而外，还有许多神话中的人物，也各有其不同的面具。如：1. 头上有角的。2. 瞎了眼的。3. 好像中国旧戏里的特殊化装，如风神雷神等人物，多眼的。4. 夜游神。5. 其他如山川河流，亦加绘制，却都是特殊用场的面具了。

原载于南京《和平日报》1947 年 2 月 14 日第 6 版《剧场艺术》第 1 期

话剧化装术

——略谈特殊化装

◎ 陈永倞

甲 头面之部

壹：画瘦

头面诸骨原系凸凹不平的，面部肌肉既因衰老或病态而消瘦，因之皮骨即行下陷。在某些下陷的地方施以暗色，另在某些高起的地方施以较明的色，这明暗二色的对照，于是阴影造成，而面部的消瘦状态，也就可以表现出来了。面部画瘦的地方有下列数处。

颊　颧骨总是隆起的，在颧骨和下颌骨间，因没有骨头衬托，全靠肌肉维系，及肌肉瘦减，此处即行下陷。画的时候，先回忆吃酸梅子的情形，就明白如何使两颊内缩了。然后以指按摸，即知骨面某处较高或较低。地位清楚后，用棕色（这棕色的深浅程度，要以所施肤色的深浅为转移，普通总成正比）擦在最深洼的地方，将棕色揉开：外边上达颧骨和下颌骨的交接处，更沿下颌骨达齿龈；上边包围颧骨的下端，向内及于颧骨和上颚骨的交接处，沿嘴的外围而下，就和下颌齿龈连接，整个形状略似一三角形。至于这三角形所用的颜色，何处浓，何处淡，只要记着皮肉越下陷处颜色越浓，反之则淡；但，此颜色的边缘，必须淡至和底子油彩完全密合，直至毫无界限才行。

太阳穴　此处的骨面，本较额际低洼，也是因肌肉瘦减之故，才使此处有些下陷。画时，先以手指探得其位置，用色则和前法相同，但较颊色为浅。

鼻梁　鼻部消瘦，原呈三角椎形的鼻骨，就有些显露，如在此骨上端自外绕至下端施以棕色，使鼻约略成葫芦形，鼻就显得消瘦了。

贰：皱纹

皱纹为肌肉消瘦及皮松弛而起，中年人的颜面已有皱纹发生，老年人则更多。青年演员，脸上无皱纹，不易凭空画出。兹略述于次。

额纹　将眉向上抬起，即可见其痕迹，成波状横线，画时只需成整条的一至四条即可，断续的虽多，不必画出。中年短而少，老年长而多。如无棕色皱纹笔（或眉笔）可用纸笔或牙签，将其尖端蘸半截颜色，先动一动额头，决定纹的位置，然后仍使皮肤恢复原状，方可画线。若在皱起的纹沟里画线，结果会得三条细纹或一条粗线，均不合用。最好在额中横画一条吋长的线，另用手指按住颜色分向左右拟开，如此能使纹尾轻微，不嫌做作。至于手指，要用得灵活，高低、轻重如能运用自如，则所画之纹自不致失败。

眼窝纹　位眉骨和眼球中间，用手指可探得其位置，也是眼窝低陷所致。画时应与画上眼皮的棕色打成一片，再用较深的棕色画出此纹，靠鼻边处有两三个尖，靠外可与外眼角纹连接。

外眼角纹　亦称鱼尾纹，将颧骨部的肌肉向太阳穴处挤紧，即能稍稍发现此纹，画时用牙签蘸色涂之，然后以手指擦开。

疲劳纹　位于颧骨上方接近下眼皮处，成两尖向上弧形，画时应着重阴影的造成。

腾蛇纹　位置在鼻翼经上颚的外沿向下而又围绕在嘴的两旁。如将两嘴角同时向上向外抬起，即发现两圆心约在嘴尖的弧线。画时，在鼻翼外边向下向外画一线，先以指按上端往鼻翼上擦开，再往下靠近上颚和面颊的交界处擦开。此纹的中段较重，颜色也较深，往上往下则均渐次轻淡而消失。

嘴角纹　位于嘴角和下唇的外边，将下唇处及嘴角的肌肉往外向上抬起，即能发现此纹的痕迹。先画一条在嘴角的下方，以指头按住纹的内边，擦出一片渐渐淡下去的阴影即成。

下巴纹　在下巴的尖端和下颚齿龈处有尖向下的弧形。画时亦应着重阴影的造成，使此弧形中部颜色较宽而向下则淡开，弧形两尖的色窄而略向外成波形，亦渐淡开。

唇纹　老年人的嘴唇上常有成辐射状的线条，亦用棕色画上，但其大小粗细不能相同，以免死板。

上述八纹，均为脸上最重要的纹，其他断续的线还多，要看角色的心理和生理现象如何，才可决定纹的多寡。大凡苦相的纹，纹头多颓向下方；乐相的纹，多向上翘起。营养良好，少经风尘，又少思虑的纹，比较少些，反之就多些。穷苦的人，皱纹较多而乱，发现纹的年龄也较早。

要使纹显著，唯一的方法，就是明暗两色对照。棕色是暗色，灯光下显得深陷；白色是明色，灯光下显得凸起；明暗两色相辅并用，画在平坦的皮肤上的线条，有如深深的皱纹了。不过这明暗二色务必使之匀称而后止。

至于皱纹画得对不对，先要看位置对不对，而位置是根据生理状况的；因为所有皱纹，大都和该处肌肉的生长方向成直角的。画得像不像，则要看技巧如何。观察实际人物的纹，虽可作为参考，但也不要完全作为根据，一模一样的画出，必过琐碎。取其大略，状其特点，斯为上策。

叁：鬓，发，眉

鬓　鬓角有三角切刀形、方形、钩形、椎形，和小圆头等等形状。表示长得浅的，可薄涂一层和发相同的颜色。更浅的可用蓝色，很长的即用皱纱发粘上。

发　额上的发边，常有突出某一部分的现象，可用和发同色的颜色画出。女子可梳出各样的发式，用发夹夹住。旧式的梳头和结辫，都可以假发相接，用头绳或插针连接。如要新式烫发，而其发太短的，则用和发色相同的丝线串联假发，烫成所需要的式样后，戴在头上，加以修整，即能满意。男子的发式，当然可以擦油重梳。至于要扮和尚头、瘌痢头，及其他古装头式，都可将特制的头套戴上，头套的边和皮肤相接处，均须用酒精胶粘住，并在相接处画条皱纹，以作掩饰。不用头套而要改变发色，也是可能的，如扑白粉可使发变灰或变白，扑棕色粉可变棕色，但有时涂以所需要的颜色，也能改变发色，如用马斯加罗染发，也是可能的。

眉　普通的眉，可以画上，特殊的眉，无法画出，只有用假发剪成适当式样，用酒精胶粘上。胶时最好在原眉的上沿，以免卸装时扯动真眉的痛苦。

肆：髭，须，胡

长在上唇的叫髭，长在下巴处的叫须，长在下颌骨皮上的叫胡。通称为胡须。表示已经剃过的用蓝色画出，如表示蓄须而用黑色画出，颇不合适，因在侧面看就显得假了，最好用假发粘上，如无特制的皱纱发，可用纤维较长的羊毛线代替，其手续如下。

先粘髭——

依毛线的原有股数分开，两手各执一端，扯松后相加再扯，到完全扯松为止。

取一束剪成三段（中段较短，两梢较长）同时以两手大拇指和食指夹住，将剪断的面推成斜面，用纸或书夹注，以免被风吹乱。

擦去要粘髭处的油质及粉质。

涂酒精胶，应视需要的大小来涂，不可太厚，因干后便结成硬块，反易脱落。

取中段斜面粘在和鼻孔等宽的唇上，其他两段和中段紧紧相接，线纹均应与人中平行。

用纸盖好，以手按住，唇处皮肉蠕动，使线头分布均匀，且均能粘上胶水，如此不易脱落。

干后以剪修理，且梳去未曾胶上的杂毛。

髭再须向上翘起的，将梢提起后搓一两下，须向下垂，就往下理一理。

次粘须——

取毛线四五束，合剪成两段（一根长，一根短）也各推成斜面。

擦去要粘须处的油质后再涂胶水。

用长段的从下巴以下粘起，再往上一层层粘去，短的几段，则分粘在最下方和左右两方。其余手续和粘髭同。

再次粘胡——

由下巴沿下颌骨一层层往上粘，至鬓脚为止。方法和前相同。乱蜷的胡，粘后乱搓或乱搓后再粘上均可，修饰的胡，粘后用梳剪修整。

伍：牙的伪装

美的牙　洁白整齐为其特征。用树胶汁填补，可使牙整齐，擦珐琅质做的剧用牙膏，可使牙洁白。

丑的牙　带有黄色棕色或黑色，均为不洁净的牙，将牙上口水擦干，用油彩涂上所需要的颜色即成。如用茶叶嚼过后擦在牙缝间就更妙了，并且可以避免油彩的毒质。

金牙　以金纸或黄纸粘上。

缺牙　揩去口液，涂以黑色牙膏或粘以黑色纸（头痛太阳膏很好用）即成。

陆：疤痕及其他

疤痕　可以画上，新伤用鲜红，旧伤用暗紫红，另用白色勾边，可显隆起，黑色勾画，可使清晰，黑白红并用，更易造假如真。如果用一种苛洛丁药液，当然很方便造成各式的疤痕，不过多少有碍皮肤的卫生。

肉瘤　小的及不大凸起的，用鼻油灰在未上冷霜以前捏上，再施以应用的油色。大的可用绸裹棉花胶上，再施颜色。但须注意一点，即面部肌肉太活动的地方，粘上之后，容易脱落，宜避免之。

高鼻梁　于上冷霜之前，粘以少量鼻油灰，捏成所需要的式样，另施油色即成。

下巴尖或嘴唇　如要加大或改变它的式样，也可用鼻油灰，一如上法捏成。

独眼龙　以医用橡皮膏，按眼圈式样剪成，中留小孔，以便通过视线，有黏性那面的纱布，不可全部撕去，只将边上剪去少许，可能粘住即成，如全部撕去，就会连睫毛一起粘住，不便卸装。也在上冷霜前行之。

痣，斑点，麻皮　都可在上过底子油粉之后，用适当的颜色涂上。

面部还有许多特殊的现象，可根据其式样，各出心裁，只要能找到合适的伪装材料，或用胶粘，或用油灰捏装，或用其他能用的东西，但其表面只须涂以适宜的颜色，均可伪装。

乙 躯干和四肢之部

壹：颈和胸

颈 其皱纹画法与面部同，疤痕等亦如之。

胸 剑骨上的毛，可以粘上。瘦人的肋骨毕露，可用暗色按肋的位置画出。

贰：手和臂

手臂 肤色过黑，不易与面部调和，可扑以白粉，反是则扑以适当的色粉。

瘦 可根据骨骼和肌肉，用暗色画出。

手指 指甲上涂凡士林，因反光可增美观，如涂以胭脂，亦可替代蔻丹。

叁：腿和足

色 露腿的多为劳动的人们，可涂以适当的棕色，以示常浴阳光的结果。瘦与手臂法同。

断腿 只好两腿藏在一只裤管里，让另一只裤管空悬着。有时也可将腿扎住，不过很不舒服。

原载于《军中娱乐》1947 年（新 1）28—30 页

客游漫记*

◎ 陈梦荻

一　思乡曲

人们总以为离开故乡，涉足到另一个城市去的旅行者，多少有一些异样的滋味来满足的；然而此不过冥想而已；羁旅他乡的游子，每逢佳节良辰，对于生长的家乡，免不了是怀念的。

来到白下[①]，虽然只一度见到树叶的辞枝，却未发见它茁长的时候，日子可算得很短了。然而毕竟春天已经来临，风，已没有严冬的犀利，又不像交秋的萧煞，可是在昏沉的时光里，还是富有着寒意的，于是数计着离家的日子，联想到别时的情怀。我不愿岁月常像着春天，它对我并没有绮丽，但愿它如轻烟般的迅速消逝，以启发着热烈的夏来，那才是我最喜悦的季节呵！我这样的想着。

到底此刻总是春天，这迷人的季候，一向逗引着人们换上新装，徘徊于山顶水涯间寻着春讯的。我说：虽然也会追随着人们的游履，而走上高楼，极目晴空，重山之外的烟水云乡，我的第二故乡呵！不免引人怅惘，因此记念着东来的心影，写将下来，聊作此行的寄语吧！

---

* 本文和以下几篇散文作于 1936—1939 年；离家的别愁，生活的拮据，现实的迷茫，未来的憧憬……袒露了作者初涉求学从艺之旅的心路历程。——编者注

① 白下，旧时南京市的别称。——编者注

二　别矣长沙

说不出是喜悦还是忧伤，师友们扬起帽子挥着手巾欢欣的站在月台上，爆竹啪啪地响着，一声声击在我的心头，是在做梦吧？诚然，我脸上放出来的笑影，也许是忧愁的吧，为什么我要抛弃工作离开故乡，跑向远远的地方去呢？

车窗上挤满着是旅人的头，我顾不到他们是笑脸还是苦脸了，不自然地挤出了一只臂膀向月台上扬着白巾。

车开了，渐渐地看不清朋友们的脸盘，更望不见他们整个的身子，然而眼睛还是向着车站的晨光中望去，望去。虽则数秒钟以前所看见的只一些儿手帕上挥扬着的白光，可是那来去的光芒里富有着深切的意义呵！

当树拍着我的肩头轻微而且珍重的说出“愿你苦干着几年的功夫！”那时的心情，萦绕着在脑子里的，我耽心他们的期望太殷，茫然地更不加思索的说：“两星期以后再见吧？”呵，在当时我何尝敢于承受他的期许呢！确实此行太渺茫了，一个远征着的孩子的心情，是没有方法可形容出来的。

自从车厢下面第一个轮子发轫后，满腔莫名的意识使一对眸子不能离开那生长的故乡；虽然古老的长沙，在近十年来给与我不断的创伤，疤痕诸在，可是我知道在责任上在事实上，我没有离开它的可能，如果是有勇气的，该在一年以前早就走开了，还能蹬着这一年多的光阴，能说不是事实的羁绊吗？

然而自己热情的驱使，朋友们友谊的敦促，终于坐上了这一次下行的火车，而且更将以两天的水程而东下呢。

新河桥上粉红的铁栏杆映在眼前时，我不禁轻轻的叫着：

“别了呵！长沙！再见吧，朋友们。”

三　洞庭湖的展望

岳州站到了，是午后两点钟吧？没有表，凭着太阳的高低揣摩的。

“大概是洞庭湖边的虾子吧？”

“二十个铜子一顿的饭，味口倒不错呀！”

“因为是饿了呵！”

我们这样的谈着，虽然今天还是第一次尝到饭的滋味，先晚失眠后的疲劳，到此刻也就恢复大半了。

听着月台外面喊叫着卖洗脸水的声音，不期然地偷看到每个乘客的脸子，惺忪中带着尘埃的眉宇间，感觉到旅伴们各个的特殊风味。

火车沿洞庭湖的边岸开着，远望渺无边际的湖水，与天色合并了似的。白云一片片飞过，在微黄的轻雾下溜移的轮船帆影，一艘艘都载有着远离乡井的孩子吧？也许例外的正有着鼓轮归去的人们呢？然而极目天边，君山隐隐在望，湖水更逐浪而高涨了。怅然的低下头来，车身已经转过山背了。

伟大的洞庭湖中的波浪呵！愿你永恒地吼着荡着，切莫停下呀，共勉着各个的前程吧！

四　徐家棚之夜

车由鲇鱼套折回徐家棚的时候，同伴们好奇的望着窗外，一切沉浸在夜深的黑幕里，除掉稀疏的路灯，更看不清什么来的。

“倒霉！”一个同伴说。“就要到岸了，为什么偏会下雨咧？”他从车门口的一个窗子里缩进来，气愤的神色，立刻传染到我们四个人的脸上。

“没有的话吧？”

“谁愿它有呢！”指着窗外，“可是你们瞧！”

于是三个人伸手到窗外去，最后的一个手伸不出去了，只放在他们三个人的肩缝里。

有半分钟的静默，伸手到窗外去的人，徐徐地转过身来，五对眼睛互相的呆望着。

毕竟在细雨里渡过大江，下行的船还得在隔夜呢。

五　轮过小孤山

清晨，引首窗外，朝霞，轻雾，都给朝日骗开了。远远的青山在望，江风吹来，水光山色，情景怪是幽雅的，只远望向后移转的江村景物，已足够人寻味了。

茶房告我，小孤山快到了，素所仰慕的胜迹呵，引我踱到船头去。

甲板上，旅伴们挤满了，一条腿也插不进去，想和庆登船顶，刚上到梯子边，给水手拦住了，虽然他很和气，制帽底下没有露出凶恶的脸子来，心里总有些不大自然。

——是的，坐二等舱位的人，要跑到大菜间去，未免太不自量了？

这念头在脑子里盘旋一下，赶紧回转头来仍旧挤到甲板上去，刚好在栏杆边抢到一席空地，两个人摩肩立着，仅好侧转个头去，小孤山已经在望了。

山身玲珑得如一座雕刻，浪淘浣洗在她的脚底，不知经过若干年了，青苔染成深翠的颜色，却看得出江水拍击的痕迹来。草绿与崖光琢成的小孤山，在朝日的照耀里，有如纯净的处子，水面上更拉长了一支山影来，“淡妆浓抹”对于她总是相宜的吧！

顺江而下的轮船，速率很大，尤其需要它慢一点的时候，却更显得快起来。已经绕过小孤山而且离开她很远了，然而遥望她的秀丽之姿，有如海礁的突起，又像孤柱的笔立，整个山身是诗人意境的现实呵！

望着山色依依出神的当儿，俯瞰着轮梢背后拖出来的波浪，白茫茫的是银汞的沸腾，白鸥旋舞在江干，天色更是清朗，小孤山也更离开得远远地只望见一个侧面，还有的已被江岸的树影掩住了。

轮船在辽阔的江心里下驶着，甜蜜的回味保留着在旅人的心情，此时也痛快地轻嘘了一口气。

饱含着诗意的小孤山呵，永远会萦绕在我心底。

六　重抵白下

白下是第三次来到了。

当轮身拢岸的当儿，望见埠头上等候客人的车辆，望见载火车横江北上的渡江轮，二十二年〖民国 22 年，即 1933 年〗的前些时节——当沪平通车第一次过江的盛况时，我正因出席全运会而重来金陵，三年的日子一瞬息就逝去了，人生的旅途，原并不怎样的悠长啊！更想到十九年〖民国 19 年，即 1930 年〗和此刻差不多的时候，也因为避难而飘零此地。扬尘素盛的白下城，三次来临，眼前的一切，大体上变更得已经不容易寻出旧观，即几度来时的心情，也更加有着凄凉欢乐的感慨了。

马车驰驱在卵石道上，颠簸得有些难受，好容易挨过几十分钟，达到了鼓楼的目的地。

在车上，任想到各方面的便利，主张一直去找她的亲戚，要我们都去。她还说：说不定可以一块儿住在那里的。

是同乡办理的中学校，白粉的短墙围绕住很大的一块地域，古式的门楼，富有着这城里一般的风味，房子总是矮矮的。行李卸下了马车，就摆在围墙里边的草地上，任一个人走进传达室去了。几分钟以后随着几个似乎熟识的人走出来。

“给你们介绍吧，这就是宾先生。”她站在我们中间，指着我向宾先生：“逆流社[①]的陈先生，到南京来进学校的。”“这位是……这位是……”她都介绍了，五个人亲切地握着手。

直到坐在屋子里用饭的时候，总记不起这面熟的主人是在什么地方见过的。

“淡近来好吗？”宾先生忽然问我。

“很好，很好……”我想起来了，在淡的家里曾看见过宾先生的照片的，这初次见面又似熟识的人，原来就是一向想知道的宾先生呵！因此，我们的话头谈得很起劲的，当时真有些“相见恨晚”的感觉呢。

下午，宾先生领我们住在准备投考的学府旁边的旅馆里，很道歉地说：在往年本可以住在他办事的地方，因为学生发达了，实在让不出空的房子，要我们原谅。

住的问题解决了，得到学校去一趟，为的隔天就要考试——其所以仓促东来的原因，也就是赶赴这考期的呵。

走入生疏的学校，很触目的一张布告，载明复试的日期延迟了，五个人的脸上都呈着惊喜的颜色，趁这五天的时间，得好好地恢复舟车的疲劳呢。

原载于《青春周刊》1936 年第 4 卷第 6 期和第 13 期

① 长沙县立中学戏剧爱好者组织的业余戏剧团体“逆流剧社”。——编者注

小店

◎ 陈梦荻

十二点钟了，习惯告诉我，该是进午餐的时候。

打开钱包，仅余一枚五分的新辅币，想着昨宵最后一次坐在饭厅里嚼着菜饭的滋味，肚腹里似觉有些咕噜着，迟疑起在心头，今天的饭呢？该想个法子敷衍一下吧？

朋友站在桌前，指着我手里的钱包说：

“该吃饭了吧？老陈。”

五分的辅币跳在我的手上了，我不做声，朋友也只望我笑一下，拍着我的肩头说：

“走吧！咱们一道吃饭去。”

很近的，就在巷口上，一家店子，没有名称，说它是饭店吧？似乎太尊称了它，然而它毕竟是卖饭给客人吃的，只是陈设得并不雅致，简直说走进去就有些儿臭味弥漫着来窒住你的鼻子。

长廊形的房子里，交错着摆上四张方桌，已经有许多战士们侵占去一大部分了。最里边摆在玻璃框下的一张黑漆方桌，刚好剩有两个位子，我坐在朋友的对面——大概原先来的两个人并不是一道的吧，因为他们各人面前摆有一碟子菜，我们的坐下，也不扰乱他们似的，他们是沉着的只顾用各人的饭呢。

等着，伙计们还没有送上菜来，十六个铜板的烧豆腐，也和烧一毛或者两毛钱大洋的榨菜肉丝一样，需要着相当的时间。

看见别人桌上摆着一碟碟的豆子，很想尝尝新的滋味，而且好像是凉的，即刻就可以吃的呢。

“伙计，豆子怎么卖的？”知道了只要五个铜子一小碟，不迟疑地叫他送来了。

“喂！看咧，‘声振华夏’，这店子的生意可做得不小呀！”朋友指着旁壁上那块镜框子，对我笑了。同桌的两个人随便掉了半个脸去，毫不经意的，仍旧吃他们的饭。

进门的第一个坐位上，换了个穿灰色制服的，听见他要五个铜子一碟的鱼，我望朋友一眼，以为一碟鱼和一碟豆的价钱，未免太无分别了。倒是伙计还算争气的，马上否认了：

“照例是十个铜子一碟的鱼咧！对不起。”

“哪里？”穿灰衣的反对了，傲然的。“只要五个铜子的，告诉你，我是常来的，那还用说吗！”

——到底他比我们俩的威风高一层（？）他是丘八呢。

菜吃光了，饭还只用过两碗，已经隔了十几个钟头才午餐，非得再来一碗是不成的；可是菜呢？也来一点鱼吧，反正不出两毛钱。

有张桌子正空出一个座来，一个小孩和老头子争闹了。掌柜的忙过去接下老年人手里的酒瓶子，让出他作为柜台的小方桌来，事情才算平息了。店屋里已起了轻微的笑声，不调和地与煤气油烟混合着。

“这里倒有趣呢。”扬着筷子向朋友说。

“当然啰，别瞧不起这地方。”朋友的下巴那么画了一个弧形，继续说：“这儿叫国际饭店呢！哈……”经过他一下似乎是讽刺的笑以后，不待我问出来，他又说了：

“嘿嘿！还有一个流浪的俄国人在这里吃过东西呢。”

回味着朋友的话，夹着一小块块的鱼送进口腔去，只有一种异样的滋味涌上来，然而为着要填满肚子，也不能加以选择了。

“呃！鱼里边还放着虾米吗？”我夹住一个黄褐色的半圆形，拿出被自己头部遮成的阴处，突然叫起来了：“鱼坏了，这不是虾米呀！”

剩下的半碗饭也不吃了，就这样的走出来。在路上发誓对朋友说：“下次不来了，宁愿吃大饼，实在太不卫生呵。”

走进宿舍，那粒虾米还在眼前跳着。

“呵！国际饭店的虾米呵！”

原载于《青春周刊》1936 年第 4 卷第 15 期

家

◎ 陈梦荻

昨宵，我做了一个梦——在读完家书之后情境有些恍惚了……

经过田畴，越过小溪，撑着旅行者的红油伞，踏着黄沙小径，渐渐地望见了家园；白垩墙边——依旧柏树成行的，那是我家新居的屋脊，突起的山阜，仍旧遮住了墙的半椽呢。这时节，我的心微微地颤抖了，虽然我就会走到它的怀抱里去。

十三个月没有回家了。当走到屋右的池塘边，不期然地伫足着，池塘里的蓄水，还似十三个月以前一样的碧绿，一样的轻盈，周围的景物，也并不曾稍稍地更张它们的颜色。

“我的家，许不会变样儿吧？”心在想。“仅仅只隔着十三个月呀，十三个月的时日，也并不怎么悠长呀！”

直到走进屋子，才把满腔的疑惑毁灭了。家里的一切，丝毫未曾更易呢，不是厅堂里还供着父亲的遗像吗？四壁上的字画，虽不是湘垣故居的旧模样，可还是悬挂了几幅我最喜爱的墨迹，只是周遭静穆得有如古寺，让钟摆的声息调剂着此间的岑寂。

绕过屏风，玻璃橱上显着个自己的影像，风采已经变更，胡须长得更长了。这些时没有立过的镜子前边，怎么将我的脸庞照得消瘦了呢？“今我却非故我？”对了！远离家乡的孩子，炮火中，流亡了这些时，躯体是长高了加大了，心情呢？也曾被烽烟给添上了着灰土，老了？不，生命的活力倒是更加坚牢，意志却也丝毫没有变迁呢。

我故意地动了动嘴角，想在镜子里边找到我的微笑，可是微笑拒绝了我的要求，她轻盈地落在书架上了。猛地转过身去，我要在书本里找寻什么，一册一册的翻过去，那些经集——曾被我抚摩着亲切的阅读过的书籍，满盖着尘埃，装潢也多有毁蚀。想起挑灯夜读的幼年，微笑早又飞开了。

是的，紫木床头，依旧横着一柄青铜短剑，我是诞生在那张紫木床上的，二十四年了。家，被敌人逼着迁移；人，被敌人逼着流亡。紫木床还幸移进了新居，短剑依然高高地挂在上面，赶忙把它拿下来，儿时的记忆，又泛起在心头了。八岁那年，我伸长了手也拿

“细看长思慈母颜”

不到那柄剑，可是好奇心要我站在椅子上面，我要寻找剑上的秘密，妈来了，把我抱下来，还说过：“那柄剑是不许动的！”到于今，十五年了，我还不明白那柄剑为什么不许动，当然更不能在它的青光里找着微笑了。今朝，我捧着剑，盯着那躺在书架上的经集，记起童年时的情景，我要仍旧挂起儿时的微笑，然而竟是不可能的，我想笑，我没有什么足以满意的，我不能笑了。

——妈！孩子回家了，长大了，可是脸庞上挂不起笑容，孩子的心情没有老，孩子的额头却也添上轻微的皱纹了。

几片阳光，照在床头，落在地上，洒在书架上，周身都沐浴在家乡的和蔼的光辉里。家，虽然是温暖的，甜蜜的，孩子不能久留呀，他还肩挑着繁重的任务呢。

现在许我带走这柄短剑吧，妈？孩子还要回来的。

原载于重庆《中央日报》1938 年 12 月 14 日第 4 版《平明》副刊

离

◎ 陈梦荻

轻雾依然笼罩在山城，时季带去了经年的隐痛，昨年已经归去，我们将脱离开瑟缩的桎梏，让新的岁月在开始着。

这当儿，想不到你竟赋离歌，无量的惊异，止不住要探求你别去的原因。呵！你是远走高飞了，自然你有不能不去的苦心，可是此番离去，我以为太懦弱了，你不是没有斗志的人，为什么竟受着环境的逼迫而屈服呢？真是做梦也未曾想到。

相逢虽只一年，我们无时不在动辄维艰中为着同一的事业而努力，那萦绕在心头的计划，那不可忘怀的从辛苦中得来的酬报，一直遗留在我们共同的信念中，不可须臾离去的。而今，那曾经算作坚毅的心情，已是系着破瓶哭诉着嘶哑疲乏的声息了。

去年，秋阳正浓的一个日子，偶然间，又在流亡道上会见了你。初见时就欣悉你将继续着从前的志愿，重走上我们的征程。当时我在无聊的病中，来不及憭晤那前番苦别的怅惘，火一样的热情，曾燃烧着不可乡迩，莫名的喜悦，竟使我只淌着泪水说不出一句话来。然而呵，重逢不及半年，在今朝，又丢下一个伤痕了。离合无常，这是再次的分手。

境遇丑劣如斯，事势的奇突，终是非人力所能避免的事实，你又怅然地离去了。此去，你虽抱着无涯的忧寂，但又不能突破这莫大的伦常，及今默然沉思，惟泪眼凄其而已。

但愿别后的你，养心习性，认清楚你的境遇，远瞩你的前程。别忘了你是为什么出走的，要思量你出走后的南针，重逢虽不知有无时日，游子的同情和热望，也该稍稍值得宝贵的。

愿你茹苦含辛，以斗争做你的触角，勇敢地翱翔在这大时代里，若是知难而退，将永成为你坟头上的祭礼呢。

原载于重庆《中央日报》1939年2月8日第6版《平明》副刊

乡思

◎ 陈梦荻

雾，疏懒地散落在山腰，草尖。终年难得晒几回太阳的山城，更兼腻人的细雨，荒丘上遗下了一小方一小方的积水，像被愤怒者摔碎的镜子，不规则的光亮闪烁着，枯枝败草，都静止地老伸长着脖子在窥探镜里的秘密。然而周遭的空气还是宁静的，只有寂寞向这荒凉的地隅窃笑，是善意的，也是恶意的。

西边若浑玉般的天色笼罩着，看不清更远的地方。假如寂寥是可以看得见的，那，这儿都是它的领土和领空。

山脚长出些儿林木，层层的树影，伏在溪边，西风偶带着失了生命的枯叶吻到水面。没有人踪，也没有旁的声音。是寂寥吗？寂寥之外，还有着荒凉呢。

无聊地站在楼头，凝望着天边晨雾，不禁动了乡思。

常使我想念而忘记了一切的家，一种自然的情趣，老是萦回在已有的生命里，不可须臾离去。

在家乡，有荒丘，有林木，有连绵的细雨，可也有人吝啬的太阳。只是没有愁人的雾障，更没有郁人的寂寞，家乡的所有：人们叫你亲悦，空气使你恬静，生活令你恬静，一切都给你欢欣。家乡是可爱的，甜蜜的，温暖的。以往的家乡，从未有过寂寞，将来呢？也永远不会掉落在寂寞的怀里。

虽然，在我成年以后的每年，一直有着三年了吧？我从未好好的亲近过我的家乡，而童年时代嘻游过的山水里，一片绿叶，一页青萍，一抹斜阳，一湾溪水……都跟我有过友谊的它们，我能忘怀吗？我美丽的家乡。

雏燕离巢了，家乡也弥漫了窒人气息的弹烟味，童年时亲近过的家乡，留下的不是弹痕，便是火迹，可爱的江山变作屠场了。

一粒泪珠闯到眼帘。

“哭吗？”

“在童年，也许。今朝，偏不。”咬一下牙根，自己回答自己。

可爱的家乡

陈冀摄于 2016 年 5 月

“是害羞，还是没有勇气？”

“不，都不。正是有勇气，才不白流我的眼泪。”

“那你不是孩子了，不哭？”

“是的，我是丈夫。”

风起了，身心感着些凉意，荒丘上有些骚动着，侧转头来，俯瞰左面山脚，坡土上零乱地飘下些败叶，楼头不忍再留恋了，倚遍阑干，只有伤心，愤怒，还夹杂些寂寞。

“家乡呢？”

“家乡？”……

我不忍想下去。

原载于重庆《中央日报》1939 年 2 月 21 日第 6 版《平明》副刊

骊歌

◎ 陈梦荻

照片题字："怅望天涯 流亡者之愁 一九三八年四月 重庆"

虽然经常过着静穆的日子，从不易感到厌倦，今番，我要离去了，这腻人的雾都，这"山高地不平"的山城。整整一年，每度月圆，静止的生活里，也常有涟漪似的小小的感触，或是自作自受的，或自不期然而来的，它们像玫瑰的针刺伤害着快要平静的心，一直送走了不再的光阴，频繁地撼移我爱静而不可静的生活，整整地又是一年。

这一年，在开始到来的第一天，我跟着流离的一群，奔扑到这人们都称道着的安全地，当时，记得我曾有个幻想："如此我该好好地做一点事，不再终年流浪了。"事实跟幻想，终究是不可解的谜语，不用说，这仅有的一个想望，我算失败了。

雾都，也许有人爱慕，更有多少人永远地流连，不错，爱慕它的人，怎么会轻别离呢？这儿有日甚一日的繁荣，迷人的黄金味，醉人的烟云气息，绛红的、淡绿的、媚眼似的霓虹灯，琼浆般的葡萄酒，人们可以在"酒色财气"里面踱方步，也可以在酒绿灯红里笑别人像妖怪，却尊自已作圣人，也许看着人家昏迷了头是可耻的，从不曾发现过自己也在"梦死醉生"，好些被流离生活敲醒了的头脑，又给荣华所迷恋，终于沉溺在恶罪中不知自拔。这是雾都的一面。

当然，雾都的另一面，充满着人类的热情，果敢，沉毅，多少人愤懑那些看不惯的事态，多少人憎恨那些行尸走肉漫画似的人妖，因此，雾都还不失去活跃的姿态，雾都不是只就颓败的一面就能诽谤的，在这一氛围里，也许还会给我以怀念，在将来，当我跑进另一座城市或另一个村庄的时候。

别了——雾都。你曾使我失望，因为你有颓败的一面；你也曾使我依恋，因为你还有活跃的一面。但愿我们这一群又流离到另一块鲜洁的地方之后，你，不再终年弥漫着雾障，更不再终年不易见到和暖的太阳。我们忍别了你，原是不得已的，为了肩负着沉重的工作，我们竟赋骊歌。要是此时的骊歌，在不久的将来，换了节拍，调了音阶，酸楚变作欢乐，那，我将为你而高歌。高歌时再道我们的关心和怀念，更庆幸你——改装之后的雄姿。

别了，雾都，今朝别你而去了，我们再见，当有时日，只愿重逢时节，彼此都不似从前的静寂，陈腐的一切，让它死寂，鲜活的一切，使它滋生，使它成长。那，我将永恒地依恋着你。拿出勇气来吧，还不令我失望的山城。

原载于重庆《中央日报》1939 年 3 月 30 日第 6 版《平明》副刊

关于“追梦剧专”与父亲的对话

——十四年与剧专共始终

◎ 陈非比

青年讲师“陈梦荻”

爸爸，我深深懂得，剧专，对于您来说，无疑是生命中不可分隔的一部分。南京国立剧专，自1935年开办至1949年解放后并入中央戏剧学院，您，作为它的第一届学子和研究实验部的成员，作为首批留校任职且一直从未离开过的剧专教师，荣幸地成为一位“十四年与剧专共始终”的人。

这十四年，您从21岁到35岁，处于人生最美好的青春时光。

这十四年，您直接受教于当时中国最优秀的老一辈戏剧家、戏剧教育家，在学习、执教、演出、宣传等实践活动中成长为一名一专多能的戏剧人才。

这十四年，您与剧专风雨同舟，历尽坎坷，几经迁校，坚持办学；在战乱中坚守，在困境中前行，为中国剧运拼搏，为全民抗战呐喊。

这十四年，您把全部的青春和热情，献给了您挚爱的话剧艺术和剧教事业，在教学和近百部剧目的各种艺术实践中，探索、锤炼、创新，全方位地打造着自己的话剧人生。

也是在这十四年，您幸运地找到了生命的另一半；您在剧专与妈妈相识，相知，相爱，喜结良缘；从此相依相守，直到白头。

追梦剧专，是您的夙愿；对于那遥远、美好而又五味杂陈的记忆，您怎么舍得忘怀，您怎么能不珍藏？您是多么渴望拿起笔杆，去书写那“弦歌不绝大江边，先圣时贤共文庙”的剧专岁月啊！

徜徉于父亲的记忆海洋

爸爸，在您的遗物中，鲜有您剧专时期的手迹，也没有找到您在剧专施教的讲义。但是，透过您精心保存下来的种种资料：摘抄或整理的札记，珍藏的老照片、老剧照，剧专校友会会刊等文件，以及您的回忆文章、诗作等等，我还是能寻觅到您追寻剧专记忆的点点滴滴；也能从字里行间深切地感受到，您“追梦剧专”的脚步是那样执着而坚定。

《写稿札记》

爸爸，您知道吗，首先打动我的是您那本名为《写稿札记：摘录材料》的练习本；它启用的时间是 1981 年 9 月——那时您已 67 岁年近古稀了，但是，为了追寻梦想，您却再次启航。

这个笔记本第一页开头的题目是《〈中国话剧教育史〉——〈戏剧艺术丛书〉拟题》，下面是，“内容：南京剧专培养舞台美术人才的教学情况”；1936 年版；然后是“摘录‘剧校一览’材料：（原 25 年第一本所载）”。接下来详尽地摘抄了有关办学宗旨、教学方法等内容；您还在空白处做了“点睛”的批语：“通才与专才”“理论与实践”“教、学、做”“学、做、验”；这些都是您多年执教从业的宝贵心得吧？

继而，您又详细地摘录了剧专不同时期、不同学制下各年级的课程设置与内容和学时等要求；接下来的内容有：教职员简历、科主任名单、历届公演剧目表，以及剧专西迁、办刊情况等等。显然，您是想整理在剧专从教的经历吧？是的，您热爱剧教事业。20 世纪 40 年代，在您与另两位留校教师当选剧专校友会会长时所作的《启事》[①] 中，您曾坦言“倞等虽愚鲁”，但愿“为剧艺，为剧教，始终其事”“竭其股肱之力，为本会作公仆”。遗憾的是，我从未见过您有关教学方面的手稿或印刷品，无论是剧专时期的，还是解放后在中央戏剧学院兼授舞台美术课时留下的。不过，在您那本老相册里，有一组“拉洋片”似的化装照曾给我留下深刻的印象：15 张小照片依次排列，把化装的全过程一一分解。透过

---

①《陈永倞郭蓝田何治安启事》，三位留校教师当选剧专校友会会长时所作，见《国立戏剧专科学校校友通讯月刊》第六卷第二期，1944 年 11 月 18 日编印。

这组保存了半个多世纪的老照片，我看到了您对化装技术的钻研，对化装乃至其他舞美教学事业的热爱。由此我更相信，您是很想在晚年能留下自己的教学经验的，您说是吗？

但是，这件事您没能继续做下去。1981 年前后的一段时间，您倾心于中国舞台美术学会的创建；学会成立后，您又被推选为副会长，主持常务工作，并全力以赴投入全国首届舞台美术展览的筹备。于是，您自己的“筑梦”之旅也不得不停了下来。接着，就是 1984 年 12 月那场灾难——大面积急性心梗突然袭来，您被送进医院紧急抢救……

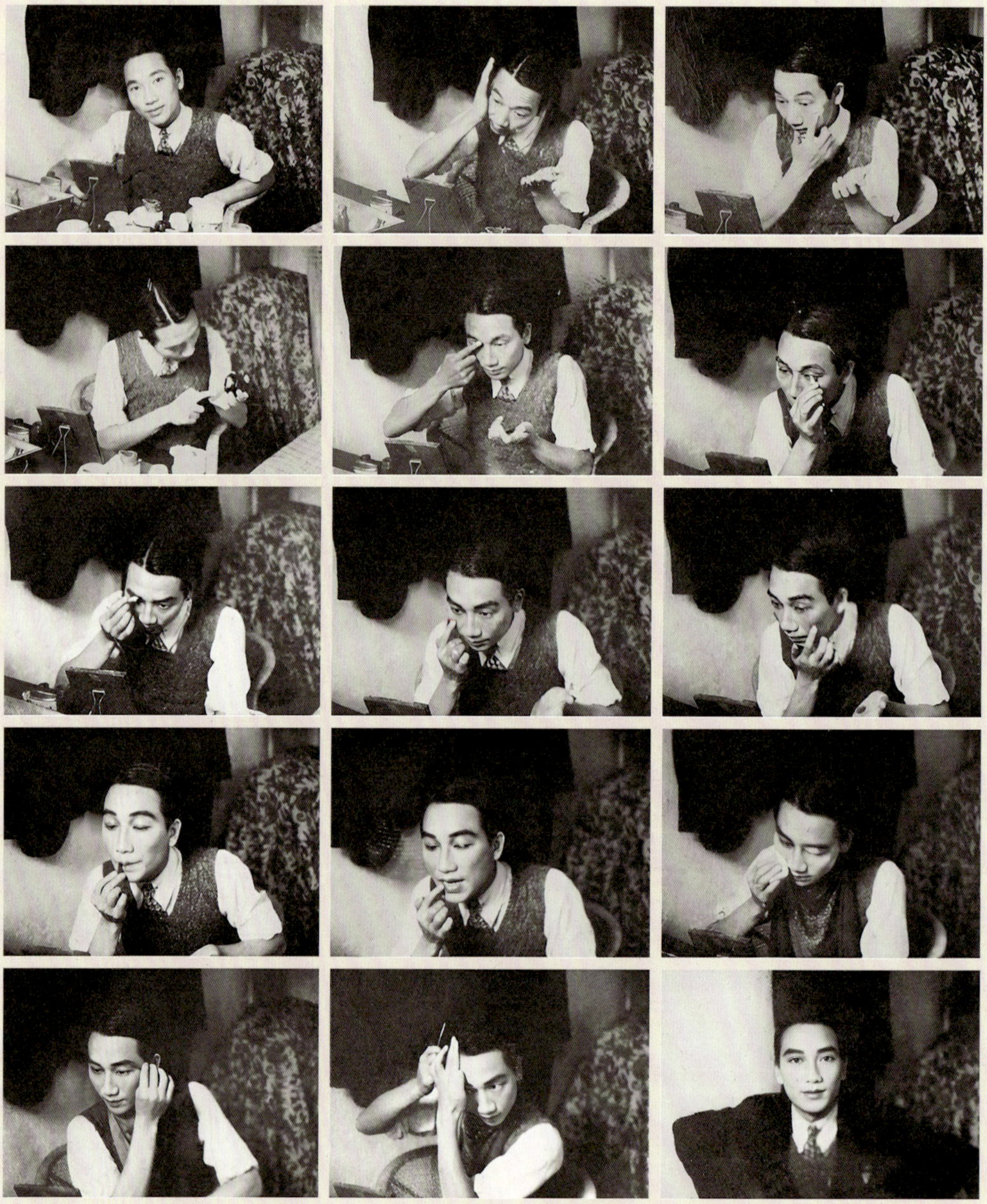

爸爸保存的化装课教学照片

爸爸，我深切地知道，那场大病之后，尽管剧专岁月已渐行渐远，但您一直没有停止过对剧专记忆的追寻；直到2000年夏，已经86岁高龄了，您还计划着“入秋后凉快了就开始写回忆录”呢！

没能把自己从事舞台美术教学的经验留下来，可能是您终生的遗憾吧？

爸爸，透过这个题为《写稿札记：摘录材料》的笔记本，以及那些幸存下来为数不多却有鲜明时代印记的老照片，依稀中，我仿佛看见您在追寻另一个美丽的梦——回望剧专的艺术生涯，总结自己舞台艺术创作的经验与心得，为在剧专从艺的历史画上一个完美的句号。

在这个“摘录材料”的最后，是一份非常详尽的《历届公演剧目表》，其中不仅列有历届公演的届次、剧名、幕次、演出时间和地点，而且有著（译）者、导演、设计的姓名；我注意到，从1937年9月第四届公演开始，也就是您在剧专毕业后，您的名字就越来越频繁地出现在这张剧目表中。

在剧目表上方的空白处，写满密密麻麻的小字；那是您摘录的名人警句，也有您的随感或对一些往事的记述。

恩格斯对现实主义言：“再现典型环境中的典型性格。”

“艺术家必须是创造者。”（黑格尔语）

王朝闻主编《美学概论》：“艺术家的生活经验是进行艺术创作的根本条件，这是艺术创造的绝对规律。”

“景愈藏，境界越大；景愈露，境界越小。”——绘画艺术的创作法则。

古人论诗：“语忌直，意忌浅，脉忌露。”

◎戏剧饼 江安戏剧节时。创举，饼面为喜剧纹样，陈永倞设计的。

◎凭物看戏 ……

老照片的诉说

与这个“摘抄材料”相映成辉的，还有那些几经坎坷幸存下的“老照片”。它们数量不多，质量也不高；有的太黑，有的泛黄，有的甚至小到只能与“大拇指”相“媲美”，有的则边缘破损不再完整……然而，我已经很“知足”了——毕竟，它们是承载着您的爱、历经七八十年的风雨才走到今天；在它们身上，有您体温的余热，有您指纹的印迹，更有您对戏剧艺术的深情……

爸爸，您还记得这些照片吗？在它们的背面，或盖着您的印章——“梦获 陈永倞”，或记载着剧名、演出地、创作者等事项；它们大多是剧照，但也有少量的工作照；它们，记录了您在剧专从事编、导、演、设的点点足迹。

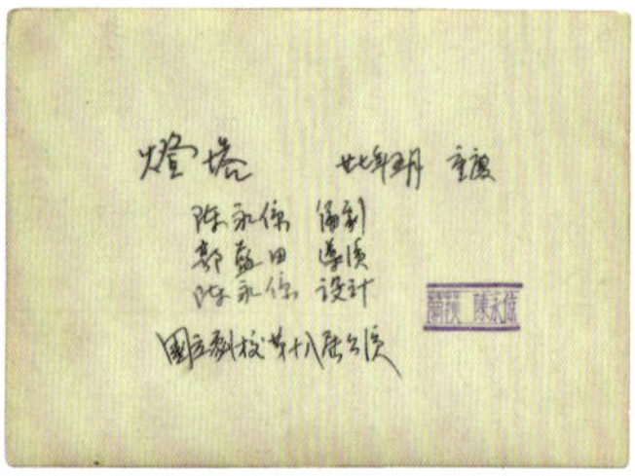

《灯塔》剧照背面的记载

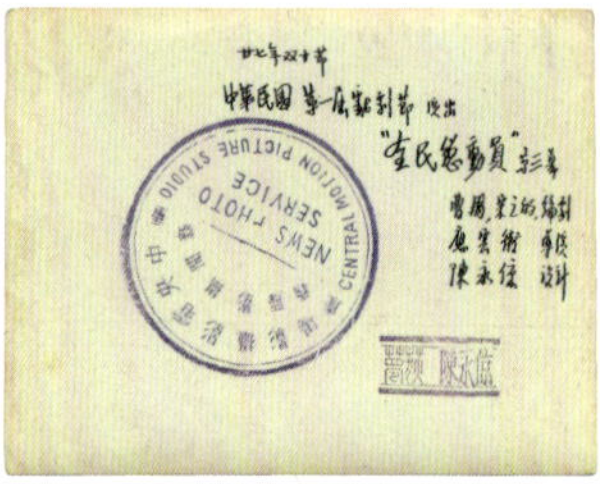

《全民总动员》剧照背面的记载

《凤凰城》剧照，放大的“拇指照”类似全景照

我注意到，在珍藏的照片中，显然您更偏爱那些与舞台设计、舞台工作有关的照片。例如，在《凤凰城》的剧照中有两张只有拇指大小，放大后我发现，它们的视野比其他剧照开阔，对舞台的展现也更全面些；这是您刻意保存的，对吗？

还有，1938 年在重庆演出莎翁名剧《奥赛罗》您担任灯光设计，您特意保存了一张舞台工作人员的照片；同期剧校演出田汉先生改编的鲁迅作品《阿 Q 正传》，您任设计，在您保存的八张该剧“拇指照”中，也有演出前舞台工作人员的两张留影。我以为，它们都透着您对舞台工作的热爱，和对这些“幕后英雄”的深情呢！我也多次好奇地打量着它们：爸爸，您在他们之中吗？

照片题字：“《奥赛罗》演出时舞台工作人员 1938 重庆”

爸爸，那个坐在中间高处戴礼帽的人是您吗？

“拇指照”背面爸爸的题字：“‘阿 Q’演出前 1938 重庆”
爸爸，站在后排最左端那个英俊男子是您吗？

爸爸，您曾多次说过，“表演”是您初涉剧艺时的最爱；但在我的记忆中没有您站在舞台上的任何印象。所以，我曾寄希望于这些老照片，它们能让我寻觅到您在舞台上的风采吗？

您保存的 1938 年《凤凰城》剧照中，有一张有“疑似陈永倞”的舞台形象；爸爸，那一定是您吧，剧中人是白君实，还是东北大学校长？对，根据您刊登在《剧专十四年》上那篇《怀念》的记载，1938 年首演《凤凰城》时，您扮演的是东北大学校长王卓然。但是，一向注意在照片后面留言的您，为什么没有注明这一点呢？

《凤凰城》剧照（重庆 1938）
爸爸，照片中央穿白衬衣的那个潇洒男子，就是您扮演的东北大学校长吧？

“拇指照”，疑为《开演之前》

《青龙潭》剧照 #

还有一张您保存的“拇指照”，背面也没有说明。但根据画面我判断它与《开演之前》有关，中立者一定是您！但我无法判断——它究竟是《开演之前》的剧照，还是在为《开演之前》拍剧照？另一张载于《国立剧专史料集成·下卷》的《青龙潭》剧照中，坐在舞台最右边的那个人，很像是您扮演的“农民戊”，不知确否？

难得的是，我终于在有关著作中寻觅到您作为演员的些许足迹。谈到曹禺老师排演《雷雨》时，书中有这样的记载：[①]

> 此次演出中扮演周朴园的陈永倞回忆说：我演周朴园……周朴园上台阶，上哪一级台阶念什么词，他都要求得很严格。周朴园见到侍萍的那句台词，万先生也亲自示范，他把周朴园该是什么动作，什么心理，每句台词的感情分寸，都示范、解释、导得细致入微，从而保证了四幕大剧《雷雨》的演出成功。

这些点点滴滴的往事，您还没有忘记吧，它们真的是非常美好啊！

诗文的情愫

爸爸，您还记得戏剧家黄宗江吗？他没有上过剧专，但他却写了一首热情洋溢的长诗《我好像上过剧专》；其中有这样几句：[②]

> 我好像在那既寂寞又热闹的江安小镇生活过，
> 在那既是庙堂又是课堂里聆听过长老们讲经说法，

① 谢增寿、张祏元：《流亡中的戏剧家摇篮——从南京到江安的国立剧专研究》，四川出版集团·天地出版社2005年版，第100页。

② 黄宗江：《我好像上过剧专》，李乃忱编著《国立剧专史料集成·上卷》，中国戏剧出版社2013年版，第23页。

跟那时候的美人——邓宛生、赵韫如、冀淑平……调笑过，
在夜巷的担担旁，和张石流、任德耀一起高谈阔论，
吃过抄手和醪糟，
和陈永倞漫步江边和诗……
我好像真的上过剧专了……

是的，早在江安时期就擅长与友人和诗的您，晚年的最爱，更是常把对剧专的痴情与怀念注入笔端、赋于诗词文章之中；它们，伴随着您“追梦剧专”的悠悠旅途，一路走来。

在您留下的手稿中，关于剧专的回忆文章，“版本”真不少：《回忆剧专十四年》《剧专十四年断想》《怀念》《剧场梦》，等等。可惜有的写作时间不详，有的还保留得不尽完整。尽管如此，我还是被它们深深打动了。

爸爸，透过您这些珍贵的手稿，剧专师生当年的奋斗征程历历在目。

我仿佛看见，1937 年“七七”事变后，当抗日烽火燃遍祖国大地的时候，你们在西迁途中“扬帆万里传火种，鼓浪长江战激流”的动人情景：你们沿湘江，走洞庭，入长江；行船时排练节目，停船时上岸宣传；你们的激情曾感动得和尚掉泪，你们的演出曾使边城村寨的人们不忍与你们告别。

我仿佛听见，到达山城重庆后，你们“咏歌茶馆，演剧街头，敌忾同仇”的呐喊。有谁能想象，那盛况空前的《全民总动员》的演出，竟然是在两周时间边改边排边制作突击完成的？正如爸爸您所说，“这一空前盛大的剧人大会师，岂止轰动了山城，提高了渝都人民对话剧的认识、爱好，以至推进话剧运动，更是为团结全民族抗战尽到了艺术家的神圣职责。”

我也仿佛亲历了剧专师生的江安岁月，那“先圣时贤共文庙”“弦歌不绝大江边”“频繁演出尽新篇”“百倍信心齐御侮”的壮举，那气壮山河的《岳飞》，那让反动当权者胆寒的《蜕变》，那师生们自力更生“凭物看戏”的创举，都令人难以忘怀。

爸爸啊，也是通过您这些珍贵手稿我才知道，你们当年的生存环境是多么艰苦；更是第一次知道，为什么您那么年轻的时候，就会罹患那么严重的胃病，那时，您只有 20 多岁啊。

爸爸，细读了您的这些手稿，了解了更多的历史，我仿佛更加明白了，您“追梦剧专”的脚步，为什么永不停歇；您对剧专岁月的怀念，为什么总是那么炽烈。一句话，情之所致，爱之所为！对吗？

是的，“情之所致，爱之所为！”这深情厚爱也无不蕴含在您那些心血之作——诗词之中。

翻开《陶然吟——陈永倞诗词选》这本诗集，您对剧专的钟爱与深情一览无余。在收入《艺苑情》的诗词中有近一半与剧专有关；从金陵求学到举校西迁，从山城记忆到小城

剧专师生聚会京城　1979 年 11 月全国第四次文代会期间摄于北京和平宾馆门前 #

自左至右，前排：方琯德、叶子、吴祖光、张骏祥、陈永倞、王杰　中排：赵韫如、杨村彬、刘厚生

后排：耿震、夏青、陈青、王元美、黄佐临、曹禺、李乃忱、何之安

春秋，从怀念师友到校庆祝福；情深深，意切切，句句都流淌着您对剧专的挚爱与怀念。

爸爸，我还清楚地记得，在编撰《陶然吟》的照片插页时，您拿出的一张老照片曾带给我巨大的惊喜——那么多剧专的老艺术家欢聚一堂，这是多么难能可贵啊！

后来，我从《国立剧专史料集成·上卷》中了解到拍摄这些照片的背景：1979 年 11 月，结束了“文化大革命”，迎来了改革开放的春天，你们，参加全国第四次文代会的剧专人，从老一辈的师长曹禺、黄佐临、张骏祥等先生，到历届后生学子，在阔别 30 年后幸福地相聚了！于是，在北京和平宾馆留下了这份珍贵的记忆。

《陶然吟》出版后，收到诗集的许多剧专师友，都在来信中表达了他们对您的敬意，也感谢您的诗词唤起了他们对剧专岁月的美好回忆。您的学生陈永祥（第 9 届高职科学子）不仅给您写来热情洋溢的长信，还把他《纪念焦菊隐先生诞辰九十周年》的画作赠给您，请“永倞恩师惠存”。

是的，“追梦剧专”，您达到了一个如痴如醉的境界，真让我们做儿女的感佩不已！

剧海钩沉

爸爸，细读了您回忆剧专岁月的诗词文章，浏览了您精心保存的老照片，我总感到不满足——您在剧专的艺术经历那么丰富，但在您的遗物和我们的视野中，几乎看不到您当年从事戏剧活动的原始资料，您早年那些艺术创作成果难道真的石沉大海、无处寻觅了吗？

令我惊喜和振奋的是，自2018年春起，我们陆续在国家图书馆或通过其他渠道，找到了您于20世纪三四十年代刊登在报刊上或单独发表的50余篇作品：杂谈、论文、报道、剧本、讲座，等等。

剧海钩沉。这些沉寂多年的珍贵史料，记录了您在远去的剧专岁月中攀登的足迹，折射着中国话剧运动的历史印迹，彰显着我国老一辈话剧人的坚韧品质，为您的“追梦剧专”之旅，增添了浓墨重彩的华美篇章。

战斗的檄文

在您的这些作品中，首先震撼我心扉的是那一篇篇题材多样的杂文，它们最富有时代气息，最能反映剧专师生当年的奋斗历程。徜徉于八十年前您的诸多作品，我看到的是一个热血戏剧青年对中国新生的话剧运动不懈追求的身影，我听到的是一个年轻的爱国者在中华民族危难之时一曲曲高昂的抗日战歌。

早在1936年2月，走进剧校后仅四个月，您就在剧校首届公演时，在南京《中央日报·戏剧副刊》上发表了《公演〈视察专员〉的几句话》，为剧运和抗战高声呐喊：

> 自从九一八的浪潮激醒了老狮，揭开了久久埋伏着的魔幕以后，在剧坛也并未放松它的职责，已曾几次的嘶吼着了——上海舞台协会及最近中舞的演出，足显然地昭在目前，剧运的从事者是抛弃了前时的沉醉，而把这庞大的责任毫不迟疑的肩起来了。[1]

爸爸，您一定还记得1936年暑假，您和同学们冒着酷暑组织旅行剧团赴芜湖公演期间，遭到当地专员公署官员无理扣押的经历吧。这一事件后，您义愤填膺地发表了《旅芜公演

① 这段文字和以下引文大多来自收入本书的陈永倞文章，对它们的来源在本文中已作出说明者，就未列页下注说明其详细出处，可通过本书《目录》查找。

的危运》一文，称“这样一段事实，于今作一个忠实的报告，并不是为了我们四个人的无辜被捕而要来泄愤”，而是因为“感觉到戏剧运动刚在萌芽之际，话剧的路线正要在内地推行的时分，一个文化团体还无辜受辱”而气愤，认为这一事件是专员公署“给予话剧运动史上从未有过的大侮辱！他肩起了摧残文化运动的大罪名”！文章的最后，您激愤地呼吁：

> 武汉的剧运同志们，各地的剧运同志们，全国的剧运同志们，为了话剧运动的发扬光大，请细察此回的遭难而出以严正的态度来判识吧。为了剧运的前途，我个人不甘沉默，因记《旅芜公演的危运》一文，谨向剧运的同志们作一个忠实的报告。

1937年夏您从剧校毕业后曾回到长沙，与长中“逆流剧社”旧雨重翻旧业，你们在公演致辞中称：“我们的力量虽然微弱，但以这微弱的力量来做点微弱的事，却是我们应有的天职……”那时您参与导演了《黑地狱》等剧，在《逆流剧社三届公演特刊之一》上，您以“荻”为笔名发表了《我们的武器》，表达了戏剧人“担负起抗战救亡的使命”的坚定信念：

> 在国家民族处此危机的时期，全国民众在水深火热中，应当怎样的洒我们的热血，来应付这一严重的时期，虽说每个人的力量是有限的，然而“国家兴亡，匹夫有责”，爱好戏剧的，正不妨以此来担负起一部分的任务，因为，这已经是时候了。
>
> ……我们必须要大家来担负起抗战救亡的使命，用我们的武器——戏剧——诚恳地工作着，在这里，我们已顾及不到自己的力量是如何的薄弱了。

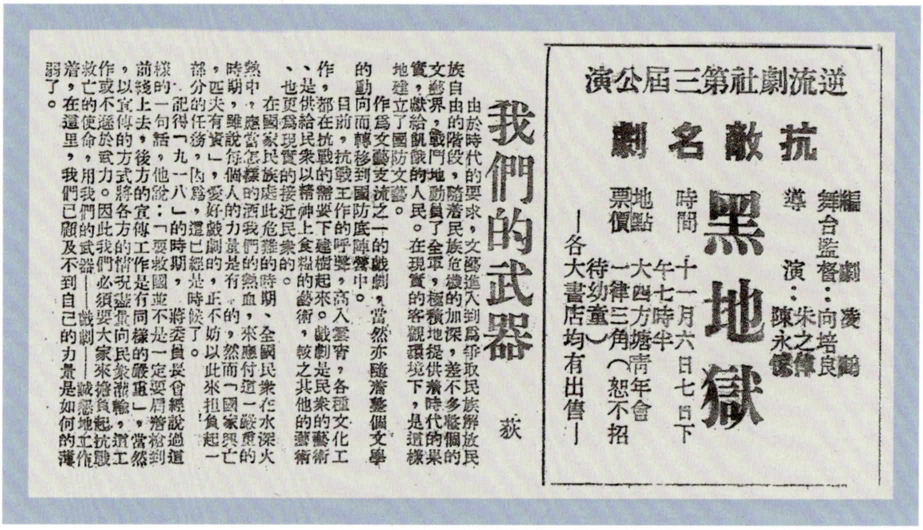

我們的武器
荻

逆流劇社第三屆公演
抗敵名劇
黑地獄
編劇：凌鶴
舞台監督：向培良
導演：朱之倬 陳永倞
時間 十一月六日七日下午七時半
地點 大四方塘青年會
票價 一律三角（恕不招待幼童）
—各大書店均有出售—

逆流剧社第三届公演广告（长沙《力报》1937年11月6日）

随剧校西迁长沙后，您已进入新成立的研究实验部深造。在那抗战烽烟燃遍全国的年代，研究实验部师生积极投入了救亡戏剧活动。1937年冬，您曾随研究实验部主任向培良率领的由研究部与长沙文艺人士组成的“国立戏剧学校巡回公演剧团”，沿湘江两岸各县、市、镇演出。在巡演的第一站衡阳，您就在《衡山通俗日报》《国立戏剧学校巡回公演剧团衡山公演特刊》上，高举起《抗战戏剧》的大旗，向民众宣传抗日救国的主张：“争取民族生存的全面抗战，早已揭开英勇壮烈的序幕，血钟响彻了云霄，火炬照耀着大地！”

作为一个身处民族危难时期的戏剧人，您深谙自身的责任，也坚信戏剧工作唤起民众的伟力。在巡演团到达湘潭时，您又在《湘潭民报》《剧校巡回剧团 旅潭公演特刊》上以《如何送戏剧下乡》为题，深情地宣示了一个年轻戏剧人的心声，为“送戏剧下乡”高声呐喊。

> 我们是文化工作者的一员，我们是戏剧研究者，我们认清戏剧有其伟大的力量，当戏剧演出，观者触于目，入于耳，感于心，因而崇尚勉励仿效，因而反省愤恨痛恶，这样，必能产生出一股崇高伟大的力量。则以之开发民智，鼓励士气，唤起抗战情绪，以教育民众，训练民众，组织民众。此演剧的场所，不独为太平盛世作为社会教育的施教堂，更是非常时期同仇抗战的教战场。

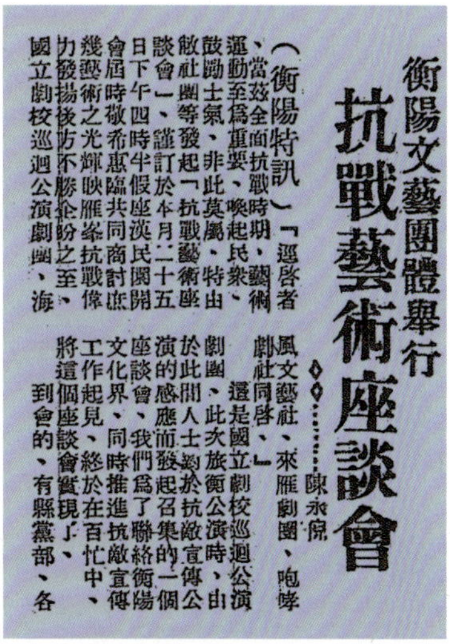
衡陽文藝團體舉行
抗戰藝術座談會
……陳永倞
（衡陽特訊）「逕啓者、當茲全面抗戰時期、藝術運動至為重要、喚起民衆、鼓勵士氣、非此莫屬、特由敝社團等發起「抗戰藝術座談會」、謹訂於本月二十五日下午四時半假座漢民閣開會、屆時敬希惠臨共同商討此幾藝術之光輝映雁峰抗戰偉力發揚後方不勝企盼之至、國立劇校巡迴公演劇團、海風文藝社、來雁劇團、咆哮劇社同啓、」
這是國立劇校巡迴公演劇團、此次旅衡公演時、由於此間人士對於抗敵宣傳公演的感應而發起召集的一個座談會、我們為了聯絡衡陽文化界、同時推進抗敵宣傳工作起見、終於在百忙中、將這個座談會實現了、
到會的、有縣黨部、各

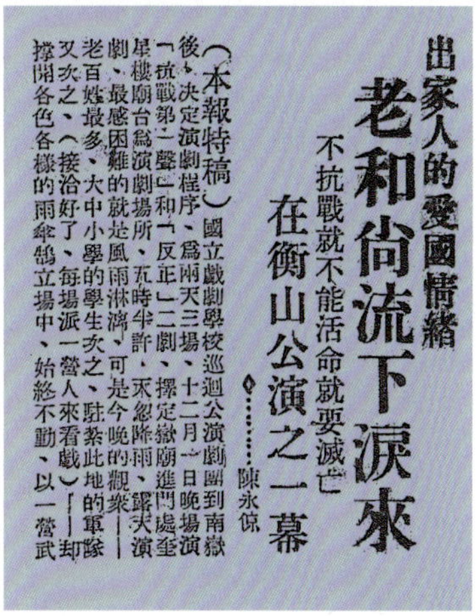
出家人的愛國情緒
老和尚流下淚來
不抗戰就不能活命就要滅亡
在衡山公演之一幕
……陳永倞
（本報特稿）國立戲劇學校巡迴公演劇團到南嶽後、決定演劇程序、為兩天三場、十二月一日晚場演「抗戰第二聲」和「反正」二劇、擇定嶽廟進門處至星樓廟台為演劇場所、五時半許、天忽降雨、露天演劇、最感困難的就是風雨淋漓、可是今晚的觀衆——老百姓最多、大中小學的學生次之、駐紮此地的軍隊又次之、（接洽好了、每場派一營人來看戲）——卻撐開各色各樣的雨傘鵠立場中、始終不動、以一營武

长沙《力报》剪报

爸爸，在这一时期的长沙《力报》上，我还意外地发现了您撰写的通讯报道。一篇为“衡阳特讯”：《衡阳文艺团体举行抗战艺术座谈会》（1937年12月2日），文中详尽地记录了这次座谈会的发起者、开会意图以及出席会议的人员和他们的发言内容。而另一篇刊登于同年12月10日的“本报特稿”《老和尚流下泪来》，则更令我惊喜万分——当我在国家图书馆的缩微胶片上发现这篇文章时，兴奋得几乎叫出声来！因为在您的回忆录中多次提及此事，但没有想到您当年就写过这样生动的报道，如实记录了剧校巡演团在衡山南岳演出时的感人盛况。

爸爸，您的这些报道使我感慨良多。作为剧校研究实验部的成员，南巡演出中您无疑是重任在身；您在公演场次最多的《反正》一剧中饰演张大队长，又负责舞台装置，工作的紧张、繁忙是可以想见的。然而，一路走来，您不仅在各地报纸频频发表犀利的短文，还写出了这样生动的报道，这不正是您爱国亲民情怀和雷厉风行作风的生动写照吗？

1938年9月，曾于1936年元月在南京《中央日报》上由余上沅校长亲自倡导和主持的《戏剧副刊》，在重庆《中央日报》的《平明》专栏以《戏剧周刊》命名复刊，您在第一期就发表了文章。通过这个阵地，您认真探求特殊历史条件下话剧艺术创作的方式方法，热情讴歌山城的抗敌戏剧活动，为抗日战歌在山城鸣响努力奉献一己之力。

1938年10月，全国第一届戏剧节在山城重庆隆重举行，您像孩子一样欢呼雀跃；您署名“小荻”为这次全国戏剧界的盛会助威呐喊，在《戏剧周刊》第四期以《热烈的戏剧山城》为题，对这次戏剧节的盛况作了详细的报道和介绍。文章的结尾，您特别提及《全民总动员》的演出，并向戏剧山城致以崇高的敬意和深情的祝福。

> 十月，将成为戏剧的十月，抗战宣传的十月，剧人总动员的十月！重庆，这山城，将成为戏剧的山城！
>
> 愿这山城，应和着抗战的最后胜利，更应和着这戏剧节的未来的光辉，将成为中国建国史与中国戏剧史上最可纪念的一 页。

戏剧节结束后不久，您在《戏剧周刊》第六期上发表了署名“陈永倞”的文章《戏剧入伍》，在充分肯定戏剧节成就和意义的基础上，也尖锐地指出剧界存在的问题和弊端，旗帜鲜明地抨击歪风时弊，率真大胆地弘扬正气，提出了“戏剧入伍”的主张。

> 我愿戏剧的从事者，在打倒剧人相轻，在相互的诚意批评，在埋头苦干这三种愿望之后，我提出戏剧入伍这题目，希望同志们竭诚努力，使戏剧工作，有下操时的精神贯注，有冲锋陷阵时的气贯云霄，有一切入伍过的军队纪律，活泼，诚朴，严肃！严肃！严肃！

文章结尾处连续三个惊叹号发出的“严肃！严肃！严肃！”掷地有声，振聋发聩，充分表现了一个认真严肃的戏剧人高度的责任感和事业心。

舞美艺术的求索

“研究戏剧艺术，养成实用戏剧人才，辅助社会教育”是余上沅校长倡导的剧专办学宗旨，作为一个与剧专共始终的人，无论做学生还是当教员，无论参与艺术创作还是作宣传，爸爸，您是这一办学宗旨的忠实践行者。

早在1936年6月，您还是剧校一年级学生，当特别班上演《群鸦》时，您作为一名“随习员”的任务仅仅是“楼上收票”。可是您不甘寂寞，及时地发表了《〈群鸦〉之作者及其演出——国立剧校第五次公演简评》一文，从剧作者的经历到剧情故事梗概，从演出的社会意义到舞台灯光布景的呈现，乃至演员们的表演，都作了具体而中肯的评介。

在长沙和重庆办学不到一年半的时间剧校举行的十届公演（14—23届），您一届不漏地参与了艺术创作，涉及大小剧目至少有15个，其中不乏成功之作。然而，从您那一时期发表的杂文中，我看不到您的疲惫和懈怠，听不见您的牢骚和幽怨，更没有对自己工作成绩丝毫的满足。恰恰相反，我看到的是一个年轻戏剧人对自身使命的深刻理解，是一个初涉剧坛的青年追求上进、渴望成长的赤诚。

爸爸，您深谙舞台装置设计工作的意义和使命，1937年6月，即将毕业于剧校时您在《奔涛》半月刊上发表了论文《舞台装置和演员导演者演出者的联系》，由衷地表达了您对自身职责和地位的理解。

> 为了使一个演剧得到成功，这里面需要若干的执事者，而这些执事者都是踏着统一的步伐前进的，不许任何一个落伍，也不许任何一部门各行其是，所谓故事的时间与空间，由剧词和动作来表达，更由舞台装置而显示。于是舞台艺术才是完整的健全的，由此成长发扬，方可得到正确的伟大的收获。
>
> ……一个舞台的装置，若是违背了统一和谐的原则，或者喧宾夺主地强占了其他的部门，或者尚不能达到所需要的程度，都不能够使一个演出有圆满的结果。

在1938年的另一篇论文《论舞台设计》中，您则阐发了对舞台设计工作内涵的理解：

> 舞台设计，实包括布景、道具、服装、化装、灯光等等的设计，是一个整体的工作，决非支离破碎，凑杂成章的。所谓舞台艺术，并不是实际生活的直接写照，而是实际生活的一种暗示，舞台上所布置出来的景物之类，是有着幻影般暗示的能力的，要是用之死板，就会把神秘的幻影完全毁灭了。

为了实现心中的艺术理想，您对自己的创作从不满足，剧目公演后总是虚心听取师友和观众的意见，悉心总结自己艺术创作中的思考与体会，不断追求更高的艺术境界，彰显了一个严肃的戏剧工作者应有的艺术品质。

1938年暑假，您受命为剧校学生导演顾一樵先生的新作抗战话剧《古城烽火》（您兼任设计）；9月，该剧和独幕剧《烟幕弹》作为剧校的第21届公演在山城隆重上演。梁实秋先生在重庆《新蜀报》上发表文章称“这戏是一件成功的艺术品。”[①]

一部戏成功与否，固然首先取决于剧本；然而，导演对剧本的理解和处理、对演员创造角色的启发和引领，以及舞台设计装置的艺术呈现，也是非常重要的。然而，作为这部戏的导演兼舞台设计者，爸爸，您却在《〈古城烽火〉的导演及装置》一文中诚恳地写道：

> 我入世太浅，经验自少，我走进戏剧之门只有短短的几年，学习时期不够，所以视我的才力，诚然当不起这个责任。不过，为了“学习”，“学习”，我终于冒险了，所以关

① 梁实秋：《看了〈古城烽火〉预演以后的感想》，重庆《新蜀报》1938年9月8日第3页《国立戏剧学校第廿一届公演特刊》。

于本剧的惨出，失当之处自多，特在此敬向本剧作者顾一樵先生，及诸位演员诸位观众告罪并致歉意。

是的，导演这部戏时您刚刚留校任教，您确实“不是自谦”，是真的缺乏经验啊。然而，为了“学习”，为了进取，也为了抗战宣传的需要，您勇敢地挑起重担，带领学生们斗疲劳，战酷暑，让这部戏如期成功地呈现在山城观众面前。

《古城烽火》公演后仅两个多月，剧校又推出了一台大戏《阿Q正传》（田汉先生编剧，黄佐临先生导演，剧校第22届公演）；您担任设计，得到了业界的好评。《国立剧专史料集成》刊登《阿Q正传》秩序单时，特别介绍了这次演出的布景造型特点；殷野先生也评论道，“舞美教师陈永倞为这幕戏所做的舞台设计”令人“难以忘怀”，他“舞台设计的春秋笔法，充分显示出这次革命的不彻底性”。[①]

然而，在您当年发表的《〈阿Q正传〉的舞台设置》一文中，我们看到的却是您自称对于装置设计工作的“畏怯心理”，您在“苦闷的暗夜里”“期待着浴水的朝霞，想象着有那么一年，不管是几十年后的哪一年，只要有一天我能对自己所制作出来的一纸设计图片，加以轻微的颔首，的确自许了我是那张图片的生母，那会使自己如何的高兴。”

1939年剧校迁址江安，您先后设计了《视察专员》（兼任导演）、《从军乐》、《岳飞》等大型剧目；至1940年4月剧校第31届公演《岳飞》时，您已经是剧校“演出委员会”的成员了。然而，您在《〈从军乐〉与〈岳飞〉的布景设计》一文中，仍称自己对布景设计工作的职责感觉到有些“惶惧”，认为自己过去从事过的设计工作，“虽亦曾煞费经营，从未尽善于十一；于今若要鼓起勇气去回忆已往诸剧的演出情况，或翻阅那些绞过脑汁的设计图片，憎厌与不满的心情总是油然而起”。

品味您这些设计总结或“告罪”或“致歉”的开篇，再细读您后续对剧目设计理念的阐发，透过您所说的“畏怯”或“惶惧”，我看到的是您对艺术的敬畏与虔诚。在您的心目中，舞台装置设计工作是圣洁的，崇高的。为了实现心中的艺术理想，在每一部戏的设计过程中，您是用“心”在寻求舞台艺术的真谛，用“心”去捕捉设计作品的灵魂，用“心”去打造“有着幻影般暗示的能力的”舞台。

难道不是吗？在设计《阿Q正传》时，您首先苦苦寻找的是“剧本所要求的最简单，最清楚，也最明显的东西”，它“是居于景物的主位”的“独特的元素”，由它扩大开来才能构成“整个的而非零乱的构图”。基于这个理念，您在前四幕中着重表现的是阿Q“时代的气味”和“悲剧色彩”，而在第五幕则采用“荒唐的设置”揭露了假洋鬼子的丑态。

爸爸，在您的遗物中，《〈从军乐〉与〈岳飞〉的布景设计》是唯一一份剧专时期的

① 殷野：《忆雾重庆话剧舞台的两台〈阿Q正传〉》，《人民戏剧》1982年第3期。

设计总结（一份剪报），这也许表明您对这两个戏的设计“情有独钟”？是的，通过这篇文章我们可以清楚地看出，您在力求通过自己的艺术实践，走出舞台装置设计的新路。

> 真实的艺术不应只服役于物，更不必依样地写取现象，应是从自己的本身去构成它们，这样才不至于消极地增加现象，或复制现象，乃是用一种方法去把它从新制造及创造。所以用在《从军乐》这剧中的形与色，就以这些轻快的色彩和活跃的线条来完成了。

谈到《岳飞》的设计思想时，您更是旗帜鲜明地指出：“布景设计发展到今日，仍然想以写实的手法甚至于琐碎的写实手法处理一本历史剧，未免过于不经济不必要。”“《岳飞》剧中所用的一段柱、一片栏，这些个段与片的简单的设施，意在脱开写实的桎梏，虽然自己也很明白，这番的工作，未曾达到稍近满意的成绩，但如此装配的本意，是极力在想造成写意这目的的。”

在《岳飞》和《从军乐》上演半个多世纪后，蔡体良先生曾发表了这样的评论：

> 曾几何时被人们认为，话剧舞台一开始或者说从未有过虚空、写意性的创造和表现，只是近一二十年才悟出“开墙破框”的道道，看来是一种历史的误解，《岳飞》就是一例，消除“误解”的一例。类似的例子，在陈永倞先生的舞台设计中还可以列举出好多。如也是与杨村彬合作的音乐喜剧《从军乐》，设计构思也极简易：一个圆平台，两个斜坡，加以变形的门楼，造就了喜剧舞台应有的轻快、便捷的舞台环境。[①]

李乃忱先生也曾评说，您的个人设计风格“淳朴”“求新”“实用”；“扬弃‘箱式模式’的居多，写意比写实更重”。[②] 这与蔡体良先生的评论不谋而合。

“剧场梦”的追逐

爸爸，通过这一时期您发表的短文我还注意到，作为一个热爱剧场艺术并以舞台装置设计为主业的戏剧人，您对国家建立的专业话剧剧场是多么渴望！

您热爱舞台、热爱剧场，深谙它们对于话剧艺术的重要。您在《戏剧节・想剧场》一文中指出：“洞观戏剧史，但凡一种剧场形式的变革，或是一种思潮流派的新兴，其主要的影响，就及于剧场建筑形式的重构。”但是，话剧作为上世纪初叶才走进中国的“舶来品”，没有自己的舞台，没有自己的剧场，它只得借用于影院、礼堂、演出旧剧或乡土戏的旧式舞台来上演，而且还往往要受到私家营业戏院的刁难与盘剥。话剧人和戏剧团体个

---

① 蔡体良：《心潮起伏意拳拳——陈永倞同志访谈录》，《舞台美术家》1994 年第 10 期。

② 李乃忱：《陈永倞在“国立剧专”》，李乃忱编著《国立剧专史料集成・中卷》，中国戏剧出版社 2013 年版，第 466 页。

中的艰辛、困难、苦涩与企盼，您从走进剧校之初就有了刻骨铭心的感受。

早在1936年您入学后的第一个暑假，您赴武汉与汉口市戏剧协会合作演出田汉剧作《洪水》时，你们担负舞台装饰的同仁就感到“不胜惶恐”，因为要把“那么三幕大的布景——几乎整个的要以防黄的大堤”作为景物搬上舞台谈何容易！舞台装饰者难以忠实于剧作，只能“草率的将一个布景搬上舞台”，“把一部伟大的《洪水》在困难中演出来”，您感到有负于作者，有负于观众，“简直是罪恶！”由此您深刻地体会到，“在国内尚无一座较完美的剧场的现在，什么剧本都难以演出，都不敢演出。”

于是，就在那次武汉之行，您在当地的报纸上热切地发出了《假如我们有个剧场》的深情呼唤：

“假如我们有个剧场”——这在任何剧团上演时前后都能很顺利的工作。

“假如我们有个剧场”——我们可以忠实于剧本来尽我们的力量。

最后，“假如我们有个剧场”，希望这不是在做梦。

此后，您又多次呼吁剧场的建设，但，无果。您的梦想迟迟不能实现，您是多么失望、焦急、无奈甚至愤慨。

五年后，1941年第四届戏剧节之际，您再次呼吁，希望各省建立“抗建剧场”：“我们实在太需要一座适宜于演剧的剧场了。这要求虽曾有过很多从事剧运的同志力竭声嘶地高呼过，希望过，甚至于计划过，终于到今天——中华民国第四届戏剧节日的今天，这种愿望，仍然未能达到……这是我们感觉十分怅然的。”

我们在庆祝第四届戏剧节的今天，深深地感觉到没有剧场的痛苦。

我虔诚地敬祝中华民国的戏剧节日永恒赓续。

我更高呼——

加速建立省立的“抗建剧场”！

1942年，您重申“优美的演出需要适用的剧场”，再次公开呼吁建立由政府来管理的技术合理的“抗建剧场”，不要再让大小剧团“望洋兴叹”“裹足不前”。[①]

然而，1947年，面对从艺十二年您的剧场梦仍遥遥无望的现状，您彻底怒了；在《戏剧节·想剧场》一文中，您发出“明日复明日 明日何其多 剧场待明日 剧运成蹉跎”的感慨。回忆九年前第一届戏剧节“光荣降临”，百余剧人联袂奋战公演《全民总动员》时您的亲身经历，您发出了血泪的控诉：

就为那次的节目演出，我大方地割下了五磅的血肉，扔在一座不合理的舞台上了。这在当时，虽不足令人惊奇；如今想起来，难道不是件诧异的事吗？凭什么叫一些舞台工作

① 陈永倞：《呼吁陪都建立抗建剧场》，《青年戏剧通讯》1942年18—19期。

者的血肉，随便地抛弃！原因不很简单明了吗？我们没有自己的剧场呀！

您再次热切地企盼着，中国的剧运“有朝一日，天回地转，大地皆春，总有你绚烂的彩衣，装点你辛勤的圣体，作为你奋斗的酬报”。

写到这里，我忽然对一桩儿时记忆大彻大悟。

爸爸，您还记得吗，上世纪50年代初的一天您下班回到家后大发雷霆，高声怒吼：“必须拆了重来！哪怕每月的小米我不要了！”当时，您双眉紧皱，激愤的两眼喷着怒火，嘴角的肌肉因激动而颤栗——我真吓坏了，我从来没见过您发这么大的脾气，也不明白为什么青艺剧场改造中观众座椅没有前后排左右错开来安装，竟会让您这个一向性格温和、少言寡语的人，这么愤怒，这么激动。

今天，也只有在今天，当我通过您的真情袒露走进了您的内心，当我了解了您与剧场生死相依的往事，当我理解了您对属于话剧人自己的剧场多么渴望，我才明白：青艺剧场——那是您多年孜孜以求的剧场梦的第一次实现啊，您热切地企盼它能承载着您对话剧艺术的挚爱，为新中国的剧场艺术披上“绚烂的彩衣”，绽放出艳丽的花朵；您，怎么能容忍它不合规，不完美，甚至粗制滥造？！

戏剧辅导丛书

爸爸，您在剧专从教十余年，教材的编写显然是您教学活动和艺术创作的重要组成部分。我曾与中央戏剧学院档案室联系，希望那里能保存有您编写过的教材，但是无果。

我还能寻觅到它们的踪迹吗？

2018年5月的一天，我又一次来到国家图书馆缩微档案室，拟检索是否有您所著的《舞台化装术》《舞台化装品的制造》等著作，您曾在《自传》中提到过它们。那里的管理人员认真检索后对我说：“没有你查询的那两本书，只有陈永倞的《实用舞台剧化装用品》。”我喜出望外，连忙回答：“也行，也行，只要是陈永倞的就行！”

爸爸，我终于找到了一份您编写的“教材”！

展开缩微胶片，一本人工刻写印刷得整整齐齐的小书映入我的眼帘：《国立戏剧专科学校 戏剧辅导小丛书第六种 实用舞台剧化装用品》。

看到这本书，我立刻联想到您在《怀念》一文中的记载：在江安办学期间，剧专编写出版了《戏剧小丛书》等普及读物，“因条件所限，这时的小丛书只能改为石印，后更加困难，故又改为油印”。[①] 由此看来，作为《戏剧辅导小丛书第六种》的这本《实用舞台剧化装用品》，

① 陈永倞：《怀念》，《剧专十四年》编辑小组编《剧专十四年》，中国戏剧出版社1995年版，第65页。

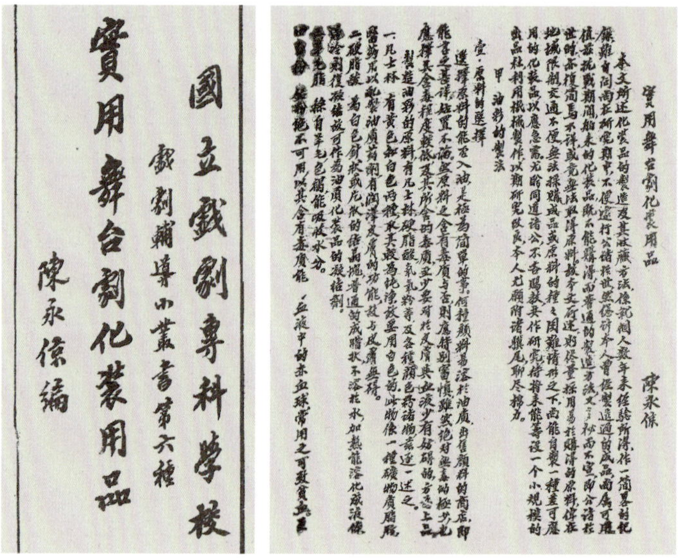
國立戲劇專科學校
戲劇輔導小叢書第六種
實用舞台劇化裝用品
陳永倧編

實用舞台劇化裝用品
陳永倧

《实用舞台剧化装用品》封面和选页

无疑应当属于您在回忆文章中所提到的《戏剧小丛书》吧？

作为业外人，我很难对这部介绍舞台化装用品的通俗读物作出学术上的评判，但是我从中看到了老一辈中国戏剧人的精神气质——在艰苦岁月中，对民族大业高度的责任感，对艺术的追求和对职责的坚守。在这本书的开头，您写道：

> 本文所述化装品的制造及其收藏方法，系就个人数年来经验所得，作一简略的记录……值兹抗战期间，舶来的化装品，既不能购得，而普通的制造方法，又多秘而不宣，即公诸于世的，亦复简焉不详，或竟无法取得原料。故本文所述，则尽量采用易于购得的原料，俾在地域限制，交通不便，无法采购成品或原料的种种困难情形之下，尚能自制一种差可应用的化装品，以应急需。犹盼同道诸公，不吝赐教，共作研究，待将来能筹设一个小规模的出品社，利用机械制作，以期研究改良，本人尤愿附诸骥尾，聊尽绵力。

接下来，您依次介绍了油彩、鼻油泥、扑粉、头套、绉纱发（发辫）、酒精胶等的制作方法，从原料的选择、应用的工具，到配制的方法、研究与改良，等等，都作了非常具体、详尽的介绍，具有极强的可操作性；最后还讲述了简易化装箱如何配备。这部小书，俨然就是战时辅导人们进行戏剧化装品制作和使用的小百科啊！

这部书中的内容，看似枯燥、琐碎，却彰显着您的敬业精神。那时您只有二十多岁，留校教书的时间还不长，而且还肩负着十分繁重的教学管理、组织演出等其他任务。但您却亲力亲为做了那么多尝试性、创造性的具体工作，为在艰苦的抗战年代自制化装品，提供了宝贵的经验。试想，如果没有坚持抗战戏剧的决心，如果不是酷爱话剧艺术事业，如果没有高度的敬业精神和顽强的工作毅力，您，能做到吗？

爸爸，您知道吗，当年这本手工刻印的薄薄的小书，如今已进入中国话剧史研究专家的视野。由台湾知名学者贾亦棣与吴若先生合著的《中国话剧史》一书中，在介绍抗战时期的话剧理论与实用著作时，把您的这本书列为“较为重要者”，因为它“专谈战时物质条件困难情形下化装用品如何就地取材之问题”。[①]

虽然，从事戏剧教学十几年，我们今天只见到了您这一部与教学有关的资料（还不能算是真正的教材），但是，它给予我们的教育和启迪却极为珍贵！

剧本的创作

爸爸，您还记得当年在剧专从事剧本创作的情景吗？这次整理您的作品，我们通过不同渠道收集到您创作剧本的载体可谓五花八门：有正式单独出版的，有在期刊或报纸连载的，甚至还有手抄本呢！您瞧瞧吧，看看还有没有遗漏的？

《途》（1937）独幕剧（初稿）　　手书于“陈永倞稿笺”
《保家乡》（1939）抗战独幕剧　　连载于《再生》周刊 1939 年 16—18 期
《好学生》（1947）独幕儿童剧　　连载于《新国民画报》1947 年 2—13 期
《女宿舍》（1947）独幕剧　　载于《文艺先锋》第 10 卷第 4 期
《老凤雏凰》（1948）五幕喜剧　　正中书局 1948 年 12 月出版

《途》（独幕剧）

这个剧本迟至 2018 年 5 月才在陈冀家中发现，它是唯一一个您自己保存的自创剧本，是仅有的一份剧本创作手稿，也是您创作时间最早的一个剧本；在它的结尾标记着：“一九三七年一月卅一日写完　于燕子矶楼上”。

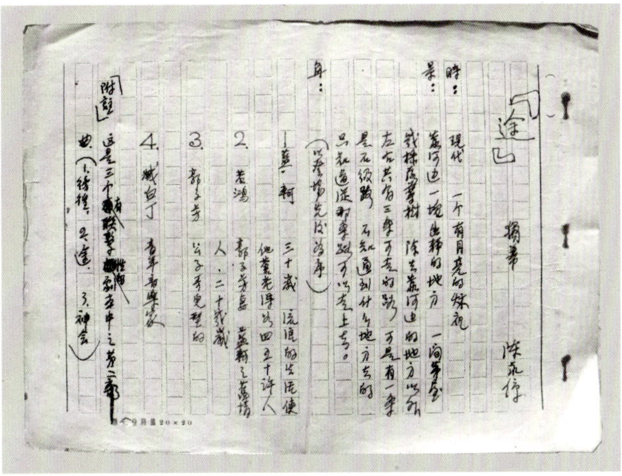

剧本《途》的首页

这是一份谜一样的手稿！它是不是您的原创作品呢？

1937 年 1 月，您应当还没

① 吴若、贾亦棣：《中国话剧史》，“行政院文化建设委员会”1985 年版，第 198—199 页。

有在剧校毕业，为什么会写剧本？也许这是毕业前学校要求完成的习作？燕子矶位于南京栖霞区观音门外，是“长江三大名矶之首”；您怎么会在“燕子矶楼上”“写完”这个剧本呢？

更有趣的是您写剧本的稿纸——每一页的左下角赫然印着“陈永倞稿笺 20×20”！作为一个穷学生，爸爸，您怎么有能力印自己的稿纸呢？应当是学校给大家印制的吧？

从剧情和结构来看，这个剧本讲的是一个凄美的爱情故事，读来十分令人动容；而且在剧本首页的《附注》中写道：“这是三个有联系性的剧本中之第二部曲（1. 彷徨，2. 途，3. 神会）”；这又令我想到，也许这是一次剧本“改编”的习作而非原创？

总之，这是一个没有正式发表的剧本，我不能肯定它是您的原创作品，只能原原本本地把它记录在案。

《保家乡》（独幕剧）

《保家乡》是一个抗战题材独幕剧，一幕两场；发表于重庆《再生》周刊，在1939年3月第16—18期连载。

初看《保家乡》剧本时，我就感到它似曾相识：这是一个以抗战为题材的独幕剧，故事发生在我国某地海岸边一座灯塔附近的小村庄——它就是《灯塔》吗?！于是，我将人物表和剧情与剧校的演出秩序单相互对照；果然，《保家乡》就是《灯塔》！那么，为什么两者剧名不同呢？在收集有关资料时我们发现，1939年八九月份，在报刊上还出现了有关电影《保家乡》和另一部同名话剧的文章；而您的《保家乡》发表后，在公演时定名为《灯塔》。我由此推测，上演前更改剧名的原因可能是，既为了与其他同名作品相区别，也为

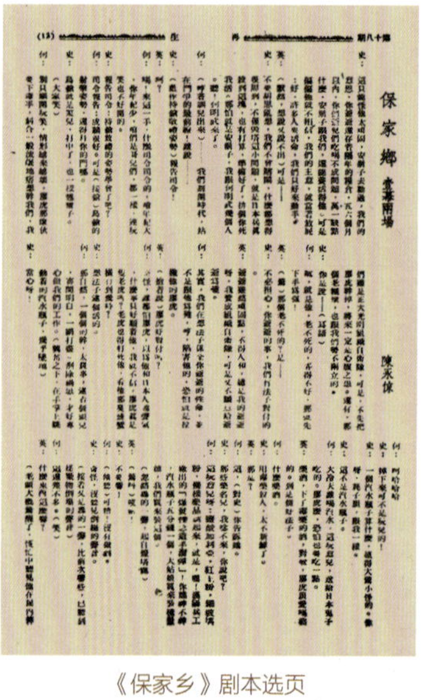
保家鄉

陳永倞

《保家乡》剧本选页

抗战三部曲

可憐蟲 李慶華編劇 陳永倞導演

負着地方教育重責的朱校長，是一位自私而胆小的老先生，在蘆溝橋戰事剛一發生時候，便把自己的兒子送到所謂世外桃源的上海租界裏去，後來戰事擴大，敵機到處肆虐，他更慌張起來，竟想拋棄「校長」的職務，勸太太同向內地逃避，不料他的太太愛財如命，不肯離鄉，大加反對，因此他們家裏倒先掀起了一塲風波，同時惡耗傳來，不幸少爺在上海租界裏給日兵殺死，太太哭得要死要活，這位朱校長倒覺悟了，他知道在抗戰時期，消極的逃避是不能保障安全的。

演員表

朱校長 李鈞晉
朱太太 張國來
殷桂絨
小英 夏光華
凌麗珠
李師母 趙韞如
王督學 劉厚生
李先生 殷振家

燈塔 陳永倞編劇 郭蘭田導演

在我國某海岸一座燈塔傍邊。自從戰事開始以來，這兒便成了敵人進襲的目標。事實上，這座燈塔，也成了強盜們的眼線了。所以，一個守燈塔的老人爲汗奸利用着，小心地在看守燈塔。可是當地的靑年全是戰鬥份子，他們早料到敵人會乘着燈塔的光亮來進襲海岸的，于是，他們一方而組織自衞隊，一方面計劃着怎樣來炸燬這一座燈塔。

經過了好多奮鬥，霹然一聲，事情終于在一個鈎月斜懸的子夜成功了。

奸細得到反省的機會。

大衆的力量像鐵堤一樣的防衛着祖國的海岸。

演員表

張老爺 李慶華
桂英 陳梅俊
廖虎 萬長達
狗寶 孫堅白
安貴子 何英
史銑子 張逸生
何明武 駱文宏

《抗战三部曲》演出秩序单 #

了使本剧剧名更具特色、与剧情更加贴切。爸爸，不知我说得对吗？

据《国立剧专史料集成》记载，《灯塔》曾与《可怜虫》《炸药》两剧组成《抗战三部曲》，于 1939 年 5 月作为剧校的第 18 届公演，参加了重庆市江巴各界抗敌宣传大会的演出。《灯塔》的剧照很有特色，除被收入《国立剧专史料集成》[①] 外，还被《中国抗战话剧图史（1931—1945）》[②] 等书收录。

《好学生》（独幕儿童剧）

《好学生》是个一幕三场的儿童剧，发表于《新国民画报》，署名陈梦荻；首次发表时间为 1947 年 6 月 11 日，共分 12 次连载。

《好学生》讲述的是一个温馨的家庭教育故事。

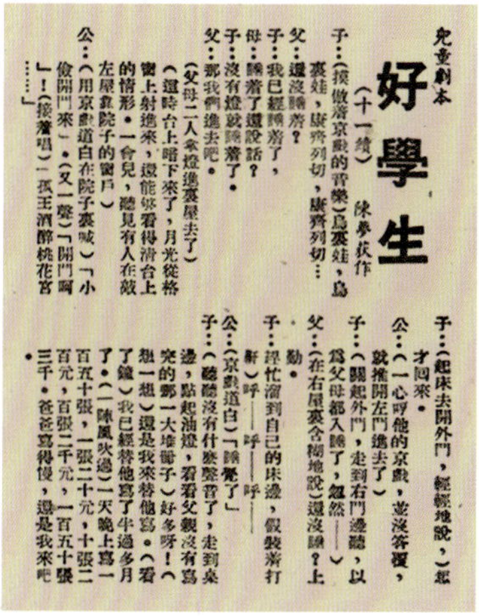

兒童劇本
好學生
（十一續） 陳夢荻作

子：（接做着京戲的背樂）烏裏娃，烏裏娃，康齊列切，康齊列切…
父：還沒睡着？
子：我已經睡着了，
母：睡着了還說話？
子：沒有燈就睡着了。
父：那我們進去吧。
（父母二人拿燈進裏屋去了）
（這時台上暗下來了，月光從格窗上射進來，還能够看得清台上的情形。一會兒，聽見有人在敲左屋靠院子的窗戶）
公：（用京戲道白在院子裏喊）「小俊開門來」。（又一聲）「開門啊」！（接着唱）「孤王酒醉桃花宮……」
子：（起床去開外門，輕輕地說，）爺才回來。
公：（一心哼他的京戲，並沒答覆，就推開左門進去了）
子：（關起外門，走到右門邊聽，以爲父母都入睡了，忽然——）
父：（在右屋裏含糊地說）還沒睡？上勁。
子：趕忙溜到自己的床邊，假裝着打鼾）呼——呼——呼——
公：（京戲道白）「睡覺了」
子：（聽聽沒有什麼聲音了，走到桌邊，點起油燈，看看父親沒有寫完的那一大堆帖子）好多呀！（想一想）還是我來替他寫。（看了鐘）我已經替他寫了半過多月了。（一陣風吹過）一天晚上寫一百五十張，一張二十元，十張二百元，百張二千元，一百五十張三千。爸爸寫得慢，還是我來吧。

《好学生》剧本选页

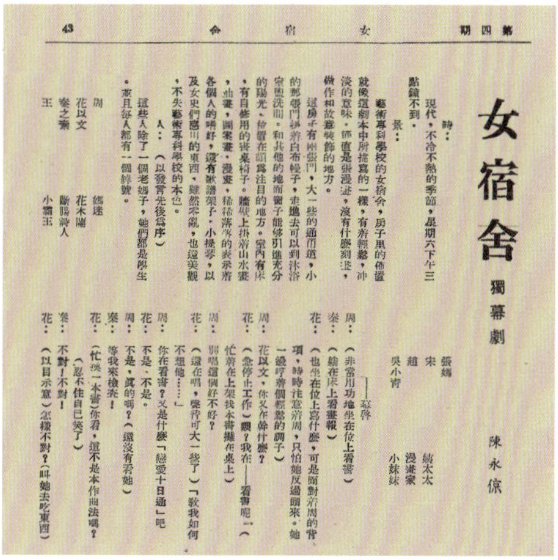

第四期 女宿舍 43

女宿舍
獨幕劇
陳永倞

時：現代，不冷不熱的季節，星期六下午三點鐘不到。
景：
藝術專科學校的女宿舍，房子里的佈置就像這劇本中所描寫的一樣，有着輕鬆，冲淡的意味，簡直是張漫畫，沒有什麼刻意做作和故意裝飾的地方。
這房子有兩張門，大一些的通而道，小的那個門掛着白布幔子，走進去可以到沐浴室兼洗間。和其他的地面窗子能够引進充分的陽光，位置在頂爲注目的地方。室內有床，有自修用的書桌椅子。牆壁上掛着山水畫，油畫，圖案畫，漫畫，稀稀落落的表示着各個人的嗜好，還有歌譜架子，小提琴，以及女史們應用的東西，雖然零亂，也還美觀，不失藝術專科學校的本色。
人：（以發言先後爲序）
這些人除了一個老媽子，她們都是學生，並且每人都有一個綽號。

周	嫵迷
花以文	花木蘭
秦之素	斷腸詩人
王	小霸王
張媽	
宋	姨太太
趙	漫畫家
吳小青	小妹妹

——幕啓
周：（非常用功地坐在位上看書）
秦：（躺在床上看畫報）
花：（也坐在位上寫什麼，可是面對着周的背項，時時注意着周，只怕她反過頭來。她一邊哼着個輕鬆的調子）
周：花以文，你又在幹什麼？
花：（急停止工作）唄？我在——看書呢——（忙着在上架找本書攤在桌上）
周：聽唱這個好不好？
花：（還在唱，嗓音可大一些了）「教我如何不想他……」
周：你在看書？又是什麼「戀愛十日通」吧
花：不是，不是。
周：不是，眞的嗎？（還沒有看她）
秦：等我來檢查！
花：（忙換一本書）你看，這不是本作曲法嗎？（忍不住自已笑了）
秦：不對！不對！
花：（以目示意）怎樣不對？（叫她去吃東西）

《女宿舍》剧本选页

《女宿舍》（独幕剧）

《女宿舍》反映了某艺术学校女宿舍中的生活片断，发表于 1947 年，载于由“中央文化运动委员会印行”的《文艺先锋》第十卷第四期。

《老凤雏凰》（五幕喜剧）

爸爸，《老凤雏凰》可能是您唯一单册正式出版的剧本吧，您显然对它情有独钟——直到 1950 年代我还在家里的书橱里见过它，封面有绿色的图案；但后来可能被扫了“四旧”，踪影全无。幸运的是，我们今天还能在图书馆寻觅到它的印迹。

《老凤雏凰》是根据爱尔兰喜剧家谢立敦的《造谣学校》改编的剧本，1948 年 12 月

① 李乃忱编著《国立剧专史料集成·下卷》，中国戏剧出版社 2013 年版，第 966 页。
② 胡传敏、张凌南编著《中国抗战话剧图史（1931—1945）》，文化艺术出版社 2017 年版，第 157 页。

由正中书局出版。爸爸，您还记得这次创作的意图吗？在该书的《改编后记》中，您在回顾中国话剧运动四十年的历史，指出抗战胜利以来的弊端的基础上，阐明了自己提笔创作的缘由：

> ……胜利以来，剧人虽未凋零，而剧运却深陷泥沼，群谓已至低潮。推究原因，或谓演剧成本过高，观众负担过重；或谓国产影剧兴起，狂潮淹没戏剧；更或谓剧本成荒，重演老戏，自然乏味，重看老戏，刺激必减……美国剧坛，亦复类似。于是竞起一种搬演若干年前的成名作品，故纸堆中，耐人寻味，事隔多年，人心向古，或亦有之。于是我才想起了改编剧本，我也想在故纸堆里寻求乐趣，这与其说尚古，不如说掘新。[1]

继而，您指出：“《造谣学校》经过了一百七十年还能幸存于今日，那是因为好的文学作品，并不受年月摧残的原故。那么，我就大胆地着手改编，同时为了演出方便，把人物和布景都有冒昧的删改，至于情节方面，却尽量使它适合国人习好，以求演出的可能性。” 最后，您强调“应声明的，本剧参考过伍光建先生一九二九年的翻译版本，并在此致谢”。

爸爸，您知道吗，这次收集整理资料，我们还发现了这个剧本前世今生的一些故事呢。在 1948 年 1 月的南京《中央日报》上有这样一则消息：陈永倞新作《浮世绘》在中央文化运动委员会征求优良创作剧本中获奖，“该剧系以讽刺社会有闲阶级生活为主题之四幕喜剧，对白趣味轻松。”原来，《老凤雏凰》的原名是《浮世绘》，还曾获过奖。

如今，七十多年过去了，我们又在孔夫子旧书网上看见了《老凤雏凰》的“今生”：该书以影印本的方式被纳入了“国学经典传承文化”图书之列。

《老凤雏凰》封面
正中书局 1948 年 12 月出版

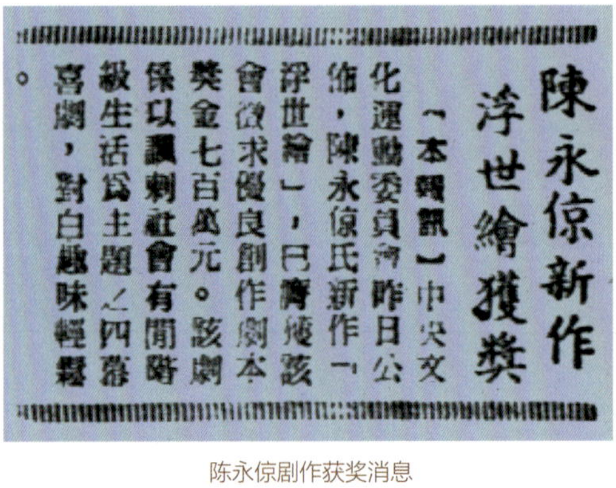

陳永倞新作
浮世繪獲獎

〔本報訊〕中央文化運動委員會昨日公佈，陳永倞氏新作「浮世繪」，已膺獲該會徵求優良創作劇本獎金七百萬元。該劇係以諷刺社會有閒階級生活爲主題之四幕喜劇，對白趣味輕鬆。

陈永倞剧作获奖消息
南京《中央日报》1948 年 1 月 22 日

《老凤雏凰》影印本
引自孔夫子旧书网

---

① 陈永倞编著《老凤雏凰》，正中书局 1948 年版，第 146 页。

“永倞导演本”

爸爸，您统计过吗，在剧专时期您曾担任过导演的大小剧目有十几部呢，涉及古今中外多种题材，且都由您兼任设计。1937 年夏您剧校毕业后曾回长沙在“逆流剧社”参与导演了《黑地狱》和《伟大的女性》。剧校决定成立研究实验部后您返回母校，后又随剧校西迁长沙；在随研究实验部进行湘南巡演时，您与陈治策老师合作导演了独幕剧《反正》，并饰张大队长。剧校再度西迁到达重庆后，您除导演了独幕剧《可怜虫》《反正》外，还导演了顾一樵先生的新作三幕抗战名剧《古城烽火》。剧校迁址江安后，您导演的剧目就更多了，计有《半斤八两》（独幕剧）、《视察专员》、《雾重庆》（合作导演）、《岳飞》（原导演杨村彬）、《雷雨》、《烟苇巷》、《妒误》、《天作之合》，等等。

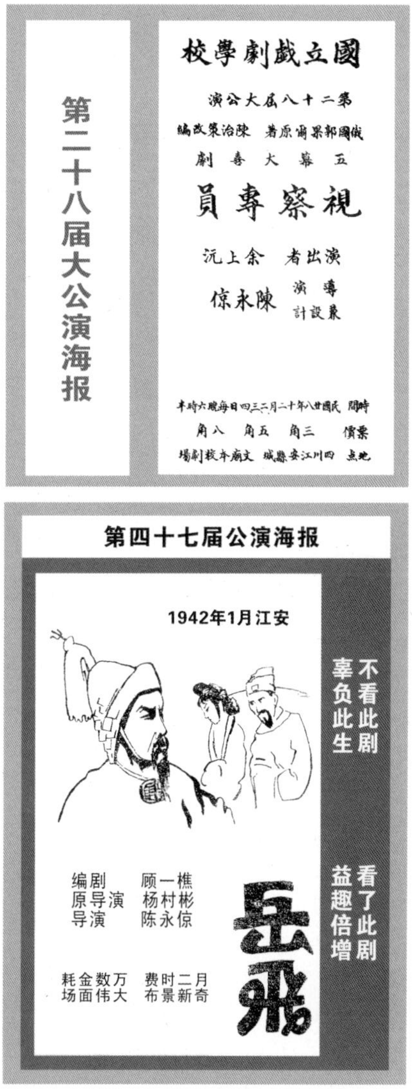

陈永倞导演剧目公演海报选页 #

但是，在您的回忆文章中，有关导演活动的记载很少。我一直很好奇，您性格内向，不善言表，您究竟是怎样进行导演工作的？在您的学生石港的文章里，我曾捕捉到您施导的一个细节：“他执导《雾重庆》一剧时，我在剧中扮演一个食客乙，不过龙套而已。但陈先生认真要求，叫我到饭店去观察，设计动作。结果我用餐后漱口、剔牙的小动作，博得好评。”[①] 然而，类似的记述真是太少了！

2018 年 5 月的一天，弟弟兴奋地告诉我，他们整理天月园的房间时，又发现了一些您的遗物，其中包括两个剧本：《半斤八两》和《妒误》的“永倞导演本”！

“永倞导演本！”

见此物我立刻兴奋起来——我终于可以寻觅到您从事导演工作的蛛丝马迹了！

① 石港：《怀念陈永倞老师》，《南雁 国立剧专在粤校友通知》总第 144 号 /2001。

《半斤八两》永倞导演本

《半斤八两》是剧校迁校江安后为“募款救济重庆被灾同胞”第一届公演（总第 24 届公演，1939 年 5 月）的四个独幕剧之一，妈妈参与了演出。

这是一个反映家庭夫妻生活的独幕剧，被收入了《中学文学读本》的《戏曲甲选》专栏；爸爸这个“永倞导演本”就是从这个《读本》中拆分出来的。

开始，我不理解这样的题材为什么会出现在中学生的读物中；后来，当我细读了剧本后似乎明白了，该剧用一个“讲述者”贯穿全剧，语言生动、诙谐、简洁，很有特色；人物不多但性格鲜明，剧情简单而寓意深刻。

《半斤八两》能入选中学生读物，必然是上乘之作；而对于这样的作品，为了把它搬上舞台，爸爸您必然认真细致地做了大量功课。

虽然，这个保存了近 80 年的剧本已经非常破旧，但透过斑驳的书页，您的导演构思和方略仍依稀可见。在首页的上方，是一幅小小的舞台平面图，上面标有 1～11 的数字，我想这大概是舞台位置的分区示意图吧。

翻开第 2 页，可以见到各种印迹：页面上方和左右两侧空白处写满密密麻麻的小字——好像是对“讲述者”台词的补充；字里行间有用铅笔、钢笔、毛笔、红笔等标示的箭头，数字和提示语等，它们应当是舞台调度等导演构思的标记吧。

纵览全稿，虽然由于页面破损，加上有被水浸泡和墨迹涂抹的痕迹，许多文字已无法辨认，但作为一个“导演本”，它的特征已鲜明地呈现在我的面前。

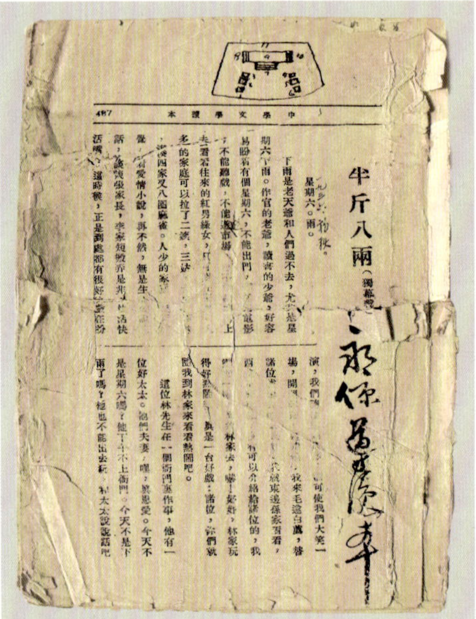

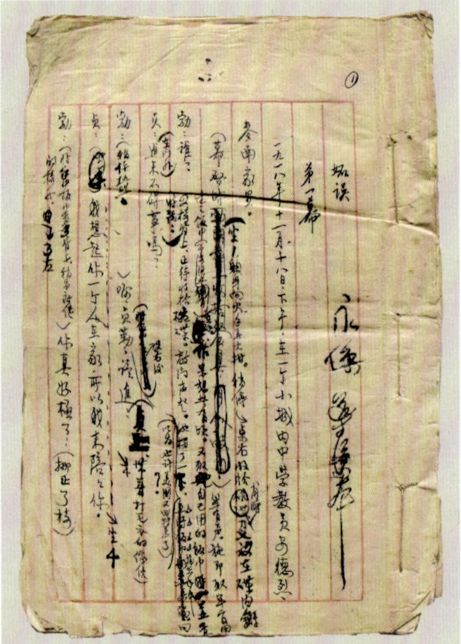

“永倞导演本”首页：《半斤八两》（左）和《妒误》（右）

《妒误》永倞导演本

与《半斤八两》永倞导演本不同，《妒误》导演本是您用小楷书写的，这也是我们目前鲜见的您剧专时期的珍贵手稿。它使用的是当时流行的那种红条竖排稿纸，在首页的剧名下方，是用铅笔写的“永倞导演本”五个大字，剧本末页则注明“卅一年九月七日改完”。由此可见，这个“导演本”同时也是一个“改编本”，也许把它称作“永倞改编导演本”更贴切。当年十月，作为剧专剧团开门大戏的《妒误》成功上演，余校长亲自交给您的重任如期完成。

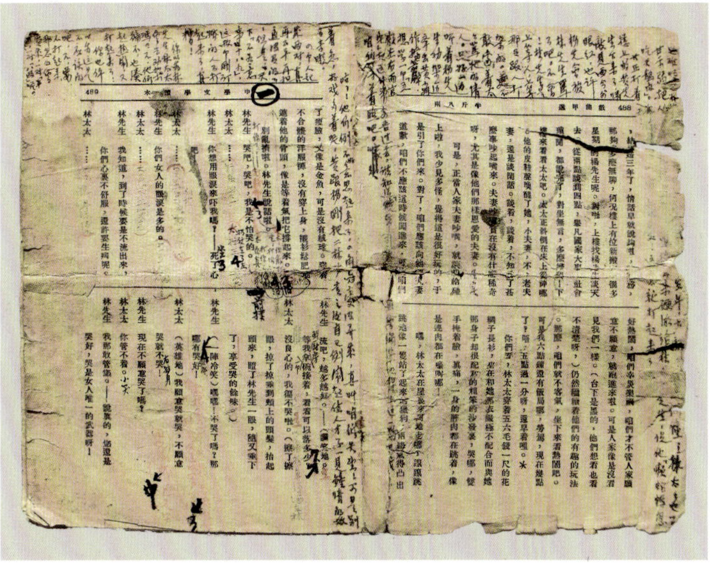

《半斤八两》永倞导演本选页

《妒误》是一部三幕话剧，讲述了第一次世界大战后发生在法国一个普通家庭中的故事。全剧只有四个人物，剧情不复杂，但注重人物心理描写，将其搬上舞台是要见导演功力的。

《妒误》导演本的页面比较干净，大段的插入文字不多；正是因为这样，我们可以更清晰地看到改编者兼导演的意图。纵览全书，您做的标记简洁明了，但其内容涉及了方方面面：有对剧本细节的修改与补充，有对人物心理变化的注示，有舞台调度的具体符号，等等。

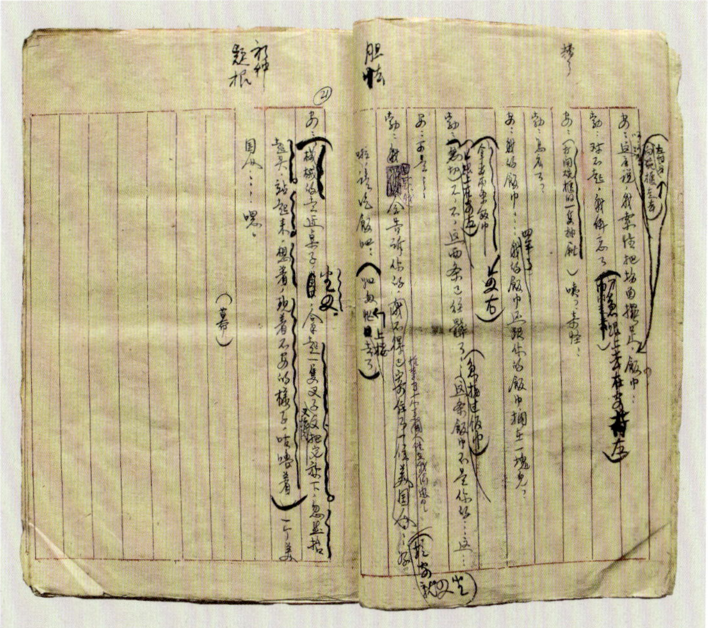

《妒误》永倞导演本选页

其中，给我印象最深的，则是您标注在剧本上方空白处的导演阐释——“初种疑根”“另生枝节”“更增疑团”“爆发”；寥寥数字，凝练地概括了剧情矛盾发展演变的主要脉络和特征，真是精彩的“点睛之笔”啊。

认真解读这些散失多年的珍贵档案使我非常感动。但是，爸爸呀，为什么上述绝大多数资料，我们都从来不曾听您说起过呢！

历史将永远铭记

爸爸，我深深知道，对于您的追梦剧专之旅而言，仅有那些记忆的碎片是不够的；在您那个《写稿札记》上记载的止步于1940年的《历届公演剧目表》更是远远不够；您是多么希望把它们继续写下去啊！

今天，可以告慰您的是，您的梦想正在变成现实；剧专与它的创建者和儿女们十四年艰辛奋斗的足迹已全景式地呈现在世人面前，它将永远被历史铭记！

《国立剧专史料集成》

2013年，由曹禺先生题写书名、175万字三卷本的鸿篇大作《国立剧专史料集成》正式出版，您当年一笔笔摘写的珍贵资料，如今都已相对完整地面世，您与其十四年共始终的国立剧专的业绩，终于有了一部相对完整的记录；那江安文庙剧专旧址，也作为“中国戏剧摇篮”被当地政府认真保护与修缮。

翻开这部《集成》的下卷，通过《国立剧专历次演出剧目一览表》和《1—94届公演秩序单、剧照》，我欣喜地看到，爸爸，您在剧专走过的脚印，竟是那样清晰、扎实，那样丰满、鲜明！

在剧专94届演出中，您“榜上有名”的有44届；加上那些未计入届数的毕业公演、旅行公演等等，您参与过的演出活动约占了一半。

您从“布景”“催场”“招待员”等小事做起，一步步走上合作设计、设计、导演、舞台主任等岗位；乃至1940年剧校赴重庆演出《岳飞》（第31届公演）时，在演出秩序单上，您已经以“陈永倞先生”冠名，成为“本校演出委员会”的委员，与众多前辈师长齐名。

您从“仆人”“村农”等小人物起步登台演出，扮演了各种不同的角色，从易卜生的名剧《国民公敌》中的彼得市长，到莎翁名剧《威尼斯商人》中的李昂那多；从《反正》中的张大队长，到《凤凰城》中的东北大学校长和白君实；从《雷雨》中的周朴园，到《魔窟》中的李步云；中、外、正、反的角色您都曾登台演绎。

您创作的抗日题材独幕剧《灯塔》曾入选公演剧目；您还亲自改编法国剧本《妒误》，并执导与设计，把它成功地搬上舞台，使之成为剧专剧团的开锣大戏。

至于您在剧专参与舞台设计的剧目，那就更多了；根据《集成》和您撰写的其他资料，我粗略统计约含多幕剧40余部，独幕剧30余部。

翻开《集成》提供的资料可以看到：从 1937 年“七七”事变后西迁长沙，至 1939 年 1 月驻留重庆，在短短不到一年半的时间，剧校共举行了十届公演（14—23 届），从您第一次独立担任设计的多幕剧《最后关头》（1937 年 9 月，第 14 届公演），到第二次上演的多幕剧《凤凰城》（1939 年 1 月，第 23 届公演，您担任设计并饰演白君实），您一届不漏地参与了艺术创作，涉及大小剧目至少有 15 个；其中多幕剧就有 10 个。按从事的艺术门类来看，您任编剧的 1 个剧目（《灯塔》），任导演的 3 个剧目（《可怜虫》《反正》《古城烽火》），兼任演员的 3 个剧目（《反正》《凤凰城》《魔窟》），任设计的 15 个剧目；此期还有届外演出的《雷雨》，您任舞台监督，还饰演主要人物周朴园。除此之外，您还频繁参加了各种旅行演出和街头宣传演出等；1938 年暑假后留校任教更要承担起繁重的教学任务……在那艰苦的抗战年月，在那自然条件恶劣的山城重庆，爸爸，作为一个刚从剧校毕业的二十三四岁的年轻人，要承担和完成如此大量的工作，这需要怎样的激情与毅力，又必须具有怎样的智慧与才华！

舞台背后的故事

面对这样的统计结果，我不禁感慨万分：爸爸啊，我真是难以想象，这么高速的运转，这么海量的工作，您究竟是怎样完成的呀？!

是的，爸爸，在您的回忆文章《山城记忆》中已对此作出了回答：

> 回想当年，那时我只有 24 岁，血气方刚。因为抗战，精神振奋；因为专业，工作紧张而热烈，而精神却是愉快的。那几年我搞舞美设计，又当导演，还做演员，也写过剧本，都是工作需要，兴之所至。然忙时废寝忘食，或通宵枕着布景包，在后台与耗子为伍；居无定所，食无定时，卒罹胃病；又无力及时就医，渐成宿疾。终至一段时间不能进食，吃点烤馒头片也要呕吐……从此不能吃米饭，更不能吃辣椒，人们很奇怪我究竟是什么地方的人，怎么有不想吃大米饭又不能吃辣椒的湖南人呢?

“南开学校征募寒衣公演归来　廿七年十一月廿口日　重庆”
卒罹胃病又无力就医，您只能用烤馒头片充饥

爸爸，随着您“追梦剧专”的脚步一路走来，今天我更加理解了为什么这段经历对于您而言是那样刻骨铭心，以至您在弥留之际仍然念念不忘“1938……”，为什么那张“公演归来”的老照片您会精心保存了六十多年！它，难道不是剧专人在国难当头的年代艰苦奋斗的历史见证和生动写照吗?！

幼年两姐妹与爸爸妈妈在江安自家门前的合影
前右为妹妹小青鸟，这是她留在这个世界上唯一的影像

爸爸，为了剧运和舞台艺术，为了抗战戏剧，您是用热血和生命在拼搏啊！

然而，很少有人知道您戏剧事业背后的故事——您曾经历过的家庭悲剧和人生苦难。

1943 年，您和妈妈已经拥有两个可爱的女儿：我和妹妹小青鸟。您和妈妈很爱我们。那时，妈妈已从剧专毕业，在剧专剧团任演员。在那抗战最艰苦的年月，剧团为了抗日宣传，也为了生存，经常外出巡演；届时妈妈也只好把我们带在身边。妈妈的好友丁惟敏阿姨曾生动地回忆过巡演途中的逸闻趣事。

我们也经常到川南、川西的小城镇去演出，还拖养着自己的孩子，吃住在简陋的“万年戏台”上（那时许多稍大的场镇都有这种高高的戏台，所谓“高台教化”的说辞即缘于此），很低廉的门票，增加一些收入以补充剧团经费的不足。……我们去过成都、嘉定、泸县演出，还去过盐城自贡、糖城内江。有一个小情景很有趣，至今记忆犹新。那年夏天在宜宾一个场镇，演出《清宫外史》，舞台不高，台下满是观众，挤在前面的都是孩子，我们的孩子也在其中（三岁多）。戏开始了，冀淑平一上场，就听见台下有人喊："那是我妈妈！"定睛一看，那是非比在叫。而当我一出场，又有人喊："那是我妈妈！"不用说，那是晓鸳〖丁惟敏阿姨的女儿〗在喊。孩子们都是"人来疯"，于是她俩你一句我一句喊个不停，引得台下哄堂大笑，我们演员也因此笑了场。没办法，剧务只好跑下台把两个孩子抱走了事。①

然而，在一次外出巡演时，小青鸟淋雨受了风寒罹患重病，高烧不止；您和妈妈急得到处寻医问药，最后找到了当地最负盛名的儿科专家、老中医"王小儿"求救，但他也没能挽回妹妹的生命。可怜我的青鸟妹妹，一个不满周岁的幼小生命，就这样永远留在了巴蜀大地，也在您和妈妈心中留下了永远的痛！

重庆抗战戏剧博物馆

爸爸，我知道，在您的剧专记忆中，重庆对您而言无疑是一方不能忘却的土地；1938年岁末剧校即将搬迁江安前，您曾以一曲《骊歌》向山城告别。

别了——雾都。你曾使我失望，因为你有颓败的一面；你也曾使我依恋，因为你还有活跃的一面。但愿我们这一群又流离到另一块鲜洁的地方之后，你，不再终年弥漫着雾障，更不再终年不易见到和暖的太阳。我们忍别了你，原是不得已的，为了肩负着沉重的工作，我们竟赋骊歌。要是此时的骊歌，在不久的将来，换了节拍，调了音阶，酸楚变作欢乐，那，我将为你而高歌。高歌时再道我们的关心和怀念，更庆幸你——改装之后的雄姿。

爸爸，可以告慰您的是，作为当年的戏剧山城，今天的重庆确实"换了节拍，调了音阶"，成为祖国大西南唯一的直辖市，以"改装之后的雄姿"傲然挺立。然而，人们并没有忘记重庆苦难的昨天，也没有忘记重庆是一座孕育和滋养了大后方抗战戏剧运动的城市，当年剧校曾在这里与全国戏剧界同仁一道，以戏剧为武器唤起民众团结抗战，创造了"中国话剧的黄金岁月"。为了铭记这段光荣的历史，开创中国话剧更灿烂的未来，由重庆市话剧院领衔，在重庆抗战文化遗址抗建堂设立的"重庆抗战戏剧博物馆"，已于2019年6月18日重庆直辖纪念日对媒体开放，并于同年12月20日重庆市话剧院七十年院庆纪念日正式开馆，"中国话剧的黄金岁月——重庆抗战戏剧历史陈列"在这里对外公开展出！②您瞧，它的展厅是不是很庄严，很美丽？

① 丁惟敏：《琐忆剧专校友剧团》，李乃忱编著《国立剧专史料集成·中卷》，中国戏剧出版社2013年版，第632—633页。

② 本节有关"重庆抗战戏剧博物馆"和"中国话剧的黄金岁月——重庆抗战戏剧历史陈列"的文字和图片资料，由宋晓涛和陈家昆老师提供，特此致谢。

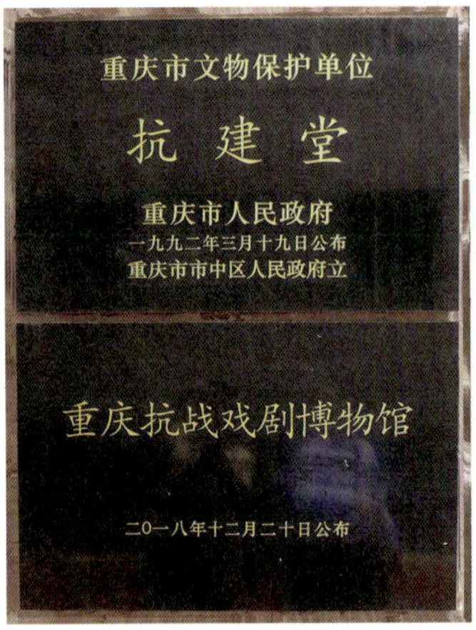

抗建堂文物保护标志（左）和“中国话剧的黄金岁月——重庆抗战戏剧历史陈列”展厅一隅（右）

“重庆抗战戏剧历史陈列”撰稿人之一宋晓涛提供，下同

“中国话剧的黄金岁月——重庆抗战戏剧历史陈列”以文字、图片、视频、实物、演出再现等形式，系统展示重庆抗战戏剧的基本概况，直观呈现其发生和发展的历史脉络，讲述当年驻足重庆的剧团和剧人往事，介绍代表剧目，彰显抗战戏剧的历史贡献和艺术成就，借以开启抗战戏剧价值当代利用的新途径，开启当代青少年对抗战文化认知的新窗口，向全国和世界讲述了“中国话剧的故事”。其中，《国立剧专（重庆、江安）》专栏翔实而醒目。

“国立剧专（重庆、江安）”专栏剪影

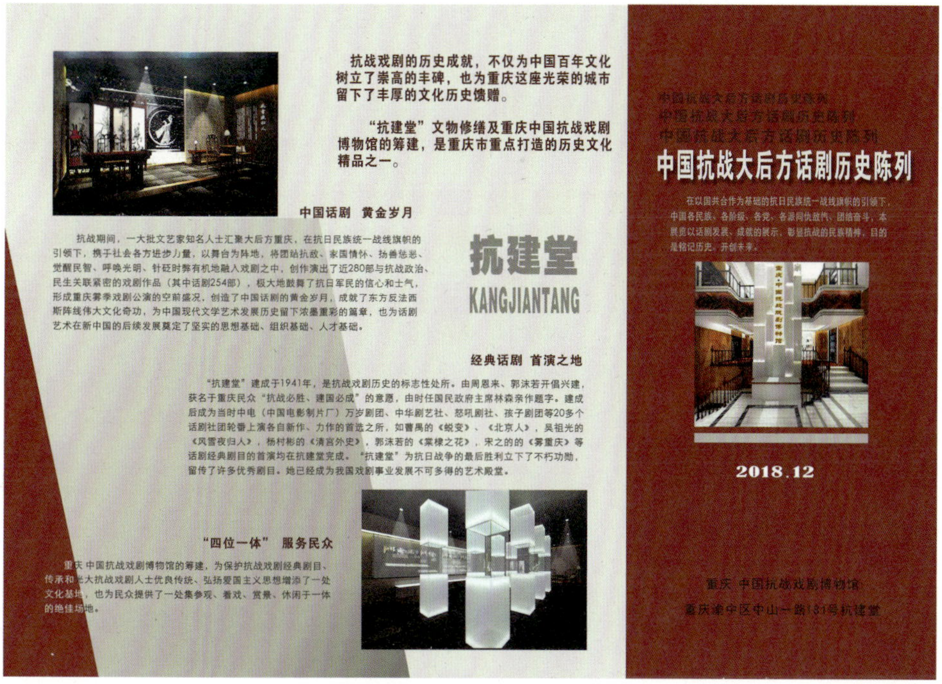

宋晓涛早期设计的宣传图片

爸爸，您一定还记得，您曾精心保存了抗战名剧《凤凰城》《古城烽火》《全民总动员》等多个剧目的剧照，其中还有反映舞台设计效果的“拇指照”；显然，您非常珍惜那段重庆抗战戏剧的黄金岁月，也非常珍爱自己那些设计作品。今天，在筹建重庆抗战戏剧博物馆的过程中，您的得意学生李畅教授和舞美界后起之秀国家大剧院舞台美术总监高广健先生，依据1938年的老照片等资料，复原制作了一台《凤凰城》的舞台模型，留下了一份抗战话剧史的珍贵遗存。爸爸，看到这台模型您一定会感到非常欣慰！

“重庆抗战戏剧历史陈列”展出的《凤凰城》舞台模型
策展人之一陈家昆提供

《凤凰城》

根据国立戏剧学校1938年演出版复原制作
导　演　黄佐临　曹　禺　阎哲吾　吴祖光
舞美设计　陈永倞
复原设计　李　畅　高广健
模型制作　凌亚苹　高　嵩

《凤凰城》舞台模型说明
宋晓涛提供

爸爸，在“重庆抗战戏剧历史陈列”的《抗战戏剧名人》板块里，也展出了您和妈妈的生平介绍。照片中年轻的你们，微笑着深情地望着我们，仿佛对我们述说着历史，也憧憬着中国话剧事业美好的未来。

“抗战戏剧名人”板块剪影（宋晓涛提供，下同）

重庆抗战戏剧博物馆记录和展示的这一段“中国话剧的黄金岁月”，伴随着中国人民反抗侵略的持久抗战，经历了战火的考验，铸就了一座文化历史丰碑；形成了与时代同呼吸、与民族共命运、与现实紧密结合的精神特质，造就了一大批戏剧骨干队伍，为中国话剧运动和新中国话剧事业的发展作出了重要贡献。它将永远被历史所铭记！

《鼓浪长江战激流》

爸爸，您还记得吗，李乃忱先生曾在1990年给您的来信中，称您是“剧专唯一的‘十四年一贯制’”（“唯一”的说法有待考证）。是的，“十四年与剧专共始终”，在那抗战八年、校址五迁的动荡年月，您确实做到了！这是多么难得，又是多么幸运啊！因此，把这一段传奇般的人生经历完整地记录下来，是您生前梦寐以求的企盼；而囿于种种原因您未能如愿以偿，也成为您今生最大的遗憾！

爸爸，可以告慰您的是，2018年，我们以重庆抗战戏剧博物馆的筹建为契机，为您编撰了一部题为《鼓浪长江战激流——陈永倞与国立剧专和抗战话剧》的书稿，收集整理和系统展现了您十四年与剧专共始终的历史。尽管这只是一部我们自己录入和编排的著作初稿，内容与形式都还非常粗糙，但书中资料的汇集与呈现，毕竟能为您的剧专岁月，初步勾勒出一个相对完整的轮廓。现在，这部书稿已被重庆抗战戏剧博物馆收藏、展出，长留在您曾为之播撒心血和汗水的巴蜀大地 。

展台上的《鼓浪长江战激流——陈永倞与国立剧专和抗战话剧》（封面设计：宋晓涛）

爸爸，我还想对您说，如今，这部以您的诗句“鼓浪长江战激流”命名的著作初稿，已成为历史的足迹；经过我们继续挖掘、补充和提炼，它的精华已融入《舞台上下六十秋——陈永倞冀淑平伉俪话剧人生》这本百万字的著作。如果这部书能为您的“剧专岁月”书写出一抹亮丽，一缕光彩；如果它能为您的“追梦剧专”之旅，画上一个相对圆满的句号；我相信，您一定会感到非常欣慰，非常快乐！

2017年4月初拟，2020年3月完稿

第二章

走进青艺

他创造了自己独特的艺术画廊

陈永倞先生是我国著名的舞台美术家，在舞台美术这块并不令人瞩目的陌生土地上，已辛辛苦苦、默默无闻地耕耘达半个多世纪。半个世纪以来，陈永倞先生经历了一次又一次的“转型期”，经受了戏剧舞台上艺术的抑或非艺术的风风雨雨。令人欣慰的是，他创造了自己独特的艺术画廊……在青艺建院头 20 年的初创时期，以他为主导的舞台美术创作走向和产生的影响，不仅确立了他的艺术地位，而且也造就了青艺舞台的艺术风貌，可以说培养了整整一代舞台美术家。

——摘引自蔡体良先生《心潮起伏意拳拳》

莫道创业艰苦路

——青艺舞美工作漫记

◎ 陈永倞

北国风光，宿所向往。京沪列车上散坐着来自各方、不尽相识的同行们，虔诚的酷爱话剧艺术的信男善女，逐渐谈笑自若。车行向北，寒气渐侵。凭窗远眺，忽觉辽阔平原，一望无际，远树参差，屋舍田园，都披上一层白色；天无飞雪，而这北国风光，万里无垠，一尘不染，遙然开朗，游目骋怀，美不胜收，更非南国偶然飞雪可比拟。这次三千里远行，乃平生从未有过，况是晋京景仰政治名城、文化古都，其情其景，今犹历历在目。此四十五年的开始，因有以记叙，以志不忘。

走进青艺

1949 年 12 月 10 日，我们来自上海的一批同志到达北京。车到前门火车站，青艺副院长金山同志等已在月台迎候。遂驱车引至青艺之大庙饭厅，有茉莉花茶和头次见面的恒大香烟招待。

饭后，下榻团中央招待所，后来我们简称其为“十七号”。近三千里路乘火车远行，休整后，发给军用棉被和灰色棉制服。再走进食堂和剧院各处，就感觉不一样了，所有的人都是清一色的灰色衣帽，自已也觉得脱下了五花八门的服饰，领略到一点革命队伍的气息。

进入革命队伍后的第一次学习，人手一本《社会发展史》。辅导员（他自称联络员）每天清晨六时许鸣笛招呼大家起床，集中学习。七时半，到大庙食堂里小厅用餐。八人一桌，四盘小菜，豆浆油条，还有白糖。并不是饿了，而是北京的酱菜别有风味，非常可口。宿舍有会议室，我们开始学习“猴子变人”，讨论渐生兴趣，辅导员逐渐引入命题，谈论是自由而热烈的。中午，走到大庙正开饭，看到人手一碗红高粱米豆饭。把我们引进小厅，桌上都摆好了四菜一汤，另有白馒头、大米饭，显然和大厅的伙食很不一样，却没人告诉我们为什么开不同的伙食标准，只有伙房同志不时征询对饭食有何意见要求。

新年晚会后，领导征求意见：能否搞点节目过春节？我们考虑都是搞话剧的，应找个本子让我们都能亮亮相。于是选了独幕剧《开锣之前》，石羽导演，我搞舞美设计；仅一个景，我还是作了设计图和制作图，并到现场了解施工情况。我还在剧中演了个台词不多的“小生”呢，也为有些演员辅导化装；服装都是自己的。这次演出实际是检阅一下上海来人的水平，并没作何评论。

“圆桌会议”——团队的力量

《爱国者》：青艺开门大戏

1950年春，研究实验处（剧院八大处之一）组织建院后第一次演出，剧目是《爱国者》。导演吴雪了解我没到过山东，我会意请院外专家设计；后由我搬上舞台。但在演出节目单上，却将我列为联名设计者；剧院领导如此尊重人才，令我十分感动。

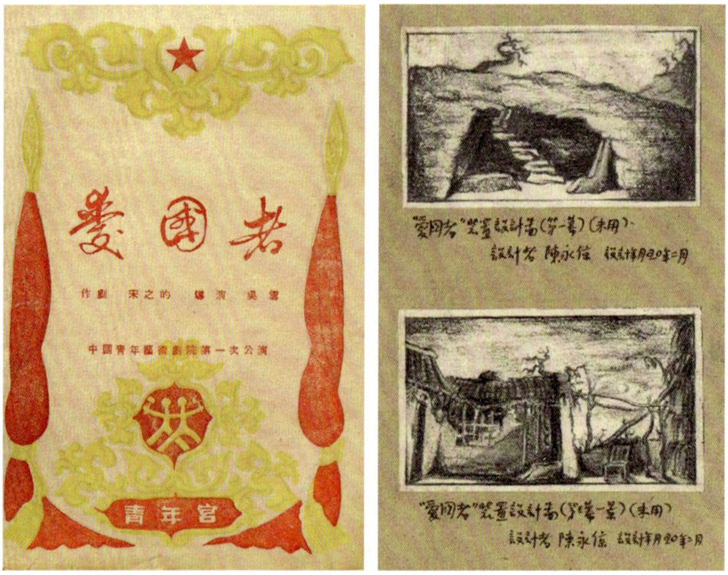

青艺建院后公演的第一个剧目《爱国者》（中国国家话剧院提供）

左：演出说明书　右：陈永倞绘制的装置设计图（未用）

青艺设计组同仁及其子女合影（约摄于 1955—1956 年）

1950 年夏，第二个剧目《抓壮丁》。这是出四川方言剧，抗日战争时期我在四川有过几年城乡生活，设计方案是写实的。

《保尔·柯察金》："圆桌会议"的先声

1950 年 9 月剧院上演《钢铁是怎样炼成的》，也以主题人物做剧名：《保尔·柯察金》。这出戏由我搞设计，颇费了心思，搞了几个回合，未入佳境。我又发动设计组多数人参与出主意，这些合作者也是互不熟悉的，我希望从各人的方案中，总其成搞出新方案。这种工作方式后来成为设计组研究、讨论、制订设计方案的一种行之有效的做法。当时我称它为"圆桌会议"，即参与者可以尽量发表意见，不受任何限制，最后由设计者搞出新的方案，必要时还可再开圆桌会议，以求进一步提高质量。设计过程中的这种方式，经几个戏运用，也就形成了青艺的设计方略，逐渐成为创作组的先声。就是在制作阶段，也提倡"圆桌会议"，使技术问题也能通过这种程序得以有效解决。这些都成为我院舞美设计工作一种行之有效的习惯做法。

随着演出任务日益频繁，我们逐渐形成设计小组格局。可两三人组成一个小组，任务特别重的戏，则多数人甚至全体设计人员一齐投入，形成创作集体。

《西望长安》：话剧会演求创新

1956年《西望长安》（老舍编剧，孙维世导演）要参加全国话剧会演，[1]为加强表现力，力求有所创新，曾作过多次设想，推翻过多个方案。时间紧，任务重；我们曾夜战在院部小礼堂，排戏的演员早走了我们还在冥思苦想；天快要亮了，正宇、阳春和我满处找烟头的情景，至今犹历历在目。后我曾作诗记其事，有云：

小礼堂通宵达旦，《西望长安》不见佳，
惊呼拾得香烟蒂，卷起冲天炮一排，
猛吸提神还醒脑，创业艰难踏破鞋，
苦思佳构笔无力，万事突击如攀崖。

虽是歪诗，但情真意切。往事越数十年，思之感慨良多；只可惜而今他们二位已先后作古了！

《西望长安》设计正图（中国国家话剧院提供）
美术顾问：张正宇　设计：陆阳春、陈永倞

《文成公主》：全组投入

1959年设计《文成公主》（田汉编剧，金山导演）也是全组投入的。我们50年代到过敦煌，住莫高窟寺里约两周，常书鸿院长躬亲指点，派专人导游。竟日在石窟里观摩，不免走马观花，却有重点，观摩历代艺术硕果，受到极大的艺术熏陶。唐代洞窟中的壁画，国之至宝，绚丽无比，使人留连忘返。甚至供养人也主次分明，形象生动，跃然壁上。至于出行图，犹风姿独具，更壮斑斓行色。这对《文》剧创作极为有利，受到颇多启发。这出戏用唐代文化和史实形象地昭示天下，意义重大，艺术难度亦大。《文》剧于1960年4月首演，影响非常之大，受到同行热忱赞赏；曾至深圳演出，受到港澳同胞热烈欢迎。

---

①《西望长安》于1956年参加第一届全国话剧观摩演出，获演出、导演、舞台设计、舞台制作管理一等奖，主演于村等多人分获演员一、二、三等奖。——编者注

《文成公主》图选（张正宇、陈永倞设计，曹西林摄）
左：剧照（陈永倞存） 右：空景照（中国国家话剧院提供）

附载 / **紧张的一分二十秒**

《文成公主》共有十四个场景。每换一个场景都有许多景片、道具须要搬上搬下；而换景的速度必须和那短促的幕间序曲共起共止，歌声一停，立刻就要拉开帷幕，让新的场景完整地出现在观众面前。记者曾经站在二幕后面注视换景的紧张劳动。这正是第一场戏结束、第二场戏就要开始的当儿，整个舞台图景从迎宾馆转换唐大明宫的使殿，要经过三十多个工序，而幕间序曲歌唱时间才不过一分又二十秒。第一场刚完，只见后台主任双眼紧紧盯着手上的小本子，冷静而果断地发出一个又一个的命令，后台工作人员和许多演员动作划一地投入迁、搬的劳动，人们进出行动的路线都是固定的，一切井井有条。幕间曲最后一句刚刚唱完，最后的一件道具也安置好了。后台主任斩钉截铁地命令："开幕！"大幕准时拉开了。记者看看表，不多不少，刚好用了一分二十秒钟。

摘引自《〈文成公主〉幕后见闻》，见 1961 年 12 月 9 日
《羊城晚报》（中国国家话剧院提供）

复排《抓壮丁》：破旧立新

1962 年重排《抓壮丁》，任务交给美术指导张正宇、阳春和我设计。回顾第一次的搞法，我们决定重新设计。导演吴雪曾约我们到文联地下室茶座交代任务，我们三人酝酿中达成共识：这出讽刺喜剧应大胆突破旧框框，创造新面貌。苦战数日后形成了新的方案。

那次合作非常愉快而富有成效：正宇一枝在手上滚动的铅笔龙飞凤舞地奔驰，忽有

所获，提出从线条上做文章。几天后，反复斟酌，逐渐形成用黑框框轮廓线表现堂屋，村头则以碑石作中心，设远山、片云，使内外景统一成简练而深暗的线条组合的新方案。于是，四川小城地主房屋多用黑漆涂抹壁柱的面貌，表现出来了，演出效果很好。

1962 年复排《抓壮丁》图选（中国国家话剧院提供）
左：设计图（美术顾问张正宇，设计陆阳春、陈永倞） 右：空景照（曹西林摄）

设计与导演的合作

与导演共事，历年来形成了三种合作方式；因导演的工作习惯不同，应当采取不同的合作方式。一种是，设计者研究剧本后，作出处理的判断，搞出设计方案，形成设计草图，然后与导演研究、确定方案。第二种是，导演先立意，提出对设计的原则要求，经设、导多次推敲，形成可以排戏的草图，包括平面图。第三种是导演和设计共同研究剧本，并研讨如何体现该剧，逐步形成方案；再据设计图决定取舍，甚至在排演场和演员见面，共同对设计方案提出意见；经导、设总其成以作设计方案。

这三种方式各有所长，采取何种方式要看导演的工作习惯，以及他对舞美的要求与理解而定。但此三种合作方式，有时因剧本、因人而异，然其结果是殊途同归的。我却喜欢第一种方式，因从一开始就能独立思考，以求体现剧本的主旨，并使之更符合演出要求。

《保尔·柯察金》：导演孙维世

这出重头戏由孙维世导演，金山饰保尔，我搞设计。我和孙导是初次合作，她要我先出方案。有了设计方案，搞出设计草图后，导演约到家里研究。金山虽兼研究处长还是主

《保尔·柯察金》第一幕剧照
中国国家话剧院提供（吴寅伯摄）

演，又在他家里，研究方案时却从不参加意见，职责分明。与导演研究，不是就图谈图，而是把图交导演，稍加说明，等她思考后另约我商谈，这是颇有回旋余地的，考虑的也成熟得多。导演和设计的构思，逐渐趋于一致，利于下步工作。换了几次方案，排演也较顺利，只是在最后一景的环境处理上，保尔双目失明后，安坐在居室里勤奋地写作。根据资料显示，保尔生前原住的房子较为普通，狭小而简陋；若据此安排，总觉得不合适，难以表现几经艰苦卓绝的革命斗争后，人民对革命的功臣、已经残疾还在奋斗不息的英雄人物，究竟应如何对待？因此改变了原资料提供的格局，以表示人民对保尔的尊崇，这方案在院会上也征求过意见。廖头——当时人们对廖院长的通称，也是对平易近人的廖公的尊称——也首肯了，还在草图的墙壁上信手画了个头像，那是一笔画成的，他原是有名的革命漫画家。导演因此同意这方案。演出结果，观众也是颇有感受的。

《保》剧上演后，欲罢不能，演出了三百多场。全国许多兄弟团体来人了解工作情况，开过多次学术交流会；我也曾写过《保》剧的设计总结。为了来我院“取经”，在我家里还打地铺住过四位来自上海的华东海军文工团的战士，他们后来在沪上演《保》剧也取得巨大成功。

附载 / **华东海军文工团与《保尔·柯察金》**

《保尔》演出成功的另一个原因，是专程上北京向青年艺术剧院学习。记得我和姚思成、魏良炎、李村四个人穿上刚刚发的呢子水兵服，乘了两日一夜火车赶到青艺，由第一院长廖承志亲自接待我们。他看见这样年轻的水兵登门求教，表现得极为热情，安排我们一连三个晚上观赏演出，都是廖院长亲自领我们进场，并在他指挥下为我们四人在前排走道口加座。青艺在艺术上非常敬业，公演后还每天抽场复排，于是我们每天上午得以观摩他们排练。我们四个人保持着军人艰苦朴素本色，没有去住旅馆招待所，夜间睡在老战友冀淑平家地板上，她的先生陈永倞又是我和老姚、李村在剧专的老师，大家挤住一间斗室里，还彻夜交流排演《保尔》的心得体会。最后，陈老师还慷慨地把他呕心沥血搞成的舞台设计全盘交给我们带回华东海军文工团无偿使用。

《保》剧在上海公演期间，许多大学生排上长长的队伍买票，观众们乘着敞篷汽车打出“向保尔学习”的横幅，唱着抗美援朝的歌子来看戏，场面非常热烈感人！

摘编自田恺《我始终留恋那段峥嵘岁月》，见华东海军文工团老战友联谊会《半个世纪情》丛书编委会《亭亭海石花》，2002 年版，第 219—220、223 页

《红色风暴》：导演金山

《红色风暴》剧组与长辛店二七机车厂老工人（前排右一）座谈
前排左起：导演金山，设计陈永倞，青艺院长吴雪
中国国家话剧院提供（曹西林摄）

金山同志担任导演时，是按其对剧本的处理设想而有最初的立意的。如他对《上海屋檐下》的设计导演构思，有一句话叫“螺丝壳里做道场”，说明这出戏四五家人挤在一栋房子里，不能变动迁换，又是上海特有的弄堂房屋结构，所以他用这句相当形象的原则要求，作为与设计者合作的开始。

金山同志导演的《红色风暴》，剧本是他写的，可谓成竹在胸，对每个场景基本有一套想法。与他谈设计方案时，他甚至能在纸上作出示意图来。而在林祥谦惨遭杀害时，他要求体现“视死如归”“从容就义”的形象，并设想了可以转动的立在高台上的电线杆，反动派暴力施刑后，绑在高杆上的英雄人物，不但不至于倒下来，而且是树立起一个不朽的英雄形象。

《红色风暴》剧照
中国国家话剧院提供（曹西林摄）

后来，这出戏被邀请到中央戏剧学院排演，金山任导演系的导演教师，我任舞美系设计教师。因那两个班的学生已经看过青艺的演出，为了达到新的创作要求，他跟我商量，不要先把我们的处理意图告诉学生，让他们研读剧本后，导演只提对于处理剧本的原则想法，让学生们开动脑筋，各人单独拟定计划在班上专题讨论，导演进行启发式教育，以求源于剧本，作出新的创造。因此他们的演出处理、导演和设计，与我们的完全不同，没有依样画葫芦的痕迹。由此可见金山导演的功力，同时也是他培养人才的一种有效做法。

设计构思

设计构思如何进行，不同设计者各有自己的习惯。而设计的案头工作，研读剧本是首要的；包括研究和理解剧本主旨、风格、结构、人物、事件及其所形成的故事诸方面的问题。研究与阅读须同时并进，一定要求从剧本出发。以前，我教新接触设计的年轻人，曾作过一种试验性的观察，办法是指定一个剧本让全班人据以作出设计草图，要求设计者同时要有导演者的立场，还应有观众的眼光，三者结合得出设计方案。有意思的是，多数人对剧本的设计草图，其表现形式几乎相同，差别只在大同小异之间；对于剧本的“必需场景”很少考虑或未加考虑。这就发现了一个雷同的问题。鉴于此，第二个作业要求学生不要看剧本前面作者写的舞台提示，将其用纸贴起来，坚决不看，不受其影响，强调独立思考。须知，如果是莎士比亚的剧本，往往只标明 ×× 一条街之类的提示，所以必须从剧本内容去理解，才能表现出所需要的场景。这种做法也许是个很笨的法子，但对初学者是有益的，我也是始终这样做的。

研读剧本时也不要急于画出草图来，但在研读中时有打动你的地方，可以即时记下来，用简要的文字、图像均可。多次研读总有引起注意之处，也可能有不同处理设想，先不要管这些，记下来就是，等多次研读后，注意点逐渐集中，那很可能就是重点突出的地方或问题。有时读到某处，第一印象触动了你，也应记下来，因为这不是偶然出现的，甚至是必然的感受，很值得以后思考。如此反复研读、记录，逐渐形成第一次以至多次不尽相同的草图；就其可行的归纳、总结起来，可能成为设计方案，至少是有意义、有潜力的可行方案。如把这种方案与导演会商，谈起来就会有根据，意见容易集中，分歧也易于发现，较之以文字说明作为商谈的基础，效果是完全不同的。所以设计的成败，关键是认真研读剧本这一程序，不管你用草图与导演商谈，或是导演先提要求再商量，这个程序都是非常重要的。

《万尼亚舅舅》：笨鸟先飞

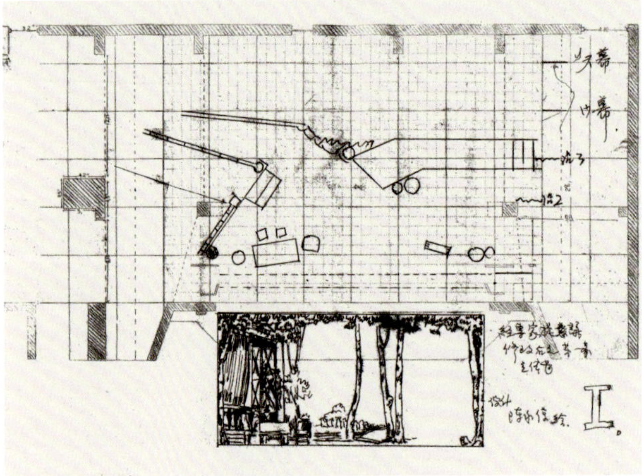

《万尼亚舅舅》第一幕平面图（中国国家话剧院提供）

在构思设计草图之前，应查阅多种参考资料，加以认真取舍，还可以对故事发生地的大环境加以设想。如果有可能，在设计构思的过程中直接深入生活、深入实际是非常必要的，对于反映现实生活的题材尤其如此。这也可叫作环境的定位，虽然是假设的，但其根据仍是源于剧本的需要，有利于舞台调度的合理性。如为一个庄园的某几个房间进行设计，应设想这房屋在庄园中的位置、建筑样式、周围环境、时代特征以及历史背景，诸多和剧本有直接或间接关系的方位和场所，都应作全盘考虑，甚至熟悉得像自己的家那样。多方参考资料后，才能做出合理的住处平面草图。

记得 1954 年排演《万尼亚舅舅》与导演会商设计草图时，就曾做过主人公所在庄园的布置图，研究方案时很有方便之处。也曾有人认为这种做法似嫌拙笨，我却是笨鸟先飞。如经几次商谈方案仍不理想，当再作处理；而前面做过的，不会全无用处；经反复论证，去粗取精，定稿渐成。但如导演将对剧本作新的解释，则更要进一步重新处理。

《娜拉》：三幕一景

《娜拉》导演吴雪和艺术指导盖达琳夫人在青艺剧场外留影
中国国家话剧院提供（曹西林、游振国摄）

1956 年，为纪念世界文化名人易卜生，吴雪院长导演名剧《娜拉》，请来挪威国家剧院导演盖达琳作艺术指导。她年事已高，平易近人。她迟到了，戏已开排，却带来了挪威 19 世纪的生活图片资料。这剧三幕一景，为便于调度，道具陈设做了些变化，以示事件和人物情感的演变；主要还在房门的位置和深度的处理。服装上很下了点功夫，演出后孙维世导演极赞该剧突出了人物，娜拉跳鼓舞时的服饰很有特色。数年后，挪威学者频频来访，后曾出版16开一大本书介绍易卜生剧作在世界各国的演出情况，其中有我院的《娜拉》人物剧照，娜拉的舞蹈特写是用整版篇幅刊登的。

附载 / **《娜拉》的舞台设计**

《娜拉》剧情变化峰回路转，角色关系微妙，人物情绪多变，应当有一个变化多端的舞台，才可以配合剧情发展的需要。但因为三幕戏都用同一景，舞台的客观条件不容许太大太多的变化，那就需要在舞台设计上作出一些巧妙的处理，以增加舞台的动感变化和层次深度。在陈永倧的设计中，这个层次深度就是舞台前部分和舞台后部分的高低层阶之别，以及置于高层阶之上的有“深度”的“房门”，由此配合演出所要达到的视觉效果。换言之，陈永倧在固定的舞台布景之中造出了有变化的演出空间。这不是单一的空间，而是不同的两大表演区 ，即舞台中还有小舞台。在不同的戏幕中，用不同的表演区演绎了不同的人物关系和情愫。

摘引自谭国根《世界级原著经典演出——1956年中国青年艺术剧院〈娜拉〉的舞台设计及表演美学》，见本书第406页

附载 / **《娜拉》的舞台呈现**

“西化”舞台上的人物与中国艺术家在舞美设计中投入的努力和财力相匹配，将舞台设计成真正的西方资产阶级生活场景：粉刷精致、悬着枝形吊灯的高高的天花板，符合历史真实的墙纸，厚重的帷幔和油画。客厅墙壁上有两幅油画，其中一幅描绘了一艘船从海岸线驶离，看上去真的像散发出19世纪挪威国家发展时期的气息；另一幅是罗马建筑的“古典”主题，背景是圆顶的圣彼得广场。这使舞台有一种意大利的氛围，与塔兰蒂拉舞相协调，同时也是一种基督教的宗教布置方式。然而，这也符合挪威戏剧传统的肖像艺术，从一开始就习惯于在布景的后墙上挂着拉斐尔的《麦当娜与孩子》复制品。这套家具很讲究，在一些很重的木框架上涂上了金漆，否则很像红木。后墙上大型的双开门上有着巨大的雕刻和装饰的框架，几乎像两边的柱子。此外，舞台上还有一架钢琴、厚厚的地毯，甚至还有一个镶着瓷砖的炉子。从最小的视觉细节来看，剧院一直在小心翼翼地寻求实现易卜生挪威世界的完整图像。

摘引自 Frode Helland《〈娜拉〉：1956年在北京演出的〈玩偶之家〉》，见本书第776页

总之，设计之道无他，源于剧本，释其义而赋诸形，更与导演密切合作，精益求精，跃然纸上，而形诸舞台，演者于其中游刃自如，观者又不觉其矫揉造作，设计之道，于焉以成。

制景工作

设计图制成景物，也应有正确的程序。当设计图经导演签字后，应做出布景制作图，包括景片结构正面图，施工用的布景背面图，还应标明幕次、景次的编号，必要时还应有局部放大图、色标等。施工前，应召集各专业制作部门开技术会议，我也称它为“圆桌会议”，意在不受拘束，畅所欲言。设计者阐述意图，各部门就其对剧本的理解，对设计图提出技术上的问题，以完善景物的形象。按剧院当时的体制，编剧、导演、演员、设计各组属研究实验处（后改称艺术处），而演出处分管制作和演出。由于各部门人员来自四面八方，各有专长又各有其工作习惯，因此，力求在艺术见解和技术体现上达成一致，形成行之有效的施工程序，是非常必要的。

《万尼亚舅舅》第一幕剧照
导演：孙维世　布景设计：陈永倞、范思廉

《万尼亚舅舅》空景照（中国国家话剧院提供，杨迪先、游振国摄）
自上而下：第一至四幕　布景设计：陈永倞、范思廉　绘景：陆阳春、盛锡珊

《万尼亚舅舅》第一景，如何表现庄园，茂林如何处理？50年代初，青艺剧场未经改造，特别是台深有限，表现庄园风貌难度很大。后采取远景用画幕，前景有便于表演的实景树木，前后景之间以纱幕过度，效果很好。第四幕木质墙壁的制作方案，也是多次技术会议解决的。因之，沟通设计、制作的这种做法，行之数十年，成效显著，已是我院的一种制度了。

舞台美术设计是陈永倞，说明书上写着布景设计是范思廉。实际上我只是协助陈永倞老师做了些工作。他在前期做了大量的案头工作，从分析剧本到画出万尼亚的书房、客厅、卧室、餐厅和花园的总平面图，对角色上、下场的路线都作了合理安排，在此基础上产生了舞台场景的平、立面布局。我的任务是收集俄罗斯建筑、家具等资料，并最后绘制设计图的技术性工作。

第一场景背景整幅画幕上的杨树林，主要是陆阳春老师执笔绘制的。我扶着三四米高的人字梯，陆老师在梯子顶端，手握板刷左右挥舞，杨树的叶子层次分明，立体感很强，堪称绘景一绝。

第四场景是书房，导演列斯里要求墙面要有木纹的真实感。美工们绘制了几种样品均未通过。最后不得不用三合板的一层原材料制作，真实感虽无可挑剔，但三面墙也是前所未有的超重，这在布景制作史中，大概也是没先例的。

摘引自范思廉《画梦录》，2010 年印刷，第 3 页

向工农兵学习

《四十年的愿望》：带戏下厂

剧院于 1953 年上演的《四十年的愿望》描写四川同胞为修建成渝铁路奋斗了两个朝代，才在新中国成立后破天荒地自造铁轨，使铁路得以建成。为了体验生活，排演组从北京出发绕了一个大圈子：坐火车到宝鸡，换乘汽车过秦岭，车行四天到达成都，了解川人建路斗争史；再乘新通车的成渝铁路到达重庆，下到制造铁轨的钢铁厂，与制轨工人生活、作业在一起。

陈永倞（后排右二）与钢铁厂工人合影

轧钢车间本不让外人进入的，钢轨经轧辊冲出来，宛如一条凶猛的火龙，头钳工人以迅雷不及掩耳之势，钳住轨头并顺势纳入轨槽，冲力猛、重量大，是不能让我们上阵的。但在我们的恳切要求下，终于同意让我们把着手试试。近千度的高温，势不可挡，抓不住它可不得了。要得到感性知识，总算试了几下，被护送出现场，从而更体会到重工业工人的伟大。

深入生活，有如画家的“外师造化，中得心源”；得到可贵的感性知识，是十分有利于艺术创作的。这是带着剧本下生活的一例。

《钢铁运输兵》：赴朝试演

1953年，正值抗美援朝赴朝慰问，我们把初排的《钢铁运输兵》带到了最可爱的人身边。和汽车兵在一起，他们的英雄事迹十分感人。美帝凶残，远非常人所能理解，更激发了爱国热情，更仇恨帝国主义的侵略。当时正值板门店停战签字，美军司令无法取胜，长叹“在错误的时间、错误的地点，打了场错误的战争”以卸责任。我们在慰问演出中赶排《钢》剧并作试演，听取意见，这是十分难得的学习机会。回国后，这出演兵的戏演出超过三百场。关于这段经历，我曾有诗为记：

> 《钢铁运输兵》，最可爱的人；慰问到朝鲜，带戏去取经。
>
> …………
>
> 演兵先学兵，红心总相连；虚怀朝夕练，排戏营房前。
>
> 归国再演出，焕然一新篇；上演三百场，演兵得真传。

《迎春花》与《丰收之后》：胶东巡演

1964年，《迎春花》剧组到胶东跑了八个县，演出中带着《丰收之后》，更到山区县正是故事主题人物所在地的大队。一个月的三同中，渐识乡情可贵。县里都有县剧场、县剧团，吃住演在一处。

在大队演出，就选择田间梯田作观众席，低处平地作舞台。布景都是软幕，特制的画幕对没见过话剧的山区农民具有很大的吸引力，不少人全家老少带着干粮赶着大车，远道来看戏。这样以农为师，演农民熟悉的故事，得到的意见，是非常中肯和可贵的。

陈永倞胶东农村留影

“1964年四月至五月，为《丰收之后》提高质量，到胶东栖霞县小庄公社北路家沟大队深入生活。这是和房东王国璋老夫妇合影 永倞志于烟台”

《迎春花》设计图（中国国家话剧院提供）
设计：陈永倞、毛金钢

剧院多次组织演职员到工农兵中去锻炼，获益很多。不久，遵照周总理指示，建立了为工农兵服务的三个演出队，从深入生活中得到思想和业务的提高。各队一定时期可以轮换，但不一定用分工的名义建队。

几十年悠然逝去，参加设计的戏很多，限于篇幅，就此从略，容有机会，另作追记。试看今日舞美事业，蓬勃发展，诸多盛况，创新之作殊多，足资学习的更多，惜老之已至，无复附诸骥尾的豪情了。

据陈永倞手稿《四十五年容漫忆 舞美如今更创新》
（约作于 1994 年）整理，标题由编者加配

愉快的回忆*

——《保尔·柯察金》的装置设计

◎ 陈永倧

接受这个任务从读剧本到上演，时间不能说不长，而在创作图样的三次情形中，尤以第一次的作图，那十天中除日常组内行政工作及《爱》剧总结、《果》剧制作等等以外，只有四个晚上，而且是开夜车至半夜才能作出草图，并且是一个晚上写分幕说明，其余三晚，每晚画一幕三景，如此短促的时间，更加上毫无考虑，简直对新现实主义的手法一点都没有摸着，也未和导演谈过一次话，单凭个人的想法及一些老办法就作出图样来，无疑是草率的，不合用的。当时也曾这样想：先有些图样，以便和导演谈话时有些根据。就如此结束了第一次的创作过程（还不如说先试一下看吧），说不上“创作”二字。其结果得到的经验教训是：1. 不能避免凌乱与草率；2. 选择材料，五色缤纷，杂然并存；3. 主要毛病，只想强调苏联风光，全未考虑技术问题，更未考虑如何抓住剧的思想性，并如何简练地表现出剧的精神；一句话——太草率了。

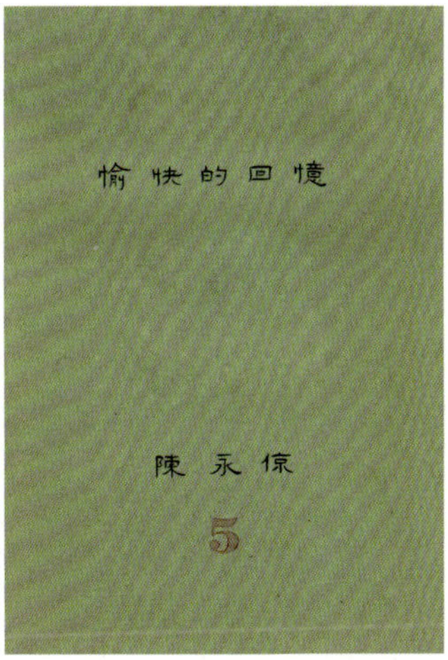

《愉快的回忆》首页
中国国家话剧院提供

接着在前后几达两个月的迎接苏联青年代表团的工作中对本剧做了三件事：

（1）互相参考研究——组内多数同志都画出了图样，根据那些图样举行座谈会。但这次会仍是偏重作图技术问题讨论，对如何处理这样一个戏，大家也都有些陌生。

（2）多方征求处内意见——将各人所作图样全部陈列展览，以吸取全处同志的意见。老实说虽得到些批评，但也是些喜欢某几张等等的空泛的意见，无法具体帮助再次的创作。

（3）再找参考——重新研究剧本，开始读小说。

* 本文由中国国家话剧院提供（由他人抄写）。——编者注

第二次作图

表面上看是简练些了，但或则层次不分明，或则气势不够，或则单调脆弱。而主要的是发展性少，通盘无力，有如害贫血症的人在那里强为欢笑，小派且不着边际。于是我又回头从剧本中去体会。

（1）了解小说作者——就人物说，保尔这个角色，正如西蒙诺夫为奥斯特洛夫斯基所写的诗句“向前！向前！”他不怕困难，经得起考验。时代背景，是苏联内战开始至新经济建设初期。作者于 1904 年生于乌克兰一小镇上，1928 年写《钢铁是怎样炼成的》小说，后因邮局遗失原稿又重写；1932 年出版，七年中重印 100 次，发行至 250 万册；1935 年 10 月 1 日获列宁勋章；1936 年 12 月 20 日逝世（有谓 22 日逝世的）。小说是根据他自己经历写的。

（2） 剧本精神——据曾获斯大林奖的导演在《献给导演的话》一文中说：

> 全篇精髓是描写一个人——为共产主义而奋斗的战士布尔什维克的性格怎样锻炼成钢铁一样。
>
> 保尔·柯察金及其伙伴们在革命的狂风暴雨中造就出自己的性格，在内战的烽火里经起了锻炼，克服了战后的破毁，与反革命斗争，并为了光明的未来，为了共产主义而献出自己全副力量、精神与生命。保尔的一生是个受过共青团与党的教育的、对于祖国对于革命，表示无限忠诚的人，他和我们人民的英勇斗争保持紧密联系。正因如此，所以保尔在伟大爱国战争岁月里又能像重生了一般……直至今天我们青年继续为共产主义而斗争时，仍然记得奥斯特洛夫斯基的话：“只有上前，只有上火线，只有通过艰难困苦——走向胜利，也只有走向胜利别无他路。”

（3）苏联导演的意见。

①高列萨耶夫·沙仁：“本剧是多景的，因此点缀必须简单轻便，容易迅速撤换。”

我拟采纳的是“简练”。

他又说：“如果能为演出多画一幅新幕，上面画着象征的标志：‘绿枝与红旗’那就更好了，这象征着保尔·柯察金不朽的青春和他争取的事业。”

我不拟采纳他的“象征性的二道幕”。

②据格拉西莫夫的意见：

甲 手工业式的转台——曾考虑此问题借以解决过场布景迁换及全部布景迁换之困难。后因我们舞台宽度不够，如用两个圆盘，每个的半径仅有 7”— 6”。这产生了两个缺点：其一，表演区过小；其二，视线问题，不能照顾前排左右两边的观众。

乙 他以《青年近卫军》为例——先有舞台剧，后拍电影；他们的舞台条件好，并且是四幕 32 个景（经过删节的），景既多，必须着重解决迁换问题。而我们只有其 1/3 的数量（连过场计算），如将过场简洁化不用布景，则只剩九景；除幕间休息外，实际只有六个景需要解决迁换的技术问题。

丙 经费有问题——虽用手工业式的双转台，至少仍需3万斤小米以上，财力不可能，何况用人力转动是否完全可能，毫无把握可言，因此作罢。

可惜我这时患了好几个星期的病，病中对剧本分析及参考材料下了些功夫，可是能力太差，这第二次图样还是失败了。

第三次作图

这是决定性的，应结合各种条件，如舞台大小、形状，人力、财力，时间等具体条件谨慎从事，学习以新现实主义的手法处理问题，既要掌握它的三个要点（①有教育目的；②预见了明天；③肯定新的事物，且是乐观向上的），又要在过去的旧方法中（搞旧现实主义的东西）摸索出一条道路来。这在我是较为困难的。首先，我不能判断新现实主义表现在装置上与旧的有何区别？我要很具体地了解一些问题，借以区别旧有的创作方法与技巧，因而提出一些疑问请导演解答。孙同志举了一个例："譬如说白杨树就给予了俄罗斯的气氛，但是舞台上是不是布满了白杨树呢？这样造成舞台上堆积与困难。如果用一棵白杨、二棵白杨，就给予俄罗斯的气氛，同时又真实，不是故意用象征的手法来表现，而是确能表现一定的思想内容——能与演员一起生活，表现一定的环境，造成一定的气氛。"

于是我反复考虑这个例子，回想起过去的一些舞台画面，引申起来我体会到，假如表现一个森林，为要造成某种气氛，故将其树枝造成魔鬼的爪似的，以图达成恐怖的心理，这即是在树的本身上企图造成象征意义，无疑也是偏向于形式主义的东西，这就不适合今天的要求了。因此我们用一棵白杨，仅仅要说明它自己就是棵白杨，除此之外，不能要求它发挥另外的作用。当然，并不是随便搬棵白杨来都行的，用于某一景物中的白杨，其线条、姿态以及大小长短，均应予以加工，以期表达一棵典型的白杨，且适合于我们的构图。

以下分五个步骤进行创作。

1. 力求简朴明朗：每景中找其主体

Se. 1 湖畔。这是战火尚未波及的小湖风景。白杨与垂柳问题，可以斟酌。小说中叙述的是垂柳，电影中看到的也是垂柳；另外从参考资料中知道白杨是在建设期中的植树。据此，为求历史的真实似应用垂柳为宜。而我考虑后仍用白杨，因觉得白杨有股向上的无穷的力量，不是垂柳只能表示幽美秀丽的性质可比；于是采用了白杨。同时也可以说这儿运用了"艺术的真"，故不拘泥于"历史的真"。

Se. 2 保尔家。一群穷苦的孩子被水手朱赫来指示了斗争的方向，保尔开始了解单人独马不能解决根本问题，必须把自己的生活与斗争同别人的和党的生活与斗争联系起来，结合起来，依照列宁的灯塔的光亮前进，才能获得胜利。至于景物的安排，必须用左右两个表演区域，一边以桌子及窗为中心以示家中，一边以路灯为中心以示屋外。这两者不同时运用，但须取得一定的结构上的联系。其他如房屋墙壁的角度虽是技术问题仍必须解决，因不拟用屋顶，却要在感觉上不觉其并无屋顶。

Se.1 湖畔（中国国家话剧院提供，吴寅伯摄，下同）

Se.2 保尔家

Se. 3 狱中。保尔被迫害与无意中的被释放。就表演区而言，也得分成两个。至于两个表演区是前后分别开来还是上下分别开来，还是左右分别开来，这个技术问题只得根据具体条件解决。由于这是保尔经历的第一次考验，虽入了狱，经过了严刑拷打，不但未出卖同志，并且增加了对敌人的仇恨。经此一番锻炼，从死亡中逃脱后，紧接着下一个景。

Se. 4 冬妮娅家。与前景的分别是强调阶级对比。保尔落在抚爱、温情、关心的气氛里，他很想留在此——留在爱人身边。但是他知道留此就会背叛了整个事业，而他真正应去的地方是在红军队伍中，于是与冬妮娅告别，热衷而又确信他胜利后会回来找她。

Se.3 狱中

Se.4 冬妮娅家

Se. 5 战场。这是骑兵队伍，这儿有团长宣誓前进的场面。保尔这时已是战士，他对“资本家地主的少爷们”的仇恨变成了对年轻共和国的敌人的仇视，但有时仍残存着错误的无政府主义的思想。朱赫莱、丽达、政委教育了他，他终于服从了党的纪律，英勇地战斗着。

Se. 6 修路工地。严寒中艰巨的任务。保尔伤愈后本拟再上战场，但新的战斗任务给予了新的前途，他怀着与童年同样的热情和气魄走向了另一须要斗争的战线。虽严寒冻伤、生病仍领头干活，突击，发起了挑战竞赛。同时坚定了阶级立场而鄙视冬妮娅。

Se.5 战场

Se.6 修路工地

Se. 7 海滨疗养。这儿应海阔天空，一处良好的疗养所在，更应表示新社会之建设及优裕劳动人民的情景。保尔在此时经历着可怕的考验——失明，但仍坚持，仍要尽一己力量为祖国效劳，并未屈服于双眼的失明和怀疑一个失去健康的人是否还能为祖国服务。

Se. 8 保尔家。保尔已半身不遂，他在精心写作。这是表明保尔的胜利，应充分表现光明和朝气。

Se.7 海滨疗养

Se.8 保尔家

2. 这样处理问题的三个企图

①有发展——从细节服从整体来解决问题。

甲　在色彩与线条上说明从旧到新。

乙　在画面与结构上说明从旧到新。

丙　有重点，有中心。前述画面的结构本是次要的，它只是在一般的设计原理上处理着均衡、层次、节奏诸问题，着重在主体物的强调，从景物安排的焦点与表演的焦点联系起来，因以达到人与物的密切配合，从而解决中心与重点诸问题，以期清晰明朗、一目了然，造成一条向上的有发展的道路。

②相互之间有对照——

甲　从较凌乱到简练。

乙　表明阶级生活的对比。

丙　表明和平环境与战争环境的对比。

丁　表明从腐朽的到新生的对比。

③乐观主义——符合新现实主义三要义，以图表现光明的远景。

又据苏联导演高列萨耶夫·沙仁的意见：

剧名《保尔·柯察金》是聪明而又恰当的，因为小说中的人物故事发生变化，是在一般的剧本里装不下的，改编的作者抽出保尔一生中主要的阶段，把各幕都集中在他的身上，并使其他人物处于唯一的目标下，以更完美地述说出保尔性格的发展。

保尔是我们的同辈，他这个人的内心很接近我们，因此演出关于他的剧本时，不能拿出回忆过去的样子，而应拿出热情来活泼地、激烈地叙述今天的样子来演出。应该脱弃生活的琐碎细节，以便使他畅达地、自由地像歌唱一个最爱“人生”的人似的向前发展。这个人为了争取自己在社会主义建设者的队伍里一个位置，甚至当他失明之后被束缚在床上时，自己还能从新的劳动中在创造中找幸福。

很好地表达出小保尔内心的成长，那是更重要的。

保尔这个人最基本的东西是什么呢？保尔看到了自己眼前很明显的目标——自己祖国的幸福，为了这一伟大目标他已决心牺牲一切了。他在斗争和劳动中看到了生活的意义，不管在他面前摆起任何障碍来，保尔总能以最大的倔强力克服它并向前前进。

据此，我这样计划着，并与导演仔细研究后做了以下的决定。

第一幕　以第 1 景为主

　　第 1 景　平静的乡村——→

　　第 2 景　初听革命党人的指点——→

　　第 3 景　入狱，初受考验。

第二幕　以第 5 景为主

　　第 4 景　冬与保家对照——→

　　第 5 景　实际斗争。

第三幕　以第 8 景为主

　　第 6 景　艰苦修路，再度考验——→

　　第 7 景　适于疗养的环境，已见社会主义建设——→

　　第 8 景　写作成功，光明的远景。

3. 解决技术问题

制作时按三幕八景进行的：第一幕，1,2,3 景；第二幕，4,5 景；第三幕，6,7,8 景。

制作完成后，导演为使观众易于了解有连贯性，改为四幕八景，每幕包括两个景。这对于迁换速度是稍有影响的，不能使原来的企图——使景与景的速度的联系更形紧凑，不造成戏剧发展的中断现象——较圆满地达成。但仍尽了大力并尽可能克服了。其中可以记述的为：

①每幕第一个景较复杂些，因有充分时间搭景。

②用单色二道幕与翼幕，而翼幕的装法与一般的不同，使成半截弧形以放大天幕的视野，同时使与二道幕口结合，以控制舞台口及表演区，还可省略一些景片，且可使每景有同一的起迄点。

③酌量用套景——如 4，5 景。

④酌量活用平台——如 1,3,5,7,8 景。

⑤酌量共用台阶——如 3,5,6 景并不使移出表演区。

⑥酌量共用小柱——如 2,3 景。

⑦尽量使景面完整——如避免布景片拼合的接缝。

4. 避重就轻

在手工业式舞台条件下，避免难以表现的东西。如：

5 景，本为河岸，因活水有困难不像，故不用。

7 景，不用海水，而用波涛声。

5. 参证

①室内装饰——乌克兰一般人民住室中多备有地毯，有毛质的，也有草质的；颜色喜用红蓝。我未敢用，因恐观众不习惯，以为保尔家哪能有地毯陈设呢。

窗帘：同样喜用蓝红两色，而这些图案未能找到，只好在乌克兰服装上花边中找出来稍加变化应用。

墙花：冬妮娅家墙上花纹来自乌克兰瓷器图片中，由那些图案变化下来的。因乌克兰是产瓷器的国家，同时在另一张古典的画中其服饰上也有类似的图案，两相印证，就采用了，当然仍是加以变化的。

画框：冬家墙上大画框原拟用冬父画像，根据剧词中保怕冬父故采用。后有演员提出不用冬父像，乃改用森林风景，因冬父为林务官，如此以使之联系。

画像：8 景挂的斯大林像来自苏联年鉴，时间性是正确的，可惜画像时不仔细，致身体方向反了，但并无大碍。

塑像：列宁于1924年1月21日逝世于高尔基城，在8景中的年代是合适的，并主要的要说明列宁倡导的十月革命赢得了胜利。

为何既用画像又用塑像的问题。我以为用列宁塑像以期与第二景列宁灯塔印证，用斯大林画像想说明在他领导下建设祖国。

②火车站标志。6景修路，有火车入站声，在最后方衬以远景，找到1906年一个小火车站的图片，那路标，那水塔，虽年代比1920年早些，幸亏是只早几年才敢用。

③藤椅。7景所用藤椅，初不敢用，因不能肯定是否有此。当时问过一些到过苏联的同志，均云未曾注意到。后找到一张画像，列宁坐在花园栏杆旁藤椅上，正如《列宁在1918》中穿着的服装，年龄也相近。以后陆续发现了好多幅各式各样的藤椅，才肯定下来用在休养所。因为沙发不便摆在露天，木椅没有藤椅有舒适感。

④ 7景。地点应是索契市，在黑海岸，而其风光如何，初不便臆造；后找到两张索契市的照片，有一张正如小说中描写的休养所海滨浴场，这一发现解决了这景的树木、花草、棕树叶诸问题。

⑤ 8景。原剧情况及作者本人当时实际情形与演出的布景相差很远，他一家数口住在一间楼房里，虽然也是在莫斯科城中，但决不是这个样子。后来原作者夫人丽达同志赠我院演出的礼物中（这时《保》剧已上演一个月了），也可看出作者当时住室的真实情况，是距此景甚远的。为什么不遵照史的真呢？

甲　就戏的发展情形而言，简直无法收尾，没有一种力量可以压得住。

乙　替观众设身处地一想，在情感上、要求上也必然会感到莫名的失望，甚至怀疑或以此减弱了信心而为主人翁惋惜；更重要的是要表达乐观主义的精神。

丙　书的问题——修改过程中，曾有建议用满房书架，以说明主人公之写作生活，这样却有缺点：

a. 在前景（7景）中保尔已失明，那时他是借市立图书馆的书看的；7景至8景已有两年左右，而在失明的情况下陈设满房的书似不合理。

b. 书多则分散注意力，且目的性并不明确，因并不可能表现此景之主要精神。

c. 重点不应如何去安排一间舒适的住处，而应表明一种崇高的、向上的、光明的希望与美好的远景，同时更要以乐观主义的精神处理之。

d. 再从剧词上看，保尔接〖小说出版〗电报后说：

> 我深深知道在我们国家里，黑夜也会变成阳光辉煌的清晨的。
> 今天是我一生中最幸福的一天，我达到了一个人所能达到的最高幸福……

一个人最宝贵的就是生命，生命予我只有一次；一个人的生命应当好好的度过去，当他回首往事时，他不因虚度的年华而悔恨，也不因过去的碌碌无为而羞耻；这样，在他临死的时候，他能够说，我整个的生命与精力，都已献给世界上最壮丽的事业——为人类自由解放而斗争！

于是，第 8 景成为演出的样子。

思想性与艺术性的结合

以上较详细地叙述了创作过程，回想起来，经过这次工作使我在思想上和业务上提高了一步，总结起来有如下述。

1. 生活，思想，创造

布景的生命，是赋予戏剧动作的一具温床。“戏剧作家把剧场和生活之间的直接关系建立起来，导演便努力借他自由运用的舞台表现的各种形式的帮助以完成演出上的统一；和导演处于平等地位的负责整个演出设计的设计家面临着一个同样的任务。”这是 A. 巴色克希斯论舞台设计的见解。他又说：“由于苏维埃剧场的发展，苏维埃剧场便使舞台美术家感到责任心，使他承担了演出的创造的位置，使他成为和演出者与演员同样重要的人，而不只是把自己限制在他所执行的职务上。”这儿已经说明设计工作在演出中的重要性，他的执行任务，并不限于装置的本身，而是与剧的全部精神结合的。因此他又说：“同时，苏维埃剧场要求着，一个装饰美术家的选择要在本质上和剧本一致，和剧本的精神以及既成团体的美的信条一致。”这足以说明新现实主义与旧现实主义在思想性与艺术性方面是有着不同的道路的。

如果不熟悉生活（如剧本中表现的是战斗的生活，或劳动人民的劳动生活等），艺术性就无有源泉，也就无从产生；又如果忽视了艺术的社会作用，则艺术性也就无以为用，不与思想感情结合就不可能产生艺术性。当然，生活、思想、创造三者必须紧密地结合使成为完美的整体；单单强调了生活与思想，而不能出以具体形象，也不足以完成任务；思想性之与艺术性，换言之亦即政治性与艺术性之能够传达给观众，必赖形象的完美创造始奏殊功。创作中无艺术性，其思想性不是格格不入，即是矫揉造作；不是一派空谈，即是生硬枯涩。由此，艺术性是以思想性为基地，从而孕育苗芽，从而本固枝繁叶茂的。树木的根本既经稳固，虽狂风暴雨不被其所摧，才可昂然矗立于今世。斯坦尼斯拉夫斯基说：“真实地了解生活，才能够表演真实的生活。”实是至理名言。

2. 创造再创造的问题

根据导演计划，简言之，是“创造再创造”的。即是要求在思想性与艺术性的统一中，以期产生艺术的形象，并结合着这形象的创造以“表现”“艺术的真”。舞台艺术能深切地感人，就在于生活之艺术“表现”，电影剧不能打败舞台剧，也赖于这“表现”。表现未达到水平固然不可，已达水平仍须提高；已经提高，还得深入。古人所谓“至于化境”，所谓“登峰造极”，以达无懈可击的境地。这的确是件艰难的工作，要有耐心，有信心，还得有计划，有步骤，也是“有困难的，有办法的，有希望的”工作，值得学习的工作。

格拉西莫夫说：“演员与导演的关系是联系着的，每个演员应是其形象创造的主宰，并不是由导演搬动的机器，导演把演员思想统一传达给观众。”这就说明从思想出发的重要性，也说明导演与演员及设计者有了共同的认识以后，才能够进行创造的重要性，更说明了导演是统一思想的掌握者，各部门工作均得在这一掌握下才能顺利愉快地创作。他又说：“天才是由血汗换来的，一点一滴的苦功才能逐渐提高人的修养，天才脱离了劳动是会走向死亡的。”那么，“立挥而就”“出口成章”即是优越的创造家吗？下苦功磨练就是愚蠢吗？不，这儿已经说明了离开劳动不可能有创造，只可能在努力的劳动中才能有卓越的创造。他又说：“为了达到集体力量的发挥，应当每人负责，由于责任心才产生了创造，并与导演共同创造。”导演负责整个戏的演出，是指挥这件工作，而非指挥这些工作同志本身。导演在掌握剧的思想时，必然起着统一思想的作用。据孙维世同志说：“在苏联，虽则他们的舞台设计家多不属于某一剧场的，但他既可以和有成就的导演合作，于是在演出中的成就可以相得益彰；也可以和未成名的导演合作，那么设计家的高度才能自可在工作中给他以大力的帮助，以使演出臻于完善。由此足见两者是分工合作的，而建立这种关系是在思想性与艺术性的结合上，不在人与人职位的悬殊上，因此也就没有谁领导谁的问题存在。”

当然，这里必须说明，这只是说明导演与设计的关系，正如我们在别的方面学习苏联一样，这必须结合具体情况的，那就是我们的设计家有没有达到苏联的那个程度呢？而《保》剧的设计中，我本人是否应以设计家自居呢？才能够得上吗？诚然，我如此地怀疑过，也犹豫过，但经过反省，我应坚决地说——不够的！具体情况既然如此，那么在创作过程中，我要求导演给我的启发和指示，就必然很多，且很需要，因为我要学习新现实主义的创作方法，因为我过去没有用过这种方法，我不懂得这种新的创作方法。由此说来，我没有在职位上计较的必要，更没有妄想和先进的苏联比较的必要。不过，也许有人反问我：“你就没有进取心吗？”不，这是两回事。一个人是要有进取心，是要求进步的，但是今天的我在这件工作上是能力不够的问题，不是不要进步的问题。

再说，导演在戏剧领域中，能否是个编、导、演、设的全才呢？这很难说，全才的导演的确难能可贵，唯其难能恐也是少见的。我想这是另外一件事，不是我要说的。我要说的是，导演者和设计者在创造与再创造中，他们的工作方式是不同的；两者的合作，犹如一个交响乐团，导演者是指挥，设计者是演奏者；指挥掌握了乐章的精神，演奏者掌握了那件乐器；在思想性与艺术性的结合上是统一的，在工作方式上是分工的。再说，在演奏中，小提琴与喇叭，黑管与大提琴，它们在同一乐章的演奏上，有艺术上的高下吗？有职位上的高下吗？没有的，不应当有的。如果这例子举得恰当的话，那么，统一与合作的问题，职位与艺术的问题，造诣和工作方式的问题，已够具体地说明了。

所以说，在演出工作上有分工，在工作方式上有区别，而这些工作者是为了一个共同的目标在努力创造，发挥着集体的力量，以期传达剧本的精神。只是戏剧艺术较一些工作繁难、深奥，涉及的问题很多；工作者们必然需要较长工作时间，不断地推敲、斟酌，不厌其烦地精益求精，创造中提高，提高后再创造，一直不放松地工作下去，直到瓜熟蒂落创造完成为止。

此外，对于“创造再创造”的期限问题，曾经产生过疑问。当时认为，在一定阶段后，导演与演员的创作是根据具体的人和物，亦即凭借着三度空间进行工作的；而设计者在这阶段却只是纸上谈兵，是二度空间的平面工作。如果为了使演员与装置密切地结合起来，势必做完全部布景才合乎要求，否则可能会出现大修改的问题。为了补救这个损失，势必要使创作时间尽可能充裕。同时，预先规定了日程，恐不是今天我们的条件可以办得到的。不错，我们可以定期完成任务，但在成绩上，在戏剧或人物的深度上，往往是不能令人满意的。因此，我曾这么想——假如在时间上不作硬性规定的话，对于演示的完整性是有莫大好处的。当然，戏剧艺术的生产，是否可能和工业品的生产相提并论，还值得研究，至少我还没有想通这个问题。

3. 愉快的合作

这次与导演的合作是一次愉快的合作。

过去十五年中，我也曾冒昧地设计过好几十个戏，其中有莎士比亚、莫里哀、易卜生、老奥斯特洛夫斯基等等的作品，也有其他的近代剧和现代剧，也经过一些名家导演。在那些次的习作中得到了许多教益，使能逐渐成长，我内心深深地感激。然而旧时的演出方法与创作精神，究竟不能和今天相提并论。例如，在掌握剧本的思想性这方面常是忽略了的，在精神的贯注上是不够集中的，在材料的处理上常是偏爱的。

如今，要求不同了，在新中国的剧场中，设计者是被看作演出的合作者的，而且在共同努力以形成剧场观念的创造，是达到了高度的合作境地的。这主要的在使剧场密切地接近了剧本的内容，自本质上进而具体地以使整个演出成为新的合作形式，从而努力以完成演出上的统一，使剧本的精神得以完善的传达。再就导演掌握思想性时，他是启发性的，决不提出主观的限制，以免拘泥设计者的思路，因而使设计者循着剧本的精神的感召，获得了一片广阔的天地。

是“光荣包袱”吧，或是老一套的渣滓，全都搁在一边了，一切开始从头做起。创作中的苦闷还是有的，还都能克服，创作的情绪一天天地好起来，精神愉快起来。新的工作中，由于有导演掌握了舵，更有同志们及时的帮助，才算完成任务。虽则设计本身仍有许多缺陷，那只是个人能力问题——生活不够丰富，知识与技巧贫乏，这些自非一朝一夕可以期于至善，有待今后在工作中争取学习与提高，并将加倍努力以迎接新的即将到来的任务。

这次能完成如此艰巨的任务，是和同志们所提的宝贵意见分不开的。许多景物来自同志们的启发或指点。例如，第 5 景的十分之八九是根据阳春同志的意见。布景制作完成在舞台上排演的过程中，同志们又帮助我提出许多具体的意见，较重要的如：第 1 景湖畔土坡原是和第 5，6 景共用的，其式样只得将就三个景都能用；后改成自中央向左方逐渐消失的坡形。第 6 景台右前大树片的增设和灶后墙上的小窗洞，这些都是得正宇同志指示的。其他获益还很多，未及一一记述。

最后，《保》剧的设计工作，虽然经过一再推翻，三度重新创作，成绩不算好，而在工作中是受到教育的。

毕竟是一次良好的开始——我说：

愉快的合作。

据陈永倞个人总结（1951 年 2 月 14 日）整理，收入本书时略有删节

工 作 人 員

舞台監督	沈賢
前台	青年宮(經理室)
第一劇務	雷平
第二劇務	于真
第三劇務	劉俊民
宣傳	張紹楨 范思廉 俞佳奇
資料	郭奮揚
美術顧問	張正宇
化裝顧問	辛漢文(特約)
裝置設計	陳永倞
服飾設計	張鳴琦
燈光設計	汪公達 王建
製作主任	陸陽春
後台事務	楊克誠
伴唱	音樂組
佈景管理	錢海南 黃家駿 倪根寶 黃林富 魏舒勝 陸慕良 馬景明
燈光管理	鍾高燕 古根富 李敏 金重
服裝管理	張琳 周小瑞 秦玲 藍櫻
化裝管理	程漪芸 趙德寶 石如玉 常大年
小道具管理	李楓 楊沉 高長林 林墉
大道具管理	趙鑫泉 李瑞芳 計元龍
效果管理	趙綾孫 蔣勉 李珊
司幕	王鼎禮 何春亭

《保尔·柯察金》工作人员表（1950 年首演）
引自中国国家话剧院编著《唯有赤子心——孙维世诞辰九十一周年纪念》（新华出版社 2012 年版）

观摩散记

——关于舞台美术的学习心得

◎ 陈永倞

第一届全国话剧观摩演出，汇集了全国广大地区的 30 多个话剧团体，参加会演的剧目大小 49 个，其中多幕剧 31 个，如果每出戏平均是四个景，就有 120 多个景；独幕剧 18 个，也有十几个景，加在一块儿大约有 140 个左右布景。在这样一次空前的大会师里，通过互相观摩、交流经验，对今后舞台美术工作的提高将会起着决定性的作用。一个月以来，从会演中学习到了很多的东西，这些经过数以百计的舞台工作者多年艺术实践、辛勤劳动的成果，真是丰富多彩，蔚为大观。会演的成绩是显著的，一下子欣赏了这么多的东西，很难全部领会。为了研究和学习，我想列举以下一些细小的问题来谈一谈。因为对问题的看法自己也不明确，所以提出来商榷的并不意味着只看见坏的看不见好的、专谈缺点少谈优点，那就不是我的原意了，希望大家共同来研究，尤其希望名家的批评和指正，使我从会演观摩学习到一些东西。

（一）

舞台的真实来源于生活，舞台艺术的形象，是通过生活的观察、体验、研究、分析，按照主题思想的要求、剧中人物动作的需要和规定情境的展示来创造的。一切符合剧本的需要，一切符合于表演的需要，除此以外，再也没有应当突出的东西，也不应当再有别的什么需要表现的东西。假如我们通过对生活的深入理解以高度的概括来体现生活的真实，那就有人会说了：生活中原是那样的，你为什么不顾生活的真实，硬要这样来表现呢？这样的提法是只看到生活的表面现象，因而抓不住事物中本质的东西。“事实——还不是真理的全部，事实——只是原料，应从这些原料中熔炼出来，选拔出艺术的真正真理……需要从事实中找出意义。”高尔基是这样教导我们如何创作的。

在舞台上，水、火、刀、枪的逼真的运用，已经达到了不该有的限度。不妨提几个例子来看一看。

水——在《扬子江边》老工人家的那场布景中，因为舞台左方有一个很大的空间，于是在那堵墙壁上设置了自来水龙头，竟使剧中人在那儿去刷洗碗筷。真正的水在台上出现了。在《一个木工》黄健明宿舍外院那场布景中，大概是为了要合乎真实的缘故，竟用真水来洗菜，还故意地把水滴在石桌上（道具）、地面上（舞台地板）。还有，在别的几个戏里面，演员信手往地板上倒茶、倒水。我以为那些喝不了的茶和不喝完的水，都是有意那样做出来，为的是表现生活的真实的。

火——在《方志敏》中用真火烧地契，在另一场由于地雷爆炸引起松树上的标语真的燃烧起来，那种惊险场面的处理，除了使观众震惊外，不会让人们拍案叫绝的。在消防队还没有在舞台上负起监察责任制度以前，最好是摒除这类无益而又有害的效果。

刀——明晃晃的菜刀，在《方志敏》《在激流中》和《一个木工》中以各种理由出现着。观众忘了看戏了，总在担心菜刀会不会割破演员的手指头。

枪——《冲破黎明前的黑暗》中，逼真地使用开枪的效果，在与敌人作战，日寇枪杀幼童的场面，处理方法都是不够含蓄的。

上述这些舞台效果和表演，不能有助于整个舞台艺术形象对观众的吸引；相反，在哗然、惊骇中，分散了观众的注意力。我以为这些都不是舞台上需要的东西，更不是非这样表现不可的；抛弃它们是完全正确的。

（二）

布景的功用在于恰如其分地创造了空间，在这个空间里所呈现的景象，既符合于剧本主题的需要，更能够最适当地帮助演员的表演。在一个规定情境之内，由于观众受到它的艺术氛围的感受，从而承认它的存在；而且由于它所造成的感觉，使观众在一个合理安排的场景中对剧情的发展赋以合乎逻辑的想象。这种引导和发挥观众想象的可能性，决定着布景的价值。观众在剧场中的主要注意力是集中于角色在戏剧情节的活动中的，如果不善于引导他们，相反的再加上许多分散注意力的东西，那么将是顾此失彼，得不偿失的。通常在开幕的一瞬间，观众是首先领略到舞台空间的情境的，随着就会紧跟着人物的一切活动，投入到戏剧的氛围中，这本来是合理的，如果就在这些地方这些时刻，硬要把一些不必要的东西去扰乱观众的视线，除了把观众引出戏外，是没有其他好处的。舞台美术所要创造的形象不是各自孤立地存在着的，它必须是有机地存在着，离开了描写主题、烘托剧情、增强动作和帮助表演的因素，那是绝对不可以的。喧宾夺主是最应忌讳的，这是舞台美术工作中主要的戒律。

“野渡无人舟自横”这种情境出现在《扬子江边》的远景上，那是用来表现扬子江边的辽阔呢，还是用小舟自横来说明江面的宁静呢？还是其他？显然，不能令人理解。这个戏的设计者在描写副厂长主持会议那场布景中，却是很成功的，他善于运用具体而又极为生动的形象，从十几把式样各不相同、位置参差零乱的椅凳的描写上，成功地突出了这个特定环境的景象，令人信服地对副厂长的落后的经营管理方法报之以尖锐的冷嘲。因此就不是罗列形象而是创造环境了。

《保卫和平》第二场布景中，大雨滂沱，山洪暴发，险恶的气候不能阻止志愿军行军的决心，泥泞的山路，肆虐的敌机，无法阻止我英雄部队的战斗意志。没有看见行军通路的桥梁，但是桥梁存在于观众的想象之中，而且为着它的安全而担心；景中并没有表现山洪，而山洪猛涨的情景，俨然就在眼前。即使闪闪的汽车灯光，也不能说是过分的描写。这是一个具有丰富的创造性的场景，也是具有独特的想象力的场景。它的成功之处，就在于使观众由于对志愿军同志的敬爱，转为对他们的忧心，进而为他们的英雄行为所感召。设计者是这样杰出地完成了设计任务的。但是另一场描写朝鲜人民在敌机临空骚扰的情况下，向志愿军转移伤员献花慰问的时刻，那些过分描写朝鲜人民热爱生活的手法，却不能不减低了这场面的力量。尽管朝鲜人民的服饰原是艳丽多采的，然而这个场面所最需要的不只是欢欣热情，更需要表现这个前线的后方的紧张和战斗气息。

《纠纷》的第一景，浓郁的树荫，掩盖着一片阴凉的憩息场所。描写农村的布景中，这是一个颇为出色的设计，因为它摆脱了安排舞台空间的窠臼。大树枝叶繁茂，可以蔽日遮荫，可以引人来到这里休息；枝叶布满舞台的主要空间，可使这场向着封建残余思想作斗争的人们，在这块天地里自由走动起坐。树荫下人们挥动草帽，棉田里烈日放射着光芒，晴空无云也无风，这么燥热的日子里，自古以来为封建思想支持者所不齿的妇女们，今天在生产战线上显示了优异的成绩，这是简炼、生动而又活泼清新的描写，为这场戏剧动作创造了适宜的环境和气氛。

另一独幕剧《百年大计》，同样是在一个炎热的季节里，安排了树，但树不能遮荫，树下设有憩息的桌椅，它们暴晒在烈日之下。前景是一般化的一边房子一边树。远景虽是描写着工地，但是它显然不能和这个紧张施工的情景得到相应的配合。人们不能不怀疑那个远景究竟是不是同在一个工地上，否则它所造成的景象为什么是静止的，没有兴工的感觉，这也就启示我们在创造环境时必须慎重地选择，不能任意搬用一些形象。设计者不设法理解现实，并在戏剧的需要上来丰富现实，那是毫无表现力的。形象的选择必须有说服力，同时更必须有想象力，不然就会白费气力。因此又一次证明形象的罗列，概念化的描绘是一无可取的。

《杨根思》最后一景的小高地，是一个很有概括力的设计。经过敌人猛烈炮击，八次冲锋都不能突破的阵地上，斜线突出的崖石，昂然立着一棵青松，两旁毁于炮火的树干，炮火轰击后的断草余烬，这一切都显示着固守阵地的英雄的气概。特别是在英雄杨根思弹药已尽，支援尚未到来，又遭遇敌人第九次冲锋时，顽强地挺起负伤的身躯，昂然爬上石崖，抱着炸药包和敌人同归于尽的时候，那种壮烈牺牲的气魄，给予人们多么伟大的力量！

《一个木工》休养所的构图，则是很少表现力的，因为运用的形象过多，没有给这个环境以鲜明的烘托，表演区被繁琐、不必要的和过分雕琢的形象给挤掉了，迫使人物只能在舞台前边一条狭长的地区上活动，甚至连黄健明及其伙伴要躲避护士的视线时，不得不隐身在条椅的后面，而那张不能藏身的长椅，也是被不必要的中景排挤到舞台边上来的。不加选择地罗列形象，不顾舞台艺术的实际需要，这种做法足以说明设计者已经忘记了为表演服务的这个最关重要的课题了。还有那个中景也刻画得过分了些，它不但起着分散视线的作用，同时也和清晰的远山发生矛盾；可以说，它的存在以及近景石栏的过于堆砌，都是抢掉表演地盘的重要原因。古人作画曾有："画山先审气象，后辨清浊，定宾主之朝揖，列群峰之威仪。"足见祖国绘画传统中，很有我们应当取法的。

（三）

在一场布景中，同时处理两个空间，在会演中出现过很多次，不能说那一定是不可以的，问题在于它是帮助了戏呢，还是妨碍了戏的进行呢？

《海滨激战》第一幕，台上出现了两个空间，陈大妈和顾二春要经过团部参谋的窗下来来往往，而顾二春是个隐藏的敌人。另一幕还是这个场景，在另一暗藏的敌人林美芳借故来这里刺探的时候，工作组长和侦察科副科长就为她定下一个计谋，这时观众是耽着心事唯恐敌人听见，虽然在真实的生活中，不会大声地说机密话的，但是一窗之隔，更具体地说只是一层布窗帘之隔，显然不易使人信服。因为这间房屋的安排，和这位团指挥员的精明、细致和警惕性显然不相适应。团长在敌机轰炸的情况之下，能够在电话中觉察到即使是报话员也没有觉察到的敌人电台的声音。也就是这样一位有着高度警惕性的团指挥员的驻地，设计者却漫不经心地来安排了这样一个房间，那是不可信服的；说得严重一些，它是损害了团长这个人物的。

《前进再前进》车间主任家也处理了两个空间，作为里屋的那部分，除了分散视线而外，再也不能起着积极的作用。正因为这样，又加上主要表演区这个空间的道具陈设，是把床、箱、桌分别靠紧第三堵墙边，于是道具靠边，表演临空，党委书记进来那场戏，齐万钧想要告诉徐殿九的儿子牺牲了那场戏，和齐芳听到徐志英在前线牺牲的那场戏，不是临空直立舞台中心，就是只好挤在桌子一边去。为什么要做这样的安排呢？还是要缩小房子的空间使它紧凑些呢？如果前一种理由并不重要，那么解决后一种理由的办法，尽可以压缩房间的起景口，用不着白费心机这样来处理。如果前一种理由是主要的，那就是画蛇添足的做法了。

《初开的花朵》第二景劳动模范的家也处理了两个空间，我以为这种处理也是不恰当的。当观众正为她的苦恼而忐忑不安，正要理解人物的心理状态时，忽然两个老工人拉拉扯扯来到门外（特为安排的一个空间），这时候观众的视线不约而同地移向房门外面去了，能说这不是多余的吗？这场戏的重点究竟是在劳动模范这个人物身上呢，还是非把它移向门外的两个老工人身上去不可呢？如果仅仅是为了变化一下房间的结构，那么问题就更加严重了。

《刘莲英》那场景，把幕后戏拉到台上来表演是否有必要呢？特别是管理员和老赵几次从宿舍出来横穿布景前沿的时候，不但把戏的时间拉得很长，而且破坏了第四面墙的幻觉。能说观众在这些时候不跑出戏外去吗？这种作茧自缚的矛盾，只好设计者和导演共同来解决了。

处理两个空间不是不可以的，那要看它是否有能避免分散观众注意力或其不良的后果。《四十年的愿望》陈工程师家一场景，幸亏房内没有人，它才没有起着破坏作用。《马》的情况也是如此。《家务事》的门外那个空间也是没有必要的，仅仅为了在门外听一句话，理由是不够充分的，因为门外既然处理了一个空间，出出进进就需要增加许多时间，戏的进行就松懈了，拖长时间对于戏剧的节奏是没有丝毫好处的。

（四）

大家知道话剧艺术在祖国舞台上仅仅有五十年的历史，而舞台美术在话剧艺术中成为有机的部分，又仅仅是全国解放后六年以来才更加明显地起着重要作用，这个重要的作用，就是舞台美术以其独特的艺术形式，通过它的独特的艺术语言——形象的塑造，具体而鲜明地展示了主题思想，创造了环境、气氛，在有限的舞台空间内，展示了无限的天地，从而获得观众的共鸣。因此，如何挖掘并体现最最主要的东西，就成为舞台美术设计者的主要课题了。

原载于刘露等编《舞台美术研究》，中国戏剧出版社 1957 年版，第 83—90 页

《红色风暴》设计谈

◎ 陈永倞

《红色风暴》是一部描写“二七”工人运动的伟大史诗。怎样才能在舞台上塑造出工人阶级的英雄形象，就成为这次创作上的中心问题。最初也曾这样想过：既是史实，似应描写出历史的真实面貌；又是真人真事，难道不应把人物和环境如实地刻画出来吗？然而，这是史诗，是通过舞台艺术来体现典型人物和典型环境的。那么，如何描写真实，就值得深思了。经过三次草图作了如下的处理。

第一景 铁路工人的庭院。背倚江堤和江水，夏夜黄昏后，路灯随着火车急驶的震动，摇曳着，江上薄雾和火车浓烟交相混杂，院中无长物但很清洁，木屋数椽却零落、残破而又矮小。这就是勤劳的工人之家！在帝国主义者和封建军阀残酷压榨下，当时的工人就过着这样的生活。正因为生活是这样的悲惨，在中国共产党领导下，激发了工人阶级的斗志，革命烈士林祥谦就在这样的环境中成长起来了。

第二景 江岸，车站一隅。连年直奉混战，铁路已成军阀的私有财产。为了维持军运，为了镇压工人的合理斗争，车站俨若禁地，铁丝网星罗棋布，杀气腾腾，电线杆危然耸立，和江堤纵横交错。军阀的淫威，似乎不可一世，可是哪能抵挡得住工人弟兄们的团结斗争。

第三景 军阀吴佩孚的政治顾问白坚武在汉口的寓所，是全剧唯一描写军阀生活的场景。古老的建筑，中西合璧的家具，帷幕高垂，深邃幽暗，庭柱独立，结构巍然，画屏横张，芙蓉烟缭。立意是：状侯门似海，深不可测，写豪门气派，不在画栋雕梁，所以只想通过简明的刻划，达到精炼的要求而已。另外还有一个企图，想通过这一景承前启后，使和前一景起个贫富悬殊的对比作用，又和后一景中西对照。当然，这场景的缺点比较大些，试图改变，都不够理想，现在的构思仍然未能突破，还是落在一个俗套中了。

第四景 郑州，普乐戏园门前。这里应表现当时京汉铁路工人为了成立总工会，万众一心，不顾军阀们如何残酷的镇压，终于在无比勇敢机智的斗争中，突破了层层封锁和戒备森严的壁垒，在枪林弹雨中，胜利开成了大会。因此，这场景既要表现军阀们的残酷，更要表现工人们的勇敢；也就是说，能更多地突出军阀们的戒备森严，也就能更突出地表现工人阶级的气势磅礴。所以这一场是选择普乐园的安如磐石、稳若泰山的形象，就不必拘泥于细节上的真实，更不必拘泥于历史上的真实了。

第五景 汉口，英国总领事馆。如果根据生活的真实，当时那个领事馆不过是一座普通的西式建筑而已。这里采用了绛色丝绒，以表现其豪华富丽，正中门上高悬英国国徽，它能说明房子和人物的关系，高背椅倨傲地立在一旁，虎皮垫昂首竖尾，意若虎视眈眈，白坚武坐在矮小摇晃的安乐椅上，夹在坐着高背椅和病摇车上的美英两领事中间，使仰洋人鼻息的军阀更显得卑躬屈节。

第一景

第二、七景

第三景

第四景

第五景

第六景

《红色风暴》设计图

第六景　京汉铁路江岸分工会指挥部。房子的主人是早在半年前（第一景）撞车牺牲的江有才。为了工作方便和不易被敌人注意，用它作为临时的秘密的指挥部。木屋，低矮残破。冬夜，油灯下，四壁徒然。先烈们气宇轩昂，日以继夜地和反动派进行殊死的斗争。这场景要表现动乱中的沉着和秘密的情调；那时工人生活穷苦，居住条件很坏，戏也要求尽量集中，于是舞台上的布景采用了三角形的结构，把它安置在深深的黑幕前，使严密和紧凑的感觉，在简练中还能突出地呈现出来。

第七景　环境和第二景相同，情势却更加严重。林祥谦烈士就牺牲在这儿了！是壮烈的也是悲痛的场景，既要描写敌人的残酷，更要突出烈士壮烈牺牲的精神。编导者在这一场采用了革命的浪漫主义手法。我的体会是：要歌颂烈士的永垂不朽，更要宣扬那次的工人运动，犹如暴风骤雨，震撼天地，在党的领导下，中国的工人运动从此蓬勃发展起来，使生活在幸福的今天的人民，清楚地看到革命的成果是无数革命前驱者流血斗争换来的，才能更加鼓足革命的干劲，以期迅速地建设社会主义。那么暗转以后的场景，要能设法符合这个构思，也必须强调这个构思，才有可能塑造一尊英雄的形象，矗立在“骇浪滔天，赤水奔流”的气氛中，而这默默移动的庄严的塑像，将永远地留在人们的记忆之中。

《红色风暴》空景照选场（中国国家话剧院提供，曹西林摄）

林祥谦慷慨就义（中国国家话剧院提供，曹西林摄）

这景和第一景采用同一江堤，并把它处理成一条倾斜线。一要它表示险阻；二要它在第一景时可以衬托房屋的矮小，在第二景时说明与第一景是个邻近地区；三要它的倾斜和电杆的矗立构成单纯而错综的感觉；四要它在最后徐徐降落后，除满台红光以外，使缚在电杆上的英雄形象更加显著地突出。

电杆是这景的中心，在第二景黄德发受审和施洋的说理斗争，都以它作凭借，它应是景中唯一“制高点”，无论在第二景的反审判与大团结和这景的就义与塑像，都能成为突出的中心。

另外还要说明几点。

我和刘俊民同志这次进行的设计工作，是在编导者金山总导演的具体指导下完成的，工作十分顺利。当然还存在着许多缺点，那就是设计者的责任了。

这次的工作，是在美术顾问张正宇同志的具体指导下和各个设计者以及钱海南老师傅和全体制作、演出同志的通力合作下，仅以五天半的时间完成任务的。又因为发挥了仓库的潜力，制作费仅相当于“双反”以前搞一个同样演出的费用的十分之一。

引自中国青年艺术剧院艺术室 蔡体良编《艺耕集》，
中国戏剧出版社 1984 年版，第 336—339 页；
原载于《戏剧报》1958 年第 10 期（文题为《红色风暴》的设计工作）

链接

生活、艺术、真实……

◎金山

（一）

《红色风暴》是一出以“二七惨案”为题材的话剧。这个剧本和它的演出，不能被看作是我们的创作，只能算是我们做了一些编写和追述的工作而已。事先我们学习了有关“二七”大罢工的史料及党史与中国近代史资料，听了工会工作者耿东生同志及林祥谦烈士的堂弟林茂湘同志的报告，又参考了丁克辛同志所编关于“二七”大罢工的剧本。尽管如此，我们也不敢奢望能把这种编写和追述工作做得较为理想，因为像施洋、林祥谦这样的光辉形象绝不是我们所能塑造成功的。但是我们并不因此停止这样的工作，理由是我们的任务是要通过戏剧形式来宣扬歌颂共产主义思想感情，在社会主义建设事业中起一些促进作用。我们要通过这样的工作，进行自我改造，使自己能真正成为社会主义、共产主义的戏剧战士。我们这次试探性的演出，便是在上述的目的下开始进行的。

（二）

全剧主要情节，都以史实为据，如压道车被撞，大罢工经过，林祥谦就义，施洋被捕等，我们均不敢杜撰，但是也不被史实所拘。例如林祥谦家境并不像剧中所描写的那样一贫如洗，林妻陈桂贞的政治水平也不像剧中所描写的那样高。我们有意识地把林的生活水平拉成其他穷苦工人一样，把陈的思想水平提高到一定的程度。又如全剧结尾时，我们不愿让林祥谦身受敌人宰杀，也不肯使施洋的被捕场景正面出现，故事又不得不以林的英勇就义作结束。因此，我们用了一点浪漫主义的手法，企图使林祥谦的英雄形象较深地留在人们心中，并使中国早期的知识分子出身的共产主义战士施洋的正义的呼声，激起人们坚定的自信心，同时又企图以不出场的项德龙（项英同志）和兵工厂工人们的暴动，压服敌人的嚣张气焰，表现我们胜利的远景。此外，反面人物白坚武虽确有其人，但并不像剧中所写的那样重要；赵继贤虽然也是要角，但他不常在汉口，也未去郑州；魏学清这人是我们杜撰的。这样做，是想把吴佩孚、肖耀南、黄殿辰、张浮生等等一连串大大小小屠杀工人的刽子手的反动面貌，集中表现在两三个人身上。美英帝国主义国家驻汉口的总领事，都是真人，他们的所作所为，都有中国近百年史料为凭，这一点，我们是不怕打官司的，我们一点也不冤枉他们。

在构思时，我曾想到两种处理方法。一种是通过英雄人物的思想感情动态，来刻划出三十年代初无产阶级革命的气魄和它的必胜远景；另一种是从情节着手。显然，我的政治与文艺水平使我对前者望而却步，只能采取后一种方法进行习作。我心想，不敢求其深刻，只希望做到通俗易懂，如能因而达到一定的宣传效果，也算是我们为党做了一些小事情。

（三）

听说有不少兄弟剧团准备排演这个剧本，有的已经在排演，这是我们感到光荣的事。我想借此机会从一个导演的角度提几点建议，供兄弟剧团的导演演员同志们作参考。可能我的想法是错误的，也请同志们批评指正。

（一）我以为任何一位作家，当他把自己的作品公诸社会之后，这个作品已经不为他个人所有，而是为社会所有的了。我和这次共同习作的同志都不是专搞写作的，我们的能力也极低，我们根本谈不到所谓“作家”二字，我们坚决诚恳地要求兄弟团体的同志们千万不要见外，你们如果认为不好的地方，请毫不客气大刀阔斧地增删。

（二）1921 至 1923 年，正是中国共产党成立后，中国工人运动从勃兴到第一次遭受大挫折的非常的年代，工人们的生活节奏是极不平常的。希望导演同志与演员同志们能很好地掌握住这样一种时代的生活节拍，万不宜留连于生活的琐碎与细节，陷入阴沉缓慢的旋律和灰色的情调中去。

（三）舞台美术方面，最好力求提炼、概括与集中，不宜被所谓生活的真实所限。试以江岸车站一景为例，我个人觉得除了林祥谦就义处的电线杆之外，其他的东西都似乎可有可无。我们如何集中表现这个电线杆呢？这是很值得设计家多用思想的问题。不，仅仅是思和想还不够，必须要把所思所想的变成为自己强烈的政治感情才行。因为艺术创作如果不通过自己的“心”，是很难有感染力的。这个问题，恐怕同志们一定比我知道得更多。

（四）全剧第四场即郑州开会那场，按史实是工人们不顾生命危险、冲进普乐戏园去开会，因为避免用过多的群众演员，只得改为工人们从普乐戏园后门冲进去。这样安排并不好。如果兄弟剧团能够解决四五十个群众演员的话，最好还是从正门冲进去，然后绕着边幕转出来再冲进正门，造成人山人海之势，这样可能更有气势。

（五）最后一场，即林祥谦就义及暗转，施洋的声音从远处发了出来，林的塑像徐徐转动，长堤下降，江水上升，“只见英雄的塑像矗立！只见骇浪滔天，赤水奔流！只听得国际歌声响彻云霄！”这恐怕可以算是浪漫主义的表现手法。我作为一个导演，很希望兄弟团体肯大胆尝试一下，我估计它是会有舞台效果的，并且也会感人的。

……（摘自本剧剧本的《后记》）

引自《红色风暴》1958 年演出说明书

《阴谋与爱情》设计总结（草稿）

◎ 陈永倞

这次的设计艺术总结想探讨两个问题：一个是关于创作上的问题，一个是关于绘画性的。前一个问题想从创作方法上来探索一下；后一个问题，想就技法方面来认识一下技术处理中的一个主要问题就是绘画性问题。

关于创作（思想）方面

1. 怎样来表现席勒精神

(1) 时代背景

距今 200 年前，1759 年 11 月 10 日，席勒出生在德意志西南部威登堡公国的马尔巴哈小城。他所处的时代，正是德意志的封建社会时代，也是贵族专制时代，正是狂飙运动发展的时候，人要归依自然，要求个性解放；简言之，就是要向封建社会冲击。当时德意志还没有机器工业，新兴资产阶级代表者还是手工业者。由于公国的统治者非常专制反动，经济力量又很薄弱，而贵族阶级的统治者却非常穷奢极欲，效仿法兰西的路易十六，因此人民非常穷苦，土地掌握在宫廷贵族、大地主和宗教手中，农民没有一点土地，过的是农奴生活。

前一世纪，席勒的祖国进行过三十年战争，历史上号称农民战争；实际上是宗教战争，也就是新旧教之争，是争权夺利的战争。三十年战争的结果，封建贵族王侯各霸一方，形成三百多个小国（365 个）。当时英、法诸国正值资本主义上升时期，对德意志的分裂很感兴趣，特别是法兰西最反对德国的统一，对德国是有领土野心的。所以说德国当时的分裂，是由于内部不能统一、外部不想统一，以及经济上的原因，即世界商场的变更（由于新大陆的发现，欧洲商业中心由地中海转向太平洋地区），再就是阶级的原因。

这个剧本是席勒 25 岁时写的。青年时代的席勒憎恨那个社会制度，要求无情地揭发现实，这就是作者思想的基本精神。简单说，他的精神正如别林斯基说的：“人类辩护士”，因为他揭露黑暗，歌颂自由，反抗侵略。

这是一出悲剧，剧中主人公悲剧的结局，给观众以极大的同情，由于对主人公的惋惜，引起对于当时社会制度的憎恨。

(2) 对主题的认识

为什么要上演这个戏？首先应弄清楚是什么原因促使作者写这个戏，这样才能决定这个戏的主题，也才能有明确目标从事艰苦的创作。

作者处在封建贵族专制时代，正是德国资产阶级革命的前夕，贵族阶级的无法无天的专制统治，平民阶级的被鱼肉剥削，他不能容忍，他要反对，他要揭露那种不合理的制度，于是他对贵族统治者举起了义旗，尖锐地描写了阶级之间的斗争——封建贵族阶级和新兴的市民阶级之间的不可调和的斗争。恩格斯非常称赞这个剧本，说它是德国第一部有政治倾向的戏剧作品。这样崇高的评价，说明了这个剧本的可贵之处，就是揭露了阶级斗争的最本质的问题。恩格斯说它“洋溢着对整个德国社会挑战和叛逆的精神”。

这部作品的主要矛盾就是两个阶级的冲突，其次要矛盾是贵族阶级之间的内部矛盾，以及平民之间对于婚姻问题上的矛盾。

(3) 人物与主题的关系

矛盾的代表人物，分为两个方面。

封建贵族方面：宰相和公爵争夺政权，虽然公爵并未出场，但宰相要其子与米尔佛特夫人结婚，就是第一次阴谋的动机。而宰相和侍卫长以及秘书的参与阴谋，都是形成阴谋的各个方面。秘书虽属平民阶级，由于对职位和爱情都是站在向上爬的思想基础上，虽为自己打算，却是为统治阶级服务的。

平民方面：父女是主要的，母亲和老侍从是从属的。

米尔佛特夫人，虽是贵族，但没有参与阴谋，她也有其自己的苦衷，不属于主要矛盾人物。

斐迪南，虽属贵族阶级，但是属于一种进步思想的代表人物，他是阴谋的牺牲者。

(4) 演出的最高任务

通过这个剧本的演出，由于剧本所揭露的事实，使人们清楚地认识到封建贵族社会制度的无比黑暗，从而憎恨那个社会制度及其残暴的行为，并进一步激发人们的进步思想和正义行为，为实现人类的理想社会而斗争，要推翻专制制度！

剧本的中心思想暴露了黑暗的阶级矛盾，这是属于现实主义的，作者处于狂飙运动时代，这种运动的思潮，就是对现实不满，对人类的未来充满着希望、理想和幻想，所以这个剧本又是带有很大的浪漫主义色彩的。

主要人物及其扮演者（引自《阴谋与爱情》演出说明书）

剧本的题材、冲突、人物性格和语言都是现实主义的，台词虽是采用了平民的语言，却达到了现实主义的精炼程度。而题材处理上，有着高度的概括性，围绕着主线发展，人物事件非常集中，不作细节描写，可以看出作者的意气豪迈，气势粗犷，确是大块文章，并不繁冗琐碎。

2. 设计构思

(1) 构思的由来

从以上的情况，我们既要表现席勒的精神，又要给以新的认识和解释；既要有时代精神和时代特征，又要予以重点突出；既要通过描写人物也要描写环境，使那个时代的特定性格的人物，能够在规定情境中生活。

剧本的最初命名是《米勒·露伊斯》，那就是说是一出描写平民阶级的女儿露伊斯的悲剧。最后定名为《阴谋与爱情》，写一对不同阶级的青年的恋爱悲剧，就是说他们合乎人性的爱情被统治者的阴谋所破灭了。而阴谋的制造者是宰相，阴谋的策源地是宰相府。因此在艺术形象的构思上，最初出现的是描写阶级的对立关系，描写阴谋和爱情的水火不相容的关系。于是红与黑的矛盾色彩，油然出于脑际。这种想法发展的结果，觉得主题人物有着崇高的性格和圣洁的心灵，她在作者笔下应是人类崇高的美的化身。她端庄而美丽，她幽静而诚挚，好像一朵出污泥而不染的白莲花。这个人物就是在这样的基础上逐渐塑造起来的。

露伊斯曾有这样的台词："……当差别的界限打破了的时候，当一切可恶的身份的外壳从我们身上剥掉了的时候，当人就是人的时候，我就会带着我的纯洁去见他。"这是人物的理想，也是作者的理想。

古希腊哲学家亚里士多德（公元前384—前322年）在其诗学中说过，悲剧的目的，"就是以苦难和恐惧来感化人"，也就是说要唤起人们同样的感情。

(2) 剧本分析

明白了以上问题后，开始分析剧本（是在读过几次剧本之后），这是理性的分析。最初习作时，分析越仔细越好，甚至用表格来划分场次（分幕、分场——按人物上下场，或按一个事件为段落）；事件有大小主次之分。

找事件。"事件"这个词，是演出实践中常用的术语。"它是行动发展的一个重要阶段，是这样或那样的改变着人物的生活行为，它是人物舞台斗争的一定阶段，说明戏中发生了一段什么样的、哪怕是极微小的斗争，它从头到尾贯穿在一定的发展阶段中。"

事件的联系和剧中人物的行为逻辑是怎样的呢？那就要根据具体剧本来分析了。

所谓"戏"，其实就是斗争、冲突和争论。即使是在最平静的戏中，也必须找出最平静的"戏"来，就是找出剧中的冲突来。

（有些人说：窗户门要能开关的，或者别的什么什么……因为那儿有"戏"。那只是作为形体动作的凭借，不是这儿所说的形成事件的戏。）

《阴》剧的事件见笔记本……

(3) 处理手段

A. 三个环境之特点。

①乐师米勒家：市民阶级，艺术家的

②宰相府：贵族统治阶级，宫廷的

③夫人大厦：宫廷奢侈生活的

B. 强调什么。

暴露阶级社会，以冲击不合理制度。与规定情境息息相关。

包括季节时间的处理——冬末春初，意即冬尽春来。季节的交替性，有变化，亦有象征意义。包括从相爱开始到剧终。

伟大的艺术理论家阿托里夫·阿皮亚说过："舞台布景的基本任务，不在于要表现××（如森林），而在于表现在这森林中活动的人。"

C. 怎样表现？如何体现导演构思？

①净土——尘世之净土，沙漠之绿洲

一至三景空景照　设计：陈永倞、陆阳春
中国国家话剧院提供（曹西林摄）

②魔殿——人间鬼蜮，阴森恐怖

③雀笼——雍容华贵，金丝囚笼

3. 布景处理

(1) 一景的处理

民间木建筑，朴素而安静。

音乐家气氛，采用民门建筑，取其低沉，期与宫廷对比。

宗教气氛，宗教在市民中的影响。

戏剧性的柱子，作为演员因素的姿态出现的。

由末场处理联系教堂之处理。

有两种评价：①好；②不温暖。

(2) 二景的处理

采用巴洛克建筑。取其当代的奇异样式，色彩及结构，为表现阴谋之策源地。

巴洛克式——起源于16世纪末叶的一种意大利的建筑样式，这种建筑风格，注重外表的装饰，使建筑物尽量达到雄伟、壮丽，格局复杂而高昂，甚至达到了“奇装异服”的程度。这种建筑风格，在17和18世纪的欧洲建筑艺术中相当盛行。18世纪初，南部诸邦广泛流行，威登堡公国在德之西南部，故采用之。采用它也有古老的意思。公国均有国徽，猫头鹰乃创造的，取其阴森恐怖之意。

原想采用哥特式——这是继罗马而起的一种建筑样式，始创于法国北部，12—15世纪盛行于西欧。其建筑法，将重量及引伸力集中于石柱及拱壁上，尖塔高耸，特别能表现其特征，德、法之教堂建筑，皆有典型范例。德国的哥特式艺术，是在中世纪城市建筑中生长起来的，也是和宫廷骑士文化的渊源结合的，所以处在教会影响之下。因其所处时代较早，故未采用，而改用流行的巴洛克式。

因宗教在市民和贵族中影响不同，又将此式用于第一景，做主要衬景。（当然与末场处理有关，下面再谈。）

这景评价一般。

（3）三景的处理

公爵金屋藏娇之处。既要表现奢侈生活，又要表现夫人处于囚笼中，并无自由、欢乐可言。夫人之爱少校，亦表示她愿意爱的人。她不再愿意作奴役。夫人的出走，虽是与主线无关的事件，在剧本结构上是撤出主线，以便集中、迅速表现主线。而其敢于逃走，也是她所能作的一种斗争方式。在衬景处理上用城堡而不强调其他，就是这种用意。

建筑采用洛可可样式——这是在18—19世纪流行的样式，风格特别豪华。而且这样式特别流行于公国的宫廷，不仅为了奢侈，也为了显示王侯的威望和豪华。实际上公国很小，威登堡公国仅30万人口，乃强取豪夺的罪证。建筑特点是涡卷形或菜形或兽形加以装饰的。

这景评价有二：

①合乎夫人的生活情境。

②不和悲剧情调。表现在调子明亮了些；也有的说对称的方式不好，似有喜剧手法。我觉得缺点是有的，对称即喜剧恐不尽然。光上的处理还可以改进。

（4）末场处理

末场处理之两种解释。

A. 最初想法，抬起死者走向教堂。与第一场戏的处理有关。

B. 因最初想法，不能解释主题。导演改变了戏的处理，原因是为了表现席勒精神，又应有新的解释。今天的解释，席勒有其局限性，露伊斯与斐迪南不能同等对待。结尾不必用赞歌和钟声，应用悲剧音乐——挽歌！

关于绘画性方面

1. 舞台美术中的设计构图，至少有三个特殊性，它和架上绘画的构图法有所不同。

(1) 在“空间布局”上，不能按照架上绘画方法。我们采用的是点绘图，即用一定的视点来处理。离开这个视点，画面在空间上起着很大的变化，不是你想象中的情况了。同时，每个剧场有它的特点（包括舞台条件和观众席的安排情况），应当也必须适应那些特点。但是舞台结构总是有其局限性的，观众总是要在近在远、在左在右的各个坐位上去看的，那么安排布景空间就不是一件简单的事情了。

(2) 在“时间布局”上，要分别场景的长短和大小。有的戏一景到底，有的戏场景有长有短；我们常说“五分钟戏的布景和半小时戏的布景要有轻重的区别”，就是这个意思，

《阴谋与爱情》演出说明书

因为这是要选择造型的重点的缘故。我们知道，布景不是像绘画那样拿来欣赏的，它是作为戏剧规定情境出现的，是作为人物的有机联系而使人感受的。

(3) 在“对比关系”上，这场景和那场景的对比关系，是根据剧本的内容和导演的解释（处理）来处理的，是有意图的——为了揭示主题而采用的手段。

2. 绘画走进剧场，用在布景上，是从17世纪才普遍使用的。但是绘画不能单独表现于舞台，它是与建筑术相互结合着的。

我们所理解的绘画性，并不是说绘画出来的布景的意思；而是说，是以绘画的方法完整地、正确地创作出来的。在舞台上的一切，无论是画幕、三面墙景片，或其他立体的东西，包括人物造型的化装和服饰在内，既不是形式主义的仅从外形出发，不管思想意义；也不是自然主义的模拟，竭力去追求繁琐的逼真。所以说，绘画性是艺术的处理，是有神韵的，有气质的，是为人物的规定情境服务的；是有抑扬顿挫的，是有重点的。如果都是重点，那就没有重点，反而成了一般了，没有宾主之分、主次之分了。

如果说构思的由来，是出于对剧本的主题思想的解释和理解，那么构图的作用，就在于为表现主题思想的人物而加以创造；那么绘画性就是为完成以上任务而运用的手段。再重复一句，就是让观众专心致志欣赏表演，不要使他们欣赏布景。也就是说，布景和服饰必须是和人物有机结合的。

据陈永倞手稿（作于1959年11月24日前后）整理

链接

席勒，斗志昂扬的诗人

——《阴谋与爱情》演出有感

◎周来

弗里特利希·席勒是德国文学史上杰出的诗人和剧作家。为了人类美好的未来，他向封建制度进行了终生不懈的斗争。他为伟大的革命思想而写作，他摧毁了时代的桎梏，他斗志昂扬的作品，“洋溢着对整个德国社会挑战和叛逆的精神”（恩格斯语），丰富了德国和世界文学的宝库。

他的代表作《强盗》《阴谋与爱情》《华伦斯坦》《威廉·退尔》等，很早就被译成中文介绍到我国。这些作品充满了反抗暴政、热爱人民的思想和革命激情，曾在我国产生过颇为广泛而积极的进步影响。

在纪念席勒诞生二百周年的今天，我们怀着巨大的热情来上演他在青年时期写成的抗暴名剧《阴谋与爱情》。我们之所以选择这个剧本作为对席勒的纪念，不仅因为它诗情澎湃，而主要愿意肯定的，便由于它是“德国第一部政治的倾向戏剧”（恩格斯语）。

在这出悲剧中，席勒所抨击的，已经不是像《强盗》里那样的“个别的”暴君，而是18世纪德国不合理的社会制度。他通过一个爱情的悲剧故事，揭示那个时代的根本矛盾——宫廷贵族阶级和新兴市民阶级之间的不可调和的斗争；这出戏的主题思想也就在这里。诗人对悲剧女主人公露伊斯和他的父亲——提琴师米勒的不幸遭遇，寄予了最真挚的同情；对男主人公斐迪南，在赞美他的激进思想和叛逆行为的同时，也在一定程度上揭露了他自私而阴暗的嫉妒心理，并借此深刻地反映出贵族的阶级局限性；对宫廷贵族中的首恶——宰相瓦尔特及其帮凶伍尔牧，则给予了应得的鞭挞与惩罚。作为“人类辩护士”的席勒，对整个贵族阶级和封建制度下的丑恶的罪行，执行了正确的判决。他呼吁人民起来推翻黑暗的反动势力。席勒不仅懂得暴露可耻的现实，他更相信着光明的未来，他通过女主人公露伊斯的口说出了自己朴素的理想：“……当差别的界限打破了的时候，当一切可恶的身份的外壳从我们身上剥掉了的时候，当人就是人的时候，我就会带着我的纯洁去见他。”这种相信人们必能战胜苦难，必能获得幸福的乐观主义精神，的确是十分可贵的。它贯串着席勒的整个创作活动，尤其是在他晚年的作品中，有着更完美的表现。

我们纪念席勒，要从他的戏剧中吸取那进步的人道主义思想，对于阶级压迫制度的决裂的大无畏的战斗精神，从而增强我们摧毁各种残存的剥削阶级意识的决心，使我们更加自觉，更加鼓足干劲地为社会主义，为人类美好幸福的生活而斗争。

摘引自《阴谋与爱情》演出说明书

提高舞台美术质量 *

◎ 陈永倞

关于舞台美术如何提高质量的问题，我们中国青年艺术剧院搞舞台美术工作的同志们交换了一下意见。

首先，舞台美术工作者和其他业务部门一样，应该加强学习。学习的首要问题是政治作主帅、生活为后勤、技巧是武器；而从事这项工作的同志们，大都是知识分子。因此红专锻炼就是迫不及待的了。以前我们曾经试行过一些学习办法，由于学习的目的没有明确或不够明确，收效总是不大。“大跃进”以来，党给我们指出了明确的方向，同志们迫切地要求从根本上改变学习方法，从而通过艺术实践逐步找到一些较为实际的学习方法。不过这的确是一个非常艰巨的任务，不是几个人能够摸索创造出来的，需要各方面大力支援协作。

深入生活很重要。而舞台美术和别的部门不同，它接触的剧本很多，每个剧本又各有不同的生活内容，中外古今全有。因此，任务一紧，往往形成现抓的现象。有个时期，就主要靠翻画报来解决生活不足的困难。这的确是个笑话，但也是事实。至于技巧也是这样，它和别的美术部门不同，别的可以专攻一样，但舞台美术什么都需要。这就很不容易深入，也很难较快地形成它自己的风格。我提出以上存在的问题，主要是说明还没有很好地解决，请大家帮忙出出主意。

还有就是总结经验的问题。几年来，演出的戏，有的有过总结，但没有做过阶段性的总结。不总结就不知道哪些是好经验，哪些是缺点。应该加强这方面的工作。

另外，最近两年来，感觉到各剧院在单干，很少艺术交流，希望加强各剧院的协作，共同探讨提高质量的问题。

舞台美术工作，也应该向戏曲传统学习，向话剧五十年来的传统学习，向苏联学习。这方面遇到的困难，是没有整套的学习资料，没有一本中国舞台美术的发展史。希望有这

---

* 1959 年 3 月 24 日中国戏剧家协会召开了由田汉同志主持的座谈会，出席会议的有老舍、欧阳山尊等艺术家及首都主要话剧院团的代表。本文是陈永倞在会上的发言，标题为会议报道者所拟。——编者注

方面的研究成果出现，供我们学习、参考。把资料很好地收集、整理、交流和印刷出版，很必要。每个单位自己搞有困难，希望领导上研究一下，怎样分一下工，把它搞起来。有了资料，再找出更好的学习方法，通过实践，我们就可以逐步地把舞台美术提高。

过去，评论文章很少谈到舞台美术。希望今后评论界也注意这个问题，使我们知道哪些是好的，哪些是不好的。

舞台美术工作人员的数量很少，剧院培养的也很少、很慢。而很多美术家，他们各人有各人的风格和擅长，是否有些戏可以请他们参加协作，或者是参加到某一个剧院里来？如能这样做，会对提高舞台美术工作起很大作用。

节选自《戏剧座谈会讨论话剧发展》，《戏剧报》1959 年第 7 期

附载 / **青艺的舞美设计** 金振家

当你看过一部舞台剧，得到一次艺术享受之后，除了文学剧本，导、表演艺术，你可曾想到舞台美术？

观众席里常常听到说：“这戏的景太美了，服装色彩绚丽，人物造型很有特色……”观众的这种感受，正是舞美设计家、灯光设计家、化装师、制作部门工人辛勤劳动的成果。青艺的舞美设计家，除了已经故去的张正宇外，现有老一代的陈永倞、陆阳春同志，中年一代的毛金钢、周正、徐启光、吕德康同志，还有经验丰富、颇有独创的美工师盛锡珊、马世泉、廖开明等同志；善于创造各种形象的化装师常大年、王松美等同志。他们同导演、演员一样需要技巧，需要艺术创造源泉——生活。在一部话剧进行排练时，他们为了把美术融合于戏剧艺术之中，为了取得舞台艺术的真实效果，除了翻阅大量的资料外，同样也要到现实生活中观察、体验生活原型，然后才能展开艺术想象，进行构思，画出草图……直到最后制作出布景、服装、道具和人物造型。因此，他们被观众称为“幕后英雄”“不出台的艺术家”。

原载于《青艺通讯 中国青年艺术剧院巡回演出专刊》1980 年 9 月

《深夜静悄悄》的舞美处理

◎ 陈永倞 毛全钢

《深夜静悄悄》是一部富有推理特点的戏剧。它的深刻思想内容通过此剧的体裁特点集中在对人物事件的推理上。它通过几个深入刻划的人物和引人入胜的情节，揭示了一场为维护法制而进行的惊心动魄的斗争。由于剧中人物与事件的集中和体裁的推理特点，在舞美处理原则上，我们采用了“有选择写实”的手法。同时力图在外部形象中配合表演来增强演出形式的推理特征。

贯穿于总体构思之中的是，想要表现这场维护与践踏法制的斗争，是展现在十年浩劫所造成的法律被摒弃、平衡被破坏、秩序被搅乱的“深夜”，至恢复了平衡、秩序和法律的“黎明”之中。

具体的处理和演出形式：在空间运用上利用了各种不同方向和角度的斜线分割了舞台上的黑色空间，使选择的局部空间处于一种失去平衡状态的黑暗的意境之中。同时利用光效应感在黑色空间的不同分割块中以灰色斑点相对应，造成这个空间的不平静和跳动感。另外又利用这种分割给观众一种建筑结构的趋势感，来与选择的空间相呼应。

在形象运用上，突出表现了“序幕片头”中的“天平”和贯穿全剧的“影子”。以天平寓意法律、秩序、公正与平衡，作为这个戏演出的一个标志。以各种影子贯穿全剧，使其在剧中人物和观众的共同推理过程中起着一种联想的作用。（例如序幕：当大幕拉开，舞台上出现了一架天平，它在摇晃中失去平衡，然后旋转，分裂交错，出现了多数天平旋转的混乱图景。与此同时一黑影从舞台深处向观众走来，愈走愈大，直至顶天立地时，剧名字幕旋转而出；稍停，黑影走去，面幕起，舞台上出现一人物剪影，窗外又出现人影；当此人影映在墙壁上，屋内人一声惊叫，幕落。）这样把观众带入了戏剧的推理意境。这些就是我们对此剧处理上的一点基本设想。

原载于王石之、李光晨编《首都舞台美术设计资料选》，
中国戏剧家协会北京分会，1981 年印制

《深夜静悄悄》设计图（左）和空景照（右，中国国家话剧院提供，曹西林摄）

严忠颖导演　陈永倞、毛金钢设计①

设计图引自王石之等编《首都舞台美术设计资料选》（中国戏剧家协会北京分会，1981）

①《深夜静悄悄》是陈永倞参与设计的最后一个剧目，在文化部直属院、团 1980 年新创作、新改编、新整理剧（节）目观摩评比演出中获舞台美术设计二等奖。——编者注

学做孺子牛

走向新生活 *

◎ 陈永倞

（一）

1947年冬，经友人胡绥祜（他是当时苏州国立社教学院附中教员，和我高师时代搞剧社的同学罗树武等在湘桂剧教队做过几年抗战戏剧工作，知我在剧专搞设计已久）介绍入联勤部中国万岁剧团兼职，名义是支少校薪演员，实际做舞台设计工作；从兼职至解放，为期一年另七个月。我之兼职“中万”，并没考虑它是否军职，只因剧专教书，每周仅十小时课，颇有余暇；再因剧专的教学环境，只是指导学生作舞台设计，是纸上谈兵的工作，又限于演出费用，一到制作总是凑合将就，教、学、做不能一致；到“中万”则可能有实验的机会，使理论与实践结合，它至少是演出的团体。同时，伪币天天贬值，兼职也可多一份收入。更因不须常去团里，每逢演出，他们事先将剧本及演出原则差人送来，只要画好图样寄去即可。当时我以兼职兼薪能增加收入，又做的是技术工作，演出的又是前进作家的戏（我设计了曹禺的《蜕变》《正在想》及陈白尘的《悬崖之恋》），哪里想到糊涂地做了挂名的军人！

1948年冬，南京政府惊惶失措，纷作鸟兽逃亡，迁都广州，中万剧团亦奉命南迁。时同仁计议莫衷一是，结果皆迁上海以避上峰耳目，

---

* 本文节选自陈永倞来到青艺后撰写的第一份自传，标题由编者所拟。它与本节的其他三篇短文，反映了作者走进新中国国家剧院后追求革命，俯首学做“孺子牛”的些许足迹：虔诚、执着，镌刻着时代的印记。——编者注

否则必遭总部注意。这时，我设法送母亲和姐姐回长沙故乡，以减轻负担。我两个职务分处京、沪两地，就利用“中万”差假证往返于京沪道上。每周在剧专上课十小时，或隔一周至上海一次——我的家也已迁至上海，因我的妻、子、女均在上海（妻时任剧专剧团演员）。同时我也打算着，十几年没有离开学校，看到上海的影剧界情形，总觉得长久地在学校工作下去，必然会离开实际经验；又因上海为全国文化中心，艺术工作者不在其中陶冶，也必然会落伍。于是租了徐家汇的房子住下来（徐家汇是上海电影工厂的集中地），想等到暑假时学校聘书期满，就在上海影剧界工作。这段期间，中万在上海没有演出，我对它也无兴趣了。

（二）

1949 年，“四一”惨案在南京发生。那是 4 月 1 日北平和平协商开始的日子，南京的学生运动此时也达高潮。剧专学生在游行请愿活动中带头高唱革命歌曲、表演活报剧，惹怒了蒋政府，在游行结束返校途中，遭到国防部收容军官总队的毒打，致使 62 人受伤。特务们尚不甘心，又在校墙外放枪，诬指学生私藏军火，有共产党；于是蜂拥入校，扬言检查，实则搜刮财物，遇见教员就打，说不该教出了这些“造反”的学生。学校被迫停课，一面安置伤员入院、轻伤学生觅地迁避，一面由教职员护送京沪线上的学生离校暂避，一面在山西路为一部分不能离京的学生上课。安置既定，我于 4 月 11 日请假至上海，时正周岁儿子出麻疹。一周假期已满，续假一周未届，而解放大军横渡长江，京沪路中断，我因此留沪，直至上海解放。

上海解放后，京沪路通车，原拟即返南京剧专。那时学校来信说学生参军的超过二分之一，课程无形停顿；而上海影剧协会已经成立，剧专在上海工作的校友们，以剧专剧团为中心，也分别参加了宣传队。我是属第四队的，当 4 月 23 日南京解放时，即开始排练节目，实则有些节目早已私下筹备了。五卅那天第一次在中纺一厂演出；第二次规定地点在广场，后因秩序未定中止；第三次在杨树浦某织造厂。

（三）

1949 年 6 月 3 日，我接到中万剧团接管学习通知，即刻参加学习。十几天中，我开始知道共产党的工农兵的文艺方向，与我们过去干的不可同日而语。同时，对新的政策，新的文艺方向，共产党的领导，与以前国统区所听到的宣传完全两样。由于信仰而产生了热爱，初步地奠定了做一个新文艺工作者的心愿。所以，在“中万”接管学习填表时，我填的志愿是留沪干戏。因当时发现工人的伟大，我想上海又是全国工业的中心，在此工作必有长进，并且想在写作上努力。

6月17日，我离沪至南翔，至该处入训一团，编班学习。全班十余人均旧文艺工作者，很起劲地学习着文件，生活方式虽一时不太习惯，但由于想学新知识，学革命道理，同时生活制度也很宽弛，情绪波动并不大，故心理上强可安定下来。

后于6月22日调赴黄渡镇训二团，于是开始行军，开始劳动服务，开始纪律制度学习；此时感到失望和苦恼。不过，为迎接“七一”，日夜忙着我们几个集体创作的广场歌舞剧《解放进行曲》，从编、排至演出，为时不过一周，于七一演至七七，精神专注演出上了，演出成绩还好，学习情绪很佳。

7月14日调入文工队，每日行军，致脚肿溃烂，又无钱坐病号船，还得在深及腰部的水中行军十余里，筋疲力尽，百感交集。我曾痛哭一回，历述我不知罪，并请求解释共产党对旧文艺工作者究竟是什么看法。承团部文化干事兼文工队长蔡正中同志详为解释，他说明了一切。他说：“你虽是兼职，但兼的是军职；虽非战斗军人，但是拿笔杆的军人；虽是接管中的后勤机关人员，但是在解放战争时期接管的。还有，教了十几年书的剧专，虽是个文学校，但也是蒋记政权底下的学校……如果十几年工夫，你是站在革命的方面，为人民服务，不是就和现在完全两样吗？”经此说服，我开始明白自己的错误，开始悔恨过去没能走向革命的道路，而愿意及时学习，认识自己，改造自己，学习新文艺工作者应该知道的一切知识。从此逐渐安下心来。

移防至苏北后，曾接家书。这是第一次接到家信，信中附有苏南军区文工团及三十五军文工团、南京文工团的几页信，都是希望我能参加他们工作的，至此心情甚感愉快。后又接得家信，知妻已携女参军，正式加入三十五军文工团做演员，女儿非比也是小文工团员。蔡队长把这信公开了，这大大地鼓励了我，同时免去了家庭顾虑，使我的学习又进步一些。之后，让我导演《白毛女》。过去，我没有看过新歌剧，不知道该如何处理，和旧话剧有何区别，这些问题毫无把握。后来一再观看歌剧《解放》的演出，才给了我一些启示，终于冒险地排出了这个戏。再一事，则是由家信转来约我北上的信，那是中央戏剧学院舞台美术系主任刘露约我至他院执教的信。我也想到将来的工作岗位没什么问题，只看我学习的成绩如何，改造的成绩如何，因而更坚定地需要好好学习，同时肯定以后仍做文艺工作，并且一定是做戏剧工作，不致有改行思想。

以上是从1949年6月3日起至10月19日止学习四个半月的大致情形。

（四）

离苏北返沪后，参加上海市文艺处领导的上海市影剧协会，原拟加入正在筹备中的上海电影制片厂。后文华影片公司黄佐临筹拍茅盾原著的《腐蚀》，要我作布景设计。我第一次搞电影布景，兢兢业业地向他们学习，如何找角度、焦点及计算距离等技术。因改编剧本拖延了时日，正值青艺吴雪副院长至沪邀请工作人员，张逸生介绍了我，并通过了影剧协会的关系；我考虑了约十天之后，于1949年12月10日到院。

初来本院时我很不习惯，总觉得不太理想，由于新同志多，政治水平也有高有低。经过三个月政治学习及通过《爱国者》工作总结，才使我明白，这种看法是错误的。一则因我不了解情况，二则自己本身的毛病太多。不是环境不好，而是自己还不适应这环境。这些思想根源及工作态度和看法被找出和纠正后，我才愉快地工作着。虽然毛病还是很多，但至少我已不作原谅自己的想法。我要坚决地、老实地努力学习政治和业务，逐渐地改造，使自己成为一个真正的新文艺工作者。

节选自《陈永倞自传》手稿（1950年6月23—30日）

1950年1月30日在青艺"大庙"门外的留影
照片题字："五〇年一月二十日淑平等由浙江金华三十五军文工团调至北京中国青年艺术剧院工作，三十日抵京后与永倞同摄此影作为参加剧院工作的纪念"

关于感恩的三个故事

——广西土改见闻

◎ 陈永倞

1951 年冬，中南大行政区以十万土地改革干部大军，汹涌地奔赴前线，在一亿一千万人口的地区展开了大规模的土地改革工作。我参加了这一行列，在北回归线以南几达祖国南大门的邕宁县工作了几个月。从祖国建设事业来说，从农民阶级的翻身运动来说，或从一个城市知识分子的生活实践来说，均是具有极其重大意义的。不敢说经过了一段短短的生活实践，就能获得很多改造、锻炼，而实际工作中从感性上体会到共产党毛主席的伟大、英明，我由衷地高呼万岁。

冬季，我们工作的村庄，雨天冷，晴天热。一般说来，天晴可穿单衣，下雨时气温却降到六度到九度。缺衣少食的农民兄弟世世代代穿着单衣，光着脚板，喝着木薯稀粥，熬过了解放以前的漫长岁月。今天，全国约四亿农业人口的地区已经完成了土地改革，在这亘古未有的翻天覆地的社会大变革中，我接触了几件事情，说来好像也不是什么了不起的大事，实际上通过这些事例，正是说明党和毛主席的伟大、英明。千百万劳动人民如此心悦诚服地拥护贤明的政府和伟大的领袖，确实是旷古未曾有过，只有在共产党和毛主席的时代，才能有今天这样的日子。

土地改革后的农村中，拥护和感谢共产党毛主席已是家喻户晓、老幼妇孺皆同的。下面，我想讲讲三个关于感恩的故事。

原籍广东的苏保存，被地主抽走了田逃到邕县十四区，租种旱地七亩一，全年产量应为 2200 斤稻谷，交租后剩余不到一千斤，他七口之家每月至少需要二百斤谷才能过活，不足的粮食全靠副业生产维持。土改后，单胜利果实一次，他家每口分到五百斤谷。苏保存头一件事就是跑到南宁市买了两张领袖像，毛主席和朱总司令的相片，高高地挂在堂屋的正当中。他是作为神明来供奉的，在他的认识上、情感上，对尊重人民领袖的虔敬，已超过了对祖先、对神明之上了。

同坡一户姓英的人家，拿着一张毛主席像，费了好几天的工夫才选择到一个既光亮醒目而又满意的位置，早晚还供上一炷檀香。当她上香的时侯，虔诚而富有信心地朝着毛主席像念叨起来。她在这一瞬间想起了过去的苦难年月，比较着今天幸福的光景，向往着未来的美好生活……虔诚，感人，我为这场面感动，我要讴歌。因此，我把她的历史和生活情况以及翻身后对党对领袖的一片诚心，写下了几句竹板词。

一

封建剥削三千年，农民少地又无盐；
一朝解放分田地，贫雇中农团结先。

二

唐坡有媪已古稀，五十年来破席眠；
嫁时花被今败絮，有子无妻卧牛衣。

三

茂林修竹屋半椽，缺衣少食夜无眠；
朝朝暮暮劳无获，应怨地主不怨天。

四

朵朵葵花向太阳，自己田地回老家；
毛主席像中堂挂，农民心向共产党。

当我们完成了另一村的工作——从入村发动群众，到推翻了封建制度打倒了地主阶级，农民分得了田地、耕牛、粮食……之后，马上组织起来将果实转向生产，组织互助组的热烈情绪，有如惊涛骇浪，势不可挡。在我住的贫农甘逢会家所见到的另一个关于毛主席像的小故事，也是令人无限兴奋和喜悦的。

甘逢会家分得了1280斤产量的田地（全村分地最多的），千二百斤果实。当犄角上贴有红条的一头大水牛和一头哺乳着的小水牛走进院门时，他那62岁高龄还没脱离生产劳动的老母，又向我叙述着记不清已讲过多少遍的受难历史和翻身经过："地主占了我的地，土匪抢了我的牛；土改翻身了，分给我地，分给我牛；我不懂怎样才能报答共产党的恩情，共产党、毛主席比我的亲娘还要亲。"

当时，我把从北京带去的毛主席像送给她；她捧着毛主席像招呼七个儿孙说："唱山歌，唱农会编的土改胜利山歌，毛主席在北京会听得见的，唱吧！"她的门齿脱落了几颗，虽然遮不住风，咬不清字，却无限热情地歌唱着；无限感激的衷肠，行行感激的热泪，不能形容她那感情的万一。她手捧毛主席像，她儿子念着像上写着的字："毛主席领导农民把身翻"。对！毛主席真好，毛主席向着老百姓，毛主席万岁！这不只是一句拥护领袖的口号，万岁声中蕴蓄着无量感谢、爱戴的情意。

接着，一家老少为了这张像的安排开了个临时家庭会议，争持不下时，她只能以老年人的倔强和家长的身份，决定了毛主席像要挂在她卧房的墙壁正当中。第二天，当我即将离村向点网铺开工作时，她指着挂在甘氏祖先的家神龛上方的毛主席像说："拗不过娃子们，我阿婆只好民主了。"

上面简单叙述的三户贫雇农家土改翻身后爱戴毛主席、拥护共产党的情况，只能说明党在三十一年来领导人民革命建立新中国的许许多多事件的沧海之一粟。刚刚摆脱封建枷锁的翻身农民，他们拥护共产党的一片至诚并不因为把毛主席像当作神明来供奉而减色，这由衷的拥护，正说明了共产党的伟大，毛主席的英明。万岁，共产党！是永远铭记在所有劳动人民的心里的。

据陈永倞手稿《万岁，共产党》（1952 年 7 月 1 日）整理

青艺的土改工作队员（1952 年摄）
自左至右：陈永倞、熊伟、赵越、张正宇

理解英雄 学习英雄

◎ 陈永倞

在这次赴朝慰问演出中，我时刻告诫自己——要理解英雄人物，学习他们高贵的品质，尽最大努力清除我的非无产阶级思想（主要是个人意识），并通过各种考验使自己坚强起来，成为一个名符其实的文艺战士，进一步深刻而具体地理解共产主义事业的伟大，以创造条件争取能成为一名光荣的共产党员。

三个月以来，面对许许多多使人激动的事实，常致热泪盈眶，感受是很多的。概括起来，主要是英雄人物给我的教育最大、最深刻，使我时常思索。我想就我所知道（见到或听到）的英雄人物、事迹联系自己来谈一谈。

英雄——革命的英雄主义者，表面看起来，确实与平常人没有两样。如果事先不知道他的事迹，也不是和他谈战斗经历，只是作一种日常生活的接触，你是无法理解他就是英雄，就是那可歌可泣的事迹的创造者。因为他（她）们非常朴实，若从声音相貌、举止言语来看，并没有多少我脑中所想象的“英雄气概”，有的只是劳动人民淳厚的本色。

他们谦虚，完成了那么艰巨的任务，立下了殊功，还觉得自己所做的事情太少，对不起祖国人民的关怀、支援，对不起党和毛主席的教育、培养。如用自己的肉体搭成“人桥”伏在敌阵的铁丝网上，给突击部队铺平道路消灭了敌人的一等功臣张福祥。又如军械保管员欧阳明富，做好了伪装物资的工作，用钉子在南瓜上刻下动人的字句：“伟大的祖国——母亲，你多么可爱呵！我们坚决保卫你，不怕一切困难，做好工作，一切为了胜利，为争取世界和平与和平解决朝鲜问题而奋斗到底。”许许多多的功臣、模范们，当他们作报告的时候无不异口同声这样说。

他们忠诚，有高度的责任感。如机智、勇敢，主动校正炮兵轰击，宁愿牺牲自己坚守阵地的英雄的步行机员甘雨立；视祖国财产重于生命冒着敌机的扫射、轰炸，奋勇抢救弹药库的一等功臣、模范青年团员牛春山；勇敢地穿过敌机轰炸、扫射，穿过敌人炮火网，超额完成粮、弹供应任务，安全行车六万四千公里的功臣司机雷北璠；把自己的干粮都给骡子吃了而自己挨着饿完成运输任务，战胜了敌人的细菌战又能喂好牲口的模范饲养员吴

与志愿军战士合影（1953 年摄于平壤）

前排左二为《钢铁运输兵》主演李章，右一为青艺导演胡辛安，右三为陈永倞

福成；等等。他们对党和人民事业忠心耿耿，表现了革命的乐观主义精神，经得起任何严峻的考验。

正如一位政委所说：志愿军来自工农，素质好，阶级觉悟提高得快，很多战士是两三年前才参军的，由于革命部队的集体主义思想教育，理解了卫国保家的崇高任务，保卫着祖国的经济建设和远东及世界的和平。他们就在这个基础上成长、壮大，终于在残酷的战争中锻炼出钢铁般的意志，即使在生活细节中也是先别人后自己，吃苦在前，享福在后。因而在战斗中就能够“重伤不下火线”“人在阵地在”，为祖国、为人民流尽最后一滴血，立下了卓越的功勋。正如永垂不朽的国际主义烈士王永维生前所说：

> 只要你认识到共产主义的伟大、正确，只要你相信党，忠实党，就会有坚强的斗争意志和胜利信心，你就会克服困难，获得胜利。

而他，还只是一个20岁的青年学生，由于党的培养和主观努力，仅只两年多的时间，就能锻炼成为有高度觉悟的人民战士。

在志愿军中，涌现了英雄、功臣和模范达30多万人，这是多么伟大的数字！祖国以拥有这些优秀的儿女足以自豪。

面对着这些最可爱的人自己实在感到无限的惭愧。这些日子，常常想起志愿军的同志们。

他们为了祖国的孩子们能够在和平的环境里成长，全心全意地工作、学习和战斗，每到紧要关头，尤能置生死于不顾，诚有"生命诚可贵，爱情价更高，若为自由故，二者皆可抛"的高尚品德。我能吗？

他们能预计困难，尤能克服困难，坚忍不拔，任劳任怨。我怎么样？

他们千百万人一条心，只知有集体，不知有个人；只知有胜利，不怕任何艰险。我又怎么样？

相比之下，我太渺小了。当一个较为困难的设计图难产了，每到苦思不得解决的时候，常有这样的想法："就这样吧，什么点子都想过了，再不能有所进展了。"总不是那么踏实、坚毅。比起××修养员双目失明还坚持学习文化，双手残废仍勤学苦练终于用嘴咬着笔杆为慰问团写信的××修养员来，我克服困难的毅力是何等不够，我的个人意识是何等强烈，我的集体主义精神真是薄弱得可怜。

当一件舞台工作在技术上遇到了障碍，提出一个意见又被同志们怀疑的时候，也会作如是想："就不接受我的正确意见，为什么要手工业方式呢？"不会做到互相研究、心平气和去解决问题。当我正进行一件设计工作或想搞张速写的时候，遇到要开什么会，我也会这样想："请假吧，我的设计图正在紧要关头呢，否则会打断思路的。"诸如此类，说明我的思想基础不坚实，当前的障碍仍是个人主义在作祟。

我在党的教育、培养下已经四年多了，是有相当进步的，但是还很慢，今后应如何巩固和发扬，还是个严重的问题，因为只有发扬了进步的才能驱逐落后的。四年来，组织上不断地培养我，曾有十六个月的时间（占四年的三分之一）派我下实际去体验生活；然而我实在改造得不快。原因在哪里呢？是不是就是这个"个人意识"横亘着前进的道路呢？我目前的答案："是的。"为了党和人民的革命事业，非彻底整顿一下我的思想不可！在这里特别对自己提出这个要求，因为我要为伟大的祖国尽我毕生的最大努力，为了经济建设时期面临着的文化建设高潮，为了全国人民和平幸福的生活和更加幸福瑰丽的明天。

据陈永倞手稿《赴朝慰问个人思想总结》（1954年1月22日）整理

锻炼、改造与收获

◎ 陈永倞

这份材料是1958年12月下旬下放归来开始写的，随后又为田老找剧本材料重返农村；今年1月初归来，连续病了一个时期，就搁置下来了。以后3月间接受创作任务，4月又为提高质量写材料，5月作会演观摩，又因此耽误了。因循怠惰，今始写完；病在拖沓，也是对思想改造抓得不紧。记下来以资警惕。

下放门头沟区农村将近四个月（从8月27日至12月19日），这段期间逐渐明确了一些问题。

在劳动实践的天平上称量自己

从8月27日以前动员到编队，思想较单纯，只认识到应当下去锻炼——在劳动中锻炼。初到农村，很多不习惯，三同中的同吃和同劳动就是不习惯的。我的身体有弱点：同吃与胃病有矛盾，同劳动与关节炎有矛盾。虽然没有说出来，但是领导同志却知道了要照顾我，坚持谢绝了。不知怎的，乡党委书记和乡长也知道了，几次劝我到机关食堂吃饭，为了锻炼也坚决谢绝了。干活也是被照顾的，但为了坚持锻炼，我仍作为一个男劳动力和社员们一块干较重的活；一方面是为了能够得到锻炼，另一方面也为了不致使工作组对社员造成不好的影响而坚持下来了。

提到这些，是想说明所谓“条件论”者确是一个思想问题。社员中有胃病的不少，他们都能坚持劳动，而且视劳动为义务为责任，没有因此而强调客观困难。我在农业队第四组参加劳动，组里有个王兴仁老大爷，57岁的年纪，腿疼已经28年，走路脚一拐一撇不利索，但他使铣使镐、刨土积肥、运输爬山背着50斤重的背筐都能坚持工作，从不叫苦；说明劳动人民不像知识分子那么脆弱、无能。我身体上有些弱点，就得作思想斗争，就得花力量去克服，而社员们却习以为常，这就是区别，很大的区别。

在实际劳动中，才知道生产劳动不简单，更不是有些人说的（过去一般知识分子的说法）：“体力劳动太单调——重复同一动作”，“太容易——看不出需要多少技术”，等等。这都是误解，更是立场观点上的错误！因为体力劳动不但需要技术，而且需要动脑筋，盲目瞎干是不行的；使镐使锹用镰刀都须有技术、有窍门、有计划才能干得好，干得快，动脑筋才能巧干。虽是动作上有些单调，但要求有很强的韧性和刻苦精神。而正是这种劳动，为人类创造着财富，没有这种劳动果实，人们即不能生活。这种劳动生产的果实，是为社会所必需的，因此这样的劳动精神是集体主义的而非个人主义的。整风以前知识分子之所以不尊重体力劳动而要强调脑力劳动，实质上是资产阶级思想，是治人的统治阶级思想。中央北戴河会议加强干部参加劳动锻炼的指示，使知识分子在实际生产斗争中补上一课具体的社会发展史，使人们体会到劳动创造世界的实际，从实际中去体会它的哲学意义，再运用它来指导思想、行动。在实际行动中逐渐改变我们的思想感情，在与劳动人民一起生活、劳动和学习中，逐渐锻炼成为又红又专的普通劳动者。

整风以来，明白了知识分子要放下有形和无形的架子，必须解决的问题之一是热爱劳动和劳动人民；这就必须参加体力劳动，从劳动中学习并锻炼坚强的意志和刻苦的精神。同时还应从阶级的观点来认识体、脑的分野是阶级社会的产物，是旧社会制度遗留下来的不合理的产物。建设社会主义需要又红又专的普通劳动者，社会的发展前途要消灭三大差别，而消灭体、脑的分野即是其中之一。将来是人人红透专深，现在是首先改造知识分子自己。改造的道路不能只停留在口头上和决心书上，必须行动，在和劳动人民一起生活的行动中，才能在劳动实践这个天平上称出自己的分量。

从“陈先生”到“老陈”

下放农村的初期，我在生产队一个组和几个老大爷一起压绿肥。一天，王兴仁大爷和我一起劳动，在交谈中，他忽然叫我“陈先生”。当时把我吓了一跳，思想上起了激烈的震荡：为什么这样称呼我？很快地回想这两天的劳动情况。王大爷是铡草的，我是使锹刨坑的；压绿肥有三个工种：一是割草，二是铡草，三是刨坑；刨坑需要较大的气力，我没避重就轻呀。再则，每当组长叫休息时我总是再刨几锹，没有立刻休息呀。是不是老乡们休息时抽的是旱烟，而我抽的是简装恒大呢？这也是每次都请大家抽的。要不就是一身干部打扮吗？那也该叫同志而绝不能叫先生呀？难道说是我年纪较大，胡子长了没有经常刮掉？或者是前些日子有几个学院的师生在这儿搞过几回绿化劳动，因而把我也当作工作组的老师吗？……总之百思不得其解，思想上背着很大的负担：真糟！偏叫“先生”！还得答应。这种忐忑的心情持续到第二天。

开始地头扫盲，王大爷 57 岁了，不在扫盲范围之内，但他上午学会了写年龄，下午学会了写姓名，后来又学会了写乡名、社名等。于是我趁着只有我们两人在一块识字时提出了请他别叫“先生”。他说：你是北京来的，以前总不是干农业活的，这样称呼总合适些。我对他的说明不能满意，得突破这种关系。除了干活处处做学生，虚心向老农学习以外，我还关心他的生活、身体和学习。于是，他谈到疼了28年的寒腿，是年轻时为资本家走窑时害上的；我们一边聊着一边控诉旧社会，也对比地谈到公社的幸福生活。休息或下工时他拾点干柴火，我也帮他一起干；回家的道上争着扛锹扛镐，聊起来很自由，没有拘束；在食堂吃饭，总叫我吃他自制的酱辣椒，可惜我实在不能吃辣的……就这样，我们之间的关系逐渐正常了。从那以后他改口叫我“陈同志”，又过了几天就叫我“老陈”了。

真刀真枪的对答

整风向党交心，打掉个人主义；其中和知识分子结下不解之缘的名利观念，确是又臭又脏的。当时自认为在这个问题上还是比较好的，实际上并非如此。虽然我在历次评级时没闹情绪，那只能证明组织上对我的照顾周到，给予的等级和荣誉超过了我的能力和贡献。假如事实与此相反，而自己并不计较的话，那才算真正经得起考验。

下放门头沟，在大战九龙山时，随指挥部和一位李大爷睡在一个炕上；熟悉了以后，无话不谈。一次，李大爷问我每月挣多少钱，当时我犹豫了。说实话吧，会把他老人家吓一大跳。可不是吗，文艺四级的一个月工资，相当于当地社员一个壮劳力的大半年工分。不好意思说真话就得撒谎，而撒谎于心不安。经过激烈的思想斗争后，还是说了假话。当时的苦衷是，深恐待遇过于悬殊不利工农团结，撒谎情非得已，于心确实内疚。因此更体会到，如何才能对得起党对知识分子的关怀和照顾，如何才能多为党做好工作；作为红色宣传员，其责任就更为重大了。更想到党叫我下放锻炼，拿着高工资、花几个月时间，深入火热的群众生活中去学习，不好好锻炼，对得起党吗？对得起人民群众吗？

这一次的对答，实际上是一次真刀真枪的考验。在九龙山，社员们不分昼夜风雨，不分男女老少，开山劈岭向荒山进军，更体会到劳动人民的集体主义精神和不向困难低头的雄心壮志。农民们响应党的号召，为了美好的明天不惜流汗奋勇前进，这种苦干实干的精神，对知识分子来说是个鲜明的对比。而参加生产劳动又是对改造思想的最具体的锻炼，因为我已领会到个人的渺小和集体的伟大。

“党的调动应当绝对服从”

下放时分配我做副组长，当时组长分工明确，我的工作偏重于业务，虽是新的业务，在集体合作中倒也顺利。一个月后，队长来调组长老文走，要我负起全组责任，曾有思想波动：对外联系工作以前是组长搞的，这一下我得搞起来，思想工作也得照顾，业务还得搞好，特别是要搞现场会议这一生疏而又特别重要的工作。刚来是以乡为重点，工作已熟悉了；今后属公社，铺开后还得碰到每一地区均是新的情况……这些又说明了我还有怕困难的思想，还是习惯于搞较单一的工作，还是没有全身心投入群众中去千方百计为群众工作。现在回忆一下很有意义，要坚决去掉这些思想上的障碍，在具体实践中考验自己。更重要的是老文临别时的一句话，她说："我也不想上调，在下边本可多受劳动锻炼，可是党的调动，应当绝对服从分配。"这句话给我启发很大。人家的思想水平就是比我高，她对于"把一切献给党"是具体的；而对这个原则问题，我思想上还要"波动"一下。究其波动的原因，还是为自己打算的，为一个组的工作方便考虑的；也就是说，对于"把一切献给党"是抽象的。党的战士要能做到"忘我"，在一切事情中做到忘我，才能把一切献给党；这就需要做到事无巨细都以党的利益为前提，经受得起磨炼，处处作思想斗争，才能逐步达到这个水平。

"党的调动应当绝对服从。"文组长的一句话给我的启发很大，给我的感触很深，这是为党的事业毕生中用不完的。

据陈永倞手稿《锻炼、改造与收获（兼作整风下放总结）》（1959年6月）整理，文内标题由编者加配

陈永倞（后排右一）参加河南许昌农村"四清"工作结束时留影（1965年夏）

四十五年容漫忆

◎ 陈永倞

一　北国行

1949年，应邀离沪。岁晚北行，寒风料峭中，车行三千里；撩起窗帷，和衣远望，忽觉平原辽阔，豁然开朗，一望无际，远树参差，屋舍田园，霁雪晶莹，游目骋怀，美不胜收。斯情斯景，难以忘怀。因叙。

青艺建院冬应邀，忽已四十又五春。
祝祜曾写《江南好》，《西江月》[1]庆四十春。
四十五载我已老，长诗聊表儿女情；
北国行事从头说，诗为叙事不求工。

记得当年车到京，金山[2]已在站台迎。
壮岁来京望眼穿，长安街树玉雕然，
政治名城今胜昔，文化古都新政权。
艺术摇篮好天地，革命队伍红与专。

---

①《江南好》《西江月》：均为作者此前为院庆所作贺诗之词牌。——编者注

② 金山：著名表演艺术家，时任中国青年艺术剧院副院长。

二 革命大学堂

下榻“十七号”[①]，换着棉军装；
黎明勤学习，“猴子变人”章。
食堂在“大庙”，伙食不一般：
我们白米饭，众食红高粱。
欣喜新年到，新老聚一堂。
新人试身手，[②]从兹入殿堂；
投身革命路，人生更辉煌。

三 首演《保尔·柯察金》

五〇年九月，《保尔》演京华。
维世留学久，[③]导演自专家。
保尔正年少，金山三十多；
创作难度大，锻炼苦上坡：
秋凉裤衩短，扮作赤脚娃；
童发齐眉眼，烂绳扎腰间；
缘木攀弯树，进屋跳窗台；

1950 年首演《保尔·柯察金》
引自《隆重纪念中国青年艺术剧院诞辰六十周年》光盘
（青艺子弟联谊会编），下同

① “十七号”：北京东单头条十七号，原团中央所在地。
② 新人试身手：1949 年 12 月，应剧院要求从上海来的新同志作了一次汇报演出，除一些小节目外，还演出了由石羽导演的独幕剧《开锣之前》。
③ 维世留学久：维世，孙维世同志，青艺导演，曾在苏联留学深造。

减肥长街跑，苦练日西斜。
令名不虚传，表演艺术家。

廖公曾粉墨，[1] 扮作阔丈夫。
平易人皆近，谈心可当炉。
排演每深夜，共食在街头；
烧饼猪头肉，“迷糊”馄饨侯。

彩排夜战秋风凉，演罢卸装出剧场。
但见观众半夜到，老少铺盖带身旁；
预购戏票蜂拥至，深夜买票队伍长。

戏演三百场，欲罢情难罢；
事过数十年，岁久不能忘。

四 《钢铁运输兵》

——赴朝慰问带戏学兵

《钢铁运输兵》，最可爱的人；
慰问到朝鲜，带戏去取经。
试演西海指[2]，英模说艰辛：
公路依山出，旁挖防空洞，
敌机突侵犯，鸣枪有哨兵。
美机掠空过，运输车照行，
遍设假目标，敌弹常落空。
志愿军智勇，越战越如神，
钢铁运输兵，英雄战史新。

① 廖公曾粉墨：廖公即廖承志同志，青艺首任院长；曾拟在话剧《保尔·柯察金》中扮演冬妮娅的丈夫。
② 西海指：抗美援朝战争时期我志愿军在朝鲜西海岸的指挥部，青艺曾在此试演话剧《钢铁运输兵》。

五次战役好，美帝联军倾；
不义兵必败，保家卫国名。
演兵先学兵，红心总相连；
虚怀朝夕练，排戏营房前。
归国再演出，焕然一新篇；
上演三百场，演兵得真传。

五　新戏下新厂
——《四十年的愿望》到四川

川人建铁路，愿望四十年；
前朝官、洋办，民愿岂能全。
解放红旗展，立马勘新线；
铁轨何处有，重钢工人肩。

成渝铁路新建成，专程绕道过秦岭；
留侯庙左千年柏，汽车四日走全程。
喜坐新车到重庆，学工要到钢铁城；
虚心学习求教诲，下马即住工人村。

轧辊扬威力量大，钢轨冲出赛火龙，
温度奇高来势猛，把手掌钳试学工。
深入生活老师拜，带戏下厂炼心红，
感性知识诚可贵，创作灵犀一点通。

六　世界文化名人祭

为纪念世界文化名人，我院曾于1953年隆重上演郭沫若先生名著《屈原》；1954年和1956年又先后上演19世纪俄罗斯剧作家契诃夫的名剧《万尼亚舅舅》和挪威剧作家易卜生的名剧《娜拉》。

世界文化名人祭，戏剧自有高手强。
纪念《屈原》尊郭老，[①]影剧名家聚一堂；[②]
声势浩大邀名宿，声名远播内外扬。
我正赴朝去慰问，未逢其盛不得详。

① 纪念《屈原》尊郭老：郭老即郭沫若同志。他的著名话剧《屈原》40年代首演时曾轰动山城重庆；50年代由青艺再度公演。

② 影剧名家聚一堂：特邀影剧名家赵丹扮演屈原，白杨扮演南后，王蓓扮演婵娟，等等。——编者注

《万》《娜》皆名剧，[①] 我院均承担；
国内名家导，国外专家邀。
两剧早名世，演艺应高明；
戏属名洋古，搬演费经营。
国人尊好戏，洋人赞成功；
誉满国内外，使命喜完成。
话剧会演时，《万》剧作品展；
事逾四十年，勿忘辞世人。[②]

七 《西望长安》

首届全国话剧会演我院《西望长安》一剧各个项目均获一等奖。

话剧会演第一回，[③] 举国争鸣制新篇；
老舍新作交青艺，全力以赴任务艰。
《西望长安》四幕景，局限甚大突破难；
国人翘首看青艺，何当众望一马先。

戏已开排景未定，重起炉灶难上难；
苦思佳构笔无力，万事突破如攀岩。
全组同心齐奋战，差强人意心稍安；
终孚众望获奖励，功成剧院尽开颜。

1953 年首演《屈原》

① 《万》《娜》皆名剧：《万》即《万尼亚舅舅》，《娜》即《娜拉》（《玩偶之家》）；均为世界名剧。

② 勿忘辞世人：不应忘记已谢世的一批老艺术家。此处系指《万》剧的导演孙维世，主要演员金山、路曦、王斑、熊伟；《娜》剧的主要演员于村、蓝樱等同志。

③ 话剧会演第一回：1956 年举办全国首届话剧会演。

1956年首演《西望长安》

八 《红色风暴》

——纪念“二七”工人运动

金山导新戏，做法每不同。
设计先出图，导演先立意；
情况不一样，殊途创新风。
《上海屋檐下》，导演先设想：
“螺蛳壳里做道场”，体现上海弄堂房。
《风暴》事先有主意，原是编导一肩挑。

构思有高见，成竹在胸间。
江岸工人苦，屋破不经风，
二月北风紧，衣单难御寒。
家家遭磨难，生活更困穷，
压迫越深重，反抗越心同。
工人领袖擎天柱，从容就义斥敌顽；
惨遭杀戮昂首立，虽死犹生天地间。

中央戏学院，新剧育新人。
导演、舞美课，我俩共承担；
剧本仍《风暴》，导、美两班各准备。[1]
学生看过“青艺”戏，不可依样画葫芦。

① 导、美两班各准备：中央戏剧学院毕业班实习演出《红色风暴》，分导演、舞美两班进行。

导演见功力，效果不一般，
因势利导好，教学得新葩。

去年《风暴》又重排，王培、郑平[1]更新翻。
天怒人忿凄风夜，大雪纷飞遍地哀。
金山虽早逝，雄才留人间；
新篇有人谱，剧艺展新颜。

九 《文成公主》鉴古今

唐蕃友好传今古，民族佳话史昭然；
金碧辉煌大昭寺，松赞文成塑像妍。
田公[2]据史写名剧，灿烂姻缘创新篇；
妙笔生花老前辈，话剧有史称先贤。

金山执导多新意，大气磅礴唐文明；
仪仗缤纷逶迤过，典章文物送亲情。

唐书史籍几查阅，形象思维煞费神；
设计资源因有幸，早年曾作敦煌行。
鸣沙山上“戈壁黑”，[3]月牙湖畔听沙鸣；
黄羊夜饮墙边水，天王壁立送黄昏。

1960 年首演《文成公主》

① 王培、郑平：青艺导演。
② 田公：田汉同志。
③ 鸣沙山上“戈壁黑”：鸣沙山，位于敦煌莫高窟旁；此处沙中时有黑色小岩片，晶莹黝黑，人称“戈壁黑”。

常公[①]指引传概略，特派专职导游人；
尽日观摩莫高窟，废寝忘食日西沉。
国之至宝唐壁画，绚丽斑斓世界奇。
“出行图”写封疆史，旌旗车马壮威仪；
主次有序“供养人”，跃然纸上昔人情。

敦煌壁画多启发，设计恰逢此良辰；
草图盈尺斟酌久，精益求精颜色新；
全组一心齐奋战，大功告成记诸公。
北京演后广东去，寒冬又作深圳行；
港澳同胞共欣赏，意义深远出国门。

十　重排《抓壮丁》

吴雪编导《抓壮丁》，文联茶座又受命；
再度排演却犯难，[②]因思应改前方案。
四川方言讽刺剧，四平八稳难造型；
张公陈陆三人行，[③]盘桓数日苦经营。
川地曾游小城住，墙柱髹墨不尚红；
郊外纪事立碑石，更添“告示”露峥嵘。
手中铅笔频转动，一根黑线出张公；
文思油然得新意，几番转动写山云。
佳构得来非易事，胡思乱想实技穷；
构得新图源生活，为新求新难始终。

十一　下胶东 学农去　“两为”指示牢牢记

一九六四胶东去，巡回八县沿海滨。
《迎春花》演山东事，观众多属小城民；
家乡人看家乡事，不说方言戏也“中”。
《丰收之后》表农村，路家沟里好“三同”；
故事主题人物在，渐识乡情分外亲。

① 常公：常书鸿同志，时为敦煌艺术研究所所长，改制后任研究院院长。
② 再度排演却犯难：《抓壮丁》于 1950 年首演，1962 年重新排演，重新设计。
③ 张公陈陆三人行：张公，青艺美术顾问张正宇；陈，作者本人；陆，陆阳春，青艺舞台美术设计；三人连袂进行话剧《抓壮丁》的舞台美术创作。

大队演出傍梯田，平地搭台画幕悬；
远道乡亲驾车至，全家老少花被鲜。
爷们爱坐马路边，烟锅明灭映星天；
入夜欢声响山野，妞小偎娘不肯眠。
随坐田间听意见，难得文艺到梯田。

现实题材多年演，剧目颇多难记全：
“本钢”远排《新事物》，[1] 东北部队学《雷锋》；
《李双双》仿河南话，宣化参军《豹子湾》；[2]
《激流勇进》尊上海，《远方青年》走新疆。
…………
中外古今戏可上，学工学农又学兵；
“两为”宗旨牢牢记，“百花齐放”满园春。

1963 年首演《迎春花》

① “本钢”远排《新事物》：“本钢”，本溪钢铁公司；《新事物》，话剧《在新事物的面前》。《新》剧剧组曾到本钢深入生活。

② 宣化参军《豹子湾》：《豹子湾》系指话剧《豹子湾战斗》，剧组曾深入河北宣化解放军部队体验生活。

十二 结束语

四十五载华年过，今朝舞美上新坡。
行年八十老将至，无复附骥可奈何。
殷勤漫忆当年事，喜颂今人创业多。
浪涌前波情未已，风流人物看今朝。
欣逢大寿能无唱，因赋《西江月》一歌：

日月星辰变换，
山河湖海情牵。
心潮起伏意拳拳，
共识繁荣新愿。

四十五年应庆，
三百篇难概全。
风流总是着鞭先，
嘉卉万年青[①]遍。

跋：青艺为纪念建院四十五周年，拟出专刊，因记我所参加的部分创作。

曾连载于《青艺》1994 年第 2、第 3 期，后辑入《陶然吟—— 陈永倞诗词选》，
时事出版社 1996 年版；收入本书时对内容有所调整

① 万年青：此处喻指青艺院标“万年青”。

"试验田"里忆田老 *

◎ 陈永倞

田老即田汉同志（1898—1968），中国话剧事业的开拓者，我国著名戏剧活动家、剧作家、诗人。五六十年代，田老曾在中国青年艺术剧院蹲点，特称青艺为"试验田"。

30 年代我在剧专上学时聆听过田老的教诲，后知田老亦为长沙师范之学长，又有同乡之谊，与之合作倍感亲切。故吟此诗，以记师生、学友、同乡、同志之情。

一　三十年代初聆教

三十年代初聆教，剧专教室论纵横；
不谈"南国"① 谈剧理，莘莘学子起共鸣。
戏剧不止游于艺，学戏原为解人生；
情真义正真理在，见识深远举座倾。
而今五十又六载，金陵盛事今更明。

二　师友惊异高才识

昔闻徐老创"长师"，② 田公文名众所知，③
师友惊异高才识，大块文章满分奇。
梧桐院里长廊远，星沙弟子学所宜，
各展所长兴教化，德智体美学为师。

* 青艺曾演出过田汉有代表性的五部力作，因而"被戏剧界的朋友们誉为田汉剧作的'试验田'"，"是上演田汉剧作最多的剧院"。这五部剧作是《丽人行》《十三陵水库畅想曲》《文成公主》《获虎之夜》《关汉卿》。见蔡体良、关登辉，《"试验田"里的辛勤耕耘》，《青艺》1991 年第 6 期。——编者注

① "南国"：南国剧艺社和南国艺术学院，20 年代初，田汉同志为开创我国话剧运动在上海创办。

② 昔闻徐老创"长师"：长师即长沙师范学校，由徐特立同志创建。

③ 田公文名众所知：田汉同志是长沙师范第一届毕业生，在校时文才出众，全校闻名。

三　壮志艰辛创“南国”

田公留学东瀛久，二一年归苦耕耘，
壮志艰辛创“南国”，我辈后生情为倾。
以后多年不相见，建国伊始逢北京。

四　犹忆当年去土改

犹忆当年去土改，你是团长我是兵。
邕宁[1]县属村落多，徒步巡回解下情，
手拄竹杖为防狗，年逾五十健步轻。
北方人员初下村，壮族语言听不明，
中学教师区干部，翻译才能解真情；
“杜蒙”“杜外”名猪牛，初闻疑似外星人，
伟大民族方言多，急坏我们老北京。
边学边干始如愿，访贫问苦方得行，
半年计划喜交卷，屡受表扬任务成。

土改工作团完成任务后合影留念
第二排右起第六人为田汉先生，第三排中偏右穿深色衬衣者为陈永倞

① 邕宁：广西壮族自治区首府南宁的别称。

五　忘年之交情深远

五一东北看会演，[①] 同住卧车乡音珍，
他方知我是弟子，“长师”同学老乡亲。
只是他长十七岁，声如洪钟大笑频，
忘年之交情深远，记忆犹新四十春。

六　五八年秋京西下

五八年秋京西下，[②] 农村文化正纷纭。
垂询乡里新情况，长途打到色树坟[③]，
连问有无公路通，惜难下访情实殷。
记是年假归来日，如约面晤谈见闻，
细谈过午不能歇，家乡厨师腊肉熏。
豆豉飘香地道菜，兴起畅叙忽已昏，
辣椒牛肉长沙味，飨我乡情特殷勤。
饭罢倩我取湘橘，卧室南窗竹筐盛，
水陆洲头无核果，啖来文思油然生。

七　《水库畅想》山河美

《水库畅想》[④] 山河美，新坝功成三伏天，
边写边排倚马待，笔走龙蛇如涌泉。
新歌一曲“新雨后”[⑤]，壮丽河山唱入弦，
诗情画意心舒畅，文化宫里化妆连。
笑声如雷乡音动，“天晓得”[⑥] 来兴怡然，
群情已忘看新戏，鬼斧神工快马鞭。

---

① 五一东北看会演：1951 年曾举办东北戏剧会演，时文化部组团前往观摩，田汉同志任团长。
② 五八年秋京西下：1958 年作者曾随文化工作队下京郊农村宣传。
③ 色树坟：北京门头沟区一村名。
④《水库畅想》：田汉同志所作话剧《十三陵水库畅想曲》，由青艺首演。
⑤“新雨后”：《十三陵水库畅想曲》主题歌。
⑥“天晓得”：田汉同志高兴时之口头语。

《十三陵水库畅想曲》剧照，左后一站立者为陈永倞
引自朱昌民著《舞台艺术七十年（1947—2017）》（中国文化产业出版社2018年版）

八 《文成公主》创新篇

六十年代困难天，《文成公主》创新篇；
唐蕃亲好碑尚在，千三百年文献传。
又是边写边排戏，神来之笔“弓箭缘”；
妙笔生花老前辈，话剧有史称先贤。

九 年高德劭情无限

六二《文成》去广州，深圳座谈港人讴。
我陪西樵览胜境，山泉竞泻悬崖头，
“飞流直下三千尺”，田老穿栏临深沟。
年高德劭情无限，忘年忘病无怨尤。

十 《获虎之夜》又新翻

七十年代我剧坛，《获虎之夜》又新翻；①
二十年代南国戏，反对封建从头看。

十一 “试验田”里尊田老

“试验田”里尊田老，青艺由来盛名传；
时过境迁话旧事，千言万语难入眠。
急风暴雨因鬼魅，劫难方今数十年；
田老寿昌留史册，我辈岂忘春风先。

十二 世间同庆前剧坛

几十春秋多佳话，我今搔首又重看；
无限风光当年事，昂首惊心胆不寒。
春华秋实真理在，童心未泯志更丹；
田老今朝诞辰日，左翼剧联回头看。
话剧奠基功劳大，世间同庆前剧坛。②

原载于《陶然吟—— 陈永倞诗词选》，
时事出版社 1996 年版；收入本书时略有删改

①《获虎之夜》又新翻：为纪念左翼文化运动五十周年，青艺于 20 世纪 70 年代末排演了田汉先生的早期作品《获虎之夜》，于 1980 年上演。——编者注

② 世间同庆前剧坛：为纪念左翼剧联及田汉同志，曾于 1991 年 11 月隆重举行纪念活动；其后曾出版《田汉文集》。

链接

他曾耕耘过这片土地

——回忆田汉在青艺

◎余林

以诗人豪放执着的求索，田汉在青艺这块土地上辛勤耕耘，那些日日夜夜风风雨雨的心力劳苦，留下的不仅是舞台上的艺术品格，还有为民族话剧艺术拼搏的人格力量。“无我”的人生特质，播散在同他朝夕相处的人们的心底，作为一块艺术品格的“试验田”，青艺的历史倾注着对田老的无尽的敬重。

（一）

在纪念话剧运动五十周年时，青艺演出了田老的《丽人行》，这是脱稿于抗日战争胜利后的一部力作。早在1947年的这一年里，上海、武汉、北平等地，抗敌演剧九队、四队、二队等革命的戏剧工作者，在极其困难的条件下，不顾黑暗势力的阻挠和迫害，陆续在各地上演了这部洋溢着革命激情、鼓舞着人民战斗意志的戏剧。二队在北平的演出就曾遭受到反动政权的逼迫，勒令停演。戏剧的激情和强烈的唤起意识，唤起了青艺的艺术家同黑暗势力的搏斗，同时也唤起一种崇高的感情，一种珍惜新的生活的感情。青艺1957年上演的《丽人行》，既面对剧院自身建设也是面向社会的一次艺术实践。田老主张话剧应当向民族传统学习，不被繁琐的布景束缚。他采取了不分幕用二十一个场面架构的《丽人行》，场面的变化多，反映的生活面宽，给剧院的实践提供了一次不曾有的机遇。导演金山和郑天健试用了一些中国戏曲演出的传统形式，剧中的报告员以一个绝妙的身份，既跟台下的观众做朋友，也跟台上演员打交道，既成为剧中人心绪的代言者，也常常是他们尖锐的、直接的评述者，成为剧中不可缺少的有趣的“人物”。强烈的评判意识和生动的叙述，成为整个舞台透视中极有新意的组成部分。1962年，《丽人行》被选作剧院首届学馆学员的毕业剧目，田老不仅将全剧的结尾做了修改，而且兴奋地写下了一首雄壮的主题歌：“我们手拉着手，我们肩并着肩，我们不再徘徊悲叹，在黄浦江边，我们奋勇战斗在革命前线！我们是经得起锻炼的。让海风吹乱了我们的头发，让骄阳晒黑我们的颜面，我们彻底粉碎身上的锁链，努力争取美好的未来。”这首由瞿希贤配曲的歌，充满着对未来的憧憬和希望，是对《丽人行》的诠释，也是对青艺年轻学员们的激励，田老昂扬激情的声音，直到今天仍在我们的耳边缭绕。

（二）

"有些同志写信来责问我，何以解放以来不努力表现新的更伟大的现实？这一责问我完全应该接受，已经在疾起直追地这样办了。"这是田老1958年初在《人民日报》发表的一篇关于《丽人行》演出时的一段话。他的坦荡和文人的自咎留给我们的是一种难忘的精神力量。正是这种精神力量使他以极大的热情拥抱我们这个伟大的国家和伟大的人民。同年6月，当十三陵水库工程完工的时候，连莫斯科、巴黎的民众也为它举行庆祝，中国人民的英雄形象点燃了田老难以抑制的诗情。在工地参观之后，田老就想至少写一首诗，或写一个独幕剧来记录这个工程，来描写一下这个伟大的交响乐。后来剧院的吴雪和金山恳请他写一个多幕话剧，金山还说要恢复以前在上海搞救亡戏剧的战斗作风，写一页，排一页。于是熊伟同志在田老家每天坐索，那三五个不眠或少眠的夜晚写完了十二场戏。青艺以不到一周的时间，将它搬上舞台。这是一篇波澜壮阔的史诗，也是一篇抒发社会主义热情的抒情诗。用欧阳予倩的话来说："无论编剧、导演都打破了陈规，创造了新的形式，运用了新的手法。""十二场戏——回溯过去，歌颂现在，预见未来，都能举重若轻，简练地一气呵成，成为一个整体，真是挥洒自如……"

《十三陵水库畅想曲》这个剧名是剧院想出来的，用田老的话说："比较生一些，但一时也想不出更好的，就'自我作古'吧！"十三陵水库工地四十万英雄人民的干劲，凝聚在田老洋溢着乐观主义精神和浪漫主义的剧作里。也正是田老的热忱，调动了青艺几代人旺盛的创造活力。这是田老同青艺向党的三十七周年献礼，向四十万劳动大军献出的颂歌，也是青艺同田老朝夕相处铸造成深沉的情谊。岁月易逝，情谊永存，时至今日它沉淀在青艺的历史上，也沉淀在人们的永不消失的记忆里。

（三）

文成公主是我国历史上有贡献的女性，她受命远嫁吐蕃，使唐、蕃亲如一家，维持了三十年的和平，广大的唐人、蕃人得以休养生息。直到今天，她的事迹仍为汉、藏人民所喜闻乐道。田老要把胸怀大略、有坚定意志的文成公主写成剧本虽起意很早，而动笔却是在1959年西藏地区平叛之后、民主改革以前。周恩来总理宏观西藏问题所面临的国际状态，明确戏的主题不光是民族团结亲好，既要反映出盛唐规模，也要反映出当时西藏最繁盛的气象，把戏的规模搞大些，强调民族之间应有平等精神，注意松赞干布的形象和气概。总理亲自请周扬、汪锋、阳翰笙、吴晗、田汉组成五人小组，由周扬主持对剧本进行历史的艺术研究。1960年2月3日，阳翰笙同志代表五人小组向剧院正式传达了总理的意见。翰老用凝重的口气说，周恩来总理在人大常委会上提出过这个戏。整个戏的演出，一定要达到气象万千。唐太宗和松赞干布都是开国英主，都要有开国规模。这个戏不仅国内人士关注，外国人也会很关注；这件事已经不是青艺一家的事了，这是中央的指示。"唐太宗一统天下，威震四海。而以松赞为首的西藏，也是拥有近千人的开国规模。""当时汉藏两族内部，都有主和与主战两派，但结果是主和派得胜，且要占压倒之势。""唐藏双方的欢乐气氛很重要，友好和亲气氛很重要。要把戏搞得富丽堂皇、气象万千。戏的内容是一个传为千古的佳话。""布景要好，服装要好，道具要好，音乐要好，歌舞要好，一切都要好。作家和导演都可用一下浪漫主义的手法。要使这个戏在人民大会堂给人留下一个深刻的印象。"田老和青艺沉浸在这种浓烈的氛围中，创作是愉快的。它得到来自社会各方的支持和关注，历史学家、社会学家、藏民族研究家和戏剧学家把知识和智慧涌进青艺。这是一次大型的联合的艺术创造工程，调动了北影演员剧团、中央实验话剧院、煤矿文工团、中央民族学院、中国京剧院、铁道部第一工程局文工团、音乐学院等众多单位的艺术家，一个强大的演出阵容，呈现出辉煌的舞台壮美。

《文成公主》是田老在解放后继《关汉卿》《十三陵水库畅想曲》《西厢记》《白蛇传》后的第五个剧作。他一改过去大笔一挥的创作习惯，一年之间经过近二十次的反复推敲与修改，让横溢的才思进入严谨的思绪，这在他一生的创作生涯中是第一次。他遵循历史的真实，但又不受历史事实的拘束，在他那并不宽敞的创作室里摆满了琳琅满目的图书资料。有新旧唐书、地方志、民间传说、佛典、绘画和地图等等等等。田老对有关文成公主入藏的民间传说巧妙地加以运用，使剧情更加生动、主题更加突出，更富有浪漫主义色彩。史学家吴晗、翦伯赞、吕振羽，戏剧家阳翰笙、曹禺、周而复以及民族学家汪锋、刘春等都曾多次参与剧本的修改。历史研究所除了提供大量历史文献外，还将唐代大画家阎立本画的《步辇图》提供给田老，对当时的人物形象、服装道具都有极大的参考价值。剧院同田老一同沉浸在一个创造的天地里，多少个日日夜夜、多少个愁苦伴随着多少个愉悦。很有风趣的射虎这场戏，是田老清晨同金山、郑平在西山散步时突显而出的。一个反映了民族团结的戏，必将有利于巩固各民族之间的团结。

田老博大的胸怀，实在是令人起敬。1962 年剧院将《文成公主》送到广州，田老在佛山看了演出，而且听取了演员的意见。1962 年 4 月 2 日《人民日报》发表了田老《送“文成公主”入藏》一文就记述了这件事：“文成公主听到支·塞乳恭顿和唐文锡说起过了纳喇撒喇山就到了吐蕃地界、另是一重天的时候，她首先想到的应该是‘这可到了丈夫所管的区域了！’应该有一种新鲜喜悦的冲动，而不是一下子就陷于思乡的愁苦情绪。先是少女的兴奋，然后想到‘一去何时还’，感情有起有落，戏也就更深了。”演员的这个意见田老接受了，改写了一段适合这种心绪的台词。田老是一位卓有成就、知识渊博的学者，他的气量正是他博大的所在，他留给青艺的远不是一部著作，而是一个学者的气度和学者的高尚品格。

（四）

1980 年为纪念左翼文化运动五十周年，青艺演出了田汉 1922 年写就的《获虎之夜》，那是他从日本回到上海做自由职业者时代的作品。1990 年为纪念左翼文化运动六十周年，剧院以极大的勇气排演田汉的力作《关汉卿》，这是青艺剧目追求的历史必然。在 1979 年田老负屈含冤、瘐死狱中十一年后的追悼会上，长期在田老身边工作的黎之彦同志向我表述了田老生前的遗愿，希望青艺排演《关汉卿》。打那以后它始终是剧院一个心酸的夙愿。《关汉卿》在青艺的排演、演出的实现，意味着田汉解放后的话剧剧作，全部被一个剧院以自己的理解、以自己的风貌搬上舞台。他一个生活和作品都十分洒脱的“无我”者，他的思考、他的追求浸入青艺这块土壤，他一生坎坷的战斗经历和不朽作品是中国戏剧文化的财富，也是青艺向着远处延伸的精神力量，它影响过青艺的过去，也必将影响着青艺的未来。

引自余林著《 话剧生存空间思虑 》，民族出版社 2007 年版，第 243—247 页；
原载于《青艺》1991 年第 1 期

《丽人行》1957 年 12 月纪念话剧运动五十周年演出　导演：金山、郑天健

引自《隆重纪念中国青年艺术剧院诞辰六十周年》光盘（青艺子弟联谊会编）

青年艺术剧院为纪念话剧运动五十周年演出，选定了我的旧作《丽人行》，我又是惶恐，又是高兴。它的排演正在我出国的时候，作为剧的作者，我和导演、演员的交流是很不够的。但从正式彩排起，我一连看过三次，我同意导演的一些处理，他们提过一些意见，有的后来也做了修改了。整个戏的演出是好的。

田汉：《关于〈丽人行〉的演出》

1962 年，《丽人行》是剧院首届学馆学员的毕业剧目，田老不仅将全剧的结尾做了修改，而且兴奋地写下了一首雄壮的主题歌："我们手拉着手，我们肩并着肩……"充满着对未来的憧憬和希望，是对《丽人行》的诠释，也是对青艺年轻学员们的激励，田老昂扬激情的声音，直到今天仍在我们的耳边缭绕。

余林：《他曾耕耘过这片土地——回忆田汉在青艺》

《十三陵水库畅想曲》　1958 年 7 月首演　导演：金山

这是田老同青艺向党的 37 周年献礼，向 40 万劳动大军献出的颂歌，也是青艺同田老朝夕相处铸造成深沉的情谊。岁月易逝，情谊永存，时至今日它沉淀在青艺的历史上，也沉淀在人们的永不消失的记忆里。

余林：《他曾耕耘过这片土地——回忆田汉在青艺》

《文成公主》1960 年 4 月首演　导演：金山

引自《隆重纪念中国青年艺术剧院诞辰六十周年》光盘（青艺子弟联谊会编）

戏之所以好，好在一方面符合历史的真实性，一方面达到艺术的真实性，通过田汉同志的妙笔，把这段历史写活了，更生动，更强烈，更有集中性，更典型，因此也就更美了。

吴晗：《谈〈文成公主〉》

《获虎之夜》1980 年纪念左翼文化运动五十周年演出

引自《田汉代表作（上）》（董健、屠岸主编，中国戏剧出版社 1998 年版）

七十年代我剧坛，
《获虎之夜》又新翻；
二十年代南国戏，
反对封建从头看。

陈永倞：《“试验田”里忆田老》

《关汉卿》1991 年 3 月纪念左翼文化运动六十周年演出　导演：陈颙

中国国家话剧院提供

《关汉卿》在青艺的排演、演出的实现，意味着田汉解放后的话剧剧作，全部被一个剧院以自己的理解、以自己的风貌搬上舞台。

余林：《他曾耕耘过这片土地——回忆田汉在青艺》

艺友情 *

◎ 陈永倞

忆江南・青艺三十五年院庆（二首）

1984 年 4 月既望，为剧院建院 35 周年大庆，赋此祝祜。

其一

卅五载，感谢奠基人[①]。
“两个拳头”[②]同创业，笑谈甘苦到如今。
能不忆青春。

其二

春光好，壮志话良辰。
老骥犹期瞻马首，群芳竞秀艺无垠。
一曲报人民。

题解：青艺即中国青年艺术剧院，于 1949 年 4 月 16 日在北京建院。该院当时直属团中央领导，故有其名。

1984 年 4 月

* 本文辑录了陈永倞怀念青艺友人的诗词和短文。所选诗词除注明出处者外均选自《陶然吟——陈永倞诗词选》，时事出版社 1996 年版，收入本书时略有修改。——编者注

① 奠基人：系指廖承志同志。廖承志同志时任团中央书记处书记，兼任青艺院长。

② “两个拳头”：青艺建院之初，廖承志同志强调从延安来的同志和从原国统区来的戏剧界进步人士要团结合作，共建剧院，誉为“两个拳头”。

江南好·贺青艺建院50年[1]

青艺好，话剧有前贤。
五十年春秋鼎盛，三百篇气象万千。
世纪艳阳天。

1999年4月10日

忆秦娥·唁止怡（二首）

邓止怡同志离世两周年矣！相交30余载，感时伤逝，不胜怀念，因吟两阕，以哭老邓，以寄哀思。

其一

乡音灭，黄楼依旧人凄切。
人凄切，夙愿未酬，奈何伤别。

海上相邀金秋节，[2]京华离恨寒冬月。
寒冬月，吉人云逝，黯然悲咽。

其二

西风恶，[3]当年饮恨凭谁说。
凭谁说，光明磊落，斧钺何若。

胸怀坦荡诚无惑，肝胆相照情如昨。
情如昨，高风亮节，长歌难作。

跋：邓止怡同志是著名话剧导演，生前任中国青年艺术剧院副院长，作者曾在多部剧目中与之合作。与邓相识后，始知同籍湖南，有同乡之谊。

1984年春

---

① 选自《永倞诗词钞 第三本》，是作者最后一首院庆诗。——编者注
② 海上相邀金秋节：1949年秋，邓止怡同志和青艺副院长吴雪专程赴沪，邀请在沪戏剧界人士来京，共建青艺。
③ 西风恶：系指“文化大革命”动乱年代。

忆江南·悼路曦（二首）

其一

西北望，心事总难忘。
昨日黄花人冷落，奈何无语话凄凉。
肠断泪千行。

其二

悲难诉，独倚四楼东。
残月有心空送影，微风无力夜朦胧。
惆怅渺茫中。

跋：一代名家陨落无限悲痛，赋此致唁。

1986 年 6 月

贺逸生同志入党[①]

病中闻喜正阳春
五十二年岁月频
同学同侪勤艺事
今朝华发宿愿新

1988 年 5 月 5 日

浣溪沙·寿老艺术家

艺术从来自天然，
人言得失任回旋。
何须毁誉叹无眠。

杜渐防微真理在，
嬉笑怒骂是非前。
纵横捭阖得新篇。

跋：青艺宿舍老龄委组织集会为老艺术家祝贺，赋此令以共勉。

1991 年春

① 选自《永倞诗钞 第一本》。——编者注

浪淘沙·中秋

在青艺宿舍庭院中欢度中秋节，赋诗吟诵。

丽影探楼东，一岁匆匆。
年年共话绿丛中。
老少同欢圆月夜，忘了秋风。

世事若飞鸿，岂畏艰辛。
从南到北路相同。
我辈相逢半世纪，剧艺始终。

1994 年 9 月 20 日

为雷平同志而作①

冀淑平　陈永倞

与雷平同志在青艺交游几达半世纪，或共创作新剧目，或为农村文化服务，或下工厂三同，她均悉心深入生活、深入实际，又能平易近人，脚踏实地，我们心向往之。她对艺术创造，刻苦钻研，精益求精，塑造出诸多个性鲜明之人物形象。名闻遐迩，口碑载道，为剧院增光，为剧艺增光。因赋。

念奴娇

嘉陵江上，问剧坛、多少闪光人物。
本是辞家攻美术，正寇入侵时节。
投笔宣传，加盟“旅外”，好与强梁决。
心潮澎湃，誓把倭虏覆灭。

废寝忘食行歌，演街头戏，奋起更殷切。
走过川南又川北，喜人民同激烈。
跋涉前驱，延安圣地，抗战真豪杰。
投身革命，为真理献热血。

捣练子

川妹子，令人钦。
一代芳菲从艺心。
六十华年南转北，高台施教到如今。

① 原载于宋严、蔡体良编《雷平的话剧生涯》，中国戏剧出版社 1997 年版。——编者注

哭阳春　忆往事[①]

1949年寒冬时节，我在青艺食堂认识了阳春同志，他们一行也是刚到北京的。我们前后脚北来首都，同在青艺新组建的研究实验处；成立舞美工作设计组时，我们共同担任组长。当时所有舞台美术专业都在这个组里，来自五湖四海的同志，多半是年轻人。

我和阳春似乎依稀相识。记得四十年代初期，雾重庆的抗战戏剧活动正蓬勃开展，我们同在一行，却不在一个单位，也不在一个城市； 同搞舞美，却不曾相识。那时我执教的剧专，已迁到重庆上游长江南岸的小县城江安。几次雾季旅渝公演，我有机会看到重庆的戏，阳春也看过我参与设计的剧专的戏。这是到剧院后谈起往事才知道的，只是当时我们从未谋面叙谈。

1950年，剧院筹演《钢铁是怎样炼成的》（后定名为《保尔·柯察金》），在设计过程中，我们才开始有共同研究探讨的机会。多年来，我们相互配合非常默契，阳春也展现出他高超的技艺和才华。记得在《保尔·柯察金》中有一个风雪严寒的场景，需要重点突出一棵高大的雪松；阳春用神来之笔将其挥就而成，效果非常之好，在40年前首都舞台上呈现出高超的艺术形象，为演出生辉，一时有口皆碑。1954年纪念世界文化名人，青艺排演《万尼亚舅舅》，我任舞台设计。第一景是一座俄式庄园。当时青艺剧场还未改建，舞台进深不够。为了真实再现俄罗斯庄园深幽、宁静的环境，我们采取了用画幕的办法。这幅规模巨大的树林画幕，就是由阳春亲手绘制的。《万》剧演出时，他的佳作获得国内外观众的高度赞扬和一致好评，连要求极为苛刻的苏联艺术指导也表示赞赏，可谓极一时之盛。

以后，青艺演出任务更加频繁，逐渐形成设计小组的格局。即两三人组成一个创作小组；特别任务的重头戏，甚至全体设计人员一起投入，形成大小不同的创作集体。如《文成公主》的设计，就是全组投入工作的。至于我和阳春两人，也合作设计过不少戏，如《阴谋与爱情》《抓壮丁》等等。

我们的合作都是非常愉快的。有时，为了突破或解决某一问题，我们日夜苦战，甚至通宵达旦，以求达到设计思想的完美体现。例如，为了在《西望长安》的设计中有所突破，我与阳春和正宇曾作了多种设想，推翻过多次方案；为了寻求理想的设计方案，我们曾连夜奋战；天快亮了，为了提振精神我们三人满处找烟头的情景仍历历在目。1962年剧院第二次排演《抓壮丁》也是我们三人合作，我们为了突破习惯做法搞出来的成果，都是在文联大楼地下室茶座里“盘桓数日苦经营”完成的。正宇同志首先提出由一抹远山线条引出来的新设想，经过反复推敲，终于形成简练的线条组合的新方案，取得了很好的艺术效果。

在“文化大革命”的不幸年代，我与阳春都被隔离审查。我们曾一同在铺着稻草的水泥地上“学习”，一“学”就是好几个月。阳春光明磊落、爱憎分明，维护真理、直言不讳，态度鲜明、始终如一，令人敬佩。

① 据陈永倧1991年5月10日手稿整理。——编者注

八十年代初，我在社会活动中，参加筹建“中国舞台美术学会”。为了我们的事业后继有人，学会举办了几个培训班。阳春是学会的顾问，承担了绘景培训班的教学任务；原本拟招收业余爱好者，但各单位许多专业人员却慕阳春之名而来参加学习。绘景是个体脑并用的专业，培训班具有很好的示范作用。阳春以他扎实的专业知识，高超的绘画技巧，半个多世纪丰富的绘景实践经验，以及认真的教学态度，博得了学员们的敬佩。

今年春天二月初，舞美学会作为国际舞美组织中国中心，为参加 1991 年第七届布拉格国际舞台美术作品展举办提名展，假中央戏剧学院舞美系教学楼举行。已届 82 岁高龄且有一只眼睛刚动过手术的阳春同志，兴致勃勃地参观了展品，还参加了为庆祝学会成立十周年举办的电影欣赏会。席间，我们曾亲切交谈，得知他身体尚好，还是好学不倦，仍坚持读书、练字、绘画等，甚感欣慰。岂料，不到两个月，忽然传来他住进医院，终因脑出血医治无效猝然离世的噩耗！

我曾于 1984 年冬突发大面积心梗，几经抢救方得脱险；其后，身体虽逐渐恢复，但每逢故交亲友去世，组织和家人总是劝阻我前往吊唁。但这次我执意去送别了阳春，并书挽联一副以表达我的哀恋不舍之情。

阳和四月正东风，青艺耕耘近半纪，拳拳心，光明磊落，爱憎分明，
不期舞美精英遽尔云逝，呜呼！

春到寒时飞雪雨，学会耆彦整十秋，殷殷情，胸怀坦荡，老而弥坚，
何堪画坛高杰忽报长眠，伤哉！

阳春同志安息吧，我们永远怀念你！

从来诚实为人民[①]

——缅怀邵华同志

邵华同志到底还是离开了我们！消息来得很突然，以致不敢相信。记得是他去世前的星期六那天，在楼道里见到了子丹同志，她要去中日友好医院探视，还托她带口信表达慰问之情。没料到两天之差，病情突变，以致停止了呼吸。癌症之恶，令人无法忍受！据云肺癌不易感觉疼痛，或以忽视早期治疗机会；而他又是对演艺的执着追求，竭尽心力为影视创造人物，从不惦记着自己是病弱之身；就是住院前还在镜头前扮演角色呢。噩耗传来，不胜悲恸！

我也是久病缠身的，有几年不敢单独下楼。近一两年也出门走走，当然总有人陪伴。每次在院子里遇见，他总是说：“你真好，还能提个菜篮子呢。”曾几何时，如今我提着篮子走过他家大门，却已物是人非了！

① 原载于《青艺》1991 年第 5 期。——编者注

我和他是一起来到剧院的。那是1949年冰天雪地的隆冬，我们一行被安排在东长安街十七号，当时是团中央的招待所，现在早拆掉了，至今还空着那块地。每当到青艺剧场，走西口必经那处旧址，还颇有留恋之情。因为那时节从上海邀来的一批人，都住在二楼，大清早天还不亮，哨声把大家叫起，一同学习来到革命队伍的第一课，学习《社会发展史》，喜谈猴子变人。会后同往北极阁食堂，三桌人一起在里屋小餐厅就餐，连早餐都有五碟小菜。可是偶见外边大饭厅，主食常用高粱米豆饭，据知是东北运来的。而我们却常是大米白面，心有不安。领导解释怕南方人吃不惯红高粱饭。那时全国还未完全解放，还在追穷寇呢。另外，因北地严寒，还发给我们军被和灰棉制服，想得很周到。

越年春天，研究实验处成立后，按专业分组；不久食堂也改制了，不集中就餐，分住到几处宿舍；除排戏、演出外，我和邵华同志就不是天天见面了。但交往的基础还是这时期建立的。

记得还是同住十七号时，曾要上海邀来的人作次汇报演出。我们一干人也是来自各个团体的，业务上也互不熟悉，汇报一下有个共识也好。除了其他小节目之外，由石羽导演了话剧《开锣之前》。准备期间，邵华夫妇经过我屋，看我赶制布景图，很有兴趣，随口说道，搞这个工作很有意思，忽然又说好学吗？似有心多搞一个行当，没明说。我却说还想当演员呢，《开》剧中有我一个角色，还是个“小生”哩。这是当时情况。

此后多年，常在一个剧组，逐渐知道他是细心人，也是有心人，更是热心人；只要是剧院的事，任何方面都感兴趣。俱乐部主任是极为繁杂的、内外操劳的“苦差”，他却任劳任怨、连选连任，从不推诿。

他那一丝不苟的作风，严格的时间观念，刻苦训练、精益求精的精神，更表现在人物创造上。他所担任的角色，不论大小，在形象上总有许多想法，衣帽鞋袜都很有讲究，总是从人物考虑，道出细枝末节、来龙去脉。

艺术贵在求索，演艺更是以探求深邃为得，不宜雷同，不可等闲。邵华同志曾认为，创造人物亦如“不入虎穴，焉得虎子”，日久不殆，执着追求，持之以恒，不窥堂奥决不休止。这些都是他难能可贵、值得我们学习之处。事例很多，不一一赘述。为缅怀他，我写了副挽联：

旧时代 南北奔波 艰苦备尝 犹矢志不移 披荆跋涉 投身话剧
坎坷小半生 几度沧桑终无悔

新中国 蜚声影视 誉及海外 更光荣入党 律己以严 老而弥坚
临终献遗体 从来诚实为人民

挽辞即使千万字长联，难尽悼念之情，更难尽述邵华同志为人为艺的成就，仅以致唁于万一而已。

画夹里的故事

——父亲的青艺岁月拾遗

◎ 陈非比

舞台美术家陈永倞

1949年12月，新中国第一个国家剧院——中国青年艺术剧院诞生八个月后，父亲与一群“虔诚的酷爱话剧艺术的信男善女”驱车北上，经三千里远行，来到他们所景仰的政治名城、文化古都北京，走进了青艺这座艺术殿堂。

在青艺，正值盛年的父亲开始了新的征程。作为设计组长，他与其他专家一道，率领一个较有凝聚力的创作集体，为建设青艺的舞台美术大厦尽心竭力，共同奋斗。

2000年10月，父亲走了，永远离开了他用汗水悉心浇灌过的青艺这块热土。父亲离世一年后，2001年12月，青艺与中央实验话剧院合并，组建了中国国家话剧院。从此，“青艺”成为历史的印迹，沉淀于中国话剧运动的史册里。

如此算来，父亲也可以说是“半个世纪与青艺共始终”的艺术家了——从不惑之年到耄耋老者，他在青艺这块沃土辛勤耕耘，铸就了绚丽多彩的艺术画廊。

那么，父亲和他的团队为青艺舞台精心打造的风格各异的舞台美术图景，是经过怎样的艰辛与努力才形成的呢？在父亲的遗物中，仅有少数几个剧目的设计总结，而那些构思过程中的草图、笔记等等资料，却少之又少。

我无从寻觅。在我的记忆中，只有儿时留下的父亲深夜伏案工作的背影，以及那些堆放在书桌上的草图、剪裁叠制的各种舞台装置模型等等……

2018年年初，我再次来到天月园妈妈的旧屋查找有待复制的剧照，又一次打开各个柜门、抽屉……后来，我来到那间小屋——那里存放的主要是衣物，以前没有仔细查找过。这次，我蹬上椅子，踮起双脚，对那高度直抵天花板的大立柜的顶层，细细搜索。令我喜出望外的是，就在这里，我不仅找到了两个装有妈妈彩色剧照的镜框，而且还发现了一件非常珍贵的遗物——父亲的画夹，里面保存着许多父亲的画作和其他资料！

是的，我曾见过它！一个近半米长的、有军绿色背带的淡灰色画夹！

爸爸，您一定还记得！背着它，您曾走三峡，过祁连，下阳朔，把祖国大好河山尽收眼底；背着它，您曾走基层，下农村，进工厂，为积累舞台艺术创作素材挥毫泼墨。

我迫不及待地打开画夹，把那些沉睡多年的画页一一展开，仔细地辨认这些画作的性质、创作的年代、归属的剧目，并与其他资料相互对照，等等。于是，我惊喜地发现，这个小小的画夹里，竟然藏着不少故事呢！通过它们，我能真切地感受到父亲和他的团队——那些在舞台后面默默奉献的人们，那鲜为人知的工作状态、辛劳程度以及种种付出。

这些无声的画作手迹令我感动，让我不能不发出由衷的赞叹——美哉，爸爸的画夹；它美在画页，更美在心灵。

一、“无名”设计图

爸爸，您的画夹里有一组设计草图（示意图）深深吸引了我的目光——它们大大小小有22张之多，包括约35幅立面图，少数还配有平面图；其中铅笔图和墨笔图大致各占一半。这是您的遗物中唯一一组保存比较完好的设计草图；然而，图上没有一处标明剧目名称，也没有完整的绘图时间标记，多数图件只标注了某月某日；但它们显然是同一剧目、同一场景的设计草图，并完成在某年的2月11—16日这段时间。

那么，这究竟是哪个剧目的设计草图，又是哪一年所画呢？

幸运的是，画页里还夹有一份《〈种橘〉设计日程 1955.2.25》，可是这个日程表的时间是在草图绘制之后，怎么能认定它们两者的关系呢？于是我再一次翻开您那本保存有《万尼亚舅舅》等不多几个剧目空景照的相册，我隐约记得，那里好像有一张与这些草图似曾相识的空景照——不错，那张照片背面有您的笔迹：“《种橘的人们》第一景剧照”；将它与那些设计草图相对照，二者关系确定无疑！

爸爸相册中保存的“《种橘的人们》第一景剧照”

爸爸画夹中保存的设计草图（2.16）

仔细推敲您那份《〈种橘〉设计日程》，我注意到它是这样安排的：“2 月 26 日 一幕修改示意图”；“2 月 28 日 Ⅰ景～作色彩图”；也就是说，在这个计划中没有安排第一景“示意图的绘制”而直接进入其修改和作色彩图阶段。为什么呢？因为早在 2 月 11 至 16 日您已经完成了第一幕黑白示意图的绘制。这就意味着，在这一计划实施之前您已经作了大量的工作。至于为什么要提前投入，我想一定是工作的需要，责任的使然，对吗？

爸爸，刚刚见到画夹中这些草图时，我也曾猜想这是不是《橘》剧的设计图；但在画稿上仔细寻觅，我没有找到一个“橘”字。然而，在不少草图上，却有用圆圈标注的“榕”“竹”“蕉”等字样；它们是什么意思？

设计草图：“2.11. 榕”

设计草图：“2.13 . 竹”

设计草图：“2.14. 蕉”

后来，我想明白了：橘是《橘》剧的主题，橘林的表现显然不在话下。那么，橘林的环境什么样？剧本要求什么样的场景？设计者如何去体现和表达戏剧的主题和氛围？也许，正是为了这个目的，您才试用了“榕”“竹”“蕉”等不同方案，而且每种方案又设想了多种不同的布局或形态。其中，“榕”的方案最多，有 15 幅；“竹”次之，为 9 幅。

《种橘的人们》反映的是 20 世纪 50 年代初期农村互助合作社建立与发展的艰苦历程，歌颂了以女主人公李银花为首的进步力量；于 1955 年 6 月首演。显然，高大挺拔的大榕树是该剧主题的最好象征，在爸爸的画夹中以它为主的草图也最多。

第一幕·第二幕

第四幕第一场·第二场

《种橘的人们》设计图（中国国家话剧院提供）

从中国国家话剧院提供的设计彩图来看，第一景最终选用的就是榕树，而且它一直沿用到其他场景。然而，爸爸保存的设计草图告诉我，这个设计意图并非一蹴而就，它是通过艺术家们的悉心钻研、不断推敲和辛勤劳动才确立的。

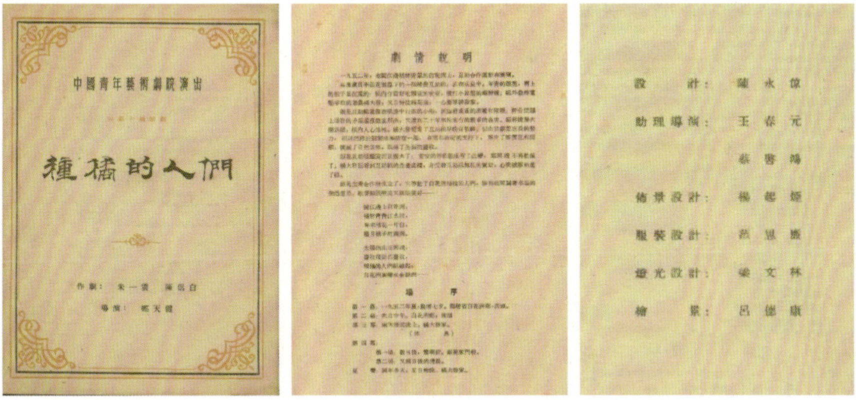

中國青年藝術劇院演出

種橘的人們

劇情說明

場序

設計： 陳永倞

助理導演： 王春元

佈景設計：

服裝設計：

燈光設計：

繪景：

《种橘的人们》演出说明书选页（中国国家话剧院提供）

二、情有独钟：《文成公主》

爸爸，这次整理您的画夹我还惊喜地发现，那里面完好地保存着一些您与张正宇先生合作设计的《文成公主》和您设计的《获虎之夜》的设计资料。

这是偶然的吗？我注意到，这两个剧目都是田汉先生的剧作，这是否表明，您对田老的作品情有独钟？您曾在诗作中酣畅淋漓地讲述过您特有的“田汉情结”，正是这铭刻于内心深处的情愫，在冥冥之中左右着您的行为取向，对吗？否则，怎么解释唯有田老的剧目，其设计资料才相对较多地保存下来，并完好地收藏于您心爱的画夹？

由金山导演，首演于1960年4月的《文成公主》，无疑是青艺演出史上浓墨重彩的华章，四年中曾上演三百余场。您曾以诗相赞：“妙笔生花老前辈，话剧有史称先贤。”“金山

爸爸保存的《文成公主》剧照（曹西林摄）

《文成公主》剧照（左上）与设计图选页（张正宇、陈永倞设计）
剧照由中国国家话剧院提供（曹西林摄）

执导多新意，大气磅礴唐文明。”是的，我曾在您的遗物中见到过四张大小约为 22 厘米 ×39 厘米的《文》剧彩色全景剧照，真的是气势恢宏啊！这么大的彩色全景剧照，在您保存的遗物中是独一无二的！

谈到《文成公主》的舞美设计，您在长诗《四十五年容漫忆》中曾有这样的描述：

草图盈尺斟酌久，精益求精颜色新；
全组一心齐奋战，大功告成记诸公。

随着时光的流逝，那“盈尺”的“草图”今何在？幸运的是，我们终于在您的画夹中发现了 9 幅《文成公主》的设计图，历经近 60 年时光的磨砺，它们居然保存得完好无损，这真是太珍贵了！这 9 幅图都是铅笔图，没有标注场次和作图时间；但与您保存的大幅剧照和《文》剧的空景照进行比较，可以认为它们应当是设计后期比较定型的设计图。

《文成公主》的舞台呈现看起来好美啊！但它们是经历怎样的艰辛才炼成的呢，为了“精益求精颜色新”，您和您的团队曾经历过怎样的“奋战”？

爸爸，您还记得吧，在您的《设计手册》中，对《文》剧设计工作的记载是这样开篇的：

1959《文成公主》 8.18 夜 11 点建组

8.19 夜设计组分工

这短短两行字是那样掷地有声，它是那个年代青艺人精神面貌的真实写照。接下来，一系列的学习迅即展开；在《设计手册》中有下述记载：

8.20 巨赞法师介绍藏教的形成

8.21 佟新华同志（民族学院）介绍文成公主入藏经过

8.25 李祖荫（法律学家、政协委员）介绍相关历史背景

查阅《西藏佛教艺术》《敦煌壁画服饰资料》，开列《参考图目》

关于《文》剧设计要求与设计过程的要点，也可从《设计手册》中略知一二。

设计要求：含详细的分场说明（共十场）、同场人物归纳汇总等内容

第一次设计：

作图：①示意 8.25 交 ②设草 8.30 交 ③设草 9.1 交

9.7. 导演看过三次图后，谈意图

10.7. 总导演讲话，其中谈到舞台美术

11.23. 全部景、服完成

11.24. 上台排至月底

12.13. 修改剧本后对第六、八、九、十场的设计处理意见

12.21 夜 新改本设计处理意见

1960.1.7. 二次审查后修改本第八场处理

第二大阶段设计大事记

1960.2. 有关同志传达五人小组[①]修改提纲要点

2.20. 本组谈印刷提纲，并宣布上级对大演出的指示

2.21. 本组理解总理十一条指示[②]，并总结前阶段得失，制订设计计划

第三次设计 共列出 14 个场景

这本《设计手册》中，还密密麻麻记满了您摘录的资料、史料，以及导演阐述、剧本修改要点，等等。透过这些文字，爸爸，您和剧院艺术家们精益求精的创作态度和繁忙紧张的工作状态，真是历历在目啊。

①1960 年 1 月 29 日周总理观看《文成公主》彩排，召集并主持中宣部、文化部、国家民委等相关部委负责同志和专家的座谈会，并指定周扬、汪锋、阳翰笙、吴晗、田汉组成五人小组修改剧本。见《中国青年艺术剧院大事记》，张健钟主编《半个世纪的舞台历程——中国青年艺术剧院 1949—1999》，第 165 页。

② 周总理关于创作排演《文成公主》的指示精神，参见余林《他曾耕耘过这片土地——回忆田汉在青艺》一文；见本书第 298 页。

三、《获虎之夜》又新翻

《获虎之夜》是田汉先生于 1922 年创作的一个独幕剧，也是他的成名之作；为纪念左翼文化运动五十周年，青艺于 1980 年把它重新搬上舞台，您担任了这个剧目的设计。在您的长诗《“试验田”里忆田老》中曾有这样的简单记载：“七十年代我剧坛，《获虎之夜》又新翻；二十年代南国戏，反对封建从头看。”而通过您的画夹，我看到了这短短的四句诗背后您的辛勤劳作，也再次见证了您特有的“田汉情结”。

在您的画夹中，保存了一组有关《获虎之夜》的设计资料——设计草图（绘于 1979 年 4 月）、色彩图，服装设计表、人物造型图，等等。一个剧目的设计资料能在您的遗物中这样相对完整地呈现，真是难能可贵！

《获虎之夜》设计草图

《获虎之夜》设计图

黄大傻

莲姑

魏福生

祖母

魏黄氏

何维贵

周三

甲长

爸爸画夹中保存的《获虎之夜》人物造型图

服装设计表——这是一份关于剧中人物服饰特征的文字阐述，是您的笔迹，用铅笔写在一张16开白纸上，横栏依次列出了九位剧中人物的姓名，竖栏则划分为“头部”“上身”“下身”“脚部”“其他”等五部分。表中的每项内容都写得详尽而具体，连人物的“留海”“短络腮胡子”“久未剃的头发”等细节都一一注明，可谓细致入微。其实，这份表中也包含了化装设计的内容。

依据这份服装设计表的要点绘制出的九个剧中人物的舞台形象，也完好地保存在您的画夹中；他们个个性格鲜明，栩栩如生。

爸爸，《获虎之夜》应当是您在“文化大革命”结束以后参与设计的第一部戏吧？时隔十几年的风云动荡重返舞台设计岗位，您就接受了这么重要的任务——隆重纪念左翼文化运动五十周年，为田汉先生的剧作进行设计；您一定感到非常光荣，一定是倍加认真地全情投入，对吗？是的，通过您和您的同事们一丝不苟的辛勤劳作，终于让田老上世纪20年代的优秀作品，在当今话剧舞台上再次绽放出新的光彩！

四、一组特殊的画作

爸爸，在您的画夹中还有一个白色的大信封，打开一看，里面精心保存的是一组特殊的画作：用透明纸描摹的图件；图面，图件编号、图名、图释等，都清晰、详尽地跃然纸上；图件编号不连续，最小的为“图 10”，最大的为“图 108”；从字迹来看，毫无疑问是您的笔迹。细看其内容，可以肯定这是从一本译作中描摹下来的。

这个发现让我眼前一亮！我马上联想到您的另一件遗物——那个黑色的笔记本，它们二者有什么联系吗？

其实，我早就注意到那个笔记本了。它是一个由“北京制本厂”印制于“1969 年第四季度”的“22 开”的“硬皮本”，共有 100 页；淡红色的扉页上，印着鲜红的毛主席语录：

> 我赞成这样的口号，叫做“一不怕苦，二不怕死”。
> 团结起来，争取更大的胜利！

爸爸，您还没有忘记吧，在这个笔记本内是您亲手抄写的《舞台美术史概要（上卷）》，它来源于“苏舞美专家亚·维·雷科夫讲（56—57），张守慎译，学院编，人民美术版，1963”。

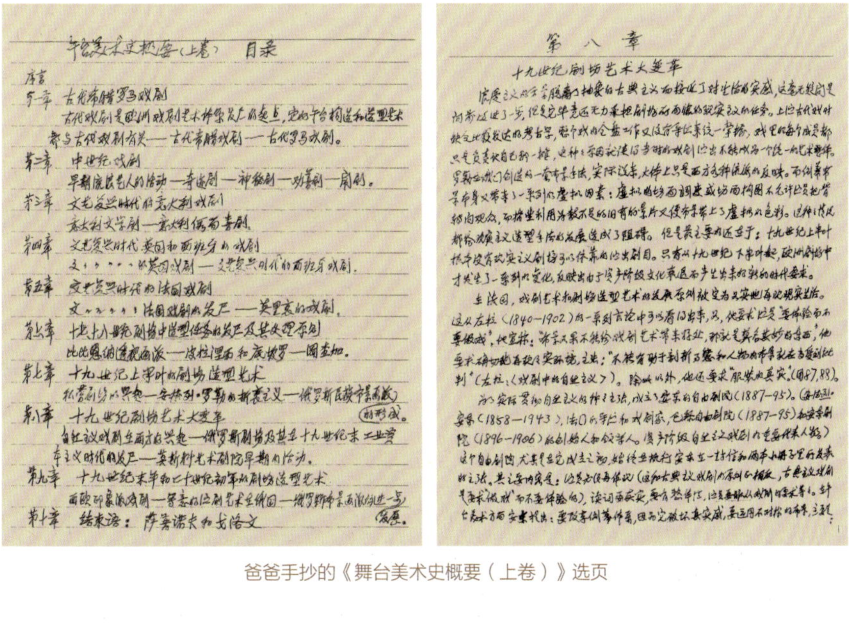

舞台美术史概要（上卷） 目录

序言
第一章 古代希腊罗马戏剧
古代戏剧是欧洲戏剧艺术体系发展的起点，它的舞台构造和造型艺术都与古代戏剧有关——古代希腊戏剧——古代罗马戏剧。
第二章 中世纪戏剧
早期流浪艺人的活动——奇迹剧——神秘剧——劝善剧——闹剧。
第三章 文艺复兴时代的意大利戏剧
意大利文学剧——意大利假面喜剧。
第四章 文艺复兴时代英国和西班牙的戏剧
文艺复兴时代的英国戏剧——文艺复兴时代的西班牙戏剧。
第五章 文艺复兴时代的法国戏剧
文艺复兴时代法国戏剧的发展——莫里哀的戏剧。
第六章 十七、十八世纪剧场中造型任务的发展及其处理原则
比比恩纳透视画派——皮拉涅西和底坡罗——冈查加。
第七章 十九世纪上半叶的剧场造型艺术
私营剧场的兴起——安格列·罗勒的折衷主义——俄罗斯民族布景画派的形成。
第八章 十九世纪剧场艺术大变革
自然主义戏剧在西方的兴起——俄罗斯剧场及其在十九世纪末工业资本主义时代的发展——莫斯科艺术剧院早期的活动。
第九章 十九世纪末年和二十世纪初年的剧场造型艺术
西欧印象派戏剧——象征派剧艺术在俄国——俄罗斯布景画派的进一步发展。
第十章 结束语：萨莫诺夫和戈洛文

第八章

十九世纪剧场艺术大变革

爸爸手抄的《舞台美术史概要（上卷）》选页

打开笔记本的首页，全书十章的目录一目了然；接下来密密麻麻、整整齐齐地写满笔记本的是该书全部十章的内容，我估算约有十几万字呢。至于您为什么要抄写，很显然，这样的书籍，在那个国门尚未打开的年代是根本买不到的。

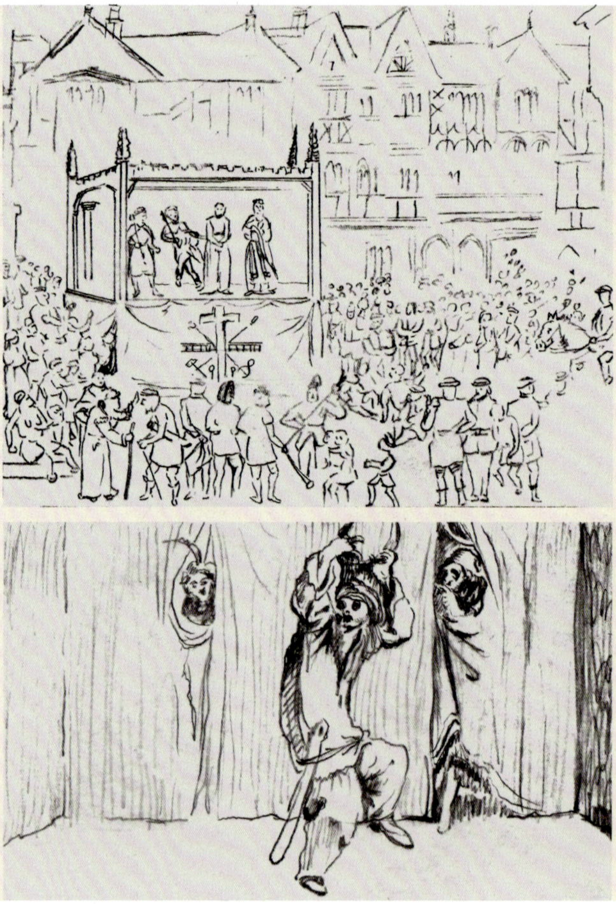

爸爸描摹的《舞台美术史概要（上卷）》插图选页

这厚厚的一本手迹曾深深地打动了我，然而近两年来我埋头整理您撰写的其他资料，这本手迹也就被束之高阁再没有问津。

然而今天，当我急不可耐地再次打开它，循着您描图的图号去查找内文时，马上就确认了——画夹中的这些图件，就是这本《舞台美术史概要（上卷）》的插图！也就是说，爸爸呀，您不仅抄录了全书的内容，而且还把一些重要的图件及其说明也精心复制下来！

这是何等的执着，这需要多大的耐心！

那么，这些劳作完成于什么时间呢？从笔迹的清晰流畅来看，显然那时您年龄还不算太大；但从这个笔记本的印制时间看，只能是1969年以后；而1976年“文化大革命”结束前，您是不可能去钻研“大洋古”“黑货”的，更何况您有一段时间还被隔离审查，而且曾因罹患血气胸而住院、养病。所以，这个手抄本只能是您在上世纪70年代末“文化大革命”结束之后所为。那时，您已年过花甲，也可以说是“功成名就”了！然而，爸爸呀，您还在像小学生那样地用功“读书”，埋头钻研，这是为什么？

此时此刻，我不禁又联想到您那本抄录了剧专校史资料的《写稿札记：摘录材料》，那个练习本是您于 1981 年 9 月启用的。可以推测，20 世纪 70 年代末 80 年代初，走出“四人帮”阴霾的您，虽已年近古稀，但还在筑梦的路上攀登，向更高的艺术巅峰迈进！

亲爱的爸爸，当我准备给本文画上句号时，我还有好多话想对您说。在您的画夹中，还保存着一些您的绘画习作，那些题材多样的写生、素描——大到山城鸟瞰、海边观潮，小到一处农舍、一片竹叶——无不留下您辛勤劳作的印迹。两年多来我一直在您的诗赋文稿间穿梭，如果说透过它们我曾走进了您的戏剧人生，那么您的画夹和一系列画作，则使我进入了另一片天地，无论是寥寥数笔的草图勾勒，还是悉心描绘的精美之作，它们都是那般栩栩动人，或透着清新、俊秀，或尽显苍劲、壮美，浸透着您辛勤劳动与创作的汗水，彰显着您戏剧审美的神韵与风采。

爸爸，我真庆幸自己有这次最后的寻觅，我真庆幸自己没有与您的画夹擦肩而过！我相信，这是您在冥冥之中对女儿的指引与召唤，对吗？！

是的，亲爱的爸爸，您没有离开我们，您就在我们身旁！

2018 年 3 月初拟，2019 年 7 月完稿

爸爸的油画写生习作（“1956 年 8 月 16 日，栈桥上游看海潮”，青岛）

中国舞台美术学会
成立三十周年纪念活动

第三章

情系舞美学会

他代表了一个时代

陈永倞先生不仅为一个国家剧院的舞台美术建设奠定了一个坚实的基础，是一个国家剧院舞台美术的总顾问和开创性人物之一，从他任中国舞台美术学会副会长、名誉会长等职还表明，他也是新中国舞台美术界的一位代表性人物。代表一个时代，代表一个时代的创作。

——摘引自蔡体良先生《心潮起伏意拳拳》

从培养舞台美术人才谈起

◎ 陈永倞

文化部艺术事业管理二局就提高舞台美术的艺术质量问题举行座谈，以下就舞美人才的培养问题谈点看法。

一、关于舞美人员的现状

这支队伍需要设计、制作、管理的各种专业人员，他们所需要的专业知识和技能，各有所专，不尽相同。现有从业人员的来源，也是多种多样的。

舞美设计人员：有戏剧学院舞美系培养的，也有从美术院校来的，各剧院团自己培养的为数较多，还有建国以前从事设计工作的同志，只是他们的年龄大都已经六十多甚至七十出头了，还能再干几年呢？戏剧学院办了近三十年舞美系，大体是以布景、服装为中心的设计专业，也办过绘景、灯光、化装等专业班。早期毕业生已经五十来岁了，还能工作一二十年。其后培养出来的，工作年限当然会长一些。就以上几种来源的情况，这支老中青的设计人员队伍中，经验丰富的老同志为数很少，五十岁左右的中年已是骨干力量，年轻的还在实际锻炼中，已能担负一部分任务；但从总的情况看，有后继乏人的感觉，令人担忧。现有设计人员不多，来源较少，在其位的也有志愿不够坚定的。究其原因，一是这个专业任务繁重，工作关系较为繁杂，不像搞其他美术创作那样单纯，容易出成果，成就较快；二是舞美设计人员的社会地位、职称、待遇以及创作条件等等亟待改进。只有解决这些问题，才能广开才路，吸引人们从事这种专业，矢志为此，终身从事。

舞美制作人员：还没有专业的培养学校，除一部分来自手工或工艺行业的年岁较大的人员以外，大体上是各院团多年来自行培养，以师傅带徒弟的方式，通过实践成长起来的。回顾我单位的情况，建院之初，从上海吸收的几位专业人员，有的当时约有二十年工龄，有的也有十年左右的经历，他们原是拜师学艺成长起来的。这些同志有两位已先后去世了，除早已调至兄弟院团的以外，我院已没有一位这样的老人了。五十年代吸收的人员，正在中年已是骨干力量。近年吸收的青年人，虽也学到了一些技能，要独当一面工作，还需要一点时间。据初步了解，其他兄弟院团的情况，大体相似。

另就化装专业为例，成员中有一位专家已七十多岁了，还有几位中年骨干，青年的才来不久，正在培养中。而这个组，三十年来却培养了几十个人，他们或是兄弟单位先后送来代培的，也有当时并无工作岗位，是自费来学的，后来被别的单位吸收了。

我院在 1958 年办过一个舞美工作训练班，当时招收了美工、灯光、装置、服装、印染、道具、化装和效果等专业近二十人，现在还在院坚持工作的只有七人，有的组一个也没能留下，如学装置的原有三人，来了一年多就退学了。其他各组结业了的，除美工两人灯光一人是支援兄弟单位的以外，其余不是结业后改了行，就是中途退学了。总起来看，这个班的成功率只有百分之五十。

至于省市的情况，有个南方的省办剧团，舞美人员是十九人，为全团总人数的四分之一弱。另一个北方的省辖市剧团，舞美人员是二十四人，为全团总人数的五分之一。这两个团的主要设计者，都是五十多岁了，都还要参加演出的制作和舞台迁换工作。闻全国剧种上百，剧团过千，这些团舞美人员的来源和在各团人数中的比例，其实际工作情况怎样，还没有全面地了解，以上二例也许是个别现象。希望有关部门着手调查研究，作出安排。

二、关于培养人才的设想

舞美设计人员，有戏剧院校在培养；舞台技术人员，还没有训练的学校，是否可采用以下的办法：

1. 开办技校。由各省（市）按情况办中专或中等职校，或在其他职业学校里办舞美专业班，招收初中毕业或同等学历的学生，分门别类进修专业。学习期间要尽量安排一些实习活动，如在当地剧团或业余剧团中实习，也要安排一些文化课。学习一定年限，掌握一定的技术之后，经过考核再行结业。

2. 规模较小的专业训练班，也可委托省（市）较大的剧院团主办，结合我国剧种众多的情况，由各剧院团分别承担不同专业的训练工作。

3. 有条件的剧团也可自行办班，根据本团情况，招收所需专业的学员。

以上几种办法培训的毕业生，其就业的办法，由各地根据情况自行规定。

4. 各院团已经自行招收的学员，除安排在各专业组中以师带徒培训以外，也要安排一些有关剧种的专业知识讲座，以及对正在排演的剧目的舞美工作进行讨论、座谈，以开阔其眼界，丰富其所学，熟悉全剧的创作情况，提高学员的专业兴趣，坚定学员的专业志向。有些文化程度较低的，还要组织业余学习，是自行办班或参加业余文化补习学校，要作出妥善的安排。

近来，在有些剧团的舞美人员中，还有自费学习的，也有临时工；他们不在编制之内，却是参加实际工作的。这是一种特殊情况，或是演出的人力不够，或是就业的问题，也应妥善研究、安排，使之能成为人才的一个来源。

三、建议设立戏剧博物馆或资料馆

结合人才培养问题，建议设立戏剧博物馆或资料馆。向四化进军，百业待举，一时顾及不到，也应开始筹备，搜集、整理、积累一些资料，以备建馆。二十年前，文化部艺术局已着手筹备过（设在沙滩红楼）；后经十年浩劫，它也难逃厄运了。我国是多民族国家，剧种众多，历史悠久，演出史料丰富多彩，设立戏剧博物馆可以承前启后，造福后人，足资借鉴，推陈出新，是繁荣戏剧事业的重要文化设施，意义甚大，事不宜迟。即使对于舞美创作，也是具有深远意义的。

1980.10.16 稿 应艺术局写

据陈永倞手稿整理

为培养新生力量进一言

◎ 陈永倞

三十年来的舞台美术工作，获得了很大的成绩。在舞台美术和舞台技术方面，有继承与发展，有突破与创新，有心得也有疑难。成绩是有口皆碑的，问题也是多方面的。有些却不是本行业所能及时解决的，还须文艺领域各级领导和戏剧艺术各方面的专业工作者，从全局着眼，不断总结经验，衡量得失，共同研究，加以解决。

这里我只就培养舞台美术人才问题，略抒己见。这个问题，由来已久，经过十年浩劫，现在更加突出，迫不容缓了。目前，各剧院、团的舞美人员，多数是五十上下的人，年逾花甲的，尚有人在，年已古稀的，为数已寥若晨星了。这些同志毕生从事，虽遇挫折，迄未改行，兢兢业业，甘当无名英雄，年复一年，日以继夜地工作着。这些同志在建国以前的成绩，大家不一定都能见到；而三十来年的成就，总是有心人所能忆起的，何况他们还在发光放热，使有生之年，竭尽全力，从事创作活动，可谓老当益壮，矢志弥坚，令人感佩。但自然规律总不饶人，不定哪一天又要少了一位。世无长生不老之术，感叹无补于实际，为今之计，及时地积极地培养青年接班人，已到燃眉之急了。

古语有云："十年树木，百年树人"，是说培养人才艰难。而今天的社会制度，不必十年培养出能愉快胜任的工作者，应不是幻想。

概观我们戏剧院团的舞美人员，从三十年来人才辈出的经历中，其来源不外三个途径：一是戏剧院校培养的，二是美术院校转来的，三是戏剧院团自己培训的。这第三个来源较为普遍，为数也较多。因为舞台美术所需要的人才是多种多样的，有的专业，学院不可能都来培养，要靠院团自己来训练——结合各专业院团的业务特点——为其所用。这在五十年代初期是个别吸收和安排的；五十年代末改为集中培训，并在工作实践中锻炼。可到六十年代中期突然中断；迄七十年代后期，事业繁荣了，人员却不够用了。应当看到五十年代青壮年多，几乎没有老年，六十年代老年的比例上升，七十年代时原来的壮年或已作古，或则垂老将别，后继乏人，人所共知，时不我待了。

培养接班人，首先需要各级领导重视与关怀，有长远规划，还要作短期安排。号角一鸣，从者必众；决心既下，众志成城。

愿有志从事舞美事业的青年同志们，从事之初，还应树立三心：首曰决心——认定就干这行，甘当无名英雄；次曰信心——必将成为有用之材；三曰恒心——刻苦钻研，终身从事，义无反顾。这三心不是一蹴即就，还需要领导有心，学者虚心，教者耐心；三者结合，才能事半功倍，早出人才，多出人才。

新长征需要在建设社会主义物质文明的同时，建设社会主义的精神文明。戏剧事业是革命事业的需要，而舞美工作是戏剧事业不可缺少的重要一环，只要我们上下一心，尽心竭力建设这支队伍，想方设法带好可爱的青年人，相信党的戏剧舞美工作，必将后继有人，前途无量。

古人云："后生可畏，焉知来者之不如今也。"作为老年人，总盼望着"青出于蓝而胜于蓝"；这心愿是共同的，也是诚恳的，甚至是急迫的。这是为了我国的现代化建设，为了迎接八十年代第一春啊！千里之行，始于足下。同志们，高歌猛进吧！

原载于《舞台美术与技术》第 1 期，1981 年 7 月出版

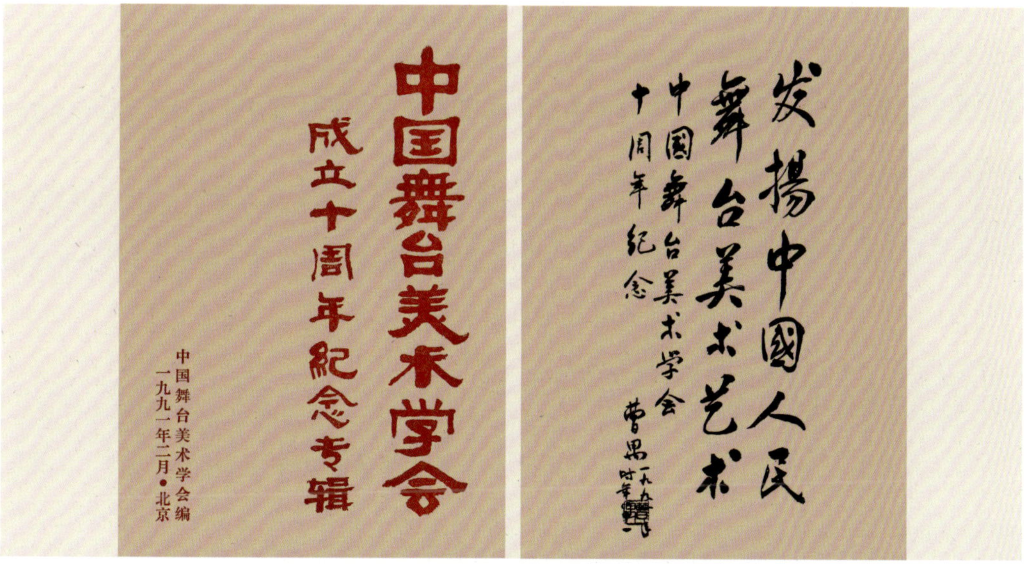

《中国舞台美术学会成立十周年纪念专刊》书影

怀念学会三顾问

◎ 陈永倞

我舞美学会顾问，频年因病故去的，近日得知已经三位了！因赋词悼唁。

一、痛哭我孑兄

去年5月，上海人民艺术剧院顾问、闻名国内外的舞台灯光专家胡孑同志辞世。噩耗传来，疑信参半，遂接其夫人也是老同学的琯如同志报丧的信，才得知其情。胡兄患哮喘疾有年，久治无效，若非转为不治之症，不至于短寿。

遥想三十年代在南京同班学戏情景，虽年代久远，有些往事仍历历在目。记得选择专业时，在编、导、演、设（当时叫装置设计）四个专业上，徘徊不定。我们乡音很重，虽下苦功夫翻破了好几本国语注音字典，认真攻关，奈何年已弱冠，乡音难改，学表演已无可能，四者先去其一。其余三者的选择，颇费周章，同学中议论纷纷，各道短长。我们反复思量，权衡取舍，决心学习设计专业。因每人仍可报一副科，我二人都选了导演；为的是这两科除了不能参加对外公演作演员以外，其他如编剧、导演与管理，戏剧史、论……诸课，都可以上，只是学分多少不同而已。加之非表演组可另外组织排演名剧。后来，我们排演并公演了易卜生的《国民公敌》（凌子风饰演主角医生，我扮演市长，并和李增圆担任设计），试演了洪深先生的《赵阎王》等剧。事实说明，当时的选择是很适当的。而这样的选择实际上起到了事半功倍的效果，因为只有这个专业，才能参加其他几个专业课的学习。这又为以后各班同学选择专业方向起到共识作用。

此后，我们的主攻方向，因业务需要和个人志向不尽相同，胡孑专攻灯光设计，我以装置设计为主。毕业后，我留剧校任教，他在中艺等著名剧社负责灯光设计，并培养了很多专业人才……孑兄事迹殊多，兹不赘述。无限萦怀，以词为悼。

临江仙

五十六年无限事，艰难险阻兼程。
寒窗问艺石头城。
平凡方丈地，灯下任纵横。

回首神州征战急，光明磊落躬耕。
风云叱咤献真情。
终身勤奋斗，痛哭我孑兄！

上海人艺举行“怀念胡哥”缅怀会时，我不能前去，写挽联寄唁，联云：

待人以诚，肝胆相照，一生豪迈无寒暑
敬业犹精，忘我乐群，千里江山有明灯

据寄来照片，此联悬遗像右侧，该院挽联相对悬遗像左侧。缅怀会简朴、肃穆、庄重。光阴倏忽，而胡孑兄已离去周年了。

二、阳关情——吊蒋“牧”[①]

1993 年 8 月处暑前夕，惊闻我学会顾问、宁夏话剧团舞美设计蒋廷藩同志噩耗，不胜悲恸，关山远隔，临风遥寄阳关之情。诗云：

一九三八上清寺[②] 初识川人入剧乡[③]
一九四二江安县[④] 盈得豪情斧钺襄
风华正茂台上景 见仁见智有华章
半世西陲多建树 忍将英年别仓皇
长歌当哭临风泪 遥寄相思永难忘

① 川语昵称音拟“妹儿”。
② 1938 年剧校在重庆的校址。
③ 蒋是四川岳池人，1938 年秋考入剧校第四届。
④ 毕业后又一年，荐他到江安剧专作演出助手。

三、《诉衷情》

周洛同志，原前线话剧团舞美设计兼舞美队长，曾是我舞美学会副会长，后为顾问。忽闻病故，悲痛不已。前者，八三年华东三省一市舞美研讨会时，曾过金陵住其家畅晤十日，一别十年，时匆事违，无复畅叙。回思交往逾半世纪，江安情景，剧专留任，首都把晤，学会畅叙，南京欢聚……往事如烟，历历在记忆中。忽报西归，怀念不已。只恨近年无缘把晤，总觉相会有期，岂料晴天霹雳，相见无日矣。伤哉！因赋小词致唁。随函其夫人华成同志和子女，盼能顺变节哀。

诉衷情

精诚一代艺纵横，[1]舞美自高明。
生平重谊豪放，敬业赋声名。

应享寿，却先行，我心惊。
世情难料，遽逝匆匆，涕泪如倾。

既赋前词，情犹未已，再吟《浪淘沙》，以志忘年之交的康黎（周洛原名），哀悼长逝。

浪淘沙

东望乱云低，恸忆康黎。
紫金山下草萋萋。
共话方今研舞美，应着新棋。

人寿苦短兮，送别凄凄。
寻思往事日沉西。
只恨频年曾未晤，诗画难题。

1993年10月于京寓松宅

原载于《舞台美术家》

① 一出《霓虹灯下的哨兵》享誉剧坛。

“学会”礼赞 *

◎ 陈永倞

浪淘沙·全国舞台美术展抒怀

余从事舞台美术创作凡 40 余年，虽年近古稀，仍以事业之繁荣不能忘怀。年来，与志同道合者奔走于中国剧协等文化部门，终发起并成功召开了全国舞台美术理论座谈会，并于 1981 年初成立了中国舞台美术学会。又经一年余之努力，以学会主办之全国舞台美术展览得以开幕，此空前之壮举也。抚今追昔，不禁感慨万千。

世自有佳篇，不似今年。
群芳荟萃史无前。
“双百”① 花开寰宇颂，艺苑鲜妍。

烂漫展新天，“两为”② 当先。
讴歌时代志弥坚。
更上层楼舒彩墨，气象万千。

题解：1982 年 12 月，全国舞台美术展览在北京举行。这是我国有史以来第一次舞台美术作品的专题展示，荟萃新中国成立以来各省、自治区、直辖市，各剧种有代表性的舞台美术作品 1400 余件，占用了中国美术馆全部展厅，历时三周，极一时之盛。作者当时任该展筹备委员会副主任委员，主持其事。

1982 年 12 月

* 本文辑录了陈永倞 1982—1998 年创作的有关诗词，它们反映了中国舞台美术学会成立后的诸多重要事件与活动，也表达了作者对他亲自参与创建的舞美学会的浓浓深情；除注明出处者外，均选自《陶然吟——陈永倞诗词选》，时事出版社 1996 年版，收入本书时略有修改。——编者注

① “双百”：“百花齐放，百家争鸣”。党和国家关于发展文学艺术和科学技术的基本方针。

② “两为”：文学艺术要“为人民服务，为社会主义服务”。

采桑子·贺三省一市舞美座谈会

1984 年 3 月应邀赴杭州参加三省一市舞美座谈会①，代表学会②致贺辞，因赋此令。

世人尽道西湖好，山水葱葱。雪后相逢，
艺苑风流南北同。

而今共话平生志，情景交融。评说由衷，
探索求新图画中。

1984 年 3 月

捣练子·贺舞美作品连年参加国际大展

1983 年 4 月学会应邀遴选 60 幅作品航邮日本参展；同年 7 月夏又赴欧洲在国际剧协年会展出。1984 年 2 月重选 40 幅再赴东京参展。我舞美作品连年参加国际展览，感赋。

才东国，又西邦。
道是频繁友谊长。
放眼世界应较量，试寻高处渡重洋。

1984 年 5 月

忆江南·贺中国舞美学会理事代表会（二首）

其一

中秋近，好事不寻常。
舞美繁荣今又是，重开会议③永留芳。
欢聚话短长。

其二

人未老，放眼共思量。
艺苑枯荣今古事，求于意理始成章。
极目正新阳。

1985 年 8 月

---

① 三省一市舞美座谈会：由江苏、浙江、安徽省和上海市舞美学会联合主办，全国其他省、自治区、直辖市也有代表参加。

② 学会：即中国舞台美术学会，成立于 1981 年。作者是该会倡导人之一，时任该会副会长，主持常务工作。

③ 重开会议：指 1985 年中国舞台美术学会第二届理事会召开。

忆江南·学会同仁上元雅集（二首）

1987年上元，学会同仁雅集于中央戏剧学院。连年养病，不获聆教。今扶杖以从，得小令二首，聊寄我心，且祝舞美事业日新月异，繁荣昌盛。

其一

元宵近，一岁一团圆。
座中多是龄高客，举茶代酒话丰年。
能不记群贤？

其二

春不老，满座尽英豪。
梦笔生花平素愿，朝朝暮暮费辛劳。
又见百花潮。

1987年2月

浪淘沙·上元寄兴

己巳上元，人间天上，同庆团圆，写小词寄兴，为同志们寿，因赋《浪淘沙》。（中国舞台美术学会上元联欢会）

龙去又蛇年，已到春边。
华灯如许满城妍。
万盏琉璃成好景，任你回旋。

看四海英贤，意惹情牵。
频繁自是战前沿。
甚当年风愁雨急，芳草连天。

1989年2月20日

长相思·贺上海艺术节

上海国际舞美艺术节开幕，不能到会；因赋《长相思》，致贺盛会圆满成功。

山有情，水有情，地阔天长都送迎。
相知万里云。

老有心，少有心，烂漫群芳势已成。
海上正阳春。

1989年4月

一剪梅·祝辞

应“国际舞美组织（OISTAT）”之约，我学会（该组织中国中心）拟参加第七届布拉格国际舞美作品展并举办提名展，赋词以祝开幕式。

日暖风和万里晴，
天上高明，地上光明。
普照人间颂太平，老也辛勤，少也辛勤。

搏击十年志不更，
台上缤纷，台下欢迎。
四海五洲遍知情，思想纯真，技艺相因。

1991年正月

庆舞美学会十年

中国舞台美术学会已成立十年，全国各省均设分会，成绩卓著，因撰纪念册记此创举。我献此祝词，以表寸心。

小小十年匆匆，不言而喻繁荣。
舞台美术锦绣，因缘四化恢宏。
近虽荧屏鼎盛，设计艺术犹崇。
概观歌舞话剧，纵览戏曲京昆。
风格形式多样，千姿百态纷呈。
喜得十年小庆，行看世代昌明。

1991年春

忆江南·寄语《舞台美》同仁

《舞台美》[1]，翘首大江边，
羡有豪情攻艺理，蛇龟高耸指南天。
新岁咏群贤。

1992年12月29日

临江仙·祝'94北京国际舞美讨论会开幕

'94北京国际舞台美术讨论会和国际舞台美术组织布景委员会会议于1994年12月5日至9日举行，有14个国家和地区的代表参加。这次会议由中国舞台美术学会和中央戏剧学院舞台美术系联合主办，是中外舞台美术家进行学术交流的一次盛会。因赋。

舞美如今应有幸，五洲奋进同攻。
频年举步世人惊。
构思情烂漫，颜色更鲜明。

盛世迎来多豪杰，心雄志大争鸣。
诸公踊跃驱千里。
一朝同议论，他日竞纵横。

1994年12月

浣溪沙·赞同行获奖[2]

祝贺广东粤剧院来京演出《伦文叙传奇》获舞美学会去年第三届舞美绘景奖，并赞梁三根、徐伟、李伟中继承传统绘景技巧又开掘现代表现手段，使此剧别开生面。

南国风情画里知，新姿五岭看其时。
迎来世间景如诗。

珠海笙歌传胜境，山河晓雾状逶迤。
沉吟岁月寄佳辞。

1995年5月17日

---

① 《舞台美》：湖北省舞台美术学会主办之学术刊物。
② 选自《永倞诗词钞 第三本》。——编者注

元宵寄语①

为中国舞台美术学会元宵联欢而作

八十五叟 名誉会长 陈永倞

其一　六言诗

丑年归去从容，寅虎迈步生风。
良宵月明元夜，佳节新舍恢弘。
学会今朝盛会，少长成集厅东。
放眼来年舞美，新篇倍出年丰。

其二　浪淘沙

元夜好时光，共济一堂。
求同存异道短长。
耄耋年华知几许，但话无妨。

盛世应留芳，快饮茶香。
欣逢佳节莫相忘。
立异标新求胜境，畅叙衷肠。

1998 年 2 月

① 选自《永倞诗词钞 第三本》，曾刊于《舞台美术家》1998 年第 1 期。——编者注

链接

舞台美术史上的新篇章

——在中国舞台美术学会成立大会上的讲话

（节选）

◎ 李超[1]

舞台美术理论座谈会经过三周热烈讨论，今天马上就要闭会了。这个大会的幕刚要关上，接着又要打开了，正式演出的新的一幕就要开始了，这正式的一幕就是中国舞台美术学会的成立。

我们这样多的舞台美术家，开这样正式的会，在我国从开天辟地以来还是第一次。由文化部政府部门和我们自己的组织——戏剧家协会来主持召开，我们的舞台美术家济济一堂开这么个盛会，将在我们中国的戏剧史上留下一笔，是值得大书特书的。这是我们历史上的一件大事，也应该开创我们戏剧史和舞台美术史上的新篇章。

我们这个会不但形式隆重，而且具有充实的内容。除了领导和各方面的重视，会议的成功还表现在，一些三十多年来甚至有更长工龄的、从二十年代末三十年代初就参加戏剧活动，在舞台美术上曾经作出贡献的舞台美术家和舞台美术工作者，在会上都发了言，有的写出了文章。会上共拿出了一百多篇文稿，是我国有史以来从未有过的一个丰收。

更可贵的是二十多天座谈会产生了一个组织上的成果。过去，我们只是在戏剧家协会里有个研究会。现在我们成立了一个专业的学会，这也是有史以来没有的。而今天我们就要开始迈出自己的步子了。在自己学术组织的领导下，开展我们的专业研究和创作，将会写出更多的学术论文。不但在中国舞台上表现出来，而且在中国的文坛上、艺术理论队伍中发挥出战斗力。只有从实践提高到理论，才能更大踏步前进。因此这个成果是可喜的。

我们这个会取得了成功，可以说还由于真正贯彻体现了党的百花齐放、百家争鸣的方针。……什么叫艺术，艺术就是创造，没有创造就没有艺术。我们舞台美术界的同志有个共同的意愿，就是要提高中华民族的文化水平，而对于舞台美术创作的具体见解上，却每个人有自己的见解。所以在舞台上，在艺术创作实践中，要体现出各种不同的观点、才智和艺术修养。我们这个会不正是反映了这个特点吗？……这个会上我们真正做到了解放思想。因此会上民主气氛非常活跃。

① 本文作者时任中国戏剧家协会书记处书记、文化部艺术教育局副局长。——编者注

我们会议中间能真正贯彻“百花齐放、百家争鸣”的方针，也表现在从事艺术的目的和思想方面的统一。在学术问题上各有各的见解，如果把学术问题都统一起来变成一个，就成了一花独放，违反了“百花齐放”的方针。但在思想意识上，我们这么大个国家不能没有一个共同理想、共同信念。

正因为我们有统一意志，有一个共同的信念和奋斗目标，所以能够团结到党的周围，团结到我们组织的周围，为党的戏剧事业付出我们的力量。这二十天来的座谈会证明了这一点。会议期间，大家敢于发表自己的意见，每个舞美艺术家都敢于把自己的想法拿出来探讨、热烈争论。不但在会议室里，而且抓紧一切时间互相探讨。不管散步也好，坐车也好，躺在床上也好，都在互相学习，争论不休。这种精神没有一个动力，没有一个共同的信念是做不到的。说这完全是为了个人奋斗是不可能的。要奋斗总会有一个最高的目的做指导，因此从这点上说我们整个会议思想意志是统一的。

我们有共同的奋斗目标，在学术问题上又能各抒己见、坚持自己的意见。我们希望坚持下去，一直到建树成你自己的创作方法、创作风格，以至形成自己的学派。在舞台美术上民族化也好，中国气派也好，就是中华民族的艺术体系，我看也还可以有各种学派。将来我们可以有陆阳春学派，可以有孙浩然学派，也可以有王文冲学派……各种学派都可以有嘛！成立学会正是为了提倡各种学派、各种流派，而不是为了把它们统一起来，“样板化”，不然这个学会不是成了一花独放的学会了吗？我们成立这样的学会干什么？干脆解散。正因为我们有各种不同的艺术主张，才把这些学派都组织起来成立了一个百花齐放、百家争鸣的学会。学会里鼓励扶植各种学派、流派，互相切磋、互相砥砺来推动我们的舞台美术发展。过去，在戏曲表演艺术中有梅派、程派……表演艺术能有派，为什么舞台美术不可以有学派呀？不管是成为学派，还是作为一种风格，我觉得应该有独创的艺术风格，没有创造就不能成为艺术家。

关于一些具体问题怎样解决，学会会一步步做起来的。我们戏剧家协会的主席都在这儿，也会支持我们的。一定会在这个盛会的基础上更前进一步。

摘引自《舞台美术与技术》1982 年总第 2 期

链接

“全国舞台美术展览”开幕前的话

——访中国舞台美术学会副会长齐牧冬、陈永倞

◎卢多

中国舞台美术学会的同志们正在北京筹备全国舞台美术展览。这个展览是建国33年来第一次检阅全国舞台美术成就的盛会，是我国戏剧界的一项重大活动。

舞台美术是戏剧艺术重要的组成部分，戏剧艺术的繁荣离不开舞台美术的革新与发展。新中国成立后，古老而又年轻的舞台美术开始成为一门艺术学科，并取得了巨大的成就。举办全国规模的舞台美术展览，肯定成绩，总结经验，推广新成果、新技术，这对促进舞台美术创作的繁荣乃至整个戏剧事业的发展，具有十分重要的意义。

现在，由文化部、中国戏剧家协会、中国美术家协会、中国舞台美术学会联合举办的全国舞台美术展览已经筹备就绪，即将于今年12月10日至明年1月5日正式展出。我为此来到全国舞台美术展览筹委会所在的中央戏剧学院，走访了中国舞台美术学会副会长齐牧冬、陈永倞，请他们谈谈这个展览。

“展览的规模好大哟！”两位副会长兴奋地告诉我说，到目前为止，除台湾省之外的29个省、直辖市、自治区都参加了展览，此外还有解放军、文化部直属艺术团体、艺术院校以及其他部委所属文工团。展品按设计图、模型、实物分类，共1200多件；内容涉及舞台美术的所有领域，包括设计、绘景、灯光、服装、道具、制景、效果、化装造型等等。展览占据北京中国美术馆两层大楼，按剧种分为七个大馆。展览会还设置了“声光技术馆”，展示了舞台激光系列、灯具遥控系统、流动演出舞台装置等一系列经过实践检验的舞台技术新成就，届时还将举行现场操作表演。

粉碎“四人帮”后，党的文艺方针和知识分子政策调动了广大舞美工作者的积极性，早在1979年的第四次文代会上，就有人提出举办这个展览的倡议。中国舞台美术学会成立后，日本有个“舞台、电视美术学会”的副会长要求我们出作品参加他们的展览，也将了我们一军。1980年底，全国舞台美术理论讨论会产生了一百多篇文章，推动了舞台美术理论的研究。随后，20多个省市相继举办地区性的舞美展览，成立舞美学术组织。所有这些，都为这次全国性的舞美展览做了理论上和组织上的准备。经过两三年的酝酿，今年建立了以吴雪同志为主任委员，刘厚生、孙浩然、陈永倞、齐牧冬同志为副主任委员的全国舞台美术展览筹备委员会；发通知，搞征集，开评选会，事情就这样扎扎实实地干起来了。

两位副会长回顾了自1956年全国首届话剧观摩汇报演出以来的舞美发展道路，一致认为粉碎“四

全国舞台美术展览会
开　幕
中外观众踊跃参观

观众排队购买门票

历史瞬间：购买门票的观众冒着严寒在美术馆前排起了长龙
引自《舞台美术与技术（全国舞台美术展览专辑）》（总第3期）

人帮”后这几年舞美创作的成就最高。的确，比起动辄冠以“形式主义”的年代，现在舞美创作的初步繁荣是毋庸置疑的。舞美理论的研究也跟着创作实践一道前进，各种理论问题的讨论十分活跃。陈永倞同志透露：全国舞台美术展览届时将举行专题学术报告会并组织各种学术交流活动，以推动理论研究的进一步深入。

已经取得的成就不能低估，然而我们要更寄希望于未来。齐牧冬同志满有信心地预言：五年之后，舞台美术的创作肯定会比现在更加丰富多彩。因为“双百”方针解放了舞美工作者的聪明才智，使他们有了敢于大胆创造的信心；因为有益的中外文化交流打开了人们的眼界；因为新技术、新材料的应用给舞美工作者的才能插上了科学的翅膀……

展览值得一看，请大家自去参观，我们预祝展览成功。我们期待并相信，在这次展览之后，我国的舞美创作将会有更大的丰收。

原载于《人民戏剧》1982年第12期

链接

神妙的舞台

——祝贺全国舞台美术展览会

◎曹禺

在中国的戏曲中，有这样一个词汇："砌末"。大约就是指往日的舞台美术。传统戏曲中的布城、云片、水旗，大大小小的道具，都统称"砌末"。而旧时的检场人，也许就是最早的舞美工作吧。

今天，我们的舞台美术应当是什么样子呢？我想，它应当与戏剧、导演、演员融为一体，相得益彰。这就是说，真正好的舞台美术创作，使人沉浸于中，难以觉察，似乎消失在整个的戏剧演出艺术之中，然而它真正的生命正因此而焕发出来，达到感染与震撼人们心灵的境界。

最近在首都举行的全国舞台美术展览会正是展现了我国戏剧舞台上舞美工作者们这样的可喜可贵的努力。这个盛大的舞台美术展览会是中国戏剧史上空前的，也是别开生面的。把千百个舞台摆在人们的面前，显现了不同艺术家、不同剧种、不同剧目的不同风格，在有限的空间里表现无限的世界。这样的创造多么令人兴奋。真是神妙的舞台啊！

新中国成立以后三十多年来，舞台美术的发展很快，在一定意义上它推动了整个戏剧界的进步，提高了观众的审美能力、鉴赏能力，对全国人民美的教育作出了积极的贡献。同时，舞台美术创造之精湛，细腻，深刻，启发了剧作者的写作愿望。我们为有这样一支雄厚的勤奋的舞美工作队伍而感到自豪。

勤奋，我想是每一个舞台美术工作者当之无愧的荣誉。为了每一个戏，他们常常是寝食不安。要画多少张草图，做多少纸型，才能使自己满意；但拿出来与导演、演员商量，又需要不断地改动，甚至要把自己最得意的地方抹去，重新来过。这其间耗费多少心血和精力，是无从计算的。焦菊隐先生排《蔡文姬》《武则天》时，舞美设计家画了几十张的草图，使那无声的造型的美，流动着音乐感、节奏感，创造出无声胜有声的艺术境界。而这样的劳动并不只是舞美设计家，所有的舞台工作者（包括灯光，服装，化装，效果，道具等）无不如此。

"砌末"已进入博物馆了，但是在这个洋溢着想象力的展览会上，我们感受到传统的教益。这些舞台美术设计家们具有丰富的文化修养和基本功。他们研究中国的山水人物，练习素描、写生，借鉴外国的舞美艺术和先进技术；更加重要的是他们对生活的细微观察、体验。今天的成绩是人们一眼可以看到的，而看不见的朝朝暮暮的劳作，才是这个展览会最动人的地方。

有了交流才能更快地发展。我相信，我国优秀的舞美艺术将走向世界的舞台，成为人类文明财富的一部分。

原载于《舞台美术与技术（全国舞台美术展览专辑）》总第3期，收入本书时略有删节

陶然吟诵舞美情

——缅怀名誉会长陈永倞

◎ 中国舞台美术学会

编者按：我国著名舞台美术家、中国舞台美术学会名誉会长陈永倞先生，因病不幸于2000年10月30日逝世，享年86岁。

中国舞台美术学会与中国青年艺术剧院于2000年11月7日，联合在北京协和医院举行了告别仪式。学会及各省、直辖市、自治区舞台美术学会唁电致哀，并祭送花圈、挽联。学会的挽联是："艺传舞台百世 名耿戏剧千秋"。同时，会长刘元声致函陈永倞先生夫人、著名表演艺术家冀淑平女士，表示慰问。

陈永倞先生是我国话剧舞台美术事业的奠基人之一，自1935年至今，在戏剧舞台奋斗了60余年，为我国话剧事业尤其是舞台美术事业作出了卓越的贡献。

本刊特发此文，以表深深的缅怀和敬意。

陈永倞先生是我国著名的舞台美术家，他将自己的一生，倾注在我国戏剧和舞台美术事业上，踏下了不可磨灭的足迹，令我们学习和缅怀。

陈永倞先生1914年10月出生于湖南长沙，汉族；1934年于长沙县立高中师范毕业，1935年考入南京国立戏剧专科学校，为该校首届学员，学习舞台美术，兼学导演。1937年毕业后转入该校研究实验部深造，结业后留校任教，在剧专学习、工作前后达十四年。这十四年的风雨，有著名戏剧家的文章可佐证："永倞学长湘人，剧校第一届之高才生，专攻舞台美术，兼习导演，成绩斐然；1937年毕业后即被留校参加研究实验部工作。吾侪新生，入学后均须追随一、二届返校学长，学习各种舞台工艺，参加街头剧之演出。当时在校者除陈永倞学长外，尚有蔡松龄君、石君莲馨（联星）、王君大化、骆君文宏（骆文）等30余人，对我等后学谆谆善诱，关怀备至；永倞学长系当地人士，对吾等尤为关切。同学友爱，弦歌不绝，虽战时生活艰苦，游子飘零，亦觉舒畅。三阅月之后，学校再以木帆数艘经湘江，入洞庭，转宜昌，至重庆。永倞学长转任教员。春风化雨，诲人不倦，虽曰同窗，亦师长焉。”①

“永倞学长自入学后随校转辗14年，共其始终；亦学亦教，亦舞美亦导演，在校时间之久，历届千余师生中为第一。且于40年代之初，遇四届同学冀君淑平，百世修行，天缘巧合，互为爰俘而白头偕老，乃剧校之佳话也。永倞学长为校长余公上沅之得力股肱，对母校之贡献良多；然得此佳侣，母校之于学长亦厚矣。”②

1949年应邀到中国青年艺术剧院工作，历任舞台美术设计组长，艺术委员会委员、常委。50年代初加入中国戏剧家协会，曾任常务理事，又为中国美术家协会会员。1959年加入中国共产党。1974年退休。1980年参与发起成立中国舞台美术学会，任首届副会长，主持常务工作；1985年起任学会名誉会长。

新中国成立前，陈永倞先生在从事剧专教学工作的同时，曾与应云卫、杨村彬、焦菊隐等艺术家合作，为几十部中外剧目进行舞台美术设计；其中，由曹禺、宋之的编剧，陈永倞负责舞台美术设计的抗战剧《全民总动员》曾轰动山城重庆。其间，陈永倞先生还独立或合作执导了《雾重庆》《妒误》等十几部话剧。

新中国成立后，陈永倞先生迎来其艺术生涯的黄金时代。1950年在担任《保尔·柯察金》舞美设计时，他将设计、制作和演出融为一体；该剧获得享誉全国的巨大成功，也为青艺舞台美术工作赢得了极大声誉。其后，陈永倞又与洪深、金山、孙维世、吴雪等艺术家合作，为剧院多部重点剧目，如《万尼亚舅舅》（与范思廉合作）、《娜拉》、《红色风暴》《文成公主》（与张正宇合作）、《西望长安》（与陆阳春合作）、《霓虹灯下的哨兵》（与毛金钢合作）、《抓壮丁》（与陆阳春合作）等进行舞台美术设计，为青艺的剧目建设作出了出色的贡献。其中，《西望长安》获第一届全国话剧汇演一等奖。80年代的《深夜静悄悄》（与毛金钢合作）获文化部舞美设计奖。

陈永倞先生理论基础扎实，有着很高的艺术造诣。他的设计作品构思巧妙，技艺娴熟，符合剧情，主题突出，具有完整、严谨的艺术效果，对青艺的舞台美术设计风格的形成和发展起了重要作用。他留下的优秀设计作品，是剧院也是我国话剧舞美发展进程中的一笔

① 引自刘厚生先生为《陶然吟——陈永倞诗词选》所作之《序》，时事出版社1996年版。——编者注
② 同上。

宝贵财富。

从事舞台美术教学，是陈永倞艺术生涯的重要组成部分，他在舞美设计人才的培养方面成绩卓著。他在剧专任教十二年，曾担任舞美、化妆等课程的教学。解放后，曾在中央戏剧学院舞美系兼职任教，培养了大批学生。在青艺，他热心扶植和培养中青年舞美设计人才，他领导的青艺舞美设计组成为凝聚力很强的创作集体。粉碎“四人帮”后，陈永倞先生多次受文化部艺术局委托，赴外省市艺术院团辅导工作。他培养的许多学生成为我国戏剧界舞美设计的栋梁之材，可谓“桃李满天下”。

陈永倞先生在推进全国舞台美术事业的发展、促进中国舞台美术作品走向世界方面，有着特殊的贡献。他退休后，更热心于舞台美术界的学术交流与合作。1980 年底，在他等同志积极倡导下，文化部艺教局、中央戏剧学院和中国戏剧家协会组织召开了全国舞台美术理论座谈会；以此为基础，促成了中国舞台美术学会的成立。陈永倞先生被推选为首届副会长，主持常务工作。以后，他又积极推进各省、自治区、直辖市舞台美术学会开展工作，并主持筹备全国舞台美术展览。1982 年 12 月，全国舞台美术展览在北京成功举办，历时三周，盛况空前，参展作品千余件，成为建国以来我国舞台美术事业发展与成就一次空前的大检阅。此后，他又为中国舞台美术作品走出国门、参加国际展览和学术交流而奔走。他晚年这些卓有成效的工作，赢得了广大同行的赞誉。1985 年，作为我国舞台美术界德高望重的前辈，他被推选为中国舞台美术学会名誉会长。

陈永倞先生热爱祖国，热爱中国共产党。他严格要求自己，时刻不忘世界观的改造。几十年来，他用自己的实际行动，表现了一个共产党员和革命文艺工作者对社会主义戏剧事业的赤子之心。

陈永倞先生酷爱舞台美术事业，几十年来满腔热情地投入青艺的艺术创作和建设。他工作认真，创作严谨，勤恳敬业，谦虚谨慎，淡泊名利，团结同志，受到同志们的尊敬和爱戴。他用自己的艺术实践和创造，表现了一个共产党员和革命文艺工作者的赤子之心，为祖国的艺术事业贡献了自己毕生的精力。1960 年，他荣获北京市劳动模范称号；后曾出席第四届全国文代会、北京市文教卫生先进工作者会议。1992 年，获中国戏剧家协会颁发的从事话剧逾 50 年荣誉证书及奖章，1996 年获国家政府特殊津贴及证书。

陈永倞先生热爱生活，才华横溢；从艺之余，常挥毫泼墨。晚年更寄情诗词、徜徉书法，创作了千余首诗词；出版了自选集《陶然吟》，寄托了他对艺术的热爱，对祖国腾飞的喜悦。

陈永倞先生的去世，我们表示沉痛的哀悼，他为我国的戏剧事业和舞台美术事业奉献终生的精神，将永远为我们铭记和深深地缅怀！

原载于《舞台美术家》2000 年第 2 期

永远的缅怀

——忆学会主要创始人之一永倞先生

◎ 蔡体良

关于永倞先生的艺术成就，学术硕果，这部厚厚的、沉甸甸的《舞台上下六十秋》，足已佐证。这是他与冀淑平老师精彩戏剧人生最生动的舞台写照。在中国青年艺术剧院，我也从艺 32 年，与永倞夫妇，也可以说，已是半个“忘年之交”。这部书稿，可以说是记录了半部“中国青年艺术剧院”的历史，也可以视为当代中国话剧舞台历史的发展进程中，不可替代的珍贵的史料编汇。

陈永倞先生是我们学界的老前辈，更是我的老前辈。我与永倞先生的关系，简单地说，是长达近半个世纪的工作、相处：与他是同一个剧院的同事，同一个院子里的邻居。尤其是永倞先生的晚年，他全身心地投入中国舞台美术学会的创建工作，在学会成立后的一段较长时期内主持工作；这段时光我与他是真正意义上的“忘年之交”也。

永倞先生生辞世的六年前，即 1994 年，我曾经急就章地写过一篇文稿：《心潮起伏意拳拳——陈永倞同志访谈录》(已收入本书)，从舞台创作的角度采访式地记述了永倞先生半个多世纪的艺术创作生涯，但未涉及学会的工作。在这里，我借本书出版之际，做一些概要的补述。

众所周知，“文化大革命”之后，我们国家迎来了改革开放的新时期。我们的戏剧舞台，好像再一次获得解放一样，迎来了自己的春天，包括舞台美术的创作，也迈出了崭新的一步。中国舞台美术界同仁在 1980 年 12 月下旬，经过一段时期的筹备之后，召开了全国性的舞台美术学术研讨会。之前的筹备工作得到了中国戏剧家协会的全力支持。当时，永倞先生已年近七旬，以他为主要的核心力量，积极地投入了筹备工作。参与筹备的还有韩林波（老红军，组织过 1964 年大型歌舞《东方红》，总政文工团老舞美队长）、孙浩然（上海戏剧学院教授、副院长）、齐牧冬（中央戏剧学院教授）等一批老舞台美术家。

这是一次“破天荒”的颇有声势的中国舞台美术理论研讨会。会议在当时城外的朝阳区文化馆招待所召开。三十多年前，那个地方还比较“荒凉”。然而，全国各省、自治区、直辖市的同仁，十分热情，踊跃前来参会，人数超过一百二十余位，都住在三四人一间的简陋的招待所里，如过节一样，欢聚一堂。与会者年龄多近半百，都是各地舞台美术界的领军人物。他们在“文化大革命”中都历尽风雨，付出了惨痛的代价。如今又迎来了阳光，个个好像都获得了第二次“翻身得解放一样”，怎不兴奋？怎不亲昵？就在这个除旧迎新的岁末年初，足足开了三周的会。

在这次研讨会前后，永倧先生从筹备、会务组织，到步步推进会议的进程，忙得不亦乐乎。我当时在会务秘书组写些“简报”，做些文字类的工作；按现在的话说，是“跑腿”的活儿。在学术会议推向成功的大背景下，大家认为条件已经成熟，可以成立舞台美术工作者自己的组织。终于在 1981 年元月 3 日，正式成立了“中国舞台美术学会”。这是文化部属下的、第一个全国性文化学术团体，也是头一个冠以“中国”字头的学会。

学会成立大会开得十分隆重，各有关领导都前来参加。文化部的、中国剧协等相关协会的，总政文艺局的，有关艺术院校、直属院团等。还有戏剧艺术家和社会知名人士，如荣高棠（代表国家体委）、高占祥（代表共青团中央）等。谱写了中国舞台美术史上崭新的一页！

学会的创建，永倧先生立下了汗马功劳。全国学会首届领导班子也同时产生：会长孙浩然，副会长陈永倧、齐牧冬、韩林波（兼秘书长）。继而又产生了秘书长班子，并陆续筹建了若干个工作委员会及推出负责人，等等。之后，学会每四年换届一次，有序而又健康地向前发展。永倧先生在第二届后仍担任学会的名誉会长，直至辞世，长达 15 年。在这个漫长的时期内，在永倧先生领导、关心下，学会稳健发展，成为具有影响力的全国性的社会学术团体。1982 年底，举办了首届“全国舞台美术展览”；1984 年经姚依林副总理批准，代表中国参加了“舞台美术国际组织”(OISTAT)。学会常态性的活动与工作包括：协助各省、直辖市、自治区建立地方学会；每年举办不同形式的学术研讨、培训班，进行学术交流和培养人才；定期出版学术刊物《舞台美术与技术》（后更名为《舞台美术家》）；1986 年始开始参与国际舞美组织的学术交流活动和舞台美术作品展览；等等。学会工作取得的这些成绩，都是与以永倧先生为代表的前辈舞美艺术家的努力分不开的。

作为学会的晚辈，学会工作后来的继承者，我深深感谢永倧先生为学会的创立、发展打下了坚实的基础。正如常人所说，前辈栽树后辈乘凉！无论在学会筹备、创办时期，还是后来在一线或退居二线阶段，永倧先生不忘初心，为学会作出了无私的奉献，他的杰出贡献，必将载入中国舞台美术的史册！

2017 年冬

从一份《存稿》说开去

——父亲与中国舞台美术学会

◎ 陈非比

中国舞台美术学会名誉会长陈永倞

在父亲的遗物中我意外地发现了一份手稿——写于“99.3.8.雪后”的《存稿》。与父亲留下的其他手迹不同，它不是诗稿，也不是对青艺或剧专艺术生涯的回忆，而是为“舞美学会”而作。这篇《存稿》没有标题，它为何而作？它是这样开头的：

> 《中国当代舞台美术》大型画集即将问世，不胜欣喜，在中国舞台美术学会来说这是一件大事，在我国舞台美术界来说更是一件大事，这反映了近些年来舞美的繁荣和巨大的收获。

接下来，父亲回顾了20世纪80年代初舞美学会创立以来的工作成就。《存稿》的最后一段，父亲深情地写道：

> 回思往事，学会成立已十八年，犹如一个人长到十八岁，虽不一定顶天立地，总算成人了，成为一个大人了。这些年学会做了一些事，有过一些成绩，产生过一些影响，作为学会的成员，我感到无限的高兴欣慰；在此画集问世之际，聊赘数语，以资纪念，且资祝贺。

文章结束后有几行附言。“体良同志暨画集编委诸兄：遵嘱写此小文，是否可作序言？如可用而要修改，亦请斧正。是盼。”

我没有见过文中提到的画册，更不知道父亲这篇《序》是否被采用。但我认为这并不重要——我想说的是，在这份手稿背后，我看到的是一位八十五岁高龄的老艺术家，虽耄耋体衰，仍紧握手中笔杆孜孜以求，为他毕生所热爱的舞美事业繁荣昌盛而笔耕不缀的精神！

（一）

2011年1月15日，“纪念中国舞台美术学会成立30周年大会”在北京饭店隆重举行。时任会长的蔡体良先生在大会致辞时讲道：

> 值此今天庆典活动之际，回首我们学会创建初期的日日夜夜，回望我们三十个春秋中留下的足迹，回忆我们老一辈舞台美术家所作出的贡献，都令我们难以忘怀，感系万千。在今天这个有意义的日子里，更让我们深深地缅怀初创时期的孙浩然先生、陈永倞先生、齐牧冬先生等一批已故的老艺术家……[①]

是的，作为老一辈的舞台美术家，父亲不仅热爱自己从事的舞美创作活动，而且十分关心我国舞台美术事业的发展。早在20世纪50年代，观摩了1956年举办的第一届全国话剧会演后，父亲就在一篇长文中，对参演剧目舞台美术创作中反映出来的问题，直言不讳、开诚布公地发表了自己的看法，表现了一个艺术家的严谨作风和坦荡胸怀。[②] 在中国戏剧家协会于1959年召开的一次戏剧座谈会上，父亲围绕舞台美术创作如何提高质量的问题，从加强学习，深入生活，总结经验，促进院团间的交流与合作，向戏曲传统学习，加强舞台美术的文艺评论，开展中国舞台美术史研究，舞美人才培养等诸多方面陈述了自己的意见。[③] 1979年10月，父亲与妈妈双双出席了全国第四次文代会，受到极大鼓舞；其后，父亲又担任了中国剧协第三届常务理事。此期，在改革开放的新时代的鼓舞下，年近七旬的父亲，开始了他晚年艺术生涯中新的征程——为促进中国舞台美术界的学术交流、联合与协作而努力。

我还依稀记得，20世纪80年代初我已调回北京工作，在东单三条的家里，曾多次见到李畅、李乃忱叔叔等父亲舞台美术界朋友们的身影。有时，他们在我家促膝交谈；有时，却是相聚后一同匆匆走出家门——不知他们又要去拜访何方圣贤。

在父亲那份《存稿》中有这样的记载：

> 记得80年代初，为了繁荣舞台美术事业，志同道合者奔走于文化事业的有关部门，终于发起并成功地召开了全国舞台美术理论座谈会，由此于1981年初建立了中国舞台美术学会……

显然，我当年见证的，正是父亲和他的“志同道合者”们追求事业理想的努力。

① 蔡体良：《“纪念中国舞台美术学会成立30周年大会”上的讲话》，蔡体良著《WM档案》，中国戏剧出版社2012年版，第164页。

② 陈永倞：《观摩散记——关于舞台美术的学习心得》，刘露等编《舞台美术研究》，中国戏剧出版社1957年版。

③《戏剧座谈会讨论话剧发展》，《戏剧报》1959年第7期。

全国舞台美术理论座谈会百人合影（部分），前排左起第六人为陈永倞
引自中国舞台美术学会创办的《舞台美术与技术》1982 年总第 2 期

1980 年 12 月，父亲和他的同行们的辛勤耕耘终于结出了硕果——全国舞台美术理论座谈会胜利召开啦！这是一次全国舞台美术界空前的盛会。

> 由中国戏剧家协会和文化部艺术教育局联合主办的舞台美术理论座谈会，于 12 月 20 日在北京召开，历时 20 天，于 1980 年 1 月 9 日闭幕。
>
> 会议期间，中宣部、文化部、中国文联和中国剧协的领导同志……亲切地接见了全体与会者，并做了重要讲话。……
>
> 出席这次会议的，有来自全国各省、直辖市、自治区的从事舞台美术创作、教学、研究的同志 113 人。大会共收到学术论文和有关舞台美术的其他文稿 115 篇。
>
> 这是我国戏剧史上，第一次全国性的舞台美术学术研究、讨论的盛会。①

这次会议更重大的意义还在于，产生了一个组织上的成果：成立了舞台美术工作者自己的学术组织——中国舞台美术学会。父亲是这次会议领导小组成员，从筹备到召开，从理论座谈会到学会的成立，倾注了大量心血；对于这样的成果，他怎能不兴高采烈？记得会后他回到家里曾兴致勃勃地对我说起此事，我当时问他：“是学会还是协会？”他既得意又自豪地说：“是学会！”是的，“学会！”它何以让老人家这么开心？因为学会是“由研究某一学科的人组成的学术团体”，而协会则是“为促进某种共同事业的发展而组成的群众团体”。显然，父亲看重的，想要极力推进的正是舞台美术作为一项学科的发展。

① 玉韦：《舞美艳开学术花 空前盛会结硕果》，《舞台美术与技术》第 1 期，1981 年 7 月出版。

在父亲保存的资料中，有一份《中国舞台美术学会章程（草案）（供内部讨论稿）》，从它所附的《讨论提要》中，我们可以见到它起步时的思考。在这份材料中，也留下了父亲悉心批改的印迹。在另一份《中国舞台美术学会章程（修改草案）》中明确指出，学会的宗旨是："广泛团结全国舞台美术工作者，通过开展各种学术活动，为提高舞台美术创作、教学、研究和舞台科技的水平，为繁荣和发展我国社会主义戏剧事业而努力。"为达此目的，学会组建了创作研究部、理论研究部、编辑出版部、组织联络部、舞台科技中心、中国舞台美术福利基金会等工作机构。这样一个学术组织的成立，正像曹禺先生所指出的，"将开创一个新的舞台美术的历史"。①

（二）

中国舞台美术学会不负众望，成立不到两年，就在有关部门的支持和协作下，举办了首届全国舞台美术展览。在父亲那篇《存稿》中这样记载：

> 经过一年多的努力，以学会之催发起创办全国舞台美术展览。那是 1982 年冬 12 月，全国舞台美术展在京举行。这是我国有史以来第一次舞台美术作品的专题展示，荟萃新中国成立以来各省、自治区、直辖市各剧种有代表性的舞台美术作品一千四百余件，占用了中国美术馆全部展厅，历时三个星期，极一时之盛。

在这短短的几行字背后，究竟蕴藏着怎样的艰辛与努力？

在父亲的遗物中保存着两个厚厚的文件袋："全国舞台美术展览筹备材料"。袋内材料可能并不完整，但已可清晰地看出这次展览工作的进程和爸爸的点点足迹。

- 1982.4.2　请永倞同志出席全国舞台美术展览筹备委员会会议的通知
- 由陈永倞同志主持会议讨论展览会宗旨的会议记录（手稿，时间不详）
- 1982.4.23　文化部《关于举办全国舞台美术展览的通知》
- 1982.7.1　美展期间研讨会召开《舞台美术学术交流征稿启事》
- 1982.7.22　聘请陈永倞同志为全国舞台美术展览会展品评选委员会委员的函件，《展品评选办法》《评选活动日程》和《展品评选表》
- 1982.7.24《展品征集情况汇报提纲》（复写件）
- 1982.8.15《全国舞台美术展览会实施方案（草案）》
- 1982.11.11《全国舞台美术展览会日程表》
- 1982.11《全国舞台美术展览工作人员名单》《工作人员守则》

① 曹禺：《重视舞台美术在戏剧中的地位——在中国舞台美术学会成立大会上的讲话》（蔡体良整理），《舞台美术与技术》第 2 期，1982 年 5 月出版。

全国舞台美术展览部分工作人员合影（前排左五为陈永倞）

- 1982.11　关于对展览会进行预展审查的通知
- 1982.12.12—12.28　全国舞台美术展览专题座谈会和专题报告会日程表（在“主持人”一栏中多次出现“陈永倞”）
- 1982.12.31　《“全国舞台美术展览”后期工作日程》和《全国舞台美术展览工作总结参考提纲》
- 1983.2.23　请陈永倞同志审阅舞美展览支出明细表的函件

在父亲的遗物中还珍藏着好几本《全国舞台美术展览》。这本近百页的手册，图文并茂地介绍了这次展览。其前半部是“图选”，按戏曲，话剧，歌剧、舞剧、舞蹈等，舞台科技与设备四部分选登了约 140 幅参展作品的照片；后半部《展品目录》则分门别类列出了全部参展作品的名录……与今天各种五颜六色、令人眩目的宣传品相比，这本手册的装潢也许不够考究，但它是那样朴实无华，匠心独具。

全国舞台美术展览展品介绍手册

翻阅这些资料，父亲和他的同仁们的敬业精神与卓有成效的工作历历在目；父亲精心保存这些资料长达二十年，更是生动地体现了父亲对舞美界这一创举的浓浓深情。是的，作为舞美学会的首届常务副会长，父亲担任了这次展览筹备委员会的副主任委员，代表学会主持其事。筹展期间，年近古稀的父亲全情投入，与学会的同仁们一道艰苦奋斗。从总体设计构思、展区规划布局，到展品征集遴选；从展品布展、学术研讨，到后期总结，等等；都倾注了大量的心血。

父亲和他的同仁们的努力得到了丰厚的回报——这次展览确实是一次享有盛名的大型活动。学会创办的期刊《舞台美术与技术》总第3期以《全国舞台美术展览专辑》为名，对这次活动作了全方位的报道，留下了一份珍贵的历史记录。这里再列举该刊所载的几个数字来展示这次展览的盛况。

- 参展作品选自全国三千多个演出团体、六万多名舞台美术工作者的优秀作品
- 展品来自全国29个省、自治区、直辖市，一千多名舞台美术工作者的1367件作品参展，包括图片、模型、实物以及声光艺术表演
- 参展作品涵盖话剧、戏曲、歌剧、舞剧、歌舞、杂技、木偶剧、皮影剧等艺术品种，涉及布景设计，灯光、效果、服装、化装、道具设计和剧场等不同门类，以及我国古代和近代的舞台美术历史文物
- 展会占用了中国美术馆全部七个展厅，设有戏曲馆，话剧馆，歌剧、舞剧、木偶、皮影、杂技馆，舞蹈馆，综合馆（含灯光、音响、科技、声光表演等内容）
- 展览期间组织了10次舞美学术报告会，20多次舞美专题座谈会
- 展览历时28天（1982年12月9日—1983年1月5日），观众达20万人次

时任中国戏剧家协会主席的曹禺先生，为参加这次展览开幕的茶话会，“向医生请假，特地从医院赶来……一定要和舞台美术界的朋友们见面，表示一点我的敬意”。[①] 抱病在身的曹禺先生，还为这次展览撰写了热情洋溢的评论文章；他深情地写道：

> 这个盛大的舞台美术展览会是中国戏剧史上空前的，也是别开生面的。把千百个舞台摆在人们的面前，显现了不同艺术家、不同剧种、不同剧目的不同风格，在有限的空间里表现无限的世界。这样的创造多么令人兴奋。真是神妙的舞台啊！[②]

这次展览受到业内专家和广大观众的一致好评。许多观众还特别表达了对戏剧艺术舞台幕后英雄的尊敬和赞誉，有留言曰：

> 只明台上苦，不知幕后辛。
> 一巡此地后，难忘幕后人。

面对展览开幕后的盛况，父亲怎能不感慨万千！那段时间，说起学会的工作和这次展览，父亲脸上总是挂着满满的笑容，连走路都显得步履轻快，精神抖擞；他还不止一次催促我们去美术馆参观，并饶有兴趣地询问我们的观后感。

在父亲的《存稿》中提到，当时曾为这次展览“赋浪淘沙抒怀”（已被收入《舞台美

---

①《在祝贺“全国舞台美术展览会”开幕的茶话会上 曹禺同志的讲话》，《〈舞台美术与技术〉（全国舞台美术展览专辑）》，总第3期，1984年4月出版。

② 曹禺：《神妙的舞台——祝贺全国舞台美术展览会》，同上刊。

术与技术（全国舞台美术展览专辑）》。两年后，他把这首词工工整整地抄在他的《永倞诗钞 第一本》的首页；同时，这首词也成为父亲1996年出版的诗集《陶然吟——陈永倞诗词选》的开篇之作。

（三）

在父亲的遗物中，不乏与学会有关的各种资料：中国舞台美术学会的章程、简报、通讯，学会（包括地方学会）创办的学术期刊，《中国舞台美术学会成立十周年纪念专辑》；与学会工作有关的来往函件、证书，学会的聘职通知，邀请他参加学术会议的信函，还有同行向他请教各种问题的信件，等等。

透过这些点点印记使我看到，“心系学会”——这是贯穿父亲晚年艺术生涯一条鲜明的红线。从创办学会、学会诞生至父亲辞世，无论在一线担任副会长（1981.1—1985.8；第一届），还是退居二线任名誉会长（1985年8月第二届以后），父亲始终像呵护自己的孩子一样关注着学会的成长。

作为舞台美术界的前辈，父亲十分关心后继人才的培养。在学会主办的期刊《舞台美术与技术》创刊号上，父亲就以《为培养新生力量进一言》为题坦陈了自己的观点。他指出：“这个问题，由来已久，经过十年浩劫，现在更加突出”，“已到燃眉之急了”。“后继乏人”“时不我待！”他热切呼吁，“培养接班人，首先需要各级领导重视与关怀”。他语重心长地告诫：

> 愿有志从事舞美事业的青年同志们，从事之初，还应树立三心：首曰决心——认定就干这行，甘当无名英雄；次曰信心——必将成为有用之才；三曰恒心——刻苦钻研，终身从事，义无反顾。这三心不是一蹴即就，还需要领导有心，学者虚心，教者耐心；三者结合，才能事半功倍，早出人才，多出人才。

展望未来，父亲对舞台美术事业的前景充满信心，他在文章的最后发出了“千里之行，始于足下。同志们，高歌猛进吧”的热切呼唤。

让中国的舞台美术作品走出国门，是父亲多年的愿望；有了学会这个平台，父亲更是极力推动这方面的进程。在父亲的《存稿》中有这样的回顾：

> 又越一年，在1983年4月，应邀遴选60幅作品航邮日本参展，同年7月又由中国剧协携往欧洲，在国际剧协年会中展出。1984年2月，又应邀重选40幅再赴东京展出，并商定今夏由我舞美学会组织京沪两戏剧学院舞美系学生作品30件赴日参展。均获一致好评。

在“三省一市”舞美座谈会上代表学会致贺辞

与上述记载相佐证的是父亲保存的一封信函：“赴日展品筹备小组”于1982年12月25日写给“陈永倞同志”的函，列出了66件参展作品的清单请在京的学会会长审定。

1984年，我国加入了国际舞台美术组织（OISTAT）。该组织主办的布拉格国际舞美作品展每四年一届，是国际上唯一的、最具权威的国际舞美展，参展作品代表了当代国际舞台美术创作的最高水平，我国于1987年首次参展至今。1989年4月，又在上海举办了国际舞美艺术节。父亲用他的诗作，表达了对这一系列国际交往活动的喜悦。

父亲对各地方学会的工作也十分关心。在他保存的“有关舞美学会材料”中，有不少与地方学会有关的资料，如《关于各省、市、自治区剧协分会以下组织问题的意见（草案）》，写给“永倞同志”的关于地方学会的建立、活动情况的信函，邀请父亲参加地方学会学术活动的信件，甚至还有地方舞美学术期刊创刊号的要目，等等。

父亲的《存稿》还提到，他于1984年3月应邀赴杭州参加了三省一市（江苏、浙江、安徽和上海市）舞美座谈会，并赋诗以贺。

1992年12月29日，父亲曾将一首《忆江南》，献给湖北舞美学会主办的学术刊物《舞台美》，遥祝他们在新的一年豪情满怀，“翘首大江边”。

（四）

1984年，自1981年蹒跚起步的舞美学会进入了第四个年头，学会第一届理事会任期将满。于是，从这年年初起，父亲就已经在着手考虑学会的换届等问题了。

在学会于1984年元月6日印发的学会干部工作会议通知的背面，父亲以“84.1.9下午干部会”为题，草拟了会议的议题，第一项就是“召开理事会”，其“议程”包括改选理事会、修改章程，总结报告——陈牵头、各部联系内容，讨论专题，小型舞美展，等等。另一份手写稿，则记录了1984年3月5日在杭州召开的一次全国舞台美术学会常务会的情况。爸爸首先发言，指出任期“三年已到，按章程今年应开年会”，要讨论开会的相关问题。

然而，要开好未来的理事会谈何容易？首先遇到的就是经费问题。在父亲保存的资料中，有一份盖有“中国舞台美术学会”公章的复写的《申请1984年活动经费的报告》，报告的最后是这样写的：

……目前，学会已成立四年，又面临召开扩大理事会进行改选和修改会章等工作，但由于我会长期未解决编制问题，又无经费，开展工作十分困难。特此，拟请文化部拨款壹万壹仟玖佰元，为我们舞台美术工作顺利开展，创造一些必要的条件。

谨呈

（附：中国舞台美术学会理事扩大会议预算表）

中国舞台美术学会

1984.4.20

令我没有想到的是，这份报告所附的“中国舞台美术学会理事扩大会议预算表”，竟然是父亲的手迹——为了学会的发展，已进入古稀之年了，他还在事无巨细、亲历亲为；为了争取区区“壹万壹仟玖佰元”会议经费，亲手抄写了这份“预算表”！

在父亲的遗物中，一份《中国舞台美术学会一九八五年全国理事代表会 简报 第三期》（1985年8月26日）引起了我的关注。1984年底父亲突患严重心梗病危住院，他，还会参加这次会议吗？

父亲的照片题字：“中国舞台美术学会成立五周年之际召开全国理事扩大会议 一九八五．八．二十六合影”

前排右起第五人为扶杖参会的父亲

翻阅这份简报，我出乎意料地发现，在谈及本次大会的闭幕式时，竟有这样的记载：

病愈不久的陈永倞同志热情朗诵新作《忆江南》：“舞美繁荣今又是，重开会议永留芳……”表达了老一辈舞台美术家对这次会议由衷的祝贺，和对学会今后工作的殷切期望。

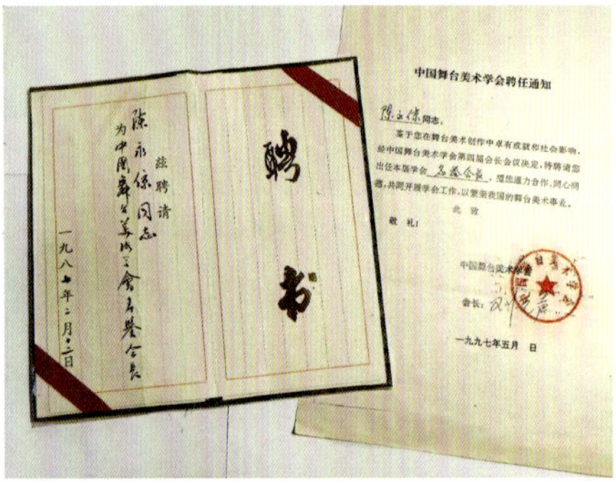

中国舞台美术学会名誉会长聘书（1987，1997）

这就是说，重病愈后不久，父亲便以极大的热情参加了这次会议，并为这次会议献上了深情的祝福。

据这份简报报道，新一届会长薛殿杰先生在闭幕大会的讲话中说道：这次“大会所以成功，一是由于上届学会领导人所奠定的基础，他们是创业的一代，开拓的一代，有丰富经验的可尊敬的一代”。他还代表新当选的学会领导班子宣布：“聘请孙浩然、陈永倞为学会名誉会长”。

自 1985 年从副会长岗位上退居二线直至辞世，整整十五年，父亲的心始终与学会紧紧相依，在学会砥砺前行的漫漫长途上，依然撒满父亲挚热的爱。他，或拄杖而行，亲临现场咏诗致贺；他，或隔空赋诗作词，寄去浓浓深情……

在中国舞台美术学会成立十周年之际，父亲在学会印发的纪念专辑上发表了组诗《十年歌舞美》（含九首诗词）。重读这些诗作，我们仿佛在学会过往的悠悠岁月中穿行。

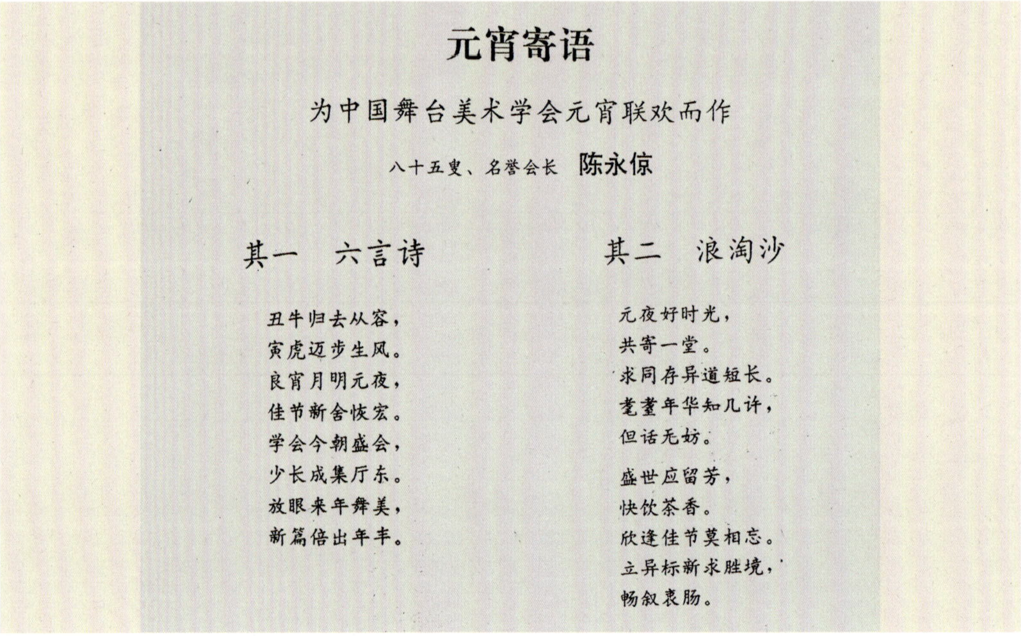

元宵寄语

为中国舞台美术学会元宵联欢而作

八十五叟、名誉会长　陈永倞

其一　六言诗

丑牛归去从容，
寅虎迈步生风。
良宵月明元夜，
佳节新舍恢宏。
学会今朝盛会，
少长成集厅东。
放眼来年舞美，
新篇倍出年丰。

其二　浪淘沙

元夜好时光，
共寄一堂。
求同存异道短长。
耄耋年华知几许，
但话无妨。

盛世应留芳，
快饮茶香。
欣逢佳节莫相忘。
立异标新求胜境，
畅叙衷肠。

《舞台美术家》1998 年第 1 期剪报：陈永倞诗作《元宵寄语》

2011 年 1 月中国舞台美术学会在北京饭店举行成立三十周年纪念活动

引自蔡体良著《WM 档案》（中国戏剧出版社 2012 年版）

1998 年春节，八十五岁高龄的父亲，写下《为中国舞台美术学会元宵联欢而作》的《元宵寄语》，并在一年一度的新春茶话会上吟诵，为学会和同仁献上“丑年归去从容，寅虎迈步生风”，“放眼来年舞美，新篇倍出年丰”的美好祝福。

据我现在看到的资料，父亲为学会做的最后一件事，恐怕就是这篇写于“99.3.8. 雪后”的《存稿》了。那时，父亲显然已经年老力衰——那笔迹颇有些“龙飞凤舞”，难以辨认。

从撰写这篇《存稿》的时间算起，时光又过去了 20 年，父亲也离开我们 19 年了。今天，可以告慰父亲的是，当年的中国舞台美术学会——父亲笔下那个“18 岁”的年轻人，如今已走过“而立之年”，正向“不惑之年”迈进。

父亲，您看到了吗，您和老一辈艺术家悉心开创的事业，您亲手参与创建的中国舞台美术学会，正承载着您深沉的挚爱，在几代舞台美术家的薪火传递中，继续走向明天，走向辉煌；我相信，您在天国一定会感到万分欣慰！

2018 年 3 月初拟，2019 年 7 月完稿

第四章

评说·缅怀

他理应受到后辈学者的崇敬

中国话剧至今110年，其中1935至2000的65年中，永倞始终是踏踏实实、一步一个脚印的活跃人物。从做学生，当教师，进剧院，勠力中国舞美事业，辗转南北，继承创新，团结同仁，培导后生，一直到成为我国舞美界公认的领军人物……永倞在中国话剧史上理应受到后辈学者的崇敬。

——摘引自刘厚生先生为本书所作之《序一》

专家评说

心潮起伏意拳拳

——陈永倞同志访谈录

◎ 蔡体良

（一）

陈永倞先生是我国著名的舞台美术家，在舞台美术这块并不令人瞩目的陌生土地上，已辛辛苦苦、默默无闻地耕耘达半个多世纪。半个世纪以来，陈永倞先生经历了一次又一次的“转型期”，经受了戏剧舞台上艺术的抑或非艺术的风风雨雨。令人欣慰的是，他创造了自己独特的艺术画廊。只要翻开中国青年艺术剧院的史料，可以赫然看到他走过的艺术足迹，卓有成就的艺术足迹。尤其是50年代及60年代，在青艺建院头20年的初创时期，以他为主导的舞台美术创作走向和产生的影响，不仅确立了他的艺术地位，而且也造就了青艺舞台的艺术风貌，可以说培养了整整一代舞台美术家。

（二）

陈永倞先生已过八十高龄，与他淡泊、默思般的交谈，宛如一起驰骋在逝去岁月的广袤无垠的疆场上。对于他来说，已踏过的足迹，是他最大的财富。他所走过的道路，是一条典型的戏剧艺术家的道路。

陈永倞生于1914年，1937年毕业于国立剧校，是该校第一届的毕业生。打从进入剧校的大门起，他就踏进了前途未卜的戏剧舞台门槛。年轻人投身于戏剧，多半是出于自己的志趣和爱好，陈永倞也不例外。当时中国的戏剧舞台除了传统戏曲较有声势外，“舶来品”的话剧艺术还不是十分成熟。尽管自“文明戏”闯入后，到30年代中期，已有三十来年的历史，但仍属于“初级阶段”的艺术生存和创造，还停留在较小范围的观众圈子里，还缺乏大众化艺术氛围。严格地说，还没有脱离“沙龙艺术”的阴影，可以想象，提供的艺术生存环境是艰辛的，客观条件也是简陋的。陈永倞就是在这样的“大气候”里投身于艺术的海洋了。

在国立剧校，陈永倞先生学的主业是舞台美术设计，但“副业”又学导演。宽容地说，这两者之间没有严格的分界。毕业后，他又留校教学。因此，在戏剧初创时期，他已穿梭于这些学科之间，了如指掌，互融互汇，铺垫了他日后创作的重要基石。我认为，真正的戏剧艺术家，包括舞台美术家，最好成为一个“杂家”，谙熟舞台上上下下、里里外外，乃至通晓天文地理，从人文学科到自然学科，这样才能潇洒地抖开自己艺术的翅膀，去遨游艺术的天地，人生的世界。常说舞台是社会、历史的“缩影”。要塑造好这个“缩影”，岂能不了解“原型”？岂能不洞察社会这个大舞台？

自陈永倞先生在校的1935年开始，他涉足戏剧一直未间断。从建国前到建国后，相继设计或参与设计了近百出剧目的舞台设计工作；如《凤凰城》《全民总动员》《岳飞》《家》《万尼亚舅舅》《保尔·柯察金》《西望长安》《娜拉》《阴谋与爱情》《红色风暴》《文成公主》等等。同时，在国立剧校期间和之后的岁月，他还执导过《黑地狱》《古城烽火》《雾重庆》等十几个剧目。他身兼两职，在当时的情况下，也不是人人都能胜任的，这正是张扬了陈永倞把握两门专业的优势。他回忆说：“当时从事戏剧活动，社会的、生活的、物质的客观环境都十分艰苦且简陋，绝非与今日可比。”但也正因为存在这样的环境，他“穷则思变”，绞尽脑汁，因势利导，也搞出了不少令人满意，甚至令人惊叹的作品。

他当时设计的《阿Q正传》《岳飞》《从军乐》等剧目，每次几乎不重样，每次都有点别出心裁的。无论是在校园的舞台还是在没有吊杆、没有转台，或者说“赤膊”的舞台上，总能玩出点花样来。设计《岳飞》时，由杨村彬先生导演。此剧有十几个场景，戏很散，难以集中，又是古装戏，舞台再现中要将全剧串将起来，无疑是一大工程。于是，只设计一个固定的平台和它上面黑色幔子为主体，加上能左右、前后移动的柱子，台口等处又饰以灰丝绒幕，便构成了舞台造型的整体结构。演出时，当然没有条件去移动平台，而只变化上面幔子的造型，位移象征殿宇的柱子，使舞台结构出不同的画面，不同的舞台环境，不同的艺术情趣，层出无穷、机动灵活，给导演提供了时空调度中丰富的支点和有力的节奏。不论是亢奋地唱出《满江红》的开场，还是在巍然墓碑上刻有“还我河山”，让秦桧夫妇跪在前面的尾声处理，都是不落窠臼的，显示出自己的气派。当时的创作心态，应该说是洒脱的，没有受到这个戏剧观念或那个表演流派的羁绊，没有受到创作元素之外因素的影响。如果说有影响的话，那就是受我们民族文化及其传统戏剧的影响，受我们民族欣赏习惯的影响。按现在的话来说，是倾斜于虚空、写意，调动了假定性的创造因素。

由此，我们可以得出这样的结论：舶来品的话剧，一踏上中国这块土地，并不是完全尊重洋教条行事的，艺术家们总是想方设法寻找符合自己“国情”的表现手法，努力融入中国优秀传统文化的精脉，使之获得了自己生存的条件。这可能也是任何外来艺术都经历过的必然之路。曾几何时被人们认为，话剧舞台一开始或者说从未有过虚空、写意性的创造和表现，只是近一二十年才悟出“开墙破框”的道道，看来是一种历史的误解。《岳飞》就是一例，消除“误解”的一例。类似的例子，在陈永倞先生的舞台设计中还可以列举出很多。如也是与杨村彬合作的音乐喜剧《从军乐》，设计构思也极简易：一个圆平台，两个斜坡，加以变形的门楼，造就了喜剧舞台应有的轻快、便捷的舞台环境。

设计莎士比亚的《奥赛罗》时的一段小小插曲，至今仍令他难以忘怀。此剧是与多才多艺的贺孟斧合作的。舞台以灰幔衬底，用三层台阶的平台和几根柱子的变化，来展示神幻莫测的奥赛罗城堡的舞台环境，可是还是感到变化的形象有限。合作过程中，他与贺孟斧整天泡在剧场里，连晚上也睡在后台。他们俩冥思苦想，想让宫殿上柱子有变化，也能制造出远帆倩倩的幻觉。由于睡在舞台上，台上工作灯照明下，他们无意之中发现不少未完成的景片影子投在墙壁上，产生了生动的形象，富有造型感，富有动势。于是他们立即消除了睡意，躺在平台下摆弄起来。经一试，果然出现了奇特的舞台效果。“踏破铁鞋无觅处，得来全不费工夫。” 陈永倞回想起这一幕，仍兴奋不已。他认为舞台上产生的好多艺术效果，是偶尔发现的，偶然悟到的，也是生活中固有存在的。艺术家的创造既要遵循一定的规律，也不要疏忽自己周围的现实生活；要有一双“发现”的眼睛，要有与常人不同的悟性。艺术创造既不神秘也不是高不可攀，但也需要去发现，去投入，去采撷，去咀嚼，去品味生活的真谛。

那个年代搞戏，陈永倞先生说经常“急就章”式的创造，也是与那个年代风风雨雨、火火烈烈的社会政治气候分不开的。戏剧舞台始终充任着时代和社会生活的一面镜子，严肃的戏剧更是与国家的、民族的命脉一起跳动的。尤其是风起云涌的抗战时期，我们的戏剧创作和演出，都深深地打上了社会的烙印，成为时代的号角。陈永倞就多次参加过这样的演出创作活动。例如，1938 年在重庆的《全民总动员》演出，就是由他负责设计的一次大型演出活动。这无疑是一出在抗战初期激扬爱国主义的火辣辣的戏。由曹禺编剧，应云卫执导，赵丹、顾而已、白杨、舒绣文、张瑞芳等名家联袂主演，颇壮声势。演出前时间很紧迫，剧本边排边改。连他设计者也助上一臂，参加本子的修改工作。这既是赶时间的需要，也是陈永倞本身学过导演、执导过戏的艺术功底的使然。布景刚刚绘制完，尚未干透，便搬上来使用了。看来，“急就章”式的、搞“运动”般的创作运作，并不完全符合艺术生产的规律；但戏剧演出的目的是为时代呐喊、为大众服务的，在特定的时期、特定的环境和特定的演出，打破创作常规，完全是无可非议的。陈先生回忆说，该剧第四幕的舞台上，树起了抗战纪念碑，给台上台下的人们以信心和信念：正义必将战胜邪恶，中国人民的抗战必将胜利。作为那个时代的艺术家，作为中国有良心、有已任感的、爱国的戏剧家，陈永倞先生与当时一大批同仁一样，以戏剧作武器，扛起了抗日救国的旗帜，完成了自己的使命。我认为，今天对我们的艺术家，要造就更宽松的创作环境，对陈永倞等艺术家们和他们已经翻过去的艺术创作业绩，应作出客观的历史的评价，这对我们今后戏剧艺术的发展是有意义的。

（三）

1949 年底，陈永倞等一批艺术家北上，加入了刚刚成立半年的、由廖承志出任院长的中国青年艺术剧院。

新中国的诞生，对陈永倞先生这一代的任何一位艺术家来说，是迎来了曙光，提供了新的机遇和挑战，铺开了一条崭新的道路。由于历史转折时期泥沙俱下的惯性及人为的错综复杂的因素，艺术家们在新中国的舞台上，并非一帆风顺，他们经受了种种令人莫测的严峻的考验、干扰和扭曲。抛开非艺术因素的“洗礼”，单就艺术范畴来说，也历尽了不少的磨难，陈永倞先生的境遇也不例外。

作为旧社会过来的“旧知识分子”，要适应新社会的艺术生活，熟悉新社会的创作规律，必然会有一个“阵痛期”。这里，我仅就艺术创造的角度，来审视陈先生在共和国的舞台上所作出的业绩。他既延伸了往昔艺术道路的轨迹，又写下了更辉煌的一笔。这里有难得的历史机遇，他又抓住了这个机遇。“文化大革命”中，他无疑逃脱不了被批判的命运，其中一条“罪名”为“炮制”了大量的“大洋古”“封资修”的设计创作作品。那么，被颠倒的历史颠倒过来之后，“罪名”便是他创作上成功的最好的证明了。

我曾经说过，陈永倞先生不仅为一个国家剧院的舞台美术建设奠定了一个坚实的基础，是一个国家剧院舞台美术的总顾问和开创性人物之一，从他任中国舞台美术学会副会长、名誉会长等职还表明，他也是新中国舞台美术界的一位代表性人物。代表一个时代，代表一个时代的创作。

回顾建国四十多年来的舞台历史，陈永倞的设计创作达到了艺术的鼎盛期，达到了理想的境界。尤其是在五十年代至六十年代初，他几乎参与了青艺舞台多数或主要演出剧目的设计创作。是他自己设计的也好，还是与同志们合作也好，都烙下了他创作风格的影子或者说容貌。五十年代还年轻的舞台美术家毛金钢等同志与他有过不少的合作，接受过不少的指导。他们都认为陈永倞在那个时期的创作思想是影响了他们这一代人的，他的创作地位是不可被替代的；他率领一个较有凝聚力的创作群体，建设了青艺的舞台美术大厦，从而形成了整体的、宏观的青艺戏剧大厦。

青艺舞台建国后头一出戏是《爱国者》，陈永倞介入设计创作。已如上述列举的《保尔•柯察金》《万尼亚舅舅》等剧目，都是青艺舞台画廊中的代表作。从他大量的创作实践活动中，我不想以具体作品的创作分析入手去评定他的成果，而想梳理几个方面的创作因素和与之相关的问题，来透视和认识这位艺术家独有的形象。

陈先生首先是位戏剧家，他对舞台美术的创作是作为戏剧家的投入。上面略为提到的他从艺初期的艺术生涯和经历，就奠定了他作为戏剧家投入戏剧活动的基础。国外的戈登克雷、阿庇亚等都有过设计兼导演的先例。国内的一批老戏剧家中，也有过涉足舞台美术的经历，如贺孟斧、焦菊隐、吴仞之等等。这种互补的创作经历本身就是艺术的财富。所以，陈先生的设计，特别注重对剧本的分析、理解，对戏剧思想总体的把握。这种优势或者说创作特点，使舞台美术的形象真正达到了“戏剧思想外部形象的体现”。

设计《保尔·柯察金》时，陈永倞与导演孙维世合作。该剧排演中，金山扮演保尔，十分投入；连廖承志也粉墨登场，扮演剧中的“阔丈夫”。演出获得成功，陈先生以诗作记录，出现“戏演三百场，欲罢情难罢”的盛况。孙导演是当时国内精通斯坦尼斯拉夫斯基表演体系的少数专家之一，陈永倞作为设计者也参与了排演修改，提出了让人物和舞台环境更有向上的色彩和意境等很好的建议。

又如准备排契诃夫的作品时(计划排《樱桃园》或《三姐妹》，后来排了《万尼亚舅舅》)，陈先生就率领舞美人员了解契诃夫。读他的小说，朗诵他的作品，然后回过头来再读他的剧本，进行分析讨论，还请研究契诃夫的专家作报告，看契诃夫时代俄罗斯画家的作品等等。陈先生并不忽视这个“务虚”的环节，列为创作的程序。对投入创作的舞美人员，也是一堂很有针对性的艺术教育课，加强了创作的自觉性和整体意识。

这类例子，在陈永倞的创作中是不少的。作为设计者，介入戏剧整体形象的勾画，是必须的，必要的，是设计者主动性创造的表现，也是他艺术修养的表现。如果说只关心自己圈圈内的创作，设计只管设计，导演只管排戏，演员只盯自己的角色，未尝不可，也可能会成功。不过，有能力和才华去横向“干涉”，综合参与，则是具有学者素质艺术家的表现，成熟艺术家的表现。我想，陈先生就是属于这种类型的戏剧家。

善于与不同导演艺术家合作。陈永倞自己有过执导的实践，谙熟此中“机关”及其中的微妙关系，不用我作更多的赘述。不过，他与众多导演的合作中，有幸与不少大导演有过共同的创造。无论这些导演当时是已成名的、还是未成名的，都使他获得不少启迪。解放前，他与贺孟斧、应云卫、杨村彬、黄佐临等艺术家有过多次的合作。新中国成立后，他与孙维世（包括当时来华的苏联专家）、吴雪、金山、郑天健、章泯、于村、石羽等合作，排了不少古今中外的戏剧作品。

我问陈先生：与这些不同类型导演合作感受如何？他认为总体来说是相当愉快的，是充满民主的、活跃的艺术探讨空气的。当然，每一位导演有自己的艺术风格、创作习惯，及自己的素质、素养，但合作是基础。

如与孙维世合作中，他认为她是“土洋结合”的，很容易合作。正如他诗中写道的：“维世留学久，导演自专家。”“她对舞美上的要求，很少提具体意见，放手让你去干。”

金山导演就有点相反了，他想得很全面，早已经有一整套的方案装在肚子里了。陈先生也以诗写道：“《上海屋檐下》，导演先设想，‘螺丝壳里做道场’，体现上海弄堂房。”又如搞《红色风暴》时，由于金山身兼编、导、演，“构思有高见，成竹在胸间”。他心里已有一定的视觉形象了。该剧的布景虚实结合，以点代面，以局部代整体，藏露、隐显互映，在当时是出类拔萃的，是突破了颇有一边倒的写实框架的。这与金山的导、表演风格一拍即合。所以，陈先生对金山的看法是：“金山导新戏，做法每不同。”

吴雪执导时对形象要求不很具体，但有原则和想法，也可以有商量的余地。如复排《抓壮丁》时，他就认为不能沿用头一次演出的模式，太实、太具体，要求景观走向“反面”，走向虚空、写意的形象，放开时空过多的制约，使舞台更富于喜剧色彩。

因而说，陈先生与不同导演的合作，都能较好地适应。他自己说：“合作中一般不坚持自己的意见，除非遇到重大的原则性问题时，才据理力争，坚持自己的创作主张。”他往往按先出图、再与导演商量，再修改、再出图的常规方法进行，即是“设计先出图，导演先立意”的模式。但在这一过程中，比较能顺利地获得导演的认可、通过和默契，他认为并没有什么重大的奥秘。要说有，则就是他对剧本思想的开拓和理解，对演出风格精到、成熟的把握，“水来土掩，兵来将挡”，使他很容易与导演沟通，达到创作中的共识、理解和愉悦。

重视舞台美术创作的群体力量的调动。应该说，青艺舞台的舞台美术力量始终保持着强盛的势态。重要的标志和因素之一，它是一个高层次的创作群体的组合，在陈永倞主持的创作活动时期打下了一个良好的基础。利用集体的智慧，群策群力，扬长补短，在一定的创作时期和客观条件下，不失为是一种可行的创作方法。

当时，他的主要合作伙伴有张正宇、陆阳春、张鸣琦、刘俊民等，他们每个人都有自己的优势、自己的擅长和自己的风格，都是佼佼者。但在不同程度上也有自己的弱势或短处，这是不必忌讳的。如著名设计家张正宇善于抓形式，有较强的形象感，他自己宣称是吃形式饭的；而其短处就是不习惯对内容的探究。又如被周总理称为“土生土长的艺术家”的陆阳春，有丰富的舞台实践经验，并有一手精湛的绘景技术；但对设计整体把握或从导演视角去审视，就欠讲究了。当然，陈先生本人也有弱点，不揣冒昧地说，在形象表现上而言就不如前面两位了。因此说，他们在创作上就形成了高层次的互补性。排《西望长安》时，为寻求更新的舞台样式，他们三人通宵达旦地干，当时情况是“戏已开排景未完，重起炉灶难上难。不尽人意常八九，构思重新心岂安。冥思苦想天将晓，三公猫腰满地看（找烟头）……”；足见他们的合作状况了。这里，陈先生在具体界定和整体把握中，使张、陆两先生的形象创造得到了恰如其分的、与戏剧思想和风格相统一的体现；反过来，形式的丰富性、准确性的提供，又使舞台美术及其戏剧整体的形象更臻丰满、完善、张扬。例如，他们合作搞《抓壮丁》（“张公陈陆三人行，盘桓数日苦经营”）、《文成公主》（“全组一心齐奋战，大功告成记诸公”）等剧目时，都动用了各自的生活积累和艺术积累。严格地说起来，他们的设计作品已是一个不露个人痕迹的集体性创造了。陈先生说，我们之间的创作合作，常常是很默契的。这种“默契”，意味着艺术观念的认同性，创作方法的同步性，也包括审美趣味的一致性。舞台美术创作需要有个性，但并不排斥在总体风格确立之后，需要多方面的合作、协调、综合。它的成败，往往也维系在这一点上。因此，陈先生在调动互补的创作活动中，为青艺舞台创造了不断出新的形象，使他的艺术才华在新中国的舞台上得到了较为充分的发挥。

勇于在大量的艺术实践中寻求突破。这是陈先生当年身体力行的艺术主张。“创新”并不是新词或一个时期一部分人的专利。“创新”在舞台上始终是戏剧家共同追寻的目标和目的，也不是八十年代新时期以来才被发现和发明的。陈永倧设计活动鼎盛的五十年代，他没有忘却自己不穿旧鞋不走老路的创作理念。他回忆说，那时戏剧舞台的表现观念是呈“一边倒”的，倒向从苏联引进的、以斯坦尼斯拉夫斯基为体系的创作方法（斯氏体系是有自己很大的艺术价值的，至今仍可作为有益的借鉴和学习）。但唯视他们才是正宗、才是正确、才符合社会主义文艺的观念，显然是盲从和偏颇了。甚至还被视为文艺思想乃至政治上有问题之嫌，更是被艺术之外因素无端地干扰了。陈永倧就遇到过这类的困惑。当时一位专家叫列斯里，排演《万尼亚舅舅》时担任过艺术指导，与执导的孙维世、设计陈永倧合作。但他以“老大哥”自居，在艺术上也并不是人们预先想象的那样水准。拿舞台美术来说，他也没有主见，还是陈先生等中方艺术家有独立见地，有较强的实践经验。我不是对那位专家说三道四，我想说的是不能盲从，不能盲目崇拜，不能以一种艺术观念、模式作为衡量艺术高下的尺度，和以它来束缚自己的创造手脚。不能忘却自信，慧眼独识的自信。《万尼亚舅舅》演出后，以写实为主调而获得了成功。连列斯里先生后来也承认："像在莫斯科看戏一样。"

在"一边倒"的创作氛围中，在所谓现实主义视为正宗的舞台倾斜中，陈永倞每搞一出戏总是在寻找新的样式。一是在写实的格局里寻求新的写实格局，使之深化、多样化起来；二是寻求突破走向非写实的舞台样式。《红色风暴》《文成公主》《抓壮丁》等都作了较好的体现。走向写意，走向民族化；有的是从局部开始，有的是从整体投入。《抓壮丁》中简练的线条，《文成公主》中凝重斑斓的色彩，《红色风暴》中以一当十的构图等，都已经摆脱了"纪实性"的描绘手法了。用历史唯物史观来看待当时的创作，实属难能可贵了。我可以说，并不亚于当代艺术家的那股子创新精神。

（四）

陈永倞先生的创作观念和方法，可以梳理的还有更多方面。仅从上述的几个侧面来认识，已可窥见他创作的风格和风韵，足以显映他作为成就卓然的舞台美术家形象了。

陈先生无疑又擅长文学。"诗言志"，他常常赋诗填词（本文内已有引用）来回叙自己的艺术感悟和经历。今年正好赶上他为之鞠躬尽瘁耕作的剧院建院45周年和共和国成立45周年。"欣逢大寿能无唱？"他在《青艺》杂志上刊发了近500行的组诗《四十五年容漫忆》，组诗的最后一节有如下诗句：

四十五载华年过，今朝舞美上新坡。
行年八十老将至，无复附骥可奈何。
殷勤漫忆当年事，喜颂今人创业多。
浪涌前波情未已，风流人物看今朝。

以此，我们又一次撩开了陈永倞先生"新潮起伏意拳拳"的心迹，并为拙文打上最后的句号。

原载于《舞台美术家》1994年第10期

陈永倞在“国立剧专”

◎ 李乃忱

中国舞台美术学会名誉会长陈永倞，是一位一专多能埋头苦干的艺术家。在舞台艺术领域里，从编剧、导演、表演、布景设计，直到技术制作和演出管理，涉猎广泛，作风踏实，勤勤恳恳，在中国近代戏剧史上，留下令人难忘的功绩。他的为人，和治学一样，认真严谨，有湖南人的热情而不外露，习惯个人钻研，不爱社会交际。因此，年近 80 高龄，写到他的履历，一生只有两个单位，一是培养他走上成才之路的国立剧专，一个就是新中国成立后，供他发挥天赋的青艺（中国青年艺术剧院）。据他自己回忆：“我在国立剧专的时间，比创办人余上沅校长还长，因为在南京解放前，他为了抵制迁校台湾，曾有半年辞职去了上海。而我却十四年一天也没有离开。”由这些历史证明，说他是把自己毕生精力都献给舞台艺术的创作与教学，而毫无个人名利追求的人，当之无愧。

不是吗？他 1937 年在国立剧专（当时是国立戏剧学校）毕业时，大部分同学都怀着满腔热忱和责任分赴抗日战争第一线，走上新的岗位，想干一番轰轰烈烈的事业，他却被留下，协助校长，为培养祖国戏剧事业的接班人，做默默无闻的具体工作，在新成立的研究实验部，积极带头编写抗战剧本和组织演出。从 1938 年到 1940 年，他为吴祖光的处女作《凤凰城》首演，陈白尘创作的《魔窟》，田汉改编的鲁迅名著《阿 Q 正传》，顾一樵创作的《古城烽火》《岳飞》和中国第一届戏剧节由曹禺和宋之的合写的《全民总动员》等戏作布景设计和组织演出；他创作的独幕剧《灯塔》列入第 18 届公演的剧目之一；他还自己设计自己导演《古城烽火》《视察专员》等等，积极参加在这期间学校不断进行的宣传公演和街头演出。主演过独幕剧《反正》中被士兵要求起义抗日的大队长，《魔窟》中的主角李步云，曹禺名剧《雷雨》中的周朴园。他饰演的周朴园，除了治家严厉之外，默默中流露出一种深沉的爱，给观众留下深刻印象。

据推算，那时他还不到 25 岁。1939 年以后，在剧专除了负责设计和组织演出工作外，他重点转入教学，主讲舞台美术。他的讲课，既不单讲理论，也不只限布景，特点是全面指导，带头实干。就以化装一课而言，开始，当然要把作为示范工具的人的骨骼肌肉逐一介绍，然后进入作为创作者的演员如何构思人物造型。然后，就不仅是该怎样使用化装油彩，还要带领学生制作油彩。（因为抗日战争前，在大城市演话剧、拍电影都使用进口油彩；抗战后进出贸易困难，化装品在当时就不进口，有些少数私商带来，价格极贵，我们是用不起的，所以就自己做。）学校规定，把这些都列入基础课，不管以后学编导还是表演，都要参加这一课。（更重要的意义，是将来我们学生都要到社会上担负发展和指导戏剧演出的工作，学校希望学生能成为多面手，才能应对可能遇到的种种困难。）所以，剧专出来的学生都懂得油彩制作，会做粘胡子的胶水和用毛线撕胡子。一次演出《哈姆雷特》，剧中道具需要一个骷髅头，做了几次都不能用。他就带着学生在山间野坟堆里找到一个真的死人头骨，拿回来用石灰消毒，修整加工。导演焦菊隐看了非常满意，不仅符合演出要求，而且成为后来化装课上的重要教具，至今保存在中央戏剧学院。

剧专教学特点，新生入学第一年，都要从群众角色做起，都要参加演出的各项具体工作，而且是轮流担任不同职务，主要目的是培养学生对戏剧艺术是一个创作集体的整体概念，同时还要锻炼每个人对集体创作的理解和具体操作。除后台各部门之外，甚至还包括前台票务、宣传和招待，使每个学生都亲自经历、体验到，一次演出，不管哪一部门都非常重要，都有自己的艰苦一面，都不能忽视。

提到布景的制作和管理，设计图尚未确定，被分配到这个剧组的学生就要开始研究理解导演构思、演员表演上的需要。之后，为完成设计意图，首先要考虑舞台条件，在哪个剧场演出；其次是预算及成本核算，因为学校实验演出的经费有限，所以，一定要仔细合计，精打细算；再提出怎样修旧利废，找出一些不是保留剧目的旧景片，把可用的旧布拆下、洗了，拼起来再用，钉子拔下来敲直了再使。那时的景片，为搬动方便，都是做成不同尺寸的单片，演出时临时组合。换景中，抖动景片上的麻绳，使景片连接在一起，是一项特技，需要下功夫狠练习，才能掌握“一下准”。景片接好后为防止倾倒，下面需要加一特制的铁撑杆（上面有螺丝钩），套在景片上预先安好的铁圈上，然后用钉子把撑杆固定在地板上。换景时，大幕一闭，布景管理人按事先安排好的顺序，上台先拔掉钉子，再打开麻绳，把景片搬到事先计划好的地方，然后再把下一场的景片一块一块搬上来，加绳固定。为此，每个参加换景的人，都要事先领一个工具袋（帆布做的），用来装钉子和钉锤。现在剧专同学见面，回忆这段挎钉包的生活，都非常有兴趣，历历在目。这种从设计制作，到布景拆装技术，都是陈永倞亲自带头，一班一班的手把手教过来的。

正是在他的辛勤教导下，国立剧专舞台美术专业，为祖国戏剧艺术培养出一代著名的、具有真才实学的设计家。在北京，有中央戏剧学院舞台美术系教授李畅、李德权（化装）和中央实验话剧院的陈永祥，风雷京剧团李泽田；在南京，有前线话剧团周洛；在广州，

《灯塔 》剧照（陈永倞编剧兼设计）

《视察专员》剧照（陈永倞导演兼设计）

《反正》剧照（陈永倞导演、设计，兼饰张大队长）#

《奥赛罗》剧照（陈永倞灯光设计）

有珠江电影制片厂的周承人；在银川宁夏话剧团有蒋廷藩。还有上海儿艺的任德耀和北京人艺的李乃忱，虽然没有直接听课，在学校演出中，也都是从头做起，受到言传身教的教益。其中，李畅已成为当代中外舞台美术交流的核心人物，并应聘到美国执教，可算是青出于蓝而胜于蓝的佼佼者了。

说到他的设计风格，我认为可以概括为三个艺术特点：一，淳朴；二，求新；三，实用。在我的记忆里，他为《雷雨》设计的第一景周朴园家小客厅，除了造型上采取了中西合璧（洋房，较开阔，而有中式的典雅装饰），颜色主调采用墨绿，上面又有规律地布满白色小十字，台下看来，既有旧式深宅凝重的感觉，而白色的小十字，又像小花，有点像今日的壁纸，显然这不属于中国民族传统，把周朴园留洋学生的生活趣味，自然地流露出来。第二景则特别矮小，形成鲜明对比，套在第一景前面，给换景也创造了有利条件。此外，他的大部分作品，给我的印象，好像扬弃“箱式模式”的居多，写意比写实更重。以他导演的《古城烽火》为例，第一景要求在一个古老大家庭的客厅，他没有用硬景做如实的客厅，

《古城烽火》第一景剧照（陈永倞导演兼设计）

而是用一块深灰色丝绒幕作衬，前面摆一副有典型代表性的屏风，加一个特制的太师椅（剧中要求必要时，一坐就垮），用极简练的手法，就表现出一个老式家庭的传统风味。同时另有一场山区外景，则是利用布条折出的树形和天幕上的山影组成山野画面，根本取消了繁琐的写实逼真，做到既经济又美观，体现了舞台美术的主要特点。

遗憾的是，可以作为他在舞台美术艺术创新的两出大戏成功的布景设计《岳飞》与《从军乐》，因为当时客观原因，没有来得及拍照留影，现在陈永倞本人也想不起来无法查找。但是，我从国立剧专留下来的资料中，还是发掘出陈永倞在设计意图上发表的一篇手记，题目是《〈从军乐〉与〈岳飞〉的布景设计》，摘下两小片段，一窥陈永倞对舞台美术的设想，作为广大读者了解陈永倞艺术创作的一点参考吧。①

原载于戴真主编《中国当代舞台美术家研究》，1994 年版，第 402—407 页；
后收入李乃忱编著《国立剧专史料集成·中卷》，
中国戏剧出版社 2013 年版，第 464—467 页

① 本文以下内容从略，可参见本书 154—156 页陈永倞《〈从军乐〉与〈岳飞〉的布景设计》一文。——编者注

怀念恩师陈永倧先生

◎ 李畅

永倧老师离开我们已整整16载了，如今我也逾耄耋之年，但永倧老师的音容笑貌仍然常常清晰地浮现在眼前。记得2000年10月，当听到永倧老师离开我们的消息，北京的舞台美术界为之愕然。因为此前作为80余高龄的老人，永倧老师还几乎参加了中国舞台美术学会所有的重大集会，而且在每次集会中或发言，或吟诗。当时同行中的几位老寿星——如资深灯光师苏丹、资深化装师常大年，都认为永倧老师身体好，“我们拼不过他！”所以在愕然之后，又无不悲痛于这位良师益友的骤然离去。

永倧老师是我在舞台美术设计这一行业中的启蒙老师，也是几十年来继续给予我帮助和指点的前辈。陈先生这一代前辈们的生存、工作环境极为艰苦，但他们对中国话剧事业的创业与革新，对年轻一代的培养与提携，无一不是苦心孤诣、殚精竭虑、全力以赴。

余生也晚，进入剧专已是1945年（在重庆北碚，第11届高职科）。学校当时的物质条件真不能说好，在抗战时期，只能一切从简。但这个新的学校有它的唯一性，对中国戏剧人才的培养有着不可替代的作用。

回首往昔，我之所以大半辈子能坚持舞台美术这一行，是得益于母校剧专；而在剧专入学之初能选择这一行，一是因为它是“冷门”易于就业，二是因为几位高班同学（如康黎、永祥、杨伦等）向我介绍了永倧老师这位名设计师，使我由此入门。好像斯坦尼斯拉夫斯基说过，“别让年轻人去后台，去了迷上就出不来了。”何况更有永倧这样老师的指引，我就永不回头了。

我虽然比较外向，但自知在表演、导演方面毫无天才。自忖不如认认真真地向老师学点“手艺”，况且这一行必须学会十八般武艺，还得潜下心来认认真真地研究点本专业的问题。永倧老师沉静而踏实的风格、作派最合我的心意。用句文明词儿来说，是永倧老师的人格魅力得到了我的认同。

永倧老师本人曾是国立戏剧专科学校第一届的高才生，与著名导演凌子风、著名理论家沈蔚德、著名演员叶子等同班；还在校当学生时期就参与了《国民公敌》《威尼斯商人》《赵阎王》《洪水》等剧目的设计制作或演出。留校任教后陈先生还当导演为低年级学生

1982 年接待日本舞美教授三林亮太郎一行
前排左一为三林亮太郎，左三为陈永倞；后排右二为本文作者李畅教授

排戏，成绩斐然。事实上，陈先生原本也可以脱开舞台美术这个又劳心、又劳力的苦行当，去当那个人人羡慕的导演；但他还是在这个苦行当里留了下来，而且留在母校为培养后来者尽力。在当年的国立剧专，他毕业后直到最后的第十四届学生的舞台设计课，都由他教。全校学生进校第一年都有舞台美术课，也是由陈先生和他的助教潘杰、程华魂、周洛（康黎）等承担全部教学任务。

在剧专，教我们的老师，上自校长余上沅，下至教授洪深、张骏祥、曹禺等，或是就读于美国专业学校，或曾在美国教过书，因此当时美国戏剧体制对剧专的课程设计影响较大，超过了欧洲体制和日本体制的影响。据我所知，陈先生曾受教于张骏祥教授。为了教学需要，张教授曾把当时美国刚出版的舞台设计专著《剧场布景》（*Scenery for the Theatre*）的内容，通过口译或笔译等方式传授给永倞老师等第一届学生，后来又由陈老师传递给我们这些后来的晚辈。这本书共约 518 页，曾多次再版，在美国堪称权威之作，它完备、周全，学术性、实用性都很强。陈先生这一辈先知者，就是把这本书的精华辗转传授给了我们这些后生小子。这本书出版正值写实主义的布景风行的时代。我们过去对写实主义的布景曾经顶礼膜拜过，因为它与萧伯纳、王尔德、易卜生、托尔斯泰、高尔基、契诃夫、奥尼尔等大剧作家的剧本风格是那么的相宜，我们这一代的舞台设计师十之八九是由这些剧本入门的（包括曹禺、夏衍等大师）。但是 20 世纪多种舞台风格出现了，我们的视野也开阔了，当然这也是陈先生和一些当时尚能得到的“洋书”中直接传给我们的（当时还有贺孟斧、洪深等教师也在教我们。）

至今，我依然清晰地记得上沅、村彬、瘦竹、永倞等老师（入学时还有梁实秋、老舍、洪深、郑君里等老师）和一些高班学长所营造的良好学术气氛。在此影响之下，我们读了大量的书，探讨了许多专业问题。许多同学以后一直把钻研学术、追求真理作为人生准则，就是由此时养成的。

在剧专学习期间，永倞老师让我去看原文版的《剧场的发展》《戏剧的想象》，来因哈特的作品和《剧场艺术》杂志，使我受益至今。这种学术精神深入学子之心的明证是：经过了以后几十年由此及彼、由表及里的脱胎换骨，经过了把“臭权威”的学术护身符多次打翻在地，又“踏上一只脚”，居然没有使钻研学术、追求真埋的人生准则和习惯消失或减退，可见几十年前老师的教诲何其深入学子之心！

陈先生等前辈们，是在极为艰难的条件下开创中国话剧舞台美术事业的。1930年左右，中国的一些大城市，只有少数的中外影商开办电影院。它们的舞台一般只有六七米深，舞台上没有专用的演剧设施。我们今天所熟悉的大幕、天幕、侧幕、假台口、灯塔、吊杆、灯杆、车台、升降台等设备，当时一概没有，用于演话剧实在是勉为其难。当时，一些经济、文化先进国家的政府，对歌剧、话剧，甚至是马戏这种大众文化，每年都有大量资金加以扶持。而我国当时正是军阀混战时代，政府（如果还能算是政府的话）对文化事业的资金投入少之又少；这就是直到1949年新中国成立为止，在诺大的中国竟找不到一个世界通用的戏剧剧场的原因之所在。

至于在戏剧学校内修建剧场，那就更是难上加难了。记得我在剧专读书时，在北碚和南京校内都只有一个很不正规的露天剧场。这就好像科学家没有实验室，他们的研究成果怎能不受影响？但师生们开动脑筋，因陋就简，想方设法进行演出。没有电灯用煤气灯代替；没有固定的大幕，我们自己动手制作，效果也不差。

直到1949年新中国建立后，中央戏剧学院、上海戏剧学院等才由政府拨款建造了现代化的剧场；也由此时起，戏剧院校的舞台美术教学也走上了更加正规的道路。新中国戏剧文化大发展，各类专门人才极缺。像永倞老师这类高等人才（包括他的夫人冀淑平）早被中国青年艺术剧院抢先聘用，未能在戏剧学院继续教书。不过中央戏剧学院舞台美术系也有刘露、张尧、苏丹、周祖泰、徐延敏等杰出的教师。陈先生本人也曾在中戏兼过课，并参与过教师职称评定、学生毕业论文考核等工作，对我国舞美事业年轻人才的培养非常热心与关注。

我本人于1951至1952年曾随一个外派文工团赴苏联和欧洲巡回演出，也在欧洲的主流剧场中工作了一年。回国后也调入中央戏剧学院教书，算来在中外戏剧学院教书已60余年。而永倞老师在世时，一直是我的支撑者，我们大部分时间都在北京，“文革”之后老母住所与陈师家不远，我更有机会登门请教。

陈先生一生创作的舞美作品难以计数，不乏上乘之作。在“武汉大撤退”时期，全国话剧界精英一百多人在重庆演出《全民总动员》（曹禺、宋之的编剧），就是陈老师设计的。抗战名剧《凤凰城》（吴祖光编剧），顾一樵编剧的历史剧《岳飞》，陈白尘编剧的《魔窟》等，都是由陈先生首先设计的。

在中国青年艺术剧院，他参与设计的作品，如与孙维世、金山合作的《保尔·柯察金》、契诃夫的名作《万尼亚舅舅》，易卜生的名剧《玩偶之家》（陈师母冀淑平主演娜拉）等，都是享誉全国的高水平之作。

永倞老师的工作特点一是思考缜密。从他的言行中我懂得了，做我们这行必须立体地、多工种地、全过程地思考问题；只有周密思考后，才能毅然地做。他在设计《保尔·柯察金》时，敢于把青艺剧场已经很小的舞台空间再缩狭缩小，从而反衬出舞台后部空间的广阔无垠，表现了俄罗斯博大土地的壮美。没有缜密思考的人，绝不敢走这种“险棋”。

他的另一工作特点是严谨。在他的设计作品中很少找到败笔。他设计的《娜拉》只一个景，但这个内景可谓是增之一分则太肥，减之一分则太瘦。它的平面构成，几乎成了经典。在一个小小的平面图中，大概他已代替演员们在其中自己先走了千百遍了。永倞老师是设计师，他自觉地永远不离开戏，不离开舞台，他永远生活在导演与演员之中。

舞台设计师本身就是一个不显山露水的角色，永倞老师几十年来乐在其中，从来不突出个人，更不会像今天的许多人那样自我炒作。但是公道自在人心，全国的同行推举他作为中国舞台美术学会第一任主持常务工作的副会长，后又任名誉会长，任期十余年，就是明证；这也是我们晚生学子引以为荣的。

永倞老师温柔敦厚，教书真心实意，谦谦有君子之风。他们这一代中国知识分子成长在国难当头的抗日战争时期，为时势所迫，曾走遍山野、乡村，体验了酸甜苦辣的各种生活；他们对国家、对社会的认识和体验，远远胜过我们这些后生小子。他们的古文功底，也远远超过我们这些半读四书、半读“五四”文化的“洋”学生。陈先生能吟正规的“律诗”“绝句”，他的诗集《陶然吟》便是明证。

永倞老师为中国话剧舞美事业人才培养作出了巨大贡献，他教出的知名舞台美术设计师计有李恩杰、周洛、郑衍贤（即电影导演陈怀皑）、陈永祥、潘杰、蒋廷藩，化装名师李德权，灯光设计名师何一健等。

永倞老师晚年退休后，又与其他同行联手热心奔走，促成了中国舞台美术学会的成立，为我国戏剧舞台美术事业的发展繁荣与走出国门，作出了新的贡献。

永倞老师不幸辞世后，中国舞台美术学会为他写下的挽联“艺传舞台百世，名耿戏剧千秋”，充分表达了人们对这位老前辈无限崇敬与怀念的心情。

永倞老师和诸多前辈先后西去，但是留给我们的都是美好的回忆，我永远怀念他们！

2016 年 10 月

无法告别

——悼念陈永倞学兄

◎ 李乃忱

因为我们这些“老化”，都被安置在北京的边缘，同在首都，天各一方，好像见见面这样的寻常事，也成一大难题了。按照我过去的习惯，外地来京的校友，只要找到我，我都是陪他们一一看望想要见到的人。最近上海的任复来了，我已经力不从心，只能把电话告诉他，由他自己去联系，不知道他们是否能见见面，而我只留下一个机会，适当条件，等待未来。没有想到，昨天上午我去首都剧场办事，有人告诉我说，老干办的桌上有我一封信，我赶紧上楼一看，原来是陈永倞学兄的告别仪式，通知 11 月 7 日上午 9 时 30 分，在协和医院告别室，可是这时已经是 11 点都过了，原因是地址写错，我再赶去医院，也无法告别，这个遗憾，也只有像过去一样，等待机会，心中的怀念，却是久久无法告别。

由于我受牧虹同志的委托，把国立剧专这段历史整理出来，留给后代，广泛地接触到一至十四届的同学，几乎对每个人都留下一些特殊的印象。陈永倞学兄一次对我说，在剧专校友中，他比余校长在学校待的时间还长。因为在国民党跑到台湾后，曾命令余校长把剧校迁台，余校长予以抵制，就提出辞职；国民党又不同意，余为避免被挟持，特到上海去，教育部又派了当时的高教司司长徐伯璞来代理校长。直至南京解放，陈永倞学兄一直没有离开国立剧专。所以说，他比余校长在国立剧专的时间还长——这是第一印象。

第二印象，是他对戏剧艺术的执着。如果写他的简历，除了国立剧专毕业之外，就是任职和任教在国立剧专；在解放后转入中国青年艺术剧院，真够一个“简”字。度过 86 个春秋，一直默默在戏剧艺术的追求之中，这种精神，令人钦佩。

第三印象，是他的一专多能。从专业上，他是一位著名的舞台美术设计家。但是，从他一生的经历中，他还写过剧本，做过导演；在国立剧专，协助校长做演出管理，从全局计划安排到演出时上台操作，他都身先士卒。虽然我没有直接上过他的课，但是却在他的带领和指导下，从一个普通学生走上戏剧舞台，事实上他也是一位扶我成长的老师。他教化装课，不只是化装技术，甚至教到制做化装用的油彩。一次演出《哈姆雷特》，剧中需要一个头骨骷髅，管道具的同学怎么做也达不到导演要求，他和同学们一块到山脚下乱坟堆中找到一个死人头骨，亲自消毒、修饰。后来，这不但适应了演出的需要，还成为他上化装课讲课需要的教具，〖在中戏〗陈列到现在。

第四印象，是他在舞美设计方面的思想创新。由于他在学校时间最长，对国立剧专在舞台美术方面的教学影响也最大。国立剧专办学 14 年，演出大小 170 多出戏，其舞台形象可以说是丰富多彩的。有人写文章谈国立剧专的舞台美术，是以“箱式布景”为主，这种概括，不符事实。陈永倞学长设计的《岳飞》和《从军乐》，在 40 年代初期，就已经突破了写实主义的老框，在非常简陋的舞台条件下，发挥了他的独立思考，创造出他自己的风格和水平。

第五印象，他为中国近百年话剧舞台上培养出一代著名的舞台美术设计家。最早的有李恩杰，解放后曾转入电影导演，很早去世。后来有程华魂，也到浙江省话剧团担任导演，改名程维嘉。一直坚持在舞美岗位的，除已故的蒋廷藩、周洛外，还有正在活跃的李畅、陈永祥、周承人及化装专家李德权。这些专家后来居上，为中国社会主义文艺建设作出了巨大贡献；尤其是在国际舞台美术的交流中，作出了前所未有的突出成就。

总之，陈永倞学兄一生，为中国近百年戏剧艺术的发展，付出了自己的满腔热血，也取得了丰富多彩的累累硕果，他留下的艺术成就，使他在后代艺术发展事业中，将会永远发挥着无法比拟的示范作用。

总之，于他的匆匆离去，对我来说，心情十分沉痛，无法告别，他将永远活在中国舞台美术事业中。

2000 年 11 月 8 日凌晨 5 时北京

原载于《南雁 国立剧专在粤校友通知》总第 144 号 / 2001

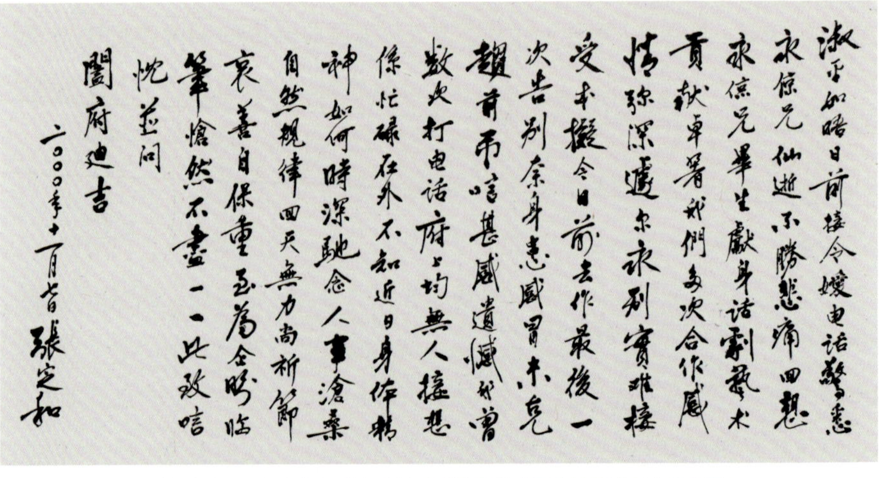
淑平如晤：日前接令嫂电话，惊悉永倞兄仙逝，不胜悲痛。回想永倞兄毕生献身话剧艺术，贡献卓著，我们多次合作，感情殊深，遽尔永别，实难接受。本拟今日前去作最后一次告别，奈身患感冒，未克趋前吊唁，甚感遗憾。我曾数次打电话府上，均无人接，想系忙碌在外，不知近日身体精神如何，时深驰念。人事沧桑，自然规律，回天无力，尚祈节哀，善自保重，至为企盼。临笔怆然，不尽一一。此致唁忱，并问阖府迪吉

二〇〇〇年十一月七日 张定和

作曲家张定和先生（曾在剧校任教）致冀淑平的唁函（2000 年 11 月 7 日）

怀念陈永倞老师

◎ 石港

在《南雁》见到“陈永倞已不幸病故”的消息，使我又惊又哀，但愿这是误传。他是我最为亲近的老师之一啊。在60多年的漫长岁月中，我们交往较多，他那开朗健康的容貌，仿佛就在眼前，怎么这么快就去世了呢？令人难以置信。

1939年我入剧专时，启蒙老师陈先生手把手地教我们许多基本的舞台技术，还亲手调制化装油彩；讲造型课时还用一颗人体头骨分析面部明暗，理论结合实际，非常生动活泼。

他执导《雾重庆》一剧时，我在剧中扮演一个食客乙，不过龙套而已。但陈先生认真要求，叫我到饭店去观察，设计动作。结果我用餐后漱口、剔牙的小动作，博得好评。

离校后，50年代初，我因执导《在新事物的面前》到北京青艺去取经，陈老师正是此剧的舞美设计。我见到老师别提有多高兴了。他不仅告诉我此剧设计的细微末节，还将设计、制作图一并复制给我，为我的工作铺开了道路。

80年代初，他与夫人淑平学姐来杭州旅游，我们在杭校友宴请他们二位于西湖“楼外楼”，还到后孤山鲁迅铜像前拍照留念。我们畅叙别后，回忆江安，不亦乐乎！

以后我又到北京好几次，时间匆促，没有再打扰。

最值得纪念的是1996年5月，陈老师将他创作的诗词集《陶然吟》寄赠给我；当我读到其中有关江安的记述，不禁钩起我的无限遐思神往。词中写道：“菜油灯下读，中外古今情，抗战时艰年正少，盐巴黄豆清贫……”这些鲜活的印象至今仍栩栩如生，但老师已神游仙乡了。

在此遥祝陈老师仙乡逍遥，并慰问淑平学姐安好，请多多珍重！

原载于《南雁 国立剧专在粤校友通知》总第144号/2001

悼念永倧老友

◎ 姜祖麟

同庚同道半世纪，楼上楼下长相聚，
耄耋之年逢盛世，痛悼一虎竟先去。[1]

陈翁持杖志不衰，常临笔会述胸怀，
握管疾书如龙蛇，诗词频频信手来。

舞美设计一专家，话剧台上现奇葩，
人去留得音容在，源远流长艺无涯。

原载于《老年文化》2001 年第 1 期

陈永倧的照片题字：“一九九九 春节团拜 四虎相遇”
自左至右：著名话剧演员姜祖麟、原青艺副院长石羽、原青艺院长吴雪、陈永倧

① 痛悼一虎竟先去：在青艺，人们对四位属虎的同龄老艺术家吴雪、石羽、姜祖麟、陈永倧有“四虎”的昵称；他们之中，陈永倧于 2000 年最先离世。——编者注

简评《红色风暴》舞台设计

◎ 王承文

在舞台上表现史诗般的“二七”革命斗争，是个艰苦的工作。中国青年艺术剧院演出的《红色风暴》，成功地完成了这个艺术使命。舞台美术方面在整个演出中，做了毫不逊色的工作。

编导金山同志对舞台美术提出这样的要求：“舞台美术方面，最好力求提炼、概括与集中，不宜被所谓生活的真实所拘。”这个原则是剧本本身具有的概括性和极度提炼所要求的。青艺的舞台设计成功地体现了这个原则。这个戏要求有紧凑的节奏和强烈的运动感，来表现这个动荡的风暴年月，我们看到的布景装置是完满地保证了这一演出节奏。设想如用笨重的建筑性的布景，就将使全剧的演出节奏缓慢下来，从而损害了整个演出。设计者在这儿很好地理解了自己的任务。

由于这一处理原则的正确，舞台上我们见不到不必要的杂物，有的都是需要的，它把观众所有的注意力，引导到演员（人物）的动作上去。舞台上仅有的几件道具，成了演员动作中不可分割的部分，像第二、五场中的道具地位的处置，给演出带来了富有表现力的舞台调度。导演和设计者对最后一场的处理，是大胆的，并富有创造性的构思。

在六个场景中，我们认为第一场的处理是好的，环境和人物的关系被表现得很密切。破烂的木屋，人几乎要弯着腰才能进去的小门，使人们痛苦地回忆起那牛马般的生活，而住在这里的是大公无私、舍己为人、富有斗争性的工人，这就更加突出了人物的高贵品质。那些房子也好像在说话：必须起来改善工人生活状况。使人更加感到可亲可爱。第五场的处理，是有表现力的，狭窄的三角形的空间构图，紫红丝绒帷幔，衬以幽暗的背景，

看話剧"紅色风暴"去!

袁水拍

"紅色风暴"好!
值得大家瞧。
这哪里是看一場戏,
这是时間倒流,眼前展开了三十年前的活历史!
"二七"工人运动象长江的滚滚波濤,
中国無产阶級的革命浩气上冲云霄。
憑你軍閥汉奸多么殘酷,
英勇的共产党人决不屈服;
憑你帝国主义者多么阴險,
無情的历史終究要送你們归天。
听呀!鋒利無比的施洋的演講,
它將永远在我們耳边震蕩!
看呀!紅光里的林祥謙的塑象,
他將永远刻印在我們心上!
去看一場革命戏,
受一次革命的洗礼!
(原載4月25日人民日報)

施洋与林祥謙听工人黃得发訴說江有才遇难經过。

工人江有才妻子說:"你不能当棉絮,孩子病着,你怕他死得不快!……"

第一場
林祥謙家的院子里

6

《红色风暴》演出说明书选页(中国国家话剧院提供)

既严密森严而又豪华。第七场的江岸车站,即使没有环境特征性的标志,但是高耸的电线杆,单纯的江堤背景,高叠的台阶和绳索,两边的铁丝网,给人以紧张和带杀气的感觉。即使人物不登场,我们完全可以理解在这里将要发生什么。真是扣人心弦的处理!

《红色风暴》的设计是成功的。我们也还愿意在主要方面提些不同的看法。日前把枪毙黄得发和林祥谦就义,先后处理在一个环境中,我们认为会由于前者,减弱了后者的表现力,同时也不必要有这样的重复,把第二场处理在另一地方,在最后一场多下些工夫是值得的。那么,第一场用江堤表现总的地域特征,以后都用假定性的幕布作背景,最后一场再出现江堤,在整个表现方法上,比现在要更为统一些。设计者企图在普乐戏院门前这一场表现"安如磐石,稳如泰山"的形象,意图是好的,但在形象上缺乏表现力,并且没有把规定情景中的特定环境表现出来,看去不像戏院,有人说它是窑洞,同时也没有找到有表现力的构图。白公馆的处理也有类似的情况。

我们认为最大遗憾,是没有能够把最后一场的构思发展得更完善。现在是一开场在下雪(雪的效果做得不好),没有风,暗转之后的江堤下落,企图表现"扬子江怒潮汹涌"。但我们连水的形象都没有感觉到。暗转固然使观众不会离开剧场,而它在顺畅的节拍中,不恰当地打了个休止符,以及在表现技巧上的无力,未能妥善地达到预期的效果,也未能从美工方面更有力地来点"红色风暴"这个命题。如果是这样:开场在下雪,寒风凛冽,舞台上有风吹电线发出的叫声,更加渲染这场戏的紧张萧瑟的气氛。在警察报告项德龙率领工人过江来了之后,紧接着(不要暗转)风声大作,人声大起,施洋的讲话声飘扬在人声之上,这时,舞台上投以红色光柱,江堤下落,江水滚滚上涨,国际歌响彻云霄,光点集中在烈士身上(目前的旋转处理是损害了庄严的感觉)。这些在表现技巧上是完全可以做到的。这在表现磅礴气势、强烈的节拍上,赋以更大的浪漫色彩,也更充分地表达了"红色风暴"这一命题。

这些看法是否对,愿供导演和设计者参考。

原载于《戏剧报》1958 年第 10 期

谈《抓壮丁》的舞台美术设计

◎ 张泽钧

话剧《抓壮丁》在演出形式上是一出独出心裁的好戏。它的舞台美术设计（设计：陈永倧、陆阳春，顾问：张正宇。该剧设计图请参看本期封三[①]）也同样创造了独具异彩的风格，突破了一般的窠臼，不落俗套。设计者采用的构图、色调、气氛，既有民族风格，又有浓厚的喜剧色彩。

这个戏一共只有两个景：一是地主李老栓的家。舞台中间的后面安放了“天地君亲师”的牌位和一副对联，条案香炉在神位之下。一个冂形黑框框的上边挂着一块“太白家风”的匾额，说明这是李氏家门。舞台正中还有方桌椅子等一组道具，右边是一把躺椅。当李老栓躺在躺椅上哼唱地方戏的时候，从舞台视觉形象中给我们刻划出一个地主的肖像；看看那副稳稳当当的构图，那种神香缭绕的气氛，那些陈旧的黑木家具，谁都能感到这副肖像描绘得十分准确。

第二景除背景的写意的山形云影以外，只有三件道具：一个乌龟驮碑和两张石凳，看起来十分简单。当幕一打开的时候，最令人触目的是居于舞台中间的贴在碑上那张抓壮丁的告示，它告诉观众，就是在这荒郊野外也在抓壮丁。这个细节被设计者运用得如此突出，让我们联想到国民党反动统治时代到处抓壮丁的凄惨景象。

设计者在自己的艺术创造中，看来是不满意那种曾经在舞台上出现过的繁琐地自然主义地再现生活的倾向。他们是从生活出发，追求更高的艺术境界。这里，我认为设计者把室内室外的景统一在一幅平挂的灰幕上，是一种大胆的突破和创造。两个景虽然用一块灰幕，但第一景冂形的框子和第二景背景上的粗线条的山形，这种带有图案趣味的手法，使观众感到了室内室外的两个不同的空间。这种手法是富有表现力的。像第一景的冂形的黑色框子挂上了“太白家风”的匾额，可以说已将一个地主堂屋的建筑结构概括出来了，这是由于这块匾额及其他的东西引起的联想，它比真的搭上写实的建筑结构要含蓄得多，也丰富得多。在第二幕的背景上，设计者也免去了山水树木等等的写实表现，而只用了一笔

① 刊载本文的《戏剧报》在封三整版给出了《抓壮丁》的设计图和主要人物速写（张正宇速写）。收入本书时编者略去了设计图，读者可参见本书第 221—222 页的有关文字和插图。——编者注

装饰性的山和云，不是增添了许多有关山的想象吗？这是多么高妙的勾画啊！它给观众带来了耐人寻味的境界。

还值得注意的是，第一景的黑框框和第二景的背景上的山形同加工过的写实道具摆在一起，不仅没有使人感到格格不入，而且经过剧中人物活动以后，它们之间得到了谐调与统一。这里就有个掌握分寸的问题。比如第一景，我认为这种分寸就是设计者一方面精选富有典型性的道具，来表现堂屋摆设，另一方面将某些道具作了适当的夸张，如条案的加高等，使写实的道具和带有装饰性的背景在这个要求和表现方法上得到了统一。

从喜剧风格的追求上，我们看到设计者和导演的合作。设计者的艺术创造是离不开导演构思的。请看这个戏的设计者的构图被导演运用得多么流畅，许多喜剧性的动作从这种构图中产生出来。例如第一景方桌边的两张靠椅，第二景中的两张对称石凳，不都是便于让导演通过王保长和李老栓、王保长和潘驼背谈抓壮丁的生意经的动作，揭露人物的内心状态，从而产生了丑态百出的喜剧效果吗？诸如此类，当然都是导演创造性的发挥，但也不能不归功于设计者提供了集中揭示形象的构图上的可能性。设计者所采用的乌龟驮碑这种形象是带有讽刺性的，给描绘当时社会的腐烂气息增添了讽刺色调和喜剧效果。比如，王保长和卢队长在说到“而今蒋委员长……”时，两个人在龟碑的两旁毕恭毕敬地立正，是多么可笑的场面。从以上的几点可以看出设计者在喜剧风格上所花的心思。

这个戏进行的节奏是比较缓慢的。为此设计者就不能采用动荡不安的、强烈对比的构图和色调，如果那样就会破坏演出的节奏和演出的完整性。现在我们看见的这种对称式的构图和灰色调子，产生了切合这种节奏的安静和低沉的气氛。这种气氛深刻地揭露了旧社会的腐朽和乌烟瘴气。在堂屋一景王保长调戏三嫂子便是在寂静得要死人的气氛里进行的。这种气氛衬托了王保长蹑手蹑脚地从椅子后面转到桌后去的动作；王保长的这个动作又加强了这种气氛，随后终于在三嫂子一击之下打破了这种气氛，喜剧效果也因而产生了，王保长也丑态毕露了。这也可以说明，舞台气氛的形成不是设计者单独可以胜任的，必须和登场的所有人物在事件的行动中交织起来。设计者在这里可以说完美地尽到了自己的职能。

原载于《戏剧报》1963 年第 2 期

《抓壮丁》人物速写 张正宇绘
引自《戏剧报》1963 年第 2 期

世界级原著经典演出

——1956 年中国青年艺术剧院《娜拉》的舞台设计及表演美学

◎ 谭国根（香港恒生大学）

《玩偶之家》（又名《娜拉》）是一出很容易演出的戏，但也是最困难和最富有挑战性的戏。为什么容易呢？没有受过舞台演出训练的中学生也常常搬演此剧。根据挪威奥斯陆大学“易卜生舞台”（IbsenStage）数据库的统计，过去百多年，从 1879 年首演至 2019 年初，全世界共有 4644 次在正式舞台上演出的《玩偶之家》。如果把学生团体演出也计算在内总数可能超过 1 万次。专业演出每次都有所创新及带出新的美学尝试。

《玩偶之家》其实是一出很难演得好的戏，因为其中人物的对话有多重深层含义，是在字里行间之外的，而戏剧的精彩之处是以说话语言配合肢体语言来表达的。例如女主角娜拉与男主角海尔茂的对手戏，都是透过肢体语言加深说话语言的意义深度。肢体语言（body language）是视觉的，是与舞台布景融为一体才可以发挥效果的。如果没有一位优秀的舞台美术师设计出一个有深度和有心思的舞台，演出就可能沦为平淡无奇的一出戏。

世界级三大原著经典演出

《玩偶之家》曾经有过两次经典的演出。第一次是该剧的首演，于 1879 年在丹麦哥本哈根的皇家剧院；第二次则是 1904 年在俄罗斯圣彼得堡的演出。两次演出都是由著名女演员扮演娜拉。1879 年是《玩偶之家》剧本出版的年份，丹麦女演员贝蒂·亨宁斯（Betty Hennings）主演该剧。亨宁斯主演的娜拉，以活泼可爱的小云雀造型见称，使得女演员名噪一时，人们以后把她只称作娜拉。1904 年俄罗斯的演出由著名演员科米萨尔日芙斯卡娅（Vera Fiodorovna Komissarzhevskaya）扮演娜拉。这次演出是根据俄罗斯的斯坦尼斯拉夫斯基表演理论体系设计的。女演员扮演的娜拉能够融入角色，演技感人。

1879 年在哥本哈根的皇家剧院和 1904 年在俄罗斯圣彼得堡的演出各有特色，两者合起来才足以表达出小云雀加上多愁善感的娜拉的前后性格的转变，但又不完全表达出娜拉所受到的压抑及反抗的心理复杂性格。1956 年中国青年艺术剧院要把《娜拉》一剧作为中国国家级的演出，并且是作为世界和平文化活动，以纪念萧伯纳及易卜生，就一定要有特出的艺术成就和突破点，才足以见称于世。

1879 年哥本哈根的《玩偶之家》演出，是以女演员的活泼演出最为人称颂，1904 年的演出也是以女演员的活泼生动演出作为特点。在舞台美术上，这两次演出都是根据原著设计，可以说是很忠实于原作，但也可以说是平实、写实的舞台。1956 年中国青年艺术剧院的《娜拉》却是很有创意的演出，能够把原著的精神发挥在舞台上产生极大的视觉效果。

1956 年中国青年艺术剧院（现中国国家话剧院）演出的《娜拉》，在挪威、瑞典及丹麦的报章有不少的评论和很高的评价，引起极大的关注。在中国也有很多报刊评论文章，其中大部分都从男女平等的角度，或历史语境的角度，去讨论演出的时代新意义。在挪威有二十多篇评论该演出或与其相关的文章，讨论当时被邀来华担任艺术顾问的盖达琳夫人（Gerda Ring）对演出的评价及对中国的印象，盖达琳夫人自己也发表过文章评论该演出。这些文章的发表引起极大的关注。这关注持续了四五年之久，还有人继续讨论。于此可见，1956 年北京《娜拉》的演出是一次盛大的、有艺术意义的中挪国际文化合作，也被视为一个艺术的世界级杰作。① 今天重新探讨这出戏的舞台美学，是很有必要的，因为中国青年艺术剧院的演出有承先启后的意义，并且可与 1879 年丹麦哥本哈根和 1904 年俄罗斯圣彼得堡的演出，并列为《玩偶之家》的世界级三大经典演出。

1956 年《娜拉》演出所面对的几个难题

在中国，1960 年代之前的《玩偶之家》演出都取名《娜拉》。从 20 世纪 20 年代至 40 年代，易卜生的《娜拉》在中国演出过十多次，有一些接近原著，也有一些大幅改编，但都是根据中国当时的国情需要，突出个人自由，自我解放，离家出走，涉足社会，参加革命。1935 年在上海金城大戏院的演出是 1949 年之前最有规模及最大型的演出。这次演出所根据的是俄罗斯的表演理论斯坦尼斯拉夫斯基体系，是继承了 1904 年圣彼得堡的演出。这次演出也为中国奠定了该剧的指导思想和话语——反抗社会上和家庭里的男权压迫，寻求自我解放。1956 年为了作出一次国际级的全新演出，中国青年艺术剧院院长兼此次《娜拉》的导演吴雪，特地去挪威观看易卜生戏剧演出，搜寻大量剧照，作为中国演出的参考，并且邀请挪威国家剧院的导演盖达琳夫人来华助阵，担任艺术指导。

① 从 1980 年代初开始，这个演出由我本人在美国从新发现，重新研究。过去十年在挪威也有几位国际知名的学者与我一起探讨这个演出在中国和世界易卜生戏剧演出中的历史意义。

中国青年艺术剧院要在1956年创作一次全新的、世界级水平的演出，又要成为忠实于原著的经典演出，必须克服下列三个难题：

第一个难题：要有怎样的新演出，才符合1956年中国社会的新需要?

第二个难题：要有什么样的美学观念，才能达至艺术上的突破和成就?

第三个难题：要有一个女演员扮演娜拉，她既可以扮小云雀，也可以与海尔茂对垒，而且在对垒的时候要在视觉效果上产生高大的舞台形象，压倒海尔茂。

关于第一个难题，导演吴雪定了一个基调：“《娜拉》再度在北京上演了。然而《娜拉》已经有了不同的最高任务：我们把它当成一支向往新生活的颂歌，清除腐朽的资产阶级意识的清凉剂。”[①] 有了这个基调，演出就必须以原著为基础，即是要符合原著的剧情、精神和风格。这个基调就是说，《娜拉》要批判或讽刺的，不再适用于中国新的国情和社会。被批判的中产阶级社会 (bourgeoisie)，已不存在于中国。那么，1956年演出的讽刺对象就必须放回到19世纪末的挪威社会。因此可以看到并且明白，为什么中国青年艺术剧院这次演出的布景、道具、服饰、人物造型、化装、金色的头发颜色等等，都是尽量以19世纪的挪威为依据。这场忠实于原著的演出，必须面对过去成功演出的挑战，即是要能够媲美1879年哥本哈根皇家剧院和1904年莫斯科艺术剧院在圣彼得堡的演出。

关于第二个难题，就要看舞台美术设计师陈永倞的美学造诣及其对《娜拉》一剧有多深的理解，以及他能否在不违背原著的前题下加以创新。由于这次演出不是改编，而是要忠实于原著，那么，怎样才可以超越1879年哥本哈根和1904年圣彼得堡的演出呢? 1879年的丹麦演出，以斯堪的纳维亚的“轻描淡写”的自然主义表演风格为主，所以能反衬出第三幕结尾时的强烈冲突。1904年的演出是根据斯坦尼斯拉夫斯基的“心理投入”演出作为表演风格。在中国，1935年已经在上海作过一次大型的演出，其风格继承了1904年的斯坦尼斯拉夫斯基风格。以上三次演出具有不同的风格，但它们都是以演员如何演好角色为重点，没有在舞台布景设计上作出大胆的创新。要突破他们的成就，就要做到演出的每一个细节都能够配合发挥整体的舞台效果，其中舞台美术设计和演员演技的发挥一定要在整体设计上作出缜密的思考。

关于第三个难题，冀淑平是很能胜任娜拉角色的演员。她的身高与饰演海尔茂的于村差不多，但又可以演娇小可爱的小云雀。还有一点，冀淑平的样貌五官，只要稍加化妆，便很像一个欧洲妇女。以冀淑平的表演配合巧妙的美术设计，便可以营造出感人至深的舞台视觉效果。

---

① 吴雪：《〈娜拉〉演出所想到的》，《文艺报》1956年第16期。

由以上分析可见，要解决上述难题，舞美设计的优劣十分关键。陈永倞的得意门生、著名舞台美术家李畅在《怀念恩师陈永倞先生》一文中，曾这样评价《娜拉》的舞美设计："他设计的《娜拉》只一个景，但这个内景可谓是增之一分则太肥，减之一分则太瘦。它的平面构成，几乎成了经典。在一个小小的平面图中，大概他已代替演员们在其中自己先走了千百遍了。"[1]遗憾的是，我们至今尚未发现陈永倞对《娜拉》设计的艺术总结，关于该剧的设计构思也仅仅见到他本人区区几十个字的简单记述，以及保存在中国国家话剧院艺术档案中的三张设计草图。然而，透过这仅有的资料，结合国内外相关院团和图书馆大量的《娜拉》剧照和舞台实景照的分析，我们可以清晰地看出，陈永倞的创新处理和精心设计，对解决上述难题起到了至关重要的作用。

《娜拉》的演出需要什么样的舞台空间和布景

应该怎样理解上述三个关于演出的难题呢？尤其是为了使《娜拉》一剧"达至艺术上的突破和成就"，在实际的舞台呈现中，又怎样可以体现出来呢？让我们先来看看《娜拉》的演出需要什么样的舞台空间。

《娜拉》一剧只有一景，三幕都发生在同一景。但三幕各有不同的演员出场及演出对手戏，各有重点。那么不同的演出要求怎样可以在同一个空间处理呢？

关于《娜拉》的舞台空间，在易卜生的原著中是这样描述的：[2]

第一幕

一间屋子，布置得很舒服雅致，可是并不奢华。后面右边，一扇门通到门厅。左边一扇门通到海尔茂书房。两扇门中间有一架钢琴。左墙中央有一扇门，靠前一点，有一扇窗。靠窗有一张圆桌，几把扶手椅和一只小沙发。右墙里，靠后，又有一扇门，靠墙往前一点，一只瓷火炉，火炉前面有一对扶手椅和一张摇椅。侧门和火炉中间有一张小桌子。墙上挂着许多版画。一只什锦架上摆着瓷器和小古玩。一只小书橱里放满了精装书籍。地上铺着地毯。炉子里生着火。正是冬天。

第二幕

还是第一幕那间屋子。墙角的钢琴旁边立着一棵圣诞树，树上的东西都摘干净了，蜡烛也点完了。娜拉的外套和帽子扔在沙发上。

---

① 感谢陈非比女士以陈永倞先生后人的身份对本文提出宝贵意见及补充说明，并提供陈永倞先生和李畅先生的部分手稿，以及剧照、图件等相关资料。

② 易卜生：《玩偶之家》，载于潘家洵译《易卜生戏剧选》，人民文学出版社 1956 年版，纪念挪威戏剧家易卜生逝世五十周年特印本；以下剧本引文同此。

第三幕

还是那间屋子。桌子摆在中间，四面围着椅子。桌上点着灯。通门厅的门敞着。楼上有跳舞音乐的声音。

根据原著第一幕的描述，笔者绘制了一幅舞台空间平面图（图1）。

在这平面图里，舞台后方左右各有一扇门，钢琴在中间，是客厅的视觉焦点。1879年丹麦的演出、1904年俄罗斯圣彼得堡的演出和1935年中国上海的演出，都是以这个舞台布局为演出的空间。

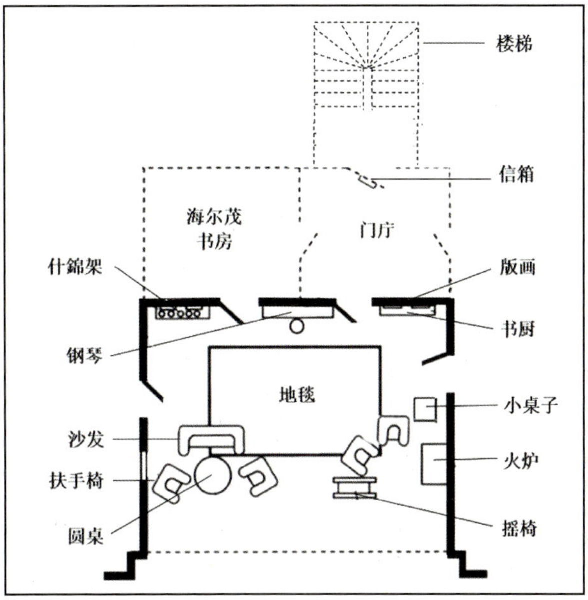

图1 《玩偶之家》第一幕舞台空间平面图（谭国根绘）
据易卜生原著的描述绘制

在这样一个舞台空间里，剧中人物是怎样行动的？

在第一幕中，故事开始的一个场景是娜拉从大门走进客厅，手中抱着大盒小盒的圣诞节礼物。这是一个中产家庭主妇最开心最骄傲的事情。丈夫刚被提升为银行经理，丈夫的成功全依赖娜拉在他背后的各种安排和默默支持。从大门走进客厅，是娜拉作为女主人身份的出场。

同样在第一幕，引起剧情矛盾急转直下的重要人物——向娜拉发出威胁的讨债人柯洛克斯泰，也是从这个大门走进来的；他进门时娜拉正和三个孩子愉快地玩耍，而他的突然出现打乱了这个家庭的平静。

第二幕开始时，娜拉心烦意乱地独自在屋里走来走去，突然在沙发前面站住，拿起外套，又把外套丢下，然后说：

外头有人来了！（走到通门厅的门口仔细听）没人。今天是圣诞节，当然不会有人来。明天也不会有人。可是也许——（开门往外看）信箱里没有信。里头是空的，什么都没有。（走向前来）胡说八道！他不过说说罢了。这种事情不会有！决没有的事。我有三个孩子。

这是一场很重要的心理戏，显示出娜拉内心的惊恐与无助感。娜拉从客厅中央走到通往门厅的大门，又走回客厅。娜拉的不安与慌乱，都是围绕着大门走来走去以作表达的。

在第二幕结束之前，一个很重要的场景也同大门有关。正当娜拉心神恍惚地跳特兰特拉土风舞，脚步凌乱，脑海中想着自杀，以解脱丈夫可能因为自己冒签父亲名字而受牵连的困境，林丹太太突然从大门走进来。林丹太太的出现为事情带来转机。此时，大门在剧中起了一个把危机化解的作用。

在第三幕，当海尔茂走出大门在信箱取得信件，娜拉知道无法再把秘密隐藏，此时的娜拉绝望了。

娜　拉　（瞪着眼睛摸，抓起海尔茂的舞衣披在自己身上，急急忙忙，断断续续，哑着嗓子，低声自言自语）从今以后再也见不着他了！永远见不着了，永远见不着了！（把披肩蒙在头上）……现在他已经拿着信了，正在看！喔，还没看。再见，托伐！再见，孩子们！

她正朝着门厅跑出去，海尔茂猛然推开门，手里拿着一封拆开的信，站在门口。

海尔茂　娜拉！

娜　拉　（叫起来）啊！

海尔茂　这是谁的信？你知道信里说的什么事？

娜　拉　我知道。快让我走，让我出去！

随着“门铃响起来”，用人送进来柯洛克斯泰退回借据的信，海尔茂觉得“自己”没事了，又对娜拉笑脸相迎。正是海尔茂这一番极端虚伪自私的表现，使娜拉彻底失望、心碎，继而觉悟了。此时我们所见到的娜拉，已由之前的小松鼠变成为一个有主见、有觉悟的自主女性，扬弃此前女性的依附角色，寻求独立，显现出一个新女性的形象。她终于走出家门，去寻找自己的世界，重新教育自己。

纵观全剧，从第一幕到第三幕，客厅的大门在剧情发展中起着十分重要的作用，诸如：作为视觉焦点让主角登场；透过门后信箱所隐藏的秘密，展开戏剧情节和娜拉内心的纠结与惊恐；让海尔茂的丑恶面目得以充分暴露；展示了娜拉离家出走的坚定从容和对海尔茂的鄙视，揭示了本剧深刻的主题；等等。

正如易卜生在《玩偶之家》的创作手稿中说，该剧要展示的是反抗传统道德和反抗在男性观点下制定的法律。这个主题思想是有意识形态意义的，而这个意识形态是透过娜拉作为一个反抗男权的新女性形象而得以表达的。换言之，意识形态在舞台上要以有视觉效果的形象彰显出来的。

由此可见，《娜拉》一剧须要在三幕一景的同一个舞台空间内，生动展现出跌宕起伏的戏剧情节与感情纠葛；而且，全剧几个场景中很重要的戏份都与进出客厅的大门有关。大门在剧中起着重要作用，与舞台效果的充分发挥有着密切的联系。因此，在舞台设计中，怎样使不同的戏剧元素与娜拉的心理变化，在同一个舞台空间充分展示并且在视觉上得到表现，包括怎样处理好易卜生笔下的“房门”，就成为本剧的设计者陈永倧必须面对和解决的重要课题。

陈永倞对《娜拉》舞台空间及布景的创新处理

如果把舞台设计看作只是对表演空间的一般处理，那不能说是艺术设计，顶多只能说是空间使用的实用设计，使空间得以支持表演。但陈永倞所要做到的，不止于此。他的设计是一种美术追求的体现，其目的是要让舞台上产生美学效果，引导观众的视觉，使观众看到表演中的精彩之处，并且能够与其产生共鸣。为什么舞台上的视觉效果这么重要呢？因为戏剧演出并非单是情节的铺排和进展，还有布景美术造成的视觉效果及因此而产生的感染力；即是要让观众真的“看戏”，从“看戏”中“看”到剧中要表达的意思，而不是单靠分析才领悟到意思。所以舞台美术对于一出戏剧的成功与否是至关重要的。究竟怎样才可以营造出这种效果呢？陈永倞的舞台设计潜藏着什么美学原理，可以使《娜拉》的演出能够出神入化，独树一帜？

陈永倞忆述他与吴雪等导演的关系时曾经这样阐述：“合作中一般不坚持自己的意见，除非遇到重大的原则性问题时，才据理力争，坚持自己的创作主张。”他的工作程序是“先出图、再与导演商量，再修改、再出图”。[①] 他自己喜欢的创作方式是，设计者研究剧本后作出处理的判断，搞出设计方案，形成设计草图，然后与导演研究、确定方案。他追求的是从一开始就能独立思考，以求体现剧本的主旨，并使之更符合演出要求。由此可见，陈永倞在舞台设计中是有自己独立见解的。

关于舞台空间及布景的设计理念，陈永倞曾经提出这样的思考：

> 布景的功用在于恰如其分地创造了空间，在这个空间里所呈现的景象，既符合于剧本主题的需要，更能够最适当地帮助演员的表演。在一个规定情境之内，由于观众受到它的艺术氛围的感受，从而承认它的存在；而且由于它所造成的感觉，**使观众在一个合理安排的场景中对剧情的发展赋以合乎逻辑的想象**。这种引导和发挥观众想象的可能性，决定着布景的价值。[②]（加粗字体是笔者所为，以示文中重点；下同）

以上这段话提出了两个很重要的见解：(1) 布景的目的是要创造出舞台空间，而这个空间是为了配合演员的表演。(2) 布景要达至发挥和引导观众的想象。那么，陈永倞对《娜拉》一剧的舞台空间具体是怎样处理的呢？

谈到《娜拉》的设计构思，陈永倞在他晚年所撰写的回忆录《莫道创业艰苦路——青艺舞美工作漫记》中曾有这样的简单记述：

---

① 蔡体良：《心潮起伏意拳拳——陈永倞同志访谈录》，《舞台美术家》1994 年第 10 期。

② 陈永倞：《观摩散记——关于舞台美术的学习心得》，刘露等编《舞台美术研究》，中国戏剧出版社 1957 年版，第 85 页。

这剧三幕一景，为便于调度，道具陈设做了些变化，以示事件和人物情感的演变；主要还在**房门的位置和深度的处理**。

通过本文的下述讨论我们将看到，在对《娜拉》一剧设计构思这貌似“轻描淡写”的记述背后，蕴含着陈永倞深邃的设计理念和他驾驭舞台空间的超凡能力。

关于青艺版《娜拉》一剧的设计，笔者见到的前期设计草图有三幅（图2、图3及图4a）。分析这些设计图和后来的相关剧照可以看到，《娜拉》舞台空间的处理在陈永倞的手上发挥得淋漓尽致，惟妙惟肖。

将上述设计草图与易卜生的描述相对照可以看出，草图一和草图二对于“房门”的处理是基本符合易卜生原著的，即在舞台的后方设有左右两个门，在舞台两侧也各设有一个门；但草图二在舞台后方增设了一层台阶且左右两门被立柱隔开。而稍后的草图三则在原著和草图二基础上作了大胆的改动：舞台后方的台阶被左右贯通；台阶之上，原著中舞台“后面”“左边一扇”“通到海尔茂书房”的门没有正面呈现，而是处理成“暗门”，“藏在”舞台左侧的隔墙之后；而“后面右边”“通到门厅”的一扇门，则改到了正中间；即将原著中舞台后方的两个门，变换为一道装潢考究的居中的大门。钢琴移到大门右侧，并挪走了它后面繁乱的什锦柜；而在大门左侧则增加了一座高大的落地钟。这样，这个客厅大门的地位、样式乃至作用便突现了出来（图4a）。

图2《娜拉》舞台设计草图一（中国国家话剧院提供，下同）

图3《娜拉》舞台设计草图二

图 4a《娜拉》舞台设计草图三（林克欢教授提供[①]）
引自张健钟主编《半个世纪的舞台历程——中国青年艺术剧院 1949—1999》

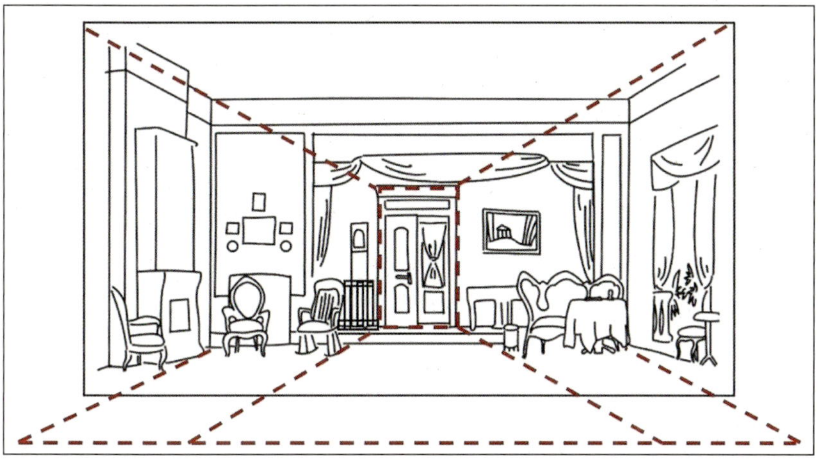

图 4b 图 4a 的舞台设计分析图（谭国根绘）
红线显示构图中的消失点，即视觉聚焦点

陈永倞为什么要对门做这样的改动，他的设计理念是什么，这样的处理究竟有什么艺术效果和视觉作用呢？为了理解这一点，就有必要认识舞台美术是如何运用西方绘画的聚焦点（亦称为消失点），以造成视觉聚焦效果的。从图 4b 可以看到，草图三舞台布景的多条结构斜线在大门处汇聚成焦点，如图中红线所示。这就是美术构图中的“单一视点”原理，在摄影构图中是常见的手法。

图 5 是 1956 年青艺《娜拉》演出第一幕的实景照，与 1879 年丹麦的演出（图 6）、1904 年圣彼得堡的演出（图 7）以及 1935 年上海的演出（图 8）作比较可以看出，在大门（包括钢琴）的处理上，前几次演出都是严格按原著“两门夹一琴”设置的；只有青艺的演出作了变动。很明显，陈永倞的设计有美术构图原理的运用。

① 构思本文的时候，我曾经向前中国青年艺术剧院院长林克欢教授及林荫宇导演请教有关青艺舞台美术的理论部分参考美国经验的问题，也得到他们帮助，让我看到舞台设计的部分图片。在此特别感谢。

图 5 1956 年青艺演出《娜拉》第一幕实景照
中国国家话剧院提供

图 6 1879 年《玩偶之家》在丹麦哥本哈根皇家剧院的演出
挪威国家图书馆提供

图 7 1904 年《玩偶之家》在俄罗斯圣彼得堡的演出
挪威国家图书馆提供

图 8 1935 年《娜拉》在上海的演出

从设计草图到演出的实景照，我们可以清晰地看出，《娜拉》的舞台设计在陈永倞的悉心探求中日臻完美。将实景照图 5 与草图三（图 4a）进行比较，首先映入眼帘的是天花板上增设了一支吊灯，其作用是在进出客厅大门的基础上加进一个中心点，在视觉构图上形成一条更为明显的中轴线，以造成舞台上的演出位置参照点和视觉上的焦点及视觉引导线（图 9）。

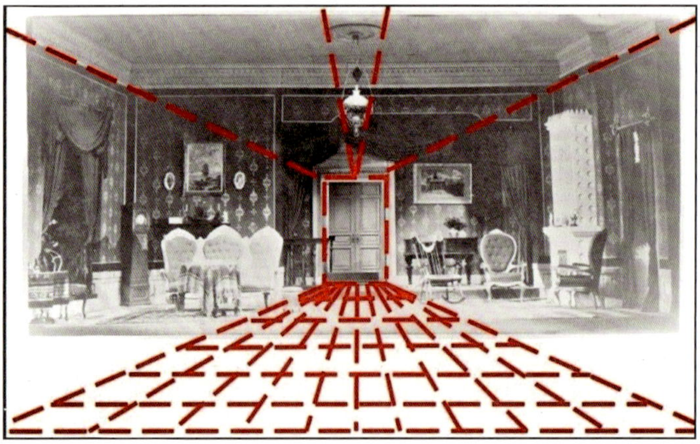

图 9《娜拉》舞台空间的视觉构图（谭国根据图 5 绘）
红线为构图透视线

很明显，陈永倞的设计是要把演出的视觉焦点更清晰地置于舞台中央（如图 9 的红线所示），这就使娜拉的进场，柯洛克斯泰的造访，林丹太太的出现，娜拉与海尔茂围绕“信箱”的博弈，以及娜拉在剧终离家出走等重要场景，产生更强的聚焦的视觉效果。这种效果跟西方绘画使用消失点的方法有相通之处，但其作用并不是单纯为了视觉比例，而是要在视觉心理上引导观众的视线，达致使人物和事件突出的效果。这就是陈永倞所说：“使观众在一个合理安排的场景中对剧情的发展赋以合乎逻辑的想象”。

对比演出实景照（图 5）和草图三（图 4a）还可以看出，在最后的舞台呈现中，设计者保持了舞台后方的处理，但对舞台前方的布局做了近于颠覆性的改变，即将舞台左、右两侧的设置做了对调：窗户和沙发等从右边移到左边，壁炉和扶手椅等从左边移到右边（这个改变的作用之一是为了不要阻碍观众看到钢琴的视线，在第二幕娜拉跳特兰特拉土风舞时，要让观众看到弹琴者的目光，这点将在后文详加讨论）；舞台左侧后方壁炉旁的门，也移到舞台右侧台口的显著位置。同时，客厅大门边的落地钟被移至舞台左侧后方房间的拐角处。整个舞台形成了左右对称、前低后高、突出中间的布局。这样的布局既扩展了演戏的空间，也适应了舞台上以大门为视觉焦点的需要。

上述一系列处理，既使舞台空间的布局回归于易卜生的原著又不失独创性，与演员表演的需要更加契合：以大门为中心，舞台左半部，在高大的落地窗和考究的背景墙以及古朴的落地钟衬托下，形成了一个以沙发为主体的半封闭空间，便于展现人物之间比较细腻的对手戏；而舞台右半部，则是以台阶之上的钢琴为背景、以挺拔的壁炉为依托的一个开放的动感空间，便于人物进出和展现他们之间的激情戏，包括娜拉排练舞蹈的场景。

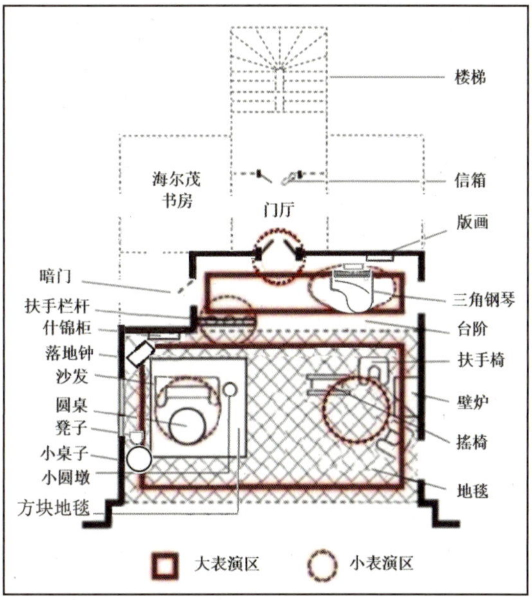

图 10《娜拉》第一幕舞台空间平面图（谭国根绘）
据演出实景照本文图 5 绘制

谈到《娜拉》的设计构思时，陈永倞曾述及“主要还在房门的位置和深度的处理”。笔者根据图 5 绘制了《娜拉》演出时舞台空间的平面图（图 10），从中可以看出房门的设计确实体现了陈永倞细致入微的艺术思考。

将图 10 与图 1 比较可以看出，陈永倞把原著中舞台正面的两个房门变换为一道居中的大门，又将分别位于舞台左右两侧的房门（根据剧本的描述，它们分别通往孩子们和娜拉的房间），一并设置在舞台右侧。其中，通往娜拉房间的门，从“右墙里”“靠后”处移到右墙台口的显着位置；通往孩子们房间的门，从“左墙中央”移到右墙靠里台阶之上的钢琴边，也成为一道观众看不见的“暗门”。这些处理可谓匠心独具。原著中所描述的四个房门处于同一层面，分散于舞台三个墙面，且形式雷同。而在陈永倞的设计中，这一格局被完全打破：它们坐落在台阶上下高低不同的两个层面，且仅处于舞台正面和右侧两个墙面，并采用了明暗不同、深浅不一的多种结构；由于“暗门”的存在，使观众实际上只能看到两个房门——客厅大门和通往娜拉房间的门。由此，不仅使整个舞台空间变得错落有致、简洁凝练，有效地突出了重点尤其是客厅大门的作用，而且把娜拉与海尔茂之间许多重要的对手戏推到舞台前方。

位于舞台正中的客厅大门不仅位置显赫，而且具有“深度”：它坐落于舞台后方的台阶之上，而且大门之外还有另一个空间，即门厅以及门厅外的空间，其中隐藏着在剧中作用至关重要的信箱，还有室外通往海尔茂书房的另一道房门。信箱和书房都是海尔茂借以建立男权的空间，但两者均暗藏在大门之后。这样的舞台布置设计，突显出另一种“深度”——亦即是以空间的深度来表达意识形态的深度，以及娜拉与海尔茂之间关系中的秘密。因为有了舞台空间的深度，意识形态的表达才可以成为艺术，才可以有引人入胜的效果，让观众有发挥想象的余地。戏中角色的表演在大门之前，但其中的含义却藏于大门之后。换言之，让观众看到的是一个实景的空间，但它里面还有一个更重要的既实又虚的意识形态和思想空间。

将图 10 与图 1 进行比较还可以看出，除了房门和钢琴之外，陈永倞对其他道具陈设的处理也是运用自如，繁简得当。例如，舞台左边的沙发旁，一只小巧的圆墩替代了两把扶手椅；原位于舞台右侧壁炉旁的小桌子被移到左边台口，并增设了一个小凳；而什锦架与小书橱则合二而一简约成一个什锦柜；等等。这样的舞台设置既简洁明快又易于变换，适应了《娜拉》“三幕一景”的需要。本文后面将会对此进行具体分析。

笔者所绘制的图 10 还表明，舞台上几个小表演区之间形成了对角斜线的关系。这种“对角斜线”是用以表达人物关系的最佳视线角度，可以让观众同时看到双方的面部表情（参见图 13a 、15、17、19a 等）。《娜拉》一剧中的肢体语言在对手戏中就是运用这种“对角斜线”关系而加强了艺术效果和感染力，因为人物站在对角斜线上便产生前后大小或高矮对比的效果。这种大小或高矮对比的视觉效果，可以产生权力对垒关系中强弱的感觉。

总而观之，从实景照图 5 及平面图 10 可以看到，陈永倞所营造的《娜拉》舞台，分成了前、中、后三个深度递进的空间。前台是开阔的客厅和家庭起居间，前台之后是稍高的台阶，再后面是大门和大门外的门厅，形成一个“大厅—厅台—大门（—门厅）”的格局。在这个格局之中，人物的关系和戏剧冲突得以充分的展现。

让我们再回到关于客厅大门的讨论，看看第一幕娜拉上场时的一张剧照（图 11）。娜拉作为女主人的身份出场，从大门走进客厅。门后可以看到门厅，门厅里放置了圣诞树，是与家人欢聚同乐的日子，但剧情中却隐藏着极大的危机，可以带来家庭的崩溃。这个危机正是隐藏于大门之后。这道门是内有乾坤的。

易卜生的原著中曾这样描述开场时的情景：

> 门厅里有铃声。紧接着就听见外面的门打开了。娜拉高高兴兴地哼着从外面走进来……她把东西搁在右边桌子上，任门厅的门敞着。我们看见外头站着个脚夫，正在把手里一棵圣诞树和一只篮子递给开门的女用人。

由此可以看出，客厅大门的位置虽然改变了，但门厅细节的设计还是保留了易卜生原著的描述。这两道门之间的空间（门厅）非常重要，娜拉与丈夫围绕“信箱”的博弈就源于这里。而正是由于把这道门从“右边”改到正中间，才能使这道大门“门前”“门后”的故事，更充分、更清晰地呈现在舞台上。

门有两扇，明中有暗，各有含意及作用。门后明的部分起了作为光源的作用，像射灯，把焦点照亮，并且寓意门后还有另一个世界。门前暗的部分则起了遮蔽的作用，寓意门后的世界，内有乾坤，隐藏了一个重大的秘密。这是在舞台设计上应用了光源。这个方法在 17 世纪荷兰画家约翰内斯·维米尔（Johannes Vermeer）的油画创作中就已经运用了。陈永倞这样的设计，应用了心理学的原理，让观众在看戏的时候，觉得要找出秘密。这就可以引起悬疑，这个悬疑正是易卜生戏剧的魅力所在。在这方面可以看到舞台美术设计家陈永倞非比寻常的艺术修养和心思的细密。

图 11 《娜拉》剧照（陈非比女士提供；曹西林、游振国摄，下同）
第一幕：娜拉作为女主人的身份出场，从大门走进客厅

《娜拉》的舞台设计美学与视觉心理学

应用绘画的透视学原理，可以达致心理学上产生的视觉效果，使得观众能够集中注意力，看到场景中所要表达的东西。由于应用了视觉心理学，把观众的视线引导到要展现的人物身上，就可以发挥焦点的作用，使整个演出的精彩场景能够得到突出。要在视觉心理上引导观众的视线，是陈永倞舞台设计的精彩之处，但又是秘而不宣的。因为一旦宣布了，观众看戏时就会在心理上感到被摆布、被引导，会产生抗拒的心理。在视觉上引导观众，也不能单靠一扇门。陈永倞的设计当中还有一支天花板吊灯作为中央视点及光线的来源（图12a）。光的照明效果，可以造成明暗对比，也可以强化焦点。

仔细分析图12a还可看出，在舞台后方高出地面的区域，上方有帷幔斜斜垂下，下方由宽敞的大门、低矮的栏杆、精美的版画、三角钢琴等构成了一个和谐明快的空间，形成另一个小舞台（图12b）。这样的设计，可说是舞台上另有“小舞台”，这就使舞台多了一个空间，多了一个层次；观众看戏的时候，便可以看到空间中另有空间。这样的设计有什么独特的作用？本文后面将会进行具体分析。

除了门和吊灯外，舞台上还有其他处理以引导观众的视线。在这方面，陈永倞非常巧妙地运用地毯上的咖啡色和浅黄色方形格子图案引导视觉，造成聚焦的效果（见图12a 、13a、13b）。这个聚焦效果不但引导观众的视线，还可以造成人物在演对手戏时所需要的视觉效果，例如人物的高大形象，或矮小形象。在人物的冲突之中，高大形象会给予观众压倒矮小一方的感觉。例如，海尔茂虽然以男权自居，但与娜拉在话语权的对垒上，却是显得矮小很多（图13a、13b）。林丹太太的出现在视觉效果上把正在对垒的海尔茂与娜拉隔开，这就暗示了林丹太太可以扮演从中斡旋的角色（图13a）。

将图13a与圣彼得堡的演出（图14）相比，中国青年艺术剧院的《娜拉》的视觉效果看起来强烈得多。在视觉效果上高大的娜拉形象，更能够表达出抵抗感。这就是以艺术效果来表达女性主义意识形态。图13b中的红线显示出舞台上人物与布景形成的视觉线条，引导观众的视线之余还形成人物高矮的对比。在实际身高方面，冀淑平饰演的娜拉比于村饰演的海尔茂稍矮，但是在这一场对手戏中，娜拉处处显得比海尔茂高得多。这是要在艺术形象上建立一个不屈的女性。

再将图14与图15相比较还可看出，即使是同一场景甚至同一动作，演员之间对垒的视觉效果也是中国的演出更为强烈，因为中国的演出，在视觉效果上还加上人物眼神的对立来完成。

值得注意的是，由于陈永倞把钢琴的位置和方向作了改动，使得阮克大夫或海尔茂弹琴的时候可以看着娜拉（图15、16a）。这个安排与哥本哈根和圣彼得堡等的演出完全不

图 12a 《娜拉》第一幕剧照
挪威国家图书馆提供

图 12b 图 12a 的舞台空间分析图（谭国根绘）
红线勾划出舞台后方台阶之上的小舞台

图 13a 《娜拉》第二幕剧照
陈非比女士提供

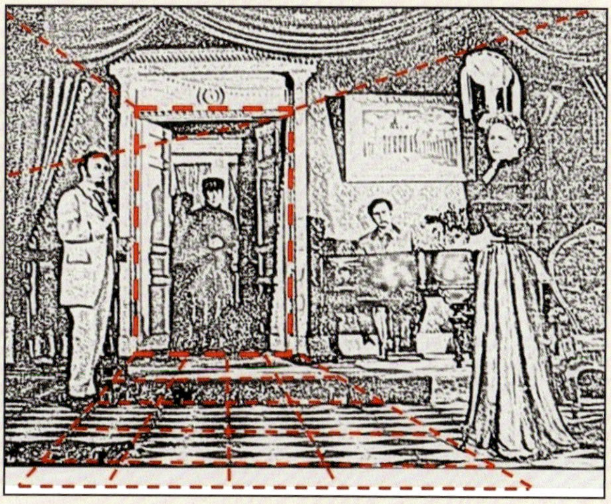

图 13b 图 13a 的舞台设计视觉效果分析图（谭国根绘）
红线为构图透视线

图 14 1904 年在俄罗斯圣彼得堡演出的《玩偶之家》
挪威国家图书馆提供

图 15 1956 年青艺演出的《娜拉》
挪威国家图书馆提供

图 16a 《娜拉》第二幕剧照（挪威国家图书馆提供）
娜拉排练特兰特拉土风舞

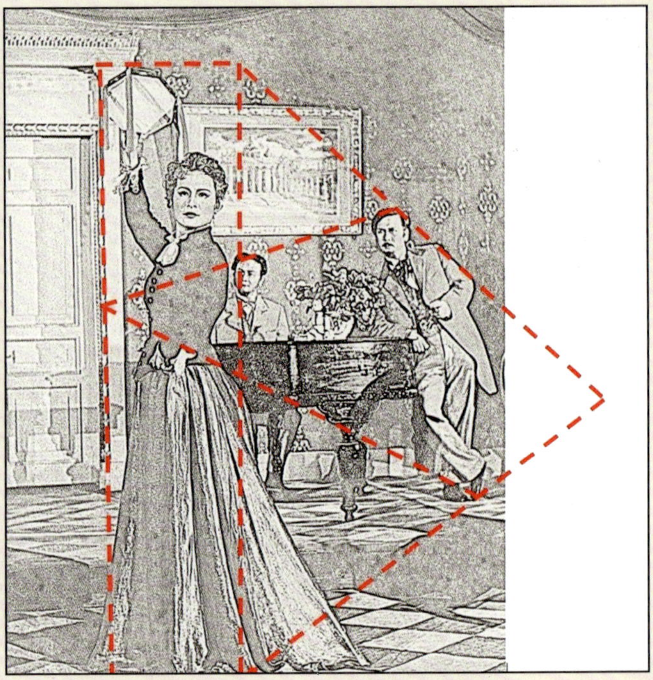

图 16b 图 16 a 的视觉效果分析图（谭国根绘）
高大的女方被视觉上显得矮小的男方欺凌

同（参见图 6、7、14），因而使中国青年艺术剧院的演出多了一个亮点，就是双方对视的眼神戏。用今天的女性主义话语讲，这场戏表达了女性对男权目视的抗拒。可以看出，中国在 1950 年代中已经在舞台表演中处理有关目视中所含有的权力关系。而这在西方要到 1970 年代中才有相关的理论探讨。

娜拉排练特兰特拉土风舞时，舞台上要表达的是她被海尔茂指挥下跳舞时纷乱的心境。两者的关系是海尔茂作为发号施令者，娜拉作为被播弄者。海尔茂的眼神是怒目呵责的，也是男权霸气的；娜拉在厅台下方的大厅跳舞，心绪不宁，但举起小铃鼓时却又无意地暗中表达出反抗（图 13a、16a）。这是一种心理分析中称为“无意识”的反应。由于站在舞台的前方，娜拉虽然处于较低的位置，但身影却显得高大；海尔茂处在较高的位置，但却在舞台的后方坐着，身影则显得矮小（图 16b）；两者成强烈的对比，高大的女方被矮小的男方欺凌，观众的同情之心，自然给予娜拉。

图 16a 是 1956 年青艺版《娜拉》最富有代表性的剧照，其中的娜拉形象曾在公演广告、有关报刊等多处被展示或引用。娜拉高举的铃鼓使她在舞台视觉上产生更高大的形象。值得注意的是，娜拉手上的铃鼓是中国式的，而非挪威式的，体积较大，而且有红绿相间的絮绢，非常耀目。可以见得，1956 年青艺的演出是以不屈的精神突显新女性对男权的抗争。

陈永倞对《娜拉》舞台空间的独特设计

陈永倞懂得运用视觉效果发挥舞台力量。在西方绘画史上，约翰内斯·维米尔(Johannes Vermeer)是运用视觉效果最成功的画家。他以地台上的黑白方形格子造成引导视觉的效果。这种方法开创了摄影学中暗箱照相的方法，其原理是用消失点作出倒转的投影，因而使效果放大；亦即是用视觉效果把实物放大，显得比该实物的原本体积更大。这是视觉操控的方法。陈永倞使用的视觉艺术原理，就是来自维米尔的绘画光学试验。陈永倞曾在《〈阴谋与爱情〉设计总结（草稿）》一文中指出，舞台美术中的设计构图，和架上绘画的构图法有所不同；在“空间布局”上，“我们采用的是点绘图，即用一定的视点来处理”。陈永倞所说的“视点绘图”，就是把西方绘画的透视学应用于舞台美术设计上。对于绘画美学如何运用在舞台设计上，陈永倞在这篇总结中有以下的详细说明：“绘画走进剧场，用在布景上，是从 17 世纪才普遍使用的。但是绘画不能单独表现于舞台，它是与建筑术相互结合着的。”“我们所理解的绘画性，并不是说绘画出来的布景的意思；而是说，是以绘画的方法完整地、正确地创作出来的。”陈永倞认为，舞台美术在话剧艺术中所起的重要作用，就是“以其独特的艺术形式，通过它的独特的艺术语言——形象的塑造，具体而鲜明地展示了主题思想，创造了环境、气氛，在有限的舞台空间内，展示了无限的天地，从而获得观众的共鸣。因此，如何挖掘并体现最最主要的东西，就成为舞台美术设计者的主要课题了”。①

那么，在 1956 年《娜拉》的舞台设计中，陈永倞使用了什么样“独特的艺术语言”，如何挖掘并体现了“最最主要的东西”呢？本文前面关于图 12a 和 12b 的分析曾指出，陈永倞将舞台分割为两个空间：一个是舞台前方，另一个是舞台后方；舞台后方高于舞台前方。后方和前方是两个层阶，一高一低；于是，本来一个二维的平面舞台空间，在陈永倞的手中，变成一个三维的立体演戏空间。这就使娜拉与海尔茂等人的对手戏，能够有更多的施展空间，可以在立体的对角斜线关系中，作出更复杂、更生动的反应，从而使人物之间的矛盾和冲突更加鲜明，也更加容易引起观众的共鸣。例如在第二幕里，娜拉在低处向丈夫撒娇，以请求他不要辞退柯洛克斯泰，海尔茂高高在上不以为然；层阶的存在使观众对娜拉注入了更多的理解和同情。又如在同一幕里，收到辞退信的柯洛克斯泰再次向娜拉施压，他怒视着海尔茂的书房，娜拉惊恐地望着他；由于他们分处于高低两个层阶，有效地强化了戏剧效果。

① 陈永倞:《观摩散记——关于舞台美术的学习心得》，刘露等编《舞台美术研究》，中国戏剧出版社 1957 年版，第 90 页。

图 17　露出狰狞面目的海尔茂使娜拉惊呆了

图 18　娜拉把结婚戒指交还给海尔茂

在决定娜拉命运的第三幕中，这个双层结构舞台的对角斜线关系，更使人物之间的矛盾交锋异常鲜明地呈现在观众面前，起到了震撼人心的作用。在图 17 中我们看到，高处，手握柯洛克斯泰来信的海尔茂大声咆哮着，怒目直视娜拉，质问她："这是谁的信？你知道信里说的什么事？"低处，正要冲出大门自杀的娜拉，面对一反常态、露出狰狞面目向自己大声呵斥的丈夫，她的心灵受到极大的震撼和创痛，她惊呆了，也开始警醒了。

与图 17 形成鲜明对照的是另一场戏：娜拉把结婚戒指归还海尔茂（图 18）。此时，娜拉站在舞台后方高阶之上，对站在低台之处的海尔茂发出指令。两者之间谁是发号施令者，谁是受命者，关系完全改变了。这个改变，在视觉上由于两人位置一高一低的分别而产生强烈的效果。让娜拉站在更高的层阶与海尔茂对话，这是她站上了道德制高地的象征。当娜拉把她的结婚戒指交还给海尔茂，收回她自己的结婚戒指时，娜拉还把目光投向另一方，眼尾也不看海尔茂。观众的目光也被娜拉的目光带去另一方，对海尔茂不屑一顾。冀淑平把娜拉的角色演绎得出神入化，形象多变，其中原因之一是她能够把握眼神在对手戏中的作用。冀淑平天生赋有一双美丽明眸，能够用眼睛说话。观众看到她，就会被她的目光吸引，看着她的眼睛，也跟随她的视线而产生喜怒哀乐的情感。眼睛更可以产生视线导向的作用，把观众的目光引导到所要注目的地方。冀淑平的表演，把陈永倞的美学设计发挥到极致。

闭幕前，娜拉离家出走前一刻，走近门口，回眸看了海尔茂一眼（图 19a）。二人视线接触，把视觉焦点放到了娜拉身上，因为娜拉面向观众，海尔茂则背向观众。但海尔茂的视线却起了引导的作用，即是把视觉焦点集中到娜拉身上。这是很戏剧性的场景，这个戏剧性是以眼神所产生的视觉效果完成的（图 19b）。二人的高低身影，在视觉上形成两条斜线。

这两条斜线与舞台布置构图中的视觉斜线（图 9）浑然一体，加强了视觉引导的效果。这个效果正是陈永倞所要达到的。在舞台空间上，娜拉站到了“舞台上的小舞台”，海尔茂则站在小舞台之外。他们两人处于两个不同的舞台空间，在视觉上较远处的娜拉成了主角，近处的海尔茂却处于配角的位置。

《娜拉》之所以难以演得出色，是因为其中的性别意识及女性主义话语是要透过说话语言（verbal language）和肢体语言（body language）的配合来表达的。而肢体语言又必须透过舞台空间和布景来实现。换言之，对白要配以舞台上的视觉形象才能带出深层的含义。一般的演出常常容易忽略这一点，因而未能表达出深层的意义。中国青年艺术剧院的演出则产生出十分具有冲击力的舞台视觉效果。在本剧闭幕前，原先充满傲慢霸气的海尔茂逆转为垂头丧气的懦夫，被觉悟了的娜拉压倒了。娜拉不再扮演小云雀了，不再软弱了，她站上了高层台阶，以蔑视的眼光注视着海尔茂，释放出自己心中多年积存的抑郁和今日的觉醒。这是一场权力逆转的过程，而这个过程在陈永倞精心打造的舞台上，得以通过演员说话语言和肢体语言的有机结合体现出来，从而产生震撼人心的艺术感染力。

从这几场对手戏，很可以看出冀淑平的非凡演技及青年艺术剧院的《娜拉》在演出设计上有很大突破。在 1950 年代，不论在西方或中国，研究意识形态上的凝视（gaze）还未出现，还未形成一种哲学观念，也未应用到性别研究之中。但中国青年艺术剧院的演出，则采用这样的表达方式展现了性别与权力的关系。

图 19a 娜拉离家出走前一刻
挪威国家图书馆提供

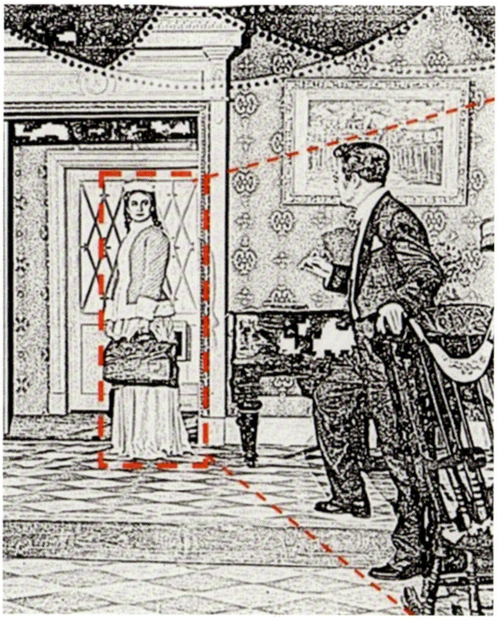

图 19b 图 19a 的视觉效果分析图（谭国根绘）
红线为构图透视线

《娜拉》舞台空间的巧妙变化

舞台剧不同于广播剧，其中的思想主题讯息不能单靠声音或语言来表达，一定要有视觉元素的配合。《娜拉》剧情变化峰回路转，角色关系微妙，人物情绪多变，应当有一个变化多端的舞台，才可以配合剧情发展的需要。但因为三幕戏都用同一景，舞台的客观条件不容许太大太多的变化，那就需要在舞台设计上作出一些巧妙的处理，以增加舞台的动感变化和层次深度。在陈永倞的设计中，这个层次深度就是舞台前部分和舞台后部分的高低层阶之别，以及置于高层阶之上的有“深度”的“房门”，由此配合演出所要达到的视觉效果。换言之，陈永倞在固定的舞台布景之中造出了有变化的演出空间。这不是单一的空间，而是不同的两大表演区（参见图 10），即舞台中还有小舞台。在不同的戏幕中，用不同的表演区演绎了不同的人物关系和情愫。

通过本文前面的分析，可以清楚看到陈永倞所说的“主要还在房门的位置和深度的处理”这 15 个字在舞台设计中的实现。现在，让我们再看看在《娜拉》的舞台设计中，陈永倞为了“便于调度”，对“道具陈设”做了哪些“变化”，这些变化又是怎样适应了“事件和人物情感的演变”。

纵观《娜拉》三幕的空景照（图 20）可以看出，舞台上便于改动位置的“道具”主要有四：两把扶手椅、一把摇椅、一个小圆墩。而就是这仅有的四个道具的巧妙安排，改变着三个不同场景的舞台布局：左半部由简变繁，右半部由繁变简；从而营造出不同的舞台氛围；加之其他一些“陈设”的安排，使同一个舞台能够适应不同场景“事件”和“人物情感”的演变，达成了演出的需要。

第一幕（图 20 上）。大幕拉开，观众看到的是一个温馨、舒适的家庭：宽大明亮的客厅；简洁的沙发和圆桌、壁炉及其周边的几把椅子，分置于舞台左右；在这里，演绎了娜拉、海尔茂、阮克大夫、林丹太太、柯洛克斯泰等相继登场后的诸多情节（参见图 12a）。儿童摇椅和小圆墩摆在明显的位置，预示着这里是孩子们玩耍的场所；正当娜拉兴致勃勃与孩子们玩捉迷藏时，不速之客柯洛克斯泰造访，厄运开始降临到这个家庭（图 21）。

第二幕（图 20 中）。舞台右方，摇椅挪到了壁炉右边的台角，一把扶手椅被挪到舞台左侧的圆桌旁。心神不定的娜拉依恋着保姆安娜，也想向久违的老同学林丹太太倾诉衷肠；扩大了的沙发区成为她们倾心交谈的最佳场所。慌乱中娜拉想用练习舞蹈来牵制海尔茂，而变化后的舞台为娜拉练舞的表演提供了充分的空间（参见图 13a、15、16a）。

在第二幕的结尾剧本中有这样一段描写：当林丹太太走进饭厅后舞台上只剩下娜拉一人，正当她“定定神”“看了看表”，计算自己还能活几个钟头之时，海尔茂“在右边门口出现”，随着“我的小鸟在哪儿”一声呼唤，娜拉从慌乱中回过神来，边喊着“在这儿！”

第一幕

第二幕

第三幕

图20《娜拉》空景照
中国国家话剧院提供（曹西林、游振国摄）

图 21　柯洛克斯泰的到来打破了这个家庭的平静（挪威国家图书馆提供）

边“伸开双手”向海尔茂“跑过去”。可以想见，在以上情节中，坐落于舞台左后方高大的落地钟，与出现在舞台右台口的海尔茂遥相对峙，无疑使娜拉的这段表演动感十足，扣人心弦。用“落地钟”这个“陈设”取代此时娜拉手上的“表”，应当说也是《娜拉》舞台设计中可圈可点的一笔。落地钟还有另外的视觉和心理作用：它也是给观众看的，目的是要提示观众时间正在一分一秒过去，午夜之前海尔茂便要取出柯洛克斯泰放在信箱里面的恐吓信，那时娜拉将大祸临头。落地钟为剧情加强了紧逼性和节奏感。

第三幕（图 20 下）。舞台上最明显的变化就是那组沙发：增加了圆桌右边的扶手椅后，它占据了舞台中央的主要空间。正是这组沙发的存在，把本场最重要的戏份——已决心出走的娜拉喝令海尔茂坐下，与他正装规坐进行长谈——推向了舞台中央的演出区，使之格外鲜明地呈现在观众面前（图 22）。舞台右方，小圆墩被置于壁炉旁的角落，只剩下一张空着的摇椅；而这张孤单的摇椅，既为阮克大夫的诀别平添了几分悲凉，也预示着娜拉出走后海尔茂的无奈（参见图 19a）。

从图 20 下图我们还看到舞台上一个细微的变化：在左台口的小桌子上增加了一盏台灯。我们注意到，在易卜生原著中，这张“小桌子”本是在“右墙”“靠后”的“侧门和火炉中间”的，桌旁没有凳子（参见图 1）；第三幕中的“灯”则是放在“中间”的圆桌上。那么陈永倞为什么要把小桌子和台灯二者组合在一起并移至左边的台口呢？这一变动正是陈永倞“挖掘并体现最最主要的东西”这一设计理念的生动体现。在《娜拉》的最后一幕中，正是海尔茂“灯下读信”的情节，彻底暴露了他的自私和虚伪；也正是这盏灯，终于照亮了娜拉的心，使她从惊恐转为警醒，从彷徨变得坚定，最终决心走出家门。正是陈永倞对“道具陈设”的这一巧妙处理，使这场至关重要的“灯下戏”被推到台口，观众便可近距离地更清晰地看到海尔茂的丑陋嘴脸：读了柯洛克斯泰退回借据的信件后他兴奋地高喊“我没事了！”这与此前他对娜拉的怒目相斥形成多么鲜明的对比！（图 23，参见图 17）。

图 22　娜拉出走前与海尔茂彻夜长谈

陈永倞对于《娜拉》舞台布景的设置和调度，既忠实于原著又有大胆的创新，既善于宏观的把握又注重细节的处理；使舞台布局更凝练，视觉效果更集中，与剧情发展和演员表演的配合更默契。舞台上表演区的划分，基本上分为前后不同高低两大区域。如果把这两区作为一个整体来看待，又可大致分作九个小区，即是有“九宫格”之称的“左上、左中、左下、中上、中中、中下、右上、右中、右下”九个小区。随着剧情发展对它们加以组合，对家具陈设作些变化，便可形成不同氛围的表演区，时而是温馨场面，时而是对立场面，加之高低位置不同，造成了视觉强烈对比的效果。这样划分舞台表演区，是继承了美国的舞台设计及表演理论，但也有欧洲大陆的美学，以及陈永倞自己的创意，从中可以看出陈永倞艺术思维的缜密，对原著的深刻理解，以及驾驭舞台空间的娴熟技巧和能力。

图 23　海尔茂读信后兴奋地高喊“我没事了”（陈非比女士提供）

创新启后的经典演出和舞台美术设计

1956 年中国青年艺术剧院《娜拉》的演出，足以媲美 1879 年哥本哈根和 1904 年圣彼得堡的演出，是《玩偶之家》世界三大原著经典演出的典范；在舞台设计美学和演出美学上都达到了很高的水准，把易卜生原著中的戏剧性发挥到极致。娜拉以眼睛说话，以眼神表达天真、喜怒、惶恐、觉醒、忧伤、鄙视；这是演艺的高境界。而陈永倞的舞台设计，则助力了冀淑平饰演的娜拉，使她能具有更强的艺术感染力。

从 1956 年到现在，已经过去 60 多年，但回过头来看，中国青年艺术剧院的《娜拉》演出还是相当成功的。这种成功源于导演、艺术指导、演员、舞台美术设计、制作等多方面的配合，亦即是说演员有超凡的演技，同时还有舞台美术等的配合，使得演技能够发挥。冀淑平饰演的娜拉表现出的一颦一笑，目光投射，都有传统中国戏曲表演的技巧，运用到现代舞台话剧演出，塑造出一个角色多变和心理复杂的娜拉。冀淑平的手势与眼神，都是有方向性、有空间感的，能与舞台上的景观融合在一起产生共鸣，造成视觉导向的，又是无形的、心理上的线条，所以可以加强效果。

陈永倞对《娜拉》的舞台美术设计是很创新的，从 19 世纪末到 1960 年代，不论东西方都没有见过这样的设计。直到 1976 年柏林文艺复兴剧团（Renaissance - Theater, Berlin）演出《玩偶之家》才见到类似的舞台设计（图 24），大门开在舞台正中央，天花

图 24　1976 年柏林文艺复兴剧团演出《玩偶之家》的剧照

板垂下吊灯，四面墙壁及天花板线也用了透视法线条，造成视觉聚焦的效果。但是，有别于陈永倞的设计，舞台的表演区没有明显的划分，地面也没有高低层阶之分。

陈永倞是南京国立剧专的首届学子，是余上沅、洪深、曹禺的学生，师承对易卜生剧作的慧见理解。他早年接受的戏剧教育是由美国传入中国的表演艺术，他本人又广泛涉猎过话剧艺术的诸多方面，担任过编剧、导演、演员、设计（包括灯光、化装设计）、舞台管理等工作，并在国立剧专从教多年。中华人民共和国成立后，他又在新中国的第一个国家剧院——中国青年艺术剧院长年主持舞台美术设计工作。丰富的艺术实践，使他在舞台设计上，不仅深明其中绘画美学的应用，懂得将西方绘画的透视原理应用于舞台设计，把这种原理化作视觉心理，引导观众看戏；而且也擅长用戏剧家的眼光洞悉作品的内涵、底蕴与舞台呈现方式，理解演员对舞台空间和表演氛围的需求；因此，他的许多设计作品，都不同凡响。从 1930 到 1980 年代，经陈永倞主理或参与设计的舞台演出接近百部，不同风格的中外名著都有。仔细分析他的作品和他的一些创作心得笔记，便可以看到他深厚的艺术功底；他是以视觉去思考，以构图去体会环境布置，以肢体动作去理解人物演戏的空间。纵观一生，他是一位难得的舞台设计美术家，是无数成功演出的背后功臣。

2019 年 6 月完稿于温哥华 / 南京 / 香港旅途之中，8—12 月修订

附载 / **谭国根教授简介**

在美国伊利诺大学（香槟校区）获得比较文学博士学位。曾任职夏威夷东西文化中心博士后研究员 / 研究员；香港中文大学英文系系主任、讲师 / 高级讲师 / 教授；以及其他大学的院长、讲座教授。现任香港恒生大学人文社会科学学院院长兼英文系讲座教授。曾担任挪威奥斯陆大学易卜生国际委员会主席（2012—2018 年）及现任委员，也是香港人文学院创院院士。研究成果遍及易卜生、高行健、世界英语、戏剧、电影、文学与性别等课题，在欧美各地出版研究专著 6 部，编撰学术书籍 23 本，发表论文 100 多篇，并且在国内外多种学术期刊担任编委。

慈父良师 人生楷模

——怀念我们的父亲陈永倞

◎ 陈非比 陈 冀 陈小眉

我们的慈父良师

"常回家看看，回家看看……"这两年，每当我们回到家里，常常听见父亲低声哼着这熟悉的曲调。父亲并不是流行歌曲的爱好者，当然不会完整地唱这首歌，但这首歌的旋律他却铭刻在心，这饱含着父亲对我们子女多少期冀啊！这些天来，每每想到这里，我们的心就一阵阵痛疚和悔恨——我们总是强调工作忙，总是以为与父亲相处的日子还很长，总相信以后有机会多回家看看……

没想到，实在是没想到，父亲这么快就走了，永远地走了！

就在他老人家病重昏迷、偶尔喃喃自语的时候，我们曾问起他有几个儿子，没想到他竟毫不犹豫地回答："两个！"并清晰地说出大儿子名字叫"陈小获"——那是他失去近40年的长子啊！弥留之际，他仍然有如此刻骨铭心的记忆！这是伟大的父爱锻造的奇迹，其情之深、意之切，实在令我们感动！

哦！父亲，在守候您的40多个日日夜夜里，我们多么希望您能再次创造生命的奇迹，重新回到我们身边，让我们再享人间最可宝贵的父子（女）深情啊！然而，父亲还是走了，带着他对中国戏剧艺术和舞台美术事业不倦的追求走了，带着他对妻儿亲友的深情厚爱，永远地走了。留下的，则是他充实而平凡的一生，是他对中国舞台美术事业的无私奉献与成就，更留下了对我们儿女深情而永恒的挚爱。

父亲是我们生命的创造者。这生命充满生气，盈动着活力。因为，父亲给予我们的，不仅仅是生命本身，更有做人的品格和真谛！父亲是我们心灵和世界观的第一个塑造者。

那是陈冀小学二年级时的一个夜晚。天已经朦朦亮了，陈冀起来方便，却看到父亲还在灯下伏案工作；桌上堆满了设计草图，还有用纸片剪裁、折叠成的布景或道具模型……惊异的儿子被父亲劝上床，这幕场景却牢牢地铭刻在他幼小的心灵中。后来，陈冀以此为题材写就的作文《我的父亲》，被老师当作范文在全班宣读。这小小的“成就”奠定了陈冀对学习文科的自信。更重要的是，父亲那勤奋敬业的精神最终成为他性格和思想的一部分，不论在塞外高原还是冀东大地，无论是从教还是办报，他都敬业爱岗，取得较好的成绩。

在非比儿时的记忆中，也有一件“小事”难以抹去。那是50年代初改建青年宫剧场的时候。一天，父亲下班回来大发脾气，原来是因为剧场的观众席没有按前后排左右错开的方式安装座椅。父亲激动地对母亲说：“必须拆了重来！哪怕每月的小米我不要了！”（那时的工资是折合成若干斤小米的）父亲从来是一个性格内向、少言寡语的人，这次却如此大发雷霆，给非比留下了深刻的印象。这就是我们的父亲。勤奋敬业、一丝不苟，刚正不阿而淡泊名利，是父亲留给我们的最优秀的品格，最宝贵的财富。

父亲一生作风勤俭，艰苦朴素。在五六十年代，父亲享受着当时很高的待遇，但他始

全家的合影（摄于1965年9月）

终过着近乎清苦的生活。他参加过广西土改、赴朝慰问和两次农村“四清”。每次阔别后回家，他总是兴致勃勃地向我们讲述自己的见闻和体会。而谈得最多的，就是农村那十分贫困的生活……我们不止一次听父亲说过，当人们问起他的收入时，他总是难以启齿：面对贫困的农民，他感到十分愧疚。每当这种时候，父亲总是告诫我们，要艰苦朴素。父亲和母亲也正是这样要求我们的。小时候，我们几乎没有零花钱，更无法与同等条件家庭中孩子们常有的糖果、点心和玩具的情况相比。那时候，我们甚至感到父母对我们过于严苛。但正是这种严格的要求，使我们养成了艰苦朴素的生活习惯，形成了自食其力、追求事业而淡泊物质享受的性格，从而能经受住大西南、内蒙古和北大荒严酷生活的考验，努力进取，各自事业有成。

父亲一生谦虚谨慎，平易近人。小眉记得，在“文化大革命”后期，还不到60岁的父亲被强令退休，连人事关系都转到了街道。父亲消沉过……但当街道党委要求他出任居委会支部书记时，他二话没说走马上任。从此，这位大半生从事戏剧艺术的高级知识分子，开始终日面对家长里短、邻里纠纷……但他仍然像在剧院一样热情地工作。每当小眉周末从外语学院回来，家里常常挤满了上了年纪的大娘、大婶们。那时，最让小眉揪心的是，为了那些在她看来鸡毛蒜皮的小事，父亲却常常操劳得连饭也顾不上吃，甚至都没有时间看病……终于，有一天小眉对父亲发了脾气，父亲才好好吃了一顿饭。父亲就是这样，工作不分高低贵贱，只要是组织上交给他的任务，只要是群众的需要，他总是千方百计做到最好。

父亲性格内向，敏于思而讷于言，平时在家对我们说话不多，小时候我们甚至感到他过于严厉。但长大成人后，我们越来越感到，父亲对我们的爱是那样深邃而宽厚，那样热烈而久远。每当我们在人生征途迈出重要一步时，父亲总是要为我们赋诗写词，把深情的父爱注入笔端，化作火热的祝福与希冀。期盼子女生活幸福，事业有成，是父亲吟诗挥毫的重要题材，是他晚年精神生活的重要支柱。这种期盼，还延伸到我们的子女身上。

今年，本来是父亲十分高兴的一年。他最钟爱的孙女在高考中以北京市前50名的高分被北京大学录取；小女儿也刚刚圆满成婚。那些天，一向不苟言笑的父亲常常喜形于色，赋诗致贺之余，老人切盼着远在大洋彼岸的女儿女婿年底回来，那“常回家看看”的旋律更多回响在阳光明媚的家中……

但父亲终于没能享受到这最后的天伦之乐。他病倒了，走了……

2000年，立冬后第一个寒潮里，我们送走了父亲——生养和抚育了我们几十年的父亲，谆谆教诲我们健康成长的良师般的父亲，作为我们人生楷模的父亲，成为我们生命不可分的一部分的父亲！

鲜红的玫瑰是我们献给父亲的挚爱

告别父亲的那一天，北风呼啸，落叶纷飞，仿佛天地与我们同悲……在协和医院小小的告别室里，人们络绎不绝，向躺在玫瑰和绿叶丛中的父亲作最后的告别……

父亲走了，没有留下任何遗嘱，也没有留下什么遗产；然而父亲用他的整个生命向我们诠释了人生的真谛，生命的价值。这是父亲留给我们的最可宝贵的财富，我们将永远珍藏，永世铭记。

亲爱的父亲，我们永远怀念您！

原载于《老年文化》2000 年第 4 期，收入本书时略有删节

告别父亲的日子

◎ 陈非比

父亲离开我们整整一年了。在秀丽的凤凰山上，父亲墓前的小花开了又落；经过寒来暑往雨雪的滋润，这里的泥土更加芳香，这里的松柏更加青翠，这里的山山水水更加庄严肃穆。站在父亲的墓碑前，一年前我陪伴父亲度过的他生命最后的日子，再次清晰地浮现在我的眼前。

那是怎样魂牵梦绕的42天啊！我日夜守候在父亲身旁，听着他惜别人生的喃喃自语，看着他一步步离我远去……哦！父亲，我是多么悔恨啊，为什么当您健在时我没能这样日夜相守！然而，不幸中幸运的是，也正是在这短短的几十天里，我有幸走进父亲的内心——透过父亲生命的余晖，我看到一颗金子般的心，它闪现出的人格魅力，是父亲生命精华的积淀与凝聚，令我惊叹，使我震撼。42个日日夜夜的所见所闻、所思所想啊，如江河奔流不息，挥之不去；似重锤敲击心房，刻骨铭心。

父亲一生给我们的爱很多，很多。这珍贵的父爱深邃而宽厚，炽烈而久远。

父亲入院后，一直处于昏迷或半昏迷状态，不能清楚地辨认守候在他身旁的我们。然而，每当他有些许的清醒，我总是抓紧时间与他“对话”。仿佛只要这样，就能帮助他走出死神的阴影，从弥留之际回到人间；仿佛只有这样，才能补偿我平时与父亲交流太少的遗憾，哪怕一点一滴，一丝一厘！

“您有几个儿子？”一天，弟弟陈冀来看他，于是我问道。

“两个。”父亲毫不犹豫地回答。我和弟弟惊奇地对视：他的回答出乎我们的意料，因为我们内心的答案是“一个”。

“大儿子叫什么名字？”我再问，想知道他是否是信口而答。

“陈小荻！”他不加思索，迅速、准确、清晰地回答。

“他现在在哪儿？”我又问。

“到很远的地方去了！”他目视着天花板，似乎陷入了深深的回忆。

兄弟俩：小荻和陈三（左，弟弟陈冀的原名）

我的双眼湿润了，我的心被深深地震撼了！没有想到，在脑部受伤、神志不清的弥留之际，父亲对早在40年前因故夭折的长子竟有如此清晰的记忆！此情之深，意之切，实在令我吃惊，令我感动。

“陈小荻”，这个名字曾注入了父亲多少挚爱与希冀——父亲年轻时擅写作，常使用笔名“陈梦荻”发表文章；“小荻”，不正是他的“梦”吗？而这个梦在小荻12岁那年却戛然破灭了！几十年来，在我们面前父亲从不提起小荻的名字。然而，作为一个父亲，在他的心底是怎样默默承受着失去爱子的创痛啊！

当时，我不由得联想起前几天，当“十一”将至时，我曾对父亲说：

“‘十一’是您的生日，您知道吗？”

“知道。”

“您多大了？”

“八十。”

“‘十一’那天家里人要来给您过生日，您知道都是谁要来吗？”

“全家。”他回答得很简练。

“那全家一共是几个人呢？”我信口问道，并不期望他认真回答。

“八个。”没想到他脱口而出。

“对吗？”我想。啊，一点不差！妈妈、弟弟、我和妹妹，再加上弟妹和三个孙辈，恰恰是八个人！

想到这里，我的双眼又一次模糊了。哦，父亲，如若不是在心底千遍万遍地思念过，呼唤过，四十年前就离您而去的小荻弟弟，会使您如此刻骨铭心吗？如若不是在内心无时无刻不惦记着，牵挂着，对于年过八旬昏迷中的老人，“八个”能如此清晰地深刻在您的记忆中么？这是多么深厚持久、伟大无私的父爱啊！

是的，父亲一生给予我们的爱很多，很多……

七绝·寿长女

天命行年不等闲，地动山摇发未斑，

事业有成平素志，写书出刊总开颜。

这是1991年我50岁生日时父亲给我的赠诗。重读这些诗句，回味着父亲对我的厚爱，我的心总会一阵阵收紧，悔恨之情油然而生。想想平时，每当周末下午，电话里总会传来父亲那平静而深情的声音："非比啊，明天你回来吗？"看似询问，实为企盼。而我，却有多少次都是回答：有××事，这周不去了！时至今日，我是多么后悔啊，如果时光能够倒流，我一定会天天守候在父亲身旁。

话剧艺术是父亲的生命，他喃喃的自语仿佛一个个跳动的音符，激起我对父亲艺术人生的点点回忆。

一次偶然的机会，我发现护士给父亲整理输氧管时，他口中念念有词。顺着他的目光看去，原来他是在念护士胸牌上的名字："刘雅静。"我一阵惊喜：父亲虽然认不清我们是谁，但他却能认识字！

于是，我拿出他的诗集。

"这是什么书？"我问。

"《陶然吟》"他回答。

"是谁写的？"

"我写的。"

"是谁题写的书名？"

"曹禺。"

"曹禺是谁？"

"是我的老师，1935年我们就在一起。"

"曹禺现在在哪儿？"

"他走了。"

"他去哪里了？"

"到另一个世界去了。"

他的一系列回答清晰、严谨而又深情。我默默地看着父亲，不知他此时此刻是否仍沉浸在自己艺术生涯的往事中。

入院以来，父亲经常在昏睡中喃喃自语，或操着湖南乡音，或重复着某些只言片语。然而他重复最多的是两个年份：

"1938……"

"1949……"

父亲为什么总是念叨这两个年份？起初我不太理解，现在我似乎懂得了。父亲于1937年在国立剧校毕业后进入学校研究实验部深造，其后留校任教的起始年份不正是1938年吗？而1949，正是父亲北上赴京加盟中国青年艺术剧院的年份。在剧专，他是第一届学

六十余年的从艺生涯父亲想说的很多很多

子，从建校至解放后并入中央戏剧学院，父亲十四年与剧专共始终；青艺，自1949年岁末至他辞世，一直是他从艺的所在。他念念不忘这两个年份，不正是表明，这两次人生转折是他抹不去的记忆吗？

是的，话剧艺术是父亲的生命。他喃喃的自语仿佛一个个跳动的音符，激起我对父亲艺术人生的点点回忆。

在我儿时依稀的记忆中，总是浮现出父亲忙碌的身影。记得小时候，每每一觉醒来，映入眼帘的总是昏暗的灯光下父亲伏案工作的背影。那一张张舞台设计草图，一件件用硬纸片或剪裁或折叠的布景、道具模型，都是他辛勤工作的见证，它们仿佛在讲述着一个真诚的艺术家甘当幕后英雄、默默无私奉献的赤子之情。

晚年，从舞美设计第一线退下来之后，父亲继续为中国舞台美术事业的振兴与繁荣四处奔走。他和其他同志的共同努力，终于迎来了累累硕果：中国舞台美术学会及其各地的分会相继建立，首届全国舞台美术展览成功举办，中国的舞台美术作品款款走出国门……

父亲以自己晚年卓有成效的工作，赢得了广大同行的赞誉。自1985年起，作为我国舞台美术界德高望重的前辈，父亲众望所归，被推选为中国舞台美术学会第二、三、四届名誉会长直至辞世。

然而遗憾的是，父亲生前想为话剧艺术事业所做的最后一件事，却未能如愿。

“非比，给我准备些稿纸，等天凉快了，我要开始写回忆录。”2000年夏天，父亲曾打电话告诉我他的计划。

“您打算写多少字？”我问。

“30万字。”父亲很干脆地回答。

是的，在60余年的从艺生涯中，父亲想说的实在很多，很多。他深谙中国话剧艺术发展道路的艰辛，他热爱曾为之贡献毕生精力的舞台美术事业，他更怀念曾为中国话剧事业孜孜不倦努力奋斗的艺术前辈和艺术友人。这一切，促使86岁高龄的父亲决心拿起笔来，这怎能不叫人激动呢？

于是，我每次去看他，都要为他带去些稿纸，并热切地盼望着酷暑早些消退，让父亲尽早开始写作——我仍然会当他的忠实助手，去伴他在往事中徜徉，从世纪初到世纪末；就像当年帮他出版诗集《陶然吟》时那样。

然而，2000年9月19日，那个永远铭刻在心的日子，父亲却一病不起，直至带着梦想离开人世，给我们，也给中国话剧艺术事业留下了深深的遗憾。

父亲就是这样的人，他是个艺术家，但他首先是个爱国者；
他的心始终与祖国和人民紧紧联系在一起。

一天，父亲望着我的眼睛，反复问着什么；仔细听来，原来他是在问我：

“今天有金牌吗？”我愣了一下，忽然明白过来：他是在一个多月以前病倒的，那时正值第27届奥运会举办中，“今天有金牌吗”正是那段时间人们的热门话题。

“有。”我连忙回答，并接着问他：“你知道我们总共拿了多少金牌吗？”

“不知道。”

“28块！”我告诉他。

“比上次多。”他很快作出了正确的判断，显然是心满意足，不再发问。

我不知道父亲此刻内心在想什么，但我却很自然地联想到他写的一首《浣溪沙·第十一届亚运会隆重举行》：

秋高气爽亚运风，巍峨场馆展新容。
二十九番论英雄。

壮丽中华兴盛事，八方豪杰创奇功。
万国衣冠绣旗红。

短短几行字，父亲对祖国和人民的热爱、关切之情，跃然纸上。

父亲就是这样的人，他是个艺术家，但他首先是个爱国者，他的心始终与祖国和人民紧紧联系在一起。

父亲不仅自己身先垂范，而且也严格要求我们每个子女。记得大学毕业前夕我在昆明作论文时，曾给远在河南农村参加“四清”的父亲写信，表示我毕业后想去大西南工作，征求父亲的意见。父亲在回信中深情地写道：

你爱大西南，正因为大西南有青年人应做能做的许多事情，对于毕业后的志愿，我们做父母的没有意见，因为你是党培养出来的，党需要你到哪里就到哪里去，这也是共青团员应有的态度。为党工作是不能讲价钱的，这一点我们相信你，你也可相信我。

非比和云年 1966 年春摄于云南昆明植物园

父亲是这样说的，也是这样做的。1965 年 10 月金秋时节，父亲和妈妈一起，亲自目送我登上了西去的列车……

父亲一生不善交友，他是用自己对事业、对同志的真诚，用他高尚的人格力量，赢得了人们的尊敬和爱戴。

哦，父亲，在那炼狱般的42个日日夜夜，我是多么热切地企盼您能再次创造生命的奇迹，战胜病魔，回到我们身边，让我们再享人世间最宝贵的父子深情啊！然而，没有回天之力。公元 2000 年 10 月 30 日，一个悲怆的日子，父亲走了，永远地走了！

与父亲告别那天，是立冬后第一次降临寒潮的日子。北京协和医院的告别室内，挽联高垂，哀乐低回，父亲安详地躺在玫瑰和绿叶丛中。那么多叔叔、伯伯和阿姨，那么多熟悉或不熟悉的面孔；那么多年逾七八旬的老人，或手持鲜花，或拄杖而行，或子女搀扶，从四面八方来到这里向父亲作最后的告别。一些身在外地不能前来的朋友，也纷纷寄来唁电、唁函……

艺传舞台百世　名耿戏剧千秋

由中国舞台美术学会题写的挽联高悬于灵堂正中，周围摆满兄弟院团和各省市舞美学会敬献的花圈，深情地表达了人们对父亲的敬意和怀念。

此情此景，令我深深感动。父亲一生不善交友，他是用自己对事业、对同志的真诚，用他高尚的人格力量，赢得了人们的尊敬和爱戴。作为子女，我为父亲感到自豪。

亲爱的父亲，您永远活在我们心中！

完稿于 2001 年 9 月 8 日，部分内容曾载于《老年文化》2002 年第 1 期

第五章

诗化人生

他在诗中度过了一生

诗，是一种境界；诗，也是一种生命的存在。陈永倞是在诗中度过了一生……1996 年陈永倞诗词选由时事出版社出版，书名《陶然吟》由曹禺先生题写。诗集的序文出自刘厚生先生，其中写道：“我剧界擅韵语者自田汉前辈起代不乏人，唯舞美方面似尚少见，永倞学长其率先者乎。”如果你细读他的诗篇，不少与舞台美术有关；如果你细读他的舞美创作，会读出它的意境与诗有关。诗已融入他的生存，诗已化入他的灵魂，他的生命气质，已经诗化了。

——摘引自余林先生为本书所作之《跋语》

爸爸与诗

◎ 陈 冀

“我自陶然不老人”

陈永倞是在诗中度过了一生……诗已融入他的生存，诗已化入他的灵魂，他的生命气质，已经诗化了。

面对“爸爸与诗”这个题目，我觉得余林叔叔的这段评论，十分到位，十分精彩！它概括了我们数月来整理爸爸诗稿的深切体会，完全可以拿来作为本文的主题。

（一）

童年时代，爸爸妈妈下乡、“四清”、巡演，长年不在家；寒暑假无人管束，爸爸妈妈的书柜书桌，就成了我满足好奇心和求知欲的最好所在。书籍和文稿之类自然看不懂，那些画册和写生本就成了我的最爱。

爸爸的写生大抵是画山野风光、农田屋舍，应该是下乡时所作，为舞美创作积累素材的。画上一般都记有时间地点，也有题写小诗或联句的。有一幅画冬日之下，老树虬枝，小径蜿蜒，配着两句题诗；当时我印象深刻，以致后来戏作诗词，还曾化用而成“径摇蓬草钻

五岁时与爸爸妈妈和妹妹游北海公园

山去，树舞山石入户来”之句。不过又过了四十多年，爸爸的原句，现在实在想不起来了。

爸爸说他写诗“至60年代，累计数百首”“惜文革浩劫，散失一空”[①]。那么，我童年的依稀印象，倒是不多的见证了。[②]

爸爸与诗，其渊源自幼始。五岁发蒙家塾，“故园初问经史”[③]，一开始就读《孟子见梁惠王》；上长沙师范时又“曾攻旧体诗词，偶有吟咏”。所以，像那个时代走过来的许多文化人一样，爸爸是很有些古诗文功底的。

比如爸爸提到的“吟”，我就当面聆听过：语调低缓，初听似和尚念经，却也抑扬顿挫，时有激越高亢。记得爸爸还曾提到：有时聚会，应众人之邀，他也“吟”过几次，居然满堂惊愕，一片掌声。古代诗词是有曲调的，歌者循曲而咏，文人依调填词；有些词牌的曲调据说还流传至今。但时代久远，今天还有多少人会“吟”诗呢？爸爸的这手“绝活”，是不是有点“活化石”的味道？

现在所谓“吟咏”，一般都是指写诗了。那么，爸爸既说“偶有吟咏”，其“词赋评说，竞相唱和梧院”[④]的，除前人名作外，应该也有长沙师范同好间的寄情“原创”吧。

父母好友、著名戏剧家黄宗江先生写过一首散文诗《我好像上过剧专》，写他对剧专的向往和钦羡，想象自己与包括妈妈在内的很多剧友一起开玩笑，一起“高谈阔论”，一起“吃过抄手和醪糟”；独独提到爸爸，是“和陈永倞漫步江边和诗”[⑤]——或许在江安剧专，爸爸也曾与友人“竞相唱和”，甚或小有诗名？

---

① 引自父亲为《陶然吟——陈永倞诗词选》（时事出版社 1996 年版，以下简称《陶然吟》）所作之《跋》，以下简称“《跋》，《陶然吟》”。

②《永倞诗钞》第一本有“补忆”云：“曾作《别沟村》八十韵，动乱中已佚，仅记首四句。诗为 63 年胶东深入农村时所作。录于次：五月八日天未明，沟村处处送亲人。启明星照晴空碧，唱晓鸡鸣不夜村。”此四韵为目前所见“文化大革命”前“累计数百首”唯一留存的片段。

③《诉衷情·自勉》，1992-11-19，《陶然吟》第 79 页。

④《永遇乐·难忘长师》，1992-04-27，《陶然吟》第 120 页。

⑤ 黄宗江：《我好像上过剧专》，李乃忱编著《国立剧专史料集成·上卷》，中国戏剧出版社 2013 年版，第 22—23 页。

爸爸青少年时代喜好诗词，有原创之作，应该是没有疑问的——“文革浩劫，散失一空”的那些诗作里，或许也有他早年的结晶？

解放了，天地焕然一新。爸爸诗兴大发，笔耕不辍。“氍毹之上，本情之至者，体验生活，更触世感时，每每诗兴勃发，不能自已。”到了“八十年代退居二线，方展平生所好”，“频年积诗已逾千首”。[①]

而我，有幸成为爸爸退休后诗词创作的见证人。

1981 年春，我告别位于河北迁安的首钢矿校回到北京，加盟北京青年报；以后有七八年是与父母朝夕相处的。那时爸爸已不再做街道党支部书记，除了有几年忙于全国舞美展览和舞美学会工作外，基本赋闲在家。“寄情诗词，自得其乐”，成为他晚年生活的重要内容。每每回家，若见爸爸靠在沙发上沉思，或抱着词典翻拣，那十有八九是在构思了。

我和妈妈自然是爸爸诗作的“第一读者”。爸爸有时还拉着我切磋；或用典，或史实，或用词，或韵律；应当是我学中文专业之故吧。其实我大学三年，无非“批林批孔”“学理论”“评《水浒》”，哪学过几天专业课？不过迁安执教时，正值拨乱反正，恢复文化课教学，为不致误人子弟，不能不秉灯夜读，恶补了几年汉语基础。如此倒也能与爸爸有许多交流。那时我年轻气盛，也曾试过一段写诗，故不顾尊卑，常对老父亲指指点点，品头论足；和风细雨之中，偶而也面红耳赤……

回想与爸爸一起“激扬文字”的这段经历，真是我青年时代的幸事，令人难忘！

这次编书，我们先是找到两本爸爸手抄的诗集：《永倞词钞 第一本》，诗词编号 1—222，时间最早的写于 1982 年冬；《永倞诗词钞 第三本》，编号 566—1652；看来中间有一本遗失。[②] 1652 号之后，未及编号的还有近百首。事实上，由诗词编号所体现的数量并不准确，因为常有漏编号码者。

尽管如此，大体算来，爸爸 18 年间成诗 1700 多首，平均年创作近百首——那可是三四天一首的节奏呀！

《永倞诗词钞 第三本》中最后一首《满江红 为老院长吴雪寿》，写于 2000 年“秋 9 月”；爸爸病倒是在这一年 9 月 19 日晚，40 余天后于 10 月 30 日辞世。

所以，这首词应该是爸爸诗词生涯的绝笔。

那就是说：在生命的最后时光，爸爸还在写诗！

余林叔叔说，“陈永倞是在诗中度过了一生”，信哉斯言！

①《跋》，《陶然吟》第 170—171 页。

② 本文完稿后，《永倞诗词钞 第二本》（诗词编号 223—565 号）于 2019 年 9 月被找到。——编者注

（二）

与《永倞诗钞》[1]一起发现的，还有大量零星的诗词草稿、手抄的四本《诗藁》和五本《永倞诗词选》，使我们可以更完整的了解爸爸诗词创作的艰辛过程。

诗作初成，爸爸一般随手在纸片记下来。这些纸片大小不一；有裁剪整齐的纸条，更多的是处方、请柬、门票、信封之类，最多的竟然是药品说明书！信手拈来，“废物利用”。

这些草稿纸大多夹在编号1、3的《诗藁》中（故以下统称为“夹片”）；《诗藁》封面分别注明“庚午年”“辛未冬”——中间显然也有一本缺失。从对应关系上看，《诗藁》是在积累一批“夹片”，经过修改、定稿，结集而成的。这两本《诗藁》用旧杂志装订而成，诗稿就抄写在杂志内页上——也是在“废物利用”。

另两册《诗藁》，封面编号为4、5，注明“壬申冬”和“癸酉秋”；诗稿直接抄写在稿纸上。也许因为诗作渐多，爸爸更重视结集整理，将草成之作随时抄录、集中了。

结集并不是创作的结束，编号1、3的前两本《诗藁》，涂涂改改、圈来划去，其勾抹之乱，较那些草稿“夹片”尤甚；有的简直面目全非，难窥原貌了。后面两本《诗藁》，开始还都抄录工整，但越到后面，涂抹、勾划的越多，《诗藁》1、3的潦草之状，故态复萌。

下一步，就是前文提到的《永倞诗钞》了。它使用的是正式发行的笔记本，抄录工整，诗题、日期和注解，安排得规范有序。其第三本起始于1993年4月15日，可知三本《永倞诗钞》时间上涵盖了五本《诗藁》（均含缺失的第二本），是这一时期诗稿的集大成。这就是说，《永倞诗钞》是作为定稿而结集成册、作为个人诗集而保存的。

再往后，则是五本《永倞诗词选》。它们不计年序，按编号编排，共160首。从其中的批注、删改看，是为编辑出版《陶然吟》而做的初选本。

以上“发现”，其重要意义在于：收录在《陶然吟》和本书各章中的成作，有些能在“夹片”找到其初始“原型”，在《诗藁》和《永倞诗钞》中找到反复修改的不同“版本”。比如《鹧鸪天·偶忆》，前后就至少有五稿之多。

从草稿“夹片”，到勾勾抹抹的《诗藁》，再誊录、结集为《永倞诗钞》；十来年间，数百之作，很多都经历如此几道程序，每道程序几乎又都经历了多次修改——老爷子推敲之累，耽诗之深，谓之以“苦吟”，其有过欤？

吟诗之苦，吟者自知。爸爸在诗稿中，记下了“寻来好句开颜乐，仰天长啸仔细看”[2]

① 为了行文简便，以下将《永倞诗钞 第一本》和《永倞诗钞 第三本》统称为《永倞诗钞》，分别简称《永倞诗钞1》和《永倞诗钞3》。

②《七绝·寻字》，1995-08-03，《永倞诗钞3》882号（诗词编号，下同）。

的喜悦；也有“存心运笔但观望，写诗无绪难成行”[①]的烦恼；有“著句遣词真情在，无聊何必强吟诗”[②]的自嘲，甚至有苦无头绪，竟至掷笔而去的嗔怒：“长毫钝去无佳句，和衣小睡晚春天”[③]。

“遥想七老八十之衰翁，孜孜矻矻，反反复复，字斟句酌……时有茫然束手之苦，亦有神来忘形之乐。”[④]——刘厚生叔叔在《陶然吟》《序》中的这段描写，实在太传神了。

推敲“炼字”苦，格律声韵更难；练过诗的人，应该都有这个体会。

爸爸所作，词多而诗少，其中五言、七言，句式规整，却很少以“绝”“律”名之，可见他在诗律上是很谨慎的。爸爸“词多于诗”[⑤]，应该是自知诗律方面功底不深，而词格比较自由些吧。

所以，爸爸在格律方面下过苦功夫。他曾以工整的钢笔小楷，抄录了一本文革后期出版的格律书，二十多张 32 开活页纸，装订成册，首页题《关于诗词格律的基本知识》。一横一竖，标记平仄；一行一行，誊录得清清楚楚。在有些“夹片”上，爸爸抄录一首词——或前人之作，或自己拟稿——然后逐行逐字注以平仄。他对诗稿的反复修改，从留下的字迹看，很多也与对平仄、声韵的推敲有关。

有趣的是，爸爸还尝试过“步韵”。

西江月·秋老伏[⑥]

秋雨频繁遍地，长天寂寞无蝉。
熏风三伏度如年，只听鼾声一片。

七八栋楼墙外，两三雏燕窗前。
不因懒去泥路边，野菊寻常难见。

1990 年 8 月 8 日

刚看到“只听鼾声一片”，我就乐了——这不是套用辛弃疾名句“听取蛙声一片”[⑦]吗？我猜想，爸爸对辛词应当比较熟悉；三伏午困，因“蛙”句在胸，只易一“鼾”字，即顺口吟出；得意之中，才试步韵其全诗的。

---

① 《浣溪沙》，1996-01-29，《永倞诗钞 3》1017 号。

② 《七绝・推敲之什》，1992-03-02，《诗藁 3》。

③ 《无题》，1995-01-06，《永倞诗钞 3》801 号。

④ 引自刘厚生先生为《陶然吟》所作之《序》。

⑤ 同上。

⑥ 《永倞诗钞 1》96 号。

⑦ 辛弃疾《西江月・夜行黄沙道中》：“明月别枝惊鹊，清风半夜鸣蝉。稻花香里说丰年，听取蛙声一片。七八个星天外，两三点雨山前。旧时茅店社林边，路转溪桥忽见。”

此外，还有几首步欧阳修、李清照等名家之韵的；不过多是草稿，未见收入《永倞诗钞》。看来爸爸步韵而作，主要目的不在于写诗，而是在“炼韵”了。

“一韵推敲觅字前，寻诗难得铿声然”[①]；比起对仗、平仄，声韵应该更难。所以爸爸有段时间似乎专攻于此，常常抱着《佩文诗韵》等古韵书，翻翻检检，沉浸其中。对此，那时我颇不以为然，劝爸爸不要“泥古”，用韵宜宽，以现代汉语读音为准。

说起爸爸的“泥古”，有件往事很有意思。

我从出生就以排行而名“陈三”，常被人以什么“陈三五娘”“陈三两爬堂”等典故耻笑。所以考中学前我坚决要求改名。爸爸就大翻词典，冥思苦想——那埋首于插满纸条的《康熙字典》的憨痴之态，我记忆犹新。如此月余，仍不得要领；惹得妈妈不耐烦了，说就用我的姓——“冀”有希望之意，希望他考上个好中学，以后成就一番事业。于是一锤定音，干脆利落。

此事竟成一时笑谈。有时挖苦爸爸是“老夫子”，妈妈还会拎出来调侃一番。

对我来说，这件事影响太大了——那时哥哥小获因煤气中毒去世已经四年，我成了家里唯一的男孩，这个新名字，寄托了父母多少情感，多少期待呀！

在劲松“不老斋”书房与爸爸妈妈的合影（刘红军摄）

①《无题》，1995-01-06，《永倞诗钞 3》801 号。

诗书不分家。爸爸性好书法，少时“曾尊颜柳，五十年早忘”；晚年得拾旧好，“年逾七十练字忙，铺白纸，学其昌”。[①]但我很少见爸爸临帖；“欲得新诗美，临池运笔奇”[②]，如此边吟边书的也不多——爸爸是诗书同步，兼而得之。“夹片”上多用钢笔，偶有铅笔或圆珠笔，字迹潦草，显系急就之章。到了《诗藁》则改用豪笔，以行楷（间有隶书）抄录；择其满意者，再铺开旧报纸，用大毛笔一遍遍书写；所谓“诗既吟成，字又书成”[③]。如遇友人之约，或逢吉事志贺，则挥毫宣纸，裱为条幅；“挂壁而自赏，求教于友人”[④]。一时墙满，盈室墨香。

诗与“书”，互相砥砺，相辅相成。“吟成诗一首，盈得脑心舒”[⑤]，“推敲以健脑，悬腕以健身”[⑥]——怡然自乐中，还兼及健体养生呢。

有段时间妈妈学国画。初时当然“手颤茫然”“指笨眼花”；爸爸常倚案旁，屈身观看，并赋诗鼓励，“三月好春天，日夜精研”“不是一朝能学会”“何必恼，壮志应坚”[⑦]；还为妈妈学画用的画册题诗扉页[⑧]。爸爸自己虽未涉足水墨，但以其多年舞美工作的积累，鉴赏还是颇有见地的：“就简删繁易，标新领异难……题诗贵清绝，思远情更丹。板桥立新论，今犹传艺坛”[⑨]。

那时，每每回东架松家中，看爸爸挥毫，妈妈泼墨，琴瑟和谐，其乐融融，我们的心也是暖洋洋的。

（三）

爸爸“专攻话剧艺术凡六十载”[⑩]，这是他的诗词创作最重要的题材，跨时久远，内容丰富，其精华大都已收入《陶然吟》，本书《陈永倞话剧生涯》篇中也多有引述。

爸爸好静，既不“敏于行”而更“讷于言”。偶有来客，常常是妈妈出面应酬，爸爸则静坐一旁，时时颔首微笑而已。因此，“以诗会友”，隔空酬答，成为爸爸与剧坛同人、

---

①《江城子·学书法》，1991-07-17，《陶然吟》第 67 页。
②《消夏吟》，1991-06-10，《永倞诗钞 1》182 号。
③《一剪梅·中秋三庆》，1990-10-01，《永倞诗钞 1》112 号。
④《跋》，《陶然吟》第 170 页。
⑤《五绝·消夏吟》，1991-06-21，《陶然吟》第 64 页。
⑥《跋》，《陶然吟》第 171 页。
⑦《浪淘沙·学画》，1993-03-12，《诗藁 4》。
⑧《为夫人学画题画册扉页》，1993-9-14~20，《陶然吟》第 86—87 页。
⑨《读画》，1995-01-28，《永倞诗钞 3》804 号。
⑩《跋》，《陶然吟》第 170 页。

父亲故乡的龙头尖山远眺（陈冀摄于 2016 年 5 月）

师友交往的重要方式。主持舞美学会那几年，以其名望地位，求诗唱和者日多；逢周年喜庆，或好友登门，也多以诗词为贺。上海人艺著名导演凌琯如与爸爸是剧专同学也是湖南同乡；1993 年冬天晤面，爸爸作诗并书条幅以赠："清水尊阳更鼓望，长平山岳相连。龙头尖上看晴川，深秋霜叶艳，毛栗映霞天……"①

"龙头尖"是爸爸故乡的一座小山，它经常出现在爸爸的怀乡诗作中。

故乡情深，魂牵梦绕。"每春朝草长，或夏秋林葱，必溪水潺潺，修竹滴翠，杜鹃花红，坡坳生辉……其情其景，至今犹历历在目。"② 怀念家乡的山水，记挂远方的亲人；"长话频传湘水畔，弟妹情牵长衡边"③。每每有了好诗，爸爸常注以"寄长衡"，请长沙、衡阳的弟妹雅赏。"居京非作客，半纪未家还"④；浓浓的乡情，深深的遗憾，八十一高龄的老人竟梦游故里，登岳阳楼，泛洞庭湖；其词有云："春来犹健，晴明好睡，夜梦戏群鸥。点点水中浮，波万顷，君山系舟。"⑤

爸爸对故乡的怀念之情，感人至深。

2004 年夏，女儿北大毕业，将越洋读硕；我带她到长沙，去爸爸的故乡"寻根"。那年叔叔还健在；一路寻访，颠簸四个多小时，终于找到尊阳村。老屋东倒西塌，断垣残壁；某黄姓老妪（自言系后来嫁入我们陈氏家族者）指点一堵仅余残窗的断墙，说爸爸当年就出生在这间房里。我们父女即留照墙前，以为纪念；可惜那张照片竟然找不到了。

2015 年，我偕爱人再访爸爸故居。这次道路拓宽，一路顺风，得有充裕时间徜徉乡里——我们驻足于"老屋"前池塘之畔，想象当年那个"钓鱼竿出石窗间，师去一时闲"⑥

---

①《临江仙·喜晤琯如有怀 一九九三年冬月晋八十叟永倞书条幅以赠》，《永倞诗钞 3》626 号。诗有注云："平江县清水与长沙县尊阳两乡，隔更鼓台山峦相邻。"爸爸故乡是长沙县东乡尊阳村。

②《跋》，《陶然吟》第 170 页。

③《七绝·长话频传》，1996-02-20，《永倞诗钞 3》1029 号。

④《寿日有怀》，1998-10-01，《永倞诗钞 3》未编号。

⑤《太常引·想洞庭》，1995-04-19，《永倞诗钞 3》841 号。君山是洞庭湖主岛。

⑥《酒泉子·童年》，1991-12-27，《陶然吟》第 113 页。

的顽童；我们“仰望龙头尖连天”[①]，在“细竹浓遍山腰里”[②]，倾听香火仍盛的“小寺钟声自悠然”[③]……也算替爸爸了却了生前未能返乡的遗憾吧。

1984 年冬天，我们搬家到东架松新居。楼群四周，那时还是一片郊野。

少时童心再起，老来更有闲情。大病初愈的爸爸——看到周边“丛生野韭”“暖棚猪舍陈迹”[④]，有诗；爸爸殷勤花草，喜见昙花迟放，令箭独开，紫荆花满，玉兰春荫，也有诗……

野地里那几朵委顿的黄花，多少人视而不见，践踏而过，独爸爸怜其“时开时落”，发出“岂是秋风狂飙恶，更疑金蜂忘联姻”[⑤]的奇绝一问。

对弱小生命的深切关怀，也浓郁地凝聚在为厚生叔叔所激赏的《蝶恋花·燕失巢》之中[⑥]：

春暮夏初晴几许，燕子迟回，窗锁无人语。
檐里年年育儿女，今朝何故重门拒？

楼外徘徊寻住所，欲上层楼，雀占奴家处。
唯有呢喃期赐予，但求生下一双去。[⑦]

燕子是爸爸咏春诗的常客。早在 1987 年，其《江南好》就出现了“春早燕先知”，那还是一般用以象征季候变化的传统意像。但熟悉节令的老人很快注意到“谷雨已然过四日，翩翩来迟阻西风”[⑧]，由此吟出“燕迟归”的主题。伫立阳台，凝神窗外，诗人被这个主题纠缠了几个春夏——如果说“老居雀已私”[⑨]还只是一般的文学性猜想，那么，当爸爸注目于周边“峥嵘脚手架”[⑩]，悟到“道是高楼密，迟疑不敢归”[⑪]时，他的情思就升华到新的境界——“迟归”演变为“失巢”；“成双结对探新楼”[⑫]的“归燕”，变为“数

①《七绝·重阳忆儿时》，1991-10-10，《陶然吟》第 106 页。
②《酒泉子·童年》，1991-12-27，《陶然吟》第 113 页。
③《鹧鸪天·登高》，1991-10-11，《陶然吟》第 107 页。
④《念奴娇·村居忆旧》，1993-02-06，《陶然吟》第 80—81 页。
⑤《小花黄》，1991-08，《陶然吟》第 69 页。
⑥ 见刘厚生先生为《陶然吟》所作之《序》。
⑦《蝶恋花·燕失巢》，1992-05-05，《陶然吟》第 73 页。
⑧《探花词》，1988-04-25，《永倞诗钞 1》41 号。
⑨《杂咏·燕迟回》，1991-04-16，《永倞诗钞 1》160 号。
⑩《杂咏·燕无归》，1991-04-15，《诗藁 1》。
⑪《思燕》，1992-03-31，《诗藁 1》。
⑫《秋之什·新燕》，1991-08-19，《永倞诗钞 1》222 号。

遍楼间索，次第不成双”[①]的“失群”。至此，本诗主人公、哀鸣“母燕”的形象，已经呼之欲出了。

“唯有呢喃期赐予，但求生下一双去”——这哀求振聋发聩，传统的“燕归”题材由此升华出悲剧性的主题；同时，也完成了诗人强烈人文关怀的思想历程。

类似的意境，还出现在《杂咏之什 群楼高耸羊无食》[②]中：“羊食多年野草肥，顾盼梭巡楼外围，记得当年光景好，不见黄花空泪归。”这也许是邻近农人放养的一只孤羊，同样由于周边新楼群起，迷失于无草可食的困窘之中。

叹归燕、怜孤羊——爸爸用拟人的修辞手法，关注着那些受环境剧变影响的弱小生命；这里触及到的，已经是快速城市化进程与自然生态关系这个时代的新命题。

楼群蜂起，日新月异。不管原来的郊野风光怎样迅速的蜕变，东架松总是爸爸漫步健身的去处。“老妪携篮觅青菜，独有衰翁拄杖匆”[③]——拄杖徐行，这是他晚午诗中常见的自我形象。“晴冬斜日红霞，劲松楼外酒家。拄杖从容蹀步。闲情逸致，可堪寻座先茶？”这首《天净沙》题作《学马致远曲意》[④]；人入景，问作结，非刻意模仿，而尽显老翁闲适之态。

“从容蹀步”日久，爸爸还抓住了下面这个画面，也令人拍案叫绝——

点绛唇[⑤]

乍望晴空，春风才舞南郊树。
鸟鸣轻雾，漫步华威路。

车少人稀，学子驱车赴。
天天遇，不曾迟误。日久频相顾。

1995年2月23日

“日久频相顾”；淡淡一笔，透出了浓浓的人情味。

“但若精神好，远足亦何妨”[⑥]，爸爸也喜好郊游。秋游潭柘寺，看“佛卧山垭，水弯桥拱松斜……祛愁崖下，放歌红叶满霞”[⑦]。昌平虎峪探幽，踏“零落明陵路……西岭

---

①《秋之什·失群》，1991-08-26，《永倞诗抄 1》222号。

②《永倞诗钞 1》153号，作于辛未三月。

③《早市》，1995-11-12，《永倞诗钞 3》1002号。

④《永倞诗钞 3》，1997-11-20，1652号。

⑤《永倞诗钞 3》820号。

⑥《杂咏之什·重阳 庚午十月廿六日抒怀》，《永倞诗钞 1》125号。

⑦《天净沙·香山红叶》（庚午冬），《永倞诗钞 1》129号。

"万竿修竹路斜倾"（《紫竹院行》）

峰回飞晓雾。摇落山楂，柿子悬沟树"[①]。小住红螺古寺，听寺人讲述"毛虫为害，因繁殖杜鹃数千……日食三百"，以天敌"护林有术"的故事。[②]"昆明湖水绿，苏州河岸青，沿街绍酒店，一枚一杯倾"[③]；酣畅之余，偶见"客有瘾君子，忽遇'巡逻兵'，收据身前送，苦笑难自容"[④]——嬉笑着戒烟令下以身试法者，也是多年"瘾君子"的爸爸，应该另有一番感触吧。

闲云野鹤，郊野怡情。读爸爸这些游记，禁不住我心驰神往，悔不曾与父亲同行，乃摘其四首郊游"杂咏"，戏作集句一首：

菊性贵高洁，兴起踏秋霜；[⑤]
坐看石径远，翘首乱云征。[⑥]
豪情忽又起，奔走玉兰寻；[⑦]
翁媪谈天外，儿歌似流莺。[⑧]

作为一名老党员，爸爸也关心国家大事、国际风云。每天晚上，他必看《新闻联播》；

①《蝶恋花·昌平探幽》，1997-10-12，《永倞诗钞 3》1634 号。
②《鹊桥仙·郊游夜闻杜鹃》，1996-06-18，《永倞诗钞 3》1574 号。
③《杂咏之什·春游》，1991-04-11，《永倞诗钞 1》162 号。
④《杂咏·踏青即事》，辛未四月，《永倞诗钞 1》165 号。
⑤ 摘自《杂咏之什·重阳 庚午十月廿六日抒怀》，《永倞诗钞 1》125 号。
⑥ 摘自文③。
⑦ 摘自《院庆即事》，辛未四月中，《永倞诗钞 1》165 号。
⑧ 摘自文④。

逢国庆、“七一”，总要抒怀致敬。伤洪涝南方[①]，盼长江之水北调[②]；贺亚运盛举[③]，喜三峡截流[④]，庆香港澳门回归[⑤]……国计民生、重大举措，时时涌上心头，注入笔端。

直到生命的最后一年，新中国五十周年大庆，八五高龄的爸爸还抖擞精神，作《满江红·颂国庆》一首。

满江红·颂国庆[⑥]

半纪辉煌，惊天地，两弹一星。
科研绝，更“飞豹”出，举世惊喝。
平川极目超音速。亿万人举杯热烈。
不待言，各族竞风流，心头悦。

千禧年，犹未越；思往事，何须说。
五千年华夏，凝聚贤哲。
改革开放时代好，人尽其才创新业。
到如今，现代高科技，新日月。

1999 年 9 月 19 日

“两弹一星。科研绝，更‘飞豹’出，举世惊喝。平川极目超音速……”老人居然了解这么多尖端的军工科技成果，其情至真至切，令人钦佩！

厚生叔叔评论：爸爸诗作“胸怀广远，心注八方，国事之重，友情之深，家庭之爱，花鸟之微，无不聚向心头，挥上笔尖”[⑦]；此诚非过誉也。

（四）

我们小时候就知道，妈妈是家里的主心骨；照料孩子，张罗家务，总是妈妈在忙。爸爸呢，好像什么都不管，妈妈形容，是“油瓶倒了都不扶”。

知夫莫如妻，妈妈还有一个形容：你爸爸是个“热水瓶”。

——外冷内热，这个评价，更到位，也更深刻。

①《采桑子·痛斥淫雨》，1991-07-24，《陶然吟》第 68 页。
②《虞美人·盼南水调京》，1995-04-17，《永倞诗钞 3》841 号。
③《浣溪沙·第十一届亚运会隆重举行》，1990 年秋，《陶然吟》第 63 页。
④《满江红·三峡截流》，1997-11-09，《永倞诗钞 3》1648 号。
⑤《忆江南·迎回归》，1999-12-02，《永倞诗钞 3》未编号。
⑥《永倞诗钞 3》未编号，本诗曾以《祖国万岁》为题刊于《青艺》1999 年第 4 期。
⑦ 引自刘厚生先生为《陶然吟》所作之《序》。

浪淘沙·题照[①]

五十六年前，共影西川；江城记得幸福篇。
正是艰难迎岁月，一世团圆。

已过金婚天，壮志回旋。应知叟妪好姻缘。
摄得芳容寻往事，胜似甘泉。

1996 年 4 月 9 日

“金婚”已过，抚尽沧桑；爸爸眼前肯定浮现出当年那个“轻盈辫小工装裤”[②]的十五岁姑娘。正是：“有照应记美时光，玉容不似旧时强。但得留看此光景，相期再摄好留芳。”[③]

我们不记得二老纪念过“金婚”，而且还“摄得芳容”；但每年妈妈生日，赋诗志贺是爸爸必备的功课——

七言·喜寿日[④]

佳节[⑤]连绵几十年，又逢喜寿远洋边。
亲女欣逢在彼岸，京城还有亲人牵。

1995 年 8 月 1 日

爸爸的照片题字：“1991 年七一前夕于不老斋书房”（刘红军摄）

①《永倞诗钞 3》1048 号。
②《艺人行》，1992-07-26~29，《陶然吟》第 124 页。
③《金婚照》，1995-06-20，《永倞诗钞 3》862 号。
④《永倞诗钞 3》878 号。
⑤ 妈妈生日是 8 月 1 日，故爸爸诗中常与建军节一起记其为“双节”；此处“佳节”也是这个意思。

这年的贺寿诗有点特别：半个月前妈妈刚刚“稳坐头仓跨海征”[①]，飞赴美国，与小女儿相聚。这是父母晚年最长的一次分别。“欲道相思无限意，泠泠细雨伴秋声”[②]；时方七月酷暑，竟感到微微秋凉！正是“天长地久相思，暮暮朝朝情深”[③]——三月之别，爸爸写的“别亲诗”，有 11 首之多。

剧苑有伉俪，相偕一甲子！父母一路走来，风风雨雨，终至白头偕老。

小女儿是父母的“小棉袄”，又背井离乡，孤身海外，自然更牵挂二老的心。只要隔洋寄来家书，或打来长话，爸爸必以诗记之。盼到小女将归，一家即将团圆，“人谓花朝美，名株总盼丹。今朝明玉闹，闺女快归来”[④]；连家里养的花都欢欣鼓舞，开得更鲜艳了呢。那是在 1993 年，小眉博士毕业后第一次回国省亲，爸爸从得知其归信开始，前后赋诗也有十几首，一直写到她返回美国，打回电话报平安。其事其情，历历在目。

对于家里大事，爸爸的相关诗作连缀起来，就是一部大事记，一部诗版的专题“家史”。正像爸爸所说：“吟咏抒怀，记事记情，聊作生活片段之记录。”[⑤] 像妈妈那年赴美探亲来回都坐头等舱，如此“生活片段”，若不是记录在诗中，小眉自己恐怕早就忘了。

凡记其事，事必有情。下面这首记事诗，就讲了一个温馨的小故事——

蝶恋花·江城小忆[⑥]

记得当年孩子小，城僻春深，家住青云巷。
长天柳絮头上缭，归来无处寻窈窕。

杂技东门已然杳，南北西东，谁识垂髫渺？
几十学生呼小鸟，多情盈得吉星照。

题记：江城，四川江安县，抗战时期剧专所在地。时长女仅二三岁，曾不慎走失，几经周折始寻回，因记。

1987 年 10 月

“记事”正是为了“记情”。姐姐“一九四一年，喜诞东川。江安城小南街住，老称三斤就出生，都说‘真悬’”[⑦]。七个月的早产儿，体温不够，爸爸就“抱在怀中对之呵气”，所谓“体温不够吹气先”[⑧]。直到百日足月，母女平安，邻居朋友们才来道喜。

---

①《忆王孙·远游》，1995-07-17，《永倞诗钞 3》867 号。妈妈于 7 月 16 日登机赴美远行。
②《秋声》，1995-07-28，《永倞诗钞 3》875 号。
③《调笑令》，1995-07-29，《永倞诗钞 3》878 号。
④《白箭开》，1993-06-22，《永倞诗钞 3》584 号。
⑤ 引自爸爸的《陶然吟》《跋》手稿，该书正式出版时此段被删掉。
⑥《陶然吟》第 97 页。
⑦《浪淘沙》，1998-10-24，《永倞诗钞 3》未编号。
⑧《浣溪沙·寿长女》，1993-10-24，《永倞诗钞 3》623 号。

爸爸的照片题字："建国佳节逢寿作六言诗抒怀，一九八九年获翁于不老斋全家福照，眉在海外，人虽不齐，仍是福照。"

我和妹妹是"五〇后"，自然没有姐姐那样的童年遭遇。我俩从小在幼儿园全托，周末回家，妈妈总是问这问那，喋喋不休。爸爸呢？不记得有过疾言厉色的呵斥，但我与妈妈拌嘴，总要偷偷观察他的神色；只要老爷子脸一沉，马上不言声了。

不苟言笑，却透着威严。

长大以后，爸爸很少过问我们的行事所为，也从未让我们汇报所谓的"成长"；而我们的一些经历，尤其是插队、兵团时期的"事迹"，在写给我们的生日诗中，却多有准确的记载。"记事记情"，要在情蕴于心——日常言谈中，只要我们提到自己的进步、成果和荣誉，说者无心，听者有意，爸爸一定会记在心里。赋诗志贺时，自然挥洒笔端！

"写下人间无限情。"[①] 这些生日诗，"记录"的何止是"生活片段"，那是子女成长的脚印，是浓浓的父爱深情！

"隔辈亲"，人之常情。随着我们结婚生子，父母的"亲子情"越来越多的转到了孙辈——

添字浣溪沙·寿宴[②]

几度辛勤采办忙，有荤有素还有汤。都是平常南北味，叙家常。　　今日晴和精神好，一秋来去米兰香。难得儿孙相聚首，细端详。

1990 年 8 月 12 日

①《采桑子·咏冀子生日》，1991-03，《陶然吟》第 102 页。

②《诗藁 1》。

此诗捡于《诗藁》，亦见之“夹片”。作为“未定稿”，尾句还有“笑声长”等多个选项，勾来抹去，似终未敲定。而我以为，唯“细端详”三字最为传神：当时，奶奶（姥姥）一定在问长问短，而爷爷（姥爷）一定是颔首微笑，默默地挨个打量着每个孙儿——“细端详”点睛收束，写尽了那个场合中爸爸的情态，令全诗生色！

几年以后，孙辈们陆续长大成人了；这年妈妈的寿日聚会，自然另有一番风景——

浣溪沙·佳节寿辰迎喜庆[①]

欣逢七四生日前，四高重点一辛先。冀子再编社会篇。　　转正谌孙专电子，贾军蒋俊缔良缘。闲庭极目颂牛年。

1997 年 8 月 1 日

“四高”应指女儿一辛那年考上重点高中四中；“谌孙”句是说姐姐二儿子贾谌大学毕业，参加工作；大外孙贾军则刚刚喜结良缘。故此次妈妈寿宴，孙辈又添新人。

都是“家宴诗”，或写温馨场面，或记儿孙大事，还有专写席面而渲染气氛的：“偶作剑楼客，相期莫醉还。樽小从容饮，锅高麻辣顽”[②]。不管写什么，怎么写，其“记事记情”，都能让人看到三代亲人欢聚一堂时那个慈祥的老辈儿。

我的女儿自小在爷爷奶奶家长大，她所享受到的“隔辈亲”自然更多。翻检《诗藁》和《永倧诗钞》，写这个宝贝孙女的，有十几首之多。

添字浣溪沙·学骑车[③]

摇摇晃晃蹬踏忙，还要后面有人帮，忽左忽右真费劲，更心慌。　　不分早晚苦磨炼，坚持撒把看前方，胆大心细进步快，也平常。

1990 年 8 月

这年女儿九岁。学车伊始，我紧抓后座，推着她“忽左忽右”的骑行，还不断喊着“向前看！”到孩子能掌握点平衡了，再偷偷“撒把”……

浣溪沙·腊八[④]

上学总把架松牵，停琴歇算大考前。归来盆水浴温泉。　　去岁喜食红豆粥，今宵腊八小风天。七色光后返家园。

1992 年 1 月 12 日

---

①《永倧诗钞 3》1619 号

②《五律·家宴》，1993-05-06，《永倧诗钞 3》570 号。

③《永倧诗钞 1》98 号。

④《诗藁 3》。

《爷孙唱・题小照》：“孙盼长大爷羡小，老少咸宜乐陶然。”（刘红军摄）

“歇算”，当指一辛小学时的“奥数”学习在期末考试前一般都会停课。“归来盆水浴温泉”，我却看不懂了。还是我爱人刘红军明白：那时我们借住单位地下室，没条件洗澡，所以女儿周末回奶奶家，总要补个大澡；晚饭后看完儿童动画节目“七色光”，再回礼士路我们家。

上奥数，练钢琴[1]，考英语[2]，打乒乓[3]（一辛曾是小学校队成员）……女儿小学期间的课外“加餐”，都是我们做父母的亲力亲为，久而不以为意；没想到都被慈祥的爷爷“记事记情”！他就像当年对我们那样，始终关注着孙女的一切。这些深厚的积累，终于在一辛十岁生日当天，凝聚成那首厚生叔叔“特喜者三首”之一的《江城子・歌一辛孙生日》[4]：

> 十年尾巴又长长。短发光，易梳妆。挂好钥匙，结伴到课堂。中午学校用顿饭，荤与素，富营养。　坚持治病喝药汤。忌吃腥，自刚强。作业一完，赶紧上琴忙。爸到东瀛访问去，奶照看，窝头香。[5]

生动活泼，情趣盎然。爸爸“记事记情”，总能抓住这样精彩的细节。

而细节，总是情浓处。

写到这里，我不禁掩卷深思：爸爸，这么多生动的亲情诗，为什么大多数不曾向我们展示？即使是些未定之作，为什么不整理出来，而忍心让它们尘封于《诗藁》？

——是因为您还来不及修订？

——或者，您自以为水平有限，尚不足以示人？

不，我最愿意相信的是——明天，您又将关注到另一番情景，涌动起另一股诗情！

① 女儿三岁半起学钢琴，爷爷曾有《虞美人・辛孙考上钢琴等级》记其事，见《陶然吟》第 131 页。
② 《浣溪沙・一辛生日参加英语大赛》，《陶然吟》第 140 页。
③ 见《忆江南・为辛辛生日咏 庚午年腊月十一 七六叟爷》，《诗藁 1》。
④ 见刘厚生先生为《陶然吟》所作之《序》。
⑤ 《江城子・歌一辛孙生日》，1991-12-11，《陶然吟》第 111 页。

爸爸胸中蕴藏着深爱，它随时涌动于心，激荡为情；当动情的“生活片段”纷至沓来，您怎么可能用文字锁定每一次情感的萌动，更怎么可能将它们一一雕琢，锤炼成诗？

反复咀嚼爸爸的诗作，我突然醒悟：您沉浸于诗，是因为您需要一种方式、一个途径，来记录您爱的观察，宣泄您情的奔涌。老伴、儿女、孙辈，还有湖南的叔叔姑姑……每年多少首生日诗、亲情诗，每一次创作都是一次爱的洗礼，一次美的升华——“寄情诗词，自得其乐……快何如之”[①]。既然享受过此种大境界，陶醉于此种大境界，又有多少必要一定外示于人呢？

沉默寡言、不苟言笑的性格，与丰富的情感、博大的爱心，就这样一统于您的诗词人生。或者，反过来说，您总能在诗词创作中享受心灵的大爱，您才不屑于那么多的表露，那么多的言辞？于是，才不断的固化着您嗫嚅少语的性格？

爸爸生活在诗中；因而，诗，也铸就了爸爸的人生！

（五）

行文至此，不由想起姐姐提到过的一件往事——

编辑《陶然吟》时，姐姐曾在一条注释中提到在唐山地震殉职的她的爱人，爸爸看到后低声说：“干吗要写这个呀？”我不知道爸爸当时是怎么想的，但这次整理诗作，我突然意识到，爸爸为亲人写了那么多诗——从母亲到弟妹，从子女媳婿到孙儿孙女……却从来没有写过12岁离世的小获哥哥，从来不曾提到我的二姐、9个月早夭的“小青鸟”！

古人论诗有云：“嘉会寄诗以亲，离群寄诗以怨”[②]；但爸爸的诗，只写亲情，写喜悦，写向上，写希望，从来就没有怨恨，从来不流露哀伤！

用现在的流行语，爸爸笔下，是满满的“正能量”啊！

夭折幼女，丧子失婿，哪个做父亲的不刻骨铭心？但是，所有这些痛苦和哀伤，爸爸都深深埋在心底。心中风起云涌，表面云淡风轻；能把一切痛苦坚忍地嚼碎咽下，这种“正能量”，正是人生的大境界！

而爸爸自己，也两次与死神擦肩而过。

第一次，是在1969年9月。

一次例行的针灸治疗后，爸爸背部突发剧痛；入夜，已经疼得不能动了。那时，家中

① 引自爸爸的《陶然吟》《跋》手稿。

② 钟嵘：《诗品》，上海古籍出版社2011年版。

只有姐姐一人，她不敢扶爸爸起来，心急如焚，束手无策……

还是妈妈果断——紧要关头，她从西安回来了："上医院！"不管疼成什么样，救命要紧！

抢救室里，爸爸已经神志不清了。是背部入针过深，刺穿肺部血管，造成严重的血气胸。大夫说，一旦转成脓胸就很难办了："要是再晚两个小时……"

这个晚上，真是惊心动魄！真是要感谢上苍！

——那时，我已在内蒙古插队。如果不是小眉刚刚远去兵团，姐姐不会为了与妹妹行前一聚而从昆明赶回北京。

——如果不是姐姐在京，为姥姥奔丧的妈妈，不会为惦记几年不见的大女儿而提前回来。

——如果妈妈再晚一天到家，爸爸也许就与我们永别！而那一年，他才 55 岁！

后来，妈妈叫我回京，接替回云南的姐姐照顾爸爸。我一次次目睹针头从爸爸后背肋骨间刺入，暗浊的血在特大号的针管内缓缓升起；一次次目睹护士为爸爸输入血浆，注射抗菌素，以防止感染……1700cc 的积血，多少天才能从胸中抽净！当时我觉得爸爸的身体好像成了一台抽水泵！强烈的输血反应，使爸爸连日高烧，经常浑身发抖。但他紧锁眉头，一声不吭……

爸爸终于痊愈，可以下床了。我按时送来妈妈亲手烹制的鸡汤，陪爸爸在病房外长长的阳台散步；停烟数月的爸爸嗫嗫嚅嚅的向我要烟，还叮嘱，千万不要让妈妈知道……

谁能想到，十五年后，爸爸又住进了同一间病房！

1984 年年底，我们从东单三条搬到东架松青艺的新宿舍。也许是搬家太累了，年逾七十的爸爸突发大面积心梗。妈妈半夜敲响楼下白凌阿姨的门，连夜叫车送到协和医院……

医院几次发出病危通知书，我记忆犹新。

但爸爸又一次挺过来了！

西江月·病愈①

去冬病患心梗，久卧不起；阅两月后，将愈，亲人婉叙病初危急抢救时情景。

两入医门岁异，又上层楼血疑，
亲人惊悸我如痴，又是一回昏寂。

七秩岂将驾鹤，人老谁能强期。
平生难免休和戚，忽报丑年无忌。

1985 年春

① 《陶然吟》第 93 页。

这两次起死回生，妈妈总是用“奇迹”形容。

经历数次人生悲剧，又两次闯过鬼门关，爸爸对人生的认识，提高到了一个新的境界。“七秩岂将驾鹤”，爸爸看轻了死亡，增强了生命的信心。“人老谁能强期”，自然规律不可抗拒；那么，就更珍惜生命的余年，盼“丑年无忌”（1985 年是乙丑年），更愉快地享受生活吧。

爸爸的照片题字：“人面桃花向春风 96.4.26 游紫竹院”

后来那几年，爸爸的身体果然越来越好了起来。

——饭量增加了。折磨爸爸几十年的老胃病不大犯了。当年要少吃多餐，妈妈总说爸爸吃的是“猫食”，所以临睡前爸爸要加个夜餐；那抱着点心盒咀嚼桃酥的情景，多少次让童年的我偷偷地吞咽口水。现在不大见到了。

——几十年的烟瘾，不知什么时候居然戒掉了。

——熬夜的老习惯也变了。“自来人老爱晨昏，一夜酣眠迟起，了无言。”[①] 那阵子爸爸的睡眠简直好极了。晚上和衣上床，鼾声即起；午睡手搭胸前，身子都不翻动一下。其“酣眠”之状，简直令当时常常辗转难眠的我“嫉妒”！

——折磨爸爸多年的牙病，也有了根本性的转机。

①《南歌子・猴年新岁有咏》，1992 年新岁，《诗藁 3》。

牙疼不是病，疼死要人命；后来假牙也坏了，“无为嚼牙床”[1]，更苦不堪言。终于，爸爸接受医生建议，下了大决心——“牙落经年缺不全，补齐义齿二月天”。那要先逐个拔掉残存的牙根，然后换装整排义齿，所谓“颚下镶成成一统”。“无言张口难入眠”，爸爸坚强地熬过了这几个月，欣欣然于“半边新旧组新篇，加餐从此胜先前”[2]！

在这样乐观、恬淡的心境中，七十八岁的爸爸，开始从容考虑身后之事了。

五古·遗言[3]

人生非若梦，英年几十秋。兴来寻百岁，老去莫须愁。
一朝心不跳，何事再筹谋？捐躯作医用，遗灰不必留。
意在穷医理，且解后人忧。丧事不必办，讣告亲友投。
方今身尚健，书此无所求。夕阳映天际，我今乐悠悠。

1992 年 1 月 14 日

身后捐献遗体，这是多大的事呀，妈妈和我们做子女的当时竟然都不知道！

然而，“羊年下决心，支部早谈遍”[4]——他却向党组织汇报过了！

这就是我们的爸爸，把身后大事想得如此简单的“天真”的爸爸！

这就是我们的爸爸，把死亡看得极其平淡的达观的爸爸！

（六）

爸爸看上去沉默寡言，骨子里原是很有些幽默细胞的。他不是那种会哈哈大笑的人，更不是逗人开怀的“开心果”。他会偶尔抖个机灵、自己却依然素颜冷面，不苟言笑。要是妈妈苦笑着嗔道“这老头子”，那一定是爸爸逮着机会，跟她“冷幽默”了一把。

新婚蜜月，爸爸一次叫我们起床吃早饭——一般人不过喊一嗓子“太阳晒被窝喽”；我们老爷子呢，却在窗外悠悠的甩了一句“从此君王不早朝”！

我的爸爸哟，您调侃儿子也就罢了，您就没想想刚过门的新媳妇会不会羞得满脸通红？

您看，这调侃我是根本不记得了；但您的儿媳，却记忆犹新、恍如昨日之事呢。

下面这件事，妹妹小眉应该也还记得——

---

①《病齿》，1995-10-30，《永倞诗钞 3》908 号。

②《镶牙》，1996-02-16，《永倞诗钞 3》1023 号。

③《诗藁 3》。

④《捐躯（二）〈手续〉》，1992-01-16，《诗藁 3》。

采桑子·家书[①]

狗年快到鸡将去，漫道匆匆。
却是匆匆，家书如何姓名无？

欣逢岁尾平安信，贺卡通红。
游子心彤，幸有门牌邮路通。

自注：眉女自海外寄来家书，却匆匆未写收信人名；乃为急于投邮致误。

春节将近，家书万金！欣喜之余，对小女儿闹出的这个笑话，爸爸“记事记情”，也不忘稍稍调侃一把。

春 雪[②]

迟来瑞雪谁嫌小？也拌新泥戏路人。
若能遍洒平原地，杏子黄时好寿春。

1992 年 3 月 20 日

遍地泥泞，行人谁无怨艾？爸爸却笑嘻嘻地看着他们跌跌撞撞：一个“拌”，一个“戏”，何止是拟人化的状雪，何止是瑞雪丰年的期盼？我们看到的，分明是一颗调皮的童心！

能从些微小事中发掘出诙谐和俏皮，那是因为总是微笑地面对生活。

到了晚年，孩子们都不在身旁了，蜗居陋室，止步周边，爸爸能调侃的，大多也只有自己了。妈妈刚刚离京去美国探亲，第二天，“匙亡心未忘，不知何处藏。遍思无觅处，却在桌一旁”[③]——老来健忘，以致如此；想起当时的瞎急乱忙，自己也觉得好笑。

“京东青口菜，百姓爱贮藏。”“往岁我也买，搬来难久藏。”冬贮白菜，兴师动众，咱家也不能免俗；可到头来，还不是“经冬总剥皮，直到叶精光”[④]？

这时候的爸爸，好像有点偏爱这种打油诗了；《诗藁》和《永倞诗钞》中还有好几首类似小诗，足可以编成一个幽默专题。什么“棒子粥当喝，米面饭经常。早餐荷包蛋，最好加块肠”[⑤]；什么“菜篮满足难，凡人总得餐，谁能吃贵菜，只得随遇安”[⑥]；还有“头

---

① 该诗《永倞诗钞》和《诗藁》均未见，系在“夹片”上所作。

②《诗藁 3》。

③《匙无踪》，1995-07-18，《永倞诗钞 3》871 号。

④《绝句·大青口》（两首），1997-11-01，《永倞诗钞 3》1644 号。

⑤《杂什之咏》，1990-10，《永倞诗钞 1》127 号。

⑥《杂感》，1995-12-25，《永倞诗钞 3》1014 号。

《读画》："题诗贵清绝，思远情更丹"（刘红军摄）

碗少，二碗尖，三碗不定还能添。豆瓣酱油八宝饭，四方儿女学犹专"[①]；都是大白话。游戏之作，所以大都挤在诗集边角；看来爸爸也不认为是能登大雅之堂的。

这就是晚年的爸爸。他诙谐、机敏、乐观、旷达……

他的诗风，也越来越趋向灵动、活泼、清雅、恬淡。

像"编号诗"的最后两首，写"朦胧似觉天将晚，袖手寻看家雀归"[②]"日静人归未，邻鸽来室鸣"[③]；老人似乎越来越习惯于"袖手"凭栏，闲看落霞归鸟。而"纷飞恰似漫天雪，翁媪闲来煮新茶"[④]，与前引"闲情逸致，可堪寻座先茶"异曲同工，也突出了一个"闲"字。其实爸爸是不大喝茶的；以烹茶入诗，无非是表现老人心情恬淡，无欲无求罢了。

心情好，诗兴即多。翻检《永倞诗钞》，基本上是几天一诗，甚至一天几诗；有的题材，前后连写几首，应该是爸爸对其初作并不满意、在反复试笔吧。统计《永倞诗钞》的编号诗，1994、1995两年成诗达371首，平均不到两天就有一首。

老人的创作欲真是惊人，他似乎是在与生命赛跑……

就在诗词创作的这个高峰期，爸爸将要迎来他的八十寿辰。回顾平生，他赋诗抒怀：

---

①《八宝饭》，1992-07-20，《诗藁3》。

②《初雪》，1997-11-16，《永倞诗钞3》1652号。

③《无题》，1997-11-30，《永倞诗钞3》1652号。

④《春暮》，1999-04-22，《永倞诗钞3》未编号。

妈妈的照片题字："盘山度假村 与倞最后的合影 2000.9.19."

念奴娇·晋八十叟自寿[①]

声名余事，笑当年，几度辉煌盈誉。
美景何须重回顾，莫道光阴易去。
执教曾经，江城烟雨，彩笔书生著。
举头怅望，河山胡骑侵遽。

霞染红叶霜天，登临前路，漫作惊人语。
八十春秋应领悟，纵遇崎岖能驭。
艺术终生，忠诚不悔，最是风流处。
身无长物，我今虽老无虑。

癸酉金秋永倞抒怀 1993.9.26

又过两年，八十二寿日，爸爸开始憧憬新的千年："但得长生诀，还跨世纪强。人生难百岁，康乐自安详。愿共高龄叟，同歌举一觞。"[②]

珍惜着每一缕阳光，陶醉于每一处诗情，爸爸尽情地享受着生命的余晖。

1995 年，他自豪地写道："至今黑发犹生，精神矍铄，人皆不信余已年逾八十。其以诗抒怀之功欤？今老伴相知，儿女有成，余之暮年有如晚霞灿烂，诚陶然一老翁也。"[③]

既然"夕阳无限好"，何惧"已是近黄昏"!?

新千年的钟声敲响了。爸爸却在这一年以八六高龄仙逝，留给我们无尽的哀伤……

但爸爸的在天之灵，一定是无悔其一生的。

---

①《永倞诗钞 3》614 号。

②《乐寿歌》，1996-10-01，《永倞诗钞 3》1582 号。

③《跋》，《陶然吟》第 171 页。

（七）

大约是在 1994 年，见爸爸诗作日多，我们开始撺掇爸爸结集出版。

起初爸爸以“词非所专，未敢望方家之项背”，几番推脱；“然所情殷殷，其心拳拳，不能不从众意”[①]，终于采纳了我们的意见。

上千首诗词选其什一，对一个八旬老人来说实非易事。爸爸边选边吟，随抄随改，起早贪黑，乐此不疲。姐姐和我，则帮着校勘文字，编撰注解，订正史实，联系付梓……也忙得不亦乐乎。

夜以继日，寒来暑往，到 1995 年早春，《陶然吟》终至初成。

那么，谁来题写书名？爸爸认定了剧专恩师、著名戏剧家曹禺先生。

一个阳光明媚的春日，我陪护爸爸走进曹禺先生的病房。老人卧病多年，那天仍精神矍铄。爸爸身子微倾，执弟子礼甚恭；畅叙半小时余，方不忍告退。《哭挽曹禺万家宝师》[②]中有“今朝重拜望，诗选请题签。伸纸大笔挥，书法走龙蛇”句，记述的就是当时情景。

爸爸的剧专学弟和挚友、著名戏剧评论家刘厚生叔叔家，我也去过，只是记不清是去请序，还是取稿了。

1996 年，又一个阳光明媚的春日，我和姐姐把散发着油墨清香的《陶然吟》交到了爸爸手上。

那年“五一”，爸爸欣喜地写下一首小诗：“正是京居好光景，无妨吟诵度阴晴，有为之年不可再，《诗选》如今耄耋迎。”[③]

继而，爸爸又忙了好一阵子：“赠书签名先，邮局去连天，国内南北寄，海外友情牵。”[④]

收到朋友们致谢的电话和来信，爸爸好高兴！“话铃响东屋，日夜谢声呵；但知能舞美，不闻我善歌。”[⑤]

但是，现在看来，《陶然吟》给爸爸，也给我们留下了遗憾。

本来，在编撰本书之初，我们只是想把《陶然吟》出版之后爸爸的诗作整理一下，以期能补充《陶然吟》，更完整地展现爸爸晚年诗作的全貌。

---

①《跋》，《陶然吟》第 171 页。

② 书于单页稿纸，1996-12-14。

③《吟诗词选集出版》，1996-05-01，《永倞诗钞 3》1562 号。

④《赠书忙》，1996-05-12，《永倞诗钞 3》1566 号。

⑤ 本诗无题，1996-05-06，《永倞诗钞 3》1566 号。

但是，我们很快发现，我们陷入了爸爸诗稿的海洋之中……

这些天，动情于“夹片”，沉迷于《诗藁》，我几次拊案叹息：当年编辑《陶然吟》时，为什么没有抓住那难得的机会，帮爸爸搜集和整理未就诗草，让那么多的好诗又沉睡了二十多年？

也许，妈妈也曾有过这样的遗憾。

看了本文草稿，爱人想起 2008 年妈妈搬到我们小区居住后，有一次对她说过：你爸爸太有才，我不如你爸爸。

——妈妈是很骄傲的，爸爸在世时，我们并没有听到她有过类似的言论。

如此我猜想：那年搬出东架松旧居，妈妈一定整理过爸爸的遗物，一定发现过那几本《诗藁》，一定伴着泪水翻阅过那些凌乱的“夹片”！并且，一定像我们现在这样，被这些遗稿深深地震撼过！

坐落于凤凰山陵园的墓地

爸爸，您离开我们已经十七年，直到这次发掘和整理您的诗稿，您唯一的儿子，才觉得自己真正读懂了您，读懂了您的诗化人生。

2014 年，爸爸一百岁周年。10 月 30 日，爸爸的忌日，我独自一人驱车来到凤凰山陵园。老人的骨灰放置在八宝山；按妈妈的意见，我们又在这里购置了合葬墓——妈妈说，百年之后，她还要与爸爸在一起。

秋风萧瑟，落叶飘飞；我从山下提来清水，一遍一遍清扫着墓碑……

碑下墓穴里，埋着爸爸的三件遗物：钢笔，老花镜，还有，就是一本崭新的《陶然吟》。

是呀，一生为大众的奉献都留在了舞台，爸爸带走的，只是作为个人的心灵的创作——诗！

《陶然吟》伴着爸爸走进天国，他会在那里继续他诗的人生！

完稿于 2017 年 10 月

我与《陶然吟》*

◎ 陈永倞

余儿时居长沙东乡，有山名龙头山，为长、平、浏三县之界山。每春朝草长，或夏暮林葱，必溪水潺潺，修竹滴翠，杜鹃花红，坡坳生辉。时正垂髫，读书临帖之余，常徜徉林间，垂钓塘畔；或登高望远，满目青山，其情其景，至今犹历历在目。诚所谓年渐长而不衰，已高龄犹遐想也。

夫诗者，情也，景也，情景之交融也。山光秀色之中，读楚辞，览诗经，能不怦然心动？师范时又曾攻读旧体诗词，偶有吟诵；后专攻话剧艺术凡六十载，诗词终未专也。然氍毹之上，本情之至者，体验生活，更触世感时，每每诗兴勃发，不能自已。盖诗言志，而言为心声者也，所以吟咏抒怀，记事述情，虽非专长，然亦有见于报章者，甚至偏好者以之书于扇面。至60年代，累积数百首。惜“文革”浩劫，散失一空。

80年代退居二线，方展平生所好，或含饴弄孙，或殷勤花草，感盛事气象，忆抗战高歌，一发而不可止，诗稿已盈尺矣。未料寄情诗词，竟得安娱余年！偶得佳句，挂壁而自赏，求教于友人，快何如之？更推敲以健脑，悬腕以健身，至今黑发犹生，精神矍铄，人皆不信余已年逾八十，其以诗抒怀之功欤？今老伴相知，儿女有成，余之暮年有如晚霞灿烂，诚陶然一老翁也。

---

* 本文系作者为《陶然吟——陈永倞诗词选》所作之《跋》，收入本书时冠以本标题。——编者注

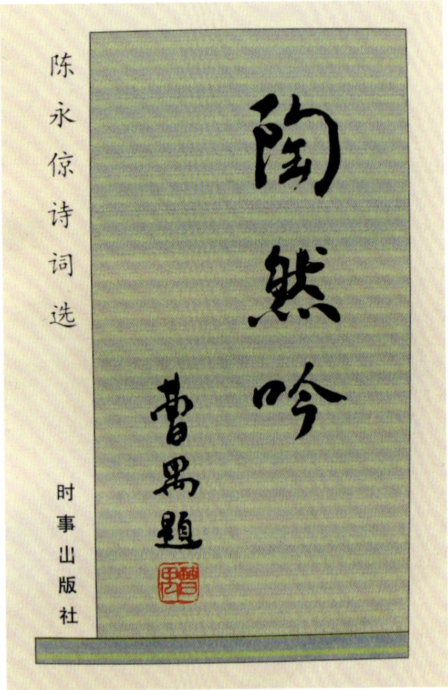

《陶然吟》扉页

亲友、儿女见余频年积诗已逾千首，力促遴选十一付梓，余本以词非所专，未敢望方家之项背；然所情殷殷，其心拳拳，不能不从众意，故撰此选集，无非以赠同好，借娱晚景耳。

今兹出版，儿女亲朋，与有力焉。更蒙老一辈戏剧大师曹禺恩师于病中题写书名，著名戏剧理论家、评论家刘厚生学兄拨冗作序，为小集增辉，特致诚挚之谢忱。

作者 1995 年初夏于不老斋

原载于《陶然吟——陈永倞诗词选》，
时事出版社 1996 年版，第 170—171 页

附载 / **致读者**

呈现在您面前的是一部颇具特色的诗词作品，它出自一位八秩高龄的舞台美术家之手，诗集的四个部分从不同侧面向您展现了一位老艺术家感人至深的情怀。《艺苑情》记述了诗人 60 年艺术生涯所经历、所感奋的种种往事，间有时代风云、抗战高歌，亦有对艺术友人之回首；诗人对戏剧艺术的热爱，对新中国话剧事业腾飞的喜悦，充溢于字里行间。《书怀》乃陈老晚年生活的写照，或感时而发，讴歌时代；或含饴弄孙，殷勤花草；诗人的志趣情操，跃然纸上。《乡情・亲情》乃陈老对家乡和亲人眷恋之情的真实写照，家乡楠竹滴翠、杜鹃花红的醉人风景，儿时塘畔戏水、徜徉林木的美好时光；对家乡父老、妻儿子孙的似水柔情，流淌于笔端。《叙事诗二首》辑录了陈老两首长诗，热情讴歌了我国老一辈艺术家和中国青年艺术剧院建院 40 余年所取得的巨大成就。

诗词爱好者、戏剧工作者乃至广大老年朋友和老年工作者，都将从本书获得真谛，受到启迪。

原载于《陶然吟——陈永倞诗词选》

老剧人陈永倞之诗词 *

◎ 刘厚生

忆昔1937年夏，余于南京考入国立戏剧学校之第三届。时当民族抗战初起，四海翻腾，人心激奋。不久学校搬迁三湘，新老师生纷纷至长沙报到。乃于此际得识学长陈君永倞，时为秋十月间，地则长沙稻谷仓临时校址也。

永倞学长湘人，剧校第一届之高才生，专攻舞台美术，兼习导演，成绩斐然；1937年毕业后即被留校参加研究实验部工作。吾侪新生，入学后均需追随一、二届返校学长，学习各种舞台工艺，参加街头剧之演出。当时在校者除永倞学长外，尚有蔡君松龄、石君莲馨（联星）、王君大化、骆君文宏（骆文）等30余人，对我等后学谆谆善诱，关怀备至；永倞学长系当地人士，对吾等尤为关切。同学友爱，弦歌不绝，虽战时生活艰苦，游子飘零，亦觉舒畅。三阅月之后，学校再以木帆数艘经湘江，入洞庭，转宜昌，至重庆。永倞学长转任教员。春风化雨，诲人不倦，虽曰同窗，亦师长焉。

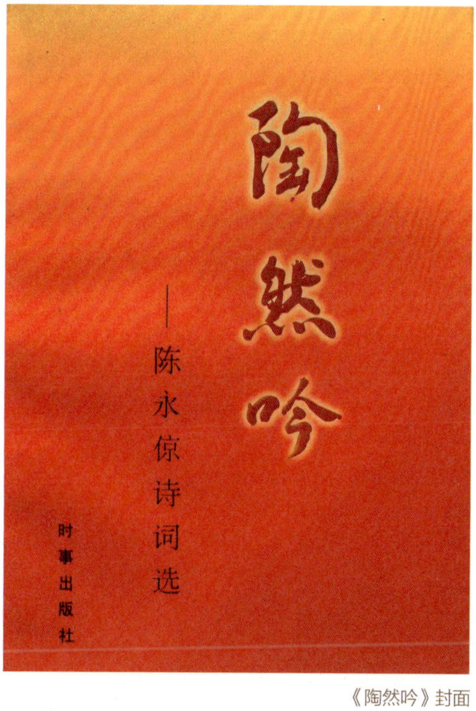

《陶然吟》封面

永倞学长自入学后随校转辗14年，共其始终；亦学亦教，亦舞美亦导演，在校时间之久，历届千余师生中为第一。且于40年代之初，遇四届同学冀君淑平，百世修行，天缘巧合，互为爱俘而白头偕老，乃剧校之佳话也。永倞学长为校长余公上沅之得力股肱，对母校之贡献良多；然得此佳侣，母校之于学长亦厚

* 本文系刘厚生先生为《陶然吟——陈永倞诗词选》所作之《序》，被收入李乃忱编著《国立剧专史料集成》一书时冠以本文标题。——编者注

矣。余于1941年离校，与学长暌违甚久。粉碎“四人帮”以来，则时通音讯，常相过从，年齿日长，互知渐深；惜终未长相共事，旦夕切磋，时聆教益，常引为憾也。

今岁之春，永倞学长示知，云已于近年所作诗词千余首中选其十一，付印《陶然吟》诗集，嘱余为之序。噫！迩来余虽于剧界诸集会中时见永倞学长兴来之作，知其性耽吟咏，佳什迭出，殊未料及耕耘如此之勤，果实如此之丰也。然命序于我，乃诗词门外之盲人，岂非步入误区呼！无奈学长之命不敢辞，既蒙垂青，虽赧颜亦当勉力为之，惶惶然而又欣欣然。

拜读华章一过，不觉惊喜拍案。盖诗词之作，贵在情感之真挚，立意之高善与夫境界、文字之优美，三者缺一不可。学长诸篇，自不必誉之为满树桃李，朵朵艳丽，更不应张狂大言，字字珠玑，但情真意善辞美三者兼具之作确不在少数。诗人胸怀广远，心注八方，国事之重，友情之深，家庭之爱，花鸟之微，无不聚向心头，挥上笔尖。集中词多于诗，短词小令多于长调，风格大都轻灵复隽永，朴素而清秀。时亦有壮语抒怀，盖时势使然，自是真情。其最可珍者，乃在于所有内容均系生活之火花，时代之光影，感情如龙睛之一点，意境似花蕾之渐开。是以真率流畅，极少用典。有感而发，绝无自作多情之虚假；铺陈形象，更无唯美词藻之堆砌。试举余特喜者三首为例：

蝶恋花·燕失巢

春暮夏初晴几许 / 燕子迟回 / 窗锁无人语 /
檐里年年育儿女 / 今朝何故重门拒
楼外徘徊寻住所 / 欲上层楼 / 雀占奴家处 /
唯有呢喃期赐予 / 但求生下一双去

浪淘沙·二环新貌

藤叶满街坊 / 市菊飘香 / 立交桥架二环长 /
一盏红灯都不见 / 高速名扬
改道古城墙 / 正绕中央 / 东西南北枕新妆 /
恰似彩虹镶绿地 / 处处花黄

江城子·歌一辛孙生日

十年尾巴又长长 / 短发光 / 易梳妆 / 挂好钥匙 /
结伴到课堂 / 中午学校用顿饭 / 荤与素 / 富营养
坚持治病喝药汤 / 忌吃腥 / 自刚强 / 作业一完 /
赶紧上琴忙 / 爸到东瀛访问去 / 奶照看 / 窝头香

如此等等，皆甚富新意，出自天然。以立交桥入词，见诗人欢呼首都建设之热忱；写燕儿、弱女之神态，显诗人爱怜幼小之温馨；赤心流露，情趣盎然，洵佳作也。

然披览击节之余，甚感令余意动神摇、震震于心者，更在文字之外焉。遥想七老八十之衰翁，孜孜矻矻，反反复复；字斟句酌，如贾浪仙之苦吟推敲；述情达意，学杜工部之千锤百炼。想必时有茫然束手之苦，亦有神来忘形之乐。日复日，年复年，锲而不舍，沉湎其中，此乃何等执着钻研之精神耶！且老翁诗词，老妪书画，暮年琴瑟，岁月得以充实，比翼齐飞，生命焕发光彩。诚如永倞学长所言，此乃老少年之乐观心境，为新社会之美好结晶。令人感佩，令人心醉。

永倞学长于1949年上海解放后不久即应邀来京参加中国青年艺术剧院之创建，专事舞美设计。80年代以来，复任中国舞台美术学会领导多年，为舞美学界之耆宿大家，为中国戏剧艺术奉献终身，成就昭昭，德望赫赫，诗词特其余事耳。然以对专业攻关之毅力用之于业余爱好，虽云怡情养性，是亦老人一生性格风采之反映也。

我剧界擅韵语者自田汉前辈起代不乏人，唯舞美方面似尚少见，永倞学长其率先者乎。谨祝学长贾其余勇，再上层楼，昂昂然向二千首稳步进军；并愿我剧界离退诸老皆能如过海之仙，各织其锦，各添其花，垂垂不老，各显其能。发扬戏剧队伍老有所为之传统，点染祖国红绿万里之山河，实所深盼焉。

1995年5月于北京

原载于《陶然吟——陈永倞诗词选》，
时事出版社1996年版，文前第1—4页

陈永倞参加《北京广播电视报》笔会与剧专同届校友、著名导演凌子风合影（1994年9月）

友人畅谈《陶然吟》

本书编者寄言：《陶然吟》出版后，许多亲朋好友给父亲发来热情的信函。在《永倞诗词钞》第三本有这样的记载："拙著送出后，电谢频来。""同行半世纪，氍毹相识多，今朝梓新卷，感奋意如何。"本文辑录了几位艺术友人的来信来函，表达了他们对父亲的敬意和对这本诗集的喜爱。

永倞学长：

你好！淑平嫂好！阖府几代都好！

喜鹊叫，好事到，《陶然吟》飞来冲我笑。

我等不及正襟危坐了，接过她来就从第一页如走马观花一下子看到了一百七十一页。虽然还没有深一层品尝到个中情趣，我的茅塞顿开了。一片我熟悉又陌生的新天地展现在我的面前了。不光在舞台上，就在这大地上，几十年，你怎么这么灵巧，捕捉各种机遇，展现你的才华，或欢、或庆、或怀念、或悲歌，都在有声、有时又无声抨击着我。我说的是实情，你那"不老斋"让我流连忘返了。我该琢磨、该回味的，却是太多太多了。怪不得两次病魔骚乱你，都被你这浩然正气照得落荒而逃呢！

谢谢你，陶然不老人！

记否？我曾读过老兄诗句"乡音未改不知羞"（没错吧？）既风趣又亲切，我喜欢上了，后来又补看了一些。有一次电话里，建议出个册子，当然这只是我的愿望。你说，这只是为了"安度"晚年。好一个安度，这分量不轻，就是说老虽老，不能虚度啊！

我也建议几次，设法将我院舞美方面精美的设计选编成册，想方出版。例如正宇、阳春、永倞、周正、德康、启光、金钢……多有精品。由于多种原因，未被重视，这是情有可原的。我在周正君家中看过他舞台设计复制的录像带，精致又有保留价值。但经久不启用，多年后就难说了。我家有他三幅画（两大一小），还有一幅刀刻版，常被来客欣赏。

我仅仅浏览一过，来日当进一步学习、品味。

万老师的《蜕变》有句台词："只要你自己不觉得老，就永远不会老！"我将学习体会"不老斋"生活乐趣。

嫂夫人淑平（我只是为了这称谓新鲜，当然事实也是如此，这和年龄无关，对不？）学画已三载了，何时我能欣赏到呢？或许贤伉俪合绘一张，当令人赏心悦目！

问好《陶然吟》三位特约编辑，敬礼！[①]

敬祝

阖府康乐

石羽[②]

1996年4月27日

永倞先生：

称您为先生，因为您是我的前辈，我的老师。认识您和淑平大姐，都快半个世纪了，我一直从心里尊敬你们。

您是一位学者型的舞台美术专家，创作时根底深厚，才华横溢，一生谦虚谨慎，道德品质高尚，令人钦佩。可是，我还不知道您是一位诗人。昨天，厚生和惠珍大姐来，送来您赐赠的诗集，我确实惊喜不已。谢谢你！

这本诗集，装帧印刷相当讲究，精美，在今天是很少见的，难能而可贵，给人留下美好的印象。更加可贵的是，从开篇到结尾，都流淌着你珍贵的心血，流淌着你从心底不断涌出的一片片真挚的情意。你热爱祖国山河，热爱戏剧艺术，热爱剧院，热爱生活，字里行间都令人感动。你对于田汉、阳翰笙、余上沅、杨村彬、沙梅、叶子、金山、维世、路曦、止怡、胡丫诸位前辈的深切怀念，读来使我心酸，联想到这些我心里热爱和崇敬的艺术家的遭遇，扼腕叹息，感慨万千，潸然泪下。你的精炼的诗句，流露出你深沉的崇高爱心，你的华章，有一种激动人心的感情力量，使人感到亲切。

生于忧患之年，长于苦难之中，历尽沧桑，才能有你的诗，也才能读懂你的诗。我喜欢你的诗。祝你和淑平大姐健康长寿，祝你继续写出佳作来。

唯一的一点遗憾是，在你亲笔签名之下，没有印章，如有篆刻的印章，就更完美一些。

祝

夏安

晚 陈刚[③]

1996年5月6日

①“三位特约编辑”系指陈永倞的三个子女，这是对他们为父亲出版诗集的褒扬。——编者注，下同

② 石羽，剧专第二届学子，话剧演员、导演，曾任中国青年艺术剧院副院长。

③ 陈刚，曾任中国戏剧家协会书记处书记。

永倞夫子：

您好！

幸奉夫子惠赐大作《陶然吟》诗词一部，弟子读来不胜欢欣雀跃。受业有幸自江安在恩师启蒙教育下，迄今已五十余载矣，半个世纪以来，夫子之道已使学生受益匪浅，且终身受用不尽。不期在步入古稀之年后，又受先生《陶然吟》不老斋之传授，岂非得天独厚也。幸哉！幸哉！

弟子退居家中，谨学正宇夫子之教，闭门读书，以书画以自娱。终日研墨临池，“万卷古今消永日，一窗昏晓送流年”，以此继承弘扬祖国文化。生天资愚钝，缺乏功底。读唐诗五言七律，勉强粗略一知半解其一二而已。然，每每面对宋词，则怅然一窍不通，其中章法韵律全然不知，实无法掌握其规律。今得先生赐教，终日持《陶然吟》读于案头枕畔，反复精读，细嚼慢咽，仔细品尝其中用词命句之神韵，融会贯通。通诗词之门不难入也。既能重温昔日国立剧专及中国剧坛整个史诗历程，又能忆念前辈师友故人的丰功伟绩，重睹在风雨沧桑中战斗中良师益友们的音容。此何等乐事也。

夫子之道，衣钵相传，这些年弟子在中国戏曲学院舞美系教书，以先生之道传育后人，不曾间断。下学期仍在家中为学院带两名三年制研究生。惜哉，中国戏曲民族传统遗产，过去均为师傅口传心授、心领神会的“无字天书”，没有留下文字，实在可惜！而今、眼下、眼目前只好临渴掘井，精读焦公菊隐、张庚、阿甲诸前辈先生大作之金玉良言求教也！

先生《陶然吟》对我的教诲是——

以百年之生命，面对中华几千年的灿烂的民族文化遗产，将如何呢？向祖国文化奉献者，“生”。其奉献而能长存者，“不老”。以奉献而乐者，必“陶然”。陶然者必“不老”，除此，别无他求，其是之谓乎？

祝夫子金秋平川无限好，百年陶然自不老。

并敬候

冀先生好！　　耑此敬请

夏安！

学生　陈永祥[1]　鞠躬

6月9日

① 陈永祥，剧专第九届学子，舞台美术家。先后就职于北京人民艺术剧院、中央实验话剧院，并任中央戏剧学院、中国戏曲学院客座教授。——编者注

“丁年共识剧艺　壮年又见匆匆”

前排左起：刘厚生（第三届）、石羽（孙坚白，第二届）、张逸生（第二届）、陈永倞（第一届）

后排左起：彭行才（第四届）、李乃忱（第三届）

永倞老师：

意外惊喜收到您惠赠大作，因故未能及时致谢，祈宽恕！虽然拖延至今，也未能通读全书，有如孩童喜获美果，不忍狼吞虎咽一扫而光，留待细嚼品味，漫延个中美味。

读大作如逢故旧，一张张熟悉而又亲切的面容扑面而来；读大作如品香茶，一串串经历过的珍贵往事眼前浮现；读大作如饮佳酿，浇上心头，热血涌流，动情处喜泪交流；读大作如闻铎震，仿佛置身文庙课堂，又嗅粉笔飘香。

书虽不厚，但贯穿了半个世纪多的戏剧春秋；这不是演义，但却点睛画龙地刻画了众多的风流人物；这不是传记，但字字句句无不流露出您的耿直、刚毅、磊落、仁厚，热爱人民、热爱事业、热爱生活、热爱社会的博大胸怀；这不是论文，但融化其中的深邃哲理亮丽了我们的世界。

我 17 岁时开始是您的学生，今年 73 岁了，又闻您的教诲，真是难能可贵，希望您不吝赐教，永远是我的老师！

…………

谨祝

健康长寿！青春永驻！

学生　石港[1]

6 月 17 日

---

① 石港，剧专第五届学子，曾任浙江话剧团导演、艺术委员。本文略有删节。——编者注

永倞老师：
淑平大姐：

前一阵子，学璇在电话中告诉我："永倞老师寄来了诗集送给广州校友——"，我立即接话："肯定有给我的！" 学璇说："当然有你的！"

当时我真的非常高兴，因为平时我和北原就不止一次说过，"永倞老师的古学底子真不简单"，多次在信、卡片，寄给《南雁》、学璇和我们……的，我们已深有此感了。所以接到学璇电话就想先写信给您的。但是提几次笔，写什么呢？高兴？感激？祝贺……都是空的。以致一直强忍着，直到七月二日我们在穗校友每月的聚会例会拿到了书！

书是红火火的，红黄层次好耀眼，《陶然吟》几个大字一下映入眼帘，心里泛起一片热浪……精致得很！舒适得很！封面已经引我进入一个又火红，又超然的境界。

上午在越秀公园饮茶（不是茶楼）拿到书。晚上我要去师范学院排几个小戏（去澳门与该处大学生作交流演出），然而我就抢着中午时间把全书看完，脑子里浮现了很多，心里想起了很多……

照片使我想起了在江安排练和演出的《雷雨》（永倞为我们导演的），是我到学校的第三个戏：第一个是治策老师〖导演的〗，戏中我演的"月亮姐姐"；第二个是鲤庭老师为高二班导《金玉满堂》，我演"孝天婶"；第三个就是永倞老师导演的《雷雨》中我演的，也是我最喜欢的——我先后三次演过——蘩漪了。使我想起了我在北京看淑平大姐演的《万尼亚舅舅》中的那个美丽的叶琳娜。"孙盼长大爷羡小"那张照片使我想起八五年我在北京参加校庆在您们家和您们孙子及您俩合拍的那张照片……同时也忘不了我从"中万"回到大光路剧专时淑平人姐为我煎两个鸡蛋补充在中万伙食太坏的营养……一切都好像在昨天，但一切又都过去得那样匆忙，似乎又非常遥远……

厚生大哥那篇序写得非常好，在文体上和诗词是那样的谐和。更重要的是文章的那一份真实的真诚，不是虚夸，而是可贵的实事求是的、出自内心的由衷的赞赏，同时又道出了整本诗词的特点。我读完全书后，确如厚生大哥所说："欢呼首都建设之热忱；写燕儿、弱女之神态，显诗人爱怜幼小之温馨；赤心流露，情趣盎然，洵佳作也。"这些都是我读词和诗中所感受到的。厚生大哥代我说出了我想说的话。

虽然近几年我读到永倞老师不少好诗和词，但似这次这样集中"全方位"（也许用得不恰当）地读永倞老师的诗和词，却有更多的感受：永倞师是一位有着多么丰富和温馨感情的人（在校时，永倞师给我的印象是严肃的），对人，对同志，对学生（如康黎、思诚……），对媳妇，对子女，对家庭，对淑平大姐……那是一个多么和睦可爱的家！令人羡慕，值人致敬的家！

学璇在电话中就告诉了我，永倞师说是孩子要为爸爸出这《陶然吟》的。由此可见，孩子对父亲那一份珍贵的感情，这当然不是其他任何贵重之物所能相比的！

当然，又让我看见了非比——我们的小白雪公主，当年我最爱的小朋友之一，现在是研究地震的专家了，又是科学的文化人了……

该说什么呢？想说的话太多了，于是我这封信成了虚点最多的信。但是我最要说的，还是八五年淑平大姐告诉了我永倞师在那样一场惊人的大病后，这么些年，不仅身体健康，而且结出如此硕果，怎能不叫人高兴，不为永倞师和淑平大姐致敬致贺呢！

今天在第一次读完后先写这么些随想随写的信，以后还要抽时间细细地读，细细地嚼，同时学习永倞师这种不懈的精神和超然的心境，尽可能多做一点事。也要学习淑平大姐学画的坚持不懈的态度，不要停顿，努力下去。您们的精神确实这样鼓励着我，应该向您们道一声深深的感谢！

请您们保重！祝您们健康！盼您们继续不断出作品！

宗环[①] 北原[②] 上

1996 年 7 月 4 日晚

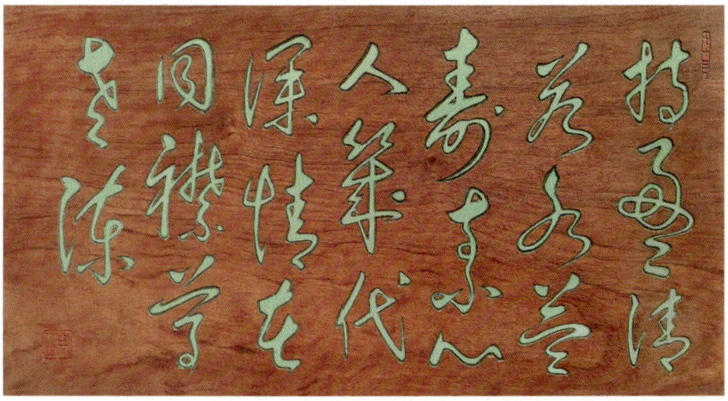
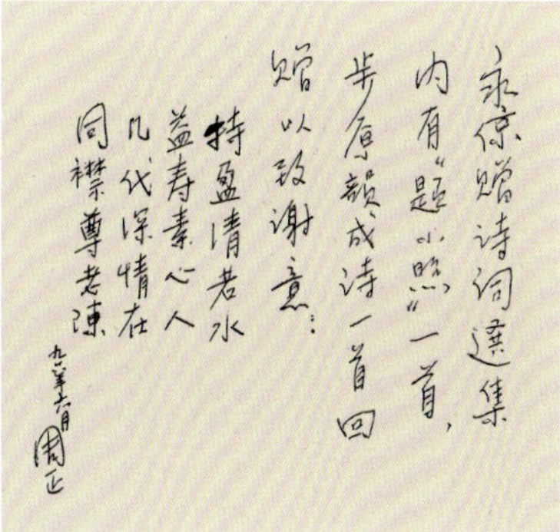
永倞赠诗词选集
内有"题小照"一首，
步原韵成诗一首回
赠以致谢意：
持盈清若水
益寿素心人
几代深情在
同襟尊老陈
九六年六月
周正

青艺舞台美术家周正先生收到《陶然吟》后的回函和雕刻的赠诗

① 肖宗环，剧专第九届乐剧科学子，广州话剧团演员。——编者注，下同

② 位北原，剧专第十一届话剧科学子，导演、演员，曾任四川省话剧团、成都市话剧团、羊城话剧团、广州话剧团副团长、团长。

艺苑风华 *

浪淘沙·纪念国立剧专建校五十周年 **

末世艺苑求，十四春秋。
当时年少正漂流。
岂计频繁弹粉墨，风雨飞舟。

一旦起新猷，宿愿方遒。
凌波鼓浪任遨游。
五十周年重聚首，喜泪盈眸。

题解：国立戏剧学校 1935 年秋成立于南京，解放后与其他两所学校合组为中央戏剧学院。剧专从建校至解放后并校转制，历时 14 年，至 1985 年已建校 50 周年。

1985 年 9 月

九九感怀

忆昔弦歌日，风雨正堪愁。
不期四十载，相聚在金秋。
欣逢教师节，旧雨京华游。
难得一过从，友谊更长留。
相见鬓皆白，岁月去悠悠。

1987 年秋

---

* 本文及以下各专题均由陈冀选编，诗题加“**”者选自《陶然吟——陈永倞诗词选》，时事出版社 1996 年版，收录时作了必要的勘正或修改；其他诗作选自作者各类手稿，恕不一一具体注明。——编者注

女冠子·征程散忆**

艺高无际，终身从事难悟。
春风忽到，万里应趁，惜别倾怀，豪情初具。
因缘形势变，毕业即回桑梓，请缨无路。
几登台，师友志愿，皆“逆流”① 旧雨故。

剧专迁校搬演罢，组队衡山顶、向县民倾诉。
国危家破，口号里、奋起松坪群怒。
更苍须和尚，也掩涕伤情泪，驱倭无惧。
看善男信女，壮怀堪铸，把神州戍。

1992 年 11 月

清平乐·祝阳翰老九十大寿**

欣逢阳翰笙老前辈九十华诞，因赋祝祜。

生平彩焕，七十年璀璨。
剧影开宗春永在，高寿九旬伟岸。

先驱创业艰难，纵横翰墨文坛。
旷世功勋翘楚，风雨战斗犹酣。

1992 年冬

满江红·院庆**

四十四年，人欢笑、殷勤岁月。
曾经是、风华正茂，放歌激越。
四海氍毹皆战地，舞台上下歌难歇。
下基层、劳动共欢乐，同吃喝。

创高峰，犹争说；
生平志，何时没。
看磨砺以砺、指挥岁月。
莫道创新艰苦路，士不夺志铮铮骨。
但将来、只有晚风轻，邀明月。

1993 年 4 月 15 日

① “逆流”：作者就读于长沙县立中学时与同好所组之业余戏剧团体“逆流剧社”。

题照·两院同庆**

两院同歌数十年，
今宵共舞月团圆。
来时青壮多佳丽，
皓首如今乐陶然。

跋：中国儿童艺术剧院前身为青艺附属儿童剧团，故青艺院庆常邀其同庆。因赋。

1994 年 4 月 21 日

浪淘沙·上元吟

乙亥正华年，万里晴天。
春风烂漫到幽燕。
放眼楼红柳未绿，总记群贤。

岁岁友情联，梦绕魂牵。
东厅紧靠舞台边。①
谈笑樽前茶当酒，共话团圆。

1995 年 2 月 12 日（学会茶会上吟诵）

水调歌头·歌余上沅校长百年诞辰

百岁今年庆，情暖赋师尊。
山长水阔千里，壮志贵晨昏。
少小学徒布店，奋发求知北大，清华更逢春。
卡内基留学，攻读遇良辰。

堪回首，虽立志，总艰辛。
年将不惑受命，创校誉经纶。
辗转一十四载，甘苦备尝应记，桃李满园新。
肝胆千秋业，剧艺大功臣。

题解：余上沅师曾是国立剧专校长，生于 1897 年 10 月 4 日，于 1970 年 4 月 30 日病殁。今逢诞辰 100 周年，因歌以纪。九七年秋十月受业八十有三叟陈永倞抒怀。

1997 年 9 月 20 日

① 中国舞台美术学会成立后“落户”中央戏剧学院，常在学院实验剧场东会议厅举办活动。

满江红·为老院长吴雪寿

蜀水巴山，多人杰、旅外不歇。
更寻根、红都陕北，豪情激越。
万里关山到辽沈，文工二团宣传热。
忆当年、编演抓壮丁，新时节。

思往事，心犹悦；
念畴昔，有吴雪。
看从前功业，半纪凭说。
话剧已经举大炽，壮志犹堪尊贤哲。
喜今朝、青艺又辉煌，英雄业。

二千年秋九月青艺人陈永倞颂

壮心不已

我自陶然不老人**

路南路北绿如茵，但看浮云日又新。
金秋更觉平川好，我自陶然不老人。

1986年10月1日

建党七十周年抒怀（二首）**

卜算子

灿烂五千年，壮丽炎黄脉。
近代胡侵万里疆，锁国终无益。

鏖战七十春，众志成城役。
浴血工农胜腐恶，大地山河赤。

忆王孙

七十年岁月辉煌，滚滚洪流辟大荒。
不畏艰辛斗强梁。
好时光，最是常思党期望。

1991年7月1日

采桑子·痛斥淫雨**

淫雨为灾遍十八省市，历年罕见，忿而作此。

滂沱大雨侵南北，无比猖狂。四舍遭殃，
肆虐家园毁小康。

有朝一日挥金箭，直指穹苍。痛斥强梁，
誓与天公较短长。

1991年7月24日

望江南·颂南巡

鸡高唱，大地正回春。
普照高阳频送暖；“中心”早定为人民。
能不颂南巡？

1992 年

诉衷情·自勉**

平生好似有豪情，哪识少年行。
故园初问经史，也用到如今。

垂老矣，岂争名，更心明。
童心犹在，纸上躬耕，何计征程。

1992 年 11 月 19 日

满江红·迎五月

似锦繁华，春未老，才迎五月。
南风健，携来花好，满园欢悦。
虎跃龙腾翻旧貌，台阶再越都新绝。
此形势，四海起宏图，增颜色。

曾经是，穷与白；
不消说，应决裂。
正良辰美景，艳阳时节。
志士仁人齐挽袖，英雄豪杰心头热。
看明朝，绿野映河清，俱澄澈。

1993 年 5 月 13 日

虞美人·盼南水调京

人间天上朝朝盼，无雨平川旱。
年年四月愿天倾，应知良田缺墒饭难寻。

山遥路远千行树，阡陌空烟雾。
西山岚起似仍晴，有意难期南水调来京。

1995 年 4 月 17 日

咏男团冠军

激战四连冠，我军高峰攀。
瑞将猛如虎，小马又过关。
丁松高削手，卡尔松汗颜。
瓦尔德内尔，奥运冠军班；
技艺诚高绝，多变不一般。
王涛战佩尔，一板金杯还。

1995年5月9日

水调歌头

一九九六年仲春月，八十有二叟有怀。

我谓无难事，只要有心人。
了却一件夙愿，闻道要躬亲。
多少平常时候，细事也关宏旨，成就靠艰辛。
耄耋经风雨，何惧送清晨。

不言老，还服老，岂伤贫？
一生笑傲遗憾，应念总逢春。
到处山花烂漫，翘首天高云淡，莫负此良辰。
万里神州路，旭日照征尘。

1996年4月17日

满江红·敬祝周总理百年诞辰

世纪丰碑，惊天地，谁为人瑞？
百年寿，万民敬仰，哲人应记。
睿智雄才克顽敌，非凡胆略尽奇智。
那时节，革命最艰辛，纵横治。

环境恶，犹不避；
遭险阻，更无畏。
喜神州万里，问当年事。
世界大同凭革命，民安国泰尊一帅。
我后生，永世学先贤，周公帜。

1998年3月15日

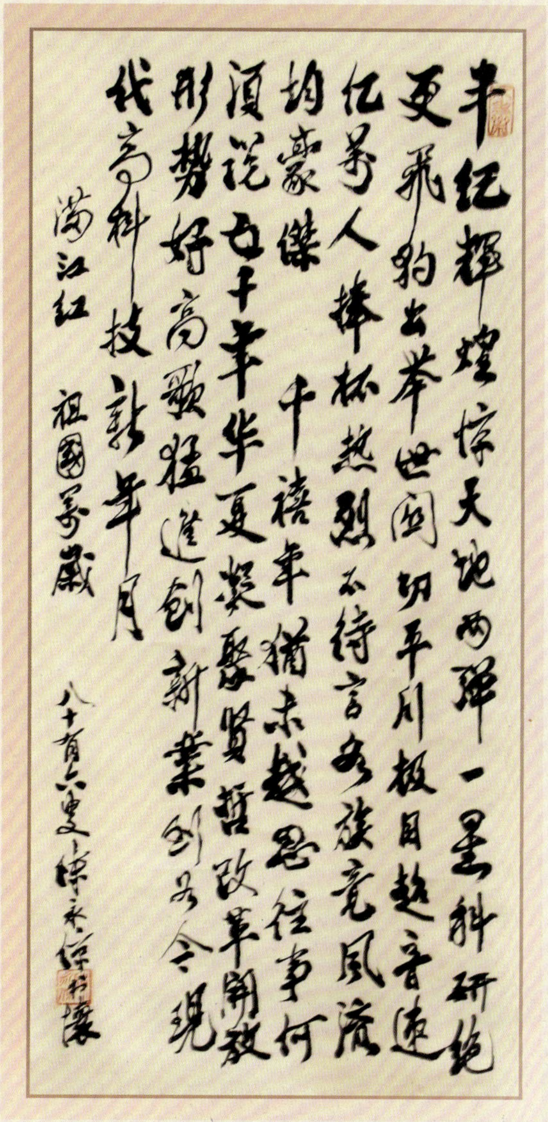

满江红·祖国万岁
八十有六叟陈永倞抒怀

忆江南·迎回归

澳门好，自古我山河。
葡侵四百年往事，如今还我息干戈，
能不作一歌？

1999 年 12 月 2 日

伉俪之歌

诉衷情·庆生日建军节赠“老兵”**

当时辍学正少年，值抗战颠连。
心潮澎湃投笔，从艺为宣传。

炎夏日，趁车船，到西川。
毕生心愿，五十三秋，壮志依然。

题解：老兵即夫人冀淑平。1938 年夏从西安远赴重庆剧校学艺，曾参军至中国人民解放军三野三十五军文工团，故称其“老兵”。又，其生日与建军节同日。

1991 年 8 月

艺人行**

壬申八月一日夫人寿适农历观音生日。回首当年，因叙往事，书赠夫人七十晋寿。诗未工，情则真朴耳。

（一）

朝天门外两江横[①]，花岗峰起重庆城。
下江人聚上清寺[②]，八方共识抗倭情。

（二）

嘉陵江上月朦胧，楼向青山独有枫。
清歌时出栏杆畔，曲咏高远驭秋风。

① 两江横：重庆城位于长江与嘉陵江汇合处。
② 上清寺：地名，位于重庆市；剧校迁到重庆时校址所在地。

（三）

纯真质朴感情丰，唱过长安[1]又川东。
天赋聪颖倩人醉，绕梁三日意无穷。

（四）

姗姗来迟谁家女？辞亲跋涉作长征。
轻盈辫小工装裤，能歌解舞才华生。

（五）

敌机肆虐扰山城，溯江移址江安滨。
迁入文庙[2]圣贤地，披荆斩棘共躬耕。

（六）

志同道合艺相通，时难年荒岂畏穷。
更识文采心相许，山高水长咏始终。

（七）

患难之交情万千，布衣蔬食乐悠然。
举案齐眉调琴瑟，油灯夜读学参禅。

（八）

金色晚霞情更珍，病危特护赖亲人。
今生幸得真知己，世上观音再世神。

1992年7月26—29日

---

① 长安：西安。

② 文庙：孔子庙，此处系指江安县之孔庙。

紫竹院行**

居京日久，无缘问竹。秋高气爽，两老兴起，寻紫竹院，畅游终日。兴犹未尽，因纪其事。

（一）

苍松翠柏径纵横，江南细竹指天生。
三分湖色连溪水，信步行吟绕山行。

（二）

槐老松高草如茵，万竿修竹路斜倾。
秋尽残荷犹是景，戏水游船野鸭迎。

（三）

亭台高耸水中分，“望月阁”临上下云。
几曲栏杆联袂起，指点清波数鱼群。

1992 年 10 月 20 日

忆王孙·金婚吟**

悠悠岁月忆年华，半世情牵似神仙。
剧艺终生佳话传。
艳阳天，晚景如今无挂牵。

1993 年 1 月

鹧鸪天·题画谱扉页

近树婆娑远树稀，平原望断小桥西。
风吹杨柳频回首，一夜霜来叶满畦。

翁入景，荷锄归。良辰美景趁朝晖。
浓云薄雾朦胧雨，也染蹊头大笔挥。

题解：夫人学画，为其画谱题诗。

1993 年 9 月 14 日

醉花阴·自寿（生日歌）

月白风清霜时候，红叶西山骤。
佳节正中秋，再上层楼，更喜今逢寿。

漫道长空云似绣，侵晓庭茵厚。
戏看小喷泉，花草含情，为我殷勤佑。

1996 年 9 月 28 日

满江红·挪威行

九六年九月间，我《娜拉》主演者[①]作嘉宾飞奥斯陆，乃应挪威易卜生戏剧节盛情邀请，因赋。

四十光阴，悠忽过，生平愉悦。
到而今，旷世佳剧，已经久别。
《傀儡家庭》扬远近，过眼烟云仍传说。
也沉思，底事邀声名，因何诀？

忆往事，心头热。[②]
氍毹上，情殷切。
想当年盛况，笑谈时节。
恰遇秋来成贵客，乘风万里友情牵。
去挪威，人道是良缘，会贤哲。

1996 年 12 月 22 日

附载 / **赠陈永倧、冀淑平伉俪** 游默

奇葩吐蕊溢芬芳，邂逅西图夜越洋。
逝水悠然知冷暖，回春何必数沧桑。
台毹一代丹青手，戏苑千妆粉墨娘。
重绘轻吟艺双璧，寿翁比翼举霞觞。

1996 年 6 月 17 日

摘引自游默《徜徉戏林艺海》，中国戏剧出版社 2003 年版，第 482 页

① 我《娜拉》主演者：即夫人冀淑平，曾于 1956 年主演《娜拉》。
② 忆往事，心头热：本诗作者是《娜拉》的舞美设计，该剧引起国内外强烈反响，堪称是陈永倧冀淑平伉俪最成功的一次亲密合作。——编者注

潇湘远望

念故乡寻根四赋**

离乡半世纪矣，向往出生地，怀念少年时；乡情若梦，往事如昨，盖人之思乡，亦寻根之常理耳。

（一）

三楚神州地，历代有才人。山屏衡岳胜，湖阔洞庭春。
四派流南北，一亭爱晚名。游子念乡意，还唱表愚心。

（二）

三楚风云地，自古有声名。三月桃花水，八月稻谷新。
鱼米富乡井，丹橘映丘陵。无功怀故里，长歌情实真。

（三）

三楚英雄地，历代多哲人。前有屈子①沉汨水，后有黄蔡②麓山陵。
前仆后继身先死，复有霞姑③板仓茔。衰翁思往事，因咏泪沾襟。

（四）

三楚繁华地，乡音客思深。儿时启蒙处，竹马戏枫林。
年少消炎夏，垂纶绕塘滨。世事超半纪，犹有梦乡情。

1990年10月

---

① 屈子：战国时期大诗人屈原。
② 黄蔡：近代民主革命家黄兴和近代军事家蔡锷；二人均葬于长沙岳麓山。
③ 霞姑：毛泽东夫人杨开慧，字霞姑。

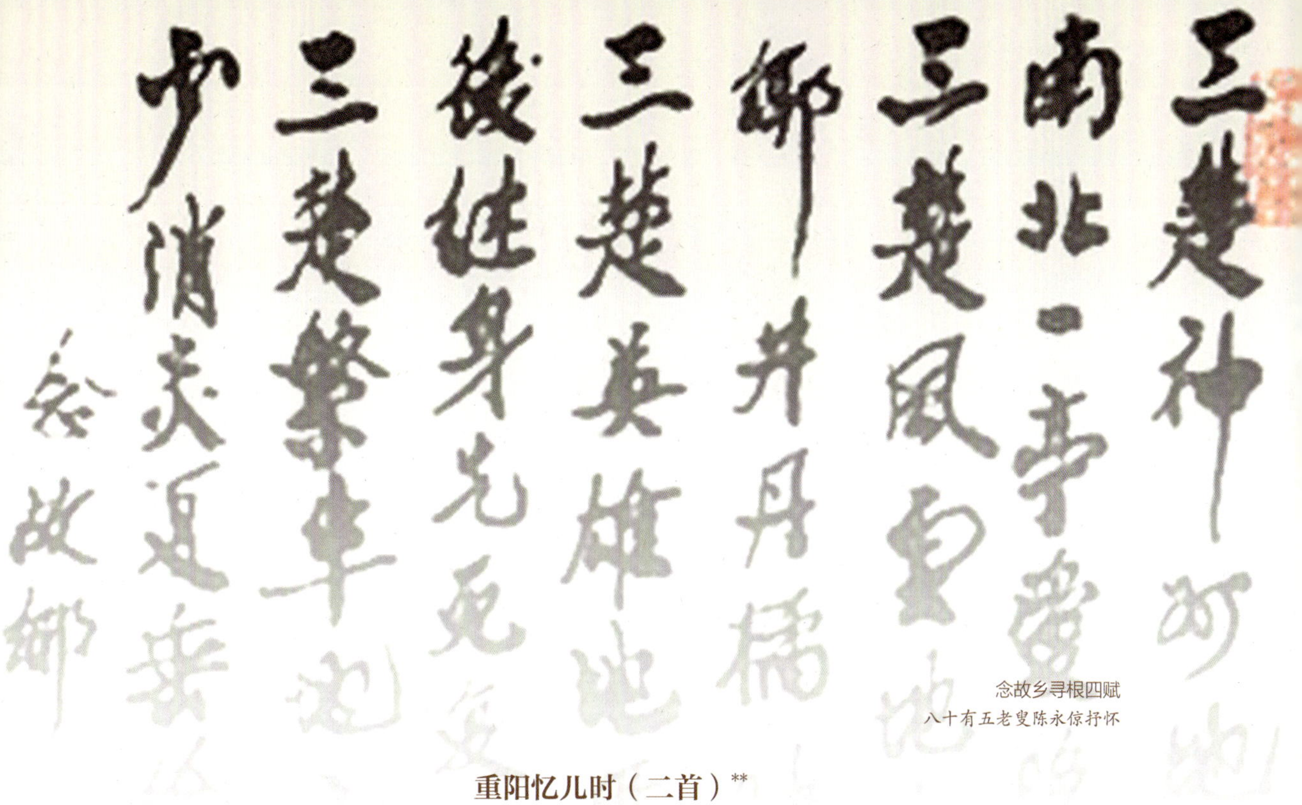

念故乡寻根四赋
八十有五老叟陈永倞抒怀

重阳忆儿时（二首）**

其 一

仰望龙头尖接天①，峰峦日照绕青烟。
儿时结伴登高去，披荆斩棘勇争先。

其 二

红叶秋山茅舍边，溪头楠竹傍家园。
鸡犬相闻闲听笛，山冲洼处有粮田。

1991 年 10 月 10 日

冬至偶忆

偶思少儿时，私塾正蒙童，
时年方十岁，诗云子曰功。
冬至入祠庙，长跪香案东，
吟诵祀词美，铿锵有文风。
似觉宗人喜，犹留记忆中。

1991 年 12 月 22 日

① 龙头尖乃故乡高山名，少年时重阳节常攀此峰。

酒泉子·童年**

长忆儿时，落日黄昏塘底月。
男男女女读书声，小苑茶花红。

细竹浓遍山腰里，翠鸟临池又飞起。
钓鱼竿出石窗间，师去一时闲。

1991 年 12 月 27 日

南歌子·闻姐卧病**

腊月乡音至，忽来长话声。
春寻衡岳未到京，
八秩逾龄姐病，我心惊。

姐弟频年别，时思少小情。
别时弱冠星沙城。
立志金陵学艺，苦登程。

1992 年 1 月 24 日

鹊桥仙·失怙**

尊阳旧地，[①] 髫龄情趣，少小私塾犹记。
家居姐弟乐陶然，又却是平安四季。

离乡别井，几番风露，岁暮天寒变异。
童年失怙更艰辛，[②] 一夜里前途难冀。

1992 年 4 月 13 日

① 尊阳为吾家乡所居地之乡村名。
② 丧父时，余年仅 12 岁。

永遇乐·难忘长师**

仰望高桐，晴空月碎，清凉拂面。
远近虫吟，书声琅琅，长趁和风便。
凭窗凝视，新刊又出[1]，看策论文章传。
诗言志，词赋评说，竞相唱和梧院[2]。

高师苦短，时艰国弱，寇似虎狼侵占[3]。
学子莘莘，昂扬斗志，短剑长枪练[4]。
荷花池馆，徐老创建，惠及桑梓首善。
应长记、兴邦振聩，百年更见。

题解： 长师，长沙师范学校，由徐特立先生于1912年创建，后更名为长沙县立中学。作者曾于1928年至1934年在该校读书。

1992年4月27日

长相思·寄妹**

霜叶天，红叶天，万里长江一线牵。
塘西枫竹连。

七十年，八十年，往事依稀烟雨绵。
亲人汉水边。

题解： 胞妹（大妹永琳）适凌家，居武汉，少我二岁，年事亦高。

1992年6月

---

① 新刊又出：长师同学竞相编写墙报。
② 梧院：遍植高大梧桐树的校舍天井。
③ 寇似虎狼侵占：日寇侵占东三省。
④ 短剑长枪练：当时各校高中均组练军训。

怀 乡**

暮云春树费思量，半世家山入梦乡。
荷花池① 畔今胜昔，爱晚亭② 前湘水长。
何时共尝凉薯片，戏听童歌“扯麻糖”③。
梧院新词同吟诵，草长莺飞钓横塘。

1993 年 1 月

满江红·惜别**

手足情深，人归远，空留北屋。
窗外冷，雪花曾落，乡音谙熟。
七尺之躯难洒泪，光阴易老心潮速。
忆那时，幼小在家塾，有姑叔。

思往事，无须哭；
年正少，不屈服。
背行囊进省，岂寻华屋。
穷而后工知奋起，长驱万里金陵学。
到而今，也喜上层楼，还极目。

题解：这是作者怀念其胞弟的诗作。

1993 年 1 月 19 日

浣溪沙·重九登天安门忆朗妹**

早岁曾经晤幽燕，千里庆寿唱团圆。
手足情深杯酒联。

金水桥头忆往事，天安门望洞庭天。
念载难叙更何年。

题解：胞妹（小妹任远）适邓家，住衡阳。夫妻二人曾于吾寿日来京团圆，共游国庆佳节之天安门广场。

1993 年 10 月

---

① 荷花池：长沙师范学校所在地。
② 爱晚亭：湖南长沙岳麓山上之名亭。
③ “扯麻糖”：一种麦芽糖，长沙地方小食品。此处指沿街叫卖者所唱之童谣。

浣溪沙·端阳粽子祭先贤

嫉世行吟洞庭边，汨罗江水洗沉冤。
时艰危难责在肩。

天问九歌终绝唱，离骚痛诉万年篇。
方今粽子祭先贤。

1994 年 6 月 15 日

太常引·想洞庭

无缘一上岳阳楼，遥想洞庭游。
人不去何谋？
扶病腿，谁能强求。

春来犹健，晴明好睡，夜梦戏群鸥。
点点水中浮，
波万顷，君山系舟。

1995 年 4 月 19 日

记 梦

梦到陶园入故家，穿林漫步傍水涯。
塘满绿茵少人影，竟日垂纶得鱼虾。

1997 年 12 月 17 日

清 明

清明无雨晴转阴，遥望湘水泪沾襟。
半世离家忽已耄，何如北国思乡人。

1998 年 4 月 6 日

蝶恋花·聚首何期

乍起金风人渐老，
聚首何期，仍想当时少。
不到潇湘难问好，如今却愿春来早。

小妹邮来乡下照，
旧屋依稀，不是儿时貌。
老姐魂茔山后造，于归幸有青山抱。

1998 年 9 月 18 日

寿日有怀

居京非作客，半纪未家还。
家乡久别后，故旧挂心间。
情景应如昔，鬓发多已斑。
无缘赋归去，遥念岳麓山。

1998 年 10 月 1 日

四世情长

题照·忆慈母**

五月朝阳心自明，慈颜曾忆四十春。
南京剧专新宿舍，兄弟相侍老母亲。

1987年5月

浪淘沙·咏眉女生日

去国正英年，万里寻仙，
天南地北觅前贤。
道是文章千古事，各有佳篇。

学问本无边，能者超前，
东西义理或同源。
殷勤十载风云路，水滴石穿。

1991年1月

采桑子·咏冀子生日**

不惑年华何言寿，去岁书成。
今又书成，写下人间无限情。

从来不似平常辈，才思纷呈。
命笔纵横，却道乘风又远征。

1991年3月

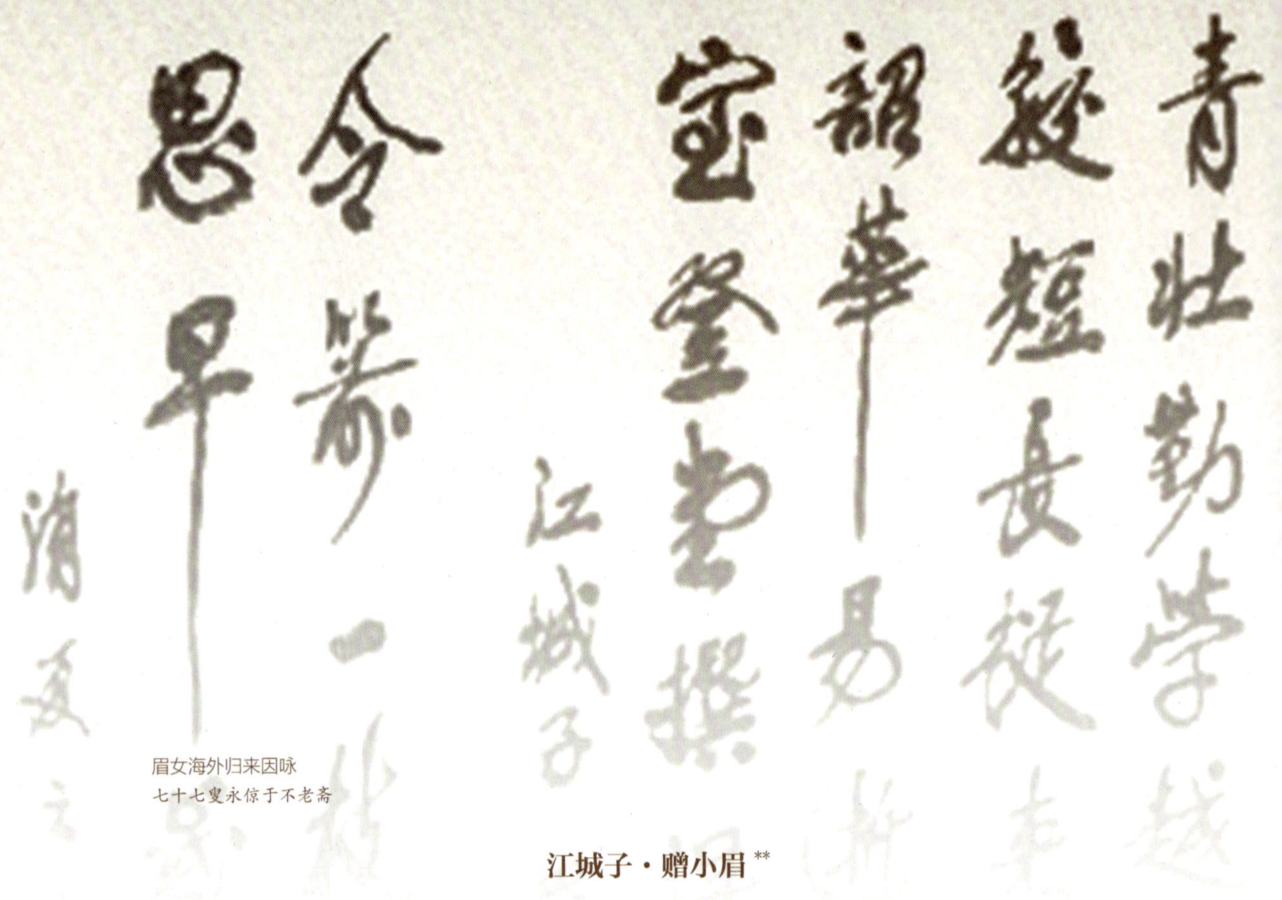

眉女海外归来因咏
七十七叟永倞于不老斋

江城子·赠小眉**

青壮勤学越重洋，好时光，不观望。
本是求知，岂为较短长。
从来学问无穷尽，人说好，也平常。

韶华易逝莫彷徨，趁朝阳，细思量。
再假几年，要入室登堂。
比较东西评艺术，重论断，赋新章。

1991年7月23日

佳节祝一辛

孩提之童，天真无邪。目光敏锐，手巧心灵。
学琴学算，处事认真。专心进取，不甘后人。
扶老携幼，重教尊师。家居尚俭，学习求精。
平和欢乐，不急不愠。困难必克，健康知争。
保护视力，少近荧屏。学而时习，尤贵有恒。
六一佳节，举世庆贺。祝我家驹，日行千里。

壬辰夏日奶爷于松居不老斋

1992年5月29日

忆王孙·祝谌孙

鼓楼侧畔有青年，弱冠芳华学电传。
看似寻常正负旋，
待深研。海阔天空乾坤连。

1992年12月19日

家 宴**

偶作剑楼[1]客，相期莫醉还。
樽小从容饮，锅高麻辣顽。
闲言三辈志，临窗四月寒。
朦胧今夜月，迎风绕二环。

1993月5月6日

南乡子·寿八一

大好我神州，绮丽风光去复留。
欢庆年年逢此日，初秋。
无限征尘胜景流。

记得少年游，书剑难为一夕谋。
从艺从戎山水远，何愁?
老学丹青且自修。

题解：“八一”建军节乃夫人之生日，故名。

1993年7月30日

忆王孙·贺外孙贾军

金鸡喜唱尾巴长，时尚葵花总向阳。
笃学从来志正强。
好时光，建筑工程新凤凰。

1993年10月

① 剑楼：剑北酒楼，乃四川风味。

浣溪沙·寿长女

国难时艰岁月煎，千金出世更觉怜。
体温不够吹气先。①

五十二年应不易，可堪回首问从前。
夕阳红处志弥坚。

1993年10月24日

浪淘沙·贺鸿君媳寿

喜寿正风流，四十春秋。
殷勤创业未容休。
岂畏艰辛人不倦，快驶轻舟。

世颂无冕侯，何暇凝眸？
豪情共话我神州。
道是频繁天下事，笔底筹谋。

1993年10月30日书条幅以赠

慈母曲

细看长思慈母颜，人生百岁不可攀。
儿逾八十堪云健，寸草春晖发已斑。

1995年6月13日

采桑子·隔洋祝寿

年年此日传长话，远隔重洋。夜夜思量，
一片亲情话短长。

相期两地晨昏睡，母爱难忘。梦断回肠，
大雁何能隔岸行。

题解：眉女远在大洋彼岸从教，每年“八一”都为母亲隔洋祝寿。

1996年8月2日

① 长女初冬时出生，体弱故体温不够，抱在怀中对之呵气，以增温，土法也。

浣溪沙·冀子生辰四十又六为赋

天命寻来何忘忧，世事沧桑不记愁。
最是青春大漠留。

捧读孤灯伴窑洞，拉拉动[1]转学耕牛。
当年塞外几春秋。

1998年3月12日

调寄江南好·贺一辛上大学

一辛好，竟登北大楼。
总是频年勤学习，鸿鹄高翔读书人，
有志即成功。

2000年夏　奶奶爷爷同贺

① 拉拉动：一种石滚子，用于播种后压实地垅，多用人力牵拉。

松斋雅事

消夏吟（三首）

其一**

高龄勤自学，奋笔胜凝思。
吟成诗一首，盈得脑心舒。

其二**

练笔活经络，书法譬登山。
居高览胜境，临水羡鱼闲。

其三

欲得新诗美，临池运笔奇。
心潮频起伏，落字正其时。

1991 年 6 月

江城子·学书法**

年逾七十练字忙，铺白纸，学其昌[1]。
曾尊颜柳[2]，五十年早忘。
不是楚狂人好胜，因养性，岂争强。

从来书法贵新创。要经常，鉴汉唐。
笔法方圆，握管忌彷徨。
百日功夫翰墨香，能隽秀，自流芳。

1991 年 7 月 17 日

① 其昌：明代著名书法家董其昌。
② 颜柳：颜真卿、柳公权，均为唐代著名书法家。

七绝·抒怀

诗吟三百不言多，鲜有佳辞莫奈何。
且把闲居心事寄，期成好韵我欢歌。

1992年1月8日午后

虞美人·诗情

分明新雨城边树，南北华威路。
楼封西岭燕山葱，寄语寒云何计驻春风。

笑谈无杖曾起步，小草青还惧。
读诗写字总关情，闲去闲来长愿试新声。

一九九二年三月念一日
七八叟倚松居不老斋南窗下

夫人学画（外二首）

古稀上学何足奇，画册毛毡皆备齐。
也因闲居不服老，春来学画正相宜。

1993年3月

外一首　浪淘沙

癸酉画鸡年，手颤茫然。
看来容易墨难填。
不是一朝能学会，莫唤苍天。

三月好春天，日夜精研。
扪心问梦绕情牵。
指笨眼花何必恼，壮志应坚。

1993年3月

外二首

汗湿青衫彩墨攻，三笔参差深浅中。
丛生有韵花高下，露透瘦皱石难工。

1994年4月29日

晚晴

玉洁冰清唱晚晴，一片乡情不足奇。
人生岂羡桃源客，但惜余情学写诗。

1994 年 4 月 8 日

辞岁

亥送戌归去，风雪今年宜。
人间辞旧岁，旷古岁序移。
庭前无落木，案上有新诗。
夕阳红时好，倚榻唱辛词。

1995 年 1 月 24 日

读画

就简删繁易，标新领异难。
标新诚高见，删繁始可安。
写竹凝诗画，万尺仍足餐。
题诗贵清绝，思远情更丹。
板桥立新论，今犹传艺坛。

1995 年 1 月 28 日

吟诗又遇好韵艰

窗明几净向阳间，新案临风日影闲。
家雀啁啾鸣未已，吟诗又遇好韵艰。

1995 年 2 月 16 日

寻字

日夜寻思落字难，小夜不成心不安。
寻来好句开颜乐，仰天长啸仔细看。

1995 年 8 月 3 日

浣溪沙

小恙频繁匝月长，存心运笔但观望。
写诗无绪难成行。

小寒大寒少雨雪，高阳风舞野草黄。
暖冬何事送辰光。

1996年1月29日

练 功

练功坐窗前，心静自安然。
平生无憾事，忧患不相煎。
老少皆欢悦，诗情亦鲜妍。
吟成书纸上，不觉似神仙。

1998年1月14日

赏 画

浮云洗天末，孤鹜溯崖端。
古月早西落，今月何时归?

1999年1月

陋室幽香

江南好·燕归来

丁卯四月十八日晨，南游燕子归来，似曾相识，因赋。

新墙柳，春早燕先知。
还记去年花弄影，啁啾细语向人时。
谁识鸟儿私。

1987 年 4 月 18 日

玉兰词

三月飘来廊上风，栏杆倚遍小楼东。
玉兰总愿迎春晓，不忍花开月明中。

1990 年春

天净沙·咏君子兰 **

名花重放再赋，七六叟获翁庚午六月。

丛英绿缦长空，簇拥君子花红。
老妪衰翁琴童。
诗情画意，流云双燕和风。

1990 年 6 月

一剪梅·中秋三庆

一轮高月照空晴，
昙影犹生；香却难生。
静野清明玉露轻。虫也无声，风也无声。

廊上米兰谁与争？
叶自多情；花更多情。
雀唱檐前惜燕征。诗既吟成，字又书成。

题解：十月一日国庆，适逢中秋，亦我生辰。

1990 年 10 月 1 日

咏奇葩——虎皮发新花

（一）

满苑花千树，独有虎皮新。
念年育盆景，四季不逢春。

（二）

何事盈新绿，惊疑天外神。
馨香来远近，清辉醉闲人。

（三）

我闻此佳卉，西双版纳珍。
移来似无意，菁葩适清晨。

1991 年 6 月 29 日

百合花开**

百合入粥，偶植其一，果然开花。欣然作此。

百合迎秋秋未老，一穗双葩容颜好。
无意随栽南牖下，不艳不骄似仙草。

1991 年 7 月 27 日

小花黄**

黄花几朵隐绿荫，时开时落不成春。
岂是秋风狂飙恶，更疑金蜂忘联姻。

1991 年 8 月

点绛唇·阳台美化获赞**

美化阳台，家委赞，街道奖，感而吟此。

姹紫嫣红，平常花草消闲种。
架入楼栋，缸里金鱼动。

绿叶轻盈，似蝶低徊梦。
凭栏弄，细盆粗瓮，只谢殷勤颂。

1992 年 9 月 1 日

破阵子·昙花吟**

1982年游杭州时，浙江话剧团程维嘉团长赠此昙花，时仅三寸许。十年矣，今岁忽盛开，颇有再次发花之望。

八月桂花过后，老昙一岁三芳。
几许清幽融陋室，寅夜梦回馨更强。
闲居得异香。

道是昙花一现，留香无计何妨。
玉瓣摘将锅里去，世上琼浆我辈尝。
吟来话短长。

1992年秋

忆王孙·牵牛何事忽新妆

晨见牵牛独放于金银花下，因赋。

牵牛何事忽新妆？道是金银花下藏。
不蔓不攀才向阳。
紫无香，却教闲人论短长。

1993年6月2日

白令箭

明朝夏至日正长，静夜风轻兰芷香。
三苞竞放颜如玉，次第芬芳趁晚凉。

1994年6月20日

初雪（二首）

雪纷飞

小寒前夜雪纷飞，满苑银装鸽不回。
晶莹素裹凝落木，推窗犹想人未归。

雪后

快雪韵祥和，四郊银满坡。
廊雀肥檐里，诗人命笔歌。

1994年11月21日

哀雏鸟

花间一灰鸟，竟日声啾啾。
久呼无有伴，寻去又复留。
忽忆前一日，有雀鱼缸投。
缸径未盈尺，何以落水游?
凝思雏幼小，羸弱不识泅。
栏上鸣未已，谁识鸣中愁?
逝者生无望，存者犹祈求。
时时绕缸畔，哀鸣情悠悠。

1995 年 7 月 9 日

无 题

独坐南窗情，天阴寒风轻。
日静人归未，邻鸽来室鸣。

1997 年 11 月 30 日

蝉初唱

小暑过三日，林梢蝉乍歌。
声长悠无限，暑气却消多。
年年庆秋夏，苑树啾声和。

1998 年 7 月 10 日

春 暮

乍暖风寒日影斜，柳棉飘落到谁家?
纷飞恰似漫天雪，翁媪闲来煮新茶。

1999 年 4 月 22 日

柳棉吹

老柳尚吹棉，楼高燕不旋。
惊雷迎喜雨，新绿绣西苑。

1999 年 4 月 30 日

拄杖晴日

探花词

闻道东来樱怒放，扶杖匆匆入坛西。
但见如雪梨花白，不知何处樱花生。
寻到圃中有孤树，寂寞残红尽落泥。
独有孤英隐深处，含羞似欲怕春风。
卅年初访东瀛客，岂料无缘识芳容。
败兴颓然返村舍，喜逢双燕落楼东。
谷雨已然过四日，翩翩来迟阻西风。
塞北黄尘漫天起，岸柳昏濛不展容。
但愿晴空长久驻，莫叫辰龙舞长空。
应知老迈心情好，绿野平川耳目聪。
牡丹芍药将开放，勿再违时吊落红。

1988 年 4 月 25 日

重 阳

不觉又重阳，已忘登山想。
无灾何走避，况我居高房。
未有仓皇事，岂是逞刚强。
但若精神好，远足亦何妨。
菊性贵高洁，兴起踏秋霜。
一株堪慰藉，毋须满庭芳。

庚午十月廿六日抒怀

天净沙·香山红叶

京西佛卧山埡，水弯桥拱松斜。
绝顶何须鬼见？
祛愁崖下，放歌红叶如霞。

庚午（1990）冬

捣练子

新雨后，小风轻，
凉意徐来秋色明。
晴郊信步无限好，斜阳照处彩云争。

1991 年 8 月 29 日

五绝·即兴

旷野春发早，朝阳草未新。
清溪无觅处，小院有方亭。

1992 年 1 月 17 日

蝶恋花·玉兰春荫**

小院清幽春草露。
一树桃花，寂寞迎朝雾。
风怒落英难得护，乱红翻起墙边去。

寒食乍到闲度步。
蓦地抬头，有玉兰初吐。
耄耋无言存嫉妒，春荫莫使花期误。

1992 年 4 月 2 日

念奴娇·村居忆旧**

架松荒草，到春时，未见些微碧意。
早岁菜园无一处，暖棚猪舍陈迹。
西下斜阳，回光返映，照塔楼高宅。
依栏顾盼，平芜村落畴昔。

后来莫笑先迁，八载如兹，新建华威宅。
忆那时丛生野韭，划地躬耕收获。
玉米红薯，朝天辣椒，试学村中伯。
光阴易逝，老来朝夕为客。

跋：青艺新建宿舍地处京城南郊架松村，原址昔为菜园，楼后空地尚多。每遇春时宿根蓬生，长势不衰。住此之离退休者闲来无事，多划地耕作，远观近玩，颇多情趣。今楼群渐多，昔日情景已难寻觅。

1993 年 2 月 6 日

春满园**

南苑繁花春来早，因风细审几回琴。
腊梅去后光景好，香椿生发老人心。
玉兰开时草正绿，紫荆花满树成荫。
但有层楼常蔽日，拄仗徐行小亭吟。

1993年4月16日

西江月

初夏繁花苑内，送春归去庭前。
双双候鸟戏晴天，风落榆钱满地。

夜夜贵妃醉酒，朝朝皇帝缠绵。
江山错委相非贤，鼙鼓渔阳变异。

1993年5月25日

无 题

架松楼下野云飞，菜径成蹊颜色非。
骄阳不识人归远，汗湿青衫蒲扇挥。

1993年6月25日

晨 练

秋云遇风急，戏鸽不知疲。
早起香功练，从容老少宜。

1993年8月18日

忆游西湖

断桥无语曾游憩，扁舟望远钓湖东。
青竿草笠鱼难得，锦帽红衫映山葱。
岸畔回栏人漫舞，阶边绕遍御和风。
何时重去寻南国，遥忆当年未老翁。

1995年2月22日

早 市

早起向北过劲松，菜市已移马路东。
老妪携篮觅青菜，独有衰翁拄杖匆。

1995 年 11 月 12 日

蝶恋花·昌平探幽

重九郊游奔虎峪。
气爽天青，零落明陵路。
何必纵观寻绝处，传说谁论真和误。

西岭峰回飞晓雾。
摇落山楂，柿子悬沟树。
曲径临崖深更去，顶湖自有神仙驻。

1997 年 10 月 12 日

临江仙·乡居杂韵

八十六年成一梦，鬓须未白堪惊。
平川拄杖羡新晴。
神州无限韵，窗外更风声。

成败岂随人喜好，笑谈俗事难争。
从来心静自然平。
寻问旧踪迹，浮想莫伤神。

2000 年 1 月

耄耋童趣

雪趣**

庚午上元后大雪乃历年罕见，兴起因成雪趣。七十六岁荻翁于不老斋。

烧灯节后大雪飞，罗汉堆成肉肚肥，
番茄为嘴炭作眸，秫秸插腰俨扬威。
翁妪戏罢开颜笑，童少挥拳绕佛围。
红衣绿袄添新色，日暮天寒不肯归。
寄语骄阳勿过问，院里春光更芳菲。

1990 年

题小照**

幸汲芙蓉水，依然不老人。
童心应犹在，潇湘一“小陈”。[1]

1991 年 10 月

调笑令·戏鱼**

晴好，晴好，
踱远龙潭绕道。
湖风洗面心舒，闲倚槐边戏鱼。
鱼戏，鱼戏，
上下回游逗趣。

1992 年 6 月 27 日

① “小陈”：作者自称。

清平乐·又雪**

申年腊月，既望重飞雪。
四野茫茫颜色没，一片朦胧难越。

劲松南路东风，华威西里车翁。
树下人稀狗跳，红衣鏖战书童。

1993年1月8日

浪淘沙·大年夜

除夕好观灯，楼上轻松。
爆竹声里闹年丰。
漫天轰隆驱旧岁，五色腾空。

猴去鸡相逢，万事从容。
辛孙戏把剪纸供。
门上春花映笑脸，华屋新彤。

1993年1月23日

如梦令·挂红灯

奶奶厨房做酱，孙女凭窗高唱。
院里挂红灯，姐妹并肩观望。
真亮，真亮，迎面飞来双响。

1993年1月27日

戏 鸽**

晴空无片云，纸鸢戏鸽群。
低飞或避虏，匆匆四散分。

1993年4月17日

小雪吟**

戏雪灰群雀，觅食彳亍行。
时飞时落地，跳起也争鸣。

1994年1月13日

双 黄

双黄并蒂一卵中，惜将锅里煮一通。
若先母鸡孵出壳，不知双雌亦双雄？

1995 年 11 月 17 日

西江月 · 过春节

盼雪还晴年夜，无霜却是寒冬。
举头到处对联红，北国过节隆重。

腿病无心漫步，齿缺有意轻松。
多餐少吃应从容，待到春风酣梦。

1996 年 2 月 18 日

扇 舞

轻歌扇舞展庭前，晨郁清风鸟雀喧。
佳丽蹁跹健身体，不分冬夏自怡然。

1997 年 11 月 12 日

天净沙 · 朔风多事

纷飞小雪还家，泥泞村路偏狭，
道左谁栽细韭？
朔风多事，戏钻衣领冰牙。

1997 年 12 月 5 日

七绝 · 暖冬但饮潇湘茶

雾满平川村路狭，连朝晴日若披纱。
四野朦胧人不见，暖冬但饮潇湘茶。

1997 年 12 月 16 日